2000 AÑOS LIDERANDO EQUIPOS

ENSEÑANZAS DEL MANAGEMENT MÁS EXITOSO

JAVIER FERNÁNDEZ AGUADO

KOLIMA BOOKS

Categoría: Directivos y líderes, liderazgo con valores
Colección: Biblioteca Javier Fernández Aguado

Título original: *2000 años liderando equipos.*
Enseñanzas del management más exitoso

Primera edición: Octubre 2020
© 2020 Editorial Kolima, Madrid
www.editorialkolima.com

Autor: Javier Fernández Aguado
Dirección editorial: Marta Prieto Asirón
Maquetación de cubierta: Sergio Santos Palmero
Maquetación: Carolina Hernández Alarcón y Lucía Alfonsín Otero

ISBN: 978-84-18263-48-4
Depósito legal: M-25292-2020
Impreso en España

Este libro se ha publicado con el apoyo de las siguientes instituciones y empresas:

A Marta, Sofía y Enrique, caminantes esforzados y efusivos en un entorno proceloso.
A Isidro Fainé, líder audaz, generoso e inspirador.
A José Aguilar, amigo, sabio y humano.

A los millones de nostálgicos del Cielo, románticos peregrinos en tierra extraña que, sedientos de infinito, han contribuido a gestar un mundo mejor.
«Somos como niños jugando a la orilla de la eternidad».

San Agustín

ÍNDICE

PRÓLOGO

Vivimos en un entorno en el que la innovación es un mantra reiteradamente invocado como si fuera la panacea de todos nuestros problemas y de la pujanza empresarial. Muchos soslayan el hecho de que sobre el futuro todos sabemos exactamente lo mismo: ¡nada! Pero no necesariamente debemos caminar a ciegas. Hemos de hurgar en nuestra historia y buscar allí tenazmente inspiración y sabiduría, no en quimeras o bolas de cristal. Los caladeros donde buscar son los de las organizaciones que nos han precedido. Como señalara uno de los referentes intelectuales del siglo XII, Bernardo de Chartrais, somos enanos que podemos caminar a hombros de gigantes, los clásicos, siendo estos no los viejos, quienes por su agudeza trascienden el inexorable desgaste que genera el paso del tiempo.

Entre las organizaciones que tienen algo que enseñar en el ámbito de la gestión de personas y organizaciones (*management*), destaca singularmente la Iglesia católica. Disponemos de una inconmensurable documentación porque desde el principio se empeñó por dejar constancia escrita de decisiones o sistemas de control. Durante más de dos mil años viene convocando a mentes brillantes que se comprometen a nadar y no guardar la ropa. Ninguna otra multinacional ha alcanzado una penetración tan capilar, llegando desde la cima de los más altos montes a los últimos rincones de la selva en cualquier continente. Sin embargo, nunca hasta ahora se había afrontado el estudio de los estilos de *management* de esta institución, compuesta a su vez por cientos de estructuras.

Leer *2000 años liderando equipos* implica sumergirse en un profundo piélago. Cuestiones tan aparentemente novedosas como el *interim management*, el *balanced scorecard* o los mapas de talento han sido diseñadas y aplicadas hace siglos, sin haberse acuñado una denominación específica para las mismas. Las enseñanzas se tornan eficaces porque no son improvisaciones, sino que contamos con el contraste de personas que han aplicado, reenfocado y mejorado cada una de estas cuestiones a lo largo de siglos.

El autor de esta obra pionera y magna es Javier Fernández Aguado, persona y profesional entrañablemente apreciado por mí y con el que tengo el orgullo de contar como director de investigación de EUCIM Business School y compartir su doctrina en muchos países de Hispanoamérica.

Las obras del profesor Fernández Aguado enlazan el rigor académico con una experiencia práctica acumulada en años de trabajo primero como directivo y luego como empresario. Es relativamente sencillo encontrar sesudos investigadores del ámbito universitario y también profesionales del gobierno; lo complejo es hallar quien combine a fondo el conocimiento y la experiencia de ambos hontanares, como es el caso del autor de esta regia investigación.

Cualquiera reconoce que la Iglesia católica ha transformado la vida de millones de personas, casi siempre para bien. Analizar la capacidad de liderazgo de quienes han emprendido múltiples organizaciones dentro de su seno es ya de por sí apasionante. Además, en el libro se puede encontrar el análisis de una docena de los principales CEOs (romanos pontífices) de los casi doscientos setenta que se han sucedido desde san Pedro hasta nuestros días. El estudio objetivo y documentado de fenómenos tan asombrosos como los templarios, las Cruzadas o la Inquisición, junto con el riguroso examen de los tres principales concilios –IV de Letrán, Trento y Vaticano II– completan este libro. Concluye la obra con una síntesis de las características comunes a muchas iniciativas que se han sucedido a lo largo de dos milenios.

La obra es respetuosa a la vez que objetiva. No ensalza ni denigra; sencillamente expone y analiza sucesos que pueden servirnos a la hora de pilotar las organizaciones propias. En tiempos como los que estamos viviendo, en los que patologías tan perversas como el supremacismo o un folclórico nacionalismo excluyente han infectado tantos cerebros, es alentador contemplar cómo miles de cabezas señeras y corazones henchidos de ilusiones han superado localismos caricaturescos para emprender aventuras en servicio de sus contemporáneos con vigorosas reformas internas.

Tras investigaciones como *Roma, escuela de directivos*; *Egipto, escuela de directivos*; *El management del III Reich*; o *¡Camaradas! De Lenin a hoy*, el lector puede conocer las características ciclópeas de esta nueva exploración en la que a través de una introspección histórica Fernández Aguado nos ayuda a desarrollarnos como personas para optimizar nuestras organizaciones.

Quien se inspira y se atreve a emprender la aventura de crecer en liderazgo a partir de la sabiduría del «Drucker español» se sitúa en condiciones de obtener lo mejor de sí mismo y también de aquellos con quienes colabora.

Marcelo Eduardo Servat
CEO/EUCIM Business School

PRESENTACIÓN

En 2019 publiqué el estudio más completo que hasta el momento se ha llevado a cabo sobre la obra de Javier Fernández Aguado desde la perspectiva de la elaboración de la teoría científica social. En ese ensayo expliqué que le conocí en julio de 2016 con ocasión de una conferencia por él impartida en Valencia para la Asociación Española de Directivos (AED). Captó mi atención su excepcional habilidad como conferenciante, el amplísimo conocimiento desplegado y su capacidad de combinar profundos conocimientos con aplicaciones prácticas, aspecto que no es frecuente. Charlé con él en esa ocasión compartiendo algunas ideas. Durante una comida meses después, le trasladé el pasmo de que una teoría de ciencias sociales del calado de la suya no hubiese alcanzado el eco que merecía. Empecé entonces a analizar su trayectoria intelectual.

Como estudioso y CEO de una consultora de referencia no es fácil que me sorprendan los profesionales que voy conociendo, ni los textos que de ellos leo. Sin embargo, el trabajo del profesor me impactó y me llevó a profundizar. Además, me introdujo el gusanillo de estudiar autores clásicos que él cita y que de no haber recalado en la obra del profesor hubiera tardado años en considerar tan relevantes.

En la investigación a la que hago referencia (*El sabio discreto. Análisis de Javier Fernández Aguado y su teoría de Buen Gobierno*, HGBS, 2019) ofrecí un análisis de su pensamiento desde el punto de vista científico y en particular desde la perspectiva de la forma en la que se ha construido su obra y cómo se enmarca en las fases de elaboración de un modelo teórico de construcción de teoría social. Identifiqué elementos clave de su formulación y de su aportación a la ciencia del *management* que nos permiten validar el rigor científico de sus planteamientos, la utilidad de los modelos que nos ha facilitado para interpretar la realidad y su profundo conocimiento de los sabios clásicos. Mostré entonces cómo el pensador español ha sabido combinarlos con el conocimiento empresarial desarrollado a partir de la Revolución industrial (empleé como modelo para la revisión e interpretación de su obra *«The Cycles of Theory Builidng in Management Research»*. Working Paper. 05-057. P. Carlile y C. Christensen. Harvard Business School, 2004).

Hoy presento este nuevo estudio del profesor Fernández Aguado, uno de los más ambiciosos que ha realizado hasta el momento. Se trata nada más y nada menos que de un estudio sobre el *management* a través de 2000 años, desde los orígenes de la Iglesia católica hasta el presente. No resultaría sencillo encontrar un autor alternativo. Es ingente el conocimiento manejado, tanto desde la perspectiva organizativa como desde la historia de una institución tan innovadora y revolucionaria como la Iglesia católica.

En las siguientes páginas, el lector encontrará una novedosa y significativa contribución a las ciencias sociales mediante la cuidadosa y detallada observación, el estudio y la investigación, la formulación de hipótesis, teorías y modelos que permiten describir, categorizar e interpretar la realidad de forma cierta, generando ventajosas herramientas de diagnóstico y predicción que habilitan para actuar de forma eficaz y coherente.

La formación académica previa del autor, tanto en ciencias económicas como en filosofía, y su incansable investigación de autores clásicos y contemporáneos han condicionado su producción intelectual, entregándonos un científico social del gobierno de organizaciones y personas, tan profundo como prolífico, reconocido a nivel internacional. No en vano, Luis Huete, profesor del IESE, le ha calificado como un sabio del Renacimiento por lo vasto y profundo de su conocimiento.

Desde el análisis del *management* predicado por Jesucristo hasta las claves del funcionamiento del proceso de selección (cónclave) de un CEO (el papa), el lector puede disfrutar aprendiendo y aprender disfrutando, y sorprenderse con los concursos hípicos promovidos por Pablo II, o ante la dimisión de Celestino V.

En *2000 años liderando equipos* se nos desvela una gratísima historia de la Iglesia católica, además de indicaciones de grandísima utilidad para el manejo de personas y organizaciones en pleno siglo XXI.

Con esta investigación se confirma una vez más por qué Javier Fernández Aguado es el único estudioso español del área de empresa que figura en todos los libros que hablan de los mayores expertos contemporáneos, como por ejemplo: *Management español los mejores textos*, Ariel, 2002; *Grandes creadores de la historia del management*, José Luis García Ruiz, Ariel, 2003; *Who's Who en el management español,* Francisco Alcaide Hernández, Interban Network, 2006; *Los imprescindibles del management,* Salvador Molina, Ecofin, 2015

Se entiende también el acierto de Nuria Ramos y Sergio Casquet al seleccionarlo como uno de los diez intelectuales españoles más significativos en *Pensadores españoles universales* (LID Editorial).

No quiero entretener más al lector. Añado solo que le deseo que disfrute y aprenda tanto como yo lo he hecho al profundizar en esta magnífica obra llena de conocimientos teóricos y de referencias sumamente prácticas. La disfrutarán tanto o más que el resto de obras del autor.

RICARDO HERNÁNDEZ GARCÍA
Fundador y CEO de HGBS

INTRODUCCIÓN

Cuando autores contemporáneos presentan como revolucionaria la metodología OODA –Observar, Orientar, Decidir y Actuar– no puedo sino sonreír. Algo parecido me sucede cuando proponen (Scott Galloway, en *The four*) que los fundadores de las organizaciones más evolucionadas del mundo contemporáneo –Google, Amazon, Facebook o Apple– han logrado su posicionamiento gracias a que sus promotores han sabido congregar de forma innovadora ventajas competitivas para el liderazgo como la diferenciación de producto, la visión estratégica integral, el alcance global, la simpatía de sus servicios o productos, o la integración vertical.

Todas esas características y muchas más no son novedosas; han sido promovidas, analizadas y experimentadas en organizaciones del entorno de la Iglesia católica a lo largo de los últimos dos mil años. Los protagonistas del libro que tiene entre las manos supieron originar *start ups*, suscitar *spin offs* y generar mayor compromiso que ningún empresario europeo, africano, americano, australiano o asiático. Autores tan relevantes como Behnam Tabrizi, de Stanford University, autor del libro *The Inside-Out Effect*, de haber conocido ejemplos y situaciones como los que vamos a analizar hubiera afinado sus reflexiones sobre compromiso y alineación de aspiraciones de los *stakeholders*. ¿Y qué decir, en ese mismo sentido, de su teoría de la brújula de la transformación?

Sumergirse en la historia de la Iglesia implica embarcarse en una dilatadísima sucesión de peripecias que ni J. K. Rowling, Julio Verne, Emilio Salgari o Karl May hubieran sido capaces de escribir aun dando rienda suelta a su exuberante imaginación. Esto sí, al igual que cuando uno se engolfa en los textos de esos autores, también aquí resulta imprescindible desarrollar sensibilidad hacia lo intangible, superando la rastrojera de lo cotidiano para no quedar aherrojado por lo material. Quien padece de inteligencia roma para lo sagrado no levanta la vista más allá de lo físico. Y no me refiero necesariamente a la fe, sino a una manera de percibir el mundo más allá de lo corporal. Son muchos quienes cuando se señala al cielo miran el dedo. Frente a la filosofía de la sospecha o de la nesciencia, el reto intelectual ante sucesos y decisiones que vamos a contemplar reclama finura para captar que no todo, ni lo bueno ni lo malo, puede ser comprendido con términos meramente racionales. Boecio (480-520), nacido en los estertores del Imperio romano de Occidente, formuló una desafiante pregunta que impregna actuaciones que examinaremos: *Si Deus unde malum?* Si Dios ha creado y gobierna el mundo, ¿por qué existe el mal?

Las denominadas *soft skills* o habilidades comportamentales y directivas, han marcado tanto las organizaciones civiles como las eclesiásticas. Si Bonifacio VIII (1294-1303) o Urbano VI (1378-1389) hubieran incorporado en su estilo de gobierno las enseñanzas de un buen programa de liderazgo, habrían evitado graves daños. ¿O es que los cardenales electores no habrían reaccionado de otra forma si cualquiera de esos dos papas, recién elegidos, no hubieran menospreciado, demonizado y zaherido su dignidad? El cardenal Corsini debería haber sido santo de altar para digerir el que Bartolomeo Prignano, apenas convertido en Urbano VI, le calificara en público como estúpido. Martín V (1417-1431) echaría el cierre al cisma de Occidente, de treinta y nueve años de duración e iniciado en buena medida por el zoquete Urbano VI. Martín V cicatrizó heridas gracias a sus actitudes conciliadoras y agradable trato, que quedó empañado por su obsesivo nepotismo. (Entre los aciertos, en su afán de consenso, haber convocado a personas procedentes de ambas obediencias).

A lo largo de veinte siglos emplearon, *ante litteram*, instrumentos conceptuales como el *Interim management* (gobierno temporal), el *mobbing* (acoso), las tecnologías exponenciales, la sociedad hiperconectada, la visión periférica, el *outside insight* (perspectiva externa), megatendencias, la definición de puestos, el *branding* (imagen de marca), el mapa de talento, *closed loops* (bucles), sociedad líquida, tiempos VUCA, reingeniería de procesos, *exonomics* (economía exponencial), internacionalización, unicornios, resiliencia, la gestión de la diversidad, franquicia, *fake news* (noticias falsas), *deepfake* (falsedades de tomo y lomo), océanos azules, inflexión estratégica, redes de valor, sistemas colaborativos, *managing by wandering around* (gobernar estando presente), la percepción de las ventajas competitivas como los cubitos de hielo, que duran poco tiempo y no como diamantes, y de otro modo el IoT (*Internet of Things*) o el IoE (*Internet of Everything*). No manejaban esta terminología (salvo en el caso del *interim*), pero conocían y aplicaban los factores que explican esos conceptos. Vamos a tratar, en fin, de personas reales, no de figuras de cartón piedra.

Resulta casi risible que personajes como Stefano Mastrogiacomo, diseñador del *Team Alignment Map*, plantee como novedoso en el siglo XXI preguntas como (Objetivo): ¿qué intentamos conseguir juntos?; (Compromisos de unión): ¿quién hace qué?; (Recursos): ¿cuáles necesitamos?; (Riesgos comunes): ¿qué puede evitar que tengamos éxito?

Fueron cuestiones recetadas por la práctica totalidad de los emprendedores que indagaremos, aunque las explicitasen con otras palabras.

Escribió Unamuno que el cientificismo o fe ciega en la ciencia es una enfermedad de la que no están libres ni aun hombres ilustrados: *«Sobre todo si esta es muy especializada, (...) hace presa en la mesocracia intelectual, en la clase media de la cultura, en la burguesía del intelectualismo (...). Los felices mortales que viven bajo el encanto de esa enfermedad no conocen ni la duda ni la desesperación»*. Pascal lo expresaba de otra manera: *«¿Qué razón tienen los ateos para decir que no se puede resucitar? ¿Qué es más difícil, nacer o resucitar? ¿Que sea lo que nunca fue o que lo que ha sido sea de nuevo? ¿No es más difícil venir que volver? La costumbre hace fácil concebir el nacer; la falta de costumbre hace lo otro imposible. ¡Chabacana manera de juzgar!»*. Autores tan supuestamente novedosos como Yuval Noah Harari —*Sapiens, de animales a dioses; Homo Deus, breve historia del mañana*— deberían profundizar en esta historia espiritual rabiosamente humana antes de formular constructos auto-explicativos donde, tras espectaculares artificios intelectuales, un abrumador repertorio de datos filtrados, saltos lógicos y guiones chanchulleros, proponen de forma voluntarista, omni abarcante, ayuna de conocimientos metafísicos y en formato de cursilonas revelaciones, los axiomas que habían salido a defender. Reducir la religión a un cuento, eso sí que es un cuento, aunque solo sea por la simpleza de sustraer algo que con diversas formas, pero muchas veces con parecidas esencias, ha forjado el devenir de la humanidad y ha estado presente en todas las culturas. Presentarse como el lúcido que muestra que todo hasta él es milonga no deja de ser una proterva milonga propia de la verborragia de quien con voz atiplada asegura que su crecepelo es el mejor. Aun dando por cierta esa presuntuosa y aventurada afirmación, quedaría claro que el hombre, a diferencia de otras especies, es un ser simbólico, espiritual, necesitado de dar sentido a vacíos existenciales. Incluso, por seguir a modo de charada los razonamientos deterministas de Harari, cabría suponer que la fe es en el fondo una eficaz herramienta evolutiva. Entre otros aspectos, sirve para fortalecer una comunidad o para proporcionar consuelo y guía al individuo en momentos de zozobra. La ciencia es una herramienta necesaria y extraordinaria –pensemos en los avances médicos y tecnológicos–, pero no sustituye a la religión y viceversa. Sus propósitos son distintos. Están condenadas a convivir sin remisión, mostrando las contradicciones humanas en una dialéctica trabucada pero beneficiosa cuando la habilidad comportamental de la humildad está presente.

Este libro no es de historia, aunque acumule mucha en sus páginas. Tampoco es de filosofía, aunque hormiguee el pensamiento y la reflexión. No es un texto de religión ni de teología. Es fundamentalmente un análisis de estilos de gestión de personas y organizaciones (*management*). Se trata de un análisis científico en el ámbito de las ciencias sociales.

Laicismo no es objetividad. Esa aproximación implica parcialidad con frecuencia sectaria. Conviene desmontar ese extendido cliché, dada su bobería categórica. Yerran quienes afirman que la Iglesia católica es una institución inmovilista. El mensaje que predica trata de identificarse con Jesucristo, el mayor y más auténtico revolucionario que ha existido, y con maneras inagotablemente innovadoras. Por eso, y porque los hombres que a ella pertenecen han de esforzarse una y otra vez por otear el cielo para no quedar apoltronados, anclados en lo tangible, se ha reiterado una y mil veces que *Ecclesia semper reformanda*, la Iglesia ha de permanecer siempre abierta al cambio, que no significa destrucción, a diferencia de lo que sostienen quienes quieren ver el mundo arder solo por el placer de contemplar las llamas. Resulta donosa la metáfora del árbol de hoja caduca que cada primavera es otro sin dejar de ser el mismo. Parafraseando a Chesterton, en el corazón de todo aparente conservador anida un rebelde.

La mezcolanza de bien y mal en los directivos de la Iglesia ha sido una constante. Escribía Amiano Marcelino (330-395), historiador de la época del papa Dámaso I (366-384): *«No es extraño que para obtener un premio tan importante como es el obispado de Roma, los hombres compitan con tanto ímpetu y obstinación. Recibir los espléndidos donativos de las principales mujeres de la ciudad; viajar en carrozas majestuosas y vestidos espléndidamente; sentarse ante una mesa más abundante y lujosa que una imperial, estas son las recompensas de una ambición triunfante»*. También sobre vidas no ejemplares leemos en san Pedro Damián (1007-1072) las frases con las que fustigaba al clero y sus meretrices: *«Me dirijo a ustedes, queridas de los sacerdotes, pedazos del diablo, veneno de la mente, dagas del alma, hierbas venenosas para los bebedores, muerte para los que comen, pecados personificados, ocasiones para la destrucción. A ustedes me dirijo, y digo, rameras del enemigo de antaño, aves de rapiña, vampiros, murciélagos, sanguijuelas, lobas indecentes. Vengan a oírme, rameras, camas en que se revuelcan los cerdos, alcobas de sucios espíritus, ninfas, sirenas, arpías, Dianas, tigresas malvadas, víboras furiosas...»*.

Frente a casos tétricos tendremos ocasión de visualizar a innumerables personas —¡la mayoría!— que han encontrado en la antropología y los mensajes católicos motores que les han impulsado a desarrollar existencias plenas con entrega, excelencia y heroísmo, y alentado de ese sublime modo un retorno a la metafísica, huyendo de la superficialidad conductista. Nos escabulliremos, por innecesario, del afán malsano de explorar vidas ajenas sin respeto ni discernimiento. Hablamos de una institución compleja, cobijo de corrientes diversas, incluso enfrentadas, que pulveriza la atolondrada imagen de la Iglesia como realidad monolítica. La Iglesia ha sido motor; solo en momentos puntuales ha ido a remolque.

Ha sido preciso realizar un punzante esfuerzo de criba para espigar individuos e instituciones que han realizado aportaciones de calado a la ciencia artística que consiste en gestionar personas y organizaciones. Esto no supone necesariamente desinterés por los no citados. Lo mismo puede decirse sobre los papas elegidos. Muchos podrían haber sido objeto de investigación, pero ha resultado inevitable optar. El criterio ha sido recoger aportaciones significativas desde el punto de vista de la gestión.

Este libro puede interesar tanto a quienes dirigen como a quienes son gobernados en cualquier organización financiera, mercantil, política, pública, no lucrativa y, ¿por qué no?, religiosa. Las claves son en buena medida las mismas, ya que trabajan con la misma materia: el ser humano. En las que hacen referencia a Dios la dificultad se incrementa. No se trata solo de pilotar equipos para un fin colectivo, sino que han de añadirse el respeto y preocupación por la evolución espiritual de los implicados. Ese anhelo de trascendencia ha sido imitado torticeramente por otras organizaciones que aspiran a la eternidad, ya fueran el Reich de los mil años o el Paraíso en la Tierra que proponía el comunismo. Sin olvidar que, como veremos reiteradamente, más allá de normas, leyes, reglamentos, constituciones, vademécums, praxis... lo que más motiva es el ejemplo.

Que son precisos directivos preparados lo explicaba santa Teresa de Jesús en una misiva del año 1563 al padre García de Toledo: *«Deseo grandísimo (...) siento en mí de que tenga Dios personas que con radical desasimiento le sirvan (...); que como veo las grandes necesidades de la Iglesia (...), que me parece cosa de burla tener por otra cosa pena, y así no hago sino encomendarlos a Dios, porque veo yo que haría más provecho una persona del todo perfecta, con fervor verdadero de amor de Dios, que muchas con tibieza»* (*Relaciones espirituales*, rel. 3, n. 7).

Quienes pertenezcan a la Iglesia de forma diocesana o a través de cualquiera de sus múltiples organizaciones comprenderán de manera especial la reflexión de Rahner: *«Si hubiera solo un adoctrinamiento sobre Dios hecho desde fuera, igual que me cuentan que existe Australia, yo, a fin de cuentas, hoy no podría ser cristiano. Tengo que tener que ver con Dios, desde dentro, desde el centro de mi existencia; y debo obrar de forma que esta interioridad penetre cada vez más mi vida. En otras palabras –que corren el riesgo de resonar demasiado patéticas– se podría decir: 'Hoy, si no se es místico, no se puede ser tampoco cristiano'»* (Rahner, *Confesare la fede*).

Esta investigación, repito, puede atraer también a no creyentes. En el caso de Europa la historia de la Iglesia se encuentra engarzada en lo que somos, desde nuestros valores hasta la creación de las naciones históricas. Aunque, en sentido estricto, el increyente absoluto no existe, porque, como ironizaba Chesterton, quien no cree en Dios, al margen de una Iglesia específica, no es para no creer en nada, sino para creer en cualquier cosa. Sin Dios, la criatura deambula perdida, no logra entender quién es. Jesucristo lo explicitó: *«Sin mí no podéis hacer nada».*

La historia de la Iglesia se halla repleta de ejemplos de personas comprometidas, como las que Marc Raibert anhela para su *Boston Dynamics* en pleno siglo XXI. A la vez, zangolotean personajes o colectivos deleznables, que producen rechazo a cualquiera con un mínimo de sensibilidad. Estos no han captado en su correcto sentido la expresión de Raibert cuando señalaba que el éxito de su empresa consistía en aplicar el principio *build it, break it, fix it* (constrúyelo, rómpelo y arréglalo). Si existe buena disposición, los errores sirven para seguir avanzando. Pablo VI resumía la historia de la humanidad en dos palabras: miseria y misericordia, miseria del hombre y misericordia de Dios. La Iglesia, tantas veces al borde del colapso parcial o global, ha mostrado una resiliencia inigualable, gracias a esa necesidad espiritual que se antoja inagotable en el ser humano. Alguien con sentido del humor, cuando falleció el chalado autor alemán que había proclamado *«Dios ha muerto. Firmado: Nietzsche»*, punzó: *«Nietzsche ha muerto. Firmado: Dios».* Quizá un héroe ciclópeo como Juan Pablo II (1920-2005) tenía en el trasfondo de su pensamiento esas reflexiones cuando se preguntaba retóricamente ante miles de jóvenes chilenos: *«¿Es posible construir un mundo sin Dios?; ¡Sí!, pero solo haciéndolo contra el hombre».*

San Juan XXIII escribió en *Mater et Magistra* algo que podría haber sido refrendado por cualquiera de los responsables de organizaciones de la Iglesia en cualquier momento histórico: *«Nuestra época es recorrida y penetrada por errores radicales, está angustiada, removida por desórdenes profundos; es, sin embargo, una época en la que se abre al impulso de la Iglesia una posibilidad inmensa de fe».* Anticipando turbulencias tras el Concilio Vaticano II por él convocado, añadía algo también universalmente válido: *«No escuchemos a los pájaros de mal agüero. No vamos a tener miedo. El miedo no puede venir más que de una falta de fe»*. Pueden observarse los paralelismos con estas reflexiones de Rodolfo Glaber (980-1047) a comienzos del siglo XI: *«Mientras la irreligiosidad aumenta en el clero, así también crecen en el pueblo los deseos procaces e incontenibles. Después, las argucias y mentiras, los fraudes y homicidios contagiaron a casi todos, arrastrándolos a la perdición. Puesto que las tinieblas de la ceguera han invadido de la peor manera el ojo de la fe católica, es decir los más elevados cargos de la Iglesia, por eso su pueblo, que desconoce el camino de la salvación, se lanza hacia el desastre de su perdición. Con razón sucede que los mismos prelados son abatidos por aquellos a quienes debieron tener sometidos y ven que se rebelan aquellos a quienes desviaron del camino de la justicia con su ejemplo. Y no es extraño además si, al encontrarse en ciertas situaciones difíciles, no son escuchados mientras gritan, puesto que ellos a causa del exceso de avaricia se cerraron a sí mismos la puerta a la misericordia (...). Cada vez que deja de existir la religiosidad de los pontífices y se flexibiliza el rigor en la observancia de las reglas por parte de los abades, y al mismo tiempo se debilita la disciplina de los monasterios, y, siguiendo su ejemplo, el resto del pueblo se vuelve transgresor de los mandamientos de Dios, ¿qué otra cosa queda excepto que todo el género humano al mismo tiempo, por su voluntad de perdición, se lance al antiguo precipicio y al caos?»*.

La vida es componer rompecabezas. Propuestas de reforma, de cambio de estilo de dirección, de renovación de la cultura organizativa, de gestión del compromiso, de aprovechamiento del tiempo y muchas otras cuestiones desfilan en las siguientes páginas. Todas esas aportaciones son fácilmente aplicables. Cuánta sabiduría referente, por ejemplo, a la gestión del tiempo muestra santa Teresita de Lisieux cuando afirma: *«No sufro sino de instante en instante. Es porque se piensa en el pasado y en el porvenir por lo que uno se desalienta y desespera»*.

Más clichés absurdos: una supuesta estructura asamblearia. Desde el principio se explicitó un sistema jerárquico. San Ignacio de Antioquía (35-108) enardecía a los fieles para que se mantuviesen leales a los obispos y daba por ejercidos tres niveles: obispos, presbíteros y diáconos. A mediados del siglo II hay obispos «monárquicos» al frente de numerosas Iglesias, tanto en Roma como en Antioquía, Alejandría, Esmirna, Éfeso, Corinto, Lyon o Atenas. En algunos lugares se estableció un colegio de presbíteros, a imagen de los consejos de ancianos del pueblo judío, pero en cuanto fue posible se sustituyó por prelados.

Los obispos eran seleccionados por los jerarcas de las diócesis colindantes. En los concilios de Arlés (314) y de Nicea (325) se especificó que en la elección debían participar al menos tres candidatos y recabar la explícita aprobación del metropolitano. Dentro del proceso organizativo inicial se definieron fórmulas para la admisión a las órdenes. Se excluía a los casados en segundas nupcias, a los neófitos, los epilépticos, los locos, los eunucos voluntarios o los reos de crímenes.

Para la cobertura de las necesidades económicas de quienes iban a gobernar y a servir a los demás con la administración de sacramentos, pronto detalló la política fiscal de los diezmos. Se estableció también la delegación en los denominados obispos de campaña o auxiliares, en la actualidad conocidos como vicarios. Ejercían específicas funciones episcopales como conferir órdenes menores o administrar la confirmación. Cada diócesis quedaba ligada a una sede más importante, la metropolitana, y así fueron constituyéndose provincias eclesiásticas.

Clemente Romano (35-97), que llegó a conocer a los apóstoles y fue tercer sucesor de Pedro, escribió en el año 96 una carta a los de Corinto para hacerles entrar en razón en torno a desacuerdos con las autoridades. Lo hacía perentoriamente, consciente de su jurisdicción. Fue aceptado su criterio. Igual sucedió con Víctor I (189-199), Esteban I (200-257) o Dionisio (+268). Gelasio I (492-496) ejercía pacíficamente autoridad judicial y jurisdiccional. Se afirmó entonces que el romano pontífice no podía ser juzgado por nadie: *prima sedes a nemine iudicatur*; nadie puede juzgar a la sede primacial de Pedro, al papa, a la Santa Sede.

Diógenes Laercio (180-240) aseguraba en defensa de los cristianos: «*Son de carne, pero no actúan según la carne*». Ojalá hubiera sido siempre así, porque habrían sido menos los problemas que sucesivamente tendrían que afrontar. Contradicciones surgieron desde los inicios. Lo expresaba el tunecino obispo de Cartago, san Cipriano (210-258), al detallar que algunos obispos se habían convertido en administradores de grandes haciendas. Pablo de Samosata (+272), luego hereje, siendo aún obispo vivía de forma mundana. Por comportamientos como el suyo, el Concilio de Elvira notificó excesos que debían ser evitados. Las incomprensiones se multiplican a lo largo de los más de veinte siglos que vamos a destilar, también, aunque no solo, porque no hay vidas lineales, ni siquiera en dirigentes que creen en la vida futura. Sin ir más lejos, Constantino (272-337) ordenó asesinar a su hijo Crispo y a su esposa Fausta. Irascible, trataba con formas nada cabales a sus subordinados. A la vez era hombre de Estado que favoreció la libertad de la Iglesia tras las persecuciones promovidas por emperadores previos. Rara vez algo humano es rectilíneo, más bien suele adoptar forma de rizoma.

En innumerables ocasiones se ha empleado con desfachatez la calumnia o las medias verdades, que son en realidad falsedades, para lacerar la imagen de la Iglesia. Prisciliano (+385) no fue condenado a muerte por herejía, sino por el delito de maleficio y prácticas de magia, rigurosamente hostigado por las leyes romanas. Ni la Iglesia le condenó por hereje. ¡Tanto san Martín de Tours como san Ambrosio protestaron por su condena! El responsable de aquellas actuaciones fue el gobierno de Magno Clemente Máximo.

En medio de las contradicciones brillan quienes han superado indecibles dificultades, como Dídimo el Ciego (+398). Nacido en Alejandría quedó invidente con cuatro años. A base de intrepidez llegó a ser intelectual de referencia. La causa de numerosos yerros se encuentra en la impericia tanto de directivos como de fieles, deficiencia que la Iglesia intentó paliar con la erección de escuelas catedralicias y monásticas. Pasma que, en el 802, en Aquisgrán se especifique que los ordenandos debían conocer al menos los salmos del Breviario, el Credo y el Padrenuestro, y saber explicarlo mínimamente. Además, debían estar en condiciones de aplicar el ritual de los sacramentos.

San Felipe Neri predicó en el siglo XVI que para cambiar el mundo le bastarían cincuenta jóvenes castos y cincuenta adultos no avariciosos, casi un imposible. Y subrayo ese casi porque, década tras década, proyecto tras proyecto, a lo largo de los siglos se han buscado perfiles de líderes de fuste capaces de mejorar a la humanidad. En medio de ejemplos heroicos y vidas inconsistentes, la Iglesia ha sabido reinventarse de forma ininterrumpida. Así, para luchar contra la usura surgieron en Italia en el siglo XV los Montes de Piedad. También en España hubo quienes procuraron encontrar solución a esa lacra. La primera iniciativa fue promovida por fray Ludovico de Camerino en las Marcas, en 1428. En Castilla es paradigmática la iniciativa de las Arcas de Limosnas establecidas en 1432 por el conde de Haro en templos parroquiales de su territorio bajo inspiración franciscana. También en Italia, de 1462 a 1496 se fundaron casi cien Montes de Piedad. Uno de los más eficaces promotores fue el franciscano, luego beato, Bernardino de Feltre (1439-94). El cardenal Cisneros promovió la creación en Castilla de pósitos –almacenes para el aprovisionamiento de la población–, comenzando por Toledo y Alcalá de Henares. En sus primicias, solo por excepción gestionaban préstamos. Con el paso del tiempo se abrirían a esa actividad. El crédito era habitualmente sin interés. De haberlo era irrisorio. Se empleaban con frecuencia prendas o garantías. El fin social prevalecía sobre los beneficios económicos.

Sobre cómo elegir al CEO, la evolución fue profunda, desde la aclamación a la elección en el colegio cardenalicio. También fue cambiando la composición de este. Gregorio X, fallecido de fiebres en 1276, dejó establecida la norma *Ubi periculum*, en la que se impone el cónclave. Los cardenales serían encerrados bajo llave, incomunicados del mundo exterior. Si se demoraban se les iría dosificando el alimento para estimular la decisión.

En casi todos los temas se han alternado idas y venidas. El II Concilio de Lyon (1274) estableció la disolución de las órdenes ulteriores al Concilio IV de Letrán, a excepción de franciscanos y dominicos. Carmelitas y agustinos, que deberían haber desaparecido, fueron indultados. Luego se abrirá la mano a otros. En esos años, el laico había cedido el puesto al clérigo; el yermo, al convento; la soledad, a la ciudad; y una devoción sencilla al apostolado y al estudio.

Casi toda institución católica se ha identificado con el colegio apostólico pregonando que ellos sí que vivían como los primeros cristianos. En Roma se cobijó, en 1653, la Escuela de Cristo, congregación de sacerdotes y laicos españoles que aspiraban a la santidad a través del cumplimento de los deberes de su estado, la práctica de la oración mental, la mortificación, la fraternidad y la devoción a la Virgen. El padre Eugenio de San Nicolás (1617-1677) sería el propagador de esta asociación desde los conventos recoletos de Toledo y Trujillo. El padre Poveda retomaba idéntica idea el 13 de diciembre de 1932: *«¿Sabéis con quién está entroncada nuestra institución? Con la más antigua, con los primeros cristianos (...); nuestra primitiva raíz fueron los primeros cristianos (...) que en razón del tiempo, ni tenían hábito, ni grandes viviendas, ni numerosas comunidades».*

Siempre ha estado presente la necesidad de evolución, especialmente en períodos de acerada incertidumbre. Entre otros, Gregorio VII (1073-1085) había centrado el énfasis en la renovación de la Iglesia con ocasión del conflicto de las investiduras. Lo haría igualmente Inocencio III a través de los concilios de París (1212) y IV de Letrán (1215). También el Concilio de Viena (1311), aunque quedó desnortado por la injusta disolución de los templarios promovida por Felipe IV el Hermoso. En Constanza (1414-1418) volvió a plantearse para extinguir el Cisma de Occidente. También el Concilio de Basilea (1431), aunque no se llevaron a la práctica las decisiones. Trento (1545-1563), ante la amenaza de la mal llamada Reforma luterana, supondría un relevante impulso para esa transformación constante, como de otro modo lo sería siglos más tarde el Concilio Vaticano II.

No han faltado situaciones peculiares. Calixto nació en Roma en el 155 d. C. y fue esclavo de un cristiano de nombre Marco Aurelio Carpoforo. Fungió de banquero, aceptando depósitos de cristianos y asumiendo operaciones arriesgadas, culminadas en chasco. Su amo le perdonó a solicitud de los propios fieles estafados. Condenado a trabajos forzados en las minas de Cerdeña huyó gracias a la ayuda de una cristiana llamada Marcia, con la que se magreaba el emperador Cómodo. Ya libre, tres décadas más tarde fue elegido papa en el año 217 con el nombre de Calixto I. Fue el número XVII. Falleció mártir al ser lanzado a un pozo en una revuelta popular el 14 de octubre de 222.

En la selección realizada, he tenido que dejar a incalculables personas y organizaciones fuera del texto. No trato, entre otros muchos, de los silvestrinos fundados por san Silvestre Guzzolini (+1267) en el monte Fano, bendecidos por Inocencio IV en 1242. Unían a la vida austera actividades como la predicación y la confesión. Tampoco de los olivetanos, fundados por san Bernardo Tolomei (1272-1348), que asimilaron elementos eremíticos siguiendo la regla de san Benito e introdujeron aspectos de la legislación mendicante. Ni de otros promotores: santa María Soledad Torres Acosta, fundadora de las Siervas de María Visitadoras de Enfermos (1826-87); santa Vicenta María López y Vicuña (1847-1890), fundadora de un instituto para la formación cristiana de las jóvenes del servicio doméstico; o santa María Teresa Jornet (1843-99), fundadora de las Hermanas de los Ancianos Desamparados. A la Compañía de Jesús solo haré referencias tangenciales. A su *management* le he dedicado un libro específico: *Jesuitas, liderar talento libre* (LID Editorial).

En las siguientes páginas el lector hallará cientos de aprendizajes aplicables al gobierno. Junto a reacciones cabales, reitero, encontraremos barrabasadas. Como cuando el recién nombrado director del equivalente a un convento, el mismo día en el que el responsable hasta el momento había sido trasladado por ascenso, encargó al ponente del primer medio de formación colectivo una feroz crítica de su predecesor. Al concluir, un asistente le manifestó en privado su pesadumbre. La reacción fue furibunda: *«Demasiado poco ha dicho, ¡habría que haber echado a ese, no darle otro cargo!»*.

Solo un fanatismo inmisericorde explica que un profesor universitario, en otros aspectos más comedido, reaccione de esa manera.

El origen de mi añejo interés por los templarios se debe, por cierto, a que el fundador de una otrora afamada organización, que en la actualidad se encuentra en honda crisis por ausencia de humildad para asimilar un obvio y aplastantemente negativo *feedback 360°*, manifestó el temor de acabar como ellos.

Muchísimo más grave, fruto de homólogo menosprecio por las personas, es el caso de personajes como el jesuita Dragutin Kamber, que celebró en la revista *Novi List* de 16 de agosto de 1941 a los soldados nazis como luchadores «de la justicia política y social» y constructores de los fundamentos de un mundo feliz para las futuras generaciones; que fuese buque insignia de la Policía en Doboj (Bosnia) y responsable último del asesinato de serbios ortodoxos muestra con patética claridad que la cizaña y el trigo se encuentran mezclados hasta el final de los tiempos. Bien puede mencionarse aquí la reflexión de Karl Popper: «*Ninguna ciencia puede, de hecho, responder a la pregunta de quién es el hombre. Nos arriesgamos a conocer hasta la última partícula del ser humano, pero nos arriesgamos a olvidar quién es el hombre*». La persona es frágil y compleja, algo que siempre ha reconocido la Iglesia y que se halla inscrito con matices de admirable sutileza en su doctrina.

Es aplicable a algunos colectivos una inmemorial chanza referida originariamente a los mormones. Al llegar alguien al Cielo es agasajado por el mismísimo san Pedro. Visita maravillosos entornos. En todos, al preguntar el recién llegado por un alto muro, se le replica: «*Detrás se encuentran los mormones*».

Interrogado san Pedro por el motivo, fulminó: «*Es que solo son felices si consideran que son los únicos que están en el Cielo…*».

El farolero complejo de sentirse únicos genera hilaridad.

No queda —insisto— otro remedio que mencionar ludibrio. Entre los rayanos en el tiempo, patibularios nefandos como el mexicano Marcial Maciel, el chileno Fernando Karadima o los peruanos Luis Fernando Figari Rodrigo y Germán Doig Klinge. Sin embargo, los maledicentes de los excelsos cristianos que, al margen de estas y otras ovejas negras iremos evocando, no rozan siquiera la fimbria del hábito de los verdaderos protagonistas de este libro. No hay que obviar que gacetilleros impúdicos tratan de escudar la ausencia de control de sus pulsiones con críticas arteras y sesgadamente documentadas a la Iglesia. Con su corazón carcomido se convierten en sayones de baja estofa. De sus aquelarres poco queda salvo una desarbolada cacofonía de aullidos. A diferencia de ellos, vamos a adentrarnos con objetividad y respeto en el análisis de los estilos de gobierno de una pasmosa organización gobernada habitualmente por un anciano —la tendencia a contar con papas de transición es endémica, aunque con frecuencia haya sorpresas por la longevidad no esperada ni deseada—, elegido por un grupo, salvo excepciones, de septuagenarios. Los cardenales, ese peculiar grupo de provectos en ocasiones también sabios, recibieron el capelo rojo, su actual distintivo, en 1245 de manos de Inocencio IV. En 1630, Urbano VIII concedería carácter oficial al título de Eminencia.

Para controlar tan extensa organización, a mediados del siglo XIII Gregorio IX hizo obligatoria la visita *ad limina apostolorum*, que todos los obispos debían rendir a Roma. El juramento de realizar la primera personalmente y la segunda si era precisa mediante procurador se fue relegando. En 1585, Sixto V volvió a prescribir la obligatoriedad. Se amenazaba a los transgresores con penas tan relevantes como la suspensión de la administración espiritual y temporal de la diócesis, la no percepción de rentas y también la prohibición de entrar en la iglesia si no eran absueltos por el pontífice.

Entre quienes intentaron realizar mejoras, Inocencio XI (1611-1689) es célebre por su rigor. Decidió acabar con lujos innecesarios y también con la lacra del nepotismo. En el cónclave más prolongado del siglo XVII se había incorporado como cardenal Antonio Pignatelli. Cinco meses más tarde emergía como papa. El 20 de junio de 1692 emitió la bula *Romanum decet Pontificem*, que hizo jurar a los treinta y cinco cardenales del sacro colegio. Prohibió a los papas conceder honores, cargos públicos, pensiones o propiedades de la Iglesia a hermanos, sobrinos u otros parientes. Suprimió el cargo de cardenal nepote. Para enviar mensajes diáfanos sobre sus propósitos ordenó encarcelar a cuatro mujeres nobles que habían jugado a las cartas durante una fiesta religiosa. Impulsó a los religiosos a ser decentes, cerró tabernas y prohibió que actuaran féminas en los teatros; debían ser sustituidas por *castrati*. Los romanos le calificaron como el «papa No». Falleció el 26 de septiembre de 1700 con ochenta y cinco años.

Sentiremos, en fin, admiración, veneración y a veces verecundia por el comportamiento de algunos que deberían haber obrado respetando creencias y personas, en vez de dejarse arrastrar por la tacañería, alborotadas experiencias sexuales o la ira. San Bernardo recordaba en *De Consideratione* que un papa que se enorgullece *«no merece más respeto que un mono de cola larga en la copa de un árbol»*. ¡Cuántos, desafortunadamente, podrían ser calificados como tales! A san Bernardo le hubiera encantado la expresión de Bob Eccles y Nitin Nohria, que en su obra *Beyond the Hype* explicitan que gobernar es el arte de lograr que las metas se alcancen. Ese fue siempre el reto de san Bernardo, al igual que el de los emprendedores de los que vamos a tratar. Para ser imitadores de esos héroes bimilenarios hemos de enamorarnos de las jornadas de nuestra vida en las que solo espera el trabajo esforzado en servicio de los demás.

No pueden relegarse los componentes misteriosos de la organización que vamos a analizar partiendo de su estandarte, causa de contradicción: *stat crux dum volvitur orbis*; la cruz, escándalo para tantos, permanecerá mientras el mundo gire. San Juan Pablo II, en Ávila, en noviembre de 1982, resumía: *«Las religiosas contemplativas son el honor de la Iglesia y hontanar de gracias celestes»*. Vamos a presentar, en fin, organizaciones y resultados de gestión, pero contando con claves trascendentes.

Ojalá en todos los casos se cumpliese el anhelo expresado por santa Teresa de Jesús: *«Quienes de veras aman a Dios, todo lo bueno aman, todo lo bueno quieren, todo lo bueno favorecen, todo lo bueno loan, con los buenos se juntan siempre y los favorecen y defienden. No aman sino verdades y cosa que sea digna de amar. ¿Pensáis que es posible, quien muy de veras ama a Dios, amar vanidades? Ni puede; ni riquezas, ni cosas del mundo, de deleites, ni honras; ni tiene contiendas ni envidias. Todo porque no pretende otra cosa sino contemplar al Amado. Andan muriendo por que los ame, y así ponen la vida en entender cómo le agradarán más».* (*Camino de perfección*, c. 40, n. 3).

Algunos han hecho carne de su carne esas indicaciones y otros se han dejado arrastrar por hábitos comportamentales mezquinos. En ciertos casos, quizá, por haber quedado prendidos de parafernalias lejanas de ese maravilloso oficio consistente en sacarle brillo a cada fantástico día gris mediante el cual la mayor parte de las existencias van configurándose.

Cierro esta introducción con una profunda y aplicable reflexión de Heidegger: *«Das Vergangene geht. Das Gewesene kommt»*, lo que ha pasado se va. Lo que ha sido vuelve. Procuraré desgranar, no siempre explícitamente, lo que meramente ha pasado de lo que ha sido. De ambos rubros se aprende, sobre todo del segundo, porque mucho de lo que consideramos novedoso en *management* son reediciones de necesidades antropológicas del ser humano manifestadas de un modo solo en apariencia insólito.

UN MODELO INSUPERABLE
JESÚS DE NAZARET (CA. 4 A.C-30-33 D.C.)

Jesucristo manifiesta de continuo que el liderazgo se fundamenta en el autoliderazgo y el ejemplo. Cuando discípulos de Juan el Bautista desean seguirle, no explica ni conjetura.

«Venid y ved», les propone.

Y cuando convoca a Pedro y a su hermano Andrés: *«Venid tras de mí y os haré pescadores de hombres»*.

La resolución es meteórica: *«Dejadas todas las cosas, le siguieron»*.

Repite la oferta a Juan y al Zebedeo, para obtener idéntica y ágil reacción. Presenciamos un remoto y plástico antecedente práctico de expresiones que han hecho fortuna en el siglo XXI: las personas buscan paradigmas imitables, no teorías; *managing by walking* (gobernar con el obrar); liderazgo de servicio, etc. El cinismo amedrenta y nublar la realidad desalienta. El ejemplo es el mejor argumento. Implica no pocos sacrificios, como muestra la historia terrenal del Hijo de Dios. Significa huir de la altanería, el fanatismo y el autoritarismo. Camino de Emaús, tras la resurrección, no expresa recónditas teorías sino que primero escucha con paciencia; luego formula preguntas como sublime *coach*. El fundador de la fe de la Iglesia entrega por sus fieles hasta la vida, a diferencia de los manipuladores que se enriquecen a costa de aquellos a quienes seducen. Jesucristo sabe contar solo hasta uno —cada individuo le importa—, y además perdona a quienes han cometido yerros, sin rencores ni reconcomios. Nadie como Él gestiona el error, inevitable en la naturaleza humana. Proporciona oportunidades sin clausurar opciones. Si alguien se queda atrás es porque no está interesado en dar los pasos adecuados.

Su capacidad de generar compromiso es diferencial. Mujeres y hombres a lo largo de más de 2000 años se inmolan para pisar por donde Él anduvo. Cristo crea las condiciones de posibilidad para la vida honorable de la humanidad, reconoce a cada ser humano como único, con independencia de sus condiciones, sin cacarear utopías. Deja claro que no existe un mundo perfecto sobre la Tierra. «*Siempre habrá pobres entre vosotros*», anticipa. Cuando enuncia las Bienaventuranzas no pronostica que esas circunstancias fueran a desaparecer. La doctrina de la Iglesia asume flaquezas.

Nos vamos haciendo progresivamente y precisamos de un mapa que nos oriente. La más justa antropología jamás propuesta es la cristiana. Para algunos será por motivos espirituales, de fe. Para otros, un albur relacionado con circunstancias históricas y culturales, pero todos la han copiado. Algunos llevan siglos intentando asolarla, incluso desde las más altas instancias de la Iglesia que Él fundó, pero no lo han logrado. Con causticidad irreverente se ha afirmado que la Iglesia tiene que ser divina porque ni siquiera un papa argentino la ha desmoronado. Plagian incluso quienes aborrecen el mensaje de fondo, empezando por los teóricos del comunismo, herejía materialista y perversa del cristianismo –construyen el nosotros sobre el exterminio de quienes no se les someten, e incluso de estos–, con no pocas semejanzas con derivas medievales. Un profundo autor judío, Viktor Frankl, afirmaba en 1975 que no le sorprendía que una religión «*que desde hace 2000 años trabaja con las mejores cabezas de Occidente para refinar el concepto de hombre, haya generado un concepto de hombre que en muchos aspectos sigue siendo insuperable*». Remataba: «*Puedo suscribir sin más gran parte de la antropología del cristianismo (aunque no pueda suscribir ni una letra de su teología)*».

Jesucristo sabe contar hasta uno, y cuando es preciso, en beneficio de las personas se salta criterios asentados: «*Enseñaba Jesús en una sinagoga en el día de reposo; y había allí una mujer que desde hacía dieciocho años tenía espíritu de enfermedad; andaba encorvada, y en ninguna manera se podía enderezar.*

»Cuando Jesús la vio, la llamó: 'mujer, eres libre de tu enfermedad'. Y puso las manos sobre ella; y ella se incorporó, y glorificaba a Dios. Pero el principal de la sinagoga, enojado de que Jesús hubiese sanado en el día de reposo, dijo a la gente: 'Seis días hay en que se debe trabajar; en estos, pues, venid y sed sanados, y no en día de reposo'. Entonces, el Señor le respondió: 'hipócrita, cada uno de vosotros, ¿no desata en el día de reposo su buey o su asno del pesebre y lo lleva a beber? Y a esta hija de Abraham, que Satanás había atado

dieciocho años, ¿no se le debía desatar de esta ligadura en el día de reposo?'. Al decir él estas cosas, se avergonzaban todos sus adversarios; pero todo el pueblo se regocijaba por todas las cosas gloriosas hechas por él». (Lucas XII, 10-17).

San Pablo es aventajado altavoz. Incontables hagiógrafos de fundadores se han empeñado en igualar a sus promotores con el de Tarso. Comienzan los seguidores del nazareno siendo judíos de una nueva tendencia y es en Antioquía (Siria) donde los miembros de aquella nutrida comunidad son denominados cristianos. Colisionan a boca de jarro con la idolatría al emperador. La negativa a adorar al gerifalte de turno provoca atroces persecuciones, como las de Nerón (68) y Domiciano (81-96).

Los modos en los que los seguidores llevan a la práctica el mensaje son polifacéticos. ¿Quién puede señalar con precisión cuáles son más correctos o menos certeros? Sorprende, por poner un solo ejemplo, la originalidad de Roberto Abrissel, que fundó en 1099 la Orden de Fontevrault. Se trataba de monasterios dobles, uno masculino y otro femenino. Una abadesa dirigía ambos. No alcanzaría repercusión y desaparecería en la Revolución francesa sin ser luego renovada, pero es significativo tenerlo en cuenta en un entorno como el actual en el que el feminismo, a veces sensato y otras con tintes patológicos, penetra hasta el último rincón.

El liderazgo de servicio calará a lo largo de los dos milenios transcurridos. El capítulo IV de la primera regla de los Frailes Menores redactada por san Francisco de Asís asevera: *«Todos los frailes que son constituidos ministros y siervos de los otros frailes en el nombre del Señor, distribúyanlos por las provincias y lugares donde moran y visítenlos y amonéstenlos, y espiritualmente los conforten. Y todos los otros mis benditos frailes con diligencia les obedezcan en todo lo que pertenece a la salud del alma y en lo que no fuere contrario a nuestra vida. Y hagan los frailes entre sí como dice el Señor: 'Lo que queréis que los hombres hagan con vosotros, aquello haced con ellos'* (Mateo, VII,12); *y 'lo que no queréis que hagan con vosotros, no lo hagáis con otros'* (Tobías, IV, 15). *Y acuérdense los ministros y siervos que dice el Señor: 'No vine a ser servido, sino a servir'* (Mateo, XX, 28). *Y que les han confiado el cuidado de las almas de los frailes, de las cuales, si alguna se perdiese por su culpa y mal ejemplo, en el día del jui-*

cio habrán de dar cuenta delante de Nuestro Señor Jesucristo». San Francisco subraya en otro momento: *«Quienes ejercen autoridad sobre otros gloríense tanto de su prelacía como si les encargasen lavar los pies de los frailes, y cuanto más se turbaren de que se les quite la prelacía que del oficio de lavar los pies, tanto mayores supercherías y asechanzas fabrican para peligro de su alma»*.

Pocas veces se menciona en el Evangelio a Cristo irritado. No le pasa desapercibido a san Francisco. En el capítulo V del texto aludido se señala: *«Guárdense todos los frailes, así ministros y siervos como los otros, que no se turben y enojen por el pecado o mal ejemplo de otro, que eso quiere el demonio, con el pecado de uno dañar a muchos; mas, espiritualmente como pudieren, ayuden al que pecó, porque 'no ha menester médico el sano mas el enfermo'»*. (Mateo, IX, 12). En el capítulo IX se incide en la austeridad, tan bienquista por Jesucristo: *«Todos los frailes procuren seguir la humildad y pobreza de Nuestro Señor Jesucristo y acuérdense de que ninguna otra cosa nos es necesaria de todo el mundo, sino que, como dice el Apóstol, teniendo qué comer y con qué cubrirnos, con esto nos contentemos (I Timoteo, VI, 8)»*.

Asumir las correcciones es otro reto. Lo plasma el de Asís: *«Bienaventurado el siervo que sufre con tanta paciencia la enseñanza, acusación y corrección de otro como si él mismo se la hiciera»*. En otro lugar: *«Quien tiene poder de mandar y es tenido como mayor procure hacerse menor y siervo de los demás hermanos y use de tanta misericordia para con cada uno de sus súbditos, cuanta él quisiera que usasen los otros con él si fuese súbdito. Por la falta de un hermano no se irrite contra él, sino amonéstele benignamente y súfrale con toda paciencia y humildad (...). Nunca debemos desear sobresalir entre los otros; al contrario, procuremos con empeño ser siervos y estar sujetos a toda criatura humana por amor de Dios»*.

Esta es la descripción de un CEO realizada por Tomás de Celano (1200-1260) sobre san Francisco, y que cuadra a la letra con el prototipo que hubiera deseado el nacido en Belén: *«Debe ser de vida austerísima, de gran discreción, de fama intachable. Un hombre que carezca de amistades particulares, a fin de que, amando más a este que a aquel, no produzca escándalo en la colectividad (...). Debe estar en público a disposición de todos, para responderles y proveerles con mansedumbre. Debe ser un hombre que no haga aborrecibles distinciones y acepción de personas, que tenga igual cuidado de los pequeños y sencillos que de los mayores y sabios. Un hombre que, aunque le sea concedido aventajar a los demás en ciencias, destaque más por la mayor sencillez en las costumbres y por el adorno de las virtudes. Un hombre que abomine el dinero, nefanda corruptela de nuestra profesión y perfección; cabeza de una orden pobre, que dando ejemplo a los demás en qué imitar jamás abuse del dinero (...). Un hombre que consuele a los afligidos, siendo el último refugio para los atribulados, no sea que, si en él falta el remedio, para recobrar la salud no acometa a los débiles la enfermedad de la desesperación. Para reducir a mansedumbre a los protervos, humíllese a sí mismo, ceda algo de su derecho a fin de ganar el alma para Cristo».*

Humildad que algunos más cercanos a nosotros en el tiempo, como san Juan Pablo II, asumieron en plenitud. Predicaba el día de su elección: *«¡Alabado sea Jesucristo! Queridísimos hermanos y hermanas, todavía estamos afligidos después de la muerte de nuestro amadísimo papa Juan Pablo I. Y ahora los eminentísimos cardenales han llamado a un nuevo obispo de Roma. Le han llamado de un país lejano, pero siempre tan cerca por medio de la comunicación en la fe y la tradición cristianas. No sé si puedo explicarme bien en vuestra... nuestra lengua italiana. Si cometo un error, vosotros me corregiréis. Y así me presento ante vosotros para confesar nuestra fe común, nuestra esperanza, nuestra confianza en la Madre de Cristo y de la Iglesia, y también para empezar a andar de nuevo por este camino de la historia y de la Iglesia, con la ayuda de Dios y con la ayuda de los hombres».* Fue el fecundo pontificado del diálogo con el islam, de la reconciliación con el pueblo judío, la entrada expansiva del cristianismo en el tercer milenio o la caída del comunismo.

La predicación de Jesucristo sigue manifestándose en múltiples modos a lo largo y ancho del planeta. Quienes gozan de la fe saben que es el Hijo de Dios. Los carentes de esa luz lo vislumbran como un sabio que exteriorizó la más sublime antropología para un mundo ahíto de complejidades. Su figura ofrece consuelo y esperanza. Imaginemos el poder de sus bizarras palabras en un entorno donde la existencia era generalmente corta y cruel. Alguien habla por y para quienes no tienen voz, les hace valiosos solo por existir, diferenciándolos como individuos y convirtiéndolos en parte de una valiosa comunidad. Y paga el más alto precio por ello. Su paradigma es tan poderoso e inagotable que sigue influyendo en individuos que no creen en su divinidad. Es un mensaje que no caduca. Atañe a lo que somos.

Jesucristo conocía la escritura –durante la petición de la lapidación de la adúltera consigna en la arena algo que borra (Juan VIII, 1-11.)–, pero no redactó sus hechos. Los apóstoles universalizan su mensaje. Plasmaron el mensaje por escrito, en una sociedad donde aún pervivía la oralidad por los incontables analfabetos y por cuyas trochas, como hoy, deambulaban demasiados iluminados.

Ha sido inaugurada una historia apasionante en cuyos hontanares vamos a aprender. San Pablo, tras su conversión es el mejor director comercial que cualquier organización podría apetecer. Recorre el mundo notificando su tránsito de perseguidor a predicador.

ALGUNAS ENSEÑANZAS

- El ejemplo habla más alto que ningún discurso
- Una vida modélica arrastra a la munificencia
- El *coach* escucha antes de hablar. Evita ser dicharachero
- Las personas son lo primero
- Proponer retos no implica prometer utopías
- Una antropología adecuada es un mapa esencial para acertar en las decisiones
- Cuando un modelo es bueno, aunque se denigre lo que no gusta se acaba por imitar
- Las normativas precisas han de ser aplicadas en función del bien de los individuos
- Las organizaciones son para las personas, no las personas para las organizaciones
- La verdad de las propuestas del fundador de la fe de la Iglesia se ha manifestado de múltiples maneras a lo largo de los siglos y resulta indecente pretender que la proposición específica de uno de sus seguidores sea única, exclusiva y superior

LA AUDACIA DEL PIONERO
SAN PACOMIO (287-346)

San Pacomio. Fuente: Wikimedia Commons.

Pacomio, nacido en el 287 en Egipto, comenzó su experiencia profesional como militar en el Ejército de Magencio. Con ocasión de un viaje a Alejandría se convirtió al cristianismo. Viviría como ermitaño. Innovó con una regla bajo la cual se regirían sus prosélitos, monjes que subsistirían gracias al trabajo. Pacomio es el pionero del lema *ora et labora* de san Benito. En su tiempo, como en todos, algunos asumían costumbres heteróclitas para los amantes de lo instituido. Fue el caso de san Simón, denominado el Estilita, que sobrevivió largos meses encaramado en una columna (*stilos*: pilastra en latín) a la que le portaban alimentos.

En el anhelo de llegar al Ser Supremo, la vida solitaria y la cenobítica no siempre han establecido clarísimas líneas rojas. En Egipto, al igual que en otros enclaves del Norte de África, a partir del siglo III se dieron dos alternativas con características no definitivamente perfiladas. Debatir, como en ocasiones se ha hecho, sobre cuál de las opciones es más perfecta resulta una perogrullada. Como la hermenéutica –ahora conocida como post verdad– lo justifica todo, algunos juzgarán que la vida cenobítica era mejor para los principiantes y la eremítica para los avanzados. Otros, al revés. Lo relevante es que cada persona encuentre su lugar en el ciclo de la vida, personal y profesional, y también en su camino hacia Dios.

Es quimérico un proyecto íntegramente definido desde el primer momento. Los bocetos van ajustándose a las servidumbres de lo real. En sus albores, Pacomio no albergaba el propósito de crear algo inextinguiblemente novedoso y rompedor. Fue un proceso iniciado por él y desarrollado por sus partidarios lo que pone en marcha el concepto de *koinonía*, la comunidad. Fueron perfilando una existencia monástica impregnada de afecto fraterno.

Entre sus primeros seguidores se contó Teodoro, vástago de una relevante familia de la ciudad de Sne, quien, para cuando conoció a Pacomio, ya pertenecía a una comunidad de ascetas. Aunque el mejor número de personas para dirigir un proyecto es impar y siempre inferior a dos, no está de más contar con un *alter ego* que en última instancia sirva como rodrigón o *coach*. En el caso de Pacomio, Teodoro se trocó en apoyo para sobrellevar los óbices iniciales, particularmente los que asoman en el lapso más significativo de expansión, entre el 329 y el 340.

Es habitual juzgar que la época que a cada uno le toca vivir es la más compleja. Esto habla más de nuestra arrogancia que de los tiempos; demasiados pánfilos siguen considerando que el mundo comenzó cuando ellos alcanzaron el uso de razón y desaparecerá cuando fallezcan. En el siglo IV en Egipto, como en tantos entornos y lugares antes y después de Pacomio, la descomedida glotonería de la Hacienda pública condujo a la proliferación de funcionarios. Las nóminas dependientes del Estado eran mayores en número que las de quienes contribuían al sostenimiento de la administración con trabajos productivos. En la primera mitad del siglo IV se duplicó la recaudación. La consecuencia cuando así acaece es siempre una recesión económica. Con ella tuvo que bregar nuestro protagonista.

Juan Casiano (360-435) distinguiría, con matices que el idioma griego facilita entender, entre el *telos* del monje, el reino de los Cielos; y el *skopos*, la vía para lograrlo. A saber, la pureza de corazón y la caridad. La vida en común se columbra, según estas coordenadas, como el camino más seguro para orientarse al Cielo. Con normativa austera, se marcó que el espacio que debería ocupar cada individuo dentro de los cenobios sería de quince por doce metros distribuidos en dos habitaciones, una para capilla y otra para trabajo manual, sin disponer privadamente ni de cocina ni de letrinas. Se valoró la conveniencia de contar con sala para reuniones, instalaciones de agua y oratorio común.

La evolución frente a los eremitas cuajó en múltiples aspectos, también en el del ascetismo, y disponían de relativa independencia incluso para la administración de bienes. Algunos, tras aceptar donativos comenzaron negocios cuasi bancarios como prestamistas. Con los medios allegados invertían en la redención de cautivos o realizaban donaciones. En la *koinonía*, por el contrario, el grupo predominaba sobre el individuo. La gestión de recursos estaba socializada, las finanzas eran comunes sin que cada miembro pudiera tomar decisiones particulares. La propiedad era compartida, al igual que la planificación de los procesos de producción y los frutos. A unos y a otros se les reclama responsabilidad respecto a los fines, pero los senderos son diversos. Con el tiempo, los caminos se irían puntualizando, sin desaparecer las mutuas influencias. De los eremitas nacieron los cenobios y de los cenobios procederían los futuros eremitas.

Toda organización aspira a definir su propia imagen de marca con homogeneidad visible que la diferencie de otras que llega a considerar como competidoras, lo cual comprende desde los colores de un banderín hasta una teleología propia. Responde a la necesaria aspiración a la afiliación que toda persona alienta. Inicialmente su distintivo era la barba. Se permitió pronto el empleo de esteras para amodorrarse y se adoptó un capuchón (*klaft*), una capa de piel de cabra (*balot*) y un cinturón de cuero (*mojh*). En determinadas circunstancias disponían también de escapulario (*skema*).

La vida comunitaria repudiaba las iniciativas particulares; nadie cocinaba por su cuenta ni gustaba de alimentos sin la compañía de hermanos. El rigor no estaba reñido con la salud y consta el consumo de hasta seis tipos de pescado. El máximo responsable recibía el nombre de *prome nisoouhs*, el primer hombre del convento. Luego pasó a llamarse padre del monasterio o *princeps*. Se encargaba de las interacciones con personas o instituciones ajenas e imponía precauciones para precaver la familiaridad con las mujeres. Si acudían féminas se tomaban medidas para evitar maledicencias. Se reiteraban las llamadas al equilibrio entre las necesidades y obligaciones materiales y la consumación de las metas espirituales.

Cumpliendo con la tendencia al panegírico, algunos compararon a san Pacomio con san Pablo. Fortalecer la figura del fundador consolida el compromiso con una organización que está presuntamente conectada con la divinidad; no debe dudarse de seguir en ella, aunque los errores se multipliquen.

En cada cenobio había un jefe que especificaba la normativa general a las circunstancias, concedía permisos, distribuía el trabajo y resolvía los conflictos. También acumulaba capacidades penales para quien no se adaptaba. Está documentado cómo el susodicho Teodoro corrige de forma consistente a un superior local por no imponer la observancia del silencio. Se reitera que el gobierno está para ayudar, no para imponer criterios o satisfacer egos. Se insta a que se atienda a quienes tengan necesidad espiritual o material. Explícitamente, señalan las normas: «*Nadie se preocupe de la propia felicidad cuando ve al hermano en pobreza y en tribulación*». Se menciona el derecho a desobedecer en caso de escándalo, lo que plantea el dilema de la sumisión debida. Además, si germinaban desencuentros, la comunidad podía reunirse para juzgar quién tenía razón. Fraternidad y corresponsabilidad jugaban un papel esencial.

El proceso de admisión es implacable. No se aspira a multiplicar inconsistentemente las filas. Cuando alguien solicita la incorporación debe aportar pruebas de que no es delincuente. También ha de renunciar a su familia y a la herencia que pueda corresponderle. Transcurrida la prueba, se le despoja de vestidos seculares y endosa el hábito. Sus vestimentas van al ropero, donde quedan a disposición. Se prueba a los aspirantes y se les examina sobre el ceremonial. Tienen obligación de memorizar veinte salmos y dos epístolas de san Pablo. Con un ciclo de formación se concede acceso a la vida cenobítica. En la primera etapa dependen del portero. Pacomio insiste en que cada postulante aprenda a bendecir al Creador y se forme en moral. Teodoro señala un mes para que permanezcan en la puerta. La incorporación definitiva no tiene marcha atrás. Si alguien se fuga, al regresar hará penitencia. Un pecador es como un enfermo al que hay que mantener en cuarentena. La vida es exigente, con ayuno de miércoles y viernes, a excepción del tiempo de Pascua. Algunos, superando lo estrictamente indicado, consumen un solo plato o se limitan a ingerir pan. Si alguien no desea acudir al comedor se le lleva pan, agua y sal para uno o más días.

La puntualidad, manifestación de respeto a los demás, es ensalzada: *«De día, cuando se escucha el sonido de la trompeta, a la asamblea. Quien llegue después de una sola plegaria se hará acreedor de una amonestación por parte del superior y permanecerá de pie en el refectorio».* El orden es fundamental. Si durante la misa alguien sale sin autorización, será reprendido. Si alguno dormita mientras el prepósito de la casa o el padre del monasterio imparte la catequesis, permanecerá de pie hasta que se le indique.

Como más vale prevenir que curar, y la debilidad de la persona no entiende de situaciones, se ponen medios para facilitar la conducta: nadie está autorizado a atrancar por dentro su dormitorio, ni dos monjes pueden montar juntos en un asno o en la vara de un carro. Se atiende también a evitar la mentira, la difamación, las palabras gruesas o las descalificaciones. En pro de una vida recatada no se emplean camas elevadas, habituales entre personas de buena posición. Los monjes no deben resistirse a la autoridad ni mostrar ampulosidad. Obrar con negligencia, pronunciar palabras ociosas, entregarse a risas y jolgorios o tratar con infantes está estrictamente desaconsejado. En puntos centrales, las normas son inequívocas: *«Si uno que es fácil a la calumnia y dice cosas que no son verdaderas es sorprendido en este pecado, amonéstenlo por dos veces; si todavía se muestra tardo a dar escucha, sea alejado de la comunidad de los hermanos por siete días hasta que prometa y asegure que se separará de este vicio, después de lo cual será perdonado».*

Muchos, de forma más o menos explícita, se inspirarán en las propuestas de estos pioneros.

ALGUNAS ENSEÑANZAS

- Ni las personas ni las organizaciones son lineales
- Hablan más alto las acciones que las palabras
- Las líneas rojas entre proyectos no son inalterables
- Lo único relevante es que cada uno encuentre su lugar en el ciclo de la vida
- Los objetivos y los medios van descubriéndose progresivamente
- Toda iniciativa establece diferencias específicas para su imagen de marca
- La jerarquía es imprescindible. Alguien tiene que decidir en última instancia
- Tomar precauciones para evitar errores no implica desconfianza sino sentido común
- Llegar a deshora es una apreciable carencia comportamental
- Los filtros de incorporación han de ser meticulosos

LA VERDAD TIENE UN PRECIO
SAN JUAN CRISÓSTOMO (347-407)

San Juan Crisóstomo y Santos, de Sebastiano del Piombo, 1509. Fuente: Attilios.

La situación económica de su madre, Anthusa, permitió a Juan codearse con lo más granado de la clase pudiente, asistiendo a los mejores centros de formación y educándose en gramática latina y griega, declamación, escritura, filosofía, cálculo, historia natural y medicina. Deslumbró en latín, siríaco y griego. Esto último enorgullecía a su progenitora, de antecesores helenos. Aprendió desde joven a manejar la diversidad como realidad connatural, tal como aconsejaría en el siglo XX Roosevelt Thomas Jr. en *From affirmative action to affirming diversity*.

Juan vio la luz en torno al 347 en Antioquía, segunda ciudad de Oriente tras Constantinopla. Contaba entonces con ciento cincuenta mil habitantes, la mayoría cristianos. Entre ellos Anthusa. Estudió con Diodoro de Tarso (+390), uno de los más doctos profesores de Teología, quien lo encauzó hacia la fe cuando contaba veinte años. Juan sería bautizado por el obispo Melecio el Sábado Santo del 367. Recordaría con agradecimiento a Libanios, catedrático de Oratoria en Antioquía, por las técnicas que le transmitió, aunque Crisóstomo mencionaba con rachas de desánimo su increencia.

Secundus, el progenitor, era de origen latino y había desarrollado una rutilante carrera militar culminada como general de Caballería. Dirigía las tropas imperiales en Siria. Juan aspiraba a desenvolverse como abogado, pero al palpar el sórdido ambiente que imperaba en esa profesión optó por convertirse en ermitaño según la regla de Pacomio. Como tal viviría hasta que en el 378 regresó a Antioquía por problemas de salud derivados del inclemente estilo de vida. Un trienio más tarde, en el 381, recibió la ordenación de diácono y en el 386 llegó al sacerdocio. Comenzó a ser conocido como Juan de Antioquía. Más adelante, y como consecuencia de su pericia oratoria, le calificarían como «el Crisóstomo» (boca de oro, en griego).

Aspiraba al recogimiento, pero fue ensalzado contra su criterio como patriarca de Constantinopla en el 389. Se habían confabulado los obispos, el emperador y algunos fieles, aunque no todos con idéntico entusiasmo. Se cumpliría el principio universal de que nunca escasean los contratiempos. Sin ellos no se precisan soluciones. Y sin estas no sería imperioso implementar energías para encontrar salidas. Por paradójico que parezca, ¡vivan las complejidades! No existen organizaciones sin enredos. Si una cree que no las tiene, está muerta. Toda vida es, en mayor o menor medida, conflicto.

Juan fue consagrado por el patriarca de Alejandría, Teófilo, quien, pese a las apariencias, cebaba rencor contra el presbítero ascendido. Nectario, predecesor en el cargo que ahora ocuparía Juan, no había sido ejemplar. Y Eudoxia, la emperatriz, hacinaba dilatada impudicia. La predicación del recién coronado provocó que los fieles abandonasen a mansalva la asistencia a los esparcimientos con la consiguiente repercusión negativa en la recaudación. Su predisposición para erigir hospitales, entregar limosna a los necesitados y promover la elevación del nivel cultural y ético del clero resonaron como guantazos para quienes hozaban en el lenocinio.

Sermoneaba sin pelos en la lengua. Se comprende que los poderosos, seglares o eclesiásticos, acusaran los incisivos dardos: *«La Iglesia de Dios no se diferencia nada de los hombres del mundo. ¿No habéis oído que los apóstoles se negaron a administrar el dinero recogido sin trabajo alguno? Ahora nuestros obispos andan más metidos en preocupaciones que los tutores, los administradores y los tenderos. Su preocupación única debiera ser vuestras almas y vuestros intereses, y ahora se rompen la cabeza por los mismos asuntos que los recaudadores, los agentes del fisco, los contadores y los despenseros. No lo digo por ganas de lamentarme, sino porque se ponga algún remedio».* Si los sacerdotes se preocupaban de las realidades temporales, ¿quién lo haría de los derechos de Dios? Algunos obispos y sacerdotes –demonizaba– se centraban en lo material. Sus predicaciones hacían rechinar dientes: *«Debemos imitar a Dios en su comportamiento con la Iglesia a la que no abandona. Portémonos nosotros así con el cónyuge».* Añadía que si el hombre vive con templanza tendrá a su esposa por la realidad más amable del mundo, la mirará con afecto y procurará la concordia. Con paz y armonía los bienes se multiplicarían en el hogar.

Delataba gráficamente el efecto afrodisíaco del poder: *«Quien goza de autoridad es como quien tuviera que vivir en compañía de una muchacha joven y hermosa con orden de no mirarla jamás con ojos lascivos. Tal es la autoridad. Por eso a muchos les ha precipitado a la soberbia, los ha incitado a la ira, les ha hecho soltar el freno de la lengua, les ha abierto la puerta de la boca».* Incitaba al cambio efectivo: *«No son palmoteos lo que necesito. Solo una cosa quiero: que cumpláis lo que os digo. Este es mi mejor aplauso. No estáis aquí en ningún teatro, no os habéis sentado para ver la representación de una tragedia y contentaros con palmear».* Las ínfulas parasitarias denunciadas por Juan Crisóstomo se encuentran en los cimientos de una cuestión reiteradamente planteada: ¿Cómo algunos sacerdotes o religiosos, intermediarios entre Dios y los hombres, cuando disparatan se conviertan en gañanes de la peor calaña, tremebundos ceporros de izquierdas o de derechas, nacionalistas viscerales, con ojeriza a cualquier sistema racional? La respuesta antropológica es sencilla. Al perder la referencia del Sumo Hacedor tienden a ocupar su solio. Antes perdonaban los pecados en nombre del Creador, luego lo suplantan y se atribuyen la capacidad de decidir quién ha de vivir o no, y en su caso cómo ha de hacerlo. Eso explica que parte de los grupúsculos terroristas de larga carrera asesina como Sendero Luminoso (Perú), las Brigadas Rojas (Italia), las FARC (Colombia) o la ETA (sicarios en el País Vasco, en España) estuviese formada por ex-curas, ex-religiosos o ex-seminaristas.

Corría el 403 cuando Eudoxia y Teófilo aglutinaron fuerzas para expulsar al Crisóstomo. Convocaron un sínodo en Calcedonia al que asistieron cuatro decenas de obispos de diócesis orientales. Juan había sido advertido sobre las inicuas maniobras de aquellas personas y no asistió. Juzgó que su mansedumbre era fortaleza.

Los tres puntos en los que cuajó la querella fueron un presunto apoyo a la herejía origenista (que afirma que las almas son eternas, previas y no creadas), permitir comer en las iglesias y difamar a la emperatriz por su mal comportamiento. El emperador Arcadio dio por buenos los chivatazos y lo destituyó del patriarcado de Constantinopla, exiliándolo a Bitinia, en las proximidades de Antioquía. ¿De dónde procedían las embestidas? *«A esta nave de la Iglesia la combaten también de todos los lados tormentas continuas* —desovilló—. *Tormentas, por cierto, que no se desencadenan solo de fuera, sino que se levantan también dentro de ella. De ahí la necesidad de gran condescendencia a la vez que no menos diligencia y rigor. Y todo ello mirando a un mismo blanco: la gloria de Dios y la edificación de la Iglesia».*

A causa del terror que provocó un seísmo que bastantes tildaron de castigo del Cielo por el desconsiderado trato infligido a Juan, se le permitió retornar. Sin embargo, sus enemigos promovieron un segundo destierro del que no se libraría, ni siquiera cuando Inocencio I levantó su voz para condenar el despropósito. Triunfaba una visceralidad afanosa por acallar aquella voz que espoleaba la conciencia de los malhadados. Arcadio lo deportó a la ciudad de Cucusa, en Armenia, junto al Cáucaso. Desde allí fue trasladado a Pitio, en el mar Negro. En medio de las penalidades recibió como bálsamo una misiva del papa Inocencio descalificando las ilegítimas imposiciones. Juan fallecería el 14 de septiembre del 407 a los sesenta años, obligado a marchar descalzo sobre la tierra helada, camino de la ciudad de Comana. Teodosio, hijo de Arcadio y Eudoxia, disgustado con el proceder de sus progenitores, ordenaría el traslado de los restos a Constantinopla.

De Juan, trabajador incansable, se conservan más de cien extensas homilías sobre el Antiguo Testamento, otras noventa sobre el evangelio de San Mateo, siete tratados de ascética y más de doscientas cartas. No pretendió ser autor sistemático; fue pastor que defendía a sus seguidores de herejías y errores prácticos. El prestigio de su liderazgo se cimienta en su personal exigencia. Cuando reprochaba en otros codicia o portes estirados, la palabra llegaba avalada por una existencia ejemplar. Predicaba de forma directa, sin ditirambos para los poderosos, desprovisto de barroquismo. Consideraba que si alguien se ofendía quizá se apresurase a expiar.

Sus palabras son fáciles de entender: «*No precisaron los apóstoles cavar una profunda fosa para edificar el edificio de la Iglesia. Para construir este magno edificio que se extiende por todas las partes de la Tierra no necesitaron abrir nuevas fosas; les bastó aprovechar el antiguo edificio de los profetas; sin cambiar nada el antiguo edificio de los profetas, sino dejándolo intacto, añadieron una nueva doctrina, una nueva fe, según proclama el apóstol san Pablo*». Con sus amonestaciones promovía las segundas oportunidades. Explicaba que Pedro lavó su infame negación llorando con traslúcida amargura y fue constituido en el primero de los apóstoles, a quien se le encomendó el orbe. Predicó con frecuencia sobre la eficacia del liderazgo, lejano de la imposición engreída, tomando también a san Pedro como referente: «*A la regia ciudad de Roma acuden a los sepulcros del pescador y del tejedor de tiendas de campaña, emperadores, cónsules y generales de los ejércitos. Reyes y emperadores construyeron ciudades y puertos, y les impusieron sus nombres, pero de nada les ha aprovechado, condenados ahora al silencio. Pedro, el pescador, que no hizo nada de esto, prosiguió la virtud y ocupó Roma y resplandece con más luz que el sol*».

Especificaba la necesidad de que el liderazgo fuese desarrollándose a través de los abrojos. Aquel Pedro que no había afrontado la acusación de una vil doncella llegó a expresarse con audacia contra mefistofélicos que vociferaban contra él. Eso sí que fue, concluía, excelente prueba de la resurrección del Señor. Insistía en que recibimos en buena medida lo que damos. Si deseamos cambiar a los demás, empecemos por nosotros: «*No necesitas muchos sermones, ni muchas leyes, ni mucha doctrina. Tu voluntad es la ley. ¿Quieres obtener beneficios? Hazlos tú a otro. ¿Quieres conseguir misericordia? Sé misericordioso. ¿Quieres ser alabado? Alaba tú. ¿Deseas ser amado? Ama. Da primero a los demás los premios que deseas recibir. Tú eres el juez y legislador de tu vida. No desees ningún mal a nadie».*

Recordaba que aprender a dirigir es esencial. Anticipando expresiones que alcanzarían éxito en san Ignacio de Loyola, insistía en que quien asume el deber de corregir ha de discernir para aplicar bien el remedio con más delicadeza que un galeno. Sus recomendaciones apuntan a temas que jamás caducan: *«Nos preocupamos de lo que van a poseer los hijos y no nos preocupamos de ellos mismos. ¡Qué insensatez! Forma el alma de tu hijo y todo lo demás le vendrá por sí mismo. Si el alma no es buena de nada le valen las riquezas; si el alma es recta nada puede dañarle la pobreza. Si quieres dejarle rico enséñale a ser bueno pues así reunirá riquezas y, si no las tiene, no será menos que los que las poseen. Pero si es malo, por mucho que herede no le has dejado un guardián de su riqueza y le has hecho peor que los más miserables».* En el siglo XXI basta sustituir algunas de las palabras empleadas por el Crisóstomo por *gadgets* electrónicos o por superfluos privilegios y el mensaje resulta de rabiosa actualidad.

Quizá le faltó en alguna ocasión mano izquierda para fustigar sin enfurruñar a sus interlocutores: *«Apenas nace el niño, el padre busca todos los medios imaginables, no para educarlo, sino para adornarlo y vestirlo con ropas de oro. ¿A qué fin le pones un adorno en torno al cuello? Lo que el niño necesita es un ayo escrupuloso que lo eduque, pero no entorchados de oro. Además, le dejas el cabello por detrás, con lo que ya desde el principio afeminas al niño con figura de niña. Infundiéndole desde que nace el amor a las riquezas, muchos les cuelgan pendientes de oro en las orejas. ¡Ojalá no los emplearan ni las niñas mismas! Y vosotros introducís esa peste entre los varones».*

Eran frecuentes sus diatribas contra la petulancia: *«nada bueno proviene de la vanagloria –peroraba– y quien se somete a ella sufre y hace sufrir, es dueña de quienes le abren sus puertas y se torna más inmisericorde que cualquier dictador».* Entre los discípulos del Crisóstomo se contaron personajes relevantes como Isidoro, abad de Pelusium; Nilo el Viejo, primer prefecto de Constantinopla y luego monje en el Sinaí; o Palladio, obispo de Asia Menor.

ALGUNAS ENSEÑANZAS

- **La familia es entorn**o esencial para el desarrollo equilibrado de las nuevas generaciones

- Los maestros no se improvisan

- Es aconsejable alejarse de entornos donde la ética es difícilmente vivible

- Quienes llegan al gobierno probablemente lo harán mejor si no han estado obsesionados por lograrlo

- *Horas non numero nisi serenas*, o el tiempo valioso es aquel que deja un poso de paz

- El dinero es palanca que mueve el mundo

- Quienes han de atender a los demás no pueden estar centrados en sus riquezas

- Convivir implica ceder

- El poder es afrodisíaco difícil de domar

- *Pares cum paribus facile congregantur*, o se reúnen con facilidad quienes de**sarrollan expectativas símiles**

LA NORMATIVA HA DE SER SÓLIDA Y APLICABLE

SAN BENITO DE NURSIA (480-547)

San Benito de Nursia, de Antonio de Comontes, s. XVI. Fuente: Museo Lázaro Galdiano, Madrid.

San Benito nació en Nursia en el 480, gemelo de quien llegaría a ser santa Escolástica, y falleció en Montecassino en el 547. Benito se fortaleció desde joven gracias al esfuerzo. No se anduvo con chiquitas; para vencer una tentación sexual se revolcó en unas zarzas. Estudió en Roma y tras residir en Efinde se estableció como eremita cerca de Subiaco. Viviría en una cueva de esa localidad, como siglos después lo haría Ignacio de Loyola en Manresa. Al conocer de su existencia algunos decidieron agregárselo llegando a fundar doce monasterios. Conscientes de su valía, le ofrecieron la dirección de uno preexistente cercano a Vicovaro, pero cuando experimentaron su exigencia trataron de envenenarle. Él les perdonó, pero... regresó a Subiaco.

Aprovechando los cimientos de un antiguo templo pagano fundó Montecassino en torno al 525 y sus primeros colaboradores fueron san Plácido y san Mauro. Allí redactó normas que han trascendido el tiempo. Parte de la inspiración procede de un texto sin autor conocido, denominado la Regla del Maestro. También tomó san Benito de lo prescrito por san Agustín y por Juan Casiano. Muchos le consideran la culminación de un proceso comenzado en

Egipto en el siglo IV. Benedictinos, cistercienses, cartujos y otros se inspirarán en esa reglamentación.

Montecassino sería destruido cuarenta años después del fallecimiento de san Benito. Los lombardos saquearon a conciencia el cenobio, pero los monjes escaparon hacia Roma llevándose una copia de la regla. Pelagio II, papa reinante, les permitió erigir un monasterio junto a la basílica de Letrán. Allí residieron hasta que regresaron a Montecassino. La consolidación lograda por los abades Valentiniano y Simplicio, discípulos de San Benito, impulsó a solicitar la creación de una familia monástica. Un potentado romano, de nombre Gregorio, les proporcionó unas posesiones en Monte Celio para que construyesen un monasterio dedicado a san Andrés. Él mismo se sumó como monje. Llegaría a ser papa y biógrafo de san Benito con el nombre de san Gregorio Magno.

Los tipos de organización que habían ido configurándose hasta el momento eran:

- Cenobitas, que residen en un monasterio y obedecen una regla interpretada por un abad. En ellos se inspiró San Benito.
- Anacoretas, quienes tras un tiempo de probación en el monasterio prosiguen su ascenso hacia Dios en solitario.
- Sarabaítas, fieles al mundo, pretenden engatusar con su tonsura. Viven en tándem o por tríos, sin pastor al que obedecer. Califican de santo lo que les agrada.
- Giróvagos, que viven como jipis palurdos sin estabilidad. Su descamino más habitual es la gula.

San Columbano había publicado una regla antes de san Benito. La protección de los reyes merovingios podría haber inclinado a que se extendiese más que la de san Benito. Sin embargo no sucedió así. Según Mabillón, analista benedictino, la regla de san Benito ha alcanzado más seguimiento por su excelencia y el elogio que mereció del papa san Gregorio Magno.

El conjunto manifiesta un admirable espíritu de mansedumbre y firmeza, gobierno paternal y espíritu de familia, prueba severa del noviciado, votos indisolubles y rigor, justo equilibrio del poder confiado a uno solo emanado del sufragio de la comunidad, sentimiento de concordia e igualdad entre los hermanos, práctica de la hospitalidad y cuidado de los enfermos. Impulsaba al trabajo manual como triaca para sortear haraganes, alejaba el fantasma del maullar de las tripas mediante la laboriosidad estratégicamente orientada, promovía la industria con artes y oficios, subrayaba la relevancia del estudio. Entreabría lo que se iría configurando como cultura europea. Todo ello empapado por el oficio divino, la obra de Dios (*opus Dei*), que junto al resto del culto litúrgico era mimado.

Un abad debía ser un dechado de virtudes, respondiendo al nombre asumido, que hace referencia a Dios mismo. No improvisaba ordenanzas; la responsabilidad de los superiores consistía en facilitar el camino a los demás. Había de tener presente la cuenta que pedirá el Creador. Debía enseñar más con su proceder que con palabras, lo cual no excluye que se impusiese la necesaria disciplina. No debía hacerse acepción de personas, inclinándose por la meritocracia. El superior había de reprender a los díscolos, exhortar a los mansos y pacientes, y castigar a los negligentes y arrogantes. Normas que, a grandes rasgos, rubricaría cualquier organización.

Recomienda actuar sin paños calientes en temas esenciales y de manera moderada en lo accidental. En aquella época no se excluían los azotes u otros castigos corporales. Seguían en este punto al *Libro de los Proverbios*: «*Pega a tu hijo con la vara, y librarás su alma de la muerte*» (23, 14). Se advierte a los seguidores de la regla: «*Sepa qué difícil y ardua es la tarea que toma: regir almas y servir a los temperamentos de muchos, pues con unos debe emplear halagos, reprensiones con otros, y con otros consejos. Deberá conformarse y adaptarse a todos según su condición e inteligencia, de modo que no solo no padezca detrimento la grey que le ha sido confiada, sino que él pueda alegrarse con el crecimiento del rebaño. Ante todo, no se preocupe de las cosas pasajeras, terrenas y caducas de tal modo que descuide o no dé importancia a la salud de las almas a él encomendadas. Piense siempre que recibió el gobierno de almas de las que ha de dar cuenta*».

La gestión del poder se inicia de forma participativa. Siempre que en el monasterio hubiese que tratar de asuntos de importancia, el abad convocaba a la comunidad. «*Oiga el consejo de los hermanos, reflexione consigo mismo, y haga lo que juzgue más útil. He-*

mos dicho que todos sean llamados a consejo porque muchas veces el Señor revela al más joven lo que es mejor».* Podía discreparse, pero siempre con respeto. *«Los hermanos den su consejo con toda sumisión y humildad, y no se atrevan a defender con insolencia su opinión. La decisión dependa del parecer del abad y todos obedecerán lo que él juzgue más oportuno. Pero, así como conviene que los discípulos obedezcan al maestro, así corresponde que este disponga todo con probidad y justicia (...). Todos sigan, pues, la regla como la maestra de todas las cosas, y nadie se aparte temerariamente de ella. Nadie siga en el monasterio la voluntad de su propio corazón. Ninguno se atreva a discutir con su abad osadamente. Pero si alguno se atreve, quede sujeto a la disciplina regular. Mas el mismo abad haga todo con temor de Dios y observando la regla, sabiendo que ha de dar cuenta, sin duda alguna, de todos sus juicios a Dios, justísimo juez».* Si los temas eran de escasa importancia, bastaba aconsejarse con los ancianos.

He aquí un elenco de tesituras esenciales para los seguidores de san Benito: 1. No ceder a la ira; 2. No guardar rencor; 3. No jurar; 4. No devolver mal por mal; 5. No maldecir a los que maldicen, sino procurar bendecirlos; 6. Sufrir persecución por la justicia; 7. No ser bravucón; 8. No bisbisear.

Como no es posible dar abasto, aconsejaba delegar. Si la comunidad era numerosa, se elegirían hermanos con buena fama y vida santa como decanos para que velasen con solicitud según los mandamientos de Dios y los decretos del abad. Los mandos intermedios no debían ser elegidos por mera antigüedad, sino por su vida y sabiduría. Si alguno se hinchaba de orgullo, había que corregirle, concediéndole hasta tres oportunidades. Si no mejoraba, se le sustituiría. Las medidas de prudencia se multiplican. De haberse aplicado algunas en nuestro tiempo se habrían evitado no pocos problemas e incluso delitos: *«Los hermanos más jóvenes no tengan camas contiguas, sino intercaladas con las de los ancianos. Cuando se levanten para la Obra de Dios anímense discretamente unos a otros, para que los soñolientos no puedan excusarse».*

La definición de puestos manifiesta sapiencia. Se elegiría para administrador del monasterio a alguien sabio, maduro y frugal, ni engolado, ni agitado, ni propenso a injurias, temeroso de Dios, para que fuese como un padre. *«Tenga cuidado de todo –se recomienda–. No haga nada sin orden del abad, sino que cumpla todo lo que se le mande. No contriste a los hermanos. Si quizás algún hermano pide algo sin razón, no lo desprecie, sino niéguele razonablemente y con humildad lo que él pide indebidamente (...). Si se sorprende a alguno que se complace en este pésimo vicio (de guardarse cosas para su uso personal), amonéstelo una y otra vez, y si no se enmienda sométasele a corrección».*

A pesar de la buena actitud que se presupone, aconseja disponer de auditores que contribuyan al buen comportamiento. Hoy lo llamaríamos *compliance*. Se designaban uno o dos provectos para que recorriesen el monasterio durante las horas de estudio. Si hallaban a alguien casquivano, se le reconvenía; si no se corregía, se llegaría hasta la expulsión.

Para el proceso de admisión más valía calidad que cantidad. *«Si quien viene persevera llamando y parece soportar con paciencia durante cuatro o cinco días las injurias que se le hacen y la dilación de su ingreso, y persiste en su petición, permítasele entrar y esté en la hospedería unos días. Después de esto, viva en la residencia de los novicios, donde estos meditan, comen y duermen. Asígneseles a estos un anciano que sea apto para ganar almas, para que vele sobre ellos con todo cuidado (...). Si promete perseverar (...), tras dos meses léasele por orden esta regla y dígasele: 'He aquí la ley bajo la cual quieres militar. Si puedes observarla, entra; pero si no puedes, vete libremente'».* De mantenerse tenaz, se le llevaba a la residencia de los novicios y proseguía la probación. Seis meses después se le leía la regla. Si proseguía impávido, se repasaba con él el texto cuatro meses más tarde. No se ocultaba la exigencia, ni se edulcoraba.

La problemática de los *millennials* estaba presente. La resuelve san Benito desde el punto de vista formal: *«Los jóvenes honren a sus mayores, y los mayores amen a los más jóvenes. Al dirigirse a alguien, nadie llame a otro por su solo nombre, sino que los mayores digan hermanos a los más jóvenes y los jóvenes díganle padres a sus mayores, que es expresión que denota reverencia».*

La afectación de directivos o subordinados daña. Sobre la cuestión se previene, ya que algunos se imaginaban ser segundos abades y se atribuían un poder que nadie les había conferido. Eran fuente de escándalos y discrepancias. Brotaban disensiones, envidias y desórdenes cuando no se coordinaban prior y abad. Cada grupo adulaba a uno u otro esperando recibir prebendas.

Las normas había que memorizarlas y se leían reiteradamente a la comunidad, como hoy en día se instalan paneles con los valores de la organización. La comunicación había de ser vertical, en ambos sentidos: *«Si sucede que a un hermano se le mandan cosas difíciles o imposibles, reciba este el precepto del que manda con toda mansedumbre y obediencia. Pero si ve que el peso de la carga excede absolutamente la medida de sus fuerzas, exponga a su superior las causas de su imposibilidad con paciencia y oportunamente, y no con soberbia, resistencia o contradicción».*

Si tras las alegaciones el superior mantiene su decisión, el subordinado ha de obedecer siquiera a regañadientes.

ALGUNAS ENSEÑANZAS

- Ante situaciones extraordinarias se precisan decisiones excepcionales

- Los sabios escuchan el silencio

- Hay personas que no saben lo que quieren, más vale alejarse de ellas

- Los maestros impelen más que los eruditos

- Conocer y reconocer los antecedentes es honrado y no menoscaba la autoridad

- Las iniciativas valiosas se inventan y se reinventan

- Mucho y bien el pájaro no vuela. Vivir es tomar decisiones

- Los sistemas de control son imprescindibles, también entre personas supuestamente honestas

- El líder ha de estar preparado en lo técnico y ser bueno éticamente

- Gobernar reclama empatizar con los dirigidos

LAS BUENAS IDEAS TRASCIENDEN EL TIEMPO
LOS BENEDICTINOS (529)

La tentación de san Antonio, por Hieronymus Bosch, c. 1530-1600. Fuente: Shutterstock.

La originaria vida monástica de la que venimos hablando se presentó en dos modalidades ortodoxas. San Pacomio lideró a los cenobitas; san Antonio, a los eremitas. Hasta el siglo III no había aparecido ninguna organización como tal separada del resto de fieles. A finales de esa centuria se comienza a denominar monjes a los solitarios, por el origen griego del término solo.

San Pablo de Tebas (228-342) fue probablemente el primero que se retiró al desierto para asumir una vida eremítica. Siglos más tarde, inspirándose en él, surgiría en Hungría, por impulso del beato Eusebio de Esztergom (1200-1270), la Orden de San Pablo Primer Eremita o monjes paulinos. A esa orden, cuando escribo estas líneas, le ha sido encargado el culto del monasterio de Yuste (España). Lo que conocemos de san Pablo de Tebas es más piadoso que histórico. Por hache o por be, los líderes de las dos opciones son los citados san Pacomio y san Antonio.

San Antonio (251-356) es reconocido como el incipiente precursor de la vida eremítica. Las primeras comunidades se establecieron en el este del delta del Nilo, hacia el desierto de Libia, y también hacia el sur, siempre en torno al caudal. Levantaban celdas en rededor de un templo. Los signos definitorios de este modelo son la soledad, la tensión por adquirir virtudes y una estricta penitencia. Los monjes vivían en cubículos separados. Solo se reunían sábado y domingo para el culto divino en la capilla. Carecían de una regla común estable. Los ya apergaminados desplegaban autoridad sobre los más jóvenes y enseñaban a modo de tradición las claves de su modo de vida. En circunstancias especiales se apiñaban para abismarse en la Biblia. La ausencia de reglas claras y estables implicaba desbarajuste, y algunos comenzaron a sentir la necesidad de organizarse. También para regularizar el trabajo y unificar la política alimentaria.

San Pacomio contribuyó a sistematizar con una regla cuando fundó el primer cenobio hacia el 315. Propuso el reconocimiento de una autoridad y el agrupamiento de los monjes dentro de un mismo círculo o cenobio (del griego, vida común). Lo esencial era fijar una observancia sensata y obligatoria, manteniendo cierto margen de libertad en función del celo de cada uno.

San Benito, como acabamos de ver, no sería el fundador de este estilo de vida, pero sí el regulador de referencia. Su desafío era promover la vida contemplativa, distribuyendo el día entre la plegaria litúrgica, la oración, el estudio y el trabajo manual, ocupando el lugar central el mencionado oficio divino (*opus Dei*). Hasta el mismo trabajo manual tenía por objeto la liturgia; se dedicaban con predilección a la confección de bordados y miniaturas, obras de arte destinadas al culto.

En el capítulo anterior se han espigado enseñanzas de la regla benedictina para el *management*. Me detengo ahora en momentos esenciales de la orden y de su influencia en la historia europea. De algún modo, el viejo continente es hijo de esta orden. Lo verificaremos también al hablar de reformas como Cluny y el Císter. De algún modo puede ser calificada, empleando terminología del siglo XXI, como *exonomics* o economía exponencial.

Pintura de santo Tomás de Aquino y Anselmo de Canterbury en el Santuario Nuestra Señora del Sagrado Corazón, de Francisco Labarta,1960. Fuente: Renata Sedmakova, Shutterstock.com

En el siglo XI, el benedictino san Anselmo, obispo de Canterbury, fue persona emblemática. Con veintiséis años llamó a las puertas de la abadía de Bec en Normandía. Ansiaba convertirse en discípulo del maestro Lanfranco (+1089), admirado en toda Europa.

En 1060, tras un trienio de preparación, solicitaba Anselmo la cogulla benedictina. Al ser nombrado Lanfranco para la sede abadial de San Esteban de Caén, Anselmo quedó como rector de la escuela del Bec. En 1070, Anselmo sería el nuevo abad. Más tarde, y durante dieciséis años, regiría la sede primada de Canterbury. Su empeño fue defender la independencia de la Iglesia frente al poder político. Innovador y místico, fue el formulador del axioma *credo, ut intellegam* (creo para entender). Es reconocido universalmente como el padre de la escolástica y remoto inspirador intelectual de santo Tomás de Aquino y san Buenaventura. Falleció el 21 de abril de 1109 con setenta y seis años.

Los benedictinos fueron incansables promotores del estudio. Bien lo refleja un dicho: *claustrum sine armario, quasi castrum sine armamentario* (monasterio sin biblioteca es como castillo sin armería). Como proclamaría sin ambages Leibniz, *«los libros y las letras nos han sido conservadas por los monasterios»*. Bastantes se inspirarán en los benedictinos. Sin ir más lejos, san Francisco de Asís recibió su hábito de color gris de manos de un benedictino, el abad Benigno de Valleumbroso. Es la razón por la que los primeros hijos del de Asís fueron denominados en sus albores Hermanos Grises de San Benito. Como no tenían adónde ir, la abadía de Subiaco les cedió la iglesia y el entorno de la Porciúncula. San Francisco fue con frecuencia a Subiaco para pegar la hebra con los monjes. En sucesivas ocasiones, los benedictinos ayudarían a los franciscanos.

La fundación de los benedictinos camaldulenses la llevó a cabo san Romualdo (951-1025), quien en el año 1024 promovió en la abadía de Camaldoli (Toscana, Italia) una reforma entre los monjes de san Benito. Cuatro siglos más tarde, destacó Ambrosio Traversari, abad de Santa María de los Ángeles en Florencia y general de los camaldulenses a partir de 1431. De él diría Ludwig von Pastor: *«Este varón eminente fue, como hombre y como sacerdote, dechado de pureza y santidad; como general, un ejemplo de prudente seriedad y blandura; como sabio, un provechoso escritor y trabajador; y como legado, uno de los más sagaces, activos y valerosos políticos de su época. Traversari fue propiamente el primero que llevó al terreno eclesiástico el movimiento humanista, reuniendo en su monasterio de Florencia a la flor y nata de los eruditos florentinos, clérigos y laicos a la vez, para oír con gran atención sus conferencias sobre las lenguas griega y latina y la literatura, y sus disquisiciones sobre cuestiones filosóficas y teológicas».*

Como luego se verá, el dominico santo Tomás de Aquino, referente intelectual del catolicismo, residió en la abadía benedictina de Montecassino y acabaría falleciendo en otro monasterio benedictino, camino del Concilio de Lyon al que el papa le había convocado. Su madre siempre había deseado que su vástago fuese el abad y no un mendicante. Consideraba que el prestigio de su opulenta alcurnia se vería mancillado por la incorporación a otra institución que no fuesen los ensalzados benedictinos.

Los celestinos, de quien luego departiremos al tratar de Piero Morrone, fueron rama benedictina, al igual que, entre otras, la creada por san Silvestre Gozzolini (1177-1267), quien había alcanzado una canonjía, aunque renunció en 1227 para asumir una vida eremítica. Promovió la construcción de un monasterio en Montefano y allí aplicó la regla de san Benito. Inocencio IV aprobó en 1247 la nueva congregación. Los silvestrinos adoptaron como imagen de marca el color azul de su hábito.

El papa Benedicto XII, monje cisterciense, publicó en 1336 la bula *Summi Magistri*, también conocida como benedictina, por la que dividió la orden en treinta y dos provincias en función de las circunscripciones eclesiásticas.

El Concilio de Constanza (1414-1418), al abordar la reforma de la Iglesia dedicó atención prioritaria a las órdenes monásticas, específicamente a la vigencia de los capítulos generales concernientes a la observancia de la disciplina. Obligó a los abades benedictinos de Alemania a mancomunarse para regularizar la celebración de los capítulos y para legislar sobre los modos de mantener el espíritu primitivo. Reunidos en Peterhausen corroboraron los estatutos de la orden benedictina y se esbozó la futura congregación de Bursfeld, cuyo principal propagador fue Juan de Münden. La congregación de Bursfeld recibe ese nombre en honor al monasterio deshabitado del ducado de Brunswick que el propio Juan restauró con ayuda ducal para convertirlo en cuna de una nueva reforma, que se sumaría a las previas de Cluny y el Císter. El Concilio de Basilea confirmaría lo realizado y se difundiría por los conventos de Alemania, hasta un total de ciento cuarenta en su mejor época. Buena parte de esta labor la llevó a cabo el insigne cardenal Nicolás de Cusa (1401-1464), legado del papa Nicolás V (1397-1455) en Alemania. Mediante decretos, visitas, reuniones y capítulos infundió vida a monasterios decadentes. Tanto Nicolás V como Pío II impulsaron esta labor para retornar al fervor de los orígenes. La tracción cuajó y duró en buena medida hasta que en el siglo XVIII los revolucionarios franceses asesinaron a incontables inocentes monjes.

Otras reformas tuvieron lugar a principios del siglo XV, también en Italia, donde el centro de los renovadores pilotaba en la abadía de Santa Justina de Padua. Tuvo que soportar dificultades, fundamentalmente por parte de los venecianos, hasta que una bula de Martín V contuvo al *dux*.

Grandes vicisitudes surgieron en Gran Bretaña, como luego se explicará con más precisión, por la ausencia de control de Enrique VIII sobre sus pasiones, además de que olfateó que le resultaba más lucrativa una Iglesia manipulable. Al negarse Clemente VII a consentir su divorcio de Catalina de Aragón, el ególatra monarca inglés trocó en implacable perseguidor. Suprimió de un plumazo ochocientos monasterios en Inglaterra, arrebatándoles las rentas, y ordenó el asesinato de innumerables fieles, superándose los setenta mil homicidios. Entre ellos, la práctica totalidad de los monjes benedictinos residentes en Gran Bretaña.

Muchas fueron las reformas posteriores, como la de la Trapa, expuesta más adelante. También la de Martín de Vargas, en 1425, en Castilla; la de Portugal, en 1567; la de Aragón, a la que pertenecieron los monasterios de Poblet y Creus, en 1616; la Toscana, que se desarrolló entre 1496 y 1511, y la de ambas Calabrias en 1633; o la de los Feuillants, promovida en 1595 por Juan de la Barrièrre.

No se puede olvidar, en fin, la impulsada por el maestro de teología mística Louis de Blois (1506-1566). Se había incorporado al monasterio de Liessies, en la diócesis de Cambrais, donde despuntó por su compromiso. Amigo de infancia de Carlos V, este le ofreció el arzobispado de Cambrais, pero Louis lo rechazó porque para él hubiera sido incorporarse al carrusel equivocado. Falleció en 1566, dejando para sus seguidores tratados de gran calado intelectual como *Espejo de monjes*, *Guía espiritual* o *Institución espiritual*.

ALGUNAS ENSEÑANZAS

- Siempre hay más de un camino para llegar a un fin
- Cada uno alega a favor de su opción
- Cuando las ideas son buenas superan el sañudo crisol del tiempo
- Cualquier grupo humano, por motivado que esté, precisa de normas
- Coordinar los esfuerzos en un objetivo común potencia los resultados
- *Claustrum sine armario, quasi castrum sine armamentario*, o estudiar libros de referencia es indispensable para no convertirse en un eunuco intelectual
- Las iniciativas de calado son revitalizadas por la persona adecuada
- La colaboración entre proyectos no debería ser excepcional
- El comité de disciplina no es una opción, sino una necesidad
- Para reinventar un proyecto resulta imprescindible un líder

DEFENDER EL «CORE BUSINESS»
SAN GREGORIO I (540-604)

San Gregorio el Grande. Fotografía: Zvonimir Atletic, Shutterstock.

Gregorio I nació en Roma en el 540, dentro de la noble familia de los Anicios. Su padre fue el senador Giordano; su madre se llamaba Silvia. La saga había proporcionado tres mujeres a la ascética, todas hermanas de su padre, Tarsilia, Aemaliana y Gordiana, y dos romanos pontífices, Félix II (483-492) y San Agapito I (535-536), pero Gregorio I es el más relevante de la antigüedad cristiana.

Quien llegaría a ser Gregorio I se matriculó en Derecho, en el que se graduó con honores. Recién cumplidos los treinta fue nombrado prefecto de Roma. Durante las invasiones lombardas fungía como pretor. Conoció en primera fila la carencia de ética que campaba por la vida pública e indagó un ámbito en el que fuese más sencillo vivir unos mínimos morales.

El corazón se guarda en la cartera. El de Gregorio I era magnánimo; parte de la abultada herencia la invirtió en la puesta en marcha de seis monasterios benedictinos en Sicilia. Su palacio romano del monte Celio, en el *vicus Scauri*, lo transmutó en el monasterio de

San Andrés. Con treinta y cinco años, corría el 575, optó por hacerse él mismo monje.

Gregorio añoraría siempre la soledad. Cuando no la gozaba por los encargos recibidos escribió: «*La nave que en el puerto no está bien amarrada con facilidad es llevada por el viento (...) y ahora que he perdido la paz que se disfruta en el monasterio la amo más y comprendo mejor los atractivos que tiene*». Los tiempos gorgoteaban turbios. En su primera década de vida su ciudad natal fue invadida dos veces por los bárbaros y reconquistada tres por los bizantinos. Antes de esos sucesos eran doscientos los obispos en el conjunto de la península itálica; en el 568 solo quedaban sesenta. «*En esta tierra en la que vivimos, el mundo no anuncia su fin, lo muestra ostensiblemente*», clamaba Gregorio.

Cuando Pelagio II lo destinó a la capital del Imperio de Oriente como apocrisario (delegado para asuntos eclesiásticos) lo acompañaron varios monjes. Su amistad con el emperador Mauricio facilitó que su hijo Teodosio recibiese el bautismo. Seis años tardó en cumplir los encargos. Entre otros, la retractación pública del patriarca Eutiquio, que había negado la resurrección de los cuerpos. De regreso a Monte Celio, cuando anhelaba serenidad, fue elegido abad.

Expiró Pelagio II a causa de una peste favorecida también por las catástrofes naturales de finales de 589. El desbordamiento del Tíber había arrasado numerosos edificios, entre los que se contaban los graneros del Vaticano. El fallecimiento de animales desencadenó la epidemia, entre 589 y 590, la temible *lues inguinaria* que, cuando se escriben estas líneas, ha sido comparada al Covid-19, que ha arrasado, entre otras cosas, con la desproporcionada confianza en sus propias fuerzas de la humanidad en el arranque de la tercera década del tercer milenio. Devastado Bizancio, la *lues inguinaria* se desató sobre la ciudad de Roma. Muchos vieron un castigo divino por la corrupción. La descripción del propio Gregorio es gráficamente impactante: «*Las ciudades están despobladas, los burgos atropellados, las iglesias incendiadas, los monasterios de hombres y mujeres destruidos, las propiedades vaciadas de sus ocupantes y la tierra abandonada, sin que nadie la cultive*». Resonó en esas circunstancias y por aclamación su nombre como sucesor. La unanimidad del emperador Mauricio, el clero y el pueblo fue total. Tan poco le gustó la idea al auspiciado que, para la coronación, tras haberse escondido tuvo que ser conducido casi a la fuerza a San Pedro. El 3 de septiembre de 590 fue por fin consagrado. Así lo recoge el *Martirologio Romano*: «*En Roma, la ordenación del incomparable hombre san Gregorio Magno para sumo pontífice, el cual, obligado a cargar con aquel peso, brilló desde el más sublime trono de la Tierra con los más refulgentes rayos de santidad*». San Gregorio de Tours (538-594), cronista de aquellos sucesos, narra que, en un sermón en la iglesia de Santa Sabina, el papa instó a imitar a los contritos ninivitas: «*Mirad a vuestro alrededor y ved la espada de la ira de Dios desenvainada sobre todo el pueblo. La muerte nos arrebata repentinamente del mundo sin concedernos un instante de tregua. ¡Cuántos en este mismo momento están en poder del mal a nuestro alrededor sin poder pensar siquiera en la penitencia!*». A fin de aplacar la cólera divina ofició una *letanía septiforme,* procesión de la población romana dividida en siete. Partió de diversas iglesias encaminándose a la basílica vaticana entonando invocaciones. Este es el origen de las letanías mayores con las que imploramos que el Creador nos salve de adversidades. Los cortejos avanzaron, quienes podían descalzos, a paso lento y con la testa cubierta de ceniza.

Comentaría Gregorio I a sus allegados que no deseando ni temiendo nada de este mundo le pareció que se encontraba como en la cúspide de un alto monte y que el torbellino de la prueba le había derrumbado. Se sentía impulsado por la corriente de las urgentes decisiones y como batido por un tifón. Influían también en esta visión los graves dolores que sufría. «*He perdido los goces de mi reposo*», insistía. Y también: «*Mi desventurada alma rememora lo que fue en el monasterio, cuando tenía debajo de sus pies todo lo mísero de este mundo, sin otros pensamientos que no fuesen los del Cielo. Mas ahora, a causa del cargo pastoral, me siento como batido por el olaje de la mar bravía y estrellarse mi navecilla, con la quilla podrida y cuarteada por la furia de la tempestad violenta, y al recordar mi vida anterior paréceme vislumbrar la ribera que queda detrás sin poder distinguir el puerto de donde salí*».

Lombardos, bizantinos y herejes pugnaban contra la Iglesia. Los primeros admitirían la fe católica. Los patriarcas de Constantinopla, que se autodenominaban «obispo universal», cedieron en parte en sus pretensiones al ser informados de que el papa se calificó como *servus servorum Dei*, siervo de los siervos de Dios. Gregorio había anticipado: «*No pretendo crecer en palabras, sino en virtud*», con expresión empleada ya por san Agustín (354-430) y por Cesáreo de Arles (470-543). Una de sus primeras decisiones fue cortar por lo sano con el trapicheo en la concesión de prelaturas y otros nombramientos. Exilió de la urbe a los implicados en corruptelas que tanto deslustre suponían. Con un oportuno proceso de *assesment* los sustituyó por monjes piadosos.

Mediante indemnización millonaria logró que el rey Agilulfo retirase un ejército sitiador de la Ciudad Eterna y se centró en la expansión apostólica. Cuando visitaba un mercado romano le indicaron que unos esclavos eran anglos (ingleses). Él replicó que parecían más bien ángeles. Brotó allí su preocupación por el traslado de misioneros a las islas británicas. En el 596, sexto de su pontificado, envió a Agustín, prior de San Andrés del Monte Celio y futuro obispo de Canterbury, junto a cuarenta monjes del mismo monasterio hacia Inglaterra. No consiguieron en un primer momento cristianizar a Etelberto, rey de Kent, pero el que estuviese casado con una princesa católica contribuyó a su conversión. Recibió el bautismo el día de Pentecostés del 597. Es la fecha más relevante para la historia de la Iglesia católica desde el bautizo de Constantino. A partir de ese momento se multiplicarían las conversiones. El territorio quedó dividido en doce obispados en el sur, dependientes de Canterbury; otra docena reportaba a York en el norte. Se ha llegado a consignar, y no sin fundamento, que la historia de los benedictinos en Inglaterra es la historia de la Iglesia en esa isla. En paralelo espoleó el envío de predicadores tanto a Alemania como a la península itálica, sin olvidar Cerdeña. Dispuesto a consolidar la fe de quienes iban acercándose a la Iglesia, remitió a Recaredo, recién convertido, un *Lignum Crucis*, reliquia de la madera en la que fue crucificado Jesucristo.

El papa juzgaba inexcusable su independencia frente al poder político. Anhelaba autonomía financiera y geográfica. Promovió la puesta en marcha de lo que más adelante serían los Estados Pontificios. Además de las propiedades de Roma se incluyeron terrenos en Apulia, Calabria, Lucania, Campania, Capri, Gaeta, Córcega, Cerdeña o Sicilia. Aquellos campos, profesional y éticamente gestionados, generaban rentas para la Santa Sede. El papa consideró que era conveniente que los administradores de esas tierras fueran clérigos. Esperaba con esa decisión evitar que capataces laicos confundieran gestión con propiedad y pretendieran dejar las fincas en herencia a su prole. Desde Sicilia una flota acarreaba semestralmente aprovisionamientos de Sicilia el puerto de Ostia. El papa insistía en que «*no tenemos riquezas propias nuestras, pero se nos ha confiado a nuestras manos el cuidado y la distribución del haber de los pobres*».

Facilitó que los colonos de los predios pertenecientes a la Iglesia pudieran tomar estado, reguló los procesos de testamentaría, prohibió la confiscación de bienes en castigo de los delitos y defendió a los campesinos de las extorsiones de los arrendatarios. «*Ya que nuestro Redentor y Criador se dignó tomar carne humana para restituirnos a la primitiva libertad con la gracia de su divinidad y después de hacer añicos los lazos que nos tenían atados a la servidumbre, cosa saludable es restituir, con el beneficio de la manumisión, a los hombres aquella libertad en la que en un principio fueron engendrados por la naturaleza y que por el derecho de gentes se cambió luego en esclavitud*».

Consciente de la trascendencia del culto para elevar los espíritus a lo intangible, promovió lo que conocemos en su honor como canto gregoriano, que desde entonces ha dado relumbre a la liturgia. Se implicó en la producción de textos como *Moralia, Diálogos, Sacramentario, Antifonario*, a la vez que atendía abundante correspondencia. Recordó que nadie tiene seguridad de su salvación eterna y que la lucha ascética es esencial. En su manual *Liber regula pastoralis* explica cómo ha de gobernar un patriarca católico. Las cuatro partes del libro se dedican a los requisitos de un candidato, el estilo de vida, la discreción y preparación para predicar y la humildad para servir. Recuerda que «*el verdadero pastor de las almas es puro en sus pensamientos, inmaculado en su obrar, prudente en el silencio, útil en la palabra; se acerca a todos con caridad y con entrañas de compasión gracias a su trato con Dios. Con humildad se asocia a aquellos que hacen el bien, pero se yergue con celo de justicia contra los vicios de los pecadores; en las ocupaciones exteriores no descuida la solicitud por las cosas del espíritu, pero no abandona el cuidado de los asuntos externos*».

Incide en que no se consideren dueños, sino padres, y que comprendan las debilidades de los demás. Para lograrlo, recomienda seguir las indicaciones con las que se surtía a los sacerdotes levitas en el Antiguo Testamento en lo referido a la superación de las imperfecciones, sin pusilanimidad ni jactancia, porque el dirigente está convocado a lo que él denomina «el arte de las artes».

El pastor debe callar cuando sea preciso, pero también terciar con valentía. «*Es preciso mezclar la dulzura y la severidad, hacer con una y otra una cierta dosis, de manera que los inferiores no se vean excedidos por una severidad demasiado grande ni reblandecidos por una bondad inmoderada. (...) Sea quien gobierna las almas dechado de los demás en sus obras, señalando a los súbditos con su conducta el camino de la vida, de suerte que el rebaño, imitando las costumbres y escuchando la voz de su pastor, camine más bien llevado por sus ejemplos que por sus palabras. Aquel que por deber de su ministerio está obligado a hablar de sublimes verdades, está forzado también a dar sublimes ejemplos; que cuando la conducta del que predica está de acuerdo con lo que enseña, sus palabras penetran más fácilmente en el corazón de sus oyentes, presentando como llano y hacedero con sus ejemplos lo que impone con sus enseñanzas. (...) Quien tiene a su cargo el predicar de cosas celestiales parece como si, levantándose por encima de los negocios de la Tierra, descansara sobre una alta cumbre, siéndole así más fácil arrastrar a sus súbditos hacia el bien, por hallarse, con los ejemplos de su vida, predicando desde las alturas*».

Un aspecto relevante de esta magna obra es la descripción de setenta clases de enfermedad del espíritu para las que propone terapias. Señala que cuando se nublan u oscurecen los ojos, dóblanse las espaldas. Dicho de otro modo, que cuando quienes gobiernan disipan la visión estratégica, sus subordinados acaban por pagarlo. Exhorta a que no asuman cargos de gobierno personas que carecen de preparación técnica y ética. Al encausar a quienes no obran con integridad, evidencia la debilidad de quienes se alimentan de inciensos, a fin de que quienes sean conscientes de sus imperfecciones rechacen responsabilidades, y que quienes aun en terreno llano flaquean eviten al riesgo de cimas y simas.

No faltan pasajes disputados, como el que exalta la predicación en menoscabo de la vida contemplativa. *«Hay algunos que, dotados de sobresalientes cualidades, se consagran con entusiasmo a la sola contemplación y al estudio, se niegan a cooperar con la instrucción de los fieles en la predicación, prefieren el retiro y el asueto, entregados a las delicias de la especulación. Si ha de juzgarse rigurosamente su proceder, deduciremos que son, sin lugar a duda, reos de la perdición de tantas almas como son las que hubieran podido salvar saliendo a predicar en público. ¿Con qué ánimo prefiere su propio retiro a la salvación de los prójimos quien podría aprovechar en el ministerio de las almas, cuando el mismo Unigénito del Eterno abandonó el seno del Padre y emprendió su vida pública para provecho y salvación de muchos hombres?».* Su diatriba se entiende en el ámbito de la urgente necesidad de oradores.

Abordó también la obsesión por el poder. Quienes movidos por ambición aceptan prelaturas deben remembrar que hasta Moisés temblaba ante la responsabilidad del mando. Frente a ese ejemplo, hay quienes vacilantes bajo el peso de sus propios cuidados pretenden cargar con los ajenos. Les ridiculiza: no pueden soportar el lastre que llevan y anhelan doblar la carga. El capítulo X se centra en las cualidades que ha de acopiar quien anhela promoción a un puesto de gobierno: ser plenamente ético, desdeñar los bienes materiales, no arredrarse ante las contradicciones, no estar obstaculizado por la debilidad de su cuerpo ni por la porfía de su espíritu, ser manirroto con lo propio, estar inclinado a la misericordia, compadecerse de las fragilidades ajenas, mostrarse ante los demás digno de imitación...

Gregorio I, teólogo y pensador, se sintió siempre cercano a los sucesos del momento. Cuando en mayo de 593, tal como se ha comentado, las tropas lombardas se dirigían hacia Roma bajo el mando de Agilulfo, predicó: *«Han aumentado nuestras tribulaciones; por todos lados nos rodean las espadas, en todas partes se cierne sobre nosotros el peligro de muerte. Unos vuelven con las manos cortadas, otros son hechos prisioneros, otros degollados al filo de la espada. Yo me veo obligado a callar, porque según frase de Job, mi cítara se ha tornado en luto y mi instrumento solo da voces de sollozo y llanto. Todos los días debo beber el cáliz de la amargura; ¿cómo podría yo, en estas circunstancias, prepararos la suave bebida de la sagrada Escritura? Entre los azotes que por nuestros pecados sufrimos no nos queda otro recurso que gemir (...). Nuestro Criador es a la vez nuestro padre y unas veces nos da el pan que nos alimenta y otras veces nos corrige con el castigo; pero ya sea por el camino del dolor, ya por el de las caricias, nos guía siempre a la heredad perpetua del Paraíso».*

Adoptó el citado título de Siervo de los Siervos de Dios frente a los que ostentaban sus predecesores como Vicario de Cristo, Sumo Pontífice de la Iglesia Universal o Primado de la Iglesia. Refutó el término ecuménico por parte del patriarca de Constantinopla, Juan el Ayunador. Tenía claro que Roma era la sede primada y Constantinopla no estaba a la par. Logró su propósito, y a partir del 607 se dejó de emplear. Posteriormente, Juan le decepcionó. Escribió en el 595 al patriarca y al emperador: «*Quien despectivamente niega la obediencia a las prescripciones canónicas, que ultraja a la Santa Iglesia universal, que tiene el corazón hinchado de soberbia, que codicia títulos singulares para enaltecerse a sí mismo, que se exalta sobre la dignidad misma de vuestro imperio con ocasión de un simple vocablo, (...) regrese al recto camino y cesará todo disentimiento*». Nadie dudaba de que estaba hablando de Juan: «*Lo que con la boca predicamos, lo destruimos con el ejemplo; perdemos carnes con los ayunos, mientras nuestro entendimiento se hincha con la soberbia; cubrimos nuestros cuerpos con ropas despreciables, pero con el orgullo del corazón vencemos la púrpura; nos postramos en la ceniza y, en cambio, ni las cosas más excelsas nos bastan para nuestra ambición; predicamos la humildad y nos adelantamos a todos en la soberbia y bajo capa de corderos ocultamos dientes de lobo*».

Su afán por la justicia le llevó a imponer en Palermo que se indemnizase a los judíos por las sinagogas que les habían sido expropiadas para transformarlas en templos católicos. Pilotó la nave de Pedro, recordando el mensaje cenital, la espiritualidad, a través de tres sínodos. Fue mansurrón y compasivo, ayudando a pobres y enfermos. Desplegó la necesaria fortaleza. Se lee en misiva a Gianuario, obispo de Cagliari: «*A juzgar por lo que me han dicho, te has hecho tan culpable en tu avanzada edad que nos veríamos obligados a lanzar contra ti el anatema si un sentimiento de compasión no nos lo impidiese. Y ya que queremos perdonarte por respeto a tus canas, diremos a modo de exhortación: vuelve sobre ti una vez más, oh vetusto, y mortifica esa tu gran ligereza y perversidad en el obrar. Cuanto más te acercas a la muerte, tanto más cuidado has de tener de ti mismo y más temeroso has de ser de Dios».* El malhadado obispo tenía costumbre de cobrar desproporcionadamente por los entierros. Le afea san Gregorio: *«Sobre el gemido del dolor has añadido el molesto peso de los gastos. Grave es e impropio del oficio sacerdotal poner precio a la tierra que se concede a la putrefacción y lucrarse con los gemidos que exhala el dolor del prójimo. No sigas exigiendo pago tan penoso».* Y añade: *«No te preocupes más del dinero que de las almas. Los bienes terrenos los hemos de mirar al sesgo; en cambio, hemos de conservar íntegras nuestras fuerzas para el mejor bien de los hombres. Almas, almas quiere Dios del obispo, no dinero».*

El final de su vida fue agónico a causa de múltiples dolencias. Murió el 12 de marzo de 604. En su lápida se escribió: «Cónsul de Dios». No carecía de razón quien así lo decidió, pues al igual que los antiguos cónsules romanos, había alzado la fe como un estandarte por diversos países a través de los misioneros por él remitidos. Escribió el protestante alemán Ferdinand Gregorovius (1821-1891) en su *Historia de Roma en la era medieval*: *«Nadie como él comprendió la grandeza de su misión ni la sostuvo con tan gran celo y valentía: sus afanes y sus relaciones se extendieron a todos los puntos de la cristiandad. Ningún pontífice dejó la abundancia de escritos que él –que por esta razón fue llamado el postrero Padre de la Iglesia– ni ocupó jamás la cátedra de San Pedro un alma tan sublime y generosa como la suya».* Resulta particularmente interesante ese juicio. No por error el jesuita Johan Hardon describió a Gregorovius como *«un amargo enemigo de los papas».*

La Iglesia concedería a Gregorio I el título de doctor, situándolo entre los cuatro grandes doctores latinos: Jerónimo de Estridón, Agustín de Hipona y Ambrosio de Milán. También se le menciona, con toda justicia, como Padre de Europa.

ALGUNAS ENSEÑANZAS

- *Ab asino lanam quaerere,* o no pretendas lograr lana de un asno. No hay que buscar frutos en un erial

- Entornos mediocres dificultan metas valiosas

- Conocer la realidad facilita las decisiones

- La largueza engrandece el alma

- *Ab actu ad posse valet consecutione aut illatio,* o del pasado podemos aprender para las decisiones futuras

- Gobernar es arduo

- Seleccionar con rigor a quienes repartirán sinecuras es un primer paso

- *Abundans cautela non nocet,* o el exceso de prudencia nunca daña

- La autonomía financiera es conveniente para no ser mediatizado

- Crear las condiciones de posibilidad honorables para los *stakeholders* reclama a veces actualizaciones legislativas

RENOVARSE NO ES UN CAPRICHO
CLUNY (910)

Apariencia externa de la iglesia abacial de Cluny III antes de su destrucción durante la Revolución francesa. Fotografía: Georg Dehio/Gustav von Bezold.

Tras siglos de trabajo realizando una monumental labor, la orden benedictina estaba desfondada. Reinventarse o desaparecer era el trance. A comienzos del siglo X se llevó a cabo una renovación que algunos han calificado de nave salvadora en medio de la borrasca que amagaba contra la subsistencia.

Corría el 909. Guillermo el Piadoso, duque de Aquitania, levantó el que sería el primer monasterio de Cluny, a orillas del río Grosne, en los confines de Borgoña. Analizados otros conventos, su propósito era establecer las condiciones de posibilidad que alentasen la mejora de la espiritualidad de los monjes. Para pilotar el proyecto seleccionó al alabado abad Bernón. Aceptada la proposición, el elegido se desplazó con otros doce dispuestos a una profunda *metanoia*. Una de las decisiones clave fue asumir los estatutos de Aquisgrán datados en el 817 y redactados en el encuentro de abades que presidió san Benito de Aniano (747-821). Antes de fallecer, Bernón confiaría la abadía de Gigny a su discípulo Widón y la de Cluny a san Odón. Con este último arrancaría la gran expansión.

Hijo de noble familia francesa, Odón había visto la luz en Tours en el año 879. Su padre era amigo del duque, quien facilitó que el muchacho se incorporase a su corte. Decepcionado por el suntuario estilo de vida se convirtió en discípulo de Bernón, y cuando llegó a edad oportuna, en adalid de la innovación. Se focalizó en la liturgia. El tiempo que sobraba tras el oficio divino se dedicaría a la lectura. Insistía en que era imprescindible consagrar numerosas horas al coro para mudar costumbres. Quizá ese exceso le llevó a perder el equilibrio con la necesaria formación mediante el estudio. Resulta de sumo interés la percepción que de aquel período guarda el propio Odón y que muchos aplican a los de cada uno: *«En nuestros tiempos, casi todo ha perdido su orden (...); en nuestra época, todo es confuso (...), nada es atendido con justicia y rectitud (...). Los peores llegan al poder, se vuelven terribles, ahítos de superioridad se engolfan en el mal; ni el temor al juicio ni la sagrada autoridad atemperan a los malvados».*

Juan XI, pontífice reinante, autorizó a Cluny a recibir como aspirante a cualquier religioso que anhelase las observancias enmendadas, aprobando implícitamente la congregación. Pronto comenzaron a integrarse abadías. Entre otras, Fleury, Aurillac o Saint-Pierre-le-Vif. Escribe Pignot en su *Historia que San Odón*: *«Moraba algunos días en el monasterio con discípulos suyos, para que los demás aprendiesen en la práctica las costumbres cluniacenses y pedía el concurso de los monjes ancianos de mejor predicamento. Todas las mañanas comentaba él mismo o hacía comentar un capítulo de la regla benedictina, y explicaba además con minuciosa precisión los textos y las prácticas con que debía afianzarse la aplicación de aquellos. Cada año, una o dos veces, sobre todo en la fiesta del patrón de la casa, venía a pasar algunos días para estimular el fervor de los monjes».*

En su santo y expansivo ardor transfiguró monasterios de toda Italia. El papa León VII seguía con interés su acción. En el 938 le consintió la libre elección de sucesores y el mantenimiento de la observancia enmendada. Se incorporaron monasterios como San Pablo Extramuros, San Lorenzo o Santa Inés de Roma.

Odón insistía en cuidar la salmodia y la lectura de libros sagrados. Restableció la abstinencia e interpretó la santa regla a la luz de los estatutos de Aquisgrán y los usos de san Benito de Aniano. Alentó a la prevención con los pecados *contra natura*. Recordaba medios de prudencia a los suyos, como nunca permanecer a solas con un niño, y cuando fuese preciso acompañar a críos al baño por la noche hacerlo de dos en dos. Falleció en el 942 dejando su obra pródigamente difundida. Su sucesor fue san Agmaro, quien administró con cordura las rentas. Mayolo (948-994) sería el sucesor que más impulsaría el monasterio de San Pedro de Cluny. Pertenecía a una familia provenzal. En su *cursus honorum* (evolución profesional) había pasado por arcediano en Maçon. Gracias a sus buenas relaciones con los reyes de Borgoña y los emperadores de la Casa de Sajonia continuó la reforma a buen ritmo. Entre otros logros se cuenta el de conseguir que el rey Hugo Capeto renunciase al título de abad laico de Marmoutiers. Fundó en el Jura y en Alrogf (Alsacia). Amigo y confidente de Otón el Grande, este le apoyó en la restauración de monasterios alemanes. Pronto también el de Einsiedeln (Suiza), o el de San Emerano (Ratisbona). El hijo de Otón, Otón II, le ofreció el papado, pero Mayolo lo rechazó.

Tras la parca llegan las disparatadas zalemas sobre fundadores y dirigentes. Se dan en vida para ganar el favor, y tras el fallecimiento, para consolidar el valor del designio. Pedro el Venerable proclamaría con palmario encarecimiento sobre Mayolo: «*Aun después de los sesenta y dos años que han transcurrido desde su muerte, resplandece tanto por la gracia de sus milagros que, tras la Santísima Virgen, no ha habido entre los santos de Europa quien le iguale en esta clase de obras*».

A Mayolo le sucedió el talentoso san Odilón (994-1049), el consolidador. Fue promotor de «la Tregua de Dios», que imponía que no hubiera acciones militares desde la tarde del viernes hasta el lunes por la mañana. Tampoco desde el comienzo del Adviento hasta la octava de la Epifanía, y desde septuagésima hasta la octava de Pascua. Vendió bienes de la Iglesia para ayudar a los pobres. «*Si me he de condenar, prefiero serlo por exceso de misericordia que por exceso de severidad*», resumió su proceder. Murió en Souvigny en el 1048.

Fresco del funeral de san Odilón de Jan Henryk Rosen en la catedral de la Asunción de María en Lviv, Ucrania. Fotografía: Tetiana Malynych, Shutterstock.com

San Hugo sucedió a Odilón. Prosiguió la expansión, fidelísimo a las normas de la congregación, que alcanzó su máximo desarrollo con dos mil monasterios asociados y más de diez mil monjes, desde Gran Bretaña hasta Constantinopla. Por su capacidad de trabajo y su impulso algunos le han denominado el «Napoleón cluniacense». De su prestigio habla que le fueron entregadas cincuenta y tres iglesias en Lombardía para que asumiera la gestión. Urbano II manifestó: «*La congregación de Cluny, más favorecida que ninguna otra por la gracia divina, brilla en la Tierra como el sol en el firmamento; a ella deben aplicarse en nuestros días aquellas palabras del Salvador: vosotros sois la luz del mundo*». Dos de los monjes de Cluny llegarían al papado: el mismo Urbano II (esto explica en parte el enaltecimiento) y Gregorio VII. La esplendidez de Urbano II con su antigua casa llegó a incluir que el abad pudiera endosar las atildadas vestimentas episcopales en fiestas significativas y total inmunidad frente a los obispos. En dos siglos y medio, Cluny contó con solo seis abades, mientras cuarenta y seis papas rotaron.

Urbano II se desplazaría a Cluny para bendecir la mayor iglesia del mundo tras la de San Pedro. Allí se guardaba copia de los archivos vaticanos. Cluny era en aquel momento una segunda Roma. Pons de Melqueil, sucesor de san Hugo, patrocinaría el hundimiento del Cluny. El nombramiento tuvo lugar en 1109. Pons era tan hábil como rígido. Promovió la construcción de la desproporcionada abadía que absorbió colosales recursos, provocando una difícil situación financiera que avitualló quejas contra el pretencioso abad. Después de una tormentosa audiencia con el papa Calixto II, Pons dimitió. La caída del Cluny fue fruto del orgullo por el patrimonio acumulado. Se sintieron superiores, también por las tierras acaparadas y los incontables siervos. Absortos en sus logros fueron alejándose de los ideales de renuncia predicados por san Benito, convirtiéndose en terratenientes gestores de latifundios.

En 1122 fue nombrado Pedro el Venerable, quien restableció por un tiempo el orden y concierto. Era persona preparada en lo científico, además de asequible. Cuatro años habían transcurrido de esa elección, cuando Pons, empleando medios violentos, tomó de nuevo el control. Finalmente sería excomulgado y la orden retornó a manos de Pedro el Venerable. No fue una buena racha, entre otros motivos por el robo perpetrado por mercenarios del oro del que disponía la orden. La descripción que hizo Pedro el Venerable era demoledora: salvo algunos novicios, el resto parecían miembros de la sinagoga de Satán. Enrique de Blois, obispo de Winchester, trató de ayudarles pero no fue posible reanudar momentos de gloria y el declive se aceleraría tras la desaparición de Pedro el Venerable en 1157.

Surgieron por entonces otras iniciativas, como los camaldulenses. El abad Romualdo se había retirado en el 999 para practicar la vida de ermitaño. En 1012, el conde Maldolo, sin enzarzarse en instintos endogámicos le cedió terrenos en los que construyó para él y sus cuatro compañeros celdas individuales. Se le calificó como Campo Maldolo, y en consecuencia *camaldolo* o *camaldoli*. Siguieron la regla de san Benito, con rasgos específicos como el mutismo y el hábito de lana blanca. Al fallecer san Romualdo en 1027 eran tan solo unos pocos discípulos; cincuenta años más tarde los monasterios adheridos sumaban nueve. Fue aprobada por Alejandro II en el 1072.

Juan Gualberto por su parte había vivido primero en un monasterio benedictino. Pasó de ahí a los camaldulenses, pero en el 1030 se trasladó al valle de Acqua bella y posteriormente Valle Ombrossa. De ahí el nombre de la Orden de Vallombrosa. La base era la vida contemplativa en el más cabal silencio. Además no podían cambiar de monasterio. En 1073, año de fallecimiento del fundador, tenían doce casas. Cien años más tarde disponían de cincuenta.

ALGUNAS ENSEÑANZAS

- Pretender que un designio no ha de renovarse es una insulsez
- Hay que crear entornos que faciliten mudanzas productivas
- Cribar con exigencia los datos empleados para tomar decisiones es esencial. Hoy, con terminología de Jorn Lyseggen, se denomina *Outside-Insight*

- La legislación no es motor, pero sí condición necesaria
- Sin formación todo se enquista
- Contar con la protección del regulador es definitivo
- *Quos Deus vult perdere, prima dementat*, o a quienes Dios quiere perder, primero les vuelve locos

- Los mejores acopian ideales que no pasan necesariamente por ascender

- Cuando un mediocre dispone de poder, la organización queda bloqueada

- Rara vez el directivo deficiente es consciente de su inutilidad

«FAKE NEWS» Y «DEEPFAKE»
SILVESTRE II (945-1003), EL PAPA DEL AÑO 1.000

Papa Silvestre II., s. XVIII. Fuente: Bildarchiv, Austria.

El primer papa francés nació en Auvernia en 945 e ingresó alrededor de 963 en el monasterio de san Gerardo de Aurillac (Francia), reformado por Cluny. En 967 Gerberto, futuro Silvestre II, se trasladó a España para incorporarse al monasterio de Santa María de Ripoll (Gerona). Desde allí viajó a otras ciudades españolas donde estudió matemáticas y astronomía. Durante una estancia en Roma dos años más tarde conoció al papa Juan XIII y también entró en contacto con el emperador Otón I, quien le nombró tutor de su vástago, futuro Otón II.

A causa de su merecida reputación como intelectual, el arzobispo de Reims lo integró en su colegio episcopal. El habilidoso Gerberto construyó objetos destinados a la investigación, como ábacos o un globo terráqueo. De allí pasaría, en 983 y por orden del emperador Otón II, a abad del monasterio benedictino de Bobbio (Italia) para retornar a Reims (Francia) como consejero del arzobispo Adalberón. Al fallecer un lustro más tarde, el rey Hugo Capeto eligió a Arnulfo. El recién nominado optó, ante la perplejidad de su protector, por apoyar a su antagonista al trono de Francia, Carlos.

Hugo reaccionó convocando en 991 un concilio en Saint-Baslesles-Reims, destituyó del arzobispado de Reims a Arnulfo y nombró a Gerberto. Roma no quedó satisfecha con lo que juzgó ser una invasión de la potestad papal de designar prelados. Para oficializar la nulidad del nombramiento, Juan XV convocó tres concilios sucesivos que, para su disgusto, confirmaron a Gerberto como arzobispo. Lo logró en un cuarto intento, en 996. Arnulfo retomaba el arzobispado de Reims. Gerberto se retiró entonces a la corte de Otón III, de donde saldría en 998 para ocupar el arzobispado de Rávena.

Tras el fallecimiento de Gregorio V, en 999, Gerberto de Aurillac fue elegido papa con el nombre de Silvestre II en homenaje a Silvestre I, papa en tiempos de Constantino. No eran tiempos placenteros. El nombramiento del antipapa Juan XVI (Juan Filagatos) frente a Gregorio V había provocado que el emperador Otón III ingresase en Italia al frente de su ejército en 998 para aplastar la rebelión pilotada por Crescencio II en su contra. Juan XVI fue capturado, le arrancaron los ojos, le cortaron la lengua, las orejas y la nariz, y le quebraron los dedos para que no volviera a escribir. Fue paseado montado en un asno por la Urbe. Sería deportado, en fin, al monasterio de Fulda (Alemani), donde murió en el 1013.

En el 1001, Silvestre II tuvo que hacer frente a un levantamiento popular que le obligó a trasladarse a Rávena, porque los revolucionarios habían conquistado hasta el castillo de Sant'Angello. El odio venía de lejos. El cabecilla del levantamiento era el hijo de Crescencio II, el patricio romano ajusticiado por indicación de Otón II en 998.

La subordinación al poder civil es perpetua en las cartas del papa. Escribía a Otón III: *«Durante tres generaciones he manteni-*

do una fidelidad inviolable a vos, con vuestro padre y con vuestro abuelo». Y tratando de ganarse al emperador: *«Por defenderos he expuesto mi humilde persona a los furores de los reyes y de los pueblos».* Por tres veces intentó Otón III restaurar el orden en Roma, fracasando en las dos primeras y falleciendo en la tercera con solo veintidós años a causa de unas fiebres.

Silvestre II regresó a Roma y allí murió quince meses después que su protector, en el 1003. El retorno le había sido permitido porque nadie temía a aquel anciano inofensivo. Entre otros motivos, porque Enrique de Baviera, primo y sucesor de Otón III con el nombre de Enrique II, optó por no interferir en los asuntos de la península itálica. A Gerberto se le alabó como luz de la Iglesia y esperanza de su siglo por su renombre científico tanto en letras como en ciencias. Lo suyo había sido el estudio y resulta casi sorprendente que, en medio de complejidades tan sofisticadas e inciertas, no tomara la decisión de dimitir que casi tres siglos más tarde adoptaría Celestino V.

Silvestre II estuvo atento a la profundidad conceptual y también a que la exposición del conocimiento fuera formalmente grata. Llegó a definir su actitud intelectual escribiendo: *«He hecho caminar siempre unidos el estudio del bien vivir y el estudio del bien decir».* Quizá tenía presente la afirmación de Quintiliano, *vir bonus dicendi peritus*, el hombre bueno es perito en el bien comunicar. Fue también pionero en la promoción de debates, como los clubes en entornos académicos en los que es preciso defender alguna teoría. Él lo comenzó a hacer en Rávena en 981. En aquella ocasión los contendientes de la *disputatio* habían sido Otric de Magdeburgo y él mismo. Diversos estudiosos han visto en aquella experiencia el germen de una escolástica que durante siglos aplicaría esa metodología.

Impuso el sistema decimal, que facilitó enormemente el cálculo, ya que hacia el año 1.000 la práctica de la división sin usar el cero requería conocimientos que solo poseían algunos expertos. También se difundió un tipo de ábaco al que se le concedió su nombre. Constaba de veintisiete compartimentos de metal con nueve fichas con los números grabados. La primera columna del extremo derecho contenía las unidades; la segunda, a su izquierda, las decenas; y así sucesivamente. Este instrumento permitía multiplicar y dividir con premura. Era el precedente de las calculadoras. Estos avances, de influencia oriental, fueron adoptados y mejorados en una sociedad que algunos tarugos tienden a contemplar como oscura. La Iglesia conservó el legado grecorromano y pagano, a la vez que promovió un constante anhelo de aprendizaje.

Silvestre II fue también precursor de la taquigrafía, inspirada en una escritura abreviada que recuperó de los romanos. Se conocía como *notæ tironianæ*, notas tironianas, en honor a su creador Marco Tulio Tirón, secretario de Cicerón en el I a. C. Aquel alfabeto compuesto de símbolos y signos que ahorraba tiempo había caído en desuso hasta que Silvestre II la redescubrió. Caesar Baronius escribió que aquel pontífice era un sabio de profundo acervo intelectual, adelantado a su tiempo, y por ello fue objeto de calumnias y difamaciones. Desde el punto de vista de gestión eclesiástica reconoció la Iglesia en Polonia y en Hungría, creando en 1.000 y 1.001 nuevas diócesis. Entre los discípulos más aplicados de Silvestre II se encuentra Richer de Saint-Rèmy, su amigo y mejor biógrafo.

Varios *fake news*, más bien *deepfake*, al menos una colectiva y otra individual rondan la historia de este papa. La segunda es que Silvestre II habría pactado con Lucifer. No existe ninguna prueba. La maledicencia pudo ser causada por esa desazón que corroe a los mediocres que les impulsa a descalificar al superior con cualquier afirmación que parezca desmerecerlos. La colectiva, promulgada por historiadores románticos en el siglo XIX, fantaseaba con que el avance del milenio fue una etapa de conflagraciones, pandemias y pavor. Sin excluir el que en algún momento y lugar se produjesen, no existe constancia de que así fuese de manera generalizada.

Las narraciones exhuberantes de sarcasmo redactadas por Raúl Glaber (980-1047) comienzan con esta descripción que anticipa ese tono campechano y tragicómico de sus textos: «*No me avergüenzo de confesar que fui concebido por mis padres en el pecado; además era pajolero y mi conducta del todo intolerable. En torno a los doce años un tío materno, que era monje, me arrancó por la fuerza de la vida inútil y descarriada que yo llevaba en el mundo, y fui revestido con el hábito monástico, pero por desgracia solo con el hábito, pues no cambié de carácter. Cada vez que los padres y los hermanos espirituales me daban, por mi bien, preceptos de mode-*

ración y de santidad, les oponía como un escudo mi corazón inflado de un orgullo salvaje y desmesurado, y rechazaba por soberbia los consejos útiles para mi salvación. Desobedecía a los monjes más ancianos, incordiaba a mis coetáneos, atormentaba a los más jóvenes; para ser sincero, mi presencia era una carga para todos, mi ausencia un alivio. Al final, impulsados por estos y otros motivos similares, los monjes de aquel lugar me expulsaron del monasterio y de su comunidad, sabiendo, sin embargo, que no me faltaría un lugar donde vivir, gracias únicamente a mis conocimientos literarios. Esto se había verificado ya muy a menudo».

El rigor de sus fantasmagóricos escritos, en los que algunos se basan para presentar una visión desfigurada y macabra de la transición del primer al segundo milenio, ha de ser sometido, cuando menos, a razonable duda.

ALGUNAS ENSEÑANZAS

- Hasta el más indocumentado puede formular preguntas en un minuto que el mayor sabio tardaría semanas en responder
- Formular *fake news* es sencillo, desguazarlas cuesta esfuerzo
- El resquemor es motor de maledicencias
- Si sustituyésemos la envidia por la emulación todo iría mejor
- Pocos son capaces de discernir entre epigramas y realidad
- Todos los tiempos han sido VUCA
- Reconocer las propias debilidades puede ser comienzo de sabiduría
- No deberíamos proyectar acríticamente los propios prejuicios en la interpretación de la realidad
- Es falso que cualquier tiempo pasado fue mejor
- Resulta complicado encontrar profesionales que combinen con acierto teoría y práctica

MORIR POR UNA BUENA CAUSA
GREGORIO VII (1015-1085)

San Gregorio VII. Basílica de San Pablo, Roma. Fuente: Shutterstock.

Diversos emperadores germanos, y de modo específico Otón el Grande, habían apoyado a los pontífices en sus complejas relaciones externas e internas. Si eran devotos del papado, como Enrique II el Santo o Conrado, todo marchaba. Cuando Enrique III accedió al trono se embrolló. El endomingado monarca ansiaba disponer tanto de las rentas como de la gestión de abadías y parroquias, e incluso situar en la cátedra de San Pedro a afines. Los mayores problemas del momento eran la simonía —compra de dignidades— y la investidura laica —nombrar mundanos para cargos eclesiásticos—, y él deseaba incrementarlos en su beneficio.

Con la llegada de Enrique IV empeoró la zarabanda. Era adicto a las dos bribonadas. El culmen se alcanzó cuando en una asamblea del episcopado alemán en Worms se denunció al papa, acordándose su deposición. El clero bajo, de azarosos orígenes, no contribuía a limpiar cenagales, porque la selección había sido, por decirlo suavemente, negligente. Algunos se incorporaban a seminarios o conventos obligados por sus progenitores, que de ese modo salvaguardaban la integridad del patrimonio familiar en otro vástago. Demasiados de los que entraban en religión anhelaban disponer de rentas y no se ocupaban ni mucho ni poco por su alma ni por las de los fieles. Casi todo era venal. Los prelados prevaricadores, que habían pagado para obtener flujos fijos, subastaban cargos eclesiásticos a otros clérigos para resarcirse. Los escasos monjes fieles, encorajinados, acabarían por devolver la salud a la Iglesia, pero la curación no sería rauda. Hildebrando, un verdadero jabato, tuvo que aplicarse a fondo. Era hijo de Bonizo, un carpintero de Soana, provincia de Siena (Toscana). Vio la luz en el 1020. Algunos hagiógrafos, por la recalcitrante propensión al loor, lo convierten en descendiente de la familia de los Aldobrandini o de los Aldobrandeschi, de noble abolengo.

Entró en religión en el monasterio de Santa María, en el Monte Aventino de Roma. Su maestro fue el sabio arzobispo Lorenzo de Amalfi. Pronto se incorporó al equipo de Gregorio VI (1045-1046). Cuando este papa fue injustamente depuesto por el conciliábulo de Sutri (1046), Hildebrando lo acompañó al destierro. Murió el pontífice al llegar a Francia, e Hildebrando se retiró a Cluny. Con ocasión de gestiones que le eran indicadas, verificó de primera mano el galimatías en el que vegetaban muchos.

Conoció también al papa monje León IX (1049-1054), investido por su primo Enrique III. Hildebrando le conminó a enfilarse hacia Roma para ser ratificado por el pueblo romano. Según normativa de la época, era nula la elección llevada a cabo en Worms. El papa León aceptó, pero puso como condición que Hildebrando lo acompañase, ya que le admiraba por su decisión y honradez. Mucho se resistió este siguiendo las indicaciones de san Hugo, pero al final cedió. En la Ciudad Eterna fue creado cardenal y nombrado abad del monasterio de San Pablo Extramuros. Allí bregó a fondo para devolver sana espiritualidad a un colectivo que había ido cayendo en dorada medianía. Apoyó decretos contra la malversación en beneficios eclesiásticos y contra el matrimonio de los sacerdotes.

Al fallecer León IX, el pueblo deseó elegirle pero él impulsó la candidatura de Gebhardo, obispo de Eichtaet, quien la asumió como Víctor II (1055-1057). Cuando fue elegido Esteban IX (1057-1058), tanto el papa como Pedro Damiano y el propio Hildebrando se enfangaron en la camorra contra la ofuscación por el poder de los emperadores alemanes.

Con el sucederse de los años, el número de cardenales había ido variando y las atribuciones se habían incrementado. El sínodo de Letrán de 769 había establecido que el papa debía ser elegido únicamente entre los cardenales diáconos o presbíteros; los cardenales obispos no debían ser transferidos fuera de sus diócesis. Desde el siglo IX eran considerados como consejo oficial del papa y desde el año 1059 tuvieron una nueva y definitiva responsabilidad, como detallaré.

Como asesor de Nicolás II (1058-1061), sucesor de Esteban IX, Hildebrando logró la publicación de un decreto por el cual la elección del pontífice correspondía a los cardenales, aprobada por el clero y pueblo romanos. Todo debía hacerse *salvo debito honore et reverentia* al emperador, respetando el honor y la reverencia al monarca protector. En el fondo implicaba cancelar el derecho del soberano sobre los nombramientos. Así se aplicó de forma inmediata con Anselmo de Baggio, obispo de Luca, que adoptó el nombre de Alejandro II (1061-1073).

Al fallecer este, Hildebrando tuvo que aceptar la dilatadamente pospuesta nominación. Era el 22 de abril de 1073. Cuando iba a ascender al púlpito para solicitar al pueblo no aceptar el honor, el monje Hugo el Blanco le detuvo y predicó: «*Hermanos míos: bien sabéis que este es Hildebrando, quien ha exaltado y libertado a la Iglesia desde los tiempos del papa León; por lo cual, y no siendo posible elegir otro mejor ni igual, elegimos para el pontificado a un hombre que desde largo tiempo se ha dado a conocer y ha obtenido la aprobación general*». Resulta curioso que quien había contribuido a formalizar el proceso de elección llegase al solio por aclamación. Fue entonces ordenado sacerdote y recibió el episcopado el 30 de junio de 1073.

Gregorio VII se ocupó de defender los derechos de la Iglesia frente a los intereses seculares. Advirtió que condenaría mediante excomunión a quien no se plegara. La lucha se concretó en Enrique

IV. Trató primero de acercarse amistosamente, pero fue infructuoso. Escribió a Godofredo el Jorobado: «*Si –Dios no lo quiera– nos devuelve odio por amor y si, desconociendo la justicia de Dios, paga con menosprecio el gran honor que ha recibido, la sentencia* (maldito sea el hombre que desvía su espada de la sangre) *no caerá ciertamente sobre mí*».

En marzo de 1074, el papa convocó en Roma el primer sínodo de la Cuaresma y quedó establecido que ningún clérigo simoníaco sirviese a la Iglesia, que los beneficios logrados con ese dinero fuesen abandonados y se conminó a la excomunión de los implicados. Al pueblo se le prohibió acudir a ceremonias en las que interviniesen.

La vorágine, fundamentalmente en Alemania, era grande. El obispo Otón de Constanza no solo permitió a los clérigos que siguiesen viviendo con sus mujeres, sino que promovió que quienes no la tuviesen buscasen una. En medio de este desbarajuste, parejo al contemporáneo, fue preparando el *Dictatus papae*, conjunto de veintisiete proposiciones con el título *Quid valeant Pontifici Romani*, donde se pormenorizan las prerrogativas del pontífice romano. Se plasmaba negro sobre blanco la autoridad papal en un mundo en el que el cesaro-papismo estaba extendido. Algunos creen que ese documento fue la causa de la consabida batalla de las investiduras. En realidad fue solo un episodio más. Si bien los papas se inmiscuían a veces en cuestiones temporales, era frecuentísimo que la nobleza y los monarcas trataran de obligar a la jerarquía de la Iglesia a tomar partido. No pocos pretendían que el obispo y los párrocos fueran gestores de propiedades que a la muerte del prelado retornaban al encumbrado terrateniente miembro de la aristocracia, hasta la sustitución por otro de su cuerda.

El decreto de 1059 para la elección del papa anhelaba poner coto al deseo de soberanos y nobles de influir en la decisión de quien sería el sucesor de Cristo. El sistema, reitero, era avieso: Enrique IV nombraba obispos a personajes de nula preparación y disposición, y estos consignaban lo que se les solicitase, porque iban a cobrarlo de su clero en cuanto tomasen posesión. Los sacerdotes, a su vez, lograban rehacerse de la inversión a costa de los bienes y realidades más sagradas. No es estrambótico por esto que de todos los obispos nombrados por Enrique IV solo muriese católico uno, Bennón de Misnia.

En la vigilia de Navidad de 1075, hampones enviados por el emperador y dirigidos por Cencio secuestraron al papa tras herirlo durante la celebración de los actos litúrgicos. Gregorio VII padeció con mansedumbre. Una vez vino a saberlo el pueblo, hubo reyerta con el grupo de fanáticos. El papa regresó a Santa María la Mayor para ultimar la misa abruptamente suspendida.

El emperador por su parte siguió confiriendo la investidura a obispos indignos y se amistó con el mayor enemigo del pontífice, Guiberto de Rávena. El papa llamó a este a Roma, pero el disidente se desentendió. Es más, convocaron un conciliábulo en Worms con idea de deponer al pontífice. La carta enviada al sucesor de Pedro desborda exabruptos: «Falso monje», «sembrador de cizaña», contrario a la «potestad regia que Dios concedió». Y concluye: «*Puesto que armaste a los súbditos contra los señores, predicaste el menosprecio de los obispos ordenados por Dios y diste facultad incluso a los seglares para deponerlos y condenarlos, ¿y tú quieres deponerme a mí, rey inculpable a quien solo Dios puede juzgar, siendo así que los obispos declararon que a Dios solo incumbía pronunciar sentencia contra un Juliano apóstata?*».

Gregorio VII respondió en el sínodo cuaresmal de 1076, al que acudieron ciento diez obispos. Excomulgó al emperador, lo que implicaba que sus siervos eran libres para desobedecerle. El pontífice salió de Roma en diciembre y se dirigió a los territorios de la reina Matilde. Se detuvo en Mantua antes de proseguir camino hacia el castillo de Canossa, en los Apeninos. En parte porque corrían cotilleos de que el rey viajaba allí con escolta armada dispuesto a dar un golpe de mano. No fue así. Tras un triduo penitencial en el portón de la fortaleza recibió el permiso para entrar. El 28 de enero de 1077, Hildebrando acogió a Enrique. Escribiría el mencionado Gregorovius: «*Tres días estuvo el infausto rey aguardando a la puerta más humilde de la fortaleza, descalzo sobre la nieve y con el hábito de penitente echado sobre sus vestiduras, suplicando ser recibido y llorando amargamente*». Fue absuelto.

No tardó el emperador en venirse arriba. Entre otros motivos porque los obispos opuestos al papa temían perder prebendas si el pontífice ejecutaba la selección. Promovieron a un antipapa, Clemente III (1080-1100), Guiberto de Rávena. El problema de Enrique IV se origina por su deficiente formación. Casquivano, su madre Inés no lo encauzó, ni tampoco su preceptor, el obispo Adalberto de Bremen, que fue un consentidor. Cuando Annón, arzobispo de Colonia, trató de poner límites, lo único que consiguió fue exasperar al malcriado, futuro Enrique IV.

En 1076, en carta dirigida por el papa a los príncipes y obispos de Alemania se lee: «*En estos días de peligro, en los que el anticristo se agita en todos sus miembros, difícilmente se hallará un hombre que anteponga sinceramente los intereses de Dios a sus propias conveniencias. Testigos sois de que si he luchado contra los malos soberanos y los sacerdotes impíos no ha sido impelido por idea alguna de poderío temporal, sino por el convencimiento que he tenido de mi deber y de la misión de la Sede Apostólica. Mejor es para nosotros arrostrar la muerte que nos den los tiranos que hacernos cómplices de la impiedad con nuestro silencio*».

Gregorio VII, como venimos comentando, había recibido una Iglesia acanallada y sometida a sátrapas. Empeñado en soltar amarras y purificarla sometió a control a los clérigos incontinentes. También se enfrentó frontalmente a las prácticas simoniacas. Anticipando lo que hoy en día se denomina posverdad, escribió: «*No desconozco cuán distintamente me juzgan los hombres y que por una misma acción unos me juzgan cruel y otros demasiado benigno*».

Cuando los normandos se retiraron de Roma, Gregorio VII también consideró prudente seguirlos. Se dirigió primero a Montecassino y de allí a Salerno. En esa ciudad renovó la excomunión contra el emperador y contra el antipapa. En enero de 1085 reunió una asamblea para rematar el conflicto. Otón de Ostia era el cardenal delegado, junto a arzobispos y obispos puntales de Gregorio VII. Frente a ellos, jerarcas sufragáneos defendían la causa de Enrique por temor a perder sinecuras. El papa feneció el 25 de mayo de 1085, tras pronunciar la famosísima sentencia: «*He amado la justicia y odiado la iniquidad, por esto muero en el destierro*».

Quien había definido en el *Dictatus Papae* que el romano pontífice era omnipotente en las decisiones referidas al nombramiento, remoción o traslado de obispos, y también que le era lícito deponer a los emperadores, o que sus sentencias no podían ser rechazas por nadie, falleció viendo dislocados principios que consideraba inviolables. Fue sepultado en la iglesia de San Mateo (Salerno).

Tras él, otros monjes llegarían al papado, como Desiderio de Montecassino, con el título de Víctor III (1086-1087); Odón de Chatillón, con el nombre de Urbano II (1088-1099); o Juan Conciulo, como Gelasio II (1118-1119). Las grescas entre el poder religioso y el secular concluirían gracias a Calixto II (1119-1124), en 1122, cuando en un nuevo concordato (de Worms) firmado con el emperador Enrique V se resolvió el nombramiento de obispos y abades a favor de la Iglesia. El emperador desistía de la selección, que pasaba a ser exclusiva de la Iglesia, y el romano pontífice reconocía al monarca el derecho a dispensar a los investidos el cetro que identificaba el cargo.

ALGUNAS ENSEÑANZAS

- **Desaprender malas costumbres no es sencillo**
- **Cuando la selección es negligente cuesta ordenar el futuro**
- **El afán por loar a quien ha triunfado es irreductible al sentido común**
- **Es aconsejable que quien asciende recorra de antemano un *cursus honorum* extenso**
- **Los expertos buscan como asesores a personas valiosas**
- **En ocasiones es preciso envalentonar a quienes no desean verse involucrados en la gestión pero cuentan con preparación**
- **Es aconsejable dar oportunidades, pero no tantas que se publicite la debilidad**
- **Es error grave considerar que se atrae con continuas cesiones**
- **Descalificar a otros manifiesta bajeza**
- **Para quien actúa con conciencia clara y recta, lo que opinen otros no tiene relevancia**

CUIDAR LA SELECCIÓN, REQUISITO PARA LA SOLIDEZ DE UN PROYECTO

SAN BRUNO (1035-1101) Y LA CARTUJA (1084)

San Bruno de Girolamo Marchesi, 1525. Fuente: Henry Walters. Colección Massarenti.

Bruno de Hartenfaust nació en el 1035 en Colonia (Alemania) en el seno de una familia de añejo abolengo. Recién alcanzado su tercer lustro emprendió viaje hacia la ciudad de Reims (Francia) con intención de proseguir estudios. Culminados, regresó a Colonia, donde se incorporó como canónigo de la iglesia de San Cuniberto. Pronto recibió encargos del obispo de Reims: director de estudios superiores, inspector general de las escuelas de la archidiócesis... Entre sus alumnos se contó Odón de Chantillon, luego Urbano II, predicador de las Cruzadas. Bruno tomó parte activa durante las disputas entre Gregorio VII y Enrique IV. En ese esfuerzo empeñó títulos y caudales. El ensañamiento fue incrementándose y tuvo que exiliarse. Como las voluntades son tornadizas e imprevisibles, regresó triunfante y le ofrecieron un arzobispado. Se le abría una relevante carrera eclesiástica, pero renunció de forma completa al mundo, liquidando el patrimonio que le quedaba para distribuirlo y, acompañado por Pedro de Bethune y Lambrerto de Burgogne, ingresó en el monasterio de Molesme. Allí fueron admitidos por Roberto, el abad.

Marchó posteriormente a las montañas del Delfinado, hasta llegar a Grenoble. Después de cambiar impresiones con el obispo de la ciudad, su antiguo alumno Hugo de Chateauneuf, se instaló junto a sus compañeros en Chartreuse. Edificaron chozas con piedras y ramas a modo de celdas. Constituían la cuna de la Orden cartujana, como será reconocida después. Era el 24 de junio de 1084.

Al igual que un niño construye un puzle, ellos procuraron seguir las inspiraciones que el Supremo Ser ponía en sus corazones. Sin embargo, en la primavera de 1090, una carta de Urbano II reclamó el papa Urbano II a Bruno *ad servitium Apostolicae Sedis*, para el servicio de la Sede Apostólica. Sucedió entonces lo que siglos después estudiosos como Collins y Porras conceptualizaron para la *Harvard Business Review*: lo relevante es que las personas vinculadas a un proyecto interioricen el propósito, aunque no lo entiendan todos del todo. Es decisivo encontrar individuos que asuman el objetivo colectivo como inseparable a su persona.

Renunció en primer término al arzobispado de Reggio, en contra del empeño mostrado por el pontífice y Roger, duque de Pulla. Después se instaló en Calabria, en la diócesis de Esquilache, por imposición del papa, que quería tenerlo cerca. Vivió once años con algunos seguidores en el eremitorio de Santa María de la Torre hasta su fallecimiento el 6 de octubre de 1101.

Unos giróvagos emprendieron campaña de difamación contra los cartujos, echándoles en cara lo indiscreto de las penitencias. Ajenos a las insidias, esos primeros monjes tampoco se preocuparon en exceso por la creación de la marca, que en organizaciones paredañas se manifiesta en el afán por lograr la canonización de sus miembros y promocionar así su modelo. Su propósito fue centrarse en lo esencial y no en lo que de algún modo denominaríamos *marketing: non tan sollictius fuit Ordo Carthusiensis multos Sanctos suos patefacere quam multos Sanctos facere*, no fue la Orden cartuja tan solícita en que fuesen nombrados santos como en hacer santos.

San Bruno, como se ha mencionado, ocupó numerosos cargos a lo largo de su existencia: consejero del papa, maestro de las Escuelas de Reims, fundador de una orden religiosa..., pero nunca perdió el norte. Las algazaras no le desviaron de la meta. No faltaron los encomios, aunque ni los necesitaba ni los buscó; más bien le desagradaban. «*Fue Bruno un gran hombre y un gran cristiano*», escribió uno de sus prosélitos. «*Dios, que le tenía destinado a ser la gloria más pura de su época, le colmó de gracias escogidas y depositó en él, como en vaso precioso, tesoros de sabiduría y de bondad; a un ardiente amor a Dios, juntaba una devoción filial a su bendita Madre. Vencedor de la vanidad y falso honor del mundo, fue la gloria de los ermitaños; emuló en la Tierra la vida angélica del Cielo; fundó una orden religiosa que es escuela de santidad, de abnegación y de amor a la Cruz. Semejante a Elías y Juan Bautista, pobló la soledad y difundió por todas partes los perfumes del desierto. Fue un padre amantísimo, la alegría de sus hermanos y dulce encanto de todos los corazones. Fue más que hombre: fue un héroe del Evangelio, un solitario incomparable, un gran santo*».

Mejor se le definió al escribir que «*por temor al Juez que había de venir a juzgarle, despreció Bruno las riquezas mundanas y huyó al desierto (...). Por muchos títulos merece Bruno que se le alabe, pero lo que le hace digno de especial elogio fue la regularidad de su vida y la igualdad inalterable de su carácter. Su aspecto se mantuvo siempre afable y risueño; sus palabras eran humildes y modestas; a la severidad de un padre unía la ternura de una madre. Nadie notó en él el menor asomo de orgullo; antes, al contrario, se mostraba dulce y manso como un cordero. Fue el verdadero israelita, sin dolo ni ficción, de que se habla en el Evangelio*».

En 1142 habían sido erigidos cinco eremitorios independientes sujetos a la jurisdicción del obispo. Optaron por agregarse a la comunidad de la Cartuja, constituyendo una confederación sometida a la autoridad del capítulo general, que aquel mismo año, suscitado por los superiores de los cinco monasterios, se reunió por primera vez bajo la presidencia de san Antelmo, séptimo prior. Cada uno proseguiría, sin mengua de la unidad, gobernándose con autonomía dentro de la obediencia y sujeción al capítulo general.

El mínimo de edad para incorporarse quedó establecido en los dieciocho años. Se exigía al aspirante, si era para el coro, que contase con suficiente dominio del latín, buena salud y predisposición para el canto. Tras sestear un par de días a su llegada se incorporaba a una semana de ejercicios. Entonces se le conducía a la celda, donde se lavaba los pies y rezaba el salmo *Miserere*. La ceremonia simbolizaba el abandono del mundo y la apertura a un nuevo estilo de vida. Durante las cuatro semanas de postulación conservaba el traje secular, sobre el que portaba una capa negra de estameña para asistir a los actos comunitarios.

El prior era nombrado por tiempo indefinido por el capítulo general o por su representante. En algunos casos, a la comunidad se le concedía el derecho de elegir prior, quien de cualquier forma disponía de anchurosos poderes. Sin embargo, su autoridad no era absoluta: respondía ante el capítulo general y durante la visita canónica ante los visitadores. Se le instaba además a tener presente que es juicio rigurosísimo el que corresponde a quienes gobiernan. Se les encomendaba asir bien el timón, pero a la vez trato afable con los súbditos y recordar que estaban para ayudar a los demás, no para distorsionar o imponerse. El prior era esbozado en la cartuja como un *primus inter pares*. Nada le distinguía de los demás en su manera de vestir.

La elección se llevaba a cabo mediante escrutinio secreto. Para ser elector se requerían cuatro años desde la profesión, poseer sagradas órdenes, al menos el subdiaconado, y residir en el monasterio donde se había nacido a la vida cartujana. Se elegía cuando el anterior había muerto, cuando una visita había depuesto al que había o cuando este había dimitido. Se preparaban con ayuno de tres días. Como en otras organizaciones, incluida la Iglesia en su conjunto, se buscaba el equilibrio entre la jerarquía y el cuerpo electoral, tratando de evitar actitudes dictatoriales y populismos. Para ayudarle se contaba con los oficiales de la casa: vicario, procurador, sacristán, maestro de novicios y coadjutor. El vicario era la mano derecha del prior a quien suplía; el procurador administraba los bienes; el sacristán se centraba en el cuidado de ornamentos y de lo relativo al culto; el maestro de novicios preparaba a postulantes; y el coadjutor, cuando lo había, atendía a quienes acudían para visitar a alguien o permanecer de retiro algunas jornadas.

Cartusia nunquam reformata, la Cartuja nunca ha sido reformada, es expresión que gusta a los miembros de la orden. En la bula *Umbratilen* (1924) se lee: «*Es cosa bien sabida que los cartujos de tal manera han conservado en el transcurso de casi nueve siglos el espíritu de su Fundador, Legislador y Padre, que, al contrario de lo sucedido en otras religiones, no ha tenido su orden necesidad de corrección alguna o de reforma en tan largo espacio de tiempo»*. *Per solitudinem, silentium, Capitulum, Visitationes, Cartusia permanet in vigore*, la Cartuja se mantiene en vigor mediante la soledad, la mudez, el capítulo y las visitas. El poeta Dicastillo lo resumió así:

*Aquí el silencio a meditar convida
En esta soledad el alma advierte
que es un sueño la vida,
que la verdad empieza tras la muerte.*

Con sabiduría han atendido más a la calidad que al guarismo. *Cartusiani, non numerandi sunt; sed ponderandi*, los cartujos no hay que elencarlos, sino ponderarlos. La autonomía económica ha sido siempre de gran importancia para asegurar la contemplación. No buscan limosnas, ni ejercen trabajos lucrativos. No se admiten fundaciones si no vienen con dotación para holgada subsistencia. También por eso no se supera el número tasado de monjes o monjas. Dionisio el Cartujano es denominado doctor extático; Ludolfo, conocido como el Cartujano, es profundo comentarista de los salmos, autor de una portentosa *Vida de Jesucristo* que tanto influyó en Ignacio de Loyola; Lanspergio, el Devoto, difundió la contemplación del Sagrado Corazón en el siglo XVI; Surio, escribió *El Año Cristiano*.

La primera cartuja de mujeres surgió entre 1145 y 1147, cuando san Antelmo recibió una solicitud de incorporación del convento de San Andrés de Prevayon (Provenza). Encargó al beato Juan de España que escribiese una regla *ex profeso* para ellas, inspirándose en las *Costumbres del Venerable Dom Guigo*, quinto prior de la cartuja. Es peculiar de las monjas cartujas la solemne consagración recibida del obispo a los cuatro años de profesar votos simples, si ya se ha cumplido el primer cuarto de siglo. Este rito lo recogió la Orden de las Religiosas de Prevayon, que a su vez lo habían recibido de san Cesáreo de Arlés (470-542), ya que seguían su regla antes de abrazar la de la Cartuja. También aquí cumple el axioma del *Libro de los Probervios*: *nihil novum sub sole*, nada hay nuevo bajo el sol.

El jesuita Nieremberg describió la Cartuja como una escuela de ángeles, un noviciado de bienaventurados, un olor del Paraíso, un campo sembrado de gloria y regado de gracias. Los cartujos, al igual que la práctica totalidad de las instituciones que abordamos en este libro, confían en que su iniciativa durará hasta el fin de los tiempos, *stabilitas illius, mundi duratio*.

ALGUNAS ENSEÑANZAS

- Un nuevo proyecto es muchas veces una serendipia
- Una vida de esfuerzo facilita triunfar ante nuevos retos
- Toda existencia se ve agitada por vaivenes a los que hay que resignarse con dignidad y, siempre que sea posible, con buen humor
- *Ad consilium ne accesseris, antequam voceris*, o no hay que dar consejos antes de que se pidan
- Defender el propio proyecto no es sencillo porque otros tratarán de aprovechar nuestro trabajo para diferentes fines, quizá también laudables
- *Adulator propriis commodis tantum studet*, o el adulador solo tiene presentes sus propios intereses
- Centrarse en lo esencial y no en la mera imagen suele dar buen fruto en el medio y largo plazo
- No existe un único modelo organizativo
- Los procesos de *assessment* deben ser rigurosos para asegurar el bien del individuo y del proyecto
- La reflexión y poner en sordina la aceleración y la palabrería contribuyen eficazmente a la solidez de las iniciativas

JUZGAR DECISIONES AJENAS ES SUMAMENTE COMPLEJO

LAS CRUZADAS (1095)

La acronotopología es indisposición frecuente en los nescientes y más en general en quienes simplifican la realidad. Consiste en interpretar momentos, circunstancias y procederes sin calar en las coordenadas de tiempo y lugar en los que los sucesos ocurren. La historia está llena de ejemplos. ¿Cómo explicar, verbigracia, los anuncios que en los albores del siglo XX aconsejaban fumar para la mejora de la salud, comenzando por el incremento de la circulación sanguínea? O, ¿cómo explicar que, durante siglos, hasta tiempos recientes, se recomendaran las sangrías como remedio eficaz para muchas enfermedades? Y más incoherente aún, ¿cómo es posible que tantos asuman acríticamente que millones de niños no nacidos sean sacrificados en la actualidad mediante el aborto cuando existen evidencias científicas de su individualidad como personas desde la concepción? Toda organización debe ser consciente del tiempo y el lugar en el que se halla. Rara vez otras coordenadas son exportables. Deben servir para aprender de aciertos y errores, no convertirse en referencia a mimetizar de forma irreflexiva.

La concepción de religión y política intrínsecamente unidas ha estado presente en múltiples circunstancias. Sin ir más lejos cuando algunos autores de la Roma imperial consideraron que era necesario acabar con los brotes cristianos porque, según ello, esa religión no casaba bien con un ordenamiento en el que los dioses se alineaban con las decisiones del emperador. Ese mismo error se introdujo en la mente de legisladores de inspiración cristiana. Personajes tan ilustres e ilustrados como Pío IX consideraban que apearse de manifestaciones de poder y soberanía terrenal significaba hacerlo en el mensaje. Pasado el tiempo, muchos consideran que fueron providenciales aquellos sucesos para que la Iglesia centrase sus esfuerzos en lo propio, llevar los hombres al Cielo y el Cielo a los hombres. Prescindir de territorios y más en el fondo del cesaropapismo se ha mostrado positivo. Sin embargo, cuando se escriben estas líneas sigue habiendo quienes añoran circunstancias en las que el poder espiritual y el temporal se entremezclaban e incluso se juzgaban indisolubles.

Concebir las Cruzadas con la mentalidad actual no es viable, como tampoco lo es comprender la evangelización de América u otros continentes. En el presente, con más frecuencia que en los siglos a los que vamos a hacer referencia, muchas personas, en buena medida influidas por el Evangelio, buscan soluciones a los desacuerdos de forma dialogada con valores que han sido asumidos recientemente por Occidente y que, en momentos de crisis, por insensible que pueda sonar, no son siempre eficaces. Pensemos en la urgencia de acabar con la Alemania nazi que sentían quienes desembarcaban en las playas de Normandía el 6 de junio de 1944. Hubo tiempos en los que la alternativa más común no era la fuerza de la razón, sino la razón de la fuerza. Hoy en día subsiste esa misma lógica en bastantes, como muestra el inhumano comportamiento del Estado islámico o de los partidos comunistas o populistas en pleno siglo XXI.

Ante la agresiva expansión del islam, que buscaba aniquilar a las otras religiones, las demás culturas y religiones se defendieron. La llegada de partidas fanatizadas a España en el 711, que aprovecharon las pugnas internas para adueñarse de la práctica totalidad de la península, marcó el comienzo de una conflagración que duraría hasta el año 1492 en que los Reyes Católicos reconquistarían Granada, último baluarte español en manos de los musulmanes.

Pero España, con el ejemplo paradigmático de las Navas de Tolosa, nominada Cruzada por Inocencio III, no fue el único frente de aquella jarana entre civilizaciones. Las dos religiones luchaban, no solo por sus creencias, sino por proponer o imponer modos incompatibles de ver el mundo.

Desde 1071, cuando los turcos de apoderaron de Asia Menor, los viajes religiosos a Tierra Santa se tornaron casi inviables. Esas peregrinaciones eran de máxima importancia para los católicos de la época. En 1086, las hordas de Orthok se apropiaron de Jerusalén y devastaron los templos cristianos. Se hizo del todo imposible visitar los santos lugares. Urbano II (1042-1099), de raíces cluniacenses —llegó a ser prior de la orden–, convocó a los occidentales para la guerra. La experiencia de España servía de ejemplo. La demanda de ayuda había sido presentada por representantes de Alexio, emperador bizantino –protagonista de la maravillosa crónica *Alexiada*, escrita hacia 1148 por su hija, Anna Comneno–, en el sínodo de Piacenza de 1095. Fue el impulso definitivo que precisaba Urbano II. En el sínodo de Clermont de noviembre de ese mismo año se dirigió a los doscientos prelados, a los nobles y a los numerosos fieles presentes:

«Bien amados hermanos (...), yo, Urbano, que llevo con el permiso de Dios la tiara pontifical, pontífice de toda la Tierra, he venido aquí hacia vosotros, servidores de Dios, en calidad de mensajero para desvelaros la orden divina (...). Es urgente llevar con premura a vuestros hermanos de Oriente la ayuda tantas veces prometida y la necesidad apremiante. Los turcos y los árabes los han atacado y se han adelantado en el territorio de la Romania hasta esta parte del Mediterráneo que llamamos Brazo de San Jorge (El Bósforo) y, penetrando siempre más hacia delante en el país de esos cristianos, les han vencido siete veces en batalla, han matado y hecho cautivos a gran número, han destruido las iglesias y devastado el reino. Si los dejáis ahora sin resistir, extenderán su oleada más ampliamente sobre fieles servidores de Dios.

»Por ello os ruego y exhorto –y no yo, sino que el Señor os ruega y exhorta como heraldos de Cristo–, a los pobres como a los ricos, que os deis prisa en arrojar a esta vil ralea de las regiones habitadas por nuestros hermanos y llevar una ayuda oportuna a los adoradores de Cristo. Hablo a quienes están presentes y lo proclamaré a los ausentes, pero es Cristo quien ordena.

»Que quienes estaban habituados antes a combatir perversamente en guerra privada contra los fieles se batan contra los infieles y conduzcan a un fin victorioso a la guerra que habría debido comenzar desde hace ya mucho tiempo; que quienes han sido bandoleros hasta ahora se conviertan en soldados; que quienes fueron en otro tiempo mercenarios por sueldos sórdidos, ganen ahora las recompensas eternas; que quienes se agotaron en detrimento a la vez de su cuerpo y de su alma, se esfuercen ahora por una doble recompensa. ¿Qué agregaré? A un lado estarán los miserables, en el otro los verdaderos ricos; aquí los enemigos de Dios, allá sus ami-

gos. Alístense sin tardanza, que los guerreros arreglen sus asuntos y reúnan lo necesario para cubrir necesidades; y que, cuando termine el invierno y venga la primavera, se pongan en movimiento alegremente para emprender la ruta guiados por el Señor».

A Urbano II no le faltarían contradicciones, incluida la presencia del anti papa Clemente III (1080-1100). Para enfrentarse a él, que ocupaba la mayor parte de Roma, se estableció algún tiempo en Santa María a Cappella, en el actual Trastévere, desde donde accedía al mar a través del Tíber. En el siglo XXI se encontrarían en ese lugar algunas reliquias de san Pedro y otros papas, trasladadas allí por Urbano II.

El eco a su convocatoria de lucha contra el infiel fue inmediato y entusiasta. Entre otros, el obispo Ademaro de Puy, Godofredo de Bouillon, sus dos hermanos Balduino y Eustaquio, Roberto de Flandes, Roberto de Normandía, Raimundo de Tolosa o Tancredo se convirtieron en ardientes propagandistas de la nueva iniciativa.

Al llegar a Constantinopla los primeros guerreros occidentales encontraron la desatención, cuando no la traición bizantina, justificada por Anna Comneno en el exceso de tropas como un intento de arrebatarle el poder. Partieron pronto hacia Antioquía, ciudad en la que derrotaron al Ejército turco. Mientras Balduino fundaba el principado de Edessa, el resto de efectivos alcanzaron Jerusalén en Pentecostés de 1099. El 15 de julio, agotada la resistencia de los pobladores, entraron en la ciudad. Godofredo de Bouillon fue nombrado rey; tras su prematura desaparición fue sucedido por Balduino. Para las Navidades de ese año se convocó un concilio con el objetivo de organizar el nuevo reino. Además de Jerusalén fueron creados los estados cristianos de Edessa, Antioquía y Trípoli.

Edessa caería ante las cuadrillas del mosul Noradino en 1144. San Bernardo fue estimulado por Eugenio III para abanderar una nueva Cruzada dirigida por Luis VII de Francia y Conrado III de Alemania. Comenzó en 1147, pero la falta de apoyo de los bizantinos y la felonía de los griegos la condenaron a irse al garete. Si bien llegaron a Jerusalén en 1148, poco más pudieron hacer, ni siquiera recuperar Damasco. Los supervivientes regresaron a Europa en 1159.

En medio de esta marabunta surgieron los templarios. En esa organización casi cada uno de los veintitrés maestres acumula enseñanzas, y solo unos pocos descréditos. En el caso de Roberto de

Craon (1136-1149), cabe señalar que su habilidad para imbuir flexibilidad quedó ensombrecida por su empeño en una glorificación comunal que condujo a una dañina hinchazón corporativa. Dejando atrás Angulema y Aquitania, había viajado a Tierra Santa. Contra todo pronóstico, se incorporó al Temple en 1126. Elegido senescal y más tarde gran maestre, estrechó lazos con las dinastías reales de Oriente y promovió la condescendencia entre las tres religiones monoteístas. Se ocupó en la regulación de la orden, sin olvidar que por importantes que sean las actividades propias es imprescindible un soporte jurídico estable. Si, además, hubiera evitado sentirse en la cresta de la ola, hubiese sido prototipo de directivo.

En la Segunda Cruzada actuó de forma inapropiada otro gran maestre, Odón de San Amando, que había cargado sin haber coordinado con el resto de la tropa contra el Ejército de Saladino, invasor de Galilea en el 1179. Tuvo la hombría de negarse a que se abonase por él el rescate que Saladino solicitaba. Lo explicó así: «*Un templario no puede ofrecer como rescate más que su cinturón y su cuchillo de armas*».

Murió el 9 de octubre de 1180 y fue reemplazado por Arnoldo de la Torroge, antiguo maestre del Temple en España.

La Tercera Cruzada comenzó en buena medida por el errado comportamiento del gran maestre Gerardo de Ridefort. Este aventurero había solicitado al conde de Trípoli casarse con la heredera de Boutron tras el fallecimiento de su padre, Guillermo de Orel. Fue entregada, por el contrario, al acaudalado Plivain, que pagó literalmente el peso de la muchacha en oro. Despechado, Gerardo solicitó la admisión en el Temple y dos décadas después era el gran maestre. En ese momento Raimundo de Trípoli fungía de regente en Tierra Santa. El anterior berrinche culminó en la inapropiada actuación de Ridefort en la batalla de los Cuernos de Hattin, que acabó en hecatombe con él huyendo. El motivo último fue la tregua firmada por Raimundo de Trípoli y Saladino que Ridefort quebró atacando una caravana de civiles musulmanes. Ese conflicto concluyó, a pesar de los consejos de Roger des Moulins de guarecerse en una fortaleza, en la catástrofe del 4 de julio en Hattin, en la que doscientos treinta templarios pagaron con su vida la temeridad de su indigno dirigente. Solo Ridefort y otros dos caballeros se salvaron en Hattin. Este, muy envanecido, había asegurado que atacaría. Cuando le habían recomendado que no lo hiciera, acusó al mariscal del Temple Jaime de Mailly de pelagatos: «*Vos amáis demasiado vuestra rubia cabeza para querer perderla*».

Impugnó el vejado: «*Moriré en la batalla como un valiente. Sois vos quien huirá como un traidor*». Así acaeció.

Batalla de los Cuernos de Hattin, Gustave Doré. Fuente: Wikimedia Commons.

Ridefort falleció el 1 de octubre de 1189 ante San Juan de Acre, luchando contra los de Saladino tras haber jurado que nunca lo haría, motivo por el cual el jefe musulmán había respetado previamente su cabeza.

La Tercera Cruzada se encuadra entre 1189 y 1192. Saladino había invadido Jerusalén el 3 de octubre de 1187. En 1189, los ejércitos de Federico I Barbarroja (Alemania), Felipe II Augusto (Francia) y Ricardo Corazón de León (Inglaterra) se pusieron en marcha. Federico falleció al atravesar el río Calicadno en Cilicia. Su hijo, Federico de Suabia, feneció por la peste en Ptolemaida. El mal más grave se alojaba dentro de las filas cruzadas: franceses e ingleses no dejaban de guerrear entre ellos. El galo retornó enseguida y Ricardo siguió sus pasos en 1192 cuando pactó con Saladino que los peregrinos europeos pudieran alcanzar Jerusalén.

Inocencio III suscitó la Cuarta Cruzada (1202-1204). Intervinieron en esta ocasión tropas francesas bajo las órdenes de Bonifacio de Montferrat y Balduino de Flandes. De nuevo surgieron estropicios intestinos. Enrico Dandolo (1107-1205), dux de Venecia, en vez de alinearse intrigó para medrar. Tras obligar por motivos económicos a la toma de Zara (costa Dálmata), se encaminó a Constantinopla y allí erigió un imperio latino que se prolongaría durante medio siglo. Todo, contra los designios del romano pontífice. Concluyó la Cruzada con más pena que gloria.

La Quinta (1217-1221) fue impulsada por Inocencio III con ocasión del IV Concilio de Letrán. Seguía a una a la que no se ha concedido numeración, la de los Niños, que acabó en fiasco. Los dirigentes de referencia fueron Andrés II de Hungría y Leopoldo VII de Austria. El húngaro pronto se retiró. Leopoldo sitió Daimeta, pero tras fracasar en la toma regresó a Europa.

En 1228, se alzó la Sexta. El objetivo, de nuevo Jerusalén. La meta se logró, a la vez que también se liberaron Nazaret, Jaffa y Belén. Fue promovida a espaldas del papa. La motivación última era que Federico II había maridado con Yolanda de Jerusalén en 1225. Aspiraba por eso al trono de la Ciudad Santa. Dos guerras civiles sincrónicas, una entre cristianos partidarios del papado y del imperio y otra entre los musulmanes del sultán al-Kamil contra los de al-Naser, permitieron que Federico II se hiciera con el trono. Para remediar problemas europeos, Federico II regresó y en 1244 la ciudad de Jerusalén cayó de nuevo en manos musulmanas.

El último que izó bandera de Cruzadas fue el rey de Francia, que llegó a ser canonizado, Luis IX (1214-1270). La primera iniciativa entre 1248 y 1249 y la segunda en 1270, año en el que pereció. Conquistada Daimeta en 1248, fue apresado de camino a El Cairo. Tuvo que devolver la ciudad y desembolsar una exorbitante reparación. Permaneció años en Tierra Santa favoreciendo a los estados cristianos de Akon, Jaffa, Sidón y Cesarea. En 1254 regresó a Europa. En julio de 1270, en compañía de tres vástagos y de los reyes de Navarra y Sicilia, atacó Túnez. La peste zanjó la vida de uno de sus hijos, la del legado pontificio y la del monarca.

Las Cruzadas manifestaron la alta capacidad de motivación de los ideales espirituales. Muchos dieron lo mejor de sí mismos en aquellas guerras, incluida la propia vida. No faltaron atroces turbiedades. Desde un punto de vista geopolítico supusieron el baluarte por el que se difirió la embestida de los musulmanes a Europa. Facilitaron también la interconexión cultural entre Bizancio y Occidente que, desde la caída del Imperio romano en el 476, habían vivido de espaldas.

Al margen de las Cruzadas en suelo de lo que hoy conocemos como Oriente Próximo, cabe mencionar la librada en suelo francés, en el Languedoc, para neutralizar la herejía cátara, originaria de Bulgaria con la religión practicada por los bomilos. Se basaba en dos principios: el del bien, generador del espíritu; y el del mal, creador de la materia. Cristo no habría sido hijo de Dios, sino mero recadero. Por tanto, ni habría muerto en la cruz el hijo de Dios, ni habría instituido los sacramentos. Se abstenían de comer carne, productos lácteos y juzgaban que sacrificar animales era pecado porque podía tratarse de cuerpos para la reencarnación. Consideraban preferible el amor libre al matrimonio; con este se institucionalizaban relaciones íntimas, percibidas como infamantes.

Entre los denominados cátaros descollaban los perfectos, receptores del espíritu; y los creyentes, que lo albergarían en su momento. Los primeros debían ser austeros, vegetarianos y no practicar sexo. La ceremonia de referencia era el *Consolamentum*, mediante la cual se recibía la imposición de las manos de un perfecto y alcanzaban excelencia. La primera condena formal de excomunión partió del Concilio de Tolosa, en 1119. En 1145, Eugenio III envió al mismísimo Bernardo de Claraval, pero sin éxito. Luis VII buscó la ayuda del papa Alejandro III para controlar la herejía. Fue el artífice de las severas medidas adoptadas por Concilio de Lyon, en 1163, aunque antes se intentó una vía pacífica a través del predicador Enrico d'Albano, que resultó infructífera. El Concilio Lateranense III decretó la confiscación de bienes de los apóstatas.

Incongruentemente, Pedro el Católico, rey de Aragón, se alineó con los cátaros hasta que murió en la batalla de Muret, en 1213. Raimundo IV, con la ayuda de Jaime I, el Conquistador (hijo de Pedro), reconquistó Toulouse para los cátaros. En 1240, el Languedoc se alzaría por última vez. El reducto definitivo fue Móntsegur, rendido el 2 de marzo de 1244. El 16 de ese mes fueron inmolados en la hoguera doscientos cinco perfectos frente al castillo, conocido desde entonces como El llano de los Quemados. Fue una Cruzada propia de una mentalidad aparentemente lejana e incomprensible, de la que queda una frase de Arnaldo Almaric: «¡*Matadlos a todos! ¡Dios reconocerá a los suyos!*», dudosamente pronunciada durante el sitio de Béziers.

En agosto de 1255 tuvo lugar la batalla de Queribus, también en Francia; y dos años más tarde fueron capturados en Sirmione (Italia) ciento setenta herejes más, que fueron condenados en Verona. El último albigense ajusticiado fue Guillermo Bélibaste, en 1321, en Pamiers (Francia).

CRUZADAS OFICIALES

Cruzada	Año de comienzo	Promotor y principales participantes
I	1095	Urbano II, Godofredo de Bouillon
II	1145	Eugenio III, Luis VII de Francia, Conrado III de Suabia
III	1187	Federico Barbarroja, Felipe Augusto, Ricardo Corazón de León
IV	1202	Inocencio III
V	1215	Andrés de Hungría, Juan de Brienne
VI	1223	Honorio III, Federico II Hohenstaufen
VII	1248	Luis IX de Francia, el Santo.
VIII	1268	Luis IX de Francia muere en Túnez (1270)

ALGUNAS ENSEÑANZAS

- Juzgar decisiones ajenas, con más motivo en otros momentos históricos, es sumamente temerario

- Realidades que fueron pacíficamente asumidas en un periodo, en otros se tornan aberraciones, y viceversa

- *Aegroto, dum anima est, spes est*, o aunque uno esté enfermo, mientras hay vida hay esperanza

- Siempre que sea posible, es mejor aplicar la fuerza de la razón que la razón de la fuerza

- Hay creencias pacíficas y otras que generan agresividad

- Un ejemplo local no siempre es extrapolable al ámbito global

- El éxito lo cubre todo; cuando algo triunfa todo el mundo se apunta a corearlo

- El fracaso lo descubre todo; quien más quien menos critica aquello que por un motivo u otro acaba mal

- El amasijo de intenciones rectas y adulterinas permea cualquier iniciativa

- *Alieni appetens, sui profusus*, o quien busca lo de los otros pierde lo propio

MAESTRO DE MAESTROS
SAN BERNARDO Y EL CÍSTER (1098)

San Bernardo de Claraval. Fuente: Wellcome Library, Londres.

La necesidad de evolución, como de intento, he reiterado está presente en la historia de cualquier organización y de la Iglesia en su conjunto. El ensayo de Cluny quedó en buena medida diluido por la metamorfosis de frailes en apoderados de las propiedades que habían recibido. Roberto, abad de los benedictinos de Molesmes, creyó llegado el momento, a finales del siglo XI, de poner en marcha una renovación. Acompañado por veinte monjes imbuidos de idéntica ilusión se dirigió a Citeaux (Císter) para arrancar con exigencias disipadas por el tiempo. Parafraseando al *Apocalipsis*, aspiraban regresar al fervor de la primera caridad. Para marcar distancias se impuso el hábito blanco como símbolo de jovialidad, frente al negro de los cluniacenses.

Los monjes de Molesmes, que prometieron le estarían sometidos sin reclamar cesiones, y una orden perentoria del papa lograron el regreso de Roberto. Falleció en 1111 como benedictino de Molesmes. El Císter le debe los cimientos.

Alberico le sucedió con la meta igualmente definida de reimplantar la regla originaria. El papa Pascual II (1050-1118) le concedió absoluta independencia. Alberico fue sucedido por el británico Esteban Harding. Este combinó con acierto la jerarquía con cierta democracia. De un lado había visita por parte del abad del monasterio a las casas dependientes, pero por otro la reunión en Cîteaux de los abades en el capítulo general permitía consensuar. Se pretendía una interrelación, ciertamente pragmática, entre gestión exigente y razonable autonomía. Bajo su mandato, en 1113 se incorporó el más adelante conocido como Bernardo de Claraval, apodado el Doctor melifluo, nacido en 1090. Lo hacía tras haber puesto en marcha en Chatillón, con un grupo de amigos y parientes, una iniciativa de frugal vida común de oración. Cuando supieron de los Caballeros de Cristo, como se titulaban a sí mismos los primeros cistercienses, se pusieron en camino hacia el Císter. Sus padres, Tescelin de Fontaines y la beata Alice de Montbar, también se incorporaron.

El Císter se expandió como lo que hoy en día denominamos un «proyecto unicornio». Ese mismo 1113 se fundaba la abadía de Ferte; en 1114, la de Pontigny, y al año siguiente, el conde Hugo de Troyes solicitaba otra en su territorio. El abad Esteban aprovechó las potencialidades intraemprendedoras de san Bernardo. Fue enviado en 1115 al nuevo monasterio en Claraval (Borgoña) junto al río Aube, que debe su nombre a la referencia topográfica Santa María de Claraval, Valle Claro y Alegre. Tiempo después se escribió que habían transformado un antiguo Valle Amargo en Valle de la Luz (*Clara Vallis*).

Las decisiones de san Bernardo marcarían tanto el ámbito civil como el eclesiástico e incluso la historia de Europa. El primer año y medio del nuevo proyecto fue peleón, porque apenas disponían de medios para comer. Con la tentación en algunos de disolverse, se reunieron *in extremis* para implorar una solución a Dios. Pronto llegó tal abundancia de aprovisionamiento que Bernardo temió que el exceso dañase la severidad. Muchas veces remachó san Bernardo: «*No pierdas jamás la confianza, hijo mío. Si vieras a Dios, todos los días serían buenos para ti*». Al principio fue inflexible. Más adelante insistió en la necesidad de que el abad, sin relegar las obligaciones, tuviera entrañas maternales. Él solicitó consejo de Guillaume de Champeaux, porque los maestros han de contar a su vez con peritos y los *coachs* deberían acudir periódicamente a su propio *coach*.

El enraizamiento de cada incorporado en una comunidad específica surge de la regla de san Benito para lograr estabilidad monástica. El santo la convirtió en objeto de un voto, una de las originalidades de su regla. Todavía en la actualidad benedictinos y cistercienses formulan voto que, salvo dispensa específica, liga a una comunidad canónicamente constituida. El motivo inicial de san Benito para imponer esa característica fue la abundancia de monjes romeros, que se comportaban de forma inestable y veleidosa. Deseaba evitar así que sus monjes se encaprichasen con muda de convento. No le gustaban los religiosos viajeros. Entendía que demasiado cambio era sospechoso para quienes ante todo necesitaban ser estrictos y leales en sus deberes. «*No conviene a las almas*», resumía. El monasterio debía disponer de lo preciso para los allí residentes; sería el taller en el que cada monje se entrega a su tarea, el *opus Dei*, la obra de Dios. Clausura y permanencia eran fundacionales.

San Bernardo, maestro de maestros, directivo de directivos, escribía a un joven abad que se lamentaba de su carga: «*Este fardo es el de las almas y almas enfermas. Pues las sanas no necesitan ser llevadas o no son una carga. Entérate de que eres padre, de que eres abad de aquellos de los tuyos que veas cabizbajos, macilentos, difíciles. Consolando, animando, corrigiendo es como realizas tu trabajo, llevas tu carga; llevando curas y curando llevas. Si tienes uno incólume, hasta el punto de que te ayude a ti más que tú a él, de él no eres el padre, sino su igual, no su abad, sino su compañero. ¿Cómo te quejas de que la vida común con ciertos hermanos te sea más peso que consuelo? Precisamente has sido elegido para ser consuelo de todos, como más sano y fuerte que los demás, capaz de afianzarlos a todos por la gracia de Dios sin necesidad de ser afianzado por nadie*».

San Bernardo no se amilanaba. Cuando el cardenal Harmeric le escribió con injuriosa agresividad: «*No es digno que ranas ruidosas e impertinentes salgan de sus fangales para hostigar a la Santa Sede y a sus cardenales*», el de Claraval respondió: «*Ahora bien, ilustre Harmeric, si tanto lo deseabais, ¿quién habría podido librarme del mandato de ir si no vosotros mismos? Si hubieras prohibido a esta rana ruidosa e impertinente salir de su ciénaga para no crispar a la Santa Sede y a los cardenales, en este momento vuestro amigo no se estaría exponiendo a las acusaciones de orgullo y presunción*». Las invectivas contra san Bernardo llegaban en ocasiones justificadas por su carácter enfático, que incidía con frecuencia en los dispendios de algunos eclesiásticos y también en la desaprobación de los cluniacenses, ya que consideraba que el Císter dejaba atrás los errores de aquellos monjes que se habían inspirado en idénticas fuentes benedictinas. He aquí un ejemplo: «*Nuestros hermanos, pertenecientes a una orden santa con propósito celeste, monjes cluniacenses sin pudor consumen carne todo el año, y ni siquiera a escondidas, sino públicamente*». Concluye con sañuda vaguedad: «*Van de un sitio a otro, y como si fueran buitres, donde ven humo de cocina o sienten olor de asado, velozmente allí se dirigen*».

Bernardo seguía en múltiples aspectos el sendero marcado por san Benito, recordando, con máxima que también haría suya san Francisco de Sales siglos después, que «*más se logra con miel que con vinagre. Si hay un celo malo y amargo que separa de Dios y conduce al infierno* —les advertía—, *hay uno bueno que aleja de los vicios. Este es el que los monjes deben practicar*». Y sugería que se anticiparan unos a otros en las muestras de deferencia. Debían transigir con paciencia las fragilidades físicas y morales, se aprestarían en la obediencia y nada antepondrían a su compromiso con el Sumo Hacedor. Así se granjearían su objetivo: llegar a Él.

Entre los litigios sobresale el mantenido con Pedro Abelardo, persona brillante que se sabe inteligente y que como fantoche engreído pulveriza a los demás. Pedro Abelardo había nacido en 1079 en la villa de Palais (Bretaña). Su padre era militar al servicio del conde de Bretaña y procuró formación para su hijo antes de que emprendiese carrera castrense. Abelardo renunció junto al destino militar a la progenitura para dedicarse en cuerpo y alma a las letras. Narró autobiográficamente en *Historia de mis calamidades*: «*Puesto que preferí la armadura de las razones dialécticas a todos los demás estamentos de la filosofía, cambié estas armas por las otras y preferí, en lugar de los trofeos bélicos, los conflictos de las disputas. Por eso, recorriendo en plan dialéctico las diversas provincias donde había oído que estaba en vigor el estudio de este arte, llegué a ser un émulo de los peripatéticos*». Entre sus discípulos se contaron Pedro Lombardo, maestro de las sentencias; Pedro Berenguer, el Satírico; o Arnaldo de Brescia, el monje tribuno.

A Abelardo le fue comisionada la formación de la sobrina del canónigo Fulberto. En aquellas sesiones urdieron enamoramiento y boda. Eloísa, nombre de la interfecta, desmintió el consumado matrimonio para salvar el prestigio de su enamorado y se incorporó al monasterio de Argenteuil. Fuera como fuese, Fulberto dispuso castrar al tutor. Tras la luctuosa incidencia, Abelardo se agregó como monje en San Dioniso. Tornó a la docencia, con críticas a la doctrina católica. San Bernardo evidenció sus herejías y Abelardo reaccionó con despecho. La colisión se producía, más que entre personas, entre dos modelos de enseñanza, en un conflicto que se arrastraba desde hacía siglos: la monástica tradicional en el claustro y la presuntamente libre de los maestros de las escuelas catedralicias o urbanas.

La autoridad eclesiástica convocó un encuentro entre los dos. La fecha elegida fue el 2 de junio de 1140, en Sens. Escuchado el discurso de san Bernardo, Abelardo, sin argüir, se retiró apelando al papa. Abelardo y san Bernardo coincidían plenamente en su juicio sobre la mundanidad y sobre el gestear postizo de quienes debían ser más coherentes entre predicación y vida. Criticaban a los abades que no habían aprendido a gobernar, a los monjes que abandonaban los monasterios y el analfabetismo. Censuraban, en fin, la palabrería frívola tan frecuente en amplios ámbitos clericales. Las conclusiones que obtenían eran dispares. San Bernardo proponía la mejora comenzando por sí mismo. Abelardo se limitaba a una descarnada diatriba. De manera brusca, quizá como reacción, san Bernardo imponía: «*¿Qué importa la filosofía? Mis maestros son los apóstoles. No me enseñaron a leer a Platón ni a descifrar las sutilezas de Aristóteles. Pero me enseñaron a vivir. Y, creedme, no es esto una ciencia despreciable*». Sobre la Trinidad avisaba: «*Querer penetrar (este misterio) es una temeridad; creerlo, es piedad*». Concluía: «*Mi filosofía es conocer a Cristo, y a Cristo crucificado*». Para Bernardo, los misterios de la fe trascienden el conocimiento humano y solo son poseídos a través de la contemplación mística. Consideraba descerebradas las predicaciones de Abelardo.

Pedro el Venerable, mustio por la depresión padecida por Abelardo tras aquellas colisiones, le acogió. Quizá influyó en el recibimiento del enemigo del de Claraval la dialéctica pendencia que durante tiempo mantuvieran san Bernardo y el propio Pedro sobre cuál de las dos órdenes, Cluny o Císter, era más excelsa. Abelardo, en fin, acabó rectificando. Pudo haber sido un Lutero, pero cultivó humildad para no resbalar hacia invectivas abrasivas como aquel haría. He aquí su rectificación: «*No quiero ser filósofo si esto me pone en conflicto con Pablo, ni quiero ser Aristóteles si esto me separa de Cristo*». Añadió en carta a la enclaustrada Eloísa: «*Esta es la fe en que persevero, la fe que me ofrece esperanza firme y seguridad*». En otro momento: «*Quizás me equivoqué al tratar algunas materias; pero a Dios pongo por testigo que nada dije por malicia ni por perversidad voluntaria. Mucho hablé en distintas escuelas públicas, pero nunca lo hice con intención torcida*».

Pedro el Venerable lo recluyó en el aislado priorato de San Marcelo y allí falleció el 21 de abril de 1142. Se esculpió sobre su sepulcro: «*Yo, Pedro, abad de Cluny, que recibí a Pedro Abelardo en la vida monástica, le absuelvo de sus pecados por la autoridad de Dios Omnipotente y de todos los santos*». La correspondencia, en fin, que mantuvieron Eloísa y Pedro Abelardo conforma un clásico de la literatura occidental.

En cierto momento, Inocencio II (1130-1143) se empeñó en restaurar el monasterio de San Pablo de las Tres Fuentes, conocido también como de San Vicente y San Atanasio, para incorporarlo a la reforma. Allí encaminó a Bernardo, quien durante un lustro lo gobernaría con acierto. Muchos siglos después, Jim McNerney, directivo de empresas como General Electric, 3M o Boeing, conceptualizaría ideas aplicadas por el de Claraval; muy en concreto, la necesidad para nada vaporosa de ganar la batalla intelectual en las organizaciones para incoar culturas innovadoras. El gran riesgo de quienes catapultan al éxito a un grupo humano es desplomarse en una actitud complaciente que impide mirar con objetividad. San Bernardo impulsó una sana confrontación racional.

Se convirtió en lugar común apurar que san Bernardo creaba papas y mandaba a los reyes repartiendo consejos. A pesar de su preparación y fama internacional no fue siempre respetado. En un debate acerca de la predicación de Hilario de Poitiers sobre el misterio de la Trinidad, Gilberto Porreta, el antagonista, le espetó: «*Si el abad de Claraval desea realmente entender a Hilario, lo primero que ha de hacer es familiarizarse con los estudios liberales y con las disciplinas relativas a la discusión*». Le acusaba frontalmente de tontolaba.

Cuando uno de sus discípulos, Bernardo Paganelli di Montemagno, fue elegido papa con el nombre de Eugenio III, Bernardo de Claraval sintió el deber moral de remitirle un texto sobre *management, De consideratione*. Estos son los antecedentes: el 24 de septiembre de 1143 había fallecido Inocencio II y el cardenal de San Marcos fue elegido para sustituirlo como Celestino II. Pero murió en seis meses. Entonces fue nombrado el cardenal de la Santa Cruz de Jerusalén, con el nombre de Lucio II, quien perdió la vida durante los altercados de 1145 promovidos por Arnaldo de Brescia. Fue el momento para el abad de San Atanasio, que se había formado durante cinco años, tras su ingreso en 1134, directamente con san Bernardo. Los revoltosos no lo aceptaron pacíficamente, pero refugiado en el monasterio de Farfa, en la Sabina, fue consagrado el 18 de febrero de 1145. San Bernardo le felicitó y le animó a ser fuerte con los enemigos de la Iglesia a la vez que humilde: «*Recordad siempre y en todas las ocasiones que no sois más que hombre (...). En breve espacio de tiempo ¡cuántas muertes de papas no habéis visto! Del mismo modo que pasaron vuestros ilustres predecesores pasaréis vos; la efímera duración del pontificado de ellos no hace más que anunciar la brevedad de los días del vuestro. En medio de la gloria que ahora os regala con sus favores, no ceséis de meditar en los novísimos o postrimerías, pues estad bien seguro de que como sucedisteis a los otros papas en el solio, de igual manera los seguiréis al sepulcro*».

Para entrar en Roma, el nuevo papa tuvo que unir a sus fieles, apoyados por los condes de Campania y los habitantes de Tivoli. Llegó a la Urbe a finales de 1145. A comienzos de 1146, Arnaldo de Brescia lo expulsó. Insistía aquel clérigo febril en denominarse tribuno del pueblo. Cierto es que encendía con la narración de las antiguas grandezas de la Urbe. En 1155 fue ajusticiado.

Eugenio III siguió acomodándose a la normativa cisterciense, vistiendo cogulla y hábitos bajo el ropaje de papa y durmiendo sobre un catre de paja. San Bernardo le animaba en *De consideratione* a aconsejar como una madre, no como un director de escuela, empleando más el afecto que escuetas interpelaciones. «*Los cargos son cargas*», aseveraba. Por eso se solidarizaba con el peso que caía sobre los hombros del romano pontífice. «*Comparto tu sufrimiento*», empatizaba con Eugenio III. Le instó a tener presente que demasiada gestión contribuye a descaminarse de las ineludibles reflexión y contemplación, y en consecuencia de la paz. Aconsejaba darle tiempo al tiempo, porque lo que al principio parece fatigoso más adelante se torna llevadero; lo que parece insoportable, al habituarse parece liviano; lo que al principio se juzga de gran envergadura, luego se empequeñece e incluso se siente gusto al evocarlo.

Quien tiene corazón duro será mal gobernante, se lee en *De consideratione*. El ánimo de los demás se endurece cuando se les exige con desproporción. Quien juzga con crueldad nunca liderará. Quien solo apila del pasado los errores se vuelve tieso. Tanto la impaciencia como la indolencia son negativas, porque cada complejidad ha de contar con tiempo oportuno para madurar. El objetivo de un asesor no es imponer, sino identificar retos valiosos y alcanzables. Espoleaba a mejorar la formación, porque la sabiduría introduce orden al desorden, proporciona las trabazones correctas, desentraña misterios, busca la verdad, valora las alternativas. Particular cuidado había que tener con la avaricia —enfatizaba—, porque bloquea para las cosas del espíritu.

Como en cualquier época, creía que las cosas habían cambiado mucho en la suya. San Bernardo puso en boca de Eugenio III la gran preocupación por las transformaciones frente al pasado que hacían más difícil gobernar a mediados del siglo XII que en tiempos anteriores. Escribió que se habían multiplicado los farsantes, los violentos, los opresores de los pobres. Bernardo satiriza en ese capítulo X con la intervención de los buscapleitos, que considera que con sus batallas lingüísticas más subvierten que clarean la verdad. «*Nada es peor* —sella— *que la narración alambicada de lo sucedido*». Tropezamos en pleno siglo XII con la condena de la tergiversación calificada en el siglo XXI como «post verdad».

Aconsejaba a Eugenio III, y por ende a directivos de cualquier época, delegar lo accidental en otros para centrarse en lo esencial. Medio imprescindible, reiteraba, era la modestia. Para disfrutarla debía pensar, siendo sumo pontífice, que era ceniza; no solo que lo fue, sino que lo seguía siendo. «*No somos* —reincide— *más que barro en manos del alfarero*». Insiste en la necesidad de mirarse al espejo para analizar si se ha de ser más austero, más generoso, más generador de confianza. En el fondo, un *feedback* 360. Señala con fina sabiduría que es más fácil encontrar personas con sentido común cuando han sufrido contradicciones. La fortuna, el éxito, el aplauso lleva a correr el riesgo de creerse crucial. Es bueno cuidar la salud, aseguraba, pero sin excesos que ablanden el carácter.

Cuando no se cumplen las normas, clamaba, es imperativo reprender. La impunidad facilita que la gente no se corrija, al igual que acaece con los niños. La desatención, dar todo de mano, se encuentra en el origen de los vicios. Le previno sobre lo tremendamente interesados que son muchos y le sugirió buscar asesores justos dispuestos a obedecer, pacientes en el sufrimiento, fieles a sus compromisos, amantes de la paz, coherentes en el mantenimiento de la unidad, prudentes en el consejo, discretos en el gobierno, detallistas en la planificación, esforzados en la acción, modestos en sus conversaciones, flemáticos en adversidad y en prosperidad, inclinados a la piedad, hospitalarios pero no rendidos, atentos en los negocios pero no ansiosos. Circunspectos, en fin, en cualquier situación. Y advertía con gracejo que un directivo ha de saberlo todo, disimular mucho y corregir poco, no convertirse en sacafaltas.

He aquí unos profundos consejos tal como literalmente los escribió: «*Atiendan a esto los prelados que prefieren hacerse temer que aprovechar a aquellos que les están sujetos; consideren atentamente que han de ser más bien madres que amos y señores de los que están bajo su dirección y obediencia; procuren antes hacerse amar que temer. Si alguna vez os veis obligados a usar de la severidad, que esta vaya siempre acompañada de la ternura de un padre, no de la crueldad de un tirano. Manifestad que sois madres por vuestro amor y padres por vuestras correcciones. Mostraos mansos y bondadosos dejando a un lado toda dureza. Economizad los latigazos y derramad a raudales la caridad de vuestro pecho. Que vuestro corazón esté bien repleto de caridad, no hinchado de soberbia. ¿Por qué hacéis sentir el peso de vuestro yugo sobre los hombros de aquellos cuyas cargas deberíais más bien llevar? Si sois espirituales, reprended con espíritu de mansedumbre, examinándoos a vosotros mismos, no sea que también vuestro súbdito se vea tentado con vuestra manera de proceder*».

San Bernardo fue siempre colaborativo con otras iniciativas, sin achicarse por bufas celotipias. Por ejemplo, para que Norberto estableciese su primer monasterio le cedió posesiones situadas en el bosque de Voas, lugar denominado Premonstrato, sito en la diócesis de Laon. Así favoreció la expansión de los conocidos como premonstatenses. Cuando benedictinos de Farga solicitaron a san Bernardo incorporarse a la reforma cisterciense, les envió monjes para que los instruyesen bajo la dirección de Pedro Bernardo de Pisa.

No le faltaron disgustos, incluida la traición de algunos discípulos. Una dolorosa fue la de Nicolás, ex cluniacense que había sido acogido en el Císter. Explotando la confianza que se le concedió como secretario de Bernardo envió documentos desvirtuados empleando el sello del reformador. Así escribiría Bernardo al papa: «*Debo manifestaros que me veo actualmente expuesto al golpe de falsos hermanos; muchas son personas que han recibido como mías cartas que yo no había escrito y que están selladas con mi escudo falsificado. Lo que más me apena es que, según me aseguran, también a vuestra Santidad le llegó alguna de esas cartas apócrifas. Me he visto forzado, con este motivo, a dejar mi antiguo sello y mandarme hacer este otro nuevo que habréis visto en la presente, donde se han grabado mi imagen y mi nombre. No reconozcáis como auténticas las cartas que os lleguen selladas de otra forma*».

Por otro lado, Hugo, antiguo monje de Claraval y abad de Tres Fuentes (Champaña), fue elevado a cardenal y obispo de Ostia a la vez que seguía dirigiendo Tres Fuentes. Hubo conflicto por el nombramiento de sucesor. Bernardo quería a Turoldo, que había sido abad; y Hugo, a Nicolás. En carta al nuevo cardenal, respetuosa pero clara, se sinceraba asegurando que en su carne estaba aprendiendo a no poner nunca la esperanza en los hombres, pues se sentía engañado por su antiguo discípulo.

La expansión del Císter fue, en fin, notable. En parte porque Bernardo siempre recordó su compromiso con aquella visión que, para excitar su responsabilidad, le preguntaba, *Bernarde, ad quid venisti?*, Bernardo, ¿a qué has venido? San Bernardo dejó al final de su vida (1153) ciento sesenta conventos asociados. En 1200 sumaban mil ochocientos. En el capítulo general de 1152 se habían prohibido nuevas fundaciones y también la gestión de canonizaciones, para que «*por su gran número no resulten como envilecidos los santos de la orden*». En esa época, componían el Císter trescientas cuarenta y tres abadías;

dos siglos más tarde, a pesar de la normativa restrictiva dictada, setecientos siete, otros novecientos de monjas y catorce prioratos.

Lo había logrado en buena medida aplicando los principios de gestión arriba mencionados y que pueden de algún modo recapitularse en las siguientes expresiones: *Pax in cella: foris autem plurima bella. Audi omnes, paucis crede. Omens honora*; encontrarás la paz en tu celda. Fuera te esperan dificultades sin cuento. Presta atención a todos. Cree a pocos. Honra a todos. *Noli credere omnia quae audis. Noli iudicare omnia quae vides. Noli facere omnia quae potes. Noli dare omnia quae habes. Noli dicere omnia quae scis*; no creas todo lo que oyes. No juzgues todo lo que ves. No hagas todo lo que crees que puedes hacer. No te desprendas de todo lo que posees. No digas todo lo que sabes.

ALGUNAS ENSEÑANZAS

- Cercenar la exigencia es tendencia en cualquier colectivo
- Con frecuencia, el motivo de desatender el servicio a los demás procede de la preocupación excesiva por el propio patrimonio
- Es precisa la presencia de personas de valía para relanzar los proyectos
- Los valladares son de ordinaria administración
- La envidia es una carcoma que roe y consume las entrañas
- Ser consistente en el fondo no debe implicar barbarie en las formas
- Cada fundador trata de marcar características específicas
- El riesgo de la petulancia está siempre presente, más específicamente en quienes no han asimilado bien una formación superior
- Ante una misma circunstancia compleja puede reaccionarse con deseos de aportar o de desprestigiar
- Tres claves para un buen gobierno: saberlo todo, fingir mucho, echar pocos rapapolvos

LA PREPOTENCIA MATA LAS ORGANIZACIONES

LOS TEMPLARIOS (1118-1307)

Jacques de Molay, s. XIX. Fuente: Biblioteca Nacional de Francia.

Concluido el Imperio romano de Occidente con el envío de los símbolos imperiales por parte de Odoacro a Constantinopla, en el 476 comienza en Europa la Edad Media. Ese periodo, tan rico en sucesos como en propuestas intelectuales, se alargó hasta mediados del XV. El año 1453 marca para muchos el final de la etapa. Es el año de la caída de Constantinopla y en el que concluye la Guerra de los Cien Años. Los más avispados proponen que la Iglesia católica, gracias a sus escuelas catedralicias, universidades, monasterios, etc. debe ser calificada como el Silicon Valley de esos siglos, el ámbito en el que se produjeron los mejores desarrollos intelectuales, se promocionó la innovación y se formó a las cabezas más notorias.

Entre los fenómenos que surgieron se encuentra el islam. En el 621, tras una experiencia mística, Mahoma (575-632) ordenó a sus seguidores rezar a diario orientándose hacia Jerusalén. Transcurrido un trienio cambió de opinión y puso como referente la Meca. Sin embargo, muchos de sus partidarios fijaron Jerusalén como al

Quds, el lugar santo. En el 638, tropas del califa Omar conquistaron esa ciudad. Se construyó una mezquita en el monte del Templo de David, decisión cuyas consecuencias alcanzan a nuestros días. Años después, entre 688 y 691, en ese mismo emplazamiento sería levantada la Cúpula de la Roca, centro de peregrinación a la memoria de Mahoma.

Durante tiempo, fieles del judaísmo, del cristianismo y musulmanes rezaron en los que cada una de las religiones consideraba sus lugares sagrados. Décadas después, y aplicando principios propuestos por Mahoma, fueron desarrollándose cuatro tipos de *jihad* (o guerra santa). La de la mano, para realizar buenas acciones, fundamentalmente actos de caridad; la de la boca, para proclamar la fe; la del corazón implica una transformación para hacer de Dios el centro de la realidad; y por último la de la espada, defender el islam como soldados de Dios o *mujahidin*. La secta de los sufíes elenca también una quinta: la del alma o proceso para alcanzar mística unión con el Creador.

De la radicalidad de los principios del islam y de sus aplicaciones da fe el *Tratado sobre las leyes*, escrito por un teólogo musulmán del siglo X, Ibn Abi Zayd al-Karawani: «*Es mejor no iniciar hostilidades con el enemigo antes de invitarle a abrazar la religión de Dios, salvo que el enemigo ataque primero. Este ha de poder elegir entre convertirse al islam o pagar un tributo. Si no acepta lo uno o lo otro, se le ha de declarar la guerra (...). No existe prohibición alguna que impida matar a blancos de origen distinto al árabe que hayan caído prisioneros. Pero no se debe matar a nadie que disfrute de 'aman' (promesa de protección) (...). No se debe acabar ni con las mujeres ni con los niños, y se han de evitar las muertes de monjes y rabinos, salvo que hayan tomado parte en la batalla. A las mujeres que hayan luchado también se las ha de ejecutar*». De acuerdo con la doctrina islámica más común, la guerra es inevitable, un acto de piedad irrenunciable.

Como sucede en la mayor parte de los proyectos que tienen visos de futuro consistente, los orígenes de los templarios no fueron sencillos. Irrumpir en un mercado es algo siempre costoso. Como cualquier institución, algo trataba de feriar. En este caso, servicio de protección a los peregrinos cristianos que acudían a Tierra Santa. Posteriormente abarcaron cuestiones como la banca o la gestión inmobiliaria.

Los valores fundamentales que movieron a los templarios, y a las Cruzadas en general, eran de carácter espiritual. Ese aspecto se encuentra incesablemente presente. He aquí, por ejemplo, la llamada que Gregorio VIII (1110-1187) realizó para que la Tercera Cruzada partiera hacia Tierra Santa. El texto, como es habitual en los documentos papales, es conocido por las dos primeras palabras del texto en latín *Audita tremendi*: «*Hemos escuchado sucesos tremendos acerca de la severidad con que la mano divina ha castigado la tierra de Jerusalén (...). Hemos de tener en cuenta que no solo han pecado los habitantes de Jerusalén, sino también nosotros, al igual que todos los pueblos de Cristo (...). Todos tenemos que meditar al respecto y actuar en consecuencia; corrigiendo de manera voluntaria nuestros pecados podemos regresar a nuestro señor Dios. Primero tenemos que reconocer lo pecadores que somos y entonces centrar nuestra atención en la ferocidad y la malicia del enemigo (...). Prometemos que todos aquellos que se sumen a esta expedición con el corazón contrito y el espíritu humilde, y partan en penitencia por sus pecados y con la fe correcta, obtendrán plena indulgencia por sus crímenes y recibirán la vida eterna*».

En 1118, los cruzados gobernaban Jerusalén bajo el rey Balduino II (+1131). En esa primavera, diez caballeros lanzaron una institución que protegiese a los peregrinos en Tierra Santa. Tomaban referencias, entre otros, de los preexistentes Caballeros del Santo Sepulcro. El primer «CEO», denominado maestre casi desde los orígenes, fue el emprendedor Hugo de Payns, nacido en un caserío cercano a Troyes casi cuarenta años antes en familia de alto poder adquisitivo. Alistado con toda probabilidad en la Primera Cruzada entre las tropas de Hugo de Vermandois, hermano de Felipe I, rey de Francia, descubrió un nuevo nicho: aunar dos afanes vitales que muchos sentían. De un lado, soldados implicados en la defensa de Tierra Santa; de otra, monjes que aplicasen lo que venía practicando desde décadas atrás la orden del Císter.

Tiempo más tarde, Jacques de Vitry (1170-1240), como lo que sucede en la actualidad con historiadores empresariales, describió los comienzos de los templarios: «*Ciertos caballeros (...) se compro-*

metieron a defender a los peregrinos contra los grupos de salteadores, a proteger los caminos y servir como Caballería al soberano rey. Observaron la pobreza, la castidad y la obediencia según la regla de los canónigos regulares. Sus jefes eran dos hombres venerables, Hugo de Payns y Godofredo de Saint-Omer. Al principio no había más que nueve que tomasen tan santa decisión, y durante nueve años sirvieron en hábitos seculares y se vistieron con las limosnas que les daban los fieles».

Como se ha mencionado, las organizaciones deben contar con sistemas de funcionamiento pero sin rigidez. Si no se concreta lo suficiente, falta orden; si se detalla en exceso, se acogota y las instituciones se tornan cadavéricas. Definir el equilibrio entre regulación y libertad no es sencillo. Demasiadas instituciones convocadas a grandes objetivos acaban en la mediocridad por el excesivo control. El equilibrio buscado por los templarios fue aceptablemente conseguido. Perduraron en el tiempo, además de por una razonable estructura jurídica, porque defendieron su singularidad, acoplándose a los tiempos. Mantener las ventajas competitivas sin concluir que son inamovibles o irreformables fortalece. Afirmar que lo que uno diseñó resulta insuperable es tan grotesco como perjudicial. Con expresión de Hamell y Prahalad en *Competing for the future*, quien pretende expender siempre lo mismo y del mismo modo acabará en bancarrota... y además habrá dejado muchos empleados descontentos y clientes insatisfechos. Donde no hay harina, hay mohína.

Los templarios, tras diseñar su estructura en servicio de los peregrinos como, según terminología del siglo XX, un «océano azul», desarrollaron una eficaz banca privada que proporcionaría servicio a diversos papas: Gregorio IX, Honorio III, Gregorio X, Honorio IV, Martín IV, Inocencio III e Inocencio IV. Entre los reyes ingleses clientes de los templarios se enumeran Enrique II, Ricardo Corazón y Juan sin Tierra. Entre la nobleza francesa, Luis VII, Felipe Augusto, Luis VIII, San Luis, Felipe el Atrevido, Felipe el Hermoso, Blanca de Castilla, Alfonso de Poitiers, Carlos de Anjou, Roberto de Artois, Roberto de Clermont, duque de Borgoña, conde Nevers o la reina Juana de Navarra, esposa de Felipe el Hermoso.

Múltiples enseñanzas pueden espigarse en la escritura de constitución. Comenzamos con el título XXXVII, *De los frenos y las* espuelas: «*Mandamos que de ninguna suerte se lleve oro o plata, (...) en los frenos, pectorales, espuelas y estribos; ni sea lícito a alguno de los militares perpetuos o profesos, comprarlos. Pero, si de limosna se les diere alguno de estos instrumentos viejos o manidos, cubran el oro y la plata de suerte que su lucimiento y riqueza a nadie parezca vanidad. Si los que se dieran son nuevos, el maestre disponga de ellos a su arbitrio*». Y en el siguiente, el XXXVIII, *Que las lanzas y escudos no tengan guarniciones–*: «*No se pongan guarniciones en lanzas ni escudos, porque esto no solo no es de utilidad alguna, antes se conoce como cosa dañosa a todos*». Por si no hubiese quedado claro, y ahora se trata de austeridad en el empleo del tiempo, se señala en el título XLVI, *Que ninguno vaya a caza de cetrería*: «*Opinamos que ninguno debe ir a caza de cetrería, porque no está bien (...) vivir tan asiduo a los deleites mundanos (...). Ninguno vaya con hombre que caza con halcones y otras aves de cetrería, por las causas que se han dicho*».

Les preocupaba proporcionar al mercado una imagen adecuada. En el XXIX, *De las trenzas y copetes*: «*No hay duda de que es de gentiles llevar trenzas y copetes. Y como esto parece tan mal a todos, lo prohibimos y mandamos que nadie traiga tal aliño. Ni tampoco las permitimos a los que sirven por determinado tiempo en la orden. Y mandamos que no lleven crecido el pelo, ni los vestidos demasiado largos*».

La forma parte del fondo, no hay ética sin estética. En el capítulo XX, *Del vestido*, se indica: «*Los vestidos sean siempre de un color, como blanco o negro, o por mejor decir, de buriel. A todos los caballeros profesos señalamos que en verano e invierno lleven por poco que puedan el vestido blanco; pues dejando las tinieblas de la vida seglar se conozcan (...) en el vestido blanco y lucido. ¿Qué es el color blanco sino entera pureza? La pureza es seguridad de ánimo, salud del cuerpo (...). Porque con el vestido no se ha de mostrar vanidad ni gala, mandamos que sea de tal hechura, que cualquiera, solo y sin fatiga, se pueda vestir y desnudar, calzar y descalzar. El encargado de dar los vestidos cuide que ni vengan largos, ni cortos, sino ajustados al que haya de usarlos. Al recibir un vestido nuevo, devuelvan el que dejan para que se guarde en la ropería, o donde señalare el que cuide de esto a fin de que se aproveche para los escuderos, criados y, algunas veces, para los pobres».*

Otro ejemplo de la sobriedad impuesta a los miembros: *«Prohibimos los zapatos puntiagudos y los cordones de lazo y condenamos que un hermano los use; ni los permitimos a quienes sirvan en la casa por tiempo determinado; más bien prohibimos que los utilicen en cualquier circunstancia. Porque es manifiesto y bien sabido que estas cosas abominables pertenecen a los paganos».*

El respeto a la competencia, sin menosprecios, fruto de la vanagloria, es una notoria habilidad directiva. Los templarios lo vivieron en algunas épocas. Cuando Acre se rinde ante Felipe II en 1191, el clérigo inglés voluntario de la Tercera Cruzada y autor de la obra *El viaje de los peregrinos y las gestas del rey Ricardo*, escribió que los combatientes musulmanes eran *«unos guerreros sobresalientes y memorables, hombres de admirables proezas, excepcional valor, valientes en la guerra y célebres por sus grandes hazañas. Cuando abandonaron la ciudad con las manos prácticamente vacías, los cristianos se sorprendieron ante su delicado aspecto, inalterado tras tamañas adversidades».*

El proceso de selección era riguroso, con una sugestiva dinámica de integración y socialización. No se limitaron a mimetizar lo que los demás hacían, fueron innovadores. En un tema en el que otros han errado, los templarios dictaminan: *«Aunque la regla de los santos padres permite recibir a niños en la vida religiosa, nosotros lo desaconsejamos. Porque aquel que desee entregar a su hijo eternamente en la orden caballeresca deberá educarlo hasta que sea capaz de llevar las armas con vigor y liberar la tierra de los enemigos de Cristo Jesús. Entonces que su madre y padre lo lleven a la casa y que su petición sea conocida por los hermanos; y es mucho mejor que no tome los votos cuando niño, sino al ser mayor, pues es conveniente que no se arrepienta de ello a que lo haga. Y seguidamente que sea puesto a prueba de acuerdo con la sabiduría del maestre y hermanos conforme a la honestidad de su vida al solicitar ser admitido en la hermandad».* La edad de madurez es diferente en función de las personas, pero lo mismo que reclutar a personas sin la suficiente preparación produce daños significativos, contar con infantes provoca altísima rotación. Si además no se conduce adecuadamente el proceso de salida, el daño cometido y la imagen percibida en el mercado será atroz, por mucho que la organización se autocalifique, sin otro criterio que el propio, como perfecta.

Para eludir las leyes sobre la usura –pagos incrementados y no autorizados sobre el principal–, emplearon los siguientes métodos:

- El deudor declaraba haber recibido más de lo que había percibido en realidad
- Se valoraba el cambio según conveniencia
- Se fijaba un préstamo de cantidad inferior al valor de la tierra entregada como prenda
- Se consideraba el préstamo como un regalo que no solicitaría el acreedor
- Se fijaban daños y perjuicios –intereses en el fondo– si el principal no era devuelto en el término reflejado en el contrato
- Se disimulaba un préstamo como una compraventa de rentas
- Se fijaba la posesión de unas tierras de las que se tomaban los frutos a modo de renta

La expulsión de la orden estaba regulada. Se llevaba a cabo de modo severo. El dimitido, con el torso desnudo, solo en ropa interior y calzas, y una correa en su cuello, permanecía arrodillado y recibía una somanta de palos con la mencionada soga. Debía dirigirse a otro convento más riguroso aún que el Temple. Para evitar tráficos poco recomendables, el Temple y la Orden del Hospital acordaron que sus miembros no transitaran de una a otra.

La definitiva consolidación del Temple llegó con la aprobación de los estatutos. Las bulas y demás documentos que los pontífices romanos publicaron durante los dos siglos de vigencia de los templarios (docenas desde 1139 a 1272) aprobaban o desaconsejaban determinados comportamientos. En 1139, Inocencio II, en la bula *Omne datum optimum*, definió normas para la institución conducida en aquel momento por Roberto de Croan. Insiste a sus miembros en que renuncien a la virulencia del siglo. El romano pontífice hace hincapié en que caballeros y soldados lo sean fundamentalmente de Cristo y los agracia con el distintivo de la cruz que llevarán sobre su hábito. A lo que en aquella época era lo que en la actualidad denominamos *logo* se le presta notable atención, sin dejarlo al azar. La máxima autoridad reguladora es la que lo aprueba. Ni los implicados ni el regulador deseaban confusión entre marcas. Solo un cerebro unilateral podrá afirmar que el *branding* es novedoso. Otro aspecto significativo fue la confirmación de la exención del diezmo. Con esas dos medidas la orden lograba marca diferencial y financiación.

La bula se sumaba al *De laude* y a la redacción de la regla de 1128. En los documentos se explicita la autoridad del maestre (luego denominado gran maestre) a quien los hermanos debían sumisión. Se permitía al Temple capellanes propios. Honorio III exhortaba a no dar crédito a quienes farfullaban «*contra los templarios y hospitalarios sobre atesoramiento de riquezas, que justamente invierten en obras de caridad, como ocurre en Damieta, en donde cada una de sus casas mantiene alrededor de dos mil soldados y setecientas caballerías, mandándoles que prediquen su inocencia en sus iglesias*».

En 1144, Celestino II promulga *Milites Templi*, los soldados del templo, de 9 de febrero, que concede la diferenciadora prerrogativa de que sus capellanes puedan celebrar misa en poblaciones declaradas en entredicho. Dos años más tarde, en 1145, Eugenio III publica una tercera bula en la que aglomera la principal normativa de la orden. El documento comienza con las palabras *Militia Dei* (tropa de Dios) y permite a los templarios disponer de cementerios, iglesias y oratorios.

Otra relevante bula fue *Quanto devotius divino* (1256, Alejandro IV), que confirmó la exención de impuestos. Llegaron en 1307, *Pastorales Praeeminentiae*; en 1308, *Faciens misericordiam*, y en 1312, *Vox in excelso* y *Considerantes dudum*, todas de Clemente V. Con ellas quedó disuelta la orden y se establecieron los procedimientos para la liquidación contra ellos incoada.

Las relaciones con algunos pontífices habían tenido sus más y sus menos. Celestino III los reprendió por agrietar un acuerdo pactado con los canónigos del Santo Sepulcro sobre la repartición de diezmos. En 1207 Inocencio III les afeó desobediencia a sus legados, explotar el privilegio de celebrar misa en iglesias bajo interdicto y admitir a cualquiera «*dispuesto a pagar (...) para unirse a la con-*

fraternidad templaria (...) aunque esté excomulgado». Estaban, fraseó, *«exhalando su codicia de dinero»*

Antes de que eso sucediera, describía Bernardo de Claraval a los caballeros del Temple en *De laude novae militiae*: *«Para cada uno de ellos la disciplina es una devoción y la obediencia una forma de respetar a sus superiores; se marcha o se regresa a la indicación de quien supone la autoridad. Todos llevan el vestido que se les ha proporcionado y a nadie se le ocurriría buscar fuera condumio o ropajes. Porque estos caballeros mantienen fielmente una existencia compartida, sencilla y alegre, sin esposa ni hijos. Jamás se les verá ociosos o buscando aquello que no les interesa. Nunca dan muestras de ser superiores a los demás. Todos manifiestan más respeto al valiente que al noble. Odian los dados y el ajedrez, por nada del mundo participarían en cacerías, se rapan el cabello al ras, en ningún momento se peinan, en escasas ocasiones se lavan, su barba siempre aparece hirsuta y sin arreglar, van sucios de polvo y su piel aparece curtida por el calor y la cota de malla. Un Caballero de Cristo es un cruzado en todo momento, al hallarse entregado a una doble refriega, frente a las tentaciones de la carne y la sangre, a la vez que frente a las fuerzas espirituales del Cielo. Avanza sin temor, no descuidando lo que pueda suceder a su derecha o a su izquierda, con el pecho cubierto por la cota de malla y el alma bien equipada con la fe. Al contar con estas dos protecciones, no teme a hombres ni a demonio alguno. ¡Moveos con paso firme, caballeros, y forzad a la huida al enemigo (...)! ¡Tened la seguridad que ni la muerte ni la existencia os podrán alejar de su caridad! ¡Glorioso será vuestro regreso de la batalla, dichosa vuestra muerte, si ocurriera, de mártires en el combate!».*

De la capacidad de persuasión de san Bernardo escribió Odón de Deuil, presente en la homilía que el de Claraval predicó ante la corte del rey Luis VII el 31 de marzo de 1146, en Vézelay: *«(Bernardo) subió a una tarima en compañía del rey, que llevaba una cruz, y cuando el instrumento del Cielo predicó la palabra divina, la gente allí congregada empezó a pedir cruces como poseída. Cuando terminó de sembrar más que de distribuir todas las cruces que había preparado hubo de rasgar sus vestimentas en forma de cruces, que al punto repartía».*

Los múltiples esfuerzos, con riesgo frecuente de la vida, por parte de templarios y demás cruzados no respondían a interés ramplón. El impulso que llevó a docenas de miles de personas a emprender tan duras batallas revelaba una ilusión compartida que los apremiaba a mejorar el mundo. La caída en el abismo de los templarios se acelera con la pérdida de Acre en 1291. Pierden entonces el impulso expansivo y conquistador. Quizá hubiese sido incluso peor ver languidecer una organización que había sido convocada a grandes realizaciones y que comenzaba a ser marginal. Los sucesos se precipitaron. Caída Acre (25 de mayo), siguieron Sidón (14 de julio), Tortosa (3 de agosto) y Atlit (14 de agosto)

Con ligeras variaciones, la estructura directiva de los templarios había sido la siguiente: el máximo responsable era el «gran maestre». Recibió en ocasiones el apelativo de «El de ultramar» (Oriente Próximo) ya que su residencia se encontraba allí. Su *potestas* sobre el resto de los hermanos era absoluta en lo referente al ámbito militar. Por lo que a los aspectos religiosos se refiere, estaba sometido al papa y al capítulo general. Funcionaba como un abad general, equiparado a un príncipe entre la aristocracia. Contaba con séquito propio y poseía bastón de mando y vara, símbolos de mesura y equilibrio.

El seleccionado debía contar con amplia experiencia militar, esencialmente contra los musulmanes. Fueron elegidos entre la aristocracia franca, flamenca o aragonesa. Bajo su responsabilidad se encontraban las finanzas, el nombramiento y la expulsión de caballeros y de altos cargos, todo con la aprobación explícita del capítulo general. Su vara de mando era un bastón con pomo blanco rematado por una cruz circunscrita por un círculo. Poseía cuatro caballos de marcha y uno de combate. Contaba con un Estado Mayor compuesto por senescal y mariscal. El senescal representaba la jefatura de la Casa del gran maestre (hoy responsable de gabinete de Presidencia). Se encargaba de labores administrativas generadas desde la jefatura del cuartel general. Asistía a las principales reuniones.

El mariscal se responsabilizaba de las gestiones militares y del armamento y caballos. Era *de facto* el segundo en el mando. Como sucede también hoy, el directivo de la logística y las finanzas tiene más poder que quien nominalmente figure como vicepresidente o adjunto al director general. El comendador o tesorero gestionaba la tesorería y la intendencia. Bajo su férula se encontraba la administración económica. Rendía cuentas periódicamente (uno de los primeros datos fehacientes de auditoría profesional) y siempre que así se lo exigiesen. Tutelaba el botín de guerra, proveía de escolta a los peregrinos y se encargaba de las relaciones institucionales.

La casa del gran maestre la componían, además de los anteriores, sus capitanes, los caballeros, un capellán, un clérigo que hacía las veces de correo, un sargento, un escribano, un pañero (ocupado en el vestuario), el encargado de los equinos, un intérprete buen conocedor del árabe y diversos criados. Además, solían figurar el ayudante del mariscal (responsable del armamento), un portaestandarte, un cocinero y un herrero.

La toma de decisiones más relevantes correspondía al capítulo. Había dos tipos: 1. El ordinario se reunía una vez a la semana y discutía sobre la gestión del día a día y sobre disciplina; 2. El general elegía al gran maestre, de forma definitiva o interina, sobre todo cuando corría prisa escoger, como en caso de guerra. Para la elección se contaba con electores de distintas nacionalidades.

El gran maestre, aunque fuese el máximo garante de la orden, no disponía de un poder omnímodo. La aplicación de sus decisiones requería de la aprobación del comité de dirección o capítulo. Cuando era preciso votar a un gran maestre, el mariscal convocaba a los dignatarios. Estos tenían la obligación de nombrar a un gran comendador, que emplazaba para la reunión. Se elegía entonces a un responsable de la elección, quien designaba a otro para, entre ambos, seleccionar a dos más. Estos cuatro investían a otro par, y así sucesivamente hasta doce. Con esa cifra se simbolizaba la presencia de los apóstoles. Este grupo señalaba al hermano capellán, y entre este y los doce anteriores, con explícita aprobación del capítulo escogían al nuevo gran maestre. El aparentemente ampuloso sistema de nominación evitaba favoritismos y nepotismos. Se entiende así que la mayor parte de los grandes maestres realizaran buena labor. Pocos desentonaron. De la profunda espiritualidad de muchos habla el que en 1152 Everardo de Barres renunciase al puesto para convertirse en monje en Claraval. Además de los mencionados al hablar de las Cruzadas, no fue ejemplar Eudes (Odon) de Saint-Amand, el octavo. De familia noble del Limousin, marchó en su primera juventud a Tierra Santa. Guillermo de Tiro rasgueó: «*Hombre ruin, soberbio, arrogante, que respira solo furor, sin temor de Dios y sin consideración hacia los demás... Murió en la miseria, sin pena de nadie*».

Cuando una persona o una organización destaca, la envidia carcome. Mal había sentado la ventaja concedida por lo que a tributación se refiere, y también el desarrollo grandioso. Durante el mandato de Felipe de Plessis (1201-1210) se desarrollaron aciagos plantes con los hospitalarios de San Juan. Implicados teóricamente en los mismos objetivos, disputaron sin piedad. En la década de 1130, los hospitalarios, a semejanza de los templarios, habían comenzado a encargarse del servicio de la defensa de los estados latinos en Tierra Santa y recibieron nueva regla. Inocencio II declaró oficial su estandarte rojo con una cruz blanca. El papa los autorizó en 1148 a llevar en el combate, sobre la cota, túnica negra adornada con una cruz blanca; el color negro pasaría a ser rojo a partir de 1259.

Armando de Périgord (1232-1244) medió entre hospitalarios, templarios y teutónicos rebajando la tensión. La historia de los últimos había sido la siguiente: durante el asedio de Acre, en la Tercera Cruzada, conocida como la de Barbarroja, las tropas alemanas, procedentes en su mayoría de las ciudades de Bremen y Lübeck, crearon un hospital para atender a los compatriotas heridos o enfermos. Federico de Suabina tomó ese lazareto bajo la protección de su familia, los Hohenstaufen. Además de ayudarlos en Acre, proporcionó abundantes medios en Alemania. En marzo de 1198, los teutónicos pasaron a ser nueva orden. Su regla se inspiró en templarios y hospitalarios. Nunca llegaron a poseer grandes dominios en Oriente. Se centraron activamente en la actividad militar en Tierra Santa como luego en el nordeste europeo, llegando a establecer un estado militar y religioso independiente en Prusia, que arraigó hasta el siglo XVI. Un ejemplo de su actuación fue la batalla entre la República de Nóvgorod y la rama Livona de los caballeros teutónicos sobre el hielo del lago Peipus, en 1242, dentro de las Cruzadas bálticas. Las secuencias de la derrota de los teutones recreadas por el cineasta soviético Sergei Eisenstein en *Alexander Nevsky*, rodada en 1938 con la amenaza nazi en el aire, siguen impresionando, también por la música de Sergei Prokofiev. Sobrevivir a los templarios se debió a una decisión estratégica; cuando los del Temple quedaron sin objetivo, los teutónicos aún tenían por dominar el continente europeo.

Ricardo de Bures (1244-1247) logró que los templarios contribuyeran de forma directa al gobierno del reino. La Corona había pasado a manos de los Hohenstaufen, que no residían en Tierra Santa y delegaban en un representante imperial. Con aproximación más rígida, Rinaldo de Vichiers (1250-1256) se negó a que la orden entregase el rescate para liberar a san Luis, rey de Francia, en manos de los sarracenos. El historiador musulmán Ibn al-Furat (1334-1405) narró así los hechos: «*Los francos partieron tanto a caballo como a pie en dirección a Damieta, al tiempo que sus embarcaciones empezaron a descender río abajo. Los musulmanes se pasaron a la orilla donde se encontraban y los siguieron a poca distancia. Al amanecer del miércoles* (7 de abril), *los musulmanes los rodearon (...). Luis y el resto de líderes, entre las filas francas, que Dios Todopoderoso los maldiga, buscaron escondrijo en una colina, donde se rindieron y pidieron cuartel. Este les fue concedido (...), por lo que bajaron y pronto fueron rodeados. Luis fue conducido al Mansurah junto con los otros, y una vez allí se le encadenó por una de las piernas y fue recluido*».

Acabaron encontrando una callejuela para soslayar la angosta reglamentación de los templarios por lo que a la guita se refiere. En vez de conceder el rescate (doscientas mil libras), dejaron que lo tomaran aparentemente por la fuerza, violentando la caja. Así obviaban las cuitas burocráticas. Cuántas organizaciones deberían aprender de esa elasticidad para la retención del talento. Aplicar exactos principios siempre y en todo lugar bosqueja organizaciones sombrías.

Constan poquísimas corruptelas. Una de las escasas excepciones la protagoniza Guillermo de Ogrestan, recolector del diezmo conocido como de Saladino. El maestre de Inglaterra le arrojó encadenado a una mazmorra. Era el año 1188. Por lo demás, junto a la ética privada se contaba con medidas disuasorias. Para acceder a los bienes eran precisas dos llaves: una la custodiaba el depositario; otra, el tesorero. Poseían por entonces los templarios un millar de casas en Europa y Oriente. Eran siete mil miembros. El número de no profesos era siete u ocho veces superior.

Los templarios desaparecieron como consecuencia de una coordinada operación policial organizada por Felipe el Hermoso de Francia el 13 de septiembre de 1307 para apropiarse de su emporio. Otros señalan más bien al 1312, cuando Clemente V firmó el documento de disolución. Algunos, en fin, apuntan a 1314. El 18 de marzo de ese año, Jacques de Molay –sucesor del vigésimo segundo gran maestre, Theobald Gaudin– fue quemado junto a Godofredo de Charney, preceptor de la Normandía. Se le atribuyen a Jacques de Molay las siguientes palabras cuando se encontraba ya en la hoguera: «*Dios sabe quién se equivoca y ha pecado, y la desgracia se abatirá pronto sobre aquellos que nos han condenado sin razón. Dios vengará nuestra muerte. Señor, sabed que en verdad todos aquellos que nos son contrarios por nosotros van a sufrir. Clemente, y tú también Felipe, traidores a la palabra dada, ¡os emplazo a los dos ante el Tribunal de Dios! A ti, Clemente, antes de cuarenta días, y a ti, Felipe, dentro de este año*».

Si fue verdad la profecía, lo fue sin duda su cumplimiento.

Considero que la fecha más precisa de defunción de esa organización fue el 1291. Los templarios habían surgido para proteger a los peregrinos de Europa Occidental que deseaban manifestar su fe viajando a Jerusalén. En el año mencionado, los templarios fueron desalojados de Acre, último símbolo relevante de la presencia cristiana en Tierra Santa. Algunos se mantuvieron cierto tiempo más en la ciudad de Tortosa (hasta 1300), pero incluso perdieron la isla de Ruad en 1302. Con sede central en Chipre, devinieron mandatarios del patrimonio amasado.

La caída de Acre se había debido a la falta de previsión por parte de sus defensores. Entre el 8 de mayo en que comenzaron los intentos de tregua por parte de Enrique I y la toma de la ciudad, el día 18, se pusieron de manifiesto grandezas y miserias. De un lado, algunos defensores, desentendiéndose de los intereses comunes, se acurrucaron en sus propios castillos. No así los templarios, que se entregaron hasta el último hombre. El desastre fue narrado por el templario de Tiro: «*Mujeres y niños huían poseídos por el terror, cruzando las calles con los bebés en brazos (...). Cuando los sarracenos los capturaban, uno tomaba a la madre y otro al bebé, llevándoselos por separado*». El historiador musulmán Abu al-Fida reconoce que cuando la ciudad se encontraba al borde de la derrota, al-Ashraf Khalil aseguró que perdonaría la vida a quienes se rindieran. No fue así. Los asesinó sin contemplaciones. El rey y su hermano lograron huir. No el patriarca latino, que falleció al ahogarse. Su embarcación llevaba exceso de carga.

Tras esos sucesos, el Temple perdió el profundo sentido de su misión; solo hacía falta un soplo para que aquella estructura arduamente labrada se viniera abajo. Nicolás IV (1288-1292) deseaba que Temple y hospitalarios se fusionasen. A partir de 1291, los concilios lo pedían. En el de Canterbury reunido en la sede del Temple de Londres en febrero de 1292, Nicolás IV evocaba una nueva Cruzada y aspiraba a contar con una orden unificada y fuerte. Con su muerte, la iniciativa feneció.

El dato de 1291 es referente indefectible, aunque, como en el marchitarse de toda organización, tuvo precedentes por las desavenencias internas. En la década de 1269, mientras el sultán Baibars había amalgamado tendencias diversas entre los musulmanes, los cristianos disputaban sobre quién dominaría Chipre o quién volvería a ser rey de Jerusalén. En 1265, Baibars, aprovechando esas disensiones lanzó ofensiva contra los territorios cristianos. Cayeron en sus manos localidades como Cesarea, Haifa, Rorón o Arsuf, y en julio de 1266 le llegó el momento a la fortaleza templaria de Safad, clave para el control de Acre.

En 1268, Baibars tomaría también Jaffa y el castillo de Beaufort. El 14 de mayo de ese mismo año comenzó el sitio de Antioquía, cuyos ciudadanos serían masacrados. Así lo recoge Ibn al-Furat: «*El sultán esperó a que los sacerdotes y los monjes (enviados en son de paz) entraran en la ciudad, y entonces dio orden de avanzar. Las tropas rodearon toda la ciudad, así como la ciudadela. Los habitantes de Antioquía combatieron con gran valentía, pero los musulmanes arrebataron la muralla desde la montaña próxima a la ciudadela, desde donde bajaron a la ciudad. La gente buscó refugio en la ciudadela y los soldados musulmanes empezaron a matar y a hacer prisioneros. Todos los varones de la ciudad fueron ejecutados y sumaban más de cien mil*».

En paralelo acaecían cosas como las siguientes: en 1286, con Acre amenazada, la coronación del rey de Chipre Enrique II dio lugar a fastuosos torneos. Gerardo de Montreal, el templario de Tiro, lo relata de este modo: «*Hubo fiesta durante quince días en un lugar de Acre llamado el Albergue del Hospital de San Juan, en donde había un gran palacio. Y la fiesta fue la más bella que se conocía desde hacía cien años (...). Jugaron a la Mesa Redonda y a la Reina de las Damas; es decir, pusieron juntos a caballeros vestidos como mujeres; después (...) a los enanos que estaban allí los juntaron los unos contra los otros; y jugaron a imitar a Lancelot, Tristán y Palamedes, y a muchas otras cosas agradables y divertidas*».

Frente a lo que sucede con las personas, el alma de las organizaciones no suele perderse de golpe. Mientras las intimidaciones externas crecían, la discordia interna debilitaba el reino formado en torno a Jerusalén. Durante décadas, templarios y hospitalarios se habían enfrentado. La tensión alcanzó el nivel de guerra abierta con el conflicto de San Sabas. En 1251, venecianos y genoveses se disputaron la propiedad de edificaciones que pertenecían al monasterio de San Sabas, en Acre. Tras un lustro de contiendas legales la resolución del caso continuaba lejana. En 1256 los genoveses se lanzaron como buitres sobre el barrio veneciano de Acre. Felipe de Montfort, señor de Tiro, aprovechó el tumulto para expulsar a los venecianos, dueños de un tercio de la ciudad desde 1122. Templarios y teutónicos gravitaron en torno a Venecia; hospitalarios y barones en torno a Génova. Sin sintonía interna, la pérdida de Acre estaba sentenciada.

La violenta destrucción de los templarios provocó que los hospitalarios temieran ser los próximos. Para demostrar su efectividad, lanzaron un ataque a Rodas precisamente en 1307. Con la ayuda de los genoveses, a quienes siempre habían apoyado, intervinieron la isla en menos de un trienio. Plenamente fortificada, se transformó en parada de peregrinos. Los hospitalarios controlaron pronto también la isla de Cos y la ciudad costera de Bodrum (Halicarnaso). Se ganaron a la opinión pública y potenciaron una renovada imagen de marca. Comenzaron a llamarse caballeros de Rodas y fueron aclamados como defensores de la cristiandad en Oriente. Entonces, como ahora, de la ética se transitaba hacia la estética; y de la estética (reputación corporativa) hacia la ética (responsabilidad social corporativa).

La causa fundamental de la animadversión de Felipe IV el Hermoso contra los templarios fue, junto a su despliegue de oropeles y ego, el resentimiento por no haber sido admitido, su necesidad de fondos. El rey había manipulado la moneda hasta en veintidós ocasiones en los últimos diecinueve años de su reinado. Al menos nueve entre 1295 y 1303, y seis de 1304 a 1305. Había extraído unos ciento veintinueve mil doscientos cincuenta y dos kilogramos de plata, que era lo que necesitaba recuperar. Solo las tres casas del rey consumían cincuenta y siete mil doscientas diez libras por año. Que el motivo era económico queda claro al contrastar las incomprensibles acusaciones forjadas en 1307 frente a las afirmaciones que el rey había realizado cuando todavía no había barajado la posibilidad de hacerse con sus bienes. En 1304, atestaba: «*Las obras de piedad y misericordia llevadas a cabo en todo el mundo y en todo momento por la Santa Orden del Temple, instituida divinamente, nos obligan a extender nuestra liberalidad real a favor de la orden y de sus caballeros, por quienes tenemos una sincera predilección*».

No tiene lógica que apenas un trienio más tarde –si no es tras la negativa del Temple de refinanciarle– pregonase: «*Algo amargo, algo que nos hace llorar, una cosa que solo pensarla nos horroriza y que nos aterra cuando la oímos, un crimen execrable, un acto abominable, una infamia espantosa, algo que no es de seres humanos, o mejor, extraño a toda humanidad, ha llegado a nuestros oídos gracias al informe de numerosas personas dignas de confianza. Se trata de algo que nos asombra y nos apena, y nos hace temblar con horror violento; y cuando consideramos la gravedad de los hechos nos invade un inmenso dolor, tanto más tremendo cuanto que no podemos dudar de la enormidad del crimen, el cual configura una ofensa a la majestad divina, una vergüenza a la especie humana, un pernicioso ejemplo de maldad y escándalo universal... (Estas gentes) son como bestias de carga que carecen de juicio y más aún, superan a las bestias irracionales por la asombrosa brutalidad que demuestran. Se entregan a todos los crímenes más abominables con una sensualidad que incluso rechazan y evitan los mismos animales... No solo con sus actos y sus proezas detestables, sino también con sus juicios apresurados contaminan la Tierra con su obscenidad, arruinan los beneficios del rocío, corrompen la pureza del aire y traen la confusión a nuestra fe».*

Felipe el Hermoso hubiera necesitado veintidós años para devolver la moneda a su costo real. Para restituir la moneda tornesa a la valía de tiempos de San Luis (tal como imponía la ordenanza de 6 de junio de 1306) hubieran sido precisos, según otras estimaciones, más de ciento seis mil kilogramos de plata. Cantidad que no logró ni por la extorsión a la que sometió a los judíos (expropiados y expulsados de Francia el 22 de julio de 1306), ni tampoco de los banqueros florentinos, arrestados y desterrados tras arrebatarles sus bienes.

Logró que Clemente V diera la puntilla a la orden mediante la bula *Vox in Excelso* (1312): *«Por un decreto irrevocable y perpetuamente válido, la someteremos a perpetua proscripción con la aprobación del sagrado concilio, prohibiendo estrictamente que alguien se atreva a entrar en dicha orden en el futuro, o a recibir o usar su hábito, o a actuar como templario; por lo cual, quien actuare en contra de esto incurrirá en la sentencia de excomunión ipso facto».* Justificaba: *«La Iglesia romana ha dispuesto en ocasiones la abolición de otras ilustres órdenes por causas incomparablemente menores que las arriba mencionadas, aun sin que se les adjudicara culpabilidad a los hermanos».*

Uno de los retos a las que se enfrentó Clemente V fue la amenaza del rey francés de declarar nulas las actuaciones de Bonifacio VIII, entre las que se encontraba precisamente su validación. A la postre, el papa tuvo que complacer al monarca, a pesar de haber asegurado en 1307: *«Vos, nuestro querido hijo (...) habéis, en nuestra ausencia, violado todas las reglas y echado mano a las personas y propiedades de los templarios. Les habéis encerrado en prisión y, lo que nos duele más todavía, no les habéis tratado con la debida indulgencia (...) y habéis agregado al malestar del encierro otra aflicción. Habéis echado mano a personas y propiedades que están bajo la directa protección de la Iglesia romana (...). Vuestro precipitado acto es visto por todos, y con justa razón, como un acto de desprecio hacia nosotros y la Iglesia romana».*

Por la bula *Ad providam*, el 2 de mayo de 1312, Clemente V otorgó los bienes de la extinta Orden a los Caballeros de San Juan de Jerusalén, los hospitalarios. No pudo evitar, sin embargo, que Felipe el Hermoso se quedara con parte. No solo no devolvió el dinero que debía al Temple alegando que determinados cánones prohibían pagar deudas a los herejes, sino que se presentó como acreedor, por lo que los hospitalarios tuvieron que entregarle doscientas mil libras tornesas. El retrato que Bernardo Saisset, obispo de Paimers, realiza de Felipe el Hermoso es descriptivo: «*No sabía nada, excepto mirar fijamente a los hombres como un búho que, aunque bello de mirar es por lo demás un ave inútil*». El mal que realizó no fue subsanado.

Algunos monarcas, al negarse a obedecer las indicaciones del francés, permitieron que la orden sobreviviera, aunque con otros nombres. Jaime II de Aragón respondió al rey de Francia: «*Los templarios han vivido de hecho de una manera elogiable como hombres religiosos hasta ahora en estas partes, de acuerdo con la opinión común, y ninguna acusación de error en su creencia ha surgido aquí todavía; por el contrario, durante nuestro reinado nos han brindado fielmente un gran servicio en todo lo que les hemos requerido para eliminar a los enemigos de la fe*». En Portugal, con sede en Tomar, recuperaron su nombre originario, los Pobres Caballeros de Cristo.

Si quiere conocer la lista de los grandes maestres del Temple así como la cronología general de la orden y sus actividades, puede hacerlo con ayuda de este bidi:

ALGUNAS ENSEÑANZAS

- Los proyectos suelen ser fruto de la visión estratégica de una persona, en este caso Hugo de Payns, que atrae a otros

- Para llevar adelante un proyecto, una vez que ha sido diseñado es conveniente contar con profesionales con perspectiva. La gestión de la diversidad no es opcional

- El pensamiento único conduce habitualmente a coleccionar esterilidades. Contrastar la propia visión con otras personas válidas enriquece los proyectos

- Contar con personas que apoyen es relevante. En el caso de los templarios fue la función que cumplió, entre otros, Bernardo de Claraval

- Que un colectivo se pavonee es un tremebundo trance, tan dañino como difícil de diagnosticar internamente

- Resulta necesario permanecer dispuestos a nuevas líneas de trabajo. Los templarios abrieron el foco hasta convertirse también en profesionales de la banca

- Cuando las iniciativas florecen el público adherido se multiplica

- Seleccionar bien a quienes se integran en una organización es esencial. Cuando se abre la admisión a cualquiera el proyecto declinará

- Llevarse bien con el regulador reclama humildad personal y colectiva

- Las organizaciones no son perfectas ni eternas

COMPRENDER OTRAS ÉPOCAS NO ES FÁCIL

LA INQUISICIÓN (1148-1965)

Alegoría de la abolición de la Inquisición por las Cortes, de Cádiz de Antonio Rodríguez (Dibujo), Manuel Alegre y Pedro Nolasco Gascó (Grabado), 1813. Ilustración del texto impreso de la discusión del proyecto de decreto sobre el tribunal de la Inquisición, Imprenta Nacional, Cádiz, 1813. Fuente: Biblioteca Nacional de España.

Nos enfrentamos a un fenómeno complejo en el que se conciertan religión con política, repudio ante herejías que socavaban el orden social, miembros de descreimientos que tratan de infiltrarse hasta en órdenes religiosas, rectitud de conciencia con codicia por los bienes de quienes eran condenados, análisis de una realidad, la fe, que se consideró durante siglos como elemento de unidad de los países y un largo etcétera de factores que siguen debatiéndose. Es preciso considerar, además, que los criterios sobre la violencia han ido modificándose, como hemos visto al hablar de las Cruzadas. Muchos, con evidente ausencia de reflexión, han utilizado medias verdades. Discernir no es espontáneo, pero es fundamental para aclarar en vez de emborronar. Cabe anticipar que muchos de los comportamientos contemporáneos sobre cuestiones como la mencionada ausencia de respeto por la vida del no nacido, el abuso en el empleo de las materias primas o la miseria consentida o fomentada serán juzgadas con frontal radicalidad dentro de escasas décadas.

No solo ha habido Inquisición católica. También la hubo protestante y anglicana, que actuaron con más visceralidad que la primera. Fueron más las mujeres ajusticiadas por supuestos casos de nigromancia y sortilegios en lo que hoy es Alemania que en España, aunque la leyenda negra promulgue lo contrario. No faltan quienes, flotando en un mar de tinieblas, cuando no por mala fe, atribuyen a la católica abyectos comportamientos de protestantes o anglicanos. Sin ir más lejos, el médico aragonés Miguel Servet fue finiquitado por los calvinistas, aunque iletrados y malintencionados siguen atribuyéndola a la persecución de inquisidores católicos.

Sigue existiendo Inquisición en muchos países. Verbigracia, en Tailandia, donde el primer ministro, Luang Phibun Sanghhram, recién comenzada la II Guerra Mundial, afirmaba: «*La única religión que conviene a Tailandia es el budismo*». Para lograr su objetivo persiguió sangrientamente a los misioneros cristianos. Las seguridades jurídicas fueron nulas en comparación con la Inquisición católica. Por no hablar de la actual persecución de cristianos en países de África y Asia, comenzando por la dictadura china.

La Inquisición fue introducida en 1184 por bula de Lucio III para el Languedoc, al sur de Francia, para lidiar con los cátaros. En *Ad abolendam* se explicita que *«cualquier arzobispo u obispo, por sí o por su archidiácono o por otras personas honestas e idóneas, una o dos veces al año inspeccione las parroquias en las que se sospeche que habitan herejes; y allí obligue a tres o más varones de buena fama, o si pareciese necesario a toda la vecindad, a que bajo juramento indiquen al obispo o al archidiácono si conocen allí herejes, o a algunos que celebren reuniones ocultas o se aparten de la vida, las costumbres o el trato común de los fieles».*

Los obispos venían actuando, casi siempre acordes con las autoridades civiles, cortando por lo sano lo que consideraban inaceptables desviaciones de la ortodoxia. En 1022, por ejemplo, el rey Roberto II (hijo de Hugo, fundador de la dinastía de los Capetos) condenó a muerte a dieciséis canónigos acusados de maniqueísmo. Tres años más tarde, en 1025, el obispo Gerardo de Cambrai hizo igual con otros en Arrás. En 1028, en Monforte (Italia septentrional) fueron quemados otros herejes tras la denuncia de Ariberto d'Intimiano, arzobispo de Milán.

En 1249 fue implantada una primera Inquisición estatal en Aragón. En 1252, Inocencio IV, en la bula *Ad extirpanda* validó la tortura para obtener declaraciones. Se insistía en que los verdugos no mutilasen al reo y mucho menos lo matasen. También hubo una Inquisición portuguesa entre 1536 y la calificada como Inquisición romana, que tuvo vigencia de 1542 a 1965. Se practicaron modalidades de tormento socialmente admitidas en cada entorno siquiera para situaciones excepcionales. La metodología estaba casi siempre definida con detalle y no todos los suplicios en la vía civil eran respaldados por la Iglesia. La justicia secular era asaz más brutal. En el caso de la Inquisición, para que un investigado fuese atormentado debía haber sido acusado por un crimen grave, constando augurios racionales de culpabilidad.

La Inquisición romana, conocida también como Congregación del Santo Oficio, la propició Pablo III en 1542 para enfrentarse a los luteranos. Dependía jerárquicamente de miembros del colegio cardenalicio. Su ámbito de actuación era universal y su finalidad abatir las corrientes de pensamiento y posturas religiosas que contradecían la integridad de la fe católica. Dentro de ese criterio se encontraba la exclusión de textos injuriosos con la ortodoxia. Inicialmente se ciñó a Italia, pero Pablo IV en 1555 apremió también a sospechosos fuera de esos límites geográficos, incluidos miembros de la jerarquía, como el cardenal inglés Reginald Pole. En 1600 se juzgó y sancionó a Giordano Bruno, de quien luego aclararé recovecos. En 1633 fue procesado Galileo Galilei. Mucho se ha delirado por cierto con este; no se le prohibió seguir trabajando, solo se le requirió para que publicase datos de mayor rigor. En 1965, Pablo VI cambió el nombre del Santo Oficio por el de Congregación para la Doctrina de la Fe.

Volvamos atrás. En torno a 1391 se reprodujeron pogromos contra los semitas en Toledo, Córdoba, Barcelona, Sevilla y otras ciudades españolas. El motivo real era la hambruna, de la que responsabilizaban a sus vecinos judíos. Despavoridos, muchos optaron por convertirse al cristianismo, al menos de puertas para afuera. Surgían los calificados cristianos nuevos. Como siempre se inventa o se busca un enemigo para justificar las personales limitaciones o dificultades, cristianos añejos puntearon a los conversos como reos de sus males.

En la década de los setenta del siglo XV, el dominico Alonso de Hojeda clamó por una intervención intensa de los reyes para limitar la acción de los judaizantes. Entre 1477 y 1478 se acrecentaron los sermones en este sentido con ocasión de la estancia de la reina Isabel en Sevilla. Los reyes endilgaron nuevas intervenciones homiléticas a fray Hernando de Talavera, confesor real. Los monarcas imploraron por la Inquisición y su petición fue atendida por Sixto IV, quien en 1478 expidió la bula *Exigit sincerae devotionis* para que un tribunal arrancara en la ciudad andaluza. Iniciaría actividades un bienio más tarde con la llegada del doctor Ruiz de Medina y dos dominicos: fray Miguel de Morillo y fray Juan de San Martín, prior del monasterio de San Pablo de Valladolid. Como dato tan anecdótico como revelador, el devoto mariano Sixto IV, a causa de la tirria entre franciscanos y dominicos, prohibió en 1479 que cualquiera de una de las dos órdenes pudiese actuar en causa contra individuo de la otra. Y como franciscano que era aceleró el proceso de canonización de san Buenaventura, culminado con solemne ceremonia el 14 de abril de 1482. Meses antes, también barriendo para casa, había inscrito en el santoral a los franciscanos martirizados en Marruecos en tiempos de Honorio III (1216-1227).

Se conserva el documento que atestigua que el 11 de noviembre de 1480, Diego Merlo, gobernador de Sevilla, presentaba en sesión del cabildo municipal la misiva de la reina Isabel que decretaba conceder posada al triunvirato de inquisidores. Su función era «*inquirir y hacer pesquisa contra las personas que no guardan y mantienen nuestra Santa Fe*». Previendo el riesgo de una reacción en contra de los recién llegados o que algunos, temerosos, se trasladasen a Granada, se guardó discreción hasta que estuvieron en línea de salida. El cabildo se avino a colaborar, pero regidores y jurados conversos que escucharon al asesor real quedaron, con toda razón, alborotados. Pilotados por el administrador catedralicio, Pedro Fernández Benaveda, varios acordaron actuar en contra del nuevo tribunal.

Fernández Benaveda fue convocado al convento dominico de San Pablo. Acudió escoltado. De poco sirvieron sus cautelas. Nada más llegar fue detenido por emboscados. Enseguida «*fueron apresados algunos de los más honrados e de los más ricos regidores e jurados e bachilleres e letrados e hombres de mucho favor*».

La peste que afectó a la ciudad en las primeras semanas de enero de 1481 potenció la fuga de la población. El 6 de febrero de 1481 tendría lugar el primer auto de fe en Tabalda, al sur de la ciudad. Fueron ajusticiadas seis personas. Fray Alonso de Hojeda, que predicó para la ocasión, falleció por la peste poco después. A Pedro Fernández Benaveda le llegaría la hora el 21 de abril de 1481, acusado de ritos judaicos y de no creer en la resurrección. Los inquisidores se trasladaron a Aracena (Huelva), donde sentenciaron a la hoguera a veintitrés personas en julio de 1481. Establecieron sede en el castillo Triana y promulgaron en mayo de 1482 un edicto de gracia que certificaba el perdón a quienes se confesaran antes de dos meses. En

1483 prosiguieron los autos de fe. El 16 de mayo serían quemados cuarenta y siete conversos, incluidos varios clérigos. Semanas antes habían sido el centro de las procesiones, desde la iglesia de San Salvador hasta el monasterio de San Pablo, endosados con sambenitos.

En 1484, la Inquisición se extendía por Córdoba, Jaén, Ciudad Real, etc., bajo la férula de fray Tomás de Torquemada. Según Diego López de Cortegana, con datos exageradísimos, desde 1481 hasta 1524 fueron condenadas cinco mil personas y veinte mil reconciliadas. En sus años de actividad, Torquemada, hipostasiado por sus convicciones multiplicó los tribunales por Castilla, donde se mantendrían durante tres siglos. Según datos fiables, a lo largo de los trescientos cuarenta y cuatro años del Santo Oficio fueron condenadas a muerte un máximo de tres mil personas. Cuando los judaizantes desaparecen a mediados del XIV, las penas de muerte se hicieron raras: mil trescientas cuarenta entre 1540 y 1700 sobre un total de cuarenta y cuatro mil seiscientas setenta y cuatro causas juzgadas. No llegaron al 3%. Una Inquisición desquiciada quemando herejes sin ton ni son es una caricatura, aunque lógicamente hoy cueste comprender esa violencia, por limitada que fuese para las costumbres de aquella época.

En 1484, Torquemada nominó a Pedro Arbués inquisidor de Aragón. El elegido se encaminó a Teruel acompañado de fray Pedro Gaspar Juglar pero les negaron la entrada. Ellos excomulgaron a los turolenses. En febrero de 1485, el rey ordenó que tropas castellanas se posicionaran en la frontera con Aragón para forzar a las autoridades a que apoyaran la Inquisición. Algunos conversos se conchabaron. Gaspar Juglar falleció quizá envenenado. Arbués fue acuchillado, en la noche del 14 al 15 de septiembre de 1485 mientras rezaba en la Seo de Zaragoza. Los asesinos y sus cómplices fueron ejecutados. La repulsa por el crimen sirvió de palanca al rey Fernando para vencer resistencias al establecimiento de la Inquisición. Arbués fue canonizado por Pío IX en 1867.

A pesar de sucesivas llamadas a la moderación por parte de Sixto IV, entre los repelentes casos protagonizados por la Inquisición cabe mencionar el del arzobispo y teólogo navarro Bartolomé de Carranza (1503-1576). Su ascenso a la sede arzobispal de Toledo no fue bien digerido por muchos, comenzando por el inquisidor general Fernando de Valdés y Salas (1483-1568), quien le buscaría las vueltas. Acusado de hablar en exceso de misericordia y de haber abogado por algún amigo luterano, acabaría preso en las cárceles de la Inquisición durante diecisiete años. Así reza el desahogo que para sí mismo escribió:

> *Son hoy muy odiosas*
> *cualesquier verdades*
> *y muy peligrosas*
> *las habilidades*
> *y las necedades*
> *se suelen pagar caro.*
> *El necio callando*
> *parece discreto*
> *y el sabio hablando*
> *se verá en aprieto.*
> *Y será el efecto*
> *de su razonar*
> *acaescerle cosa*
> *que aprende a callar.*
> *Conviene hacerse*
> *el hombre ya mudo,*
> *y aun entontecerse*
> *el que es más agudo*
> *de tanta calumnia*
> *como hay en hablar:*
> *solo una pajita*
> *todo un monte prende*
> *y toda palabrita*
> *que el necio no entiende*
> *gran fuego prende;*
> *y, para se apagar,*
> *no hay otro remedio*
> *si no es con callar.*

Sixto IV sufrió en algunas decisiones la malévola influencia de su sobrino Girolamo Riario (1443-1488), a quien en mala hora nombró capitán general de la Iglesia y luego señor de Imola. A pesar de una vida ejemplar, devota y bien intencionada, Sixto IV cayó en el grave error de seleccionar por parentesco y no por meritocracia. Algunas de sus peores providencias fueron inspiradas por aquellos subordinados incompetentes, entre los que descollan Girolamo y Pietro, el hermano mayor.

Otro personaje emblemático al tratar de la Inquisición fue el también italiano Giordano Bruno (1548-1600), bautizado Filippo. Religioso dominico en su juventud, tras abandonar los hábitos se buscó la vida como astrónomo, filósofo o mago. Alimentó un desprecio irredento a sus profesores, y en general a cualquiera que no aceptara sus propuestas. Calificaba de asnos a quienes no comulgaban con su ideología. Proponía que los sacerdotes debían casarse, la liquidación de las religiones porque sus dirigentes solo ansiaban el poder, la eliminación de cualquier imagen salvo el crucifijo, la negación de la transustanciación o que el diablo se salvaría. La doctrina católica era diana de sus menosprecios. Tras deambular por media Europa fue contratado por el veneciano Giovanni Mocenigo. Este quiso emplearlo más como mago que como maestro y quedó decepcionado por las pretensiones intelectuales de Giordano. Al poco le puso a los pies de la Inquisición. En enero de 1600, el papa Clemente VIII ordenó su entrega a las autoridades civiles. Murió en la hoguera sin retractarse el 17 de febrero de 1600. Algunos han querido ver en este hecho el calamitoso comportamiento de la Iglesia contra los avances científicos. Para muchos se trató más bien de la innecesaria condena de un presuntuoso que siglos después hubiera sido columnista de éxito por su negación de cualquier orden o creencia, siempre por supuesto que cobrara.

Ojalá, sin embargo, que todo esto no hubiera sucedido. Es paradójico, no obstante, que quienes han empleado a la Inquisición como ariete contra la Iglesia católica, sin ir más lejos comunistas o nazis, hayan sido autores de desmanes y crímenes que dejan en anécdota los atroces despropósitos de los inquisidores. Quien tenga la más ligera duda lea, por ejemplo, *El siglo de los mártires*, de Andrea Riccardi; *El libro negro del comunismo*; o *Testigos de esperanza*, de

François-Xavier Nguyen Van Thuan. Los experimentos sociales del siglo XX, tanto el nazismo como el comunismo, costaron millones de cadáveres, víctimas a las que deben agregarse aquellas que salvaron la vida a cambio de ser aplastadas, empobrecidas o simplemente anuladas como individuos, convertidas en piezas desechables de ingeniería social o racial. Es indiferente que las cifras suban o bajen diez o veinte millones según la fuente consultada. El horror va más allá de unos números que algunos leen con la indiferencia de un balance contable. El maremágnum, contado de uno en uno, es más eficaz, por cercano y real, para comprender aquellas barbaridades. Aquellos movimientos que prometían el Paraíso en la Tierra tan solo consiguieron acercarse al infierno. Como señalaba con agudeza Viktor Frankl, el empeño de comunistas y nazis consistía, además, en cancelar previamente la personalidad de los que iban a ser ajusticiados. El equivocado anhelo de los inquisidores era cauterizar la sociedad buscando en paralelo reconducir a los inficionados por creencias ajenas a la fe que ellos defendían. Muchos contemporáneos, como fray Hernando de Talavera, el arzobispo de Granada citado, se opusieron al trabajo, entre otros, del inquisidor Diego Rodríguez Lucero (1440-1508), calificado por un cronista no como Lucero sino como Tenebrero.

La Inquisición anglicana, solo en tiempos de Enrique VIII fue responsable de más de mil asesinatos sin proceso judicial fiable entre quienes se limitaron a mantenerse en la fe católica, sin atentar de ningún modo contra la unidad de Inglaterra. La Inquisición protestante, en sus diversas denominaciones, acumuló miles de muertos.

Resulta inapropiado, cuando no una patochada, proponer una culpa colectiva retroactiva para los católicos, máxime cuando la inmensa totalidad de los creyentes contemporáneos reprueban el comportamiento de los inquisidores. Hasta san Juan Pablo II pidió perdón en diversas ocasiones por aquellos eventos. No ha sucedido, por cierto, lo mismo entre los infectados por las ideologías nazi y marxista, que no solo no han solicitado excusas, sino que han ido a por atún y a ver al duque, y se atreven a reivindicar en muchos casos los sangrientos procederes de sus ancestros ideológicos.

ALGUNAS ENSEÑANZAS

- La interpretación del comportamiento ajeno ha de huir de conceptos simplistas

- La mezcla de religión y política rara vez es acertada

- Fe, codicia y poder componen un cóctel explosivo

- Criterios anteriormente válidos resultan hoy espurios, y viceversa

- El discernimiento no es hacedero si hay prejuicios

- «Unos llevan la fama y otros cardan la lana»

- La Inquisición protestante y la anglicana fueron acérrimas; sin embargo, la católica se ha llevado la mala prensa

- La dictadura de la ignorancia es estúpidamente audaz

- Los sabios distinguen, los lerdos confunden

- Las reacciones a las hambrunas son primarias, aunque luego se disfracen de ideología

- Las estadísticas pueden ser forzadas para que digan lo que cada uno desee

LAS BUENAS INTENCIONES NO SIEMPRE CUAJAN EN BUENOS RESULTADOS

INOCENCIO III (1161-1216)

Fresco del claustro Sacro Speco, autor desconocido. Fuente: Wikimedia Commons.

El 8 de enero de 1198 fue elegido por unanimidad el cardenal diácono Lotario con el nombre de Inocencio III. Había cumplido treinta y ocho años. Hijo de Trasmundo, conde de Segni, y de la romana Claricia Scotti, era por pleno derecho miembro de la familia Conti, gobernantes en las regiones de Campania y la Marítima. Había nacido en Anagni, ciudad en la que ciento y pico años más tarde, en 1303, Bonifacio VIII sería abofeteado en circunstancias que luego detallaré. Muy joven había trasladado su residencia a París para cultivarse en Teología. Llevaba grabada en la mente una enseñanza materna: *Fac officium!*, ¡cumple con tu deber! Prosiguió con los estudios de derecho canónico en Bolonia, para reintegrarse a la agitada vida romana en 1185. Un lustro más adelante, su tío Clemente III lo ensalzaba como cardenal-subdiácono de los santos Sergio y Baco.

Tiempo de enfrentamiento entre apellidos que aspiraban al solio papal mientras reinó Celestino III, un Orsini, el futuro Inocencio III dedicó su tiempo a escribir sobre el misterio de la Eucaristía y el aconsejable descrédito al que un deben someterse los bienes tangibles. A finales del siglo XII, monarcas y nobles europeos anhelaban liberarse de los condicionamientos de un papado al que no rendían acato. El fuego amigo corría parejo con la excusa, o la recta querella, de la opulencia del alto clero. Las corrientes espirituales, de desapego tajante en algunas expresiones, iban pervirtiéndose en heréticas. Algunos confundían reforma con una difusa asonada contra las clases pudientes. Siglos más tarde, marxistas mañosos en manipulación de la historia, valga la redundancia, embutirían estos sucesos entre los antecedentes de la sanguinaria revolución comunista.

Inocencio III era consciente de que toda sacudida consistente ha de comenzar por la cúpula. ¡Cuántas veces se ha reiterado también en los siglos XX y XXI que si se desea seriamente modificar una organización es preciso que el comité de dirección dé pasos adelante en el sentido correcto, pues es el instrumento más eficaz para promover transformaciones consistentes y duraderas!, como David Thomas en *The truth about mentoring minorities*.

Inocencio III se fijó como objetivo una congruente mejora de la corte pontificia, vedando bacanales y gravando con puniciones a quienes se lucrasen con la falsificación de bulas papales. En paralelo impuso un juramento a los nuevos senadores mediante el cual se ligaban a que «*ni con el consejo ni con la obra (...) el pontífice perdiese la vida o le fuese quitada fraudulentamente la libertad*». Como refrendo de que los tiempos no eran sosegados se proporcionó escolta a aquel hervidero de cardenales.

Al fallecer el emperador germano Enrique VI, su hijo Federico II había llegado a su tercer año de vida. Constanza, la madre, extinta el 27 de noviembre de 1198, había entregado la tutela de su vástago al papa. En Alemania estalló una guerra civil en la que tres candidatos se disputaban el trono. Inocencio III coronó a Otón IV como rey de los romanos en 1201, porque se había juramentado a defender los intereses del papa. No concorde con esta opción, el 6 de enero de 1205 el arzobispo de Colonia ungió en Aquisgrán a Felipe. El papa removió inmediatamente al eclesiástico rebelde. Fue preciso negociar, y en 1207 Felipe fue absuelto de la excomunión a la que había sido condenado dos años atrás. La mediación de los hábiles cardenales Ugolinio de Ostia y León Brancaleone resolvió los desencuentros. Cuando todo tornaba a su cauce, Felipe fue asesinado en junio de 1208. Otón maridó entonces con Beatriz, hija de Felipe. De ese modo se apropiaba del beneplácito de los Hohenstaufen y el atolladero quedaba transitoriamente resuelto. El 4 de octubre de 1209, Otón fue solemnemente consagrado en San Pedro. Las promesas de convertirse en arbotante para el solio pontificio habían sido decisivas. Sin embargo, cuando se vio en posesión de la corona se malogró drásticamente. Entre otras malandanzas expropió bienes de la Iglesia, devastó sus inmuebles y pretendió adueñarse del reino del aún joven Federico.

Como tras sucesivas admoniciones no se aviniese a razones, Inocencio III lo excomulgó el Jueves Santo de 1211. En estas circunstancias, el 25 de julio de 1215 Federico era coronado rey de Alemania por el arzobispo de Maguncia. El 11 de noviembre de ese mismo año, durante el IV Concilio Lateranense, Federico recibía el aval del sumo pontífice.

Inocencio III fue desde su nombramiento mediador de la disputa aludida y de otras muchas en las que se le requería para que arbitrase. Renombrado fue, por poner otro ejemplo, su empeño en mantener su autoridad en Inglaterra, frente al deseo de Juan sin Tierra de ser él quien decidiera los nombramientos episcopales. El detonante fue la elección papal en Roma de Esteban Langton como arzobispo de Canterbury, que Juan no toleró. Únicamente la excomunión y la amenaza de invasión por parte de Francia recondujeron el conflicto.

Coordinó también Inocencio III a Alfonso IX de León, Pedro II de Aragón y Sancho I de Portugal y a algunos señores de Vizcaya para que se alineasen contra los invasores moros. Resultado de la unificación fue el triunfo en las Navas de Tolosa (1212), batalla que marcó el comienzo de la decadencia de los musulmanes en España e impidió su expansión hacia el resto de Europa. Tuvo también que desvelarse para amparar los derechos de la Iglesia frente a los reyes de países como Noruega, Suecia, Polonia o Hungría.

El fracaso de la conocida como «Cruzada de los Niños», predicada entre 1212 y 1213 en Francia y Alemania, provocó fuerte sufrimiento a Inocencio III. Numerosos muchachos acabaron como esclavos en mercados del Norte de África. Como señalará en el siglo XX la experta en *management* Jeanie Daniel Duck, el problema se encuentra en que cuando un mensaje de un directivo termina en fiasco, la pérdida de prestigio se extiende a los que se emitan posteriormente. La confianza necesita alimentarse durante años pero se pierde en apenas unos segundos. En 1199, juzgando insuficientes los frutos de la Tercera Cruzada, el papa se lanzó sin éxito a impulsar la cuarta. Insistió en 1207 y nuevamente –tras el mencionado patinazo– con ocasión del Concilio de Letrán, en 1215. La fecha prevista para ponerse en marcha era el 1 de junio de 1217. El fallecimiento del pontífice en 1216 suspendió los preparativos. Del concilio subsistiría una buena definición de la transustanciación para explicar la transformación del pan y vino en el Cuerpo y Sangre de Cristo. También el decreto de que los fieles debían confesar y comulgar cuando menos una vez al año, en Pascua de Resurrección.

En otro frente, el del Languedoc, se desarrolló en esas fechas el enfrentamiento con los albigenses o cátaros, a los que ya me he referido. Sus orígenes se remontan a una camarilla maniquea surgida en el Imperio bizantino en el siglo sexto. El fundador, Constantino de Manalis (localidad cercana a Samosata), promovió un movimiento político-religioso que acabaría por mudarse a Bulgaria. Algunos remiten incluso los cimientos conceptuales a Novaciano (Frigia, 210-278), el primer presbítero en emplear el latín en la Iglesia occidental. Llegó a ser antipapa frente a Cornelio. Asesinado el papa Fabián (+250) durante la persecución de Decio, fue elegido Cornelio, comprensivo con los *lapsi*. Algunos clérigos secundaron a Novaciano, reacio a ese perdón. En otoño del 251 un sínodo le condenó y desterró de Roma. Su reacción fue promover la Iglesia de los puros (*katharoi*), que prolongó su existencia hasta el siglo VII. Negaban la posibilidad de que la Iglesia pudiera conceder perdón a los renegados durante una persecución e incluso a quienes hubieran pecado mortalmente. Novaciano falleció bajo el emperador Valeriano I.

De esos hontanares, en torno al año mil surgieron los cátaros, instalados en la Provenza bajo la protección, entre otros, del conde de Tolosa. La violencia promovida por los encargados de aplacar aquella herejía a comienzos del siglo XIII desbordó los propósitos del papa. La bullanga había surgido por el lamentable ejemplo de los dispendios eclesiásticos. Con la llegada de Rodolfo y Pedro de Castelnau, cistercienses delegados pontificios, pintaron bastos. El asesinato del segundo marcó el arranque de una guerra para nada cabal. Como detallo a la hora de hablar de los dominicos, más eficaz sería la predicación de Diego de Osma y Domingo de Guzmán a su paso por aquellas tierras. Inocencio III trató de frenar los excesos de las tropas de Simón de Monfort, ávido de enriquecerse aplicándose más allá de la defensa de los intereses religiosos. Aquel acucioso y codicioso militar expiraría durante un asalto bajo las murallas de Toulouse en 1218.

Forma parte del activo de Inocencio III la puesta en marcha del hospital del Santo Espíritu, en Roma. Sin olvidar que tuvo que imponerse frente a las descabelladas ambiciones expansionistas del patriarca de Bizancio y de las injerencias seculares en casi cualquier punto de Europa. Como se analiza en los correspondientes capítulos, durante su pontificado darían sus primeros pasos los proyectos de Domingo de Guzmán, los dominicos, y de Francisco de Asís, los franciscanos. En este segundo caso, el programa le pareció descomedidamente austero. Aun así, y en vista del lamentable contexto religioso de Europa, lo aprobó. Falleció cuando se encontraba a punto de dirigirse hacia la Toscana para atajar el enfrentamiento armado entre Pisa y Génova. Su intención era reconducir los afanes guerreros hacia la Cruzada. La muerte, como se ha señalado, se le cruzó en Perugia el 16 de junio de 1216.

El historiador alemán Gregorovius lo elucidaría así: «*Inocencio III puede verdaderamente llamarse el Augusto del papado; no fue un genio creador, como Gregorio I y Gregorio VII, pero sí uno de los hombres más notables de la Edad Media: espíritu severo, robusto, concentrado; todo un príncipe; estadista de inteligencia penetrante; sumo sacerdote de fe sincera y ardiente*».

ALGUNAS ENSEÑANZAS

- La amistad franca se conoce en los momentos de necesidad, *amicus certus in re incerta cernitur*

- Es aconsejable aprovechar los tiempos de calma para profundizar

- A nadie le ha parecido que sus tiempos son afables. Quizá porque no existe época que lo sea

- Algunos, para ventilar chamusquinas, crean otras mayores

- Una cosa es decir, otra es hacer, o *aliud est facere, aliud est dicere*

- Unos siembran y otros recogen, o *alii sementem faciunt, alii metent*

- El poder es un afrodisíaco que muchos anhelan, disfrazando ese deslavazado afán con buenas intenciones

- Se busca gente sumisa, pero se denomina captación de talento

- Para lograr buenos resultados es preciso partir de unidad interna

- Afrontamos más estorbos de aquellos con los que se podrá apechugar. Hay que escoger y resolver los prioritarios

DECISIONES INNOVADORAS PARA TIEMPOS ABIGARRADOS

SAN PEDRO NOLASCO (1180-1256)

San Pedro Nolasco, de Jusepe Martínez, s.XVII. Fuente: Museo de Zaragoza.

Pedro Nolasco nació el 1 de agosto de 1180, de padre de igual nombre, probablemente en Aquitania, antes de que la acomodada casta se trasladara a Barcelona (España). Desde su primera juventud desplegó una actitud magnánima, inducida por las enseñanzas de sus familiares para que fuera generoso con sus cachivaches de infante, pues se avorazaba con ellos. Aunque quienes no son padres quizá lo desconocen, la tendencia a la prodigalidad no es habitual entre impúberes. También tuvo duende por la dimensión espiritual, que le inclinó a acercarse a instituciones religiosas. Entre otras a agustinos, cistercienses y los, posteriormente abolidos, jesuatos.

Nuestro Pedro Nolasco, cadete de la Caballería aragonesa, presenció la llegada a Barcelona de militares y civiles que habían padecido el acoso (hoy se denomina *mobbing*) de los moriscos. Aquellos sucesos le llevaron a ponderar de qué modo promover una sociedad mejor. Las circunstancias contribuyeron a que cuajara su vocación redentora. Como en tantos fundadores, no faltará entre sus seguidores el afán por el panegírico, que ha de ser interpretado siempre con caución. Zumuel escribiría: «*Consta que en su infancia y primera juventud su vida fue humildísima, justísima, santísima y de una continua entrega al estudio de las artes liberales. Los indigentes, ya desde muy niño, fueron objeto de sus preferencias. De tal modo le conmovían que con solo verlos se apresuraba en su socorro, aunque no le tendieran la mano*». Más acertada parece la precisión del arrimo paterno: «*Con entusiasmo y asiduidad frecuentaba los maitines y demás cultos a medianoche, desde muy tierna edad, acompañando a su padre*».

La muerte del progenitor, cuando contaba treinta años, le involucró en la gestión de la hacienda familiar. Así lo haría desde 1194 al 1200. Formularía entonces votos privados de castidad y pobreza. En torno al 1203 había agotado la herencia. Vino a saberse de su avidez por liberar cautivos. Se planteó la necesidad de algo más institucionalizado para apuntalar la ayuda a los confinados en mazmorras o galeras. Optó de entrada por el sendero de las plegarias y sacrificios.

Después de los primeros barruntos, como buen emprendedor se puso a trabajar sin tener delimitado en qué acabaría su columbrada gesta. Confiaría más adelante a sus allegados que la media noche del 1 al 2 de agosto de 1218 tuvo una visión, que compendiaba en los siguientes puntos:

- A Dios le agradaba el trabajo que venía realizando
- Debía poner en marcha una familia religiosa con el nombre de Santa María de la Merced focalizada en el socorro de los desdichados
- Sus miembros debían ahilarse con voto solemne, disponiéndose a entregar la libertad e incluso la vida
- Él debía ser el primero en vestir el hábito del nuevo instituto

- Sería blanco para honra de la Inmaculada Concepción
- Era voluntad de la Trinidad Santa que se pusiera manos a la obra *quam primum*, cuanto antes

La iniciativa concertaría elementos religiosos y militares, como en numerosas instituciones cuando las distinciones entre milicia y fe en modo alguno eran tajantes. Destacaba el cuarto voto, el de sangre, en favor de la fe. Consistía en una promesa formal, deliberada y libre, formulada ante Dios por cada mercedario, calificativo con el que se conocería pronto a sus conmilitones de echar un cable a los creyentes allí donde peligrasen con carácter novedoso, retador y diferenciador. Muchos barceloneses lo ensalzaron por ser una plasmación del tradicional espíritu español de renuncia a favor de los demás.

Uno de sus primeros apoyos, que se desenvolvería a modo de *coach*, fue su amigo y mentor el obispo Berenguer de Palou. El prelado era también consejero del monarca, peculiaridad que facilitó el contacto con don Jaime. Desde el punto de vista jurídico todo marchó raudo, y el 10 de agosto de 1218 quedaba fundada la orden. Los protagonistas del magno acto fueron el propio Pedro Nolasco junto a Jaime I el Conquistador y al obispo Berenguer. El acto se celebró en la catedral de Barcelona. Ángel Clavero Navarro, en su libro *La redención de cautivos*, resumió: «*Un rey, un obispo y un mercader, tales son los fundadores de la Orden de la Merced. En ellos estaba representada aquella sociedad aristocrática, religiosa y trabajadora*». En 1318, Juan XXII ordenó que el maestro general fuera sacerdote. Con esa decisión, la organización se clericalizó.

El 11 de enero de 1338, Pedro IV, el rey historiador, detalló: «*El serenísimo príncipe y tatarabuelo nuestro Jaime rey de Aragón (...), movido por un verdadero sentimiento de piedad cristiana y por reverencia a la Santa Cruz, después de algunas consultas, delante del altar principal de la catedral de Barcelona, fundó la Orden de Santa María de la Merced de los Cautivos, en muchas partes del orbe llamada de Santa Eulalia, creando para ello allí mismo frailes laicos, a los cuales dispuso y dio el hábito, a saber, cierto escudo pequeño bajo el signo de la Santa Cruz, puesta en la parte superior, y debajo de su real enseña, entonces suya y hoy nuestra, colocada en el mismo escudo».*

Los pioneros, junto a Pedro Nolasco, fueron, entre otros, Bernardo de Corbera, Guillermo de Bas, Arnaldo de Carcasona, Ramón de Montolíu, Ramón de Moncada, Guillermo de Cervellón, Domingo Sosso, Hugo de Mataplana y Pedro Pascual. Algunos, clérigos, la mayor parte laicos. Surge inicialmente como orden militar. San Raimundo de Peñafort interviene en su constitución y toma como referencia la regla de san Agustín. Se trataba de defenderse de los ataques berberiscos, además de acudir a los pueblos africanos para asistir a los cautivos y si era posible rescatarlos. Habría dos tipos de mercedarios: militares, que luchaban contra los sarracenos, y clérigos, especializados en la redención de confinados.

No faltarían turiferarios (orgullo grupal) para la orden en su conjunto, parejos a los citados para el fundador. Esta patología endémica redobla el afán de dar sentido pleno a las opciones que se han asumido agrupadamente. Escribiría Clavero Navarro: *«Pocas órdenes religiosas, ninguna, dicho sea de paso, pueden gloriarse de un abolengo tan preclaro como la orden mercedaria. Y como no estriba el mérito en tener gloriosos antepasados tanto como en emular sus virtudes y sobrepasar sus merecimientos, si ello es posible, los mercedarios procuraron ilustrar su nombre con virtudes eminentes y con empresas heroicas».*

Ninguna organización nace plenamente definida, tampoco la mercedaria. Estaba cuajada de dudas análogas a las de muchas otras hasta el mismísimo siglo XXI: si potenciar lo clerical o lo militar; si permitir o no la presencia de mujeres; si consentir o no la colaboración de laicos. Al final la respuesta fue sí a lo clerical, al género femenino y a la contribución laical.

Con el objetivo de incrementar la eficiencia, san Pedro Nolasco promovió cofradías para contribuir a la recogida de medios económicos con los que comprar cautivos; también prescribió un territorio para cada convento, que evitaría interferencias. Muchos siglos después lo calcarían las licencias de marca o franquicias. Ordenó, además, que los cautivos redimidos acudieran a los pueblos de donde eran originarios para mostrar la eficacia de la tarea y avivar la prodigalidad de los paisanos para futuras acciones. En sus incursiones por tierra de moros, el criterio era seleccionar presos que mostraban mayor fragilidad en su fe para liberarlos en primer término. La apostasía era tentadora y Nolasco instruyó a los suyos en poner los medios para que se redujera al mínimo.

Los biógrafos destacan la laboriosidad de Pedro Nolasco. Resulta pasmoso que, a pesar de los limitados medios de transporte, su presencia se multiplicara a ambos lados de la frontera cristiano-musulmana. La solución jurídica, como se ha dicho, se instrumentaliza en 1218, y es a principios de 1219 cuando tiene lugar la primera liberación promovida institucionalmente. No hay que olvidar, sin embargo, que venía trabajando desde 1203. La expansión prosiguió fuera de Barcelona, inicialmente por otros territorios también españoles. En 1224, por ejemplo, abre sus puertas una encomienda en Zaragoza destinada a hospital y seminario. Funcionó como tal hasta su desaparición en 1835, debido a la fanática intolerancia antirreligiosa que borbotea en el siglo XIX.

El espaldarazo perentorio lo recibieron los de Nolasco con la bula emitida por Gregorio IX en 1235, en la que se afirma: «*A los amados hijos, el maestre y frailes de la Casa de Santa Eulalia barcinonense. Inclinados por las preces de vuestra devoción, os concedemos con toda nuestra autoridad que, puesto que todavía no habéis abrazado ninguna de las reglas aprobadas, podáis profesar la de san Agustín.*

»*Dado en Perugia el 17 de enero de 1235, año octavo de nuestro pontificado*».

El primer mártir llegó ese mismo año. Fue Ramón de Blanes, decapitado por el exclusivo delito de ser cristiano. El asesinato tuvo lugar en Granada. En 1247 fue martirizado en Túnez fray Pedro de San Dionisio. Había viajado con Bernardo de Prades. El segundo había regresado con más de doscientos liberados. Treinta más, mujeres y niños, quedaron pendientes y por eso permaneció allí fray Pedro. Las féminas optaron por persistir en su vida licenciosa en vez de una conversión que las obligaría a moderar desatinos. Cuando fray Pedro de San Dionisio predicó contra las zascandiles, estas agitaron las aguas y el fraile fue inmolado.

Inocencio IV, el 3 de marzo de 1245, proclamó su admiración por los seguidores de Nolasco, estando este aún en vida: «*Son ricos para los pobres y pobres para sí mismos (...). Dan de comer a los hambrientos, de beber a los sedientos, acogen a los huéspedes, visten a los desnudos y no solo visitan a los enfermos, sino que toman sobre sí las enfermedades de ellos, socorren a los que están en prisiones, y a los que han asistido en la enfermedad les dan también cristiana sepultura, haciendo todo aquello por lo cual el Señor dice que ha de premiar a los buenos».* Culminados treinta y un años de gobierno, murió Pedro Nolasco en Barcelona. Era el 13 de mayo de 1249. Todo el reino de Aragón quedó apenado por el deceso y multitud de españoles acudieron a visitar la capilla ardiente en la Ciudad Condal.

Entre las innovaciones de los mercedarios en *management*, cabe destacar:

- Organización de la beneficencia cristiana a escala internacional, con hermandades de cooperadores seglares
- Asunción del laicado como recursos humanos operativos junto a los clérigos
- Erección del primer instituto o comunidad seglar de perfección cristiana, en 1203
- Consentir iniciativa personal dentro del marco general de la entidad

Por el altísimo compromiso solicitado, es lógico que desde el principio se alzasen los criterios de selección. Rezan las Constituciones: *«Los profesos de nuestra orden han de ser eximios y excelentísimos en la caridad, escalando efectivamente las cumbres de esta virtud, de modo que se entreguen a sí mismos en precio de la salvación de sus prójimos, sufriendo el derroche de su vida con el fin de lucrar a sus hermanos para Cristo».* No falta la autocomplacencia de cualquier estructura humana por altos que sean sus fines. *«En verdad que siendo nuestra orden igual a las demás, por los tres votos de obediencia, pobreza y castidad, es necesario —decía— que en el dicho voto de suprema caridad de redimir a los cautivos, hecho en favor de la fe, exceda a las demás. Y tanto más cuanto mayor es la caridad que en este vínculo se contiene (...), el cual ha de llenar, incluso con peligro de la vida y derramamiento de sangre, pues que así obliga a los que profesan».*

Puede ser calificada de sanísima competencia otra institución aparecida contemporáneamente: los trinitarios, fundados por san Juan de Malta, de origen provenzal. En Marbella le vino a la cabeza la idea de crearla por el sombrío hado de los cristianos esclavos. Compuso una regla sobre la base de la de san Agustín. Fue aprobado en 1198 por Inocencio III. En 1199 acudieron algunos de sus discípulos a África. Dedicaban un tercio de sus rentas a la redención de cautivos. El aspecto más heroico era el voto de quedarse a cambio si era preciso, paralelo al mencionado voto de sangre de los mercedarios. Muchos murieron mártires. Se calcula que los esclavos cristianos librados fueron cien mil.

Surgió, en fin, una rama femenina, promovida por santa María de Cervelló (+1290).

ALGUNAS ENSEÑANZAS

- **Es bueno planificar, o *antequam rem agas, prospice finem***
- **Las circunstancias marcan las decisiones**
- **Ante cualquier ocurrente hacendoso o directivo se multiplican los aduladores**
- ***Animus facit nobilem*, o el espíritu ennoblece a las personas**
- **Tiempos complejos reclaman soluciones innovadoras**
- **Proyectos más valiosos reclaman mayor compromiso**
- **El carácter de un pueblo —la generosidad y bravatas españolas— facilitan el emprendizaje**
- **Es aconsejable buscar apoyos para que los proyectos se consoliden, si no en un abrir y cerrar de ojos, al menos con cierta agilidad**
- **La soberbia colectiva resulta cuando menos antiestética por noble que sea o parezca**
- **La delimitación geográfica evita conflictos**

TEORÍA SIN PRÁCTICA, UTOPÍA
SAN FRANCISCO DE ASÍS (1181-1226)

Altar de San Francisco en la iglesia franciscana de San Francisco de Asís, Zagreb, Croacia. Fuente: Shutterstock.

Los franciscanos surgen en tiempo y coordenadas idénticos a los dominicos. La diferencia fundamental, como desgranaremos, se centra en su propuesta más popular, con menor desvelo por la teología. San Francisco de Asís, el fundador, nació en 1181 o 1182. Trajinó vida desatenta hasta su conversión con ocasión de la dura experiencia en la cárcel tras su participación en la guerra entre ciudades tan habitual en la Edad Media. En este caso de su natal Asís contra Perugia, en 1202.

Su padre, Pietro Bernardone, era comerciante textil en Umbría y le impuso el nombre, para sustituir el original de Juan, en honor a Francia, país con el que comerciaba. En 1207, la largueza del muchacho con el patrimonio familiar indujo al progenitor a desheredarlo. El obispo de la ciudad fue testigo de la renuncia de Francisco a lo material. Devueltos los ricos ropajes con los que hasta ese momento se exornaba, se endosó tosca túnica ceñida con una cuerda y se desprendió hasta del calzado. Comenzó a mendigar y predicar conversión.

Recibió visión del Cielo en la iglesia conocida como la Porciúncula. Quienes lo imitasen también deberían ser *viri paenitentiales* (varones sacrificados), encarnar pobreza evangélica, cubrirse con andrajos y limosnear. Las primeras relaciones con Roma fueron mejorables. Se presentaron como piltrafas, desaliñados y recubiertos de bastos sayales frente a una curia linajuda. La reunión inicial con Inocencio III y sus asesores, celebrada en 1210, acabó en fiasco. Los inconvenientes eran dos: se les asimilaba a las herejías pauperistas y además bastantes juzgaban que no eran recomendables nuevos movimientos, órdenes u otras iniciativas grupales. Bastaba, según muchos, que quienes sintiesen vocación a una vida de entrega se integrasen en las existentes y contribuyesen a su mejora.

En el segundo encuentro, Francisco fue adjetivado como iluminado por su apuesta por la pobreza radical. Antes del tercero, el papa soñó con que la basílica de San Juan de Letrán evitaba su desmoronamiento con el único soporte de aquellos desarrapados. Aprobó entonces los estatutos oralmente con el nombre de Fraternidad de la Penitencia. Autorizó la predicación sobre temas morales y los intimidó a que no se aventurasen en lo doctrinal. Optaron por el nombre de Hermanos Menores sin anhelar estructura jurídica, aunque pronto se verían obligados a gestionarla. Aspiraban a la sencillez, descartando el empleo e incluso la recepción estable de recursos económicos, siempre sujetos a la autoridad del romano pontífice, lo que los desemparejaba de ensayos heterodoxos. Su predicación blandía optimismo, frente a percepciones enfoscadas de la Iglesia. Algunos conjeturan en ellos aires de panteísmo, en una especie de proto-ecologismo. Se establecieron inicialmente en Rivo Torno, en Asís, y más adelante en la Porciúncula, junto a la que alzaron chozas. Francisco envió apóstoles por Umbría, Toscana y las Marcas. Partían sin medios económicos y se hospedaban en algún monasterio o en casas particulares.

En 1212, Clara (Chiara Scifi antes de profesar), joven noble también de Asís, fue a apoyarle, promoviendo la Congregación de Señoras Pobres, conocidas como Clarisas, en honor a la fundadora. Se establecieron en la ermita de San Damián, cedida por el paredaño monasterio benedictino. No siempre la competencia se limita a burda bandería. La principal barrera fue la prohibición decretada por el IV Concilio de Letrán de nuevas organizaciones. Las monjas asumieron inicialmente la regla benedictina hasta que en 1247 recibieron la de san Francisco. Santa Clara elaboró la suya propia, bendecida por Inocencio IV en 1253. Su expansión fue rauda y en 1228 contaban con veinticuatro conventos.

Los franciscanos, con su *sermo humilis* (predicación llana), diseñaron una guía espiritual que espoleaba a su audiencia de comerciantes, artesanos y profesionales al empleo solidario y sostenible de los beneficios obtenidos. Exhortaban más que instruían. Los franciscanos sorteaban en sus prédicas la retórica escolástica tan honrada por los dominicos. Frente a la estructura lógica de los seguidores de Domingo de Guzmán, los de Francisco inquirían las emociones con lenguaje sencillo, poético. Hablaban, por ejemplo, de la «hermana Muerte». En 1217 partieron los primeros hacia Francia, España, Alemania y Oriente. El fundador se dirigió a Egipto donde predicó al sultán. Su objetivo, no rematado, era que se convirtiese al catolicismo.

La valoración de los estudios fue modificándose a partir de 1219. El mismo san Francisco nombró a quien llegaría a ser san Antonio de Padua, maestro de la primera casa de estudios sita en Bolonia. En el capítulo general de 1217 quedó establecida la primera división por provincias. Los más formados anhelaban estructurarse, mientras que san Francisco se interesaba solo por que se siguiera viviendo tal como él lo había hecho. Aprovechando el viaje de Francisco a Egipto, sus vicarios trataron de sistematizar. Al fundador no le agradó y presentó a Honorio III, en 1221, un texto conocido como la *Regula non Bullata*, comentario piadoso a textos de la Escritura, que enaltecía el estilo de vida apostólico. Servía para inspirar buenos sentimientos, pero no para reglamentar una organización y fue desaprobada. Se retiró entonces a la soledad de Monte Colombo. Dos años más tarde se dispondría de la *Regula Bullata*, en cuya redacción intervino el cardenal Ugolino de Ostia, futuro Gregorio IX. Sería aprobada por Honorio III en 1223.

La autoridad correspondía al ministro general y al capítulo. En cascada se repartía a los superiores de las provincias y a los superiores de los conventos. El capítulo se reuniría trienalmente. El cargo del superior general era vitalicio, pero a partir de 1239 debía ser confirmado en cada periodo. Desde el arranque del XVI pasará a ser temporal. Un cardenal protector vigilaría la ortodoxia y específicamente la austeridad. Los fines corporativos los componían, en fin, pobreza, predicación y misiones.

En 1221, al igual que tantos, san Francisco fundó una Orden Tercera. Fue aprobada en 1289 como asociación laical que incluía casados. Para incorporarse se requería tratar de vivir como un cristiano en medio de las personales obligaciones, mantener la adecuada modestia en el vestir, respetar las leyes legítimas, abonar los gravámenes, adoptar en lo posible la doctrina franciscana, etc. Uno de los más destacados terciarios fue el rey san Luis de Francia.

Atosigado por las contradicciones de carácter especulativo-práctico a las que le conducían las interpelaciones de sus fieles, a veces al borde de la herejía, cedió el gobierno a Pedro de Catania y luego a fray Elías. San Francisco vivió en soledad sus últimos años, recibiendo en 1224 el don de los estigmas. Padeció otras penalidades de salud, sendero por el que el Creador va podando a sus seguidores, quedando Francisco prácticamente ciego. En ese periodo compuso el *Cántico al sol*. Sufrió también mucho por el aire de grandeza que algunos fueron imponiendo y que entraba en colisión directa con su designio. En su testamento dejó claro, sin excesivo éxito, que el objetivo era la simplicidad, la estrechez y la ausencia de suntuosidad. Entre las más relevantes innovaciones aportadas por los franciscanos se enumeran el vía crucis, los belenes de Navidad o la devoción al nombre de Jesús.

Francisco falleció en 1226. Con su desaparición se enredó más aún la interpretación de la regla, particularmente en lo referido a la pobreza. Un paradigma fue que, en vez de inhumarlo en tierra, como había sido su deseo, reposaría en una portentosa basílica. La dificultad de vivir como él había propuesto la anticipó el propio san Francisco en su testamento: «*Guárdense muy bien los frailes de no recibir en modo alguno las iglesias, las casas y demás edificios que para ellos se construyan si no fuesen conformes a la santa pobreza, morando, además, allí como peregrinos y transeúntes*».

En el conflicto medió Gregorio IX, distinguiendo entre la propiedad, que continuaría prohibida, y su empleo, que pasó a ser tolerado. Conventos e iglesias podían ser por tanto empleados, siempre que la pertenencia fuera de los donantes. Podía también disponerse de dinero, si lo gestionaba un tercero, no los frailes. El romano pontífice dictaminó que la orden únicamente dependiera de los obispos en lo referido a la fundación de conventos y a la predicación. Inocencio IV estableció en 1245 que los bienes muebles e inmuebles eran propiedad de la Santa Sede. Nombró procuradores de ella dependientes para gestionarlos. Un exiguo grupo refutó la normativa papal; se autodenominaron espirituales y se predispusieron a vivir según la presunta pobreza original. Los conocidos como *fraticelli* fueron condenados mediante la constitución *Exivi de Paradiso*, promulgada por Clemente V, primer papa de Aviñón. Se constituyeron otras comunidades separadas de la orden, que en algunos casos acabaron excomulgadas por Juan XXII.

San Buenaventura, que rigió la orden entre 1257 y 1274, apaciguó el conflicto, armonizando las exigencias de la regla con el espíritu del fundador. Prohibió que se recibiera dinero, ordenó mendigar el sustento diario, no admitió ninguna forma de propiedad. Además, fomentó la formación y el empleo frugal de los bienes precisos. En 1279, Gregorio IX trató de clarificar la situación con la bula *Exiit qui seminat*. Se ratificó que las propiedades perteneciesen a la curia papal y que fuesen concedidas en usufructo a los franciscanos. Pietro dei Giovanni Olivi, miembro de la orden, había contribuido a la redacción.

Ojalá se hubiese vivido siempre lo que piadosamente se narra en la *Leyenda de los tres compañeros*: «*Rogó el bienaventurado Domingo a san Francisco que tuviese a bien darle la cuerda con que se ceñía. Rehusaba por humildad el bienaventurado Francisco lo que aquel por caridad pedía. Venció, al fin, la feliz devoción del postulante, y conseguida la cuerda del bienaventurado Francisco por la violencia de la caridad, el mismo santo Domingo la ciñó debajo de la túnica y devotamente la trajo desde entonces. Por último, puso uno sus manos entre las manos del otro y con mutuo afecto se encomendaron con ternura recíprocamente; y dijo santo Domingo a san Francisco: 'quisiera, hermano Francisco, se hiciese una sola religión de la tuya y de la mía y viviésemos en la Iglesia de igual manera'. Y luego, al separarse, dictaminó el bienaventurado Domingo a los allí presentes: 'En verdad os digo que todos los religiosos deberían imitar a este santo varón Francisco: tanta es la perfección de su santidad*».

Junto a los topetazos con los dominicos surgieron otros obstáculos. La exención con respecto a los obispos, como sucedería antes y después con otras instituciones dependientes directamente de Roma, incomodó a los sacerdotes seculares. En el Concilio de Viena

(1311-1312) se detallaron los derechos de cada parte: en la vida interna y el gobierno reportaban directamente al papa; en la actividad apostólica externa, al obispo, y colaborarían con el clero secular. De haberse hecho así en plenitud, clarificando mejor quién manda y en qué, los frutos hubieran sido mayores. Lo explicarían Conlon y Giovagnoli en *The power of two* ya en el siglo XX.

A pesar de las dificultades, la expansión prosiguió. En 1316 contaban con treinta y cuatro provincias, más de mil cuatro cientos conventos y unos cuarenta y cinco mil frailes. Pronto comenzaría un gradual declive por la desatinada preocupación por la cantidad en detrimento de la calidad. Aun así, siguieron surgiendo personajes insignes como el inglés Juan Duns Scoto (1266-1308), conocido como el Doctor sutil, por sus sutiles disquisiciones. Demostró, por ejemplo, que el Primer Principio (causa incausada, frente a lo que siglos más tarde propondría Descartes con su concepto de *causa sui*), por ser infinito, por propia naturaleza consta de inteligencia y voluntad. La Creación no es, en consecuencia, un acto de necesidad metafísica, sino de radical libertad divina. Merece también ser destacado Juan de Capistrano (1386-1456), inicialmente jurista y político, y tras reflexionar durante un periodo de encarcelamiento como consecuencia de la lucha entre Perugia y Rimini, destacadísimo propagandista por toda Europa, a pesar de la dolorosa artritis que padecía.

En 1517 una escisión separó definitivamente a los conventuales de los observantes. De estos últimos, Mateo de Bassi y Luis de Fossombrone constituyeron una nueva escisión. Decidieron dejarse barba y emplear la capucha, por la que fueron denominados capuchinos. Clemente VII los aprobó. Su percepción mejoró notablemente por la generosidad y audacia para ayudar a los que padecieron la plaga de la peste. Gregorio XIII suprimió en 1573 la constitución que los limitaba a Italia. Se extendieron de una tacada por España, Francia, Alemania, etc. Fue junto a los jesuitas la institución que más creció en aquel periodo.

Supuso un duro varapalo que el tercer vicario general, Bernardino Ochino (1487-1564), apostatase y se convirtiese al protestantismo en 1543. Había sonado incluso para cardenal. Quizá se dejó deslumbrar por sus cualidades, pues en oratoria era incomparable.

El cardenal de Venecia Pietro Bembo había llegado a afirmar: «*Le he escuchado durante toda la Cuaresma con tal placer que no puedo elogiarle lo suficiente*». El escritor y poeta Pietro Aretino se dirigió a Pablo III para ensalzarlo con estas palabras: «*Bembo ha ganado mil almas para el Paraíso trayendo a Venecia a fray Bernardino, cuya modestia es igual a su virtud*». No le duró mucho. En su mutación tuvo que ver el canónigo regular agustiniano Pedro Mártir de Vermigli, quien también acabó fuera de la orden. Ochino recaló en Polonia, de donde huyó en 1564 a causa de la peste. Por esa epidemia fallecieron tres de sus hijos y él mismo, semanas después, en Austerlitz (Moravia). Sus últimas palabras fueron: «*Yo no he querido ser seguidor de Bullinger, ni calvinista, ni papista, solo ser cristiano*». Su traición a la fe fue superada gracias al esfuerzo de los que permanecieron fieles a la Iglesia.

San Felice da Cantalice (1515-1587) es uno de los múltiples ejemplos de santidad fruto de la familia capuchina. Dedicado a los pobres, se multiplican los relatos de sus milagros, también en vida. Es proverbial su amistad con otro grande del siglo XVI, san Felipe Neri.

Que siglos más tarde, en el XX, el cardenal Tisserant reconociese haber sabido «*por fuentes seguras que los franciscanos de Bosnia y Herzegovina se habían comportado de forma indigna*» no hace sino poner más en relieve los excelentes miles de seguidores de san Francisco que sí habían procedido con nobleza en una orden que cuenta con inicial simpatía, gracias a la imagen de bonhomía que trasluce. Incluso, por paradójico que suene, esa cordialidad llega a personajes insospechados como el poeta Pasolini, que en su película *Uccellacci e uccellini* expone a través dos franciscanos nada menos que problemáticas del marxismo.

Brilla Maximiliano Kolbe, internado en Auschwitz el 17 de febrero de 1941. Había promovido proyectos de tanto fuste como la Milicia de la Inmaculada (MI), iniciada el 16 de octubre de 1917, en la fiesta de la aparición de san Miguel en el monte Tombe (Italia). Arrancó junto a seis compañeros con el permiso de sus superiores.

Explicaba que la MI no es una cofradía, sino «*un movimiento que debe conducir a las masas y arrebatarlas de Satanás. Solo de ahí, es decir de entre las almas ya conquistadas por la Inmaculada, será posible formar a algunas para que lleguen a la cima del aban-*

dono, incluso heroico, por la causa de la difusión del Reino de Dios
por medio de la Inmaculada. A la MI pueden pertenecer también
todas las órdenes religiosas, todas las congregaciones, todas las
obras de Iglesia. La pertenencia a la MI permitirá a cada miembro dar al apostolado todo lo mejor que de suyo tiene, y unir de
esta manera la perfección cristiana dentro de su propio estado, o
de su profesión». Añadía: «Es necesario que la MI sea trascendente
más bien que general, es decir que no se transforme en una organización como tantas otras, sino que penetre con profundidad las
demás organizaciones» (L. 31, XII, 1935).

Kolbe también había puesto en marcha la Ciudad de la Inmaculada en 1927. *«El odio no es una fuerza creativa; solo el amor es la
fuerza creativa»*, repetía. El 14 de agosto del mencionado 1941 era
finiquitado por el doctor Boch con una inyección de ácido muriá-
tico tras haberse ofrecido en vez de un padre de familia, Francisco
Gajownizek. El castigo de muerte por hambre lo impuso el director
del Lager, Fritsc (apodado cabeza de perro), por la fuga de un prisionero. Brunone Borgowiecz, compañero de sufrimientos en el subte-
rráneo de la muerte, sobrevivió al campo de concentración. Gracias
a él conocemos que incluso en los peores momentos Kolbe animó a
los demás.

Cabe mencionar también al venerable padre Mariano de Turín
(1906-1972), que fue el sacerdote más popular de Italia en la década de los sesenta del pasado siglo. Durante diecisiete años estuvo
presente en la RAI (radiotelevisión pública italiana), aportando la
luz de la fe a los televidentes en programas como: *La posta di Padre Mariano, In famiglia* o *Chi è Gesú?* Antes de entrar en la orden
capuchina a los treinta y cuatro años, Paolo Roasenda, como se llamaba, fue docente de latín y griego. Su efectivo eslogan era: *«Soy un
amigo de Jesús que busca amigos para Jesús».*

Otro caso singular es el de Gianfranco Chiti, nacido en Gignese
(Novara) el 6 de mayo de 1921. Luchó con los granaderos de Cerdeña
en la Segunda Guerra Mundial en los frentes griego, ruso y croata.
Tras pasar por un campo de concentración aliado llegó a general de
brigada. Se incorporó a los capuchinos en 1978 y entre sus logros se
cuenta el haber coordinado la ciclópea reconstrucción del convento
de Orvieto. Falleció en 2004.

Capítulo aparte merece el padre Pío de Pietrelcina (1887-1968). Nacido Francesco Forcione se incorporó a los Hermanos Menores Capuchinos, orden en la que vivió y murió. Repetía: «*¡Después de mi muerte, estaré más vivo que nunca y montaré mucho jaleo!*». Su figura, décadas después de su muerte, sigue resplandeciendo en docenas de miles de católicos, también a través del hospital que promovió en San Giovanni Rotondo.

En contraposición a innumerables buenos ejemplos, produce pena e hilaridad recordar personajes ridículos como el capuchino Bernardino de Estella, enfermo de nacionalismo, que llegó a definir a José Antonio Aguirre como el caudillo del Israel vasco, lo cual muestra que en cualquier organización, por nobles que sean los propósitos siempre se encuentran personajes ruines.

ALGUNAS ENSEÑANZAS

- Hay más de una solución para cualquier problema
- Es bueno vivir diversas experiencias para decidir con más sabiduría
- Nada es peor que ascender a un mercachifle, o *asperius nihil est humili, cum surgit in altum*
- Está bien la espontaneidad, pero el sentido común y la prudencia facilitan avanzar sin equívocos hacia la meta
- El optimismo atrae mientras que un realismo agorero ahuyenta
- La autenticidad de un proyecto incita a su desarrollo
- El mejor modo de no errar es escuchar mucho y darse poco al palique, o *audi multa, loquere pauca, et non errabis*
- Toda frondosidad de ensueños reclama metodología para un crecimiento orgánico
- Cualquier iniciativa incuba contradicciones que antes o después habrá que encarar
- La desaparición del fundador potencia el desconcierto y en ocasiones los enfrentamientos

SABER RETIRARSE
CELESTINO V (1215-1296)

The Lives and Times of the Popes, de Artaud de Montor, 1911 . Fuente: Nueva York: *The Catholic Publication Society of America.*

Al fallecer de forma prematura Nicolás IV en 1292, de origen franciscano, la Iglesia quedó sin papa durante dos años, tres meses y un día por el plante de los cardenales a plegarse en número suficiente a los deseos de las familias enfrentadas Orsini y Colonna. Muchos fieles oscilaron en ese periodo entre el desconcierto y la irritación. Un monje, estimulado por el rey Carlos de Anjou (1227-1285), intervino para encauzar la lamentable situación. Se llamaba Pietro Angeleri, más conocido por Pietro da Morrone, localidad en la que se había establecido, a doscientos treinta kilómetros de Perugia, ciudad en la que se celebraba el cónclave. Acabó siendo elegido como Celestino V.

No será, por cierto, el primero en dimitir en la historia de la Iglesia. Hay precedente con algunos matices. Por ejemplo, Clemente, designado sucesor por el mismísimo san Pedro, delegó temporalmente en Lino y Cleto la gestión de la diócesis de Roma por motivos apostólicos. De regreso a Roma pidió ocupar de nuevo la cátedra de San Pedro, pero la idea no fue bien recibida y solo fue posible tras el fallecimiento de Cleto, desde el 88 al 102, años en los que fue testigo de la cruel persecución ordenada por el emperador Domiciano. Evaristo Ponciano (230-235) entregó el cetro papal al ser condenado por el emperador Maximino el Tracio, *ad metalla*, a trabajos forzados en las minas de Cerdeña. En su andadura hacia el destierro, Ponciano renunció y animó a los católicos de Roma a proceder a una nueva elección. La comunicación llegó el 28 de septiembre de 235. Aquellos duros sucesos sirvieron, por cierto, para que el también condenado Hipólito, el primer anti papa, que había hecho la vida imposible a Calixto I, se reconciliara con la Iglesia.

Dimitió también Víctor III (1086-1087). Desiderio de Montecassino, como se llamaba, optó por regresar a su monasterio en vista de la mala recepción que tuvo al no figurar en la terna de elegibles proporcionada por el agonizante Gregorio VII. Volvería al solio pontificio, pero solo durante algunos meses pues feneció enseguida. Quiso renunciar también Celestino III (1191-1198), agotado por los mangoneos de sus colaboradores, pero no lo hizo por el rechazo de los cardenales a elegir al candidato que él propuso. Inocencio III (1198-1216) asumió definitivamente el cargo en un cónclave formalmente admitido como tal.

Otros casos como los de Martín I, en 654; Juan XVIII, en 1009; Benedicto IX en 1054; y Gregorio XII en 1415, plantean dudas. Peculiar es el caso de Urbano VI (1378-1389), cuya elección fue cuestionada por su lamentable comportamiento con los cardenales que le habían nombrado. Varios acudieron al acreditado canonista Bartolino de Piacenza para que indagara. Dictaminó finalmente que si un pontífice es inepto para el gobierno, o voluntariamente daña los intereses de la Iglesia, se le puede poner bajo custodia de cardenales, o que al menos una comisión filtre sus decisiones. Cuando el pontífice supo de aquellas maniobras hizo torturar y ajusticiar a los promotores de la consulta. Como consecuencia de esos hechos, documentados por Egidio da Viterbo, dos de los cardenales que sobrevivieron pasaron a la obediencia del antipapa francés, Clemente VII. Urbano VI murió sin ser llorado el 15 de octubre de 1389.

Volvamos a nuestro protagonista. Hacia 1260 Pietro Morrone había fundado a los *Fratelli dello Spirito Santo della Maiella*, que serían conocidos como celestinos. Se había inspirado en la regla de san Benito. Anhelaba aunar la vida cenobítica con la eremítica y se había bregado en acometimientos en pro de su grey. Cuando supo que el obispo de Olmütz deseaba retirar la cura de almas a las órdenes religiosas se enderezó hacia el Concilio de Lyon (7 de mayo a 17 de julio de 1274) para entrevistarse con Gregorio X. Con sesenta y cinco años recorrió dos mil kilómetros a pie. Viajaba acompañado por el sacerdote Gioacomo d'Atri y por fray Placido de Morreis. Regresó con la aprobación de su orden. Meses después, el 22 de marzo de 1275, recibió la bula. Eligieron tener superiores temporales, al igual que los mendicantes. En ese interregno, obispos y párrocos se habían apropiado de bienes de los celestinos. No les quedó otra que devolver lo usurpado, no sin la insistencia de los damnificados, que esgrimían documentos pontificios. Los seguidores de Pietro Morrone siguieron dedicándose con ahínco a reconstruir abadías y monasterios.

En 1287, el obispo de l'Aquila concedió a Pietro y a sus seguidores la exención de la jurisdicción episcopal con respecto a la iglesia del Collemaggio, al igual que en Sulmona, donde construyeron la abadía del Santo Espíritu del Morrone (1285-1293). Durante su vida se siguieron extendiendo hasta contar con centenar y medio de monasterios en Italia, además de otros en Francia, Bohemia y Holanda. Poco a poco, con el paso de los siglos irían disolviéndose, hasta que Pío IX nombró obispos a los dos últimos monjes supervivientes.

El 1 de octubre de 1289 también fue aprobada una Orden Tercera, al igual que en otras instituciones y movimientos, aunque con diferentes nombres: militantes, supernumerarios, terciarios, colaboradores o cooperadores, entre otros. Los miembros de la promovida por los celestinos se comprometían a visitar enfermos, también si eran enemigos; a ejercitar la hospitalidad incluso con desconocidos; a no estragar a nadie; a comportarse con fe y sinceridad; a rezar por los demás; a gestionar dotes para las doncellas pobres; etc.

El protagonismo de Pietro Morrone, más allá de la fundación de los celestinos, prende, como hemos señalado, en el cónclave para elegir al sucesor de Nicolás IV, atascado por las disputas de las familias Orsini y Colonna para entronizar a alguien de su cuerda, al tiempo que se multiplicaban las tiranteces entre dominicos y franciscanos. Pietro remitió una nota solicitando celeridad para salir del *impasse*, y los cardenales optaron por cortar el nudo gordiano nombrándole a él. También le apoyó el cardenal Pietro Peregrosso, gravemente enfermo. Se alcanzó así la unanimidad, que implicaba además un mensaje positivo a los católicos.

Pietro permaneció al margen del proceso, encerrado tras los barrotes de una improvisada celda, y así lo encontraron al comunicarle la decisión, según testigos de la época. Llevaba con ese estilo de vida cinco lustros. En su ascenso a la cátedra pontificia no olvidó seguir promoviendo la reforma de los monasterios, llegando a enviar medio centenar de sus ascéticos monjes a Montecassino para que impusieran su observancia, imponiendo el hábito gris frente al clásico negro. Asignó a uno de los suyos, fray Angelerio, como nuevo abad. No faltaron quienes con fundamento denunciaron un intento de celestinización de la Iglesia. Él consideraba que sus seguidores serían los mejores para regir los destinos de la mayor abadía benedictina, pero algunos monjes se apearon al considerar un abuso aquellos cambios. Al abandonar Celestino V el papado la inopinada metamorfosis quedó en vía muerta y las aguas tornaron a su cauce.

Llegó al solio pontificio en 1294, con casi ochenta años. Fue elegido el 5 de julio en Perugia, donde —como he anticipado— se habían instalado los cardenales el 18 de octubre de 1293 para alejarse de una Roma asolada por la pestilencia. Su ordenación y coronación tuvo lugar el 29 de agosto de 1294 en Santa María de Collemaggio, en L'Aquila, no sin que antes confesase su columbrada incapacidad: «*Mientras gobierno las almas de los demás, pierdo la mía*». Ese mismo día convocó un Jubileo para la catedral de L'Aquila, que sería nominal antecedente del realmente primero, el de 1300, promovido por su sucesor.

Al conocer con detalle la situación en la que se encontraba la Urbe, en vez de dirigirse a Roma se encarriló hacia Castelnuovo (Nápoles). El viaje se prolongó cuatro semanas. Al poco de palpar la curia en Nápoles, Celestino V confirmó que no estaba a la altura de los requerimientos para manejar un equipo complejo y enfrentado. Por si fuera poco, nombró para la cancillería papal a Giovanni da Castrocoeli, procedente de la diócesis de Benevento, con nula experiencia. Elevó al puesto de protonotario a Bartolomé de Capua sin consultar al colegio cardenalicio. Su reinado real excedería en poco los noventa días, tiempo en el que se sintió como pez fuera del agua. Dominaba escasamente el latín y sus colaboradores aprovecharon su confianza para hacerle firmar bulas y documentos en beneficio propio y otros en blanco. Así obró, por ejemplo, el cardenal decano Ugo Aycelin, que asignó a su hermano Giacomo la regencia de una abadía en Beziers. A su otro hermano, Alberto, le designó canónigo de la diócesis de Langres. Ambas posiciones incluían abultadas rentas.

Celestino V creó doce cardenales, varios de ellos monjes de su orden; siete eran franceses, a instancias del citado Carlos II, quien lo manipuló cuanto pudo. Nombró, por ejemplo, arzobispo de Toulouse a un niño, hijo de Carlos II. Impulsado por el atrabiliario Benedicto Caetani, dimitió tras haber intentado delegar en un triunvirato de purpurados. El cardenal decano se opuso a esa solución asegurando que no era admisible que la Iglesia tuviese a la vez tres esposos. En los siglos anteriores había habido, como he mencionado, algunos precedentes, pero por razones exógenas, nunca por la personal percepción de incapacidad. El 13 de diciembre de 1294 leyó a los cardenales un texto, con probabilidad redactado por Benedicto Caetani: «*Yo, Celestino V, movido por causas legítimas de humildad, de deseo de una mejor vida, de no ofender a mi conciencia, a causa de la debilidad de mi cuerpo, por falta de sabiduría, deseo renunciar al papado*». Descendió entonces del trono, depositó en el suelo el anillo, la mitra, la corona y el manto pontifical y se sentó en tierra.

Habían transcurrido quince semanas desde su llegada. Se publicó, para avalar su renuncia, una bula que confirmaba el procedimiento de nombramiento previsto por el papa Gregorio X (1271-1276) para el fallecimiento de un pontífice.

En el cónclave sucesivo se planteó elegir a Mateo Rosso Orsini, pero al rehusar este, el nuevo papa fue elegido once días más tarde, el 24 de diciembre. Benedicto Caetani, quien gobernaría con el nombre de Bonifacio VIII (1294-1303), regresó de forma inmediata a Roma. Explicó que el nombre lo asumía porque, en su etimología latina, ansiaba *bene facere,* hacer el bien, y no solo *bene dire,* decir el bien. Celestino V se confió con el nuevo vicario de Cristo, solicitándole retornar a su vida eremítica. Bonifacio VIII rechazó la en apariencia cándida petición y Celestino V desobedeció las órdenes. En enero de 1295, mientras se dirigía de Nápoles a Roma, se alojó temporalmente en su celda de San Onofrio, cerca de Sulmona. Más tarde se ocultó en Apulia. Cuando planeaba embarcarse hacia Grecia fue detenido y en junio de 1295 conducido a Anagni ante el papa, quien lo confinó en el castillo de Fumone, cerca de Ferentino. La clave del embrollo se hallaba en el deseo de los seguidores celestinos, y de otros afines, de tantear que Bonifacio VIII no era legítimo pontífice. Para evitar maledicencias el pontífice había deseado mantener próximo a Celestino V, pero, como he señalado, este había contravenido reiteradas solicitudes. Celestino V falleció meses más tarde, el 19 de mayo de 1296. Los enemigos de Bonifacio VIII difundieron que la causa había sido la desnutrición y desatención médica. Resulta más creíble el que la avanzada edad y la austeridad espartana en la pitanza lo facturaran a la tumba.

El papado de Bonifacio VIII se caracterizó por la capacidad de este jurista de resultar hosco para la mayoría, incluidos quienes lo habían apoyado. Corpulento, alto, lampiño, aspiraba a vivir, según sus detractores, como un gran señor. Se afirmó de él que «*muchos le admiraban, todos le temían, nadie le amaba*». Y se ha puesto en boca de Celestino V un cáustico aserto: «*Brincáis como un zorro sobre el trono, reinaréis como un león, moriréis como un perro*». Entre sus capacidades destacaba la de gestor. Rediseñó la fiscalidad de la Iglesia y, como se ha señalado, instauró, para encubrir la previa iniciativa de Celestino V de año jubilar en L'Aquila, el Año Santo. Inicialmente se preconizó de siglo en siglo, pero luego fue modificada la periodicidad. En aquella primera ocasión más de doscientos mil peregrinos acudieron a Roma contribuyendo a atiborrar las arcas papales.

Benedicto VIII puso en marcha la Universidad de la Sapienza. Fue protector de Giotto y de otros artistas que contribuyeron al embellecimiento de la Urbe. Tomó medidas contra dos cardenales de la familia Colonna para disminuir su poder en caso de que quisieran acometer la toma del trono papal acusándolo de haber obrado mal en el proceso de dimisión de Celestino V. Los prelados habían sido cabezas pensantes en el asalto a un convoy en el que el papa Bonifacio trasladaba parte de la fortuna de los Caetani para adquirir patrimonio inmobiliario.

En medio de tantas maquinaciones, Bonifacio VIII legisló sabiamente algunas cuestiones. Valga como ejemplo esta bula dirigida a los carmelitas el 25 de noviembre, en el primer año de su pontificado: «*A los amados hijos, prior general, y demás priores y hermanos de la Orden de la Beatísima Virgen María del Monte Carmelo, salud y bendición apostólica. Es digno que atendamos fácilmente a los justos deseos de los que suplican, y cumplamos las peticiones que no van contra razón (...). Que el papa Honorio IV, nuestro predecesor, de feliz memoria, por consejo de nuestros hermanos os había concedido al prior general y demás hermanos que estaban para reunirse en capítulo general, que cambiasen el hábito y su variedad de color menos decente y disgustoso para muchos, por otro más decente. Y el mismo prior general y los hermanos congregados en dicho capítulo, después de haber deliberado diligentemente sobre el cambio, establecieron unánimemente que desde entonces los demás priores y hermanos de la misma orden, abandonados los mantos de diversos colores que solían usar, de ahora en adelante usasen capas completamente blancas. Nos, pues, mostrándonos favorables a vuestras súplicas, teniendo por ratificado y firme lo que se ha decidido cuidadosamente acerca de este cambio de hábito, lo confirmamos con nuestra autoridad apostólica y lo consolidamos con el patrocinio del presente escrito*».

En 1303, Sciarra Colonna y Guillermo de Nogaret asaltaron el palacio papal de Anagni, ciudad propiedad de los Caetani, donde Bonifacio VIII solía pasar los veranos. Un guantazo fue la furibunda respuesta a su indicación de que los condotieros se arrodillaran ante él. Fue rescatado de la mazmorra por sus conciudadanos, pero tras poco más de un mes, ya en Roma, falleció solo y malparado. Bonifacio VIII había pagado por su comportamiento, comenzando por las pugnas con Felipe el Hermoso. He aquí la arisca carta que recibió del monarca con ocasión del desencuentro sobre la prohibición de que el clero entregase subsidios a las autoridades laicas sin permiso del papa, y la prohibición de Felipe de exportar a Roma oro y plata: «*Felipe, por la gracia de Dios, rey de los franceses, a Bonifacio, pretendido soberano pontífice; poco nada de salud. Que vuestra suprema demencia sepa que, en lo temporal, no estamos sometidos a nadie*». Por si no fuera suficiente, había ordenado quemar públicamente el documento.

Parte de la culpa procede de la manipulación llevada a cabo por Pietro Flote en documentos remitidos por el pontífice. Ambos eran de carácter iracundo y Pietro Flote fructificó a su favor esa debilidad, poniendo en boca del papa frases arrabaleras que exacerbaron a Felipe IV. Hizo entender al monarca que le consideraba un subordinado. Eso el francés no podía tolerarlo, y de ahí el envío de Guillermo de Nogaret para el golpe de mano de Anagni. El enfrentamiento, como digo, venía de tiempo atrás, incendiado por la referida negativa de Felipe IV de que los diezmos saliesen de Francia camino a Roma en un tiempo en el que toda financiación era poca para sus guerras y vida dispendiosa.

De la esquizofrenia del monarca francés habla la ya abordada disolución del Temple por graves acusaciones de inmoralidad, apenas tres años después de haber escrito –como ya he señalado– lo siguiente: «*Las obras de piedad y de misericordia, la liberalidad magnífica que ejerce en el mundo entero y en todo tiempo, la Santa Orden del Templo, divinamente instituida desde hace muchos años, su valor que merece ser excitado para velar más atenta y más asiduamente, aún a la defensa peligrosa de Tierra Santa, nos determinan justamente a derramar nuestra liberalidad real sobre la orden y sus caballeros en cualquier sitio de nuestro reino que se encuentren y a dar señales de un favor especial a la orden y a los caballeros por quienes tenemos una sincera predilección*». Al igual que en su liza con el papa, el trasfondo era netamente económico. Como se ha explicado, aspiraba a escamotearles todo lo que tuvieran. Las acusaciones de sodomía o idolatría fueron un montaje digno de mejores causas.

Celestino V fue canonizado en 1313 por Clemente V, presionado por el insolente ensañamiento de Felipe el Hermoso, que anhelaba descalificar a Bonifacio VIII. En el siglo XX, Pablo VI, en 1966, peregrinó hasta la tumba de Celestino V en L'Aquila.

ALGUNAS ENSEÑANZAS

- La incertidumbre es una constante, incrementada a veces por la codicia

- Cualquier objetivo valioso exige lucha; otros contemplarán las encrucijadas desde otro ángulo

- No conviene hacerse el longuis sobre los aspectos jurídicos, porque *verba volant, scripsa manent*, o las palabras vuelan y lo escrito permanece

- Siempre aparecen quienes están dispuestos a enriquecerse apropiándose de lo ajeno

- Los proyectos, por altas metas que se marquen, son temporales

- Tratar de acelerar un proceso implica el riesgo de verse implicado

- No todo el mundo sirve para todo y conviene rodearse de quienes sepan

- El conocimiento de las circunstancias es fundamental para reorientar las decisiones de forma pronta y adecuada

- Todo se embrolla si falta conocimiento del idioma en el que hay que trabajar

- Siempre hay gente dispuesta a trampear para sacar ventaja

CRECER GRACIAS AL «EMPOWERMENT»
DOMINICOS (1215)

Santo Domingo de Guzmán, por Fra Angélico. Fuente: Wikimedia Commons.

Domingo de Guzmán nació en Caleruega (Burgos), en 1170. Sus padres, miembros de la baja nobleza, fueron Feliz Guzmán y Juana de Aza. Pronto se decantó por la vida clerical. Su primer coach fue un sacerdote, hermano de la madre. Estudió Teología en Palencia antes de ser ordenado y se incorporó al cabildo de la catedral de Osma. En 1203 fue convocado para viajar a Dinamarca con el obispo Diego de Acebes. El objetivo era analizar los entresijos de la potencial boda del infante don Fernando, hijo de Alfonso VIII, con una princesa danesa. La prematura desaparición de la consorte abortó el casamiento.

Antes de regresar a España, en 1205, el papa Inocencio III les encomendó que centraran sus esfuerzos en Francia para combatir la herejía cátara en el Languedoc por medio de la predicación. Diego y Domingo recorrieron el territorio, junto a otros prelados, instruyendo y debatiendo con los predicadores gnósticos, poniendo énfasis además en ser modelos de austeridad. Ese había sido uno de los primeros consejos del papa, porque más se enseña con el cómo se vive que con la oratoria. Al tiempo que se multiplicaron las conversiones, Domingo comenzó a visualizar misioneros que combinaran la vida contemplativa con la activa.

En 1207 fallecía Diego de Acebes. Domingo prosiguió su misión. Fundó el convento de Santa María de Prulla para acoger a mujeres cátaras que regresaban a la fe. Se convertiría en el primer monasterio de la segunda orden dominica. El obispo Fulco apoyó la iniciativa. Confirmó además a Domingo y sus colaboradores como apóstoles diocesanos. Al año siguiente, como se ha narrado, Pedro de Castelnau, legado del papa en el sur de Francia, fue asesinado por albigenses. De doctrina segura, era tajante en su modo de enfrentar a sus oponentes. Domingo procuraría aplicar personalmente y trasladar a sus seguidores la relevancia de una buena formación en las Escrituras para responder a los cátaros, sin provocar en paralelo por el modo de exponer. El conocimiento adobado de arrogancia es estéril.

Como se ha visto, para los cátaros había un dios del bien y otro del mal, el demonio. Al primero correspondía el espíritu; al segundo, la materia. Cada persona debía optar. Si elegía el bueno, como ya se ha recogido, tendría que abstenerse de carne, de relación carnal, y más específicamente del matrimonio, que consideraban peor que la procacidad casual, porque quedaba oficializado por ritos religiosos y estaba ordenado a la procreación de nuevas criaturas que se verían encerradas en cuerpos necesariamente perversos. El suicidio era aplaudido, pues liberaba el alma de la materia.

Concluida una primera Cruzada contra los cátaros promovida por el papa en 1213, Domingo y sus colaboradores prosiguieron la predicación en Tolosa. Cuajó su propósito de principiar una comunidad de clérigos catequistas. Para obtener el visto bueno del Vaticano, el obispo Fulco y Domingo se trasladaron a la urbe. Recibieron con agradecimiento la aprobación de Inocencio III en 1215. Al año siguiente, Honorio III ratificó la fundación de una hermandad de canónicos regulares en la casa de san Román de Tolosa, que seguiría en primera instancia la regla de san Agustín. Progresivamente evolucionarían hacia orden religiosa de carácter universal, con la ventaja competitiva de una predicación sólidamente fundamentada. Honorio III, con terminología militar propia de la Edad Media, afirmó que debían ser atletas invencibles de Cristo, armados con el escudo de la fe y el yelmo de la salvación. Entre sus especificidades se contaban la combinación de elementos tradicionales con otros más novedosos como la observancia monástica, la vida apostólica y sacerdotal en comunidad. Serían a la vez canónigos y monjes. Se deberían a la liturgia, la oración, la contemplación y la predicación, con penitencias que se agregaban a una pobreza que llevaba a limosnear. Se trataba, en fin, de mendicantes misioneros especializados en una doctrina cimentada no circunscrita a la mera exhortación.

Cuando Domingo legisló en 1216 lo hizo sobre experiencias acendradas. De los priores dependería la vitalidad de cada monasterio y en consecuencia de cada miembro. Estableció una mixtura de criterios jerarquizados a la vez que una democracia en lo referente al control de amplios aspectos de la vida común. Con el objetivo de un equilibrio armónico se estipulaba jerarquía, colegialidad, subsidiariedad y, por último, representación de todos y cada uno de los implicados.

Domingo comenzó muy pronto a distribuir a los monjes, a pesar de que eran pocos, con el criterio de que es mejor esparcir la semilla para generar frutos que almacenarla y que pueda pudrirse. Otros, incluido Ignacio de Loyola, emplearán idéntica metáfora. En la fiesta de la Asunción de 1217 envió a siete a París para fundar un monasterio y otros cuatro a España. Un par permaneció con él en Toulouse y otros dos junto al convento de las monjas para su dirección espiritual. Se dirigió a Roma pasando por Milán y Bolonia para perfilar la prehistoria de futuras fundaciones. Se empeñó personalmente en elevar el listón. En Roma fichó a Reginaldo de Orleans, destacado profesor con capacidades gerenciales, a quien acompañó durante una grave enfermedad. Seducido también por el derroche de atenciones, Reginaldo acabó por incorporarse.

La curia, y la propia experiencia práctica, mostraron la necesidad de una normativa detallada. Se celebró entonces en Bolonia, en 1220, un capítulo general. Lo allí aprobado sería completado con los capítulos de 1241, pilotado ya por san Raimundo de Peñafort, y de 1259 con Humberto de Roma. Punto nodal era el adiestramiento intelectual y práctico. Se estableció, en un primer periodo, no asumir la gestión de parroquias y cuidar con mimo la vida contemplativa. A partir de 1240, conscientes de que muchos párrocos no daban abasto para atender a la grey, diseñaron monasterios con templos de gran aforo. En paralelo imploraron que la Santa Sede les concediese indulgencias, autoridad para absolver pecados reservados y enterramiento en sus templos. Aceleraron la promoción de órdenes terceras para fidelizar a sus cooperadores. En el capítulo general, inspirado en el modelo cisterciense y que Inocencio III había establecido para las demás órdenes, los elegidos debían congregarse anualmente. Esa reunión concentraba el poder legislador. Nombraban al maestro general y, si era el caso, podían también destituir al electo para ese cargo planeado como vitalicio. De forma semejante al gobierno central, en cada circunscripción se perfiló un capítulo provincial, que elegía al superior provincial, que debía ser ratificado por el maestro general. Para la erección de un convento era precisa licencia del capítulo general, contar con un prior y un doctor, y siempre que fuese posible, doce frailes.

En vida de santo Domingo llegaron a establecerse sesenta conventos con un total de trescientos monjes. Desde 1221 fueron perfilándose hasta ocho provincias. En 1277 eran doce y cuatrocientos cuatro los conventos. En 1303 sumaban quinientos cincuenta y siete, distribuidos en dieciocho provincias, con más de diez mil frailes. Se amplificó algo que hoy denominaríamos moda, incrementándose el apoyo de la burguesía. Además de por motivos espirituales, sirve esto para entender que solo en 1260 entrasen en la orden más de setenta estudiantes de la universidad parisina. Pronto se consolidó la orden femenina, que en 1277 aglomeraba cincuenta y ocho conventos. La Orden Tercera, formada por laicos, fue oficialmente constituida en 1285.

Priorizaron la formación. Además del obligatorio doctor para abrir un convento, debía contarse con un prefecto o director de estudios. Pronto se erigieron estudios generales, con un maestro y bachilleres. El primero fue el convento de Santiago, en París. En 1229 llegaba la primera cátedra de Teología incorporada a la universidad. Dos años más tarde, la segunda. A mediados del siglo XIII, y en vista de su expansión universitaria, germinó una fuerte reacción adversa del clero secular.

Tras el fallecimiento del fundador suele haber un período de mantenimiento de los requerimientos para luego ir decayendo. Para minimizar ese ritual, en el caso de los dominicos se adoptaron medidas que contribuyesen a la austeridad fundacional, como la prohibición de viajar a caballo, portar dinero o comer carne. Paralelamente se gestionaban decisiones administrativas para incrementar la fluidez. En 1228 se insistió en la autonomía de las provincias para vigorizar cada una.

Con una visión casi profética desde el punto de vista del *management*, Humberto de Roma (1200-1277) encargó una dilucidación de responsabilidades desde el maestro general hasta el portero de un monasterio pasando por el cillerero, detallando obligaciones y cómo ejecutar cada función. Lo que hoy en día se denomina definición de puestos, como la que presenta Michael Armstrong en su *Personnel Management Practice en el siglo XX*. Cuando en 1234 Gregorio IX canonizó a santo Domingo, incidió en que su vida y la de sus sucesores estaba inspirada en la de los apóstoles. Como venimos comentando, numerosas instituciones han afirmado lo mismo como palanca para mostrar cercanía a los designios divinos.

Tras la experiencia de París, fueron constituyéndose estudios generales en Oxford, Bolonia, Colonia o Montpellier. Más adelante se pondría en marcha el de San Esteban (Salamanca), en 1299, y el de Santa Catalina (Barcelona), en 1303. Numerosos párrocos y obispos catalogaron a dominicos y franciscanos como intrusos. Hasta tal punto llegaron los rifirrafes que hubo quienes abogaron por la disolución de las dos órdenes. Una de las cuestiones clave era la exención del control episcopal y otros privilegios con los que habían sido agraciadas. A diferencia de órdenes precursoras, los dominicos no reportaban a un único convento de por vida, sino que dependían de los superiores y se movilizaban en función de necesidades pastorales. Su formación superior entrenaba para óptimos oradores. En noviembre de 1254, Inocencio IV, espoleado por delegados de la Universidad de París, revocó prerrogativas e impuso que fueran controlados por los párrocos. El papa murió dos semanas más tarde y Alejandro IV, el nuevo, desautorizó las disposiciones de su antecesor. Dominicos y franciscanos apreciaron la mano de Dios en aquel fallecimiento por el que habían implorado.

Los burbujeantes barullos provocados por los enardecidos amenazaban no dejar títere con cabeza. En agosto de 1255 el monasterio parisino de Santiago padecía asedio. A los monjes que se atrevían a salir les lanzaban basura y pedradas aliñadas con imprecaciones soeces y amenazas de tundas. Era la reacción de parte de la comunidad académica al legítimo intento de santo Tomás de Aquino de graduarse como maestro que luego se contextualizará. En la conferencia inaugural tras la toma de posesión de santo Tomás en 1256, los soldados de Luis IX se vieron obligados a resguardar al sabio dominico. Alejandro IV tuvo que inmiscuirse.

Las polémicas seguirían en torno a libros como *Los peligros de los últimos tiempos*, de Guillermo de St. Amour, mordaz crítica contra las órdenes religiosas. Guillermo fue exiliado y el libro condenado, pero Gerardo de Abbeville prosiguió en sus andadas. Santo Tomás, a su regreso a París, tras diez años de enseñanza en Italia intervino para defender a los mendicantes de las diatribas.

Los primeros sucesores, alguno ya reseñados, fueron impecables: Jordán de Sajonia (1222-1237), Raimundo de Peñafort (1238-1240), John de Wideshausen (1241-1252), Humberto de Roma (1245-1263) y Juan de Vercelli (1264-1283). Llegarían otros, alguno luciferino, que condenaron a la orden a decadencia. A veces el problema fue que timonearon durante tan poco tiempo que no tuvieron oportunidad de marcar improntas. Otro inconveniente era el nombramiento para obispos de los más dotados. Jordán de Sajonia trató de atajar esa sangría del mejor talento, aunque sin éxito. En 1224, Inocencio IV nombraba a un dominico, Hugh de St. Cher, cardenal. No mucho después, Inocencio V y Benedicto XI procederían de las filas de los predicadores. Otros, como Raimundo de Peñafort, hubieron de dedicar lo mejor de su tiempo y mollera a encargos papales: la codificación de las leyes de la Iglesia, que llegaría a ser conocida como *Decretales de Gregorio IX*.

El capítulo de 1259 elaboró el primer código académico con la colaboración de san Alberto Magno, santo Tomás de Aquino y Pedro de Tarento. Era el equipo de *aristoi*, los mejores, a modo de aristocracia intelectual, preciso en toda organización para hilvanar la estrategia en el medio y largo plazo. En ellos hubieran podido encontrar sólidos fundamentos Bob the Wit y Ron Meyer cuando en el siglo XX realizaron uno de los mejores estudios sobre la perspectiva internacional de una sólida estrategia.

Como es más que natural, no podían eclipsarse los roces con los franciscanos, su competencia más directa. Los dominicos eran oradores que imitaban a Cristo pobre; los franciscanos reproducían a Cristo pobre que instruía en la buena noticia. Cada uno aseguraba que consagraba mejor imagen de los apóstoles que los otros. El tiempo los sosegaría.

El referenciado conflicto de Bonifacio VIII con Felipe de Francia les repercutiría. Se disipó en muchos el fervor de la primera caridad que había llevado a iniciativas como aquella en la que Jordán de Sajonia había solicitado voluntarios para ir a Tierra Santa y se ofreció la práctica totalidad.

En el Cisma de Occidente, concluido en 1418, llegó a haber dos obediencias, cada una dependiente de un pontífice. El descalabro fue una derivada más de la peste negra de 1348-1349 en la que fallecieron incontables religiosos y fueron sustituidos por otros de enteco fervor. Si nos remontamos más, tropezamos con la carta de Munio de Zamora, que en 1285 urgía a un silencio favorecedor de la vida contemplativa, a amar más la pobreza y la propia celda. Hervey de Nedellec (1260-1323), decimocuarto superior general, solicitó a los superiores mayor dedicación al estudio y a la predicación. La pérdida del espíritu de los comienzos en lo referido a la austeridad, fruto de la recepción de donaciones y rentas, les dañó. Demasiados se centraron más en la gestión patrimonial que en sus objetivos originarios. Eran numerosos, por otro lado, quienes acudían a sus parientes en busca de medios económicos, libros, muebles o comodidades. Algunos llegaron a construirse apartamentos con entrada independiente para recibir amigos. La petulancia de quienes se juzgaban mejores oradores les problematizaba adaptarse a la vida en comunidad.

Para paliar algunos problemas se crearon estructuras más ágiles como, entre 1300 y 1304, la Sociedad de los Frailes Viajeros, denominada también Congregación de Frailes Peregrinos. Dependían de un vicario general y en último término del maestro general, y se regían por estatutos más livianos que los de una provincia.

Raimundo de Capua (1330-1399), de obediencia romana, recién elegido maestro general propuso a Conrado de Prusia para liderar a quienes retornasen a vida más austera, como la que santo Domingo había columbrado. Universalizó la reforma que había cuajado en Alemania. Cuando disponía de frailes reformados los incorporaba a otros conventos para que los revitalizasen. En algunos casos los nuevos conventos quedaban bajo el gobierno del provincial, y en otros bajo el del propio Raimundo. Muchos regresaron a los ayunos, al control, a la contemplación..., a aquello a lo que se habían originariamente comprometido.

Que la captación de talento fue con frecuencia adecuada se prueba con algunos datos: desde 1500, dos papas han sido dominicos –Pío V (1566-72) y Benedicto XIII (1724-30)–, casi cincuenta han recibido el capelo cardenalicio, más de mil han sido obispos. No todos entendieron, ni entre estos ni entre los que siguieron en los conventos, que el objetivo en una u otra función debía ser predicar el Evangelio para encauzar almas hacia el Cielo, como santo Domingo había deseado. Charca putrefacta fue el nacionalismo, que, si habitualmente resulta ridículo, en seguidores de Cristo, cuyo mensaje es universal, resulta patético. Se presentaron entre otros formatos como el galicanismo, cuando en la década de los sesenta del siglo XVIII, Raimundo Garalon, de la provincia de Occitania, previno al maestro general de que sin permiso del rey no podía tomar decisiones sobre los dominicos franceses. Los resultados de aquella disputa serían sombríos, culminando con intervenciones del monarca que vejarían gravemente a la orden.

También hubo directivos con sentido común y liderazgo. Entre 1850 y 1872, Vicente Jandel (inicialmente discípulo de Lacordaire) conduciría con maestría. Mediante una restauración clara de la autoridad, restituyó dignidad y solvencia. Todo ello a pesar de los enormes inconvenientes exógenos fruto de la unificación de Italia, realizada no solo al margen, sino contra el papado. En medio de aquella batahola, Jandel pilotó con mano firme, reformando el plan de estudios, actualizando las constituciones y fomentando una profunda reforma de la vida espiritual.

Un último ejemplo de comportamientos paradigmáticos fue el del austero fray Juan Hurtado (1460-1525), a quien Carlos V trató en diversas ocasiones de nombrar obispo, primero en Granada y luego en Toledo. Algunos historiadores, en referencia a esa última oferta, recogen la conversación entre el emperador y el de la orden de predicadores:

–*Tengo que pediros un favor* –habría dicho Carlos V.

–*Si en mis manos está, majestad.*

–*¡Qué aceptéis el arzobispado de Toledo!*

Rezongó el religioso:

–*Por ese sacrificio os solicito una pequeña gracia.*

–*La que queráis* –habría canturreado el emperador.

–*Que mientras viva, no me vuelva a hablar de esta cuestión.*

ALGUNAS ENSEÑANZAS

- *Bis vincit qui se vincit*, o vence dos veces quien se vence a sí mismo

- Estar en el momento adecuado en el lugar oportuno rara vez es fortuito

- Se lidera antes que nada con los pies, no con la lengua, o *managing by wandering around*

- *Beati monoculi in terra caecorum*, o bendito el tuerto entre los ciegos

- El tiempo es imprescindible para la maduración

- Conocer y potenciar las diferencias competitivas es algo insoslayable

- Fiscalizar a quienes tienen poder manifiesta sentido común

- Responsabilizar hace crecer

- El *empowerment* es conveniente para los directivos y para los subordinados

- La avaricia es la raíz de los males, o *avaritia est radix ómnium malorum*

UN CONTINUO PROCESO DE REFORMAS NECESITA HITOS
CONCILIO IV DE LETRÁN (1215)

Nos encontramos ante el concilio capital de la Edad Media y uno de los más eximios en los veinte siglos de Iglesia católica. Inocencio III había abonado el camino mediante sínodos. Uno que tendría notable influencia en temas abordados en Letrán, con la colaboración de Pedro II de Aragón, en Gerona; los demás fueron básicamente en Francia, con la ilusión de circunscribir la doctrina cátara y valdense.

Algunos autores dividen la historia de la Iglesia en la Edad Media en tres etapas: la primera (968-1049), desde la entronización de Otón por Juan XII hasta Dámaso II. La segunda (1049-1124), en la que destaca Gregorio VII por su defensa de la libertad de la Iglesia. La tercera (1124-1294), en la que se encuadra el IV Concilio de Letrán, es la de la sistematización de la cristiandad, rescatada en parte del yugo de los emperadores que culmina con Inocencio III, para menguar paulatinamente hasta Bonifacio VIII. Fue, como todos, periodo clave. El Renacimiento empezaba a flotar en el ambiente. La filosofía griega, ajena a los intereses cristianos, se revalorizó. En paralelo, el pensamiento árabe en matemáticas y medicina fue implantándose por el complejo de inferioridad de los autores europeos. El maniqueísmo rehabilitado por los cátaros, llegado desde los Balcanes, caló en la Europa occidental. Valdenses y albigenses captaron con su quimérico pietismo a cristianos ayunos de doctrina. Peligraba la hegemonía de la Iglesia.

Inocencio III (1198-1216) convocó el Concilio de Letrán el 19 de abril de 1213. Se numeraba como el XII concilio ecuménico. La bula fue intitulada *Vinea Domini* (la viña del Señor). En ella se anticipa el doble objetivo de la solemne cita: recobrar los Santos Lugares y la renovación de la Iglesia. Estaban invitados prelados episcopales, tanto de Occidente como de Oriente. También los superiores de las principales órdenes monásticas y los monarcas cristianos. Llegaron cuatrocientos doce obispos, incluyendo representantes de Hungría, Polonia o Estonia. No acudieron sin embargo griegos del patriarcado de Constantinopla. Sí concurrieron ochocientos abades. La incertidumbre justificaba la premura. El clero, tanto el alto como el bajo, padecía endémica nesciencia. Muchos prelados seculares y regulares hozaban en la gestión de sus feudos más que en la vivencia y declaración de la fe. El desprestigio y la crisis reputacional eran evidentes.

Un solemne discurso el 11 de noviembre de 1215 abrió los trabajos. El papa mencionó una frase del Evangelio –*he deseado ardientemente celebrar esta Pascua con vosotros antes de padecer* (Luc., 22, 15)– que fue glosada como presagio de su inminente fallecimiento. Se celebraron dos sesiones más el 20 y 30 del mismo mes. Tema espinoso fue la preeminencia de la sede de Toledo, planteada por el arzobispo Rodrigo Jiménez de Rada. El romano pontífice corroboró cierta precedencia de honor sobre Braga, Compostela, Tarragona y Narbona. Se ratificó también el decreto papal sobre la Cruzada a Tierra Santa.

Pasó a la historia por la publicación de setenta cánones o decretos que serían incorporados a la colección conocida como *Decretales de Gregorio IX*. En línea con la descalificación de los cátaros, cuyo condado de Toulouse había sido concedido a Simón de Monfort, se reafirmó la bondad de la creación material; todo procedía de las manos de Dios. Fue condenada la doctrina trinitaria de Joaquín de Fiore (1135-1202), posteriormente reivindicada. Por clarificación teológica se impuso el término *transustanciación* para advertir la conversión del pan y vino en cuerpo y sangre de Cristo.

Con objeto de promover la vida sacramental, se decretó que todo cristiano llegado al uso de razón habría de confesarse al menos una vez al año. Además, debía comulgar por Pascua de Resurrección. En esa línea de normalizar el buen comportamiento, se exteriorizó el que los obispos fomentarían la formación de los fieles designando evangelizadores y confesores bien preparados en las catedrales que predicarían en lengua local. Se creó también la figura del maestro de gramática en cada catedral y teólogos para las iglesias metropolitanas. Los padres conciliares eran conscientes de la relevancia de inculcar responsabilidad al clero para evitar bochornos y para que formasen al pueblo con dignidad. Por aquel entonces, la mayoría no recibía más nociones que las escasas que endosaban los presbíteros diocesanos. El Concilio de Coyanza (1055) había ordenado que cada obispo o abad tuviese un seminario y lo cuidase. En Letrán se recuperaron los planteamientos tanto de Coyanza como de concilios toledanos, recordando que la formación de los futuros sacerdotes era incumbencia del obispo y debía correr a cargo de un maestro o un anciano experimentado y docto, incidiendo en la calidad y no en la cantidad. Entonces y después no lo practicarían algunas organizaciones, con oprobio para ellas y quebranto para muchos: «*Siendo el arte de las artes el régimen de las almas, mandamos severamente que los obispos, o por sí mismos o por otros varones competentes, instruyan diligentemente a los candidatos al sacerdocio en los misterios divinos y en los sacramentos de la Iglesia, de forma que puedan administrarlos debidamente. Es mejor, sobre todo tratándose de sacerdotes, que haya pocos y buenos, que muchos ministros y malos*». No se lograron los mejores resultados y solo en el Concilio de Trento se daría un paso de gigante. En la misma línea de promover la conducta eclesiástica se aprobó la ronda anual de sínodos provinciales y también capítulos generales en las órdenes. Se prohibió la fundación de nuevas. Esa restricción, como hemos observado, sería desatendida.

Como la meta era un mejoramiento global, se atendió tanto a aspectos organizativos como a cuestiones personales. Se formularon estrictas indicaciones referidas a la incontinencia, la excesiva ingesta de bebidas alcohólicas y otros procederes inadecuados particularmente para clérigos. Por lo que respecta a los matrimonios, se incidió en evitar los clandestinos, modificando impedimentos de consanguinidad, reducidos al cuarto grado.

El concilio fijó reglas para la Inquisición, desde cómo efectuar investigaciones hasta cómo abrir procesos sin acusación, y también sobre las sanciones asignadas al concluir y la remisión al brazo secular. El concilio se preocupó por seleccionar al personal, optando por los dominicos tras una transitoria experiencia cisterciense. Inocencio III consideraba imprescindible una institución formada por teólogos que hiciese frente a las herejías. Aunque por su santidad y rigor podían los cistercienses enorgullecer a la Iglesia como hijos fieles frente a los *perfecti* cátaros, su insuficiente preparación intelectual y tendencia al misticismo impidió el resultado esperado. Domingo de Guzmán había sugerido a Inocencio III que el modo idóneo de enfrentarse a la presunta espiritualidad cátara era una predicación inteligible. El papa impulsó a convertir a los herejes mediante pobreza y humildad. Los dominicos serían los encargados de esa evangelización. Su inicial tarea, al igual que la de los franciscanos, no fue inquisitorial, pero puso de manifiesto la necesidad de erigir una estructura supranacional, con fuerza e independencia de cualquier otra autoridad, que reportase al papa. El proceso que iría conformándose fue en principio sencillo. Una vez llegado el inquisidor, los lugareños, previamente congregados en plaza pública, eran invitados a que, si eran conscientes de delito contra la fe, acudiesen ante la autoridad. Se concedían para la voluntaria declaración entre dos semanas y un mes. Quienes durante este periodo –*tempus gratiae sive indulgentiae* (tiempo de gracia o indulgencia)– reconocían una falta quedaban exentos de culpa pública tras la imposición de una sobria y circunspecta penitencia. El objetivo era la conversión.

Posteriormente se promulgaba edicto por el cual quien conociese actitudes sospechosas o heréticas quedaba obligado a revelarlo (*diffamatio* o infamia). Los denunciados eran citados. Si se negaban a presentarse eran juzgados previo arresto. Una vez detenido e informado de los cargos debía jurar su inocencia sobre los Evangelios. Las complejidades llevaron a abandonar esta praxis. No se aceptaba cualquier acusador. El inquisidor confiaba solo en personas discretas, conjurando desplantes entre testigos y delatados sin consentir que unos herejes acusaran a otros. Se procuraba soslayar provocaciones personales ajenas a las causas; enemistades conocidas invalidaban el testimonio.

La actividad del tribunal se centraba en obtener la confesión del delatado. Podía emplearse cualquier medio que domara la resistencia. Algunas torturas fueron consentidas en procesos concernientes a la fe desde Inocencio IV. Como he mencionado en el capítulo correspondiente, choca y mucho con nuestra sensibilidad actual, aunque fuera empleado por cualquier tribunal en esa época y en tiempos más recientes por organizaciones nazis o comunistas e incluso por algunas presuntamente democráticas como el Guantánamo de EE. UU. Marxistas y populistas siguen empleando tormentos en nuestros días en los países que tiranizan. Reitero que esto no justifica que la Iglesia lo hiciera, pero resulta complejo interpretar sucesos de hace siglos, como sucederá dentro de décadas con actuaciones que hoy a muchos les parecen normales. Renegar de la fe fue durante siglos de igual o mayor gravedad que desertar de la patria. Y aún en la actualidad los traidores son fusilados o severamente castigados en casi cualquier coordenada.

Inocencio III, como he anticipado, falleció en 1216 sin completar la labor, que sería culminada por su sucesor, Gregorio IX, fundador formal de la Inquisición papal, episcopal o medieval.

En Letrán se prohibió negociar con los judíos. En la misma línea de evitar daños a la fe y, con norma que genera perplejidad, se les exigió que vistiesen de forma diversa a los cristianos y que no ejercieran cargos públicos.

ALGUNAS ENSEÑANZAS

- **Reformar es esencial para no rodar como por un balate hacia una languidez paralizante**

- **Las metamorfosis deben estar enmarcadas por hitos concretos que sirvan para espolonear**

- **Todas las etapas están erizadas de tejemanejes**

- **Solo quien ha aprendido a obedecer sabrá dirigir, o *bene imperat qui bene paruit aliquando***

- **La rudeza es cuna de errores**

- **En medio de problemas complejos siempre aparece quien está más preocupado por sus nimiedades que por el bien común**

- **El lenguaje crea realidades, las palabras no son pueriles**

- **Daña a los buenos quien se muestra complaciente con los malos, o *bonis nocet, qui malis parcit***

- **Un unipensante puede formular preguntas que un sabio tarda horas en contestar. Y el primero no suele estar interesado en las respuestas**

- **Intuición no es formación**

PRODUCIR INTELECTUALMENTE MIENTRAS SE SURFEA LA INCERTIDUMBRE

SANTO TOMÁS DE AQUINO (1224-1274)

Santo Tomás de Aquino, de Juan de Peñalosa, 1610-1615. Fuente: Museo de Bellas Artes de Córdoba.

En algunos ámbitos es particularmente difícil gobernar. Entre ellos, el universitario, y también aquellos que tienen que ver con instituciones religiosas. La explicación está –permítase la ironía– en la dificultad de encontrar a un profesor que no crea que el motivo por el que no ha recibido el premio Nobel es que en Estocolmo no han analizado con suficiente detalle su *curriculum vitae*. De forma complementaria, en muchos individuos es fácil que cale el engreimiento personal y colectivo. Por estas razones, el caso de santo Tomás de Aquino es, si cabe, particularmente pedagógico. Quien para muchos es una de las tres cabezas mejor dotadas de la historia de la humanidad –los otros dos serían Aristóteles y Hegel–, fue siempre persona pegada a tierra, humilde y preocupado por sus coetáneos. Basta leer lo siguiente para admirar su aplastante sentido común: «*Después de Dios, debe amarse el hombre más a sí mismo que a otro cualquiera. En consecuencia, el hombre debe amarse a sí mismo más que al prójimo*». Y detalla: «*El amor con que uno se ama a sí mismo es forma y raíz de la amistad, ya que tenemos amistad en cuanto nos comportamos con otros como con nosotros mismos. Lo amistoso para con un tercero –escribe Aristóteles– proviene de lo amistoso para con uno mismo*».

Tomás nació en Rocaseca (Italia) en 1224. Landolfo fue su padre y Teodora su madre. Como agradecimiento por los servicios prestados, el emperador Federico II Barbarroja había nombrado gran canciller a Landolfo. Él y su esposa engendraron una docena de hijos, cinco féminas y el resto varones.

En 1230, Tomás se incorporó como oblato benedictino a la abadía de Montecassino. El plan de los progenitores era que el benjamín llegase algún día a convertirse en abad de aquel influyente monasterio. En los nueve años de permanencia, Tomás aprendió latín, música, poesía, salmodia, por no hablar de moral. Sus biógrafos exultan sobre un improbable comportamiento hierático desde la más tierna edad. Desinfla leer que además de ser piadoso y modelo para los demás que nunca jugaba con los otros, o dedicaba todo su tiempo a memorizar los salmos y cualquier otro texto que sus maestros le indicasen. Escriben, con desproporcionada hipérbole, que lo único que le importaba era la respuesta a la pregunta: *quid est Deus?*, ¿quién o qué cosa es Dios?

La excomunión de Federico II por Gregorio IX provocó que los oblatos abandonaran el monasterio ante el riesgo de asalto. Por consejo del abad, el padre de Tomás lo envía a Nápoles, que cuenta con la universidad erigida por el emperador Federico II en 1224 y en la que conoce a docentes pertenecientes a la recientemente creada orden dominica, establecidos en la ciudad desde 1224. Entre ellos, fray Juan de San Julián, que lo anima a incorporarse cuando cumpla los dieciocho años, como exigen las constituciones. Era entonces provincial Humberto de Roma, de cuyas sabias disposiciones ya he hablado. La familia de Tomás sin embargo se opone. Su madre le busca sin éxito en Nápoles y Roma y ordena después a sus hijos Aimón, Felipe, Rinaldo y Adenolfo, que militan al servicio del emperador por la Toscana, que lo detengan y encierren en Rocaseca, como así ocurrió. No obstante, el apoyo de su *coach*, fray Juan de San Julián, le ayudará a superar los baches, entre ellos la tentación de sucumbir ante una mujerzuela enviada a su habitación por sus hermanos. Santo Tomás la espantó con un tizón de la chimenea. Teodora rindió armas finalmente y permitió al vástago que siguiera su camino.

En 1247 lo encontramos en el Estudio General de París, donde la orden despachaba a los intelectualmente más sólidos, pero el exceso de afluencia hará que lo expidan al recién fundado Estudio General de Colonia. Allí tuvo la fortuna de encontrarse con san Alberto Magno. Es bien conocida la respuesta de este al comentario de los conmilitones que juzgaban a Tomás solo por sus silencios:

—Llamáis a este el buey mudo; pero os aseguro que dará tales mugidos con su ciencia que resonarán en el mundo entero.

La madre no se daba por vencida, y una vez ordenado sacerdote y con la carrera concluida, logró que Inocencio IV le brindase la abadía de Montecassino. La oferta incluía mantener el hábito dominicano. Se le trasladó también el chantaje emocional de que se trataba del único modo de ayudar al clan, ahora enfrentado al emperador. Santo Tomás se mantuvo firme, lo mismo que hizo más adelante cuando Clemente IV le propuso el arzobispado de Nápoles, adobado con pingües rentas.

En 1252 se incorpora como bachiller al Estudio General de Santiago (París). Fueron tiempos enmarañados en la universidad parisina. Los dominicos ocupaban dos cátedras y los franciscanos una. Los maestros seculares les envidiaban, según los regulares, porque tendían a tumbarse a la bartola. Los religiosos, según ellos mismos, sometidos a austeridad grupal, trabajaban más y mejor que los diocesanos. Muchos estudiantes dejaron en la estacada los cursos de unos para seguir los de los otros. Además, las misas y demás funciones de los religiosos acaparaban más atención que la de los diocesanos, con la evidente disminución de rentas para estos.

El turbio ambiente estalló en revueltas pilotadas por cuatro docentes pendencieros: Guillermo de Saint-Amour, Cristiano de Veauvais, Nicolás de Barre y Odón de Douai. Su meta era recluir a los regulares en sus conventos como si fuesen monjes. En febrero de 1252 plasmaron en documento escrito que:

- Ninguna orden que no tuviese casa de estudios en París podría pretender abrir una
- Las existentes deberían limitarse a una sola cátedra
- Quienes no admitiesen esos puntos no podrían ser profesores
- Los bachilleres que no se aviniesen tampoco serían acogidos

Las dentelladas, en apariencia genéricas, enmarcaban como solitaria diana a los dominicos, por ser quienes disponían de dos cátedras. Las aguas bajaban agitadas y todo se enrevesó aún más cuando durante la represión de una revuelta estudiantil falleció un alumno. No fue el disturbio de escasa entidad; las calles retronaron y unos cuantos más fueron heridos o enrejados. Los seculares convocaron huelga general, que no fue secundada por los regulares. Definitivamente enrabietados, aprovecharon la ocasión para exigir que nadie pudiese ser maestro en la universidad si no juraba previamente venerar concienzudamente los estatutos universitarios y, más en concreto, que si el claustro proponía plante, todos debían seguirlo. La pena por no hacerlo sería la expulsión de la universidad. La impugnación de esa ordenanza por parte de los regulares encabritó más la situación. Solo la intervención de Inocencio IV el 1 de julio de 1253 re-encauzó la tempestad. Los franciscanos se avinieron pronto, pero los dominicos se resistieron a ver pisoteados sus derechos de manera alevosa. Tan enérgico fue el enfrentamiento que los seculares trataron de expulsar con fuerza bruta a los de santo Domingo. En este entorno explosionó una nueva bomba: ¡el papa concedía una cátedra a los cistercienses!

Guillermo de Saint-Amour, representante de los seculares enviado ante el papa, logró en un primer momento llevar el agua a su molino. Como se ha referido, Inocencio IV firmó en 1254 la bula *Etsi animarum* por la que se cancelaban los privilegios de franciscanos y dominicos. Pero el pontífice sufrió un ictus que lo transferiría prontamente a la tumba. El día siguiente a su entronización, Alejandro IV, cardenal Rinaldo Segni, dejó sin efecto el documento, que no había sido promulgado.

Tras conversación entre el papa y el superior dominico se recomendó moderación en el empleo de sus exenciones. Pocos meses después, el 4 de abril de 1255, llegaba la bula *Quasi lignum vitae*, en la que se estableció que:

1. Los religiosos conservasen a perpetuidad sus cátedras
2. Los dos profesores dominicos expulsados retomasen sus oficios
3. El juramento para ingresar en el claustro se limitaría a no comunicar lo tratado en las sesiones de la facultad
4. Las dos terceras partes del claustro deberían ser unánimes en promover una huelga, y siempre como recurso extremo

La reacción de los seculares fue radical, no solo verbal. Apedrearon el susodicho convento dominico de Santiago e insultaron a quienes se aventuraban a salir a la calle, a quienes tampoco privaban de empellones. Alejandro IV tuvo que meter baza de nuevo y varios obispos franceses colaboraron para atajar la conflagración. Analizado un libelo redactado por Guillermo de Saint-Amour contra los regulares, Alejandro IV lo condenó «*como inicuo, criminal, execrable, y a las instituciones y documentos que contiene como malignos, falsos e impíos*». El pertinaz autor se negó a retractarse y acabó encarcelado por orden del rey.

Santo Tomás se dispuso a recibir la licenciatura y el grado de maestro de cuatro años de profesor en los que se puso de manifiesto su preparación teológica. Como aún no tenía los treinta y cinco años prescritos, los seculares lo desacreditaron. Al llegarle esas noticias, el papa ordenó a Aimerico de Veire, canciller de la universidad, que le expidiese la *Licentia docendi*, la venia para enseñar. Todo se desarrolló correctamente desde el punto de vista legal, pero no por eso los seculares cedieron en sus pretensiones, logrando con coacción física que no se celebrase el acto inaugural. Solo consintieron los propósitos pontificios cuando el papa formalmente insistió y amenazó. El 15 de agosto de 1257, un año tras la habilitación, principiaba la cátedra del intelectualmente inmarcesible y físicamente rechoncho Tomás.

En medio de aquella fragosidad, la producción teológica del de Aquino es sobrecogedora. Ajeno al bochinche desencadenado por mediocres y resentidos, elaboró obras como *De veritate* (*Sobre la verdad*), *De Trinitate* (*Sobre la Trinidad*) o el primer volumen de la *Summa contra Gentiles*. Compatibilizaba el trabajo de docencia y de investigación con el asesoramiento al rey y al papa. La obediencia le llevó pronto de nuevo a Italia y, como consultor pontificio o predicador, a estancias más o menos prolongadas en Anagni, Orvieto, Viterbo y por supuesto Nápoles o Roma, hasta que en 1269 fue emplazado de nuevo a París. Allí vivió en medio de insidias y abucheos del irredento grupo de botarates seculares.

De cómo se centraba en lo importante, ajeno a banalidades, habla el siguiente suceso. Al regresar a París tras un paseo hasta el santuario de San Dionisio, uno comentó:

—Maestro, mire qué ciudad tan hermosa. ¿No querría ser su dueño?

Replicó él:

—Preferiría disponer de los comentarios de san Juan Crisóstomo al Evangelio de San Mateo. Poseer esa ciudad y administrarla quebraría la paz de mi alma y me impediría centrarme en la contemplación de Dios.

En 1272, le sugirieron un regreso a Nápoles por el interés de la universidad en su magisterio. Meses después fue convocado para asistir al II Concilio de Lyon. En ese viaje se citaría con la muerte. La paz con que transitó fue la aplicación, una vez más, del principio *sic vita, mors ita*, se muere como se vive.

Entre las páginas que redactó o dictó santo Tomás se hallan muchas moralejas que aplicó en su vida. Por ejemplo, la siguiente:

«Hay cinco condiciones propias de la amistad. Cada uno de los amigos quiere: 1. La existencia de su amigo y que viva; 2. Le quiere ver; 3. Le hace el bien; 4. Convive con él plácidamente; 5. Coincide con sus sentimientos contristándose o deleitándose con él. Conforme a esto, los buenos se aman a sí mismos según el hombre interior, quieren que se conserve en su entereza y le desean sus bienes, que son espirituales; trabajan para alcanzarlos, y gustosamente se vuelven a su corazón, pues en él encuentran buenos pensamientos al presente y el recuerdo de bienes pasados y la esperanza de los futuros, con que también reciben placer. De igual manera no toleran en sí mismos división de la voluntad, porque toda su alma tiende a una sola cosa».

Así vivió y así murió, dejando un vestigio de paz y reflexión en medio de las violencias que sacudieron su entorno casi sin interrupción durante su medio siglo de existencia.

Aunque sus enseñanzas para el gobierno están repartidas en múltiples lugares de su amplia obra, parte significativa de su producción sobre *management* se encuentra en su *Tratado del gobierno de los príncipes*. Allí recuerda que se lidera cuando el directivo se enristra al bien común. Si por el contrario el gobernante atiende principalmente a sus intereses, es malévolo e injusto. Glosa también los seis tipos de gobierno que proponía Aristóteles. Tres buenos: monarquía (decide el mejor), aristocracia (los más selectos) y democracia (el pueblo en su conjunto, siempre que esté preparado); y tres malos: dictadura (pilota el peor), oligarquía (un conjunto de paniaguados) y la demagogia (una muchedumbre sin formación). De los sistemas de administración injustos, el menos dañino es la demagogia y la dictadura el más pavoroso. Al monarca le bastan el honor y la gloria, fruto del reconocimiento de los ciudadanos. Cuando no es así a causa de su codicia como si no hubiera un más allá trascendente, la obsesión por la delectación u otras bajezas, daña a sus súbditos y acaba degenerando en tirano.

Santo Tomás se apoya también en san Agustín, concretamente en un relevante texto de *De civitate Dei*: «*Remota itaque iustitia quid sunt regna nisi magna latrocinia? Et quid latrocinia nisi parva regna?* (Si se elimina la justicia, ¿qué es un país sino una gran banda de tunantes? ¿Y qué una pandilla de ladrones, sino un pequeño reino?)». E ilustra la cuestión con la alegación de un pirata de nombre Dionides. Alejandro Magno le preguntó:

—¿Por qué infestas los mares?

Dionides arguyó:

—¿Qué tienes tú para hacer lo mismo no en una zona del mar sino en todo el orbe? Porque lo hago con un pequeño navío me llaman bucanero. A ti, por comandar una gran armada te intitulan emperador.

Añade el de Aquino que quien no sabe regir su propia vida es imposible que tutele la de los demás. Sobre estas apasionantes cuestiones he tratado ampliamente en *Liderar en un mundo imperfecto* (LID Editorial).

ALGUNAS ENSEÑANZAS

- Toda etapa histórica analizada en sus pinceladas desvela inquietudes y aprensiones

- Vivir azacanado solo genera tensión y paraliza la reflexión

- El endiosamiento, más que un pecado es un error de cálculo que impide juzgar con corrección a los demás y a uno mismo

- Tener claro el objetivo facilita las decisiones adecuadas

- La amistad es ingrediente esencial de la vida

- El camino hacia la sabiduría involucra lectura y reflexión. Evitar eriales intelectuales y lograr frutos maduros demanda tiempo

- Solo se puede ir deprisa hacia una meta pueril

- La incuria acaba por afectar a la capacidad de análisis

- Por bien que una persona u organización se comporte alguien se sentirá agredido

- La amistad reclama generosidad, no contabilidad

SISTEMATIZAR PARA CRECER
AGUSTINOS (1244)

San Agustín, de Antonello da Messina, 1473. Fuente: The Yorck Project (2002) distribuido por DIRECTMEDIA Publishing GmbH.

San Agustín (354-430), como escribió en su magistral autobiografía *Confesiones*, anhelaba comportarse bien, pero la dictadura de las costumbres asimiladas le encadenaba, sobre todo en lo referente a la incontinencia sexual. Tuvo la fortuna de conocer a Ponticiano, quien le ilustró sobre el casto Antonio Abad.

En Casiciaco, un Agustín convertido delinea un plan de vida novedoso calificado como el primer ensayo de vida monástica. Plantea la coexistencia de la renuncia filosófica del sabio con la ascesis cristiana. En Tagaste (actual Souk Ahras, en el norte de África), Agustín y sus primeros seguidores se asemejaron más a una cofradía de eruditos que a una hermandad de misántropos. El único que desde el inicio renunció a sus propiedades fue él. Forjaron una pionera manifestación de quienes aspiran a alejarse del mundo para centrarse en Dios. Todavía no se había asentado el concepto de *monasterium*.

Agustín expuso al obispo Valerio su anhelo de convivir fraternalmente. El prelado les facilitó un terreno. Resume san Posidio en su biografía de Agustín: «*Ordenado sacerdote, levantó inmediatamente un monasterio en la iglesia y comenzó a vivir con los siervos de Dios según el modo y regla establecida por los apóstoles. Norma fundamental en aquella sociedad era que nadie poseyera nada propio, sino que todo fuera común y se distribuyese a cada uno según su menester; según él ya lo había practicado antes, después de regresar de Italia a su patria*». En torno a 397, Agustín redactó *De opere monachorum* para normalizar aquel estilo de vida. Sitúa al frente al prepósito, responsable del orden y la formación. Otros se encargan de la despensa, la biblioteca o el ropero. En los tiempos previstos para la oración acuden a la iglesia. Acogen a personas de diversos estratos sociales, desde analfabetos a artesanos o miembros de familias potentadas. Antes de los dieciocho pueden ser pupilos. Cumplida esa edad, se gestionan las incorporaciones.

Al ser nombrado obispo, Agustín se hizo acompañar de algunos clérigos para establecerse, a modo de monasterio, en casa del prelado. Todo, sin perder la austeridad. Prosigue así con la vida en común, en amistad, buscando el equilibrio entre acción y contemplación. En pobreza, Agustín es inflexible. Considera que el estricto rigor es imperioso para la unión de corazones. Considera que la propiedad individual aboca hacia el individualismo, la envidia y la disensión. Las comidas se hacen en común, con refección diaria –la coena–, servida a las tres del mediodía. Si alguien no puede ayunar, a media mañana toma algo. Se consumen verduras y legumbres, pocas veces carne y son frecuentes los invitados.

Posidio coligió la importancia de la discriminación positiva al hablar de monjes formados en Tagaste e Hipona convocados para dirigir diócesis en África. «*A petición de diversas iglesias (...), Agustín proporcionó unos diez varones santos, doctos y venerables, a quien yo mismo conocí. De modo semejante, esos mismos obispos, provenientes de la vida monástica, propagaron la Iglesia de Dios, instituyeron monasterios y, creciendo el afán de edificación por medio de la palabra de Dios, proveyeron de ministros a otras iglesias*».

Proliferaron los monasterios. Algunos ligados directamente a Agustín, otros mantenían relaciones esporádicas. Todos inspirados en lo que habían aprendido de Agustín, quien seguía fungiendo como maestro y mentor. No se estableció una unidad jurídica, ni reglas comunes ni vínculos legales. Originariamente no se definió el concepto de congregación; solo se sentían ligados por el origen, las costumbres y el reconocimiento del magisterio agustiniano. A modo de franquicias, cada comunidad era autónoma, se gobernaba con estatutos particulares y por la legislación conciliar.

Surgieron dificultades internas y externas. Durante el reinado de Genserico (429-577) desaparecieron muchos cenobios del Norte de África. Sobrevivieron a los vándalos algunos en Numidia o Mauritania. Sin embargo, padecieron persecución por parte de los moros. Humerico (477-484) fue aún más criminal. En 484 clausuró las iglesias católicas, quemó libros litúrgicos, confiscó bienes, deportó obispos y entregó los monjes a los enemigos de la Iglesia. Entre 430 y 484 fueron asesinados cien obispos.

Con san Fulgencio (460-533), la presencia del modelo de san Agustín se multiplicó. Imitó a su maestro en su celo y en el propósito de cohabitar como hermanos. Compaginó soledad con proselitismo. Además de en Agustín se inspiró en Casiano. Promovió una decena de monasterios en África, Sicilia y Cerdeña.

La regla agustiniana se asemejaba la primitiva Iglesia de Jerusalén. Los miembros debían ser humildes, desprendidos, dadivosos. Se respetaba la individualidad, pero sin por eso dejar de corregirse mutuamente. Vivían al servicio de las necesidades de la Iglesia. La regla agustiniana va configurando una moda en la que busca inspiración; por ejemplo, san Cesáreo de Arlés (+542). Eugipio (+535), por su parte, fusionó normas de unos y otros para establecer la suya. Además de en san Agustín busca iluminación en san Basilio, san Jerónimo, san Juan Casiano y san Pacomio.

Quienes servían de referentes no habían estado exentos de debilidades, fragilidades o enfermedades. Agustín detentó juventud disipada en concubinato; Basilio era fácilmente irritable, además de olvidadizo por naturaleza y físicamente quebradizo; Jerónimo era de paroxismo excesivo, además de padecer frecuentes y poderosas tentaciones vinculadas a una adolescencia menguadamente espiritual.

Mucho influyó, en fin, la regla de san Agustín en la de san Benito, elaborada en Montecassino entre 530 y 560. La mayor variación consistió en cicatear el perfil jerárquico y principiar una comunidad más participativa. También se inspirarían en Agustín las reglas de san Leandro (+600) y san Isidoro (+636).

La ulterior flojedad en la exigencia sería denunciada en el sínodo de Letrán de 1059 por Hildebrando, futuro Gregorio VII. Los bienes materiales y las cesiones en los alimentos habían dañado a los monjes; urgía retornar a exigencias primitivas. Ni el papa Nicolás II (1059-1061) ni el concilio se hicieron eco, limitándose a promulgar un canon en el que se imponía a los canónigos mesa y dormitorio común y compartir los bienes. Exhortaban, en fin, a restañar la vida apostólica. San Pedro Damiano (1007-1072) también lanzó baldones contra los clérigos regulares que ansiaban propiedades particulares y contra quienes se dejaban remolcar por la detestable sodomía, perversión a la que dedicó un amplio texto.

La Orden de Ermitaños de San Agustín no entronca de forma estricta con la fundación del santo africano. Su constitución fue parsimoniosa y producto de fusiones de grupos eremíticos italianos. Los que perseveraron unidos tras el año 1256 habían ido adoptando la regla desde unas décadas antes. El cardenal Ricardo degli Annibaldi (+1276) impulsó la fusión. Inocencio III (1198-1216), con directrices que introdujo el Concilio IV de Letrán (1215), se había propuesto proveer a los grupos de ermitaños de una organización que dispusiese para el apostolado urbano. La bula *Licet Ecclesiae*, de 9 de abril de 1256, emitida por Alejandro IV, es el documento fundacional. Se fundieron cinco comunidades: la del beato Juan Bueno, la de Bréttino, la de san Guillermo, la de Monte Favale y la de san Agustín de Tuscia. Los conceptos fundamentales se encuentran en las conocidas como las «6 Ps»: pobreza, plegaria, penitencia, pueblo, predicación y peregrinación. El cardenal Annibaldi sería líder y protector rumboso de la nueva comunidad durante más de tres décadas. Con la intervención del cardenal Guillermo Fieschi, protector de la congregación, en 1252 se celebró un capítulo general unitario en el que los cabecillas disidentes, Marcos y Hugo, fueron obligados a renunciar. Lanfranco de Septala se convirtió en nuevo general. La unidad se logró casi definitivamente en 1256. Sesenta y un yermos quedaron integrados, con idéntica vestimenta, superior y acomodamiento a igual regla y constituciones. Los de Montespecchio, San Leonardo, San Gálgano de Fidencio y el de Centocelle no progresaron en su incorporación. Posteriormente, los de Monte Favale también se retiraron de la unión y se incorporaron al Císter. Nueva contradicción de los buenos llegó de los franciscanos por el color gris del hábito, que estos consideraban de su exclusiva propiedad. Aquella obsesiva defensa de la imagen de marca se prolongaría.

Los generales eran elegidos en los capítulos generales que se celebraban con periodicidad trienal. Poco a poco se estableció un sistema de gobierno con representantes territoriales auditados por visitadores. La curia papal insistió en que no se contrariara el ordo de san Agustín y obligó a acomodar sus observancias al igual que las instituciones que se habían inspirado en él, como premonstratenses o dominicos. Se lee en la bula *Licet Ecclesiae*: «*La natural diversidad de los miembros de su cuerpo contribuye a la integridad de la Iglesia católica y su rostro adorna con las múltiples facetas que hay en ella, pero esa variedad no entraña contraste o desarmonía alguna, ya que la inestimable concordia de la caridad pone de acuerdo a todos sus miembros, mientras que la conformidad entre estos y la sencillez de su fe favorecen su indivisible unidad*».

En el mismo documento se establece que empleen hábito negro para que la uniformidad del vestido exprese también la del compromiso. Otra de las cuestiones fue de nuevo la pobreza. *Licet Ecclesiae* recoge una expresión intrincada, *iuxta conceptum votum paupertatis spontanee*, según el voto de pobreza espontánea o voluntaria. La cuestión afectó a franciscanos y dominicos. Como se ha mencionado, de inicio rechazaban cualquier tipo de propiedad y vivían como mendicantes, pero esto causaba inconvenientes. Entre otros, falta de estabilidad y planificación. Dedicarse al estudio y al apostolado era incompatible con mendigar para mantenerse día a día. Se fueron, en fin, creando ficciones jurídicas como los procuradores laicos. Sucesivos generales, incluso los celosos Guillermo de Cremona (1326-1342) y Gregorio de Rímini (1357-1358), desistieron de retornar a la pobreza primigenia y se limitaron a exigir desprendimiento personal.

Se estableció el peculio, dinero de libre uso, sancionado por los legisladores de Ratisbona. Se señalaron límites poco operativos como depositarlo ante el procurador. Los religiosos comenzaron a disponer de bienes y manejarlos a su gusto. Los capítulos generales de Grasse (1335) y Tolosa (1341) encausan a quienes mercadeaban dentro y fuera de la orden, y se quedaban con propiedades adquiridas por testamento o compra, sin participarlas a la comunidad. El establecimiento en ciudades abrió un nuevo frente, en este caso con el clero local. Dependiendo de las preferencias de los obispos, se concedió mayor apoyo a unos u otros. En la ciudad de Saint Cernin se solicitó el desembolso de tres mil quinientas libras a los frailes antes de consentirles el asentamiento.

En 1256 la orden contaba con ciento cuarenta yermos y dos mil frailes. En 1259 estaban organizados en diecisiete provincias por toda Europa. En 1329 había veinticuatro provincias. En 1356 Italia contaba con doscientos cuarenta conventos. En 1376 la bula *Sacrae vestrae religiones*, de Gregorio IX, reconoce explícitamente a san Agustín como el fundador de la orden.

Un nuevo crepúsculo había comenzado. Entre las causas, la peste negra de 1347-1353, que también dañó –como hemos visto– a los dominicos, y el Cisma de Occidente (1378-1417), que dividió a la orden, con dos generales e incluso con tres desde 1409. Se difundió el nepotismo, ideas paganizantes o conflagraciones locales que obligaban a los monjes a abandonar conventos. El escándalo económico fue horrísono, con monjes que dejaban testamento a familiares; acrecentada la avaricia se multiplicaron desplantes por la administración de viñas, casas o campos.

A pesar de esos penosos comportamientos, los frutos siguieron llegando. Destaca, por ejemplo, la figura de santa Rita de Cascia (1381-1447). Nació en Roccaporena, una pequeña localidad de Cascia (Perugia). Aunque manifestó sus deseos de ser religiosa, sus padres la comprometieron en matrimonio a Paolo Ferdinando Mancini, persona con tanto nombre como escaso refinamiento. Llegados dos hijos, Giangiacomo Antonio y Paolo María, Rita logró suavizar las usanzas de su marido. Asesinado el progenitor por un indeseable, Rita se esforzó por evitar que los hijos apetecieran vindicación.

Como ese cambio de actitud era inviable, Rita llegó a ofrecer a Dios la vida de los muchachos para que no mancharan sus manos con sangre. El Creador aceptó la oferta. Una vez sola, con poco más de treinta años se incorporó al monasterio de Santa María Magdalena. El Viernes Santo de 1432, en oración contemplativa recibió lo que pedía, participar de los dolores de Cristo, que llegaron en forma de corona de espinas. El estigma sería visible en su frente durante tres lustros.

En el siglo XVI llegaría la escisión entre observantes y conventuales. Cabe ahora señalar que, en 1473, Andreas Proles promovió una nueva reforma, asumida por el convento de Erfurt. Suponía una interpretación estricta de la regla. Poco antes de la incorporación de Lutero, en 1504, Johannes Staupitz, el abad, impulsó un renovado escrutinio de la constitución de los agustinos.

ALGUNAS ENSEÑANZAS

- **Ninguna persona nace escorada solo hacia el bien**
- **La perra con prisa da a luz cachorrillos ciegos, o *canis festinans caecos parit catulos***
- **Casi siempre los buenos frutos son fusión de ideas**
- **Esperar de forma activa es de sabios**
- **También la gente bien intencionada demanda sistematización, pero no tanta que ahogue la iniciativa**
- **La moderación en la comida es ineludible para la correcta toma de decisiones**
- **Los modelos organizativos no han de ser idénticos**
- **Toda iniciativa, por sublime que sea, enfrenta tropiezos**
- **Si los cimientos son sólidos, se acaba por salir adelante**
- **Nunca faltan contradicciones internas, incluso en mercados buenistas**

INTRÉPIDA CON LOS PODEROSOS
SANTA CATALINA DE SIENA (1347-1380)

Santa Catalina de Siena, de Giambattisto Tiepolo, 1746. Fuente: Shutterstock.

Catalina Benincasa, más conocida como santa Catalina de Siena, nació en el barrio de Fontebranda, perteneciente a la ciudad que universalizaría. Fue la vigésimocuarta de los veinticinco vástagos de Jacopo Benincasa y de Lapa di Puccio. Vivió en un siglo complejo de la historia de Europa y de la Iglesia. El exilio de Aviñón, seguido por el Cisma de Occidente, se encuadra en arenas movedizas políticas, con ciudades italianas enfrentadas entre sí y contra el romano pontífice. La peste negra asoló Europa en dos ocasiones casi consecutivas como consecuencia de la desatención a cuestiones sanitarias básicas, también por los continuos enfrentamientos militares. Asimismo fueron tiempos agitados intelectualmente. Baste mencionar la denuncia contra el franciscano Guillermo de Ockham (1300-1349) por supuestas doctrinas heterodoxas, de las que tuvo que responder en Aviñón en 1323. En 1328 se declaró en rebeldía frente al romano pontífice y escapó a Múnich (Alemania) bajo la protección del emperador Luis de Baviera. Ockham propuso que la razón humana estaba incapacitada para conocer verdad más allá del universo sensible. El único sendero para alcanzar trascendencia era, para él, la Biblia. Llevando a sus últimas consecuencias esas propuestas, la Iglesia no pasaba de ser un grupo y de ningún modo el cuerpo místico de Cristo. Dejaban de tener sentido tanto la infalibilidad como el respeto a la tradición.

En medio de estas intensas agitaciones, emerge la figura de santa Catalina de Siena, una beguina de los dominicos, analfabeta y que vivió solo treinta y tres años. Hizo más por los suyos y para remendar problemas que personajes presuntamente grandes. A pesar del empeño familiar para encontrarle un buen partido a Catalina, con el apoyo de su hermana Buenaventura, la muchacha optó por centrarse en la contemplación de Dios, algo que no comprendieron sus padres, de igual modo que su decisión de cortar su atractiva cabellera. Cumplidos los dieciséis, ingresó en las terciarias dominicas —denominadas mantellate por el manto negro que cubre el hábito blanco que endosan—, al tiempo que se multiplicaban los cuchicheos y calumnias de los supuestamente buenos por el exigente ejemplo de Catalina. El proceso culminó cuatro años después con el desposorio místico con Cristo. La joven lo relata como una solicitud divina: «*Yo, tu Creador y Salvador, te desposo conmigo en la fe. Conserva intacta esta fe, seme fiel hasta que vengas al Cielo a celebrar conmigo las bodas eternas. De aquí en adelante, hija, obra virilmente y sin titubeos en todo lo que la Providencia te presente*». Muchos se inspiran en el proceder de la santa, cuya fama transcendió fronteras y llegó al mismísimo Gregorio XI, que se confía a su oración por él y por la Iglesia.

El capítulo general de la orden de predicadores la convocó para un examen en la ciudad de Florencia. Al concluir, se le impone como director espiritual a Raimundo de Capua. Ajena a los dimes y diretes, se dedicó a la atención a enfermos de peste. Fue doloroso testigo del fallecimiento por la pandemia de ocho de sus once sobrinos, refugiados en su casa por la desaparición de un hermano. Ayudó a bien transitar a la otra vida a Niccolò de Todo, un muchacho condenado a muerte por los dirigentes sienenses. En lo institucional Catalina supone un revulsivo de primera calidad para autoridades políticas y eclesiásticas; medió con eficacia en la reforma de los dominicos y, lo más relevante, no cejó en exigir al papa, a quien denomina *dolce Cristo in terra* (dulce Cristo en la Tierra), que él y los cardenales —a los que llega a calificar de demonios colorados— actúen con responsabilidad.

La santa de Siena viaja a Aviñón y convence a Gregorio XI para que regrese a Roma desde el conocido como exilio de Babilonia. En Génova, el papa solicita a Catalina que le insufle ánimos en su retorno, porque la situación es espinosa. El viaje culmina con la entrada del pontífice en la Urbe. Meses después, Catalina es enviada por el papa a Florencia. La ciudad ha desobedecido la orden que prohibía celebrar solemnidades religiosas por la resistencia a indicaciones de la curia romana. Mientras negocia, Gregorio XI fallece con solo cuarenta y nueve años como consecuencia de su inveterada mala salud. La vida de Catalina corre peligro dantesco en la consecuente revuelta florentina. Logra que Urbano VI perdone a Florencia. Es precisamente el comportamiento malhumorado de este pontífice la causa última del cisma que quiebra en dos a la Iglesia. Sus intentos por hacer valer los derechos de Urbano VI frente al francés Clemente VII no alcanzan los frutos deseados.

Como en la totalidad de santos mencionados, en Catalina de Siena se produjo profunda unión entre la vida en Dios y desde Dios, y el compromiso con realidades tangibles, que la impulsó a intervenir de forma directa y decidida en la actividad política y social.

Dictó a un escribiente sus quejas a Cristo:

—*Me echas, Señor, de estar junto a ti.*

El Verbo Encarnado respondió a ese lamento:

—*Quiero unirte más a mí por medio de la caridad con el prójimo…, llevas el hábito anhelado de la orden dominica nacida para el bien ajeno.*

Audaz, se enfrentó con el mismo papa Gregorio XI, a quien reprobó que estuviera excesivamente centrado en intereses políticos:

—¡*Almas, que no ciudades*!

Lo azuza con exigencia afectuosa:

—*Esto es lo que yo quiero ver en vos. Y, si no habéis estado bien firme en este punto, en verdad quiero y ruego que lo seáis, en el tiempo que os quede, virilmente y como hombre, siguiendo a Cristo.*

En *El diálogo*, texto que dicta sobre sus visiones, se recogen múltiples enseñanzas ascéticas y místicas. Muchas de relevancia para la antropología directiva. El líder debe asumir hábitos en su vida, al servicio de los demás, pues «*todos los escándalos, odios, crueldades y daños proceden del amor propio, que ha envenenado el mundo»*. Recomienda contar con un *coach* que ayude a enfocar los ángulos oscuros de nuestros comportamientos, y también a realizar periódicos *feedbacks*, porque necesitamos contemplarnos con objetividad. *«Cuando uno se mira en el espejo es como mejor aprecia las manchas de su cara»*. Insiste en que la diversidad en las aptitudes y actitudes de las personas no ha de ser causa de menosprecio para quien no es como nosotros, sino oquedad para el desarrollo personal y corporativo. Fomenta comportamientos discretos, evitando maledicencias, injurias, calumnias y difamaciones. Es tan expresiva al departir sobre estas cuestiones que no cabe duda de que debió sufrir con tanta lengua desatada.

Clama que la libertad se encuentra por encima de las circunstancias, pero esas coordenadas contribuyen a que nos inclinemos hacia el bien o hacia el mal. De ahí la relevancia de crear entornos donde desarrollar hábitos positivos personales y colectivos. La fortaleza, insiste Catalina, resulta ineludible, porque trastabillamos con obstáculos que pueden anonadarnos. Las tribulaciones no deberían descorazonar; habríamos de contemplarlas como plataformas para la mejora, instrumentos de poda para avanzar hacia la sabiduría. El mayor peligro para una organización suele proceder de aquellos cuyo orgullo bloquea para el bien, acaban pensando solo en su propio interés y sufren patologías tan rastreras como la rimbombancia, el egoísmo, la ensoñación o el desprecio de los demás.

Resulta dificultoso asumir el voluntarismo acrítico que santa Catalina demanda de los fieles cuando escribe a Siena, refiriéndose al ceñudo Urbano VI: *«Sea él bueno o malvado, nosotros no debemos rehusarle el respeto que le es debido. Este respeto no se refiere a él, sino a la sangre de Cristo, a la autoridad, a la dignidad que Dios le ha dado por nosotros. Esta autoridad, esta dignidad, no pueden ser debilitadas por ningún defecto personal: él no obra nunca con menos poder y virtud. Nuestro respeto y nuestra obediencia no deben, pues, disminuir. Sin esta estaríamos en estado de condenación (...). Sus defectos no hacen cesar la necesidad que tenemos de él (...). Debemos entonces estar reconocidos y fieles, y hacer todo lo que podamos para utilidad de la Iglesia y por amor de las llaves que Dios le ha confiado»*. Aceptar con rendida pleitesía a quien no presenta mínimas condiciones de liderazgo resulta desafiante. Quienes dirigen han de procurar, para encauzar la adhesión, ser espejo de lo que creen y proclaman. No acordarse con los principios predicados y exigirlos de los seguidores plantea complejidades en el siglo XIV y más aún en la actualidad con una sociedad hiperconectada.

Fallecida en 1380, santa Catalina fue declarada doctora de Iglesia junto con Teresa de Ávila. San Juan Pablo II la proclamó patrona de Europa con su contemporánea santa Brígida (1303-1373).

ALGUNAS ENSEÑANZAS

- **El orgullo ciega e imposibilita conceptualizar la realidad con objetividad**

- **Para mejorar organizaciones hay que atender tanto a cambios personales como estructurales**

- **No es más sabio quien más alto ha llegado en una jerarquía, sino quien contempla la realidad con mayor objetividad y profundidad**

- **Los localismos merman a quienes caen en las redes de los que se aprovechan de esa bicoca para enriquecerse**

- **El *feedback* ha de ser periódico, porque nadie es buen juez en causa propia**

- **Las organizaciones temen la innovación**

- **La sensibilidad de la mujer y el hombre son diferentes; resulta chocarrero afirmar que la primera es superior a la del segundo, o viceversa**

- **La construcción de la personalidad reclama tiempo**

- **Los procesos de maduración personal y colectiva no progresan a la misma velocidad**

- **Un líder ha de crear entornos donde todos desarrollen su potencialidad con razonable libertad**

LOS FRUTOS NO SIEMPRE SON INMEDIATOS

JERÓNIMOS (1373)

San Jerónimo escribiendo, Caravaggio. Concatedral de San Juan. Fuente: Wikimedia Commons.

Quien hoy conocemos como san Jerónimo (240/350-420) nació en Estridón, en los confines de Dalmacia y Panonia, entonces provincias romanas, con toda probabilidad entre las actuales repúblicas de Croacia y Eslovenia. Él mismo la califica de ciudad tosca: «*En mi lugar de nacimiento predomina la rusticidad; no hay más Dios que el vientre y la gente vive al día. Allí es considerado el más santo quien más riquezas posee. A esta olla, como dice el conocido refrán, se le ha puesto la tapadera apropiada, el sacerdote Lupicinio, de quien bien se puede decir aquello que, según Lucilio, hizo carcajear a Craso por primera vez en su vida: 'Si cardos come el asno, lechuga no esperen los labios'. En fin, es un inexperto piloto al frente de una nave averiada, un ciego que guía a otro ciego para caer los dos en el hoyo. Así es el rector y así los gobernados».*

Su padre se llamaba Eusebio. Su hermano menor fue bautizado Pauliniano. Una hermana, al parecer tarambana en su juventud, acabó incorporándose a la vida monástica. Los saberes más apreciados por Jerónimo eran la retórica y el derecho. Las inquietudes de los estudiantes eran semejantes a las actuales. Valga como ejemplo que, en el 370, Valentiniano promulgó un edicto para imponer disciplina a quienes con el álibi del estudio despilfarraban el tiempo en diversiones insanas, bromas de nulo gusto o vilezas. A los alumnos se les exigiría un documento identificador, rubricado por el magistrado de la provincia de origen, y debían visitar al encargado del censo para informarle del lugar de hospedaje y del grado que iban a realizar. Se controlaría la asistencia y al cumplir veinte años se presentaban a la autoridad antes de abandonar Roma.

Para mejorar su formación, Jerónimo acudió a sesiones de tribunales y del foro. También a clases de filosofía, y adquirió nociones de griego, de gramática y retórica. Como cualquier ser humano padeció debilidades, que filtró en el sacramento de la penitencia. En el 374 confió por escrito al abad Teodosio y sus monjes: *«Yo soy aquel hijo pródigo que malgastó su parte de la herencia paterna (...) y que todavía no ha sabido soslayar los halagos de mis pasadas lujurias y, ahora que estoy empeñado en querer superar mis vicios, resulta que el diablo trata de apresarme con nuevas redes».* En el año 389 explicitó: *«Si tanto elogio la virginidad, no es porque yo la posea, sino porque admiro lo que no tengo».*

Su interés por autores griegos y romanos era quizá excesivo. Él mismo dio a conocer una visión sobrenatural en la que se le inquirió si era cristiano. Al responder de manera afirmativa, escuchó:

–*Tú eres ciceroniano, no cristiano; donde está tu tesoro allí está también tu corazón.*

Gracias a esa afición culminó, por indicación del papa Dámaso, la traducción de la Biblia de los Setenta y la Biblia hebrea a un latín más popular. El resultado fue la *Vulgata* –la expresión la puso Roger Bacon, divulgada–, texto fundamental de la Iglesia durante siglos.

Por mor de la ascesis vivía aislado, con tosco sayal que cubría sus miembros resecos. Su piel ennegrecida parecía la de un etíope.

Cuando le vencía la somnolencia, se acomodaba en el suelo. Juzgaba como lujo todo alimento cocido y solo se proporcionaba agua fresca a quienes enfermaban. «*Yo, que me había condenado a tal encarcelamiento por miedo al infierno –escribe–; yo, que tenía por únicos acompañantes escorpiones y fieras, me figuraba muchas veces estar bailando con chicas jóvenes. Los ayunos habían deslucido mi rostro y aniquilado el vigor de mi cuerpo. Así y todo, mi voluntad estaba invadida de torpes deseos y en mi carne se encabritaba la sensualidad*». Convirtió en lema la expresión *pax in cella, foris bella*, la paz está en el interior de la celda y las luchas en el exterior. No le faltó un abisal planchazo por la aversión de su adicto Heliodoro a la rigurosa existencia elegida. La indelicadeza de sus compañeros iniciales provocó que también Jerónimo disipase algo sus objetivos en fondo y forma.

El papa san Dámaso acudió en el 384 a él en busca de ayuda: «*Te estás durmiendo. Hace mucho que te dedicas más a la lectura que a escribir. Por eso, me he decidido a despertarte con algunas cuestiones de tono menor. No es que no debas leer (...). Es que debes escribir después de leer (...). Como, además, te has brindado de grado para hacerme algún trabajo, acepto tu ofrecimiento. De no haberte prestado, ahora te rogaría (...). No encuentro tema más digno de nuestra conversación que el hablar de las Escrituras, pero de manera que yo haga preguntas y tú las contestes*». Como prácticamente cualquier persona que se marca altos objetivos, desarrolló fuerte carácter: «*Algunos hombres enanos me denigran con toda su fuerza porque me he atrevido a enmendar algunas frases de los Evangelios en contra de la opinión de los escritores antiguos y de la mayoría de la gente.*

»A pesar de mi perfecto derecho a no hacerles caso por aquello de que es perder el tiempo tocar la lira en honor de los asnos, para que no sea tachado de soberbio, como suelen hacerlo, voy a responder que no soy tan mentecato ni tan descortés como para haber intentado corregir la palabra del Señor o haber dicho que algunos no estén divinamente inspirados. Ellos son los zafios y torpes, se tienen por discípulos de los pescadores, como si el ser ignorante fuera equivalente a ser santo.

»Lo que yo he querido hacer es comprobar la mala traducción de códices latinos y mejorarla, poniéndola de acuerdo con el ori-

ginal griego. Si a ellos no les gusta el agua de la fuente próxima, beban en los sucios arroyos». La carta concluye calificándolos de *«pequeños asnos de dos pies».*

Esas frases pueden ser juzgadas con benevolencia, pero son destempladas. Algunos tienen la habilidad de justificar cualquier comportamiento. Justo Pérez de Urgel (1895-1979), primer abad del monasterio del Valle de los Caídos, cuando habla de san Gregorio Nacianceno y de san Jerónimo los define como *«dos caracteres hechos para entenderse: sensibles, impresionables, irascibles, accesibles a la ternura, prontos a la ironía y al sarcasmo, apasionados por la amistad y tan aficionados a la retórica y a la literatura que una bella frase era para ellos el más sabroso de los deleites».* Erasmo de Rotterdam nada en la misma dirección cuando asegura de san Jerónimo: *«Nadie más humano y cortés (...). Para enjuiciar con tino sus arrebatos deben tenerse en cuenta las circunstancias: la gravedad del asunto, su patria, su ingenio, su propia seguridad y la perfidia de los torpes o envidiosos (...). Combatía a los malvados empedernidos con figuras retóricas, suprimiendo los nombres».*

Más allá de expresiones formales que chocan con nuestra sensibilidad, a san Jerónimo le hubiera gustado saber que siglos más tarde Bruck y Ghoshal, en *A bias for action,* detallarían que los mejores líderes delimitan bien el tipo de personas con quienes quieren contar para que los proyectos sean sólidos. También le hubiera agradado conocer que Martin Hilti, fundador de la multinacional que lleva su nombre, comentaba a quienes deseaban incorporarse a la compañía que eran libres para trabajar o no con él, y que si alguien no se identificaba con sus valores lo mejor era que buscase otro acomodo. Él pretendía crear un entorno de profundo compromiso con su diseño; quien no pudiera asumirlo debía alejarse.

Los frutos de las enseñanzas de Jerónimo, no carentes de aspereza, van llegando. Se enorgullece de que algunas féminas hayan abandonado la mala vida. De ser esclavas del mundo —explica con limitaciones propias de la visión de la mujer en aquella época— han pasado a vestirse con modestia, trabajan en el hogar, encienden el fuego, barren el piso, albean, cocinan y cuidan las vituallas.

Jerónimo no escapó de la difamación, más intensa tras la muerte de san Dámaso, su fiel amigo, impulsivo seguidor y resuelto valedor.

Llegó a calumniársele asegurando que había mantenido relaciones inapropiadas con alguna fémina. Causa sustancial de aquellos ataques era la desazón de quienes hubieran deseado ocupar el puesto de confianza del que había disfrutado con el papa. Ajeno a las críticas, instalado en Belén reza en silencio contemplativo, atiende peregrinos, estudia y escribe. Quizá tuviese presente que los babilonios juzgaban que los dioses habían condenado a la Tierra a un diluvio porque estaban empachados de la verborrea incontrolada de los humanos.

A causa de su empuje no le faltaron desencuentros incluso con san Agustín, a quien escribió con acritud: «*La amistad no casa bien con las suspicacias ni con las medias tintas. Algunos familiares míos y vasallos de Cristo, que mucho abundan en Jerusalén y demás Santos Lugares, me sugerían que tú habías obrado con segundas intenciones, que lo que en realidad andabas buscando era fama y honra a costa mía, haciendo ver que yo por cobardía rehusaba tu reto y por ignorancia no contestaba a tus sabias preguntas (...).*

»En relación con tu juramento de no haber escrito un libro contra mí y menos haberlo enviado a Roma (...), escúchame, por favor, con paciencia. Si tú no has escrito ese libro, ¿cómo se explica entonces que me hayan traído escritos tuyos en los que se me critica? ¿Por qué circula por Roma lo que tú no has escrito? ¿Para qué me pides respuesta a lo que tú niegas haber escrito?

San Agustín, para apaciguar las aguas, respondió con placidez comenzando con un al «*venerable señor, al hermano queridísimo y co presbítero Jerónimo*».

»No creo que quisieras agraviarme sin causa justa. Por consiguiente, me he considerado obligado a reconocer que yo fui el primero en ultrajar con mi carta. ¿Por qué, pues, andar discutiendo y no pedirte indulgencia? Te lo suplico por la mansedumbre de Cristo; perdóname si te he zaherido, y no quieras tú ofenderme, devolviendo mal por mal.

»Sea como quiera, yo estoy dispuesto a recibir con ánimo agradecido toda reprimenda amistosísima, aun cuando pueda defenderme y no la merezca».

Al margen de las acres polémicas en las que se aprecia altivez intelectual, Jerónimo trasladaba a sus monjes normas exigentes impregnadas de sentido común: ayuno, vigilias moderadas ajenas a la vanagloria y el fanatismo. Aconsejaba no malgastar el tiempo hablando mal de otros ni escuchando criticones. Debían visitar enfermos, nunca pronunciarse sobre la hermosura corporal de una mujer, ni faltar a la confidencia contando intimidades de otros. Aspiraba a que fuesen más conocidos por ser paño de lágrimas en los días grises que compañeros en los momentos felices. Concluía apodícticamente que se desdeña al clérigo que nunca pone reparos al ser invitado a comer.

Pese a la existencia de órdenes religiosas acogidas a su patrocinio y nombre, no redactó un reglamento monástico completo. La conocida como «regla de san Jerónimo» es una recopilación ulterior de normas espigadas de sus escritos. Se atribuye a Juan Pedro de Crescencia el libro *Praesidium romanum*, aparecido en el siglo XIV. Su autor difundió que un san Jerónimo centenario habría redactado una auténtica legislación. Para validar su afirmación aseguraba que en época de Jerónimo la orden se habría extendido por Siria, Grecia, Roma o Palestina.

En el siglo XIV se desplegó un profundo interés por la persona y obra de san Jerónimo. Algunos deciden retirarse del mundo y seguir el estándar del dálmata. En España se reconoce como fundadores de la orden inspirada en el asceta a fray Pedro de Guadalajara (Pedro Fernández Pecha), fray Fernando Yáñez de Cáceres y fray Vasco de Portugal. En 1373, Gregorio XI, aún instalado en Aviñón, concedió la bula para iniciar bajo la regla de san Agustín. Surgían como reacción a la tibieza de muchas familias religiosas. La retadora propuesta se convirtió en referencia por austera. Contaron entre otros con el apoyo de Juan Serrano, obispo de Segovia; y de Pedro Tenorio, arzobispo de Toledo.

Se sucedieron las fundaciones. En 1389, se incorporó el emblemático santuario de Guadalupe. Los Trastámara en Castilla y nobles aragoneses los impulsaron a establecerse en sus comarcas. En 1415 se celebró el primer capítulo general y se fusionaron las dos ramas jerónimas, la castellano-portuguesa y la aragonesa. En 1428 se produjo una escisión promovida por fray Lope de Olmedo para poner en marcha una congregación observante, que se regiría de forma más exigente, siempre a partir de textos de san Jerónimo. Destacaron arranques como Yuste, Prado o el Parral. Más adelante se les encargaría la atención de El Escorial. Entre otros monjes, alcanzaría particular reconocimiento el mencionado fray Hernando de Talavera, confesor y consejero de Isabel la Católica, además de primer arzobispo de Granada. En 1374, María García encabezó la rama femenina en el luego monasterio de San Pablo de Toledo. También existieron los citados clérigos apostólicos de San Jerónimo, conocidos vulgarmente con el nombre de jesuatos. Originariamente fue hermandad laical fundada en Siena hacia el 1360 por san Juan Colombini (1304-1367). Se propagaron por Italia. En 1606, Pablo V les concedió recibir a individuos con órdenes sagradas. Realizaron contribuciones científicas en química aplicada a la medicina. Fueron suprimidos por Clemente IX en 1668 y luego citados como coartada en la bula de disolución de los jesuitas emitida por Clemente XIV en 1773.

Inspirados también en el santo del desierto, los Ermitaños de San Jerónimo, de la congregación de Fiésole, fueron fundados hacia 1360 por el beato Carlos de Montegranelli (+1417). Se extendieron por Italia, sobre todo Verona y Venecia, hasta sumar cuarenta conventos. Clemente IX, en 1668, los fusionaría con la congregación de Pisa.

Tras siglos de crecimiento, el XIX fue demoledor por las invasiones napoleónicas y por las sucesivas exclaustraciones –1808-1813, 1820-1823– siendo la peor la de 1835. En ese momento había cuarenta y ocho monasterios jerónimos de varones en los que se santificaban casi un millar de monjes. Algunos fueron entregados a otras órdenes, como el de El Escorial a los agustinos, o el de Guadalupe a los franciscanos. Numerosos jerónimos acabaron como sacerdotes diocesanos; otros se reintegraron en sus familias.

El 11 de agosto de 1925 unos jóvenes se establecieron en el monasterio de Santa María del Parral, en Segovia, y reimplantaron la observancia jerónima. Fray Manuel de la Sagrada Familia, líder de la iniciativa, fue asesinado en Paracuellos del Jarama junto a miles de católicos que cayeron víctimas de la chusma comunista y anarquista estimulada en la II República española. Quedaron únicamente cinco monjes en el Parral. En 1941 se integraron algunos estudiantes y se consolidó la comunidad. Pocos lustros más adelante, en 1958, se restauró el monasterio de Yuste y en 1969 se celebró el primer capítulo general de la segunda época. Escasos en número, acabaron abandonando Yuste.

Concluyo con el acertado resumen que de san Jerónimo realizó el patrólogo Berthold Altaner (1885-1964): «*Fue fogoso y violento, áspero y mordaz, y a veces hasta ofensivo en la polémica; no obstante, la convicción que tenía de su superioridad fue sensible a las alabanzas que le tributaban y, cuando estaba en juego su persona, era pronto a reaccionar. Cierto que juzgaremos con mayor indulgencia muchas de sus chocantes invectivas si tenemos en cuenta que este padre imitaba famosos modelos literarios (Cicerón). Estos errores y estas debilidades desaparecen ante su noble entusiasmo por la Iglesia y la ciencia; además, a pesar del impulso irresistible que sentía por la literatura y la ciencia, supo luchar con arduos y tenaces esfuerzos por implantar en su vida el ideal monástico de la perfección*». Siglos después muchos siguen encontrando inspiración en él.

ALGUNAS ENSEÑANZAS

- **Los frutos de un emprendedor no llegan necesariamente de forma inmediata**
- **Malos directivos siempre crean entornos nauseabundos: «si cardos come el asno, lechuga no esperen los labios»**
- **La madurez no llega a la misma edad**
- **Sin orden, los frutos siempre se retrasan**
- **Conocer sus limitaciones no debe enturbiar el reconocimiento del líder**
- **Los sabios aprenden de la esperanza ajena, o *cautis pericula prodesse aliorum solent***
- **Nadie tiene por qué mimetizar comportamientos; cada uno debe encontrar su modo de asumir un ideal**
- **No es conveniente perder el tiempo con quienes solo critican**
- **Hasta las personas más sublimes realizan afirmaciones de las que luego se avergonzarán**
- **Nadie escapa antes o después de la difamación o de la calumnia**

EL AFRODISÍACO DEL PODER
EL CISMA DE OCCIDENTE (1378-1417)

El Cisma de Occidente se prolongó durante treinta y nueve años, de 1378 a 1417. Los antecedentes remotos se hallan en el fracasado intento de Urbano V (1310-1370) de reubicar a la curia en Italia, porque el francés quedó muy afectado por una revuelta en Viterbo, prólogo de otras en territorios pontificios. Añoraba la seguridad de Aviñón. En mayo de 1370, de paso por Montefiascone vaticinó su retorno a Francia. El 5 de septiembre de ese mismo año abandonó la urbe, tras casi un trienio. Moriría a los dos meses de su llegada a Aviñón, como se lo había profetizado santa Brígida de Suecia (+1373). En el revés había tenido que ver el inopinado fallecimiento del cardenal Gil de Albornoz (1302-1567), eficaz pacificador en la compleja situación de la península itálica. Urbano V explicaría su regreso a Aviñón: *«El Espíritu Santo me condujo a esta parte y otra vez me lleva a otra por el honor de la Iglesia»*. Bien es cierto que en Roma la paz brillaba por su ausencia.

Tras el fiasco de Urbano V, su sucesor, el papa Gregorio XI, impulsado por santa Catalina de Siena puso en marcha el retorno de la corte pontificia de Aviñón a Roma. Logrado el propósito, el pontífice fallecería en la Ciudad Eterna el 27 de marzo de 1378. Cardenales, sacerdotes, nobles y ciudadanos romanos en general se implicaron profundamente en la elección, porque de ella se derivaría la futura residencia. Los romanos apetecían, sí o sí, un papa romano, o cuando menos italiano. Bartolomeo Prignano, arzobispo de Bari, figuraba en las quinielas. Eran positivamente excluidos los dos romanos: Francesco Tebaldeschi (1299-1378), anciano y enfermo, y Giacomo Orsini (+1379), que se había labrado enemigos por intemperante. Dieciséis cardenales se reunieron en cónclave y en un día escogieron al de Bari. Mientras la votación tenía lugar, la ciudadanía manifestaba con estruendoso bullicio que su solicitud de papa nacional no sería desoída sin consecuencias. Un cardenal, Jean de Cros, había trasladado a sus conmilitones que días antes un exaltado le había espetado: «*Dadnos un papa italiano o romano; de otro modo los cardenales ultramontanos serán pasados a cuchillo*».

Tras la elección, los miembros del colegio cardenalicio reconocieron al elegido Prignano, que adoptó el nombre de Urbano VI. Tres habían sido los motivos manejados: 1. Bartolomé Prignano había sido miembro de la curia y prolongaría lo vivido en Aviñón; 2. Era italiano, pero no romano. Se complacía la solicitud del pueblo, sin plegarse completamente; 3. Eran reconocidas su austeridad y rectitud de vida.

El 18 de abril, Urbano VI era coronado en San Pedro y el día siguiente se notificaba el nombramiento a los seis cardenales franceses en Aviñón, quienes se congratularon. Se enviaron bandos al emperador y a los demás monarcas. El cardenal Roberto de Ginebra, futuro antipapa Clemente VII, informó a su pariente el rey galo sin mencionar peros. Lo mismo Pedro Luna de Aragón, futuro antipapa Benedicto XIII, con varios obispos españoles. En fechas inmediatas al cónclave nadie planteó objeciones.

Sin que nadie lo hubiera pronosticado, el recién elegido se exhibió altivo, suspicaz, perdiendo los estribos. Ultrajó verbalmente a los cardenales, concitando a uña de caballo la enemistad de la mayoría. Les imputó, por ejemplo, el no residir en sus diócesis, cuando él mismo había regido Bari a través de suplentes. Los tildó de simoniacos, ávidos de bienes materiales, y definitivamente lo más grave, ¡les amenazó con privarlos de las rentas! Quizá para acapararlas él y fortalecer el patrimonio pontificio.

Bajo el pretexto de la tórrida primavera y verano romanos, en mayo se retiraron a Anagni y dos meses más tarde a Fondi, bajo la protección de la reina Juana de Nápoles. Detonó entonces una campaña contra la elección de abril y el 20 de septiembre trece cardenales encumbraron en Fondi a Roberto de Ginebra, quien, asumiendo el nombre de Clemente VII, fijó su residencia en Aviñón. Los católicos quedaron divididos en dos obediencias casi al cincuenta por ciento, los papas rivales se excomulgaron recíprocamente y crearon cardenales para apoyar sus obediencias. Tiempo después, Bonifacio IX sucedía a Urbano IX y Benedicto XIII a Clemente VII.

Merece la pena calibrar, siquiera a vuelapluma, la figura de Pedro Luna (1328-1423), futuro Benedicto XIII, para algún historiador el aragonés más universal de la historia. Nacido en Illueca fue enviado al Estudio General de Montpellier (Francia), calificado como de segundo rango, para licenciarse tanto en derecho civil como en eclesiástico, convirtiéndose en profesor de Decretos. De su preparación intelectual habla su esfuerzo por refutar gazapos extendidos en el mundo universitario, como por ejemplo que cualquier concepto general no pasa de ser mero tinglado de la mente, en el fondo un mero nombre. O que la omnipotencia de Dios sería tan absoluta que el bien sería lo que Él disponga y el mal lo que condene, llegando a la polarización de considerar algunos que Dios podría imponer como buena la blasfemia o el robo. Se anticipaba en estas y otras afirmaciones la imposibilidad de salvación por parte del hombre y se ponía alfombra roja a posteriores aserciones luteranas. Los heterodoxos de la época afirmaban que nada tangible alcanzaría lo intangible, incluidos los méritos de los fieles, y solo podrían salvarse las almas que Dios predispusiera.

Benedicto XIII, que admitió ser elegido, porque a pesar de sus obras en otro sentido llegó a convencerse de que la elección de Urbano VI había sido realizada con grave temor por parte de los electores, se marcó objetivos para su pontificado. Entre otros, recentralizar nombramientos, asentar un sistema financiero eficiente y devolver a la Iglesia la autoridad papal menoscabada por el enfrentamiento cismático.

Carlos VI, rey de Francia, decidió por motivos económicos retirar el apoyo a Benedicto XIII. El rigor fiscal de los recaudadores pontificios desagradaba a los obispos, abades y clero secular galos. En el otro bando, Inocencio VII había sucedido a Bonifacio, y después de un bienio fue reemplazado por el patriarca de Constantinopla Ángelo Correr, que adoptando el nombre de Gregorio XII notificó su deseo de ventilar el conflicto. La unanimidad con la que había sido elegido procedía de sus mandas de búsqueda de una solución a bote pronto. Se presentó más que como un papa como un negociador con el objetivo de abdicar. Revalidó que negociaría con su rival, «*aunque tuviese que hacer el viaje a pie o atravesar el mar en la cubierta de un barco*». En abril de 1407 se acordó el encuentro en Savona

(Italia), y las fuerzas que a cada uno acompañarían. La fecha, el 29 de septiembre de 1407, con límite el 1 de noviembre del mismo año.

Cuando la confluencia parecía encauzada, Juan Dominici, obispo dominico de Ragusa, y los sobrinos del papa, Antonio y Pablo Correr, espolearon un cambio en Gregorio XII. De septiembre de 1407 a enero de 1409, en vez de negociar con Benedicto XIII se centró en escribir cartas desde Siena explicando los motivos por los que no acudía a la cita. Mensajeros procedentes de diversas instituciones se dirigieron a los contendientes. Para lubricar los engranajes se modificó el lugar de la reunión, designándose Pietrasanta, a donde se encaminó Benedicto XIII, pero Gregorio XII no entró en la localidad. Benedicto XIII no deseaba alejarse de la costa, y por tanto de sus buques; y Gregorio XII no consentía aproximarse al mar por si era secuestrado y conducido a un barco de su contendiente.

De la falta de credibilidad de ambos da fe este epigrama de la época:

> *«Hazme una propuesta, que yo la rechazaré.*
> *Yo voy a proponer y tú a rechazar.*
> *Si Gregorio manda en la tierra,*
> *Benedicto reina sobre el mar.*
> *Y de este modo, al repartir entre ambos el trono,*
> *que blanda y limpiamente comparten,*
> *hará el agosto de ambos*
> *y tocarán a buena parte».*

Gregorio XII, a pesar de su opuesto compromiso previo, nominó cardenales. Adjudicó el obispado de Siena a Gabriel Condulmaro, futuro Eugenio IV, y el 12 de mayo de 1408 creó cardenales, además de al mismo Condulmaro, a Antonio Correr, Jaime de Udina y Juan Dominici. Ante estas desconcertantes evidencias, los prelados más ancianos se reubicaron en Pisa para reunirse con enviados de Benedicto XIII. Lo lograrían en Liorna. Los dos colegios estaban conformes en que tanto uno como otro tenían que abdicar. Al llegar a oídos de los pontífices la proposición, convocaron nuevos concilios para detener la presunta ofensa. Benedicto reuniría al suyo en junio de 1408 en Perpiñán (en aquel momento localidad española). Gregorio

XII haría otro tanto con su gente en Siena. Ambos promovieron nuevos cardenales afines.

El concilio convocado en Pisa para el 25 de marzo de 1409 por disidentes de ambas obediencias agregó un tercer reclamante del solio pontificio: Alejandro V. Tras agotadoras discusiones, el Concilio de Constanza, sobre el que volveremos, depuso en 1414 a Juan XXIII (no confundir con Angelo Giuseppe Roncalli, del siglo XX, quien eligió el mismo nombre para confirmar lo inapropiado del cargo de quien estamos mencionando), sucesor del brevísimo Alejandro V; recibió la abdicación de Gregorio XII y despidió a Benedicto XIII. Se incluyó un veto para la reelección de cualquiera de los implicados. Del mohíno ambiente que se respiraba es testimonio el que el 5 de junio de 1409 al leerse la sentencia que condenaba a la vez a Angelo Correr (Gregorio XII) y a Pedro Luna (Benedicto XIII), el encargado les denominó despectivamente *Errorius* (en latín macarrónico, error) y *Benefictus* (en latín también forzado, falso bien). La fuga de Juan XXIII exacerbó los ánimos hasta el punto de que asumieron como propia la doctrina conciliarista. Ellos estarían por encima de cualquier pontífice. En la cuarta sesión, de 30 de marzo de 1415, se afirma: «*Este concilio, reunido legítimamente en el Espíritu Santo, constituye un concilio ecuménico y representa a la Iglesia universal, tiene su poder inmediato de Dios, y todos, cualesquiera que sea su oficio y dignidad, incluido el papa, están obligados a obedecerle en lo tocante a la fe, a la extinción de dicho cisma y a la reforma general de la Iglesia de Dios en la cabeza y los miembros*».

Juan XXIII, que no se avenía a razones, fue declarado contumaz y depuesto el 29 de mayo de 1415. En ese momento congenió y acabó confinado en Mannheim (Alemania). Gregorio XII, por su parte, fue nombrado cardenal obispo de Oporto y legado perpetuo de la Marca de Ancona, y allí se apoltronaría hasta su fallecimiento en 1417.

El 11 de noviembre de 1417 era elegido Otto Colonna con el nombre de Martín V y se sellaba el Cisma de Occidente. Benedicto XIII, que nunca abdicó, fue depuesto el 26 de julio de 1417, y con algunos adeptos se enrocó, nunca mejor expresado, hasta su muerte en su palacio de Peñíscola (España). De su cerrazón es prueba lo que sucedió el 14 de noviembre de 1415 al embarcar en Perpiñán. Al observar el mar enervado y ensortijado, le recomendaron esperar. Él dilucidó que, si era el pontífice legítimo, el Sumo Hacedor cuidaría de su persona. Si no lo era —añadió— su fallecimiento concluiría el cisma. Al salir de puerto, las aguas rizaban pachorrudas. Se volvió a sus acompañantes y con los brazos alzados al Cielo, enardeció: «*Papa sum!*».

El cisma pudo darse por finiquitado en 1429, cuando Clemente VIII abdicó en Martín V. Clemente VIII había sido elegido tras el fallecimiento de Benedicto XIII en 1423. Como agradecimiento, al ya ex Clemente VIII se le encargó el obispado de Mallorca.

ALGUNAS ENSEÑANZAS

- **Un sinfín de conflictos son alargados solo porque alguien obtiene beneficios particulares**

- **La ceguera del poder alcanza incluso a gente aparentemente sensata**

- **Los consejeros casi siempre piensan más en sus intereses que en los generales**

- **En muchas decisiones queda celado lo crematístico, pero casi siempre brujulea**

- **Reflexionar sobre los novísimos facilita desenrollar mejor lo terrenal**

- **Para muchos, la verdad es lo que en un momento preciso les interesa. Es un modo de degradar la verdad a algo circunstancial**

- **Quien miente una vez puede no volver a hacerlo; quien falta a la verdad dos veces seguirá con engañifas**

- **Algunos no distinguen realidad de trola porque han nublado su conciencia**

- **La mezcla de familia y profesión solo sale bien por casualidad**
- **Más vale un comportamiento concreto que discursos hinchados de grandilocuencia**

FUNDAMENTOS DE ANTROPOLOGÍA DIRECTIVA

TOMÁS HEMERKEN DE KEMPIS (1379-1471)

Retrato de Thomas von Kempen, de Zeitgenössischer Maler, 1460. Fuente: Página conmemorativa de Thomas von Kempen.

Monasterios y congregaciones de canónigos regulares vivieron su auge en los siglos XI y XII. Los premonstratenses, canónigos regulares, florecieron en paralelo al Císter. Recibieron notable influencia franciscana, pero fueron aflojando por no amoldarse a la ineludible y retadora austeridad. A modo de reforma, a finales del XIV retoñó en los Países Bajos una nueva congregación de regulares que se convirtió en portavoz de la devotio moderna. Se habían concentrado seis acometedores bajo la regla de san Agustín. En 1395, el papa Bonifacio IX aprobó la Congregación de Canónicos Regulares de Windesheim. Entre los seguidores de Gerardo Goote (1340-1384), destacó Florencio Radewijns (1350-1400), que promovió una congregación de varones denominada Hermanos de la Vida Común, caballeros piadosos que, a semejanza de las Hermanas de Vida Común, sin votos religiosos, renunciaban a su patrimonio, atendían a enfermos y formaban a la juventud.

La fama de los Hermanos de la Vida en Común se atribuye a la originalidad de su propuesta inspirada en las primeras comunidades cristianas, y también a que algunos de los primeros gatearon como autores de referencia. Destaca Tomás Hemerken de Kempis (1379-1471), prosista de la *Imitación de Cristo* o *De contemptu mundi*, inspirado en el místico flamenco Jan van Rusybroeck (1293-1381). Algunos estudiosos han señalado como posible ensayista a Giovanni Gersen, abad benedictino de raíces italianas, pero la opinión más común se inclina por el antedicho Kempis, quien se incorporaría al convento agustino de Agnerrenberg, en Windesheim (Holanda). Fue siempre seguidor de Gerardo Goote y Florencio Radewijns.

De la *Imitación de Cristo* se conservan setecientos manuscritos y ochenta y nueve incunables. Se editó por primera vez en 1470 y desde entonces ha sido traducido a casi cien idiomas. Cuenta con más de tres mil ediciones. El volumen, lectura ascética y mística, rezuma enseñanzas para la gestión de personas y organizaciones. Excelente texto de antropología comportamental, muchos, no siempre tributando la gratitud debida, se han inspirado en él.

El autor comienza por recordar que no son las palabras las que dignifican, sino las obras. Sentir compunción es preferible a memorizar su definición. Es mejor profesional y persona un modesto campesino que un pedante filósofo o intelectual egotista. La correcta valoración de uno mismo y de los demás, recuerda Kempis, es la más útil y profunda ciencia. Tenerse a sí mismo en poco y alimentar buena opinión de los otros manifiesta sabiduría. Si bien es cierto que todos somos frágiles, a nadie deberíamos enjuiciar más endeble que cada uno a sí mismo.

«¿Quién pelea más reñida batalla que quien se esfuerza por superarse a sí mismo?», plantea con sabiduría. La cardinal ocupación de cada uno es vencerse, fortaleciéndonos contra las flaquezas porque abundamos en lacras. El siguiente consejo parece diseñado para políticos y periodistas: si se dieran tan buena maña para desarraigar vicios y plantar virtudes como para provocar controversias, no habría tantos escándalos. Cuántas veces se cree más lo malo que lo bueno, incide. La necesidad de *feedback* 360 y de reaccionar con

ponderación ante dimes y diretes es constante. Gran cordura es no precipitarse en las acciones, ni obstinarse en el propio parecer. La testarudez no es lo mismo que la convicción. La primera se guía por los medios y la segunda por los fines. También lo es no creer todo lo que la gente dice, ni ir luego a narrar a otros lo que se oyó: «*De mucha paz podríamos gozar si no nos ocupásemos de dichos y hechos ajenos que a nosotros no nos importan*». Cuánto tiempo ahorraríamos si nos centrásemos en lo que directamente nos compete. Kempis insta: «*¿Cómo podrá estar largo tiempo en paz quien se entromete en asuntos ajenos, quien sale en busca de ocasiones de perderla, quien poco o rara vez en su interior se recoge?*». En otro momento señala que cuando cada uno se examina a sí mismo es alta la probabilidad de que surjan frutos de mejora.

Es aconsejable un *coach*, solicitar consejo a personas prudentes y de conciencia recta. El elegido no solo ha de tener buen conocimiento técnico, sino sobre todo aplicarlo a su existencia. Una vida virtuosa proporciona pericia. Kempis aconseja consultar a los expertos y escuchar con atención. Resistiendo a las propias pasiones se encuentra la paz del alma. De otra forma, en vez de liberarnos nos esclavizamos. Concluye que no habrá paz en el corazón de quien queda derrengado por lo tangible. Bloquear la objetividad por darse el pisto es objeto de rechazo: «*No te envanezcas de tu alta estatura, ni de la belleza de tu cuerpo, que una ligera enfermedad la afea y destruye*». Es conveniente no creerse por encima de nadie, aunque en determinada habilidad seamos presuntamente superiores. «*Ningún daño te hará el ponerte debajo de todos; pero sí, y muchísimo, el anteponerte a uno solo*». Haciendo suyo el consejo de los sabios griegos de no dejarse fascinar por nadie, rasguea socarrón que hay personas de radiante reputación que quedan eclipsadas cuando se las trata. Relativizar la propia opinión es inteligente. ¿Quién es tan sabio que lo sepa todo? ¿No es acaso más lo que desconocemos que lo que sabemos?

Los procesos de mejora tienen que centrarse en pocos objetivos, retadores pero asumibles. «*Si cada año desarraigásemos uno solo de nuestros vicios, pronto seríamos perfectos*». El error no ha de verse como meramente pernicioso. «*Es bueno sufrir a veces contradicciones y que se piense mal e injustamente de nosotros, aun siendo recta nuestra intención y buenas las acciones. Eso suele servir para humillarnos y nos defiende contra el peligro de vanagloria».* Un método hacedero es conllevar con paciencia los defectos y debilidades de los paredaños. Recapitulemos que cada uno apelotona macas que los demás deben soportar. Los objetivos generales, demasiado grandes para abarcarlos en una sola vida, habitualmente no motivan. El texto alienta a formular propósitos concretos, de manera especial contra lo que más nos disuada para progresar en la virtud. Centrarse en el personal desarrollo es el trampolín pertinente para favorecer la mejora del equipo. Mucho hace quien hace bien lo que hace. Las limitaciones han de contribuir a la comprensión, porque si uno no avanza, ¿cómo despotricar de retrasos ajenos? Resulta antiestético desear que los otros sean perfectos y no cauterizar las flaquezas personales.

Tratar de normativizar todo es de petimetres. Las regulaciones pueden ser buenas, pero de poco sirven si no se transforman las actitudes. Dejarlo todo en manos de normativas cada vez más estrictas es improcedente. Resulta incongruente reclamar que con reglamentos se sujete a otros y refutar que a nosotros se nos estreche más.

Encontramos en el texto joyas como este triplete:

1. *«Es más fácil no hablar nada que hablar sin faltar»*
2. *«Solo está seguro siendo superior quien querría ser inferior»*
3. *«Solo sabe mandar quien aprendió bien a obedecer»*

Hay que escuchar, pero también des-escuchar, especialmente cuando las palabras son proferidas por profesionales del desconcierto. *«Si no salieras, ni prestaras oído a ningún rumor, en más profunda paz permanecerías. Pero, como a veces quieres oír novedades, fuerza es que de allí te venga turbación de corazón».*

Gestionar el tiempo en los detalles comienza por hacerlo en su sentido más amplio. Como señalará Covey en *Los 7 hábitos de la gente altamente efectiva*, inspirándose en una larga tradición que hallamos también en el Kempis, *«jamás olvides la muerte y que el tiempo perdido ya no vuelve».* Sin trabajo y brega nunca se adquieren virtudes, perpetúa Kempis de forma concluyente. Indica el camino: *«Vigílate, anímate y amonéstate, y sea lo que fuere de los otros, de ti no te descuides»*. Es un camino arduo, repleto de sinsabores, pero también, si se persiste, de galardones.

Quien ordena su existencia controla esa hueca curiosidad que lleva a la infecunda bellaquería de husmear en conciencias ajenas. Resulta primordial estar conchabado con uno mismo para echar un capote a otros, porque *«quien vive en paz, de nadie recela; al descontento e inquieto diversas sospechas lo perturban: ni él está en armonía, ni deja estarlo a los demás. Muchas veces dice lo que no debería y no hace lo que más le convendría, atento siempre al deber ajeno y descuidado del propio»*. Cada uno aprende pronto a colorear los propios yerros, pero nos resistimos a aceptar las disculpas de los demás por errores más livianos que los propios. Y anticipa: *«Más justo sería que te acusaras a ti y excusaras a tu hermano. ¿Quieres que los otros te aguanten? Aguántalos»*.

Hay muchos que *«no están en paz consigo, ni dejan estar a los demás. Son pesados para los otros, pero más pesados aún para sí mismos. Y hay otros que están en paz consigo y procuran poner paz a los demás. Nuestra paz en esta vida miserable consiste más bien en sufrir con paciencia las adversidades que en no sufrirlas. Quien mejor sepa sufrir, en más profunda paz vivirá, de sí mismo triunfará (...), amo del mundo y heredero del Cielo será»*. Quien desarrolla una conciencia pura, resultado de un proceder técnico y ético, vivirá contento y calmoso. No se es mejor por ser alabado o censurado. Cada uno es lo que es independientemente de lo que otros consideren. Vive en paz quien no se preocupa de que lo alaben o vituperen si sabe que está haciendo lo que debe y como debe.

Demasiados se desconciertan si las cosas no salen según les agradaría. Hay que procurar hacer bien lo que hagamos sin mirar a derecha e izquierda para recibir plácemes. Con socarronería resume el autor: *«Si contra ti dijeran cuanto pudiera inventar la malicia más refinada, ¿qué mal te harían si ningún caso hicieras, ni un bledo te importara?»*. A nadie, en fin, deberíamos mirar de soslayo ni minusvalorar, porque a ninguno se le despeja una ceja mientras la adversidad no lo desafía.

ALGUNAS ENSEÑANZAS

- La ausencia de exigencia diluye los ideales. Qué triste que a alguien supuestamente entregado se le pueda calificar con razón de monje/a rico/a

- De forma consciente o inconsciente cualquier proyecto debe mucho a ancestros en ocasiones desconocidos

- Cualquier texto admite niveles de profundidad en su interpretación

- *Cave quid dicis, quando et cui*, o es preciso estar atento a lo que se dice, cuándo y a quién

- Vencerse a uno mismo es el primer paso para movilizar a otros

- Cuántos esfuerzos se pierden en crear controversias. Si se aplicaran a ilusionar equipos los transformarían en resilientes

- Un *feedback* 360 bien realizado nunca deja campante

- La curiosidad (*curiositas*) es vicio insano que malgasta energías y tiempo y genera correveidiles. La *studiositas* (afán de profundizar) es digna de alabanza

- Un *coach* prudente construye conciencias rectas, no escudriña recodos morbosos

- Los procesos de mejora han de centrarse en pocos objetivos, retadores y asumibles

¿AQUÍ QUIÉN MANDA?
EUGENIO IV (1383-1447)

Retrato del papa Eugenio IV, de Juan Fouquet y Onofrio Panvinio, 1568. Fuente: Biblioteca Nacional de Francia.

El papa Martín V, elegido en 1417 por el Concilio de Constanza que había clausurado el Cisma de Occidente al deponer a los antipapas Juan XXIII y Benedicto XIII y aceptar la renuncia de Gregorio XII, falleció el 20 de febrero de 1431. Dejaba abiertos múltiples frentes, entre los que destacan un concilio para analizar la gestión del poder en la Iglesia católica y la posibilidad de un entendimiento con los griegos para recuperar la unión de las Iglesias. Es imprescindible sumar a estas coordenadas la debilidad de la figura del papa tras el largo cisma, motivo último de una importante reducción de rentas que mantenía a los Estados Pontificios en una situación financiera de mírame y no me toques.

Gabriel Condulmer (1383-1447), futuro Eugenio IV, nace en Venecia en una familia de comerciantes. Magnánimo desde la juventud, distribuye veinte mil ducados a los zarrapastrosos cuando se incorpora a la Orden de Canónigos Regulares de San Agustín. Como se acaba de referir, su tío, el papa Gregorio XII, le hace obispo de Siena, pero los políticos nacionalistas de esa ciudad, alegando la juventud del elegido, que acababa de cumplir los veinticuatro años, le rechazan por foráneo. Gabriel renuncia al puesto y se convierte en tesorero de su tío, a la vez que en cardenal de las basílicas de San Marcos y San Clemente, antes de llegar a ser el de la prestigiosa Santa María en Trastévere.

Tras la desaparición de Martín V, fue coronado papa en marzo de 1431. Antes de ser confirmado se le obligó a ratificar un acuerdo por el que se comprometía a entregar a los cardenales que le habían elegido el cincuenta por ciento de los réditos de la Iglesia, además de consultarles cualquier decisión relevante. Una descripción de la época nos lo presenta así: «*El papa Eugenio IV era alto, de muy buena presencia, de aspecto delgado y serio e inspiraba respeto hasta el extremo de que nadie podía mirarle a la cara por su aspecto autoritario. Encarnaba maravillosamente la dignidad papal*».

Los tiempos desbordaban dilemas. Uno principal, que los defensores de la supremacía de la reunión cardenalicia sobre el romano pontífice se encontraban en momento álgido. Además, los Colonna le consideraban enemigo y trataron de envenenarlo. Descubierto el complot, el responsable directo fue condenado a muerte. Esto enardeció los ánimos, porque muchos príncipes de territorios pontificios aspiraban a gobernar sin sometimiento a la Santa Sede. Por otra parte, los seguidores de Huss se mostraban irreductibles. La solución de estos y otros males se esperaba del concilio previamente convocado en Basilea por el extinto Martín V. Eugenio estrenaba su reinado afrontando un concilio contra la autoridad del papa. Confluía, por si fuera poco, la animadversión hacia su persona de la poderosa familia milanesa Visconti. Eugenio IV, con tantas presiones, contrató tropas mercenarias para su amparo.

En medio de esa marabunta, mantenía hábitos monacales, no bebía vino, rara vez consumía carne y solía hacer una sola ingesta al día. Destacaba su piedad y austeridad, y su rectitud para no caer en barrena en el hasta entonces extendido nepotismo. Se empeñó en la reforma de la curia, comenzando por la prohibición, el 27 de marzo de 1431, de la barraganería de clérigos y laicos a su servicio. También luchó contra el exceso en la colación de beneficios.

Sus enemigos promovieron una violenta sedición en mayo de 1434. Ataviado de monje, escapó en barca por el Tíber, siendo perseguido con encarnizamiento por enfurecidos romanos que solo por miedo a las flechas y lanzas de los remeros de la barca del pontífice le dejaron huir. Llegado a Ostia se embarcó hacia Florencia, donde residiría en el convento dominico de Santa María Novella. Desde allí encargó a Vitelleschi, obispo de Recanati, que restaurase el orden en los Estados Pontificios. Tanto él como su equipo actuaron con severidad cuando lo consideraban conveniente. Un canónigo de San Juan de Letrán y dos compinches que hurtaron joyas de los relicarios de san Pedro y san Pablo fueron degradados, expuestos en jaulas en Campo dei Fiori y luego en el Capitolio antes de ser ejecutados.

La descripción que Ambrosio Traversari hace de la llegada del papa a la Toscana inclina a pensar que aquel recibimiento le ayudó a superar los malos momentos. «*Al acercarse las puertas de la ciudad (Florencia), que se abrieron de par en par, salió a su encuentro toda la nobleza y el clero con banderas; gentes de toda edad, sexo y condición social se agolpaban en las calles hasta el extremo de que el papa casi no podía moverse en ningún sentido y fue necesario arrojar monedas por todas las calles que atravesaba para que la gente dejase de apretujarle momentáneamente mientras las cogía. Los espectadores casi no cabían en todos los tejados y ventanas*».

El enfrentamiento con el Concilio de Basilea, sucesor del de Constanza, fue punto nodal de su pontificado. Abierto el 23 de julio de 1431, en vista de la escasa asistencia y fiabilidad de los participantes, el papa lo disolvió pocos meses más tarde mediante bula de 18 de diciembre de ese mismo año. Convocó de forma inmediata otro en Bolonia, que debía inaugurarse un año y medio después. La reacción tanto de conciliaristas como del poder secular fue el ensalzamiento, el 15 de febrero de 1432, de la doctrina galicana de la superioridad del concilio sobre el papa. Según esa tesis, este último no pasaba de ser un subordinado del concilio.

El 18 de septiembre de 1437 publicó nueva orden con la que trasladaba el concilio a Ferrara. Los de Basilea la declararon inválida y amenazaron con deponerlo. Los cardenales Cesarini y Nicolás de Cusa, menos inficionados, se incorporaron. El 25 de junio de 1439, el grupúsculo que permanecía aún en Basilea acusó a Eugenio de hereje, y sus integrantes, un cardenal y once obispos, proclamaron al duque Amadeo de Saboya como antipapa, con el nombre de Félix V (1439-1449).

Pocos días después, en Ferrara, el 5 de julio de 1439, el verdadero papa firmaba la bula de unión de las Iglesias occidental y oriental. Constan en el documento las rúbricas del emperador Juan VIII, los prelados griegos a excepción de dos, el obispo ruso, el monje Gregorio como procurador de la sede de Alejandría, los cinco crucíferos y siete abades o representantes de conventos, el propio Eugenio IV, ocho cardenales, dos patriarcas latinos, ocho arzobispos, cincuenta y dos obispos, cuatro superiores de órdenes religiosas, cuarenta y un abades, y el arcediano de Troyes, además de un enviado del duque de Borgoña. El día sucesivo fue promulgado el decreto de unión con el nombre *Laetentur coeli*, sea alabado el Cielo. La prospectiva de unión con los griegos fue seguida por la de los armenios, el 22 de noviembre, la de los jacobitas en 1443 y de los nestorianos en 1445. El concilio oficial de Ferrara, trasladado a Florencia, retornaba a la proclamación del primado universal del romano pontífice.

Tan altas expectativas fueron expeditamente arruinadas. En Constantinopla, la fogosidad arrebatadora de los católicos occidentales no había calado. Además, el emperador Juan VIII, que debía haber impulsado, varó en depresión de larga duración al fallecer su esposa. El prelado Marcos Eugenicus, contrario a la soldadura, malmetió. Se apoyó en cartas que se remitieron de Roma a Constantinopla que manifiestan limitada empatía con la visión griega y cierta prepotencia al considerarla una Iglesia local más.

Eugenio IV retornó a Roma el 28 de septiembre de 1443 después de un exilio de casi una década. Fue eficaz protector de las congregaciones de Benedictinos Reformados de Santa Justina de Padua y San Benito de Valladolid, apoyando las reformas de los dominicos, franciscanos y agustinos. Impulsó el movimiento renacentista y convocó a los artistas más egregios del momento: Fray Angélico, Pisanello, Foucquet, Donatello o Ghiberti. Murió en la Ciudad Eterna en 1447. Antonino, arzobispo de Florencia, lo describió así: «*Muy generoso con los pobres, liberal en sus donativos para restaurar iglesias; amaba el temor de Dios con un afecto tan práctico como genuino; fue un eminente promotor del servicio de Dios y extensión de la religión cristiana (...). Eugenio soportó injustamente muchas persecuciones y conjuras contra su vida, que sufrió con paciencia».*

La caída de Constantinopla en 1453 abortaría de forma categórica lo intentado con eufórico ardor.

ALGUNAS ENSEÑANZAS

- Las *soft skills* son convenientes junto a imprescindibles habilidades técnicas contrastadas

- La tentación del poder va casi siempre unida a cuestiones crematísticas

- Cambiar costumbres viciosas en un colectivo reclama audacia y constancia

- Ni la mejor persona consigue ser reconocida como líder por unanimidad

- Definir las estructuras de poder resulta casi superfluo cuando un proyecto está en mantillas, pero es imprescindible cuando se consolida

- Engañar a la plebe se encuentra al alcance de cualquier manipulador

- Rectificar reclama humildad, porque supone reconocer que durante un tiempo se estuvo equivocado

- Empatizar es imprescindible para negociaciones que aspiren a avenencias duraderas, incluso en medio de intrigas palaciegas

- Circunstancias exógenas pueden tornar inútiles esfuerzos de décadas

- Los obstáculos tienden a enquistarse

LA EXPERIENCIA ES UN GRADO
PÍO II (1405-1464)

El papa Pío II llega a Ancona, de Pinto-ricchio, 1502-1507. Fuente: The Yorck Project (2002), distribuido por DIRECTMEDIA Publishing GmbH.

El periodo que le tocó vivir a Pío II estuvo repleto de sibilinas zozobras. Basta leer unas coplillas que se canturrea-ban en el Concilio de Basilea (1431), clausurado en Lausana (1449):

Ya Roma desprecia las redes con que san Pedro pescaba peces.

Hoy con las redes romanas se pescan ciudades, oro y plata.

El *curriculum vitae* de Eneas Silvio Piccolomini (1405-1464) no es insípido. Fue doctor en Derecho, poeta, humanista, agente recóndito del Vaticano, colaborador en el designio de secuestro de un romano pontífice y durante años partidario de situar al concilio por encima de los pontífices. También asistente de forma sucesiva de un antipapa, un emperador y un papa. Y, por fin, él mismo elevado al solio pontificio. El único, además, que ha dictado su autobiografía. Antes de alcanzar el sitial, y aparte de las actividades relatadas, escribió dos decenas de obras de historia y geografía, además de una comedia erótica y una novela amorosa. Una vez nombrado, dudó entre una cruzada y una metamorfosis —¡era perentoria!— de la Iglesia, y optó por la trifulca contra los turcos. Precisamente durante su designación como sucesor de Cristo estos habían conquistado Atenas. En el umbral de la Edad moderna forjó un adjetivo para calificar a quienes vivían en el

Viejo continente europeo. Agrupaba con ese término la tradicional *civitas christiana* de la Edad Media. En menos de doce años había transitado de indómito laico a papa. Al comienzo de su autobiografía aseguraba: *Scripsi, non finxi. Res acta est*, los sucesos que he narrado sucedieron así en la realidad. La censura ocultó en algunas ediciones los pasajes menos modélicos en su dispar existencia.

Hasta los dieciocho años se desempeñó como bracero en los campos de Corsignano. Pertenecía a la saga de los Piccolomini de Roma, que por motivos políticos se habían trasladado a Siena. Algunos miembros de la familia habían alcanzado fama gracias a las letras; otros, a las armas. De sus antaño abundantes caudales hablan terrenos, fortalezas o castillos. El escudo familiar muestra una cruz y cinco medias lunas, elegido por sus antepasados cuando en 1217 marcharon a la Quinta Cruzada al frente de novecientos sienenses atendiendo a la requisitoria del papa Honorio III.

El abuelo de Pío II, Eneas Silvio, había conservado un moderado patrimonio. Póstumamente nacería su hijo Silvio. Durante la infancia del que sería padre de nuestro protagonista, acabaría por esfumarse la fortuna restante. Nuestro Eneas Silvio fue el primogénito de dieciocho hermanos, de los que nunca fueron más de diez los vivos. Solo subsistieron tres: sus dos hermanas, Laudomia y Catalina, además de él mismo. Recibió el nombre de Eneas por el abuelo y Silvio por su padre. También fue nominado Bartolomé por devoción a ese apóstol. Veía la luz el día de san Lucas evangelista el 18 de octubre de 1405. Despierto y con buena retentiva, algunos cronistas lo atribuyen a un accidente cuando sumaba tres años. Sea o no el motivo, aprendía de memoria párrafos enteros. Conoció la peste que se cebó con Siena los años 1420 y 1421. La mortífera epidemia obligó a muchos a trasladarse a otros lares. Concluida la amenaza, ya con dieciocho años, Eneas se incorporó al *Studium Generale*. Conoció entonces al franciscano Bernardino de Siena (1380-1444), quien lo cautivó por su preparación y consistencia en su rechazo de pecados como la sodomía, tan extendida entonces en Italia. Pío II recordaría hasta su muerte algo que este prohombre le insinuó: «*El estudio es una gloria, y el mayor amigo que tiene el demonio es el hombre ignorante y ocioso*».

El cardenal Niccoló Albergati pivotó sobre él, delegando responsabilidad que le hizo crecer: «*Yo no puedo realizar personalmente un tipo de trabajo así –le confió–, no solo por mis años y por el cargo que ostento, sino también porque soy conocido y odiado en aquellas tierras. Creo que la persona idónea, inteligente y hábil para acometer con éxito esta empresa eres tú, Eneas*».

Eneas, como afloró por carta al obispo Bartolomeo, no fue ejemplar: «*Yo no soy casto: yo solo soy un poeta, no un estoico. Esta noche te digo abiertamente lo que soy, aunque quizá me acuses de algo. Pero si lo haces, te respondería con las mismas palabras de Horacio a sus mecenas: 'Si mi naturaleza se siente empujada hacia algunos pocos y pequeños vicios, permaneciendo tranquila para todo lo demás, atacarme por esos vicios sería criticar pequeñas manchas en un cuerpo espléndido'. Recreo mi vista ante un rostro bello y de buena gana miro a los hermosos ojos de las mujeres. Pero en mi descargo puedo decirte que ninguna de ellas, absolutamente ninguna, y conocí a muchas, me impediría jamás cumplir con los deberes de mi trabajo*».

Cuando se encontraba en Basilea, planteó abolir el celibato. Consideraba mejor que los sacerdotes maridasen que la búsqueda de compañeras por parte de quienes no se sentían con fuerzas para asumir la exigida continencia carnal. Apoyaba, por lo demás, una reforma en el papa, cardenales, obispos, frailes y clérigos para que fueran más motivadores. No funcionaba aquello al gusto del pontífice reinante y Eugenio IV, de quien hemos tratado en el capítulo anterior, había publicado una bula imputando al concilio esterilidad culpable. Ordenó además el traslado del concilio a Ferrara. Cesarini y Cervantes, cardenales legados, abandonaron Basilea con el rostro demudado.

Nadie, por cierto, ha descrito al altruista pontífice Eugenio IV, padre de los pobres en su sentido más amplio y que tanto se esforzó contra el nepotismo, como Eneas Silvio Piccolomini: «*Tenía un corazón magnánimo, pero su gran defecto fue que no conocía medida y sus decisiones venían reguladas más por el querer que por las posibilidades reales*». Se trataba sin duda de una gravísima limitación que ensombreció las extraordinarias intenciones del veneciano Gabrielle Condulmer en su trabajo como romano pontífice.

La Iglesia tuvo dos concilios ecuménicos, uno en Ferrara y otro en Basilea, que se excomulgaron entre sí. El desastroso desafío llegó al punto de que, en el verano de 1438, siete obispos y trescientos presbíteros y doctores reunidos en el de Basilea habían tratado de deponer a Eugenio IV. Viajó entonces Eneas a Ripalla junto al cardenal D'Aleman. El objetivo era comunicar al príncipe Amadeo su nombramiento como papa. Cuando le presentaron el decreto, con irredenta visión terrenal de la propuesta y ayuno de consideraciones espirituales, bufó: «*Habéis suprimido las anatas y otros impuestos. ¿De qué vivirá el papa? ¿Acaso creéis que yo voy a consumir mis bienes, privando a mis hijos de la herencia? ¡Jamás haría algo así!*».

Solo aceptó el nombramiento cuando el cardenal de Arlés le certificó que los gastos correrían por cuenta de la Cancillería apostólica. Más adelante escribiría de él Pío II que «*sin la barba y con su rostro pequeño y frío, la mirada torcida, porque padecía de estrabismo, y las mejillas flacas y caídas, más parecía un mono que un papa*».

En su ceremonia de asentimiento, el ávido duque Amadeo de Saboya, como Félix V, (1439-1449) nombró al mayor de sus hijos, Luis, duque de Saboya; al infante, Felipe, le encumbró conde de Ginebra. En Basilea, ante sus numerosos hijos, y desde una tribuna frente a la catedral, fue ordenado obispo por el cardenal de Arlés. Recibida la tiara, escribanos y abogados clamaban: «*¡Larga vida a Félix V, elegido y coronado por Dios!*».

Pocos se solidarizaron con él. Eugenio IV (papa oficial) lo calificó de hijo de Satanás, nuevo anticristo de la Iglesia de Dios. Los partidarios de Félix V, entre los que se encontraba en aquel momento el futuro Pío II, fueron adjetivados como piquete de brujas y hechiceras. Los de Félix V contraatacaron con similar pirotecnia de denuestos a los de Eugenio IV. Lejos de épicas, la mejor palanca era el dinero. Cuando el rey Carlos VII solicitó treinta mil ducados para pasarse a su bando, Félix V se negó y el francés permaneció junto a Eugenio IV. Además de por roñica, el carácter locoide y adusto de Félix V contribuyó a que más y más gente se apartase. Con vitriólico sarcasmo, el futuro Pío II reseñaría que sus palabras eran cortas, y aun así decía más de lo que sabía.

En el otoño de 1442, Eneas asistió en nombre del antipapa a la coronación del nuevo emperador Federico III, en Aquisgrán. Cambiaría allí sus predilecciones. Al incorporarse al gabinete del emperador, recordó un dicho de su padre: «*Quien se dedica a la vida de la corte sin estar obligado es un pobre imbécil*».

Influía en esa opinión paterna la penosa experiencia en Milán. Su hijo Eneas trataría de navegar con más habilidad, pero no logró negociar bien su posición y fue arrinconado por carcamales que lo percibieron como amenaza para el *statu quo*. Por si fuera poco, cayó en desgracia ante un bávaro de nombre Guillermo Tatz, que lo ninguneó burlándose de él en público.

En 1446 fue nombrado secretario pontificio por Eugenio IV. Era la tercera vez que ocupaba ese puesto tras ejecutarlo con Félix V y con Federico III. Lo haría por cuarta vez con Nicolás V, fundador de la biblioteca vaticana en 1448 y promotor de la Universidad de Glasgow con bula de 1451, conocido también por haberse abortado por los pelos el atentado que contra su persona estuvo a pique de culminar Stefano Porcaro en 1453. Al narrar sus cambios de bando en su biografía, Eneas Silvio se ensalza como hombre versátil.

No faltaron, sin embargo, maledicencias: «*Ahora sabemos por qué Eneas abandonó Basilea y a Félix V. Acaba de cobrar el precio de su traición*».

Félix V, último antipapa hasta el presente, elegido únicamente por once obispos y un cardenal, dimitiría en 1449, convirtiéndose en cardenal de Santa Sabina, legado pontificio y vicario vitalicio de Saboya; viviría en su fachendosa villa de Ripaglia. La post verdad arrancó de los libros de registro de Eugenio, por orden del papa, las páginas donde se hablaba de las personas que habían participado en el Cisma de Basilea, incluido obviamente el de Eneas.

Sic transit gloria mundi, poco dura la gloria del mundo. Cuenta Pío II en su biografía que, en cierta ocasión, siendo diplomático por cuenta del emperador, se alojó en Siena en dos ocasiones, con escasos meses de diferencia: «*¡Hace reír cómo marcha el mundo! ¡Nada hay estable y seguro!*». Un año antes nadie desistía de admirarle, ni de alabarle... Ahora: «*Mal visto por todos, nadie salió a recibirme cuando llegué a la ciudad, muy pocos vinieron a saludarme a mi casa y al cruzar la plaza escuché a muchos que me lanzaban injurias. ¡Hasta se corrió la voz de que existía una conjura para asesinarme! Pero soporté todo con calma y me sonreía dentro de mí ante el cambio de la fortuna*».

Intentó convencer a Nicolás V de emprender nueva Cruzada: «*Avisé también entonces de que Europa iba a desaparecer a manos de los propios cristianos antes que degollada por la cimitarra. Guerras interminables entre Francia e Inglaterra, alemanes que asesinaban a alemanes, italianos matando italianos, polacos y húngaros sangrándose en disputas internas con el turco a las puertas; eran los cristianos quienes llevaban la muerte a los cristianos. Entre nosotros crecía un odio mortal y estábamos llenos de heridas de muy difícil curación*». Según él, no deseaba poder. Cuando le anunciaron que el papa Calixto III (1378-1458) le designaría cardenal, replicó: «*Si es verdad lo que decís, lo sabremos antes de dos horas. Mientras tanto, yo estoy preparado para lo uno como para lo otro. Ni me voy a angustiar si no se cumplen vuestras palabras, ni tampoco quiero ilusionarme con vanas esperanzas por si luego resulta que no salgo elegido*». En aquel consistorio solo se nombrarían tres y tan jóvenes que se hizo chacota. Entre todos sumaban edad para uno. Se trataba de Luis Meilan, Rodrigo Borja, sobrinos del papa, y Jacopo de San Eustaquio, de la casa real portuguesa. Se musitaba con retintín que no se les hacía cardenales para que apoyasen a la Iglesia, sino para ayudarles a ellos.

Calixto III (1378-1458) transcurrió su vida divagando sobre la Cruzada. Proclamó que él mismo iría a la guerra. Sus palabras lindan lo dramático: «*La luz de la fe está casi extinguida en estas desgraciadas regiones. Si alguna vez te olvidare, Jerusalén, caiga mi diestra en el olvido; se paralice mi lengua en mi boca, si no me acuerdo de ti, Jerusalén, si no eras tú el inicio de mi alegría*». Fallecido este papa, tuvo lugar el suceso conocido como «la conjura de las letrinas», calificada así porque Guillermo D'Estouteville negoció en ese lugar con los cardenales su nombramiento. Pío II aseguraría haber deplorado «*una conspiración de este tipo en el excusado. ¡Qué sorpresa! Así que este palacio en el que han vivido tantos santos se va a convertir mañana en una cueva de filibusteros, en un prostíbulo. ¡Hermoso final para la Iglesia de Cristo! ¡Nos lo merecemos!*».

Eneas Silvio, con la ayuda de Felipe de Bolonia y de otros pugnaría por modificar la previsible elección, y acabaría ascendiendo él mismo al papado. La gansada remedada del nacionalismo, otra constante histriónica e histórica, llevó a que cuando el sienés fue hecho papa, los florentinos, al ser saludados con el clásico «*¡Que Dios te guarde!*», reaccionaban: «*¡Pero cómo me va a guardar Dios si está ocupado en hacer felices a los sieneses!*».

Para soslayar intrusiones y cabildear mejores arbitrajes, prescribió que solo sus dos secretarios personales tuvieran acceso a él. Consideraba que de ese modo sorteaba ardides de terceros. Cuando Pío II convocó en Mantua un congreso para zurcir una nueva Cruzada, llegó a sus manos la misiva de un cardenal dirigida al monarca galo: «*A Carlos, rey de los franceses, un sacerdote cardenal te saluda. Ha sido convocado en Mantua un congreso de todos los príncipes cristianos. Allí se dirige ahora el pontífice Pío II, cuyo interés supremo es reunirse con el emperador Federico III, lo que no traerá para ti sino humillación y perjuicios. Si eres inteligente, sabrás cómo impedir ese acuerdo. Adiós*».

Otro cardenal, Giacomo Teobaldo, de Santa Anastasia, le apercibía como iluso y responsable de arruinar a los italianos. Pío II, al recordar esos hechos en sus memorias, emplea un refrán: «*La rueda del carro que chirría es la que peor gira*». Y esclarece que ese cardenal era tal por ser hermano del médico de Calixto III. Se regodea detallando que era pequeño de estatura, pero más aún de cerebro, con peligro tanto para doctrina como para la moral, ámbitos en los que no destaca. Reflexiona que los príncipes se abandonan a las malas costumbres, siguen su sibaritismo y dejan que todo perezca antes que renunciar a sus placeres. Creen a los soflameros y piensan que sus actos son alabados tanto en su ausencia como cuando están presentes. Sucede lo contrario: raramente es encumbrado a sus espaldas quien recibe ditirambos en su presencia.

Los frentes a los que responder fueron múltiples. De no menor importancia la situación de la ciudad de Roma, que obligaba a custodiar las casas de los cardenales por temor a los embozados. En 1461, once de la banda de Tiburzio, procedentes de la ciudad de Palombaro (provincia de Chieti), fueron detenidos y condenados a muerte. Un malhechor de nombre Jacobo Sabelli tenía como objetivo la residencia papal. La eficaz labor del capitán Federico de Urbino doblegó al forajido, que acabó detenido.

En un consistorio alanceaba Pío II a los electores: «*Si hubiera que nombrar cardenal únicamente a quien es digno, tendríamos que buscar en el Cielo para repartir los birretes. Por eso me admira que haya tantos aspirantes. ¿Hay algún sacerdote por ahí que no se considere digno del cardenalato, que no pida, que no insista, que no quiera estar entre los candidatos? ¡Demasiado ha descendido esa dignidad cuando hasta los niños quieren conseguirla! Los papas que me precedieron son los responsables de esta mala costumbre, ya que concedían la púrpura a algunas personas absolutamente indignas. Al menos podemos hablar de quienes han muerto. Conocisteis al cardenal de San Marcos, que algunos llamaban el bufón del colegio... Pero también a vosotros afecta cuanto digo, porque no guardáis la gravedad y la santidad de vida que exige vuestro oficio.*

»Vuestra conducta es tal que no parecéis elegidos para gobernar la Iglesia, sino para gozar las delicias de la vida. Vais mucho de caza, asistís a fiestas mundanas y os entretenéis demasiado con mujeres. Organizáis banquetes cada vez más opulentos, vuestras ropas son demasiado ricas y estáis rodeados de oro y plata. Os sobran caballos y servidores».

Intervenir como alta dirección es siempre complejo. Cuando el cardenal de Aviñón le previno sobre el nombramiento de Jouffroy, obispo de Arrás, como cardenal, Pío II desembuchó: «*Lo que dices es verdad. Tú y yo sabemos bien cómo es este hombre y lo has descrito cual es. Pero ¿qué puedo hacer? La situación es extremadamente delicada. Si le hacemos cardenal provocamos una guerra en el colegio, y sobre todo contra mí. Porque sé que nunca podré contentarlo, ya que jamás dejará de pedir lo que no debe. Planteará siempre problemas peligrosos y reivindicará sin límites. Dices que he de arrepentirme, pero yo te digo más todavía: me pesa antes de ejecutarlo... y, sin embargo, no me atrevo a no hacerlo. Con los ojos bien abiertos cavo mi fosa. Pero ¿qué harías tú en mi lugar? El rey desea el cardenalato para el obispo Jouffroy, y lo mismo me pide el duque de Borgoña. A cambio, Luis XI me promete abolir la Sanción Pragmática* (proclamada por el rey francés Carlos VII el 7 de julio de 1438, declaraba al monarca guardián de los derechos de la Iglesia en el país, como primera manifestación patológica de nacionalismo religioso, en este caso galicanismo), *y nada hay más nocivo para la sede apostólica que ese decreto. Ni siquiera un cardenal como Jouffroy. Por lo* demás, el tiempo límite para la elección de cardenales está próximo. Si no atiendo las palabras del rey, la Pragmática no será abolida en Francia. Y cuando el obispo de Arrás sepa que ha sido excluido de la lista, porque ya sabe que el rey lo ha puesto en ella, se resolverá como un dragón furioso vomitando su veneno contra Roma.

»Tú conoces la temeridad y la violencia de las pasiones de este hombre y sabes hasta dónde es capaz de persuadir con su doctrina, porque la emplea mejor en el mal que en el bien. Y aunque es cierto que ha dicho y escrito mucho contra la Pragmática, como es tan inestable no vacilará en afirmar lo contrario, pervirtiendo el ánimo del rey». Y concluye: «¡No le faltarán incluso textos de la Sagrada Escritura para argumentar su apoyo a la Pragmática!».

Cuando Nicolás de Cusa (1401-1468), cardenal de San Pedro *in vinculis*, le solicitó abandonar la curia, la respuesta del papa fue hacerle recapacitar sobre el que los reacomodos no transfiguran necesariamente a las personas: «*Ahora me pides permiso para retirarte de la curia, porque quieres buscar la soledad fuera de aquí. Tu inquietud proviene de tu alma, y dondequiera que vayas te desencadenará nuevas dificultades. Antes que abandonar la curia, deja atrás ese carácter tuyo, siempre descontento. Porque en ningún lugar estarás tranquilo si no pones límite a tus caprichos. Vete ahora a tu casa, y si mañana sigues pensando lo mismo, repíteme la petición de marcharte de la curia, que la aprobaré*».

Tras aquella charla, el cardenal de Cusa desmanteló en parte su insensato rigorismo. Este eclesiástico intelectual estaba convencido de que para cambiar a las personas casi siempre hay que comenzar por permutar personas. Así lo aplicó con éxito en los conventos bajo su jurisdicción. De manera destacada en el de clarisas de Bresanona (Bolzano, Italia) y en el de Premonstatense de Wittenberg (Sajonia, Alemania).

En el diseño del apremiante reciclaje, Nicolás de Cusa aventura el nombramiento de tres auditores. Propone un detallado perfil de puesto: serios, maduros, inspirados en Cristo, defensores de la verdad, con suficiente ciencia y prudencia, que no aspiren a honores ni riquezas y a la vez sean plenamente libres, que vistan y vivan con austeridad. A la vez establece referencias para el *balanced scorecard* pretendido. Entre otros puntos, deben tomar medidas para que los dirigentes en la Iglesia no acumulen beneficios; acciones punitivas para quienes no se avengan a las reformas; tabú de asistir a ceremonias litúrgicas celebradas por quienes no asuman las disposiciones papales; eliminación de buhoneros de salvación traficantes de indulgencias; clausura de conventos de monjas que no cumplan sus constituciones; extirpación de la usura, el adulterio y cualquier otra actuación contra las normas de la Iglesia; rechazo de comisiones, y en general de regalos de entidad procedentes de personas sobre quienes se debe decidir; prohibición de escapar de la debida obediencia de los superiores con la excusa de realizar estudios; etc.

Como no podía ser de otro modo, Nicolás de Cusa también cambió de bando en función de las circunstancias. Pasó de defender el conciliarismo a la monarquía papal al hilo de los vientos que corrían.

Pío II, que dada su agitada existencia conocía lo mejor y lo peor de la naturaleza humana, procuró realizar nombramientos consistentes. Entre otros, el de Basilio Besarión (1403-1472) como patriarca de la Iglesia católica en Constantinopla, en 1463. Ocho años antes, en el cónclave tras el óbito de Nicolás V, había estado a punto de ser elegido papa, pero su formación ortodoxa en Constantinopla bloqueó su candidatura. Fue apoyo consistente para Pío II.

De los planes audaces del papa habla el largo texto que remitió en 1462 al sultán turco ¡proponiéndole la conversión! Refiriéndose a san Esteban y a san León Magno, animaba al musulmán a hacerse cristiano y, junto a la Iglesia, ser referencia cultural y política para el mundo conocido. Escribía que «*la edad de oro de Augusto, aclamada por los poetas, volvería otra vez entre nosotros. Si tú te acercases a nosotros, pronto el Oriente entero tornaría a Cristo. Una única voluntad procuraría la paz a toda la Tierra. ¡Esa única voluntad es la tuya!*». Pero ni estas propuestas ni la llamada a la Cruzada disiparían las inquinas entre cristianos y musulmanes.

Pío II se empeñó en dejar recuerdo en su aldea natal, Corsignano, a la que cambió de nombre por el epónimo de Pienza (de Pío). Ordenó construir un palacio para la familia y una catedral bajo la advocación de la Asunción. Cuando iba a lanzar la Cruzada con sus solas fuerzas, confesó su desgate contemplando el puerto de Ancona desde el balcón de su habitación con un realismo que solo la proximidad del deceso proporciona: «*Hasta ahora me faltaba la escuadra para partir, ahora soy yo el que falta a la escuadra*». Aquel proyecto se descompuso y Cristoforo Moro, el dogo de Venecia, que había retrasado su participación, se quedó con los barcos por él en parte abonados.

Tras su fallecimiento, a las tres de la madrugada del 14 de agosto de 1464, precedido por una emocionante y sincera confesión ante sus cardenales de sus miserias y de su afán por servir a la Iglesia, estalló la vocinglera jauría contra los sieneses, análoga a la producida contra los españoles, y específicamente catalanes y valencianos, al fallecimiento de Calixto III.

ALGUNAS ENSEÑANZAS

- **Antes de alabar o condenar hay que dejar transcurrir muchos años**

- **No es cierto que cualquier tiempo pasado fue mejor. En todos ha habido cambalaches y monsergas**

- **Cambiar de opinión es de sabios, que con el paso del tiempo no solo acumulan años sino experiencia**

- **Seleccionar el paradigma adecuado en función de las propias aptitudes es razón necesaria, aunque no suficiente, de éxito en la vida**

- **Ascender para comprometer es buena táctica si el fin es recto**

- **No debe descalificarse a nadie por erradas actuaciones previas, siempre que haya arrepentimiento**

- **Quien solo ve rendimientos económicos en su trabajo, difícilmente aportará. La mezquindad ciega**

- **El fondo es importante, pero la forma —el carácter, las *soft skills*— son de altísima relevancia**

- **Siempre hay obtusos, en cualquier sector, época y circunstancias**

- **Mantener la calma contribuye a decidir con acierto**

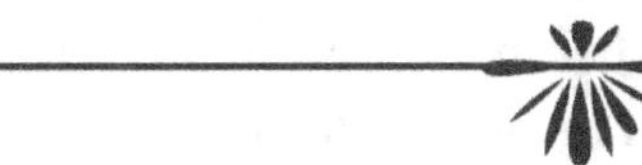

FONDO ¿ACERTADO?, FORMAS INAPROPIADAS

GIROLAMO SAVONAROLA (1452-1498)

Retrato de Girolamo Savonarola, de Fra Bartolomeo, 1497-1498. Fuente: Museo de San Marco, Florencia.

Girolamo Savonarola pudo haber fallecido como consecuencia de un atentado que hubiera sido ejecutado por un experto en explosivos de nombre Baia. El bosquejo era asesinar al dominico dentro de la catedral. El plan promovido por la facción de los Compagnacci no culminó, porque parientes y amigos de los partícipes en el complot eran seguidores del fraile. Que pudieran verse afectados desazonó a los violentos. ¿Quién era para merecer atención tan malintencionada?

Girolamo Savonarola (1452-1498) fue un dominico originario de Ferrara de lengua afilada. A Alejandro VI le apodaba Sífilis VI por haber contraído esa enfermedad en su promiscua actividad venérea. Savonarola, ducho en acrobacias de la lógica, peroraba que no era sino una justa punición del Cielo al indigno pontífice. Al tiempo se mortificaba en la carne, como puede verificarse al observar el cilicio (cadenillas de hierro con puntas que ceñidas al cuerpo producen dolor) que se conserva en la celda que habitó.

Desde el púlpito en Florencia clamaría Savonarola con desparpajo: «*Ven aquí, Iglesia degenerada. Yo te he dado finos ropajes, dijo el Señor, y tú los has convertido en ídolo. Te enorgulleces de sus cálices y conviertes sus sacramentos en simonía, mientras la lujuria te ha convertido (a la Iglesia) en una ramera desvergonzada (...). Hubo una época en la que te avergonzabas por tus pecados. Has construido hoy una casa de mala fama, un burdel común (...). Les aseguro a todos ustedes, buenos cristianos, que este Alejandro no es un papa ni se le puede considerar como tal. Compró su pontificado mediante la simonía y asigna los beneficios eclesiásticos a quienes pagaron por ellos; y sin tomar en consideración el resto de sus vicios, que todo el mundo conoce, les aseguro que no es cristiano, ni cree en la existencia de Dios*». Alejandro VI, para acallarlo, llegó a ofrecerle el birrete cardenalicio, pero Savonarola lo rechazó. El deslenguado acabó en la hoguera el 23 de mayo de 1498.

Savonarola era inteligente y aplicado. Su abuelo, médico de la corte y autor de tratados científicos, dedicó tiempo y esfuerzo a su nieto, implicándose incluso como docente de lengua latina. Bien atendido, y con disposiciones adecuadas, pronto pudo el retoño leer a Cicerón, Quintiliano u Ovidio. También a san Buenaventura, san Bernardo o santo Tomás de Aquino.

La humildad nunca fue su virtud. Cuando aspiró a ennoviarse con una hija ilegítima de la saga de los Strozzi de Ferrara, fue desairado a causa de la diferencia social. Girolamo trinó: «*¿Crees que es propio de los Savonarola casar a una bastarda como tú con uno de sus hijos?*».

El 25 de abril de 1475, añejo ya el despecho, confesaba con prosopopeya a su progenitor nuevos anhelos. «*La razón que me empuja a incorporarme a una orden religiosa es esta: primero la gran miseria del mundo, la iniquidad de los hombres, los crímenes carnales, adulterios, robos, orgullo, idolatría y crueles blasfemias, tan presentes que un buen hombre no puede ser encontrado allí. De ahí que muchas veces al día, mientras lloraba, cantase: huye de estas tierras, escápate de estas miserias...».*

Su estreno en Florencia no fue relumbrante porque sus ínfulas no se avenían con dignas dotes oratorias. Fue destinado por sus superiores a Ferrara, donde fortaleció habilidades de comunicación que le consentirían mutar en personaje público. De regreso a la capital de la Toscana fue además votado para superior del convento de San Marcos. Frente a lo que era consuetudinario, se negó a rendir visita de pleitesía a Lorenzo de Médici. Desmenuzó con sus conmilitones que él se remitía a Dios y no a un hombre. Aquello acaloró al potentado, que rezongó: «*Un monje extranjero llega a vivir a mi casa y no se molesta en venir a visitarme*».

Las posiciones se encaraban. Lorenzo de Médici consideraba a eclesiásticos, o no, como subordinados. Girolamo marcaba su territorio, negándose a someterse al presunto protector, por mucho que se denominara gran maestro. Desde su punto de vista eso hubiera supuesto anticipar futuros compromisos e incluso asumir podredumbres.

Comenzó a fulminar feroces venablos contra las descarriadas costumbres, comenzando por los clérigos que vivían con suntuosidad, apáticos ante las penurias de los pordioseros. Remachaba que algunos presbíteros habían exterminado a Cristo en sus corazones, celebraban misa con desatención y por retribución económica, o acudían a los entierros por mero provecho crematístico. Sus aceradas críticas a dirigentes, ungidos y en general a cualquiera que no comulgara con sus formulaciones, incomodaron. No desarrolló ninguna táctica de apaciguamiento. Se reafirmó en un sermón del domingo 20 de marzo de 1491. «*Estoy convencido de que Cristo habla a través de mis palabras*».

Embrollaba espiritualidad con política, consideraba que un Estado es más fuerte cuando es colectivamente más espiritual, porque el alma es más poderosa que cualquier realidad física. Razonaba que una estructura como la que él proponía atrae la gracia de Dios. Denunciaba con consternación un lema verosímilmente diseñado por el primero de los Médici. La expresión «*los estados no son gobernados por oraciones y padrenuestros*» recuerda la pregunta que Stalin formulara sobre el número de divisiones militares con las que contaba el papa.

Savonarola deliraba con un castigo de Dios que pondría fin a la impiedad y laxitud de costumbres. Vislumbró en el monarca galo, Carlos VIII, el instrumento del que la Providencia se serviría para enderezar el camino de la relapsa Italia. Llegó a presentarse ante el rey conminándolo con embelecos a hacerse cargo de esa responsabilidad.

Discurría que eran premisas ascéticas transformadas en pautas. El estado clerical, comenzando por el mismo papa y siguiendo por la jerarquía y los sacerdotes, tendría obligación de inspeccionar las resoluciones políticas. Clama así por una ley contra la sodomía. Considera que quien la practique ha de ser lapidado e incinerado. Por brutal que nos parezca, en muchas ciudades de Italia se dictaba pena de muerte para homosexuales descubiertos en su segundo encuentro. Constan como infrecuentes esos ajusticiamientos.

La reacción de los dirigentes florentinos fue pregonar a los cuatro vientos que el religioso pretendía poner en el timón político a vasallos afines. Ambicionaban la cooperación de los dirigentes de Roma, Venecia o Milán, incitándolos contra el revolucionario dominico, de quien muchas predicaciones recordaban a las diatribas de Cércidas, poeta del Peloponeso, que en el siglo III a. C. clamaba: «*Los ricos deben vomitar todo lo que han comido. ¿Tienen los dioses ojos de topo que no ven las riquezas injustamente ganadas por algunos?*».

Savonarola encontraba tierra abonada para sus propuestas. Instaurar una república ajena a los Médici cautivaba a quienes habían sido vetados en su ascenso hacia el poder. Al igual que otros antes y después, camuflaban sus ambiciones no siempre cristalinas tras un genérico «la gente», con un populismo cuyas raíces vienen de antiguo, como demuestra el caso de los hermanos Graco en Roma. Era escudo con el que embozaban su obsesión por reemplazar ellos al poder existente. Mucho se ha discutido sobre si su incorporación a los dominicos vislumbraba en la predicación una plataforma para los cambios tajantes que anhelaba. Ratificaba una y otra vez que él no apoyaba a ninguna persona o grupo, pero era irrebatible que acariciaba el control de lo eclesiástico y lo civil. Se estimaba llamado por Dios para desinfectar un mundo pútrido, comenzando por los magnates.

En sermones de 1494 volvió a incidir en que el Creador estaba con él, y que quien desaprobaba sus intentos mermaba los intereses del Divino Hacedor. Apuntalaba sus patrañas con presuntos mensajes directos de Dios y de la Virgen. Paralelamente, al atraer numerosos óbolos (donaciones) hacia San Marcos, otras órdenes, al igual que los responsables de los templos regidos por el clero diocesano, se veían como podencos apaleados. Lo identificaron como culpable de la mengua de devengos. El sermón de 21 de septiembre de 1494 estremeció a Pico della Mirandola. En esa homilía se profetizaba la llegada de un rey francés que adecentaría Italia con sangre y fuego. También Miguel Ángel fue testigo de aquella invectiva, tras la que huyó raudo de la ciudad.

El simulacro de conversaciones con la divinidad sobrecogía, dada su facundia. Miraba al crucifijo como si hablase con Jesucristo. Aquellas parafernalias engendraron la convicción de que estaba fuera de sus cabales. Los calificativos que distribuía no contribuían a hacerse amigos: «*curas zorros que se abalanzaban sobre las gallinas*» era uno de ellos, o el de «*turgente prostituta para la Iglesia*» por el envilecimiento alcanzado. No es raro por esto que hoy se califique de «Savonarola» a quien emana venablos enfurecidos, plenos de insultos, haciendo de su discurso un pandemónium que atiende más a las vísceras que al cerebro o al corazón.

Cuando recibió bula de excomunión, fuera de sí simuló un coloquio con el Ser Supremo según el cual aquella condena era inválida. Concluía que «*el papa como papa no puede desbarrar. Pero cuando se equivoca ya no es papa; y si ordena algo erróneo, no lo manda como papa*».

En octubre de 1495, con su república erigida, se atrevió a pregonar que si alguien luchaba contra su gobierno se enfrentaba a Cristo. Empleaba cabestros, bandas de chiquillería, para auditar la moralidad de los florentinos. Menudeaba la violencia. Requerían donativos para los desheredados o entraban en las casas para retirar supuestos instrumentos al servicio del envanecimiento, como aceites o perfumes, que acababan en una hoguera el día de carnaval en la plaza de la Signoria. Se quemaban cartas, ajedrez o damas, instrumentos musicales, pinturas o estatuas de mujeres desnudas, máscaras o joyas. Una violenta revolución cultural propia de quien ha extraviado el oremus.

Cuando el papa amagó con un interdicto para vetar la misa en Florencia, su respuesta fue el desacato. Bartolomeo Floridi, funcionario vaticano versado en el trato con frailes, remitió a los franciscanos una misiva del pontífice delatando el cisma preconizado por Girolamo. De ese modo se aseguró de que toda la población de la capital toscana llegase a conocerla. La competencia se encargaría de la difusión.

Junto a la cuestión religiosa hay que valorar el peso del nacionalismo. Muchos florentinos eran supremacistas, se consideraban superiores a los ciudadanos de otras localidades. Savonarola lo alentó. Quien con él estaba iba bien; quien no, erraba. Alejandro VI solicitó que se lo remitieran a Roma, pero los jerarcas florentinos no se avinieron. Prometían sumisión a la vez que aseguraban que ellos resolverían. En abril de 1495 se celebró un conciliábulo de clérigos diocesanos, franciscanos, dominicos conventuales, agustinos, etc. que suspiraban por deshacerse del soliviantado fraile. Girolamo supo a través de su red de ojeadores que se le acusaba de pose de divo y de fatuidad. El convento de San Marcos fue tomado al asalto y Girolamo quemado junto a otros dos frailes. La Señoría de Florencia, hastiada del profeta, quedó desagraviada cuando, tras el proceso en el que estuvieron presentes delegados del papa, las cenizas del subversivo aterrizaban en el Arno. Se sucedió la *damnatio memoriae*: cualquiera que tuviera documentos de Savonarola debía entregarlos para ser calcinados.

Transcurrido el tiempo y apaciguados los ánimos andan algunos trasteando con la idea de rehabilitarlo e incluso iniciar el proceso de beatificación. «*Cosas veredes, amigo Sancho*», que diría don Quijote. Aquel hombre franco y utópico estuvo subordinado a un temperamento fanático y palmariamente irreflexivo, en el que la pureza se travistió de intransigencia, aunque el paso de los siglos parece haber filtrado los errores; algunos han olvidado que fines y medios jamás deben contradecirse.

ALGUNAS ENSEÑANZAS

- Denunciar situaciones injustas es aconsejable cuando quien lo hace es intachable

- Ser inteligente e incluso tener razón no exime de cuidar las formas

- La jactancia es vicio que queda pronto al descubierto

- Aprender oratoria es aconsejable independientemente de la ocupación profesional

- Encarar el poder siempre colea

- Más se logra con un dedal de miel que con un litro de vinagre

- El cóctel híbrido de religión y política es explosivo

- Denostar cerrilmente la homosexualidad puede resultar tan inicuo como jalearla

- Nacionalismo y religión pueden coaligarse, pero nunca para bien

- Cuando se habla de la gente y de otros genéricos, casi siempre subyace egoísmo y fanatismo que, con el método de hacer arder el mundo, solo trauman a la sociedad, pese a las presuntas buenas intenciones. Procuran colarse de rondón con pleonasmos

INNOVAR EN LA ÉTICA
Y EN LA ESTÉTICA

PABLO III (1468-1549)

Retrato de Girolamo Savonarola, de Fra Bartolomeo, 1497-1498. Fuente: Museo de San Marco, Florencia.

Alejandro Farnese fue nombrado papa con sesenta y siete años el 12 de octubre de 1534, en un cónclave de veinticuatro horas. Apilaba entonces cuatro décadas como cardenal. Su antecesor, Clemente VII, había conjeturado que «*si el pontificado se confiriese por herencia, en mi testamento nombraría sucesor al cardenal Farnese*». Poco caso hizo, sin embargo, a los consejos de Farnese, que hubieran evitado probablemente la invasión y el expolio de Roma en 1527 por mercenarios luteranos de Carlos V en el conflicto con la Liga de Cognac, que había promovido el papa para atenuar el poder imperial.

Provenía Alejandro de familia noble y fue depositado en su primera cuna en los últimos días del mes de febrero de 1468, en Canino (Viterbo). La parentela no economizó en la formación del muchacho. Inocencio VIII le nombró protonotario apostólico. Julio II le encargó en 1509 el obispado de Parma, afamado por sus altas rentas. De sus hijos ilegítimos, engendrados antes de ser sacerdote, algunos con su amante Laura Pallavicini, Julio II legalizó a dos: en 1505 a

Pierluigi, futuro duque de Parma, y a Paolo. Ocho años después, en 1513, Alejandro Farnese experimentó una decisiva conversión y se centró en el servicio de la Iglesia. Un lustro más tarde, León X le legitimaría otros dos vástagos, Constanza y Ranuccio. En 1519 se convertía en presbítero y el día de Navidad de ese año celebró su primera misa. Desde ese momento se focalizó en la imperiosa metanoia precisada, ¡una vez más!, por la Iglesia.

Se empeñó en aclarar al emperador Carlos V y al rey de Francia, Francisco I, que el adversario eran los otomanos. Mucho más receptivo el primero que el segundo, Carlos V se alió con los venecianos para guerrear contra los turcos. Alzó en 1535 una Armada conducente a desembarazar de filibusteros el Mediterráneo. Pronto descompondría las tropas de Barbarroja, almirante de Solimán el Magnífico. Francisco I, encandilado en sus objetivos nacionalistas, coqueteó con luteranos y otomanos. No era persona que generase confianza. Contra todo sentido común, Pablo III mantuvo la neutralidad, en buena medida por el recuerdo del saqueo de Roma, por temor a una incursión del galo solo o en compañía de cofrades. Para concertar ánimos de los presuntos reyes cristianos, Pablo III los convocó en Niza. No logró amigarlos.

En octubre de 1541, Carlos V promovió otra Armada. Barbarroja había retomado la iniciativa en el Mediterráneo. Desafortunadamente, perdería ciento catorce naves a causa de una tempestad. Rescatando lo que pudo de las desdichadas huestes, llegó a Cartagena el primero de diciembre de 1541. Los moros seguirían haciendo de las suyas, muchas veces con aval francés. De nuevo espoleados por el romano pontífice, el emperador español y el rey galo firmaron la Paz de Crespy el 18 de septiembre de 1544.

Pablo III había convocado concilio el 2 de junio de 1536, con el apoyo de veinte cardenales. Los obstáculos eran múltiples y heterogéneos, empezando por el lugar de celebración. A la espera de la mayestática reunión, el papa iba impulsando enmiendas entre el alto clero, que estaba, por decirlo con un eufemismo, embobado. Contó, esto sí, con la ayuda de los jesuitas, aprobados temporalmente en 1539 y luego en bula de 27 de septiembre de 1540. La joven institución, repleta de santo celo, se volcó tal como marcaban sus estatutos y detallé en *Jesuitas, liderar talento libre*. Las circunstancias, a pesar de su rechazo inicial, los condujeron a transformarse en docentes de miles de jóvenes católicos. Sus objetivos eran propagar el Evangelio por doquier, contribuir a cancelar la herejía y someterse a las indicaciones que les llegaran del Santo Padre. En sus comienzos, casi todos obrarían de esa manera.

En 1542, Pablo III volvió a amagar con concilio, que se concentraría en Trento. Aún tardaría el arranque, pero el pontífice avanzó sin pararse en barras, poniendo en marcha, por ejemplo, un innovado tribunal de la Inquisición, formado por seis cardenales, centrado en limitar la difusión de libros anticatólicos. Comenzada la asamblea, y después de la muerte de Lutero en Eisleben el 18 de febrero de 1546, tendría lugar la célebre Batalla de Mühlberg (24 de abril de 1547), vencida por Carlos V frente a la protestante Liga de Esmalcalda.

A pesar de sus buenas intenciones, y quizá en parte por ellas, pues buscaba personas en quienes depositar su confianza, Pablo III incurrió en el denigrado nepotismo. De los vástagos de su hijo Pierluigi nombró dos cardenales, Alejandro y Ranuzio. De la prole de su hija Constanza creó cardenal a Guido Ascanio. A Alejandro Farnese nieto se le debería la iglesia del Gesù, cuya primera piedra emplazó en 1568. Mientras tanto, su hijo Pierluigi, receptor de un ducado, guerreaba por su cuenta. Acabaría asesinado el 10 de septiembre de 1547. Los conjurados lo habían tenido fácil, porque el retoño había desagradado a casi todos a la vez.

Pablo III, consciente de la relevancia de la formación para enderezar el rumbo de la nave de Pedro, restableció la Universidad de Roma, en ruinas desde Clemente VIII. Contrató a los mejores docentes. También se ocupó de optimizar la Biblioteca Vaticana. El citado Alejandro y Marcello Cervini fungieron esos años como sus custodios. También impulsó la puesta en marcha de la tipografía. De su apertura intelectual es muestra el que el mismísimo Nicolás Copérnico le dedicase su investigación *De Revolutionibus orbium coelestium* (Sobre los cursos de los cuerpos celestes). «*Si mucho no me engaño* —se lee en aquel texto—, *paréceme que este mi trabajo cederá en bien de la república eclesiástica, cuyo supremo gobierno está en tus manos*».

Por un breve de 1 de septiembre de 1535, Miguel Ángel fue nombrado primer arquitecto, escultor y pintor del palacio vaticano. Como retribución por la ejecución del *Juicio universal* se le concedió una pensión vitalicia de mil doscientos ducados. En paralelo, Antonio da Sangallo recibió el encargo de rehabilitar las fortificaciones del castillo de Sant'Angelo. El arquitecto debía llevar a cabo *«una obra digna de Roma, digna de tu gusto y de nuestro pontificado de oro»*. Al fallecer hubo una disputa para ver quién se quedaba con esa comisión. Pablo III entregó el puesto a Miguel Ángel, a pesar de los setenta y dos años que sumaba y de encontrarse enfermo. Apoyar el talento de personas con abundantes años acumulados habla bien del pontífice, también para momentos como el actual en el que parece que la edad juega en contra de la valía. El historiador Ludwig von Pastor escribió que, por la culminación de la cúpula de San Pedro, *«la eterna Roma tuvo su más bello ornamento y un incomparable símbolo de la suprema potestad espiritual conferida por Cristo al apóstol Pedro y a sus sucesores»*.

De su afán por adecentar la urbe, habla el nombramiento, de 28 de noviembre de 1534, del erudito Giovenale Manetti. *«No sin profundo dolor confesamos que no solamente los godos, los vándalos y otros bárbaros, no solamente los griegos y las inclemencias del tiempo, sino también nuestra desidia y nuestra culpa, dolo y avaricia han derrumbado, destruido y disipado los venerandos monumentos de los Quirites. Nosotros tenemos la culpa de que las malas hierbas, la hiedra y otras plantas hayan crecido y prosperado en las antiguas construcciones, rompiendo los muros, y de que se hayan adosado casuchas y bodegones a los monumentos en perjuicio de su belleza; finalmente, cosa mucho más condenable, de que hayan sustraído a la ciudad y llevado al extranjero estatuas, esculturas, tablas de bronce y de mármol, objetos de pórfido y de piedras numídicas y otras cosas»*.

Pablo III falleció el 10 de noviembre de 1549. Legados positivos del papa fueron un concilio que transformaría muchas realidades en la Iglesia; una orden religiosa, la Compañía de Jesús, que durante siglos impulsaría hacia el Cielo a millares de católicos en todos los chaflanes del planeta; una ciudad embellecida; y la puesta en marcha de iniciativas en pro de una mayor exigencia en eclesiásticos y laicos.

Hombre del Renacimiento en múltiples sentidos, fue de los grandes papas en aquel siglo. Lo logró filtrando a cardenales que dieran la talla, y que luego estarían plenamente implicados: san Juan Fisher, asesinado por Enrique VIII; Contarini, Caraffa, futuro Pablo IV; Sadoleto, reformador decidido; Cervini, más adelante Marcelo II; Cortese, que reformaría a los benedictinos; etc.

Los humos tan propios de muchos altos mandos quedarían satisfechos por la labor de Vasari (1511-1571), quien enjalbegó los frescos en la sala *dei cento giorni* del palacio de la Cancillería, encumbrando la labor llevada a cabo por Pablo III. Guillermo della Porta (1500-1577) levantó para el fallecido uno de los sepulcros más vistosos de la basílica de San Pedro.

ALGUNAS ENSEÑANZAS

- **Son necesarios precursores de las reformas**
- **Escuchar con atención buenos consejos evita avanzar a trancas y barrancas**
- **El nepotismo solo por excepción es recomendable**
- **Invertir en formación tiene buen retorno sobre la inversión (ROI)**
- **Algunos directivos no ven más allá de su propio interés, por encima siempre del de los pueblos que gobiernan o de las ideas que alientan**
- **Las organizaciones pueden, y a veces deben, cambiar de propósito, siempre que el objetivo final sea correcto**
- **Buscar a los mejores profesores y artistas es señal de talento**
- **A los buenos profesionales hay que retribuirlos como se merecen**
- **La inmodestia sojuzga y pocos se libran de ella**
- **Toda persona somatiza de un modo u otro sus vericuetos existenciales**

EL PRECIO DE LA COHERENCIA
SANTO TOMÁS MORO (1478-1535)

Retrato de Tomás Moro, de Hans Holbein, 1527. The Frick Collection. Fuente: Wikimedia Commons.

Tomás Moro nació en Londres en 1478 y murió en 1535 por fidelidad a sus creencias. Abogado, humanista, escritor, teólogo, llegó a ser lord canciller de Enrique VIII. Coherente con su fe, no aceptó el acta de supremacía por el que el monarca se proclamó cabeza de la Iglesia.

Primogénito de John More, juez de la curia real, y de Agnes Graunger, tras los estudios de primaria en Saint Anthony's School sirve como paje del cardenal John Morton, arzobispo de Caterbury. Valorando su potencial, le sugiere ingresar en el Canterbury College (Universidad de Oxford). Dos años después, por indicación de su padre se centra en los estudios jurídicos. En ese tiempo conoce al ufano Erasmo de Rotterdam (1466-1536), eterno navegante en una incongruencia en la que el único norte es él mismo. Pudiendo aportar su granito de arena gracias a su inveterado prestigio, Erasmo opta por no contribuir: «*Aunque las costumbres corruptas del clero romano exigen una medicina extraordinaria, no es cosa mía ni de mis iguales arrogarnos la santidad. Prefiero soportar las cosas tal como están que levantar nuevos disturbios que a menudo acaban yendo en la dirección opuesta al objetivo perseguido. Nunca he sido conscientemente cabecilla o participante de una revuelta y nunca lo seré*». No interviene en un sentido ni en otro, a pesar de las solicitudes explícitas del romano pontífice: «*Da un paso al frente para apoyar la causa de Dios. Utiliza tus maravillosas dotes para gloria de Dios. Piensa que, de ti, con la ayuda de Dios, depende que una gran parte de los que han caído en la tentación de Lutero vuelvan al recto camino, que los que aún no han caído se mantengan firmes y que quienes están punto de tropezar se guarden de hacerlo*».

La ciudad en la que Tomás nació y vivió la mayor parte de su vida contaba con poco más de cincuenta mil habitantes. Las casas se construían de madera y el pavimento era en la práctica inexistente. El padre de Moro lo trataba con exigente austeridad. Aunque en aquella época no siempre entendió aquella severidad, tiempo más adelante Tomás se lo agradecería: «*Así fue como no caí en vicios ni perdí el tiempo en placeres extravagantes y peligrosos. Ni ocasión tuve de saber lo que era aquello porque mi dinero no daba para tanto*».

El rechazo del progenitor al estudio de los clásicos no fue aceptado por Tomás. Erasmo lo resumió así: «*Se aplicó al estudio de la literatura griega y de la filosofía con gran pesar de su padre —hombre, por otra parte, prudente y de buen criterio—, que le privó de ayuda económica para que no los prosiguiera. Y casi llegó a renegar de él viendo que desertaba de su profesión*». Con una de sus reiteradas muestras de incoherencia, cuando tras años de aparente amistad Tomás Moro fue injustamente condenado, Erasmo no salió en su defensa, porque estaba preocupado por el cobro de rentas eclesiásticas en Inglaterra y no deseaba que su nombre se viera ligado al del descabezado amigo. La brillantez no sabe necesariamente de ética.

Santo Tomás recordaría de por vida unos comentarios sardónicos de su padre. Reflejo del machismo imperante, el progenitor afirmaba que cuando un hombre elige esposa es como si hubiera que meter la mano en un saco repleto de serpientes y anguilas con la proporción de una de las últimas por cada siete culebras. De ahí, concluía, lo difícil que era acertar. Nunca debía hacerse sin rezar mucho.

Su profunda religiosidad llevó a Moro a los terciarios franciscanos en 1501, residiendo como laico en una cartuja hasta 1504. Cuando concluyó que no era su vocación la abandonó. Ese mismo año fue nombrado miembro del Parlamento, pero no cejó en el uso del cilicio ni de las disciplinas (reducido látigo de cuerdas empleado para atizarse la espalda o las nalgas como penitencia).

De sus firmes creencias hablará su epitafio. «*Trasladados los huesos de su primera esposa, cuidó la construcción de este sepulcro para avezarse, día a día, a la idea de que la muerte se acerca arrastrándose sin tregua. Y para que no haya erigido en vano esta tumba mientras vive, y no tiemble ante el horror de la inminente muerte sino que la acepte con alegría por ansias de Cristo, y para que la muerte no le sea cruda extinción sino entrada en una vida más feliz, te suplico, buen lector, que le ayudes en vida con tus piadosas oraciones, y que las continúes cuando muera*». Esa presencia de la hora suprema estaría de continuo en su mirada. Por ejemplo, en la siguiente poesía:

> *Perdemos el tiempo y pensamos*
> *que está lejos la muerte, lejos.*
> *Pero se oculta en las entrañas;*
> *y desde el instante en que nacemos*
> *al paso marchan vida y muerte.*

Maridó con Jane Colt, aunque a decir de algunos estaba más inclinado hacia la segunda de las hermanas, pero por no avergonzar a la mayor optó por ella. Tuvieron un matrimonio feliz. Nueve meses después nació su primera hija, Margaret. En 1506 llegó la segunda, Elizabeth. Un año más tarde, Cicely. En 1509 nació su hijo John. En 1511 falleció su esposa Jane y más por deseo de que la prole estuviese atendida que por gusto casó con Alice Middleton, viuda siete años mayor que Moro, que aportaba de su anterior relación una hija con el mismo nombre.

Moro se integró en el Parlamento convocado por el rey en 1510. Con el monarca recién nombrado surgió relación de aparente confianza. En 1517 Tomás Moro se incorporó al Consejo real, puesto en el que se le confiaron misiones diplomáticas. En 1520 ayudó al rey a escribir *Defensa de los siete sacramentos*. En 1521 fue designado vicecanciller del Tesoro y en 1529 lord canciller. Todos aquellos cargos los aceptó contra su voluntad. *«Con gran repugnancia me he decidido a venir a la corte, como todo el mundo sabe, y el rey continuamente me lo recuerda con bromas. En ella me encuentro tan incómodo como jinete no avezado a la silla de montar».*

En 1530 rechazó firmar una carta de nobles y prelados que requirió al papa la anulación del matrimonio con Catalina de Aragón. Enrique VIII deseaba el divorcio por la ausencia de descendencia con Catalina y porque se había encaprichado de una cortesana, Ana Bolena, la primera de una serie de ventoleras carnales del antojadizo. Para evitar anfibologías y asegurar el poder del monarca, un acta establecía la condena de quienes no aceptaran la supremacía del rey sobre el papa. La metempsícosis del monarca de fiel católico en desaprensivo era el descarnado fruto de sus prohijados pecados capitales: la lascivia, la ira, la soberbia y la codicia. Sus secuaces actuaron con saña para dar gusto al antiestético déspota. Entre otras medidas, apelando al concilio antes que al papa, a quien acusaban de hereje por no plegarse al rijoso tirano.

Las sucesivas resistencias de Tomás Moro a someterse a las blasfemas humoradas provocaron la inquina de Enrique VIII, porque el prestigio de su ex-canciller implicaba el riesgo de que otros se atrevieran a proseguir su valentía. Se le encerró en la Torre de Londres, la cárcel real. Ordenó juzgar a Moro acusándolo de alta traición. El papa y el emperador Carlos V solicitaron que no se le ejecutara, pero el libidinoso coronado hizo oídos de mercader y Moro fue degollado el 6 de julio de 1535. La redacción original establecía que desde la torre fuese *«arrastrado por en medio de la*

City de Londres camino directo de las horcas de Tyburn, para ser colgado de ellas y caer a tierra con vida. Todavía vivo se le arrancarían las entrañas del vientre para ser quemadas. Se le descabezaría y se descuartizaría el cuerpo, y la cabeza y los cuatro fragmentos se pondrían donde el rey quisiere señalar». Cuando le comunicaron a Moro que el monarca transformaba aquella pena en mero tajo, ironizó: *«No permita Dios que el rey sea tan clemente con mis amigos».*

Mantuvo el sentido del humor hasta en el cadalso con el verdugo: *«Le ruego, señor teniente, que me ayude a subir, porque para bajar ya sabré valérmelas por mí mismo».*

Al arrodillarse, añadió: *«Mi barba ha crecido en la cárcel; no ha sido desobediente al rey, por lo tanto no hay por qué cortarla. Permítame que la aparte».*

Por último, vapuleó a los presentes: *«Muero siendo el buen servidor del rey, pero de Dios primero».*

Los trapicheos del monarca que le condujeron al martirio no le pillaron por sorpresa. Años atrás, cuando su yerno le felicitó por lo mucho que Enrique VIII lo apreciaba, consciente de los potenciales detritus malolientes fruto del engreimiento de su alteza, caviló: *«Gracias doy a Dios, hijo, al ver que su majestad es verdaderamente buen señor conmigo, y pienso que me favorece tan especialmente como a cualquier otro súbdito de su reino. No obstante, puedo decirte, hijo, que no existe razón alguna para enorgullecerse, porque si con mi cabeza pudiese ganar un castillo en Francia, de seguro que no la tendría ya encima».*

La incontinencia, el ansia desmandada de mando, el alcoholismo (de todo había en el autócrata), ciegan. Resulta tragicómico que aquel envilecido papanatas se arrogase el derecho a ser cabecilla de una Iglesia. Cuando Pablo III, con el objetivo de defenderlo con la púrpura de la furia real, nombró cardenal al corajudo obispo de Rochester, John Fisher, otro de los pocos fieles junto a Tomás Moro y a algunos cartujos en aquella época de pusilanimidad colectiva, Enrique VIII espetó con malevolencia: *«Yo le daré otro sombrero y luego mandaré a Roma su cabeza para que le pongan la birreta».*

Fisher fue decapitado y su cadáver ajado con consentimiento de quien se proclamaba nuevo representante de Dios en Inglaterra.

Frente a ese desaprensivo brilla la profundidad antropológica de Moro. Prototipo de templanza, cuando algunos iban a comentarle que otros lo calumniaban con vitriólicos dicterios, respondía: «*No tiene importancia, porque no por eso me hacen peor persona*».

Cuando la fecha se aproximaba, escribió a su hija Margarita, su gran confidente: «*Que Nuestro Señor me conserve siempre fiel y dócil, de lo contrario desde el fondo de mi corazón le suplico que no me permita vivir. Ni miro ni ansío larga vida (muchas veces te he repetido esto, Meg); si mañana me llamase Dios, partiría contento*».

Algún biógrafo ha querido desvelar en Moro un singular antecedente del propio movimiento al que el autor pertenecía. Se trata de un acto de voluntarismo con forzada acronología, en absoluto de una fundada deducción lógica. Muchas organizaciones desde la Edad Media, y antes, propugnaban que también los laicos podían encontrar a Dios en medio de una vida de trabajo y estudio.

Moro tuvo claras sus prioridades. La primera era el Creador y la segunda su familia. Escribe a su hija más empática: «*Por favor, Margarita, cuéntame cómo van tus estudios. Porque te aseguro que antes de que por descuido mío se echen a perder mis hijos y familia capaz soy de gastar toda mi fortuna y despedirme de negocios y ocupaciones para dedicarme por entero a vosotros. Y tú sabes, amadísima hija, que tienes todo mi cariño*». Siempre tuvo, en fin, sensibilidad sobre dos vicios extendidos en su tiempo, y en todos: el afán de enriquecimiento y una petulante elación, incluso en puestos de ridícula monta. Frente a esto, brilla su bonhomía. Reflexionaba a su esposa tras la expropiación a la que habían sido sometidos: «*Él nos envió todo lo que hemos perdido; y ya que se lo ha llevado otra vez con tal accidente, cúmplase Su Voluntad. No nos apenemos por ello. Tomémoslo a bien y démosle gracias de todo corazón por lo adverso y por lo próspero. Quizá exista mayor razón de agradecimiento por nuestras pérdidas que por nuestras ganancias. Su Sabiduría sabe mejor que nosotros lo que nos conviene.*

»*Hazme el favor, por consiguiente, de estar alegre; y vete con los de casa a dar gracias a Dios en la iglesia por lo que nos ha dado y por lo que nos ha quitado, y por lo que nos ha dejado, que bien puede aumentarlo si quiere; y si aún quisiere dejarnos menos, a su Voluntad queda».*

De su obra *Utopía* se ha afirmado que propugnaba el comunismo, interpretación desnaturalizada que no resta valor a un libro originalísimo con ribetes de fábula moral. Es un entretenimiento intelectual que él mismo califica como inverosímil: *«Nunca podrán vivir los hombres con prosperidad allí donde todas las cosas sean comunes».*

El frenesí de Enrique VIII, causado por la hedentina de sus ignominiosos hábitos, se manifestó de manera brutal en el expolio de las órdenes monásticas. Directamente, la Casa real o nobles por él habilitados confiscaron riquezas de los más de cuatrocientos monasterios depredados solo en 1536. El levantamiento que se sucedió por parte de gente de bien fue brutalmente aplastado por las tropas mercenarias del mentecato Tudor.

ALGUNAS ENSEÑANZAS

- **Cuando todo marcha es fácil cumplir las obligaciones**
- **Nos conocemos en los bretes**
- **El nomadismo sentimental, y más el lúbrico, nubla la vista**
- **Seguir el propio camino reclama fortaleza para desoír tanto a los zalameros como a los criticones**
- **El silencio y la soledad permiten conectar con el Creador**
- **La austeridad, voluntaria o inducida, hace más bien que la disposición indiscriminada de bienes**
- **Nunca podrán vivir felizmente los hombres sin libertad**
- **Donde todo es común no se atiende a la mejora continua**
- **La fanfarronería bloquea la magnanimidad**
- **Permanecer alegre en la riqueza y en la pobreza es solidez**

LO APARENTEMENTE SENCILLO PUEDE COMPLICARSE

SAN JERÓNIMO EMILIANI (1486-1537)

San Jerónimo Emiliani, de Tiepolo, 1759. Fuente: Wikimedia Commons.

Jerónimo Emiliani nació en la ciudad de los canales en el año 1486 en familia noble. La esencial formación en los primeros años la recibió de su madre, de nombre Leonor Morosini. La acompañaba a diario a la basílica de San Marcos. Ella le transmitió la doctrina católica y también le mostró cómo tratar a Dios. Le repetía: «*Aprende, hijo, a ser primero cristiano; luego, veneciano*».

Su padre, senador, fue ahorcado en el puente Rialto por incitación de sus adversarios. La viuda sacó adelante a la prole, proporcionando un luminoso ejemplo de esfuerzo. El 1 de diciembre de 1506, Leonor presentó a su hijo Jerónimo al dux para informarle de que el vástago había cumplido sus primeras dos décadas de vida. El muchacho endosaba para la ocasión la toga violeta propia de un miembro de la alta nobleza del Gran Consejo. Cinco años más tarde, Jerónimo Emiliani accedía a su primer cargo oficial. Atraído por la vida militar ascendió a regidor de la fortaleza de Castelnuovo de Quero, enclavada en un páramo cercado de cerros. Su toponímico lo dice todo: Tierra Dura describía con acierto aquel paraje árido y rocoso, erizado de cañones. Su madre le previno: «*No olvides nunca ser digno de nuestra casa y nuestro escudo*».

En diciembre de 1508 se firma la Liga de Cambrai. Luis XII declara entonces la guerra a Venecia. En 1511, la ciudad de los canales se encuentra bajo asedio. El 26 de agosto, el prisionero Jerónimo Emiliani es encerrado en una celda. En un día transita de ser emblema a preso condenado al olvido. Formula en ese momento la promesa de que si sobrevive irá descalzo y vestido de saco al santuario de la Madonna de Treviso. Una vez en libertad, regresa como regidor y es recibido con loores. Se centra en aliviar a pobres y necesitados. Acuña su lema: «*Piensa, alma, en la vida que es la muerte. Piensa, alma, en la muerte que es la vida*».

En 1519 fallece su hermano mayor, Lucas. Sus tres huérfanos pasan a ser atendidos por Jerónimo. En 1526 fallece Marcos, otro hermano. Tres chiquillos más dependerán de él. Las circunstancias le inducen al aprendizaje de cómo hay que atender a los jóvenes. Se impone una existencia sobria y abnegada. Lo único que recuerda sus orígenes es la toga de patricio.

En el saqueo de Roma de 1527, los fundadores de los teatinos, Cayetano de Thiene y Juan Pedro Caraffa, ya citado, se salvan milagrosamente. Llegan a Venecia, donde conocen a Jerónimo Emiliani, también recién tornado. Caraffa se convierte en su director espiritual. 1528 es un año duro para Europa. La guerra siembra devastación. La otrora rica ciudad es el destino de migrantes envueltos en jirones. Jerónimo Emiliani convierte en efectivo muebles, cuadros, tapices. Con el fruto de aquellos bienes adquiere harina, elabora pan por la noche y lo reparte al amanecer. Su casa de San Vitale es imán para un reguero de desamparados. En ese hogar, convertido en hospital y orfanato, hay ayuda para los astrosos. La peste puja con el hambre en el Gran Canal. Venecia queda sembrada de cadáveres y se transforma con frecuencia en magna pira crematoria. En medio de tanto espanto, Jerónimo, aún seglar, se multiplica para asistir a tantos cuantos puede. Marca entre sus objetivos enterrar cadáveres.

Consecuencia de las incontables penalidades, Venecia se puebla de huérfanos. Jerónimo proporciona alojamiento, alimentos y afecto. El primer orfanato lo funda en San Basilio. Luego en San Roque. Las fundaciones se multiplican. Permuta su toga senatorial por un sayal pardo de inspiración franciscana. En 1532 emprende misión por ciudades del Véneto y Lombardía. En Brescia erige el orfanato de la Misericordia. Allí enseña a ganarse el sustento, además de a cantar y rezar. Los tiempos lo zarandean con farruca truculencia. Confluye la expansión del islam con pontificados nada probos como el de Alejandro VI y ramalazos del luteranismo. Jerónimo predica y se implica, arrastra con el ejemplo. En Bérgamo instituye dos nuevos albergues, uno para varones cerca de San Alejandro; el otro, en la Magdalena, para mujeres.

En 1534 se reúne con colaboradores. Son Carpani, Primo Conti, Besozzi, Borelli, Odescalchi, Barili, los hermanos Gambarana, Baiaca, Rovelli, Strata, Panigarola, Calco, Schieppato, Novati... Algunos son sacerdotes; otros, laicos. Se plantean abandonar el mundo para centrarse en Dios. Se les ha intitulado los divinos conjurados de Merone. Ponen en marcha la Compañía de los Siervos de los Pobres, anticipo de una nueva orden religiosa. Pronto pasaron a ser denominados Orden de Clérigos de Somasca, por la localidad de Bérgamo. El paraje, al abrigo de las serranías, se encuentra junto al lago Como. Jerónimo Emiliani constituye allí su cuartel general. La familia Ondéi le alquila una casa donde apiña a sus copartícipes. Al frente quedan Pedro Borelli y Mario Lanzi. Él prosigue camino a Milán, reclamado por el duque Francisco II Sforza, convocado a su vez por sus antagonistas. Al saber del ex-senador veneciano piensa que puede ser adecuado mediador. Jerónimo le convence para que ponga a su disposición varios edificios para erigir dos nuevos hogares, el de San Martín y el de Portanuova. En ellos encuentran alojamiento desheredados de Milán.

Para que ganen algo de dinero, enseñan a los críos a elaborar sombreros de paja, de moda entre los opulentos. Les reta: «*Atended al trabajo, a la piedad y a la caridad, puntales de la obra*». En 1536 viaja a Brescia y emplaza para una nueva reunión a los Siervos de los Pobres. Caraffa le invita a trasladarse a Roma, pero él no se encuentra en forma. Ironiza: «*Roma y el Cielo me llaman a la par, pero el Cielo anula mi viaje a Roma*». El 4 de febrero contrae la enfermedad al ayudar a apestados y fallece el 8 de febrero de 1537.

Entre 1546 y 1555, por falta de adecuada resolución jurídica, los seguidores de Jerónimo Emiliani se fusionaron temporalmente con los teatinos. En 1566 con los sacerdotes reformados de Santa María de los Pequeños en Tortona. Pío V concederá a los Pobres de Somasca convertirse en orden religiosa el 6 de diciembre de 1568. En 1612 sumaron fuerzas con los sacerdotes del Buen Jesús de Rávena y, de 1616 a 1647, con los sacerdotes de la Doctrina Cristiana de Aviñón. Cuando se escriben estas líneas, existen unas ochenta fundaciones repartidas por Europa (Italia, España, Rumanía, etc.), Asia (Filipinas, India y Sri Lanka), América (Brasil, Colombia, Ecuador, El Salvador, etc.). En España desembarcaron en 1957, instalándose primero en La Guardia (Pontevedra), luego en Aranjuez (Madrid), y más tarde en Madrid. Desde 1983 atienden, entre otras, la parroquia del Santo Rosario en Badalona (Barcelona).

ALGUNAS ENSEÑANZAS

- Solo los monocordes perseveran en el yerro, o *cuius hominis est errare, nullius nisi insipientis in errore perseverare*

- No se debe ambicionar todo y a la vez

- Es beneficioso recorrer el *cursus honorum* paso a paso

- El sano orgullo de pertenencia a un proyecto valioso es aconsejable

- Cuando alguien ha sido dejado en la estacada y lo supera, enraíza

- Disponer de un buen lema sirve para orientar las metas volantes

- Encontrar el sendero adecuado reclama con frecuencia hollar antecedentemente caminos errados

- Cada caminante ha de seguir su camino sin ceder a procesos de fusión

- De lo irreparable no merece la pena lamentarse, o *de re irreparabile ne doleas*

- Indicar caminos no es suficiente, hay que poner toda la carne en el asador

QUE SE REFORMEN LOS OTROS
LUTERO (1483-1546)

Retrato de Martin Lutero, de Lucas Cranach el Viejo, 1528. Fuente: GalleriX.

Analizar a Lutero reclama mirar atrás. Entre otros, a Marsilio de Padua (1275-1342), autor de *Defensor Pacis*, y a Juan Huss (1370-1415), discípulo de Juan Wiclef (1320-1384).

Marsilio de Padua, terciado por los enfrentamientos entre municipios italianos y seducido por el mito de la *pax romana* impuesta por César Octavio Augusto durante su gobierno, lanzó un drástico y burlón alegato contra el papa. Según el autor de *Defensor Pacis* (1324), para asegurar el sosiego en cualquier conflicto entre la Iglesia y el Estado, todo —incluidos los asuntos espirituales— debe quedar sometido al emperador. El texto comenzaba: «*Este texto se llamará 'El defensor de la paz', porque en él se tratan y se explican las principales causas por las que existe y se conserva la paz civil o tranquilidad (civilis pax sive tranquillitas), y también las causas por la cuales surge, se impide y se suprime su contrario, la contienda*». Contra cualquier evidencia, su radicalización le lleva a proponer que la culpa de los males que atenazan a Europa emana de la pretendida plenitud de poder del papado. Entre sus objetivos se incluye proscribir cualquier tribunal clerical y lograr una única jurisdicción amparada por el emperador. Para Marsilio no existe germen de legitimidad al margen de su mitificada *civitas o regnum*.

Huss fue bandera de los nacionalistas bohemios en su cruenta lucha contra Alemania. Nombrado rector en Praga, alentó la xenofobia. La animadversión se tornó tan grave y patente que los germanos abandonaron la universidad para instaurar otra en Leipzig. Huss fue excomulgado por su posición contra la Iglesia católica, y específicamente contra el antipapa Juan XXIII (recuerdo que no debe ser confundido con Angelo Giuseppe Roncalli, del siglo XX). Acertaba en descalificar el desmedido afán de algunos eclesiásticos por los bienes materiales, pero sus propuestas carecían de soporte conceptual y sobre todo de modestia. Todo se complicó cuando el legado de Juan XXIII comenzó a mercar indulgencias en Praga. Huss predicó en su contra y exigió de forma perentoria la convocatoria de un concilio. Por las calles de la capital de la actual República Checa se procesionaba con dos imágenes: una del papa revestido con ricos hábitos y otra de Jesucristo cargado con la cruz y pobremente compuesto.

Huss recibió salvoconducto del emperador Segismundo para acudir al Concilio de Constanza y negociar su situación. Al llegar, hizo caso omiso de la prohibición que pesaba sobre él de celebrar misa. Fue por eso detenido el 28 de noviembre de 1414, tras el arranque de la asamblea, juzgado, condenado y quemado el 6 de julio de 1415 junto a su seguidor Jerónimo de Praga, sin que el monarca moviese un dedo. Es más, tanto el emperador Segismundo como Federico de Hohenzollern o Luis III del Palatinado votaron a favor de la pena de muerte. No lo hizo Gregorio XII, que había abdicado días antes.

Afirman que antes de fallecer, Huss presagió: «*Vais a asar un ganso (en checo: hus), pero dentro de un siglo os encontraréis con un cisne que no podréis tostar*».

Algunos han juzgado esas palabras como una premonición del misticoide Lutero. En Bohemia, conmocionada por las ejecuciones de Huss y Jerónimo de Praga, se produjo un furibundísimo levantamiento pilotado por el brillante militar Juan Ziska, quien, tras ganar a ejércitos más numerosos y poderosos que las mal armadas tropas hussitas –por ejemplo, en la batalla de Kutna Hora–, acabará muriendo por la peste negra. Algunos extremistas se refugiaron en la ciudad de Tabor y por eso se les denominaba taboritas. Las cinco guerras hussitas, que comprendían factores dinásticos y territoriales, se alargaron durante años y asumieron la forma de Cruzadas por parte de la Iglesia. Fueron además las primeras europeas donde las armas de fuego se antojaron decisivas. Las tácticas de Ziska aún se estudian en escuelas militares.

En 1999, quebrando una larga tradición de condenas, un intrépido y magnánimo Juan Pablo II afirmó: «*Huss es una figura memorable por muchas razones, pero sobre todo por su valentía moral ante las adversidades y la muerte... Siento el deber de expresar mi profunda pena por la cruel muerte infligida a Juan Huss y por la consiguiente herida, fuente de conflictos y divisiones, que se abrió de ese modo en la mente y el corazón del pueblo bohemio*».

No todo fue truculento en la asamblea. En la trigésimo novena sesión general del Concilio de Constanza, el 9 de octubre de 1417, se estableció que cualquier papa recién elegido debía hacer profesión de fe delante de los electores antes de que se pregonase su nombramiento. Se insistió además en que los obispos y demás prelados permaneciesen cerca de su grey, sin aturullarse con idas y venidas ajenas a exigencias pastorales.

La aparición de Lutero no fue, como vemos, un suceso espontáneo ni exclusivo, sino consecuencia de conflictos no resueltos. Carlos V aseguraría al desgaire en su definitivo retiro de Yuste: «*¡Qué bien dormiría yo si no fuese por Lutero y por la gota!*».

Lutero había nacido en Eisleben (Alemania) en el año 1483. En 1505 se convirtió en maestro en Erfurt y, a pesar de la oposición de su progenitor, se incorporó a los eremitas de San Agustín. Tomaba esa decisión como consecuencia de un voto pronunciado al haberse encontrado en peligro de muerte. Así lo describió en su tratado *Sobre los votos monásticos*, en 1521: «*Había sido llamado por terrores celestiales (de coelo terroribus), porque no me convertí en monje ni libremente ni porque lo deseara, y mucho menos para gratificar mi vientre, sino porque, rodeado por el terror y la agonía de una muerte repentina, pronuncié un voto obligado y necesario*».

Culminó los estudios para ordenarse sacerdote en 1507. Un año después se convertía en profesor de la Universidad de Wittenberg. Sufrió una angustiosa patología espiritual frecuente en la adolescencia y en gente espiritualmente delicada, y a veces, pretenciosa: los escrúpulos, un martilleo del autorreproche. Padecía gran aprensión por la condenación eterna y reventaba por calmar su comezón. *«Cuando era monje, intentaba con toda diligencia vivir conforme a la regla, y me arrepentía, confesaba y señalaba mis pecados, y a menudo repetía mi confesión y cumplía diligentemente la penitencia impuesta. Y, sin embargo, mi conciencia no podía darme nunca certeza, sino que siempre dudaba y decía: 'no lo has hecho correctamente. No has estado suficientemente contrito. Te has dejado eso fuera de la confesión'. Y cuanto más intentaba remediar una conciencia insegura, débil y afligida con las tradiciones de los hombres, más me la encontraba cada día insegura, débil y afligida».*

En 1511 fue despachado a Roma para dirimir cuestiones jurídico-económicas de su orden. Sus superiores aún confiaban en él. Ese desplazamiento a la Ciudad Eterna timbraría el arranque de una penetrante desesperanza. Algo de razón no le faltaba. Johann Geiler von Karyserberg (1445-1510), de Estrasburgo, escribiría sobre la época previa a la Reforma: *«La cristiandad está destrozada de arriba abajo, desde el papa al sacristán, desde el emperador a los pastores».* Fruto del desaguisado eclesiástico y de su enfermiza conciencia, su categórica metamorfosis se desencadenó entre 1512 y 1518. Concluyó con afectación que los hombres se salvan gracias al beneficio extrínseco de los méritos de Cristo, sin que el obrar influya. Es lo que vendría a designar como *sola fide* o justificación por la sola fe, don de la gracia de Dios. Consecuencia y causa de ese axioma era la negación del libre albedrío entibando el subjetivismo más drástico y desmintiendo la validez de los sacramentos.

Pronto se le arracimaron discípulos, porque su facundia mazorral y su doctrina mitigaban intranquilidades, proporcionando patente de corso a comportamientos irreconciliables con la moral. Uno de los primeros prosélitos, que llegaría a tener preponderancia, fue Andrés Bodestein, conocido como Karlstadt por su ciudad de origen. El desabrimiento generalizado contra el despilfarro de miembros de la curia servía en bandeja un inmejorable caldo de cultivo para proclamas levantiscas. Coincidió en el tiempo un suceso que alimentaría la reivindicación luterana. Entre 1515-1516, León X promovió la comercialización de indulgencias para acopiar recursos que permitieran culminar la basílica de San Pedro. El dominico Juan Tetzel había sido nombrado predicador de esos adquiribles beneficios divinos por el arzobispo de Maguncia, Alberto de Brandenburgo. Tetzel se puso manos a la obra con descomunal pasión. Llegado a Wittenberg, muchos fieles acudieron a escucharle. En aquel asunto también tenía interés la banca Fugger, que aspiraba a enriquecerse financiando la compra de dones a quienes no dispusieran de liquidez para abonar al contado.

Lutero, más revolucionario que reformador, aprovechó para difundir sus apotegmas contra Roma. El 31 de octubre de 1517 fijó en la puerta de la iglesia de la Universidad de Wittenberg las célebres *noventa y cinco tesis sobre indulgencias y cuestiones anejas*. Era costumbre interpelar de ese modo debates públicos sobre materias contendidas. El hilo conductor era rebatir la jurisdicción pontificia, promocionando la libre glosa de la escritura y la normativa moral. El agustino catalizó tensiones incubadas por décadas.

Lutero, con su coruscante discurso, se trocó en el héroe prusiano por excelencia, no solo por mor de la religión, sino también y sobre todo como símbolo de la independencia de lo que sería Alemania frente a Roma. El nacionalismo nubla inteligencias y voluntades mediante quiméricas emociones. La mayoría de sus adictos no eran conscientes de lo que estaba en juego desde el punto de vista doctrinal, sino que se quedaban solo con la parte identitaria. Algunas afirmaciones merecían reflexión, aunque solo fuese para desmontar trampantojos, como cuando señalaba: «*Proclamo que el papa no tiene jurisdicción sobre el purgatorio. Si la tuviera, podría abolirlo, haciendo que nadie fuera a él*». Tetzel, ya en Frankfurt, replicó con ciento seis antítesis a las proposiciones luteranas. También maniobró Juan Eck, de la Universidad de Ingolstadt. Con perspicacia identificó el plagio de conceptos adaptados de Huss, cuyo profético cisne estaba levantando el vuelo.

Para Lutero, los razonamientos no contaban; su exorbitante ego se situó en franquía por encima de todo y de todos. Como es frecuente en quienes se arrogan el papel de salvadores, se proclamó el impecable intérprete de Dios. Su exégesis de la Escritura sería la única válida. En Cuaresma de 1518 predicó sobre la gracia. Su meta fue descalificar la doctrina católica sobre la penitencia sin el mínimo recato. Su actitud ante los demás era desdén y vituperio, y se acentuaría con el paso del tiempo. Reconocería sus fétidas emanaciones en un parco momento de clarividencia: «*Soy más violento de lo conveniente*».

En 1518 la curia romana solicitó a Staupitz, agustino, que adoptara medidas disciplinarias. Aquel directivo padecía lo que hoy denominamos síndrome de Estocolmo, y se posicionó de parte de Lutero. En vista de la connivencia de sus superiores, y del envío de unas *Resolutiones* de Lutero a Roma ratificándose en sus tesis, se le instó a que acudiera a la Ciudad Eterna. El sedicioso corrió tras la protección de Federico de Sajonia. Se acordó entonces que el cardenal Cayetano lo juzgaría en Augsburgo. Lutero evitó cualquier atisbo de retractación, alegando que el papa empuñaba información incorrecta. Abandonando subrepticiamente la ciudad, apeló a un concilio universal que juzgara entre el papa y él. Ulteriores tentativas se malograron a causa del empecinamiento del tedesco y de la fatuidad de determinados interlocutores, como Carlos Miltitz, camarero pontificio.

Karlstadt estimuló a Eck a un debate público. Se celebró en el palacio del duque Jorge de Sajonia en Leipzig en junio de 1519. Lutero no se avino a su presunto papel de observador, entrometiéndose de forma amenazante en el guirigay para rechazar la institución divina del papado y la infalibilidad de los concilios. Insistió en que la única lectura de los textos conciliares sería la suya.

Lutero y sus secuaces echaron leña al fuego con rechiflas contra el papado a la vez que atraían seguidores. Algunos lo serían solo temporalmente, como Erasmo. No era Lutero fácil de contentar, ya que la arrogancia es insaciable. El único modo era someterse incondicionalmente a él. Reproducía de forma exacerbada lo que criticaba de la curia. Buscó cada vez con más ahínco apoyo en el nacionalismo, que se apalanca en sentimientos de animadversión y no en el razonamiento. Escribió obras como *A la nobleza alemana*, *De captivitate babilónica* o *Sobre la misa*, en las que fusionaba su nueva doctrina con un frenético supremacismo antirromano, que tanto lisonjeaba a muchos de sus lectores, que poco o nada entendían de dogmas. Pujó sin recato contra el celibato, la celebración privada de la Eucaristía, los ayunos o los sacramentos, ofreciendo un álibi a clérigos y laicos que experimentaban como gravosas las exigencias del seguimiento de Cristo. Denominarse cristiano y no responder a una moral exigente ha sido siempre un espejismo, todo a cambio de nada. Lutero abastecía la ocasión con argumentaciones.

La bula *Exurge Domine*, de 15 de junio de 1520, puso negro sobre blanco los yerros sustanciales de Lutero en forma de cuarenta proposiciones que concluyentemente refutaban la fe de la Iglesia. Se le conminaba de nuevo a rectificar bajo amenaza de excomunión. La obstinación del rebelde la tornó inevitable. En ella, con un punto de exageración por lo que a la segunda parte se refiere, se lee que la condena era pertinente *«por no dar crédito a nadie más que a él mismo, algo que no osó hacer ningún hereje antes que él»*. La réplica de Lutero se tituló *Contra la bula del anticristo*, porque, según él, *«esto condena a Cristo»*. El 10 de diciembre calcinaba en plaza pública el documento pontificio junto a un ejemplar del Código de Derecho Canónico. Fanfarroneó con que lideraría un asalto a Roma *«para lavar sus manos en la sangre de cardenales y papas»*.

El 3 de enero de 1521, Roma emitió la definitiva excomunión del iracundo muñidor. Fallecido León X, ese mismo año fue elegido Adriano VI (1522-1523), quien promovió una reforma en la curia, que llegaba tarde. Todo eso a Lutero le traía al pairo, mientras seguía con sus faltonas réplicas a diestro y siniestro: *«Mientras que con los demás libros me he limpiado el c..., para hablar con educación, este de Erasmo sí lo he leído, pero con ganas de dejarlo para otro día»*. O también: *«Quien pisotee a Erasmo aplastará una chinche más apestosa aún muerta que viva»*.

El emperador Carlos V solicitó, en la dieta de Worms celebrada en ese mismo mes de enero, que se adoptaran medidas para embridar a Lutero. Contando con un salvoconducto imperial se había personado hirsuto en la dieta, escapando para refugiarse en la fortaleza de Wartburg, donde traduciría la Biblia en un trabajo que le implicó poco menos de un año. Las relaciones entre el Vaticano y Carlos V minarían la solución. Basta conocer esta comunicación del papa

León X al legado Cayetano: «*Tanto el interés general como el de la Santa Sede, el deseo del papa es que sea elegido, de preferencia, un príncipe alemán. Habría de considerar si el elector de Sajonia no sería el mejor situado para obtener la mayoría. Pero bajo ningún pretexto debe pensarse en el rey de España*».

Con el subterfugio de la doctrina luterana, bastantes comenzaron su particular ofensiva iconoclasta. Innumerables monjes, inicialmente los agustinos, acomodados de tiempo atrás, desertaban y maridaban. Se escarnecía el sentimiento religioso, sobre todo si implicaba reconocimiento de otra autoridad que el personal albedrío. El propio Lutero colgó el hábito en 1524 y meses después se ligaba a la ex cisterciense Catalina Bora, a pesar de la solicitud explícita del papa de que no obrara aquella chifladura. Erasmo, chasqueado, escribió *De libero arbitrio*, que fue rebatido por Lutero con tono avasallador y grosero en *De servo arbitrio*. El remolino se fue irradiando, con más celeridad dadas las circunstancias políticas de índole nacionalista por Países Bajos y Suiza.

La dieta de Nüremberg (1522-1523) para nada sirvió, porque ni Lutero ni sus prosélitos albergaban intención de desistir. Clemente VII (1523-1534) dudaba sobre cómo proceder y no asumió un concilio como le fue solicitado con machacona insistencia por Carlos V. Fue precisamente Clemente VII quien recibió en Roma a Benito Mazutlaqueny, uno de los indios que viajaron de México a Europa por iniciativa de Hernán Cortés. El papa confió al mexica que era sumamente conveniente agradecer a Dios el descubrimiento de la Nueva España. Pero retornemos al hilo de nuestra historia. El emperador español certificó por escrito sobre la revuelta iniciada por el agustino: «*Estoy dispuesto a apoyar esto con mis reinos y con mis posesiones, con mis amigos, con mi cuerpo y con mi sangre, con mi vida y con mi alma. Sería una deshonra para nosotros y para vosotros, miembros de la noble nación alemana, si hoy, por nuestra negligencia, permitiéramos que la menor sospecha de herejía o descrédito de la religión se deslizara en el corazón de los hombres*».

Los años 1524 y 1525 fueron testigos del levantamiento de los granjeros. Era una campechana y lógica aplicación de la doctrina luterana de que no había que subyugarse a ninguna autoridad. Pero una cosa es proclamar la libertad para uno mismo y otra consentirla para los demás. Lutero se alineó con los nobles y los instó a abatir a sangre y fuego el tumulto, que se cobró la vida de miles de campesinos. El conflicto será analizado siglos después por el socialista Engels en *Las guerras campesinas en Alemania*, donde explicará la relación entre capitalismo y protestantismo —al estilo de la famosa aseveración de Max Weber— e insinuará el carácter protocomunista del motín. Tomás Müntzer y el resto de cabecillas fueron ajusticiados con la esperable crueldad de la época siguiendo la explícita solicitud de Lutero, propia de su matonismo caciquil: «¡*Matadlos como a perros rabiosos!*».

Era el mismo que había formulado cancelar cualquier potestad…, a excepción de la suya y la de la Biblia, interpretada según su criterio. ¡Qué decir, por lo demás, de otro de sus frutos Jean Bukelszoon (1509-1536), nacido en Leinden (Alemania), que se proclamó rey de Münster, imponiendo costumbres como la prohibición de cerrar la puerta de las casas para que quien quisiera pudiera entrar, que hizo quemar cualquier libro que no fuese la Biblia y que disfrutaba de al menos dieciséis pelandruscas!

A pesar de las altisonantes inconsistencias de Lutero, cuya capacidad para interpretar las circunstancias del momento y sacar partido de ellas se antoja notable, eran más las ventajas prácticas que las contradicciones conceptuales, y numerosas feligresías fueron traspasándose al bando sublevado. El inglés Enrique VIII, antes de emplear parte de la doctrina del agustino para sus propios objetivos, había definido a Lutero como *«un predicador de insaciable libertinaje»*. Luego, sería estólido no recordarlo, le acomodó apoyarse en el alemán en su rechazo a Roma por cuestión de la negativa a concederle el divorcio de Catalina para arrimarse a Ana Bolena, la primera de sus encadenadas amantes oficiales.

En la dieta de Espira, de 1529, los católicos se mostraron más desenvueltos. Se pactó que nadie se adueñaría de territorios ajenos hasta que se convocara el ansiado concilio. Como diversos príncipes y ciudades rezongaron contra estas decisiones, a los luteranos se les conocería como protestantes. La dieta de Augsburgo, de 1530, tampoco lograría consecuencias significativas. Lutero se manifestó en rebeldía ante el emperador. La invitación expresada por este de retornar a la antigua fe no fue atendida por los príncipes alemanes.

El 23 de julio de 1532, Carlos V, por la necesidad de apoyo contra los turcos, tendría que avenirse al compromiso de Nüremberg, donde consintió las alteraciones hasta que se celebrase el concilio. Pablo III (1534-1549) lo puso en marcha en Trento. El retardo había contribuido a la difusión del protestantismo y solo quedaba patalear por la leche derramada.

Lutero falleció el 18 de febrero de 1546 tras una cena de excesos en comida, y sobre todo en bebida, intemperancias reiteradas en él. Algunos historiadores apuntan a un suicidio mediante ahorcamiento. Es versión impopular entre sus seguidores.

ALGUNAS ENSEÑANZAS

- **Exigir cambios a los demás es sencillo; asumirlos, complicado**
- **El tiempo pone a cada uno en su sitio**
- **Muchos problemas organizativos comienzan por temas personales**
- **Negar la libertad es anquilosar el pensamiento, baluarte defensivo para no esforzarse**
- **Cuando un sendero es regalón, se multiplican los seguidores**
- **Muchas personas quedan embaucadas por quienes justifican indignos instintos**
- **Mezclar creencias, nacionalismo e intereses crematísticos es asegurar daños a muchos**
- **Cuando la pasión vuela los razonamientos nunca son concluyentes**
- **El corporativismo raramente es aconsejable**
- **El fanatismo paraliza el pensamiento**

AL SERVICIO DE TODO EL MUNDO
LAS MISIONES (1492)

Entre las cuestiones controvertidas se encuentra la llegada de misioneros a América y a otros lugares del mundo, fundamentalmente españoles y portugueses, y su afán por sembrar la fe a voleo. Nos encontramos ante una de las aventuras de la humanidad, con luces y sombras pero revestida de una grandeza que ni siquiera la leyenda negra puede obviar. Autores anglosajones han manipulado los sucesos para hacer pasar su labor como sublime y la de los católicos como perversa. Soslayan, por ejemplo, que cuando el 18 de enero de 1778 el capitán James Cook llegó a Hawaii, portó la gripe, la tuberculosis y la sífilis. Y poco después, la fiebre tifoidea y la viruela. En 1853 la población había disminuido de medio millón de habitantes a setenta mil supervivientes.

Muchos, esencialmente por ignorancia, han comprado una incongruente argumentación ayuna de pruebas en contra del actuar de los españoles, si bien la casi total extinción de los indígenas en lo que hoy es Estados Unidos, o de los aborígenes en Australia, explicita una desconsoladora labor de los anglosajones. Es improbable que veamos un presidente de Estados Unidos de la tribu Lakota, pero se multiplican gobernantes en países hispanoamericanos cuyos orígenes son indígenas. Y eso pese a los esfuerzos de los criollos por exterminar a esas tribus una vez que lograron la independencia de España. En 1514 se permitió, a través de una real cédula, el matrimonio entre españoles e indígenas, que se dio raras veces entre británicos y aborígenes, como se aprecia en la India. Sin cruzar el Atlántico cabe recordar el esfuerzo de religiosos como fray Hernando de Talavera (1428-1507), monje de la Orden de San Jerónimo, confesor de Isabel la Católica, que aprendió árabe para llevar la fe a los moros granadinos. Llegó a alojar a muchos indigentes de esa religión en su casa para ayudarles en sus necesidades físicas y espirituales.

Los pueblos que vivían en las tierras a las que llegaron los europeos no eran, como algunos pretenden, inocentes y pacíficos. En el siglo XXI, cientos de años después de sucesos que enseguida se ilustrarán, los yanomamis constituyen una de las etnias más numerosas entre los indígenas de la Amazonía, compuesta por unos veinte mil individuos que habitan en poblados de medio centenar de personas, entre Brasil y Venezuela. En la pubertad, los varones, consumidores habituales de sustancias alucinógenas, disponen de varias mujeres. El infanticidio está institucionalizado. Al dar a luz, la madre elige entre atender al hijo o sepultarlo vivo. Lo segundo es altamente probable si nace con alguna malformación. Se prefieren varones en el primer parto. Matar enemigos es senda para convertirse en *unokai*, posición de prestigio dentro de la tribu. A más adversarios masacrados, más reputación y más féminas para su disfrute. Sigue presente el canibalismo como lo estuvo entre las civilizaciones precolombinas. Poco diferencia a los yanomamis de otros. Resulta bobalicón hablar de sabiduría ancestral o de reserva de la espiritualidad, como se ha hecho desde instancias que deberían mostrar circunspección y cordura. En la estimable película-documental *Apocalypto* de Mel Gibson se documenta la brutal manera de actuar de algunos de esos pueblos.

Con indomable voluntad, misioneros católicos acompañaron a los aventureros que recorrieron mares y tierras desde el siglo XV. Las indicaciones de los monarcas eran diáfanas, aunque no siempre se cumpliesen a la letra. Exponía Felipe II sobre Filipinas: «*Por ganar una sola alma para Dios, sacrificaría todos los tesoros de las Indias, y, si no bastaran, añadiría hasta la misma España. Porque la Santa Sede me ha transmitido a mí y a mis sucesores la misión de los apóstoles, es decir la de predicar el Evangelio para que triunfe en todo el mundo y sin mezclar con ello el menor propósito de lucro*».

El espíritu misionero de la Iglesia había sido aguijón desde el principio. A finales del siglo XV ensanchó sus objetivos. Entre otros motivos, tras la llegada el 12 de octubre de 1492 de la Santa María, la Pinta y la Niña a la isla de Guahamí, que denominarían San Salvador. Pueden espigarse detalles de incontables héroes. Unos pocos conocidos, la mayor parte anónimos. El goteo de generosidad fue continuo. En 1502 desembarcaban en América diecisiete franciscanos acompañando al comisario regio Nicolás Ovando. En 1510 llegaba una expedición de dominicos dirigidos por fray Pedro de Córdoba. También mercedarios, jerónimos y otros religiosos. En 1504 se erigían tres diócesis en La Española y en 1511 había jerarquía católica en Las Antillas. El primer obispo fue el franciscano García de Padilla. En tierra firme fue fray Juan de Quevedo, franciscano consagrado en agosto de 1513 en Panamá.

A pesar de lo que escribiera el dominico Bartolomé de las Casas, antiguo encomendero y esclavista –como lo fue Bernal Díaz del Castillo, mejor escritor y más sincero que de las Casas–, una mayoría se comportó honradamente. Comenzando por las autoridades españolas de la metrópoli con la promulgación de las Leyes de Indias y en concreto las Leyes de Burgos u Ordenanzas para el Tratamiento de los Indios, de 1512, que reconocía a los indígenas naturaleza jurídica de hombres libres. Las exageraciones y despropósitos en el libro *Historia de las Indias* como en el de *La destrucción de las Indias* o en *Historia apologética de las Indias* son inconmensurables. Al hablar de Haití, Bartolomé de las Casas asegura que los españoles asesinaron a tres millones de indios, cuando en el mejor de los casos no sumaban en total 300.000 y la mayoría no sufrió agresión. Pero hay más: el fraile no solo había traficado con esclavos de color capturados en África, sino que había juzgado a los indios de remolones antes de calificarlos rutinariamente en sus obras de bondadosos y benéficos.

A diferencia de los británicos, franceses o belgas, que mantenían encorvados a los indígenas bajo el rebenque de los capataces, el objetivo de muchos españoles era, no su eliminación, sino su preparación religiosa. El objetivo era convertir, no destruir. En 1513, el rey de España, a petición de jerónimos y dominicos tomó disposiciones a favor de la libertad de los indios solicitando que así fuera porfiadamente predicado por los misioneros. Las Leyes de Indias y el propio Consejo de Indias fueron creados como cobertura para los más frágiles. Fueron teólogos y canonistas españoles quienes conceptualizaron los derechos humanos.

La organización de las reducciones, pueblos construidos en torno a un templo y en que los indios aprendían oficios en Paraguay, Brasil y Argentina, son un fabuloso ejemplo del buen hacer de la Compañía de Jesús. Fueron los paolistas brasileños y luego los masones europeos quienes se empeñaron en desintegrar la encomiable labor realizada en aquellos lares por los discípulos de Ignacio de Loyola.

El obispo franciscano español Toribio de Benavente (1482-1569), más conocido como Motolinia, explicaba en un México recién conquistado cómo debían ser los prelados allí elegidos: «*Para esta humilde generación conviene mucho que los obispos sean, como en la Iglesia primitiva, pobres y humildes, que no busquen rentas, sino almas; que los indios no vean obispos regalados, vestidos de camisas finas y durmiendo en sábanas y colchones, y vistiendo aterciopeladas vestiduras*».

Apóstol destacado en Nueva Granada, correspondientes a las actuales Colombia y Venezuela, fue fray Reginaldo Pedraza. Llegó con otros dominicos en torno al año 1519 procedente de Santo Domingo. En 1526 desembarcaban refuerzos, y otros veinte conmilitones en 1529. En 1531 quedó erigida la sede de Santa Marta, cuyo primer obispo fue fray Tomás Ortiz. La fundación de Bogotá culminó con la expedición de Jiménez de Quesada en 1536. En 1577 la orden constituyó allí una primera provincia compuesta por diecisiete comunidades cristianas de indios. Del dominico Bartolomé de Hojeda se afirma que bautizó a doscientos mil indios. También los franciscanos trabajaron mucho y bien. Mucho se habló en 1527 de la extraordinaria labor de Juan de San Filiberto. En 1549, impulsados por Carlos V, llegaron Francisco de Vitoria y otros ocho frailes menores.

A finales de 1603, los agustinos recoletos planearon expandirse hacia Filipinas. Buscaron el apoyo de Felipe III: «*Siendo vuestra majestad servido, les podrá dar licencia para que pasen y funden en las Islas Filipinas, donde hay más necesidad de ministros del Evangelio, y son a propósito estos religiosos en tierra tan nueva por la pobreza y estrechez que profesan*». El rey respondió: «*Pues esta religión quiere enviar religiosos a las Indias, adviértase a los superiores que miren que los que fueren sean hombres de letras y edad*». En 1605, Juan de San Jerónimo, principal promotor, se reunía con sus compañeros en Sevilla y embarcaba en Sanlúcar de Barrameda camino de México primero y de Manila después. En Filipinas, la preocupación inicial fue la organización de la vida común. En 1606 se fundó el convento de Bagumbayan, y pronto vendrían los de la capital y el de Cavite. Las remesas de misioneros fueron incesantes. Entre 1613 y 1621 zarparon hacia Filipinas treinta y nueve agustinos recoletos. Se abrieron en esos años tres conventos en Cavite (1616), San Sebastián de Manila y Cebú (1621). En las siguientes dos décadas saldrían de España cincuenta nuevos misioneros de la misma orden. Eran los últimos en llegar, y por eso les adjudicaron los terrenos más aislados y distantes de Manila. El reparto inicial había sido realizado por Felipe II en 1594. Luego vendría la expansión por Colombia.

Muchos se dejaron la vida predicando el Evangelio en las esquinas más distantes. Agustín de Santa Mónica falleció en alta mar antes de llegar a México en 1668. Salvador del Espíritu Santo, elegido en el capítulo de 1654, desembarcó en México tres años más tarde, *«pero con la salud tan quebrantada que, al poco tiempo, a fines de diciembre del año 57, entregó su espíritu al Creador»* en el hospicio de esa ciudad. La misión de 1674 perdió en el camino siete religiosos. En 1675, el rey autorizó una nueva misión de cuarenta y cinco, pero el procurador solo logró convocar a veinticuatro. Hacia 1691 la provincia de Filipinas sumaba setenta agustinos recoletos.

No escasearon los enfrentamientos entre instituciones, como la de agustinos con los dominicos por decidir quién se encargaba de la administración de la provincia de Zambales. Se presentó recurso ante el Consejo de Indias y en 1712 los recoletos volvieron a gestionar esa provincia. Nuevos entorpecimientos surgieron con los jesuitas en Mindanao sobre los límites de las dos secciones en las que la isla fue dividida. Allí llegaron misioneros ininterrumpidamente desde 1623 hasta 1898.

A lo largo del siglo XVII, los recoletos dejarían más de veinte mártires en tierra de Mindanao, Palawan, Joló y Romblón. Algunos apedreados por los indios; otros acuchillados, alanceados o decapitados por aquellos a quienes evangelizaban. También extendieron su actividad hacia Japón. Francisco de Jesús, de origen español, sufrió cárcel y martirio en aquellas tierras, al igual que su compañero Vicente de San Antonio. Fueron abrasados vivos tras haber sido sometidos en sucesivas ocasiones al suplicio de las aguas sulfurosas en el monte Unzen. Fueron beatificados por Pío IX en 1867.

En 1644, frailes del convento de Panamá se dirigieron hacia Cartago (Costa Rica) y allí crearon un hospicio. Ayudaron a centenares de pipiolos desangelados. Vivían con escuálidas finanzas. A excepción de Panamá, ningún convento podía siquiera suministrar alpargatas a sus religiosos. Detalla Salvador de San Miguel que en el convento de Nuestra Señora de la Candelaria, de donde llegó, subsistían de los escasos frutos de la tierra y de exiguas limosnas.

Durante la peste que asoló las ciudades de Panamá y Cartagena (1651-1652) entregaron su vida para ayudar a los infectados. Murieron cinco religiosos en Panamá y otros dos en Cartagena. Alonso de la Cruz y Bartolomé de los Ángeles fueron asesinados en Colombia por los secuaces del jefe indio Morrongo, ofendido cuando le exhortaron a respetar la monogamia.

En Filipinas, las condiciones logísticas, sanitarias y alimentarias eran marcadamente deficientes. Fallecían de media el 6% de religiosos al año por uno u otro motivo. En 1726 murieron ahogados en el mar de Visayas el superior recoleto, Juan de San Andrés y su secretario, Diego de San Gabriel. El provincianismo complicó ridículamente el desarrollo de la fe. En 1711 desembarcaron cincuenta y siete frailes, treinta y nueve castellanos, quince aragoneses y tres andaluces. Dilapidaron su energía compitiendo entre ellos. El capítulo de 1738 les pidió que superaran esas disensiones que perturbaban la paz, la unión, la caridad fraternal. Debían comportarse como hijos de una misma provincia, de un mismo padre y de una misma regla y constituciones. Por si fuera poco, les escamaba que la curia central chistase. En eso estaban todos de acuerdo.

En 1773, tras la disolución de los jesuitas, los dominicos fueron continuadores de la labor de la Compañía en muchos lugares de América. Los de santo Domingo poseían algunas reducciones, que incrementaron de tamaño tras la liquidación de los de san Ignacio de Loyola.

Detallar la inmensa labor de los misioneros se antoja inviable. He aquí lo que Melchor Torrijos, agustino calzado, escribió a las dos décadas del fallecimiento de Francisco Acuña, recoleto de origen colombiano, en la segunda mitad del siglo XVIII: «*Treinta años predicó en este púlpito cada semana las pláticas de la escuela de Cristo Señor nuestro, que su reverencia estableció siendo prelado; cerca de veinte en la capilla del Sagrario de esta capital una vez al mes las pláticas del señor san José; por otros veinte años dio los ejercicios a su colegio del Rosario, cuya utilísima práctica estableció y fomentó yendo a hacerles pláticas a tarde y mañana, sin que faltase una sola vez, fuera de otros años que también dirigió los santos ejercicios en el colegio seminario, donde también fue catedrático en su edad provecta. Todos los años, el Viernes Santo hacía a su comunidad una plática de las cinco a las seis de la mañana, que muchas veces no acababa por los sollozos y abundancia de lágrimas que todos derramaban; por muchos años predicó en la misión que hace la religión seráfica anualmente en esta ciudad. Innumerables veces predicó en los monasterios, ya en tiempo de ejercicios, ya en tiempo de Cuaresma, ya en los Advientos, ya en otras varias veces en que su apostólico celo lo llevaba a hacer exhortaciones místicas y espirituales sin entrar en número (porque no lo tienen) todos aquellos sermones de moral, octavarios y otros, de que vosotros, amados oyentes, sois testigos».*

Al hablar de evangelización fuera de Europa ha de citarse al veronés Daniel Comboni (1831-1881), quien dedicó su existencia a las misiones en el África negra. Tantas fueron sus dificultades internas y externas, que de él escribió el cardenal Patrizi, vicario de Su Santidad, en 1867: *«Todas las obras de Dios, al nacer y desarrollarse, las he visto siempre selladas por la cruz y la persecución; veo que también esta es verdaderamente obra de Dios».* Inicialmente se integró en el Instituto de Niccola Mazza y viajó en 1858 como misionero al Vicariato Apostólico del África Central junto a otros cinco compañeros. El fallecimiento de los otros misioneros lo indujo a regresar a Italia. Más adelante lanzaría su propio plan de acción, los Combonianos, que llevaron la fe a miles de almas.

No faltaron problemas con otras instituciones, fundamentalmente con la Compañía de Jesús. Mal lo pasó Comboni cuando unos jesuitas residentes en El Cairo (uno de ellos, el P. Villeneuve), invitados a predicar unos ejercicios, trataron de pescar para la Compañía a su discípulos, incluido el joven rector Giulianelli y dos ordenandos. Al igual que tantos otros fundadores, Comboni consideraba que entroncaba directamente con los primeros cristianos. Aquellos pioneros apetecían crear en aquellas tierras una Iglesia, por así decirlo, más pura.

No puede faltar una referencia siquiera escueta a Josef de Veuster, más conocido como san Damián de Molokai (1840-1889), de origen belga, miembro de la congregación de los Sagrados Corazones, quien se inmoló para atender leprosos. Gracias a sus indicaciones, a la conocida como «colonia de la muerte» le llovió dignidad. Damián instauró normas básicas de convivencia y promovió mejoras en las casas de aquellos desheredados y abandonados por las autoridades civiles de Hawái. Gandhi escribiría años después, «*el mundo politizado y amarillista puede tener muy pocos héroes que se puedan comparar con el padre Damián de Molokai*».

ALGUNAS ENSEÑANZAS

- **Las *fake news* han sido empleadas extensamente contra la Iglesia, con frecuencia para esconder las propias carencias y miserias**

- **Las normas generales no siempre se cumplen, pero son referencia de lo que desean los directivos**

- **El error de algunos no debería oscurecer el trabajo esforzado de la mayoría**

- **Sublimar una presunta bondadosa ingenuidad frente a fechorías foráneas manifiesta ignorancia, cuando no mala fe**

- **El deseo de extender la fe fue uno de los elementos clave, aunque no el único, del proceso expansivo de España. Nada es blanco o negro**

- **Los enfrentamientos entre instituciones religiosas ponen a ambas en berlina**

- **Las mamarrachadas del nacionalismo —y su hijo bastardo, el provincianismo— truecan en liliputiense lo más sublime**

- **Algunos, para agazaparse de su pasado, critican el buen hacer de otros**

- **La mentira tiene las patas cortas; basta conocer datos reales para exponer imposturas bufas y cicateras**

- **La avidez perjudicó designios tan apreciables como las reducciones jesuíticas**

EL RETO DE ATENDER
MÚLTIPLES FRENTES

PÍO V (1566-1572)

El papa Pío V adora al Crucificado, de Augusto Kraus, 1926. Fuente: Dorotheum.

Los cardenales se incorporaron al cónclave diez días tras el fallecimiento de Pío IV. Para evitar sucesos como los acaecidos tras Pablo IV, el entorno quedó acordonado por fuerzas del orden. Cincuenta y tres cardenales participaron en el cónclave en diciembre de 1565. La seguridad estricta conjuró interferencias exógenas. Numerosos electores propendían hacia el cardenal Carlos Borromeo, mostrando de ese modo agradecimiento a su tío, pues por él habían sido seleccionados. Cuando llegaron a sus oídos esos chismes, Carlos Borromeo manifestó que nadie debía sentirse obligado con su persona. Él sostenía la candidatura del dominico Michele Ghislieri, nacido el 17 de enero de 1504 en Boscomarengo (Piamonte).

Ghislieri, por su parte, cuando intuyó que podía ser el más votado, solicitó a su amigo el cardenal Pacheco que hablara con otros electores para desactivar su candidatura. Pacheco replicó que si era finalmente el seleccionado Dios no le abandonaría. En Ghislieri se cumplió, una vez más, el principio *nolentibus datur*, (hay que elegir a los que no padecen la obsesión del poder). El 7 de enero de 1556, escribió Fuenmayor en su biografía de Pío V, «*los cardenales se dirigieron a la celda de Ghislieri para ponerlo en aquel lugar consagrado donde es costumbre adorar a los pontífices electos; pero él se negó, confesándose inhábil para llevar el gran peso que le echaban encima. Insistieron todos, tirando incluso de él por los brazos y por el vestido, y él, levantados los ojos al Cielo, en ademán de conformarse a todo y como quien obedece a la fuerza, jadeó: ¡Ea!, vamos*».

Su perfil era la encarnación del anhelado en el Concilio de Trento. Julio III le había nombrado comisario general de la Inquisición; fue también obispo de Sutri y Nepi por encargo de Pablo IV; Pío IV le trasladó a la diócesis de Mondovì, también en la península itálica. Los sucesivos encargos los había cumplido con plena satisfacción. No llegaba al solio pontificio por halagador. Cuando los nuevos cardenales Ferdinando de Médici y Federico Gonzaga le manifestaron su reconocimiento por haber sido nombrados por Pío IV, él chasqueó la lengua: «*No acepto vuestra gratitud, porque fui contrario a vuestra promoción por dictármelo la conciencia*».

Los saraos previstos por su nombramiento fueron cancelados y el presupuesto donado a indigentes. En paralelo pregonó un jubileo para que Dios lo agraciara con su auxilio. Mantuvo su sayal de dominico, origen de la costumbre de que los papas vistan de blanco. En vez de en colchón continuó durmiendo sobre jergón de paja. Arrancaba temprano las jornadas, con oración y celebración de la Eucaristía. Seguían audiencias y un austero almuerzo mientras escuchaba lecturas piadosas. La carne estaba limitada a dos veces por semana.

Su propuesta de gobierno, presentada el 12 de enero de 1566 a los cardenales, consistía en aplicar las disposiciones de Trento. Trataría como hermanos a los cardenales, pero no consentiría prácticas inapropiadas. Singularizaba el mal ejemplo como causa de muchos males. Se propuso entablar guerra contra los turcos, que con perturbadora terquedad agredían a los reinos cristianos. Expulsó del palacio vaticano al juglar de corte de Paulo IV, pues consideraba aquel entretenimiento superfluo para un pontífice. Como colaboradores seleccionó a Borromeo, Savelli, Alciati y Sirleto, prelados modélicos que pilotarían una comisión centrada en la reforma del clero secular de la Urbe. Todos los sospechosos de prevaricación serían destituidos. A pesar de no ser partidario del nepotismo, que tantos daños había provocado, acabó nombrando a su sobrino Michele Bonelli para relaciones institucionales. Le impuso frugalidad, descartando de su guardarropía vestidos de seda y vajilla de plata de su condumio. Al padre del sobrino, que acudió a Roma en busca de beneficios, le ordenó abandonar de forma inmediata la ciudad. No daría carta blanca a que holgase a costa de la Santa Sede.

En mayo de 1567 nominó a otro sobrino, Paolo Ghislieri, jefe de la guardia pontificia, quien se comportó de forma moralmente desatinada. Pío V lo sancionó con pérdida de «*todos sus empleos e ingresos*». Bajo pena de muerte se le impuso desaparecer en dos días del Vaticano y en diez de los Estados Pontificios. Se persiguió a los blasfemos, a quienes no respetasen las leyes eclesiásticas o a quienes se entretuviesen con juegos indignos. Desterró a las prostitutas y vedó el travestismo durante los carnavales. Cuando alguien le expuso que acabaría deshabitando la Urbe, resopló: «*Quedaos aquí con estas desgraciadas, que yo escogeré para mí otra ciudad*».

Pío V, consciente de que sin siembra no hay cosecha, promovió la formación de la juventud. En 1568 dispuso que los párrocos instaran a los padres de familia a enviar a los niños los domingos por la tarde a clases de Doctrina Cristiana. Para simplificar el trabajo de los sacerdotes, en 1571 puso en marcha las confraternidades de la Doctrina Cristiana. El libro de referencia era el *Catecismo de Trento*. Espoleó la edificación de un nuevo palacio de la Inquisición y puso la primera piedra el 2 de septiembre de 1566. Para apresurar la construcción detuvo la de la basílica de San Pedro. Conminó a que se juzgase con justicia a los implicados. En caso de retractación se condonarían las penas, incluida la mortal.

No perdonaba, sin embargo, a los reincidentes. El protonotario apostólico Pietro Carnesecchi, ex-secretario particular de Clemente VII, fue ejecutado el 21 de septiembre de 1567 tras probarse que robaba aprovechando su posición y que había caído en herejía. Los diez días que se le concedieron para su arrepentimiento en nada le aprovecharon. Otro auto de fe relevante fue el de Aonio Paleario

(1503-1570), profesor de Bellas Artes en Siena, Lucca y Milán, descarriado por el protestantismo. Fue condenado en un tercer proceso, en Roma, y finiquitado el 3 de julio de 1570.

Pío V delegó en Carlo Borromeo la predicación de la fe en Suiza. El cardenal Gian Francesco Commendone también fue fuente de satisfacciones al ganarse al emperador Maximiliano II. Ambos se implicaron a fondo en la difusión de los cánones tridentinos.

En su *Bullarium* se encuentran disposiciones valiosas tanto en lo disciplinario como en las aplicaciones prácticas. Entre otras:

- Que los médicos procurasen que los enfermos terminales recibiesen los sacramentos
- Que los eclesiásticos residiesen en sus sedes propias y no fuesen vainazas
- Prohibir la comunión bajo dos especies en Alemania
- Que en las iglesias los sepulcros no fuesen mausoleos
- Que se persiguiese eficaz y ágilmente a los asesinos

Para evitar que los católicos cayesen rehenes de usureros judíos, fundó Montes de Piedad y otras instituciones semejantes. Atento a las necesidades espirituales y materiales, apuró la restauración de las murallas, el diseño de nuevas calles, la construcción de un acueducto y rehabilitaciones en Letrán y en el Vaticano. Incrementó la atención a los depauperados de Roma. Para esquivar los abusos en la gestión de los bienes de la Santa Sede, una bula de 25 de marzo de 1567 proscribió la concesión de derechos de uso o usufructo de esas propiedades.

Marcó como prioritario auxiliar a la reina de Escocia, María Estuardo, hostigada en una Gran Bretaña cismática. La soberana no respondió a las expectativas. Su enemiga, todo hay que decirlo, no era fácil. La reina Isabel, tan inteligente como implacable, promovió una inicua persecución contra los católicos y también contra los protestantes que no se sometiesen a su omnímoda prepotencia. Un malogrado levantamiento en 1569 endureció a la reina Isabel y casi mil católicos fueron martirizados. El 25 de febrero de 1570, Pío V publicó la bula *Regnans in excelsis,* con la que excomulgó a la gobernante. En teoría eso implicaba desposeerla del derecho a la corona, pues se eximía de obediencia a sus súbditos. John Felton pagaría con su vida el colocar el documento en la puerta del palacio episcopal de Londres. Fue descuartizado el 8 de agosto de ese mismo año. Sería beatificado en 1886 por León XIII.

Pío V colisionó en sucesivas ocasiones con Felipe II por el carácter césaro-papista de ambos. Esto enardeció desencuentros tanto en Nápoles como en Milán, pues particularmente en esas ciudades no se admitían interferencias de los delegados papales en providencias de los monarcas. Un suceso singular fue el comportamiento de algunos miembros de la Orden de los Hermanos Humillados, que conspiraron contra Carlos Borromeo. El 26 de octubre de 1569, Farina, secuaz contratado por ellos, descargó un arma contra el arzobispo en su oratorio privado sin lograr su perverso propósito. El papa disolvió la orden.

El papa ordenó la entrega a la Inquisición romana del aludido prelado Bartolomé Carranza, detenido en cárceles de la Inquisición española. Había pasado siete años y medio en mazmorras vallisoletanas. Desde Civitavecchia fue conducido al castillo de Sant'Angelo. Lo juzgaron diecisiete cardenales, que no condonaron la pena de prisión. Saldría de la cárcel en 1576, tras abjurar a instancias de Gregorio XIII de proposiciones de presunto carácter herético. Murió quince días después de su liberación, con setenta y tres años.

Gregorio XIII ordenó el siguiente epitafio:

«Bartolomé Carranza, navarro, dominico, arzobispo de Toledo, primado de las Españas, varón ilustre por su linaje, por su vida, por su doctrina, por su predicación y por sus limosnas; de ánimo modesto en los acontecimientos prósperos y ecuánime en los adversos».

Pío V colaboró, en fin, de manera definitiva con la flota que rindió al turco en la batalla de Lepanto, el 7 de octubre de 1571. Al recibir la noticia, unos días después, rezó de hinojos: *«Dios se ha dignado escuchar las oraciones de los humildes; estas cosas se escribirán para la posteridad, y los pueblos venideros alabarán al Señor».* Con ese motivo, añadió a las letanías la invocación *Auxilium Christianorum* (auxilio de los cristianos) para recordar el triunfo.

Falleció el 1 de mayo de 1572 con sesenta y ocho años.

ALGUNAS ENSEÑANZAS

- La experiencia es maestra
- El gobierno ha de entregarse a quien no es un yonki del poder o del dinero
- Ascender progresivamente posibilita, aunque no asegura, llegar a puestos de poder con preparación
- La sinceridad debe estar impregnada de prudencia para no decir más de lo que el interlocutor puede sobrellevar
- Quien más sabe es más prudente al hablar. El silencio a menudo es sabio
- Hozar entre naderías ociosas es desaconsejable
- Distar de quienes carecen de recta intención es altamente recomendable
- Rodearse de buenos colaboradores manifiesta inteligencia
- Pocas decisiones, en los puntos clave, es buen gobierno
- Atender a lo intangible es fundamental, sin esquinar el recuerdo de lo tangible

UNA FEMINISTA ANTICIPADA A LOS TIEMPOS

SANTA TERESA DE JESÚS (1515-1582)

Pintura de santa Teresa del convento de Santa Teresa de
Ávila. Fuente: Shutterstock.

Los anacoretas del Monte Carmelo se consideraban sucesores
del profeta Elías. Cubiertos de fibra elaborada con palmera
trenzada, los padres del desierto habían vivido ascéticamente.
Alberto, patriarca de Jerusalén, les otorgó en el 1200 regla y constituciones. Con la protección de los cruzados extendieron sus con-

ventos por Europa. La peste de 1348, al igual que sucedió con otras órdenes, les perjudicó drásticamente porque muchos sobrevivientes se relajaron.

En torno a 1370, Felipe Ribot escribió el libro *Institución de los primeros monjes*. El carmelita gerundés, para proporcionar más aplomo a su obra se la atribuyó al obispo Juan, cuadragésimo cuarto prelado de Jerusalén. En el capítulo II de esa obra leemos: «*Este profeta de Dios, Elías, fue el primero de todos los monjes que han existido, y en él tuvo principio la santa y gloriosa institución monacal*». En el texto se hace referencia al *branding* cuando se explica lo que significa el bastón: «*Llevar un báculo significa espiritualmente que el monje nunca camine desprevenido entre los perros de tantas pasiones y vicios como le salen ladrando; entre tantas bestias invisibles de espirituales tentaciones, de las cuales el profeta pide que el Señor le libre*».

En 1428, Eugenio IV optó por atemperar exigencias. El sayal fue sustituido por paño tenue y regresaron a un calzado usual. Se condonó la clausura y muchas monjas holgaban o concurrían a locutorios donde no siempre el tema medular era Dios. Llegamos a 1515, año en el que Alonso Sánchez de Cepeda dejó escrito: «*En miércoles, veintiocho días del mes de marzo de mil quinientos y quince años, nació Teresa, mi hija, a las cinco horas de la mañana, media hora más o menos, que fue el dicho miércoles, casi amanecido*». Persona adinerada, cuando falleció, su primera esposa, Catalina del Peso y Henao, acopiaba trescientos setenta y cuatro mil maravedíes, además de tierras, inmuebles y alhajas. Vivía con pompa, pero con el paso del tiempo se iría tornando morigerado. Tras enviudar, maridó con Beatriz de Ahumada. Al nacer Teresa, la madre contaba con veinte años y cinco criaturas, a las que se agregarían algunas más.

La fiscalidad levanta pasiones. Se produjeron disputas, porque la familia alegaba que debían estar exentos de gabelas que el ayuntamiento les imponía. En aquel entorno social, Teresa se aficionó a la buena ropa. Empleaba la de su madre. Coqueta, le gustaba agradar. Le apasionaban los libros de caballería, moda de la época comparable a las series de televisión hoy, que devoraba a hurtadillas.

En Ávila, había alcanzado harta fama el convento de la Encarnación. Su origen se remontaba a un grupo de terciarias carmelitas congregadas en una antigua sinagoga, después capilla. Inicialmente pronunciaban votos simples, hasta que en 1512 la priora, Beatriz de Higuera, las persuadió para emprender vida religiosa según la orden mitigada de Nuestra Señora del Monte Carmelo. Se alzó entonces nuevo edificio financiado por el padre de Beatriz fuera de las murallas sobre un camposanto judío. Teresa ingresó. Era tal su afán por congraciarse que se afirmaba de ella que era como la seda dorada que va bien a cualquier tono, porque se adaptaba al carácter de aquellos con quienes trataba. No faltaban obstáculos para una mujer en época tan machista. ¡Qué no sucedería en el siglo XVI si en 1923, al promoverse su nombramiento como doctora de la Iglesia, el papa Pío XI comentó *obstat sexus*, ¡el sexo lo impide! Así lo percibía ella en el *Libro de la vida*: «*Basta ser mujer para caérseme las alas*». El nuncio Sega, que desde 1577 se ligó a los calzados contra los descalzos, la describiría con malquerencia por ser mujer: «*Fémina inquieta y andariega, desobediente y contumaz, que a título de devoción inventa malas doctrinas, andando fuera de clausura, contra la Orden del Concilio Tridentino y de los prelados, enseñando como maestra contra lo que san Pablo instruyó mandando que las mujeres no enseñasen*».

El crisol del padecimiento fue esencial. Nada potencia más conciencia de uno mismo y sobre todo de su lugar en este mundo que la enfermedad. El inescrutable aforismo de Cioran va en esa línea, «*la lucidez es al alma lo que un dolor de muelas al cuerpo*». Por enfermedad no bien identificada que la obligó a regresar a su hogar, Teresa estuvo cerca de la muerte. Llegaron a cavar fosa en la Encarnación para el sepelio. Cuando estaba para enterrar, al cuarto día, su padre se negaba a consentirlo. En aquellas circunstancias, su hermano Lorenzo, adormecido, provocó por accidente la caída de una candela que prendió los cortinajes. El cuerpo de Teresa estuvo a punto de abrasarse. Ella, despertándose, inquirió: «*¿Por qué me habéis llamado?*».

Refirió que había estado en el Paraíso y también que había contemplado el averno. Recuperada, tornó a las andadas, parloteando cháracharas livianas en el locutorio. La preocupación del padre iba *in crescendo*. Juzgaba que su hija había caído en la trivialidad. Cuando fue amonestada, invocó inconvenientes de salud. Al igual que sus compañeras, vegetaba en una *aurea mediocritas*. Se multiplicaban los roces con las *millennials* de la época. Las más mozas desafiaban a las antiguas con la consideración de que el descubrimiento de América había provocado modificaciones radicales que las entradas en años no valoraban. Algo así pasa ahora cuando las nuevas generaciones echan en cara a las anteriores no entender en plenitud el entorno digital e hiperconectado.

Teresa conoció al dominico Vicente Barrón en 1543 con ocasión del fallecimiento de su padre. Le manifestó el escenario en el que se hallaba. Los sabios consejos la indujeron a recuperar costumbres, comenzando por la oración y la frecuencia de la Eucaristía. Transcurrió aún una década para la fase que marcó no solo su vida sino la de miles de personas. La conversión definitiva llegó en 1553.

El padre Diego de Cetina sería plenamente consciente de la profunda alteración de Teresa. Sin embargo, de él comentaban que tenía «*poca salud, cabeza débil*». E incidían: «*Predica medianamente. Confiesa. No sirve para otra cosa*». Entonces y ahora sigue siendo buen consejo no juzgar a nadie ni para bien ni para mal hasta que haya transcurrido largo tiempo y mejor aún que haya fallecido. Gary Hamel hubiera agradecido el consejo porque publicó el libro *Liderando la revolución* con el ejemplo de una multinacional que en ese momento entraba en quiebra... Al igual que el profesor de una escuela de negocios española que ponía en el candelero a Lance Armstrong como resiliente por la superación de un cáncer poco antes de que se denunciara al rastrero ciclista norteamericano por el uso de sustancias dopantes. Un último ejemplo en el entorno de fervores, tibiezas y exageraciones en que se desarrolló el XVI español: Magdalena de la Cruz, clarisa de Córdoba, pasaba por ser santa en vida, con don de profecía. Se la alababa en público y en privado hasta que el 1 de enero de 1544 reveló que sus éxtasis eran ficticios. Muchos quedaron turbados.

Santa Teresa, mientras tanto, seguía acercándose a la divinidad. Una prueba era su jovialidad. Manifestaba su desazón ante los tristones: «*¡Dios nos guarde de santos encapotados!*». No acababa de aterrizar el proyecto. Una monja *millennial* arrojó la propuesta de revolucionar el Carmelo. Felipe II, como se detallará, estaría en la línea. No en vano había promovido en El Escorial el pudridero de reyes para tener más presente la transitoriedad de la vida.

Es inviable agradar a todos, en todo, todo el tiempo. Muchos en Ávila, al saber de la *spin off* que se ponía en marcha, amonestaron desabridamente a su conciudadana. La imputaron de demente y la inquirieron para que se quedase en la Encarnación sin reclamar atención ajena. Pero ella tenía lo que siglos más tarde Collins y Porras denominarían BHAG's (*Big, Hairy, Audacious Goals*), una misión grande, ardua y audaz, que son las misiones que atraen a la gente más valiosa.

Doña Guiomar de Ulloa, en buena situación económica, la confortó: «*Fundad y yo os ayudaré*».

El altruismo de la dama le sería pagado en calumnias por el populacho. He aquí algunas: «*Ha transformado su palacio en convento*». «*No se digna recibir más que a frailes y monjas, beatas y siervos de Dios*». «*Se muestra atenta con cualquier advenedizo, como si no fuese dama, sino una criada*». «*¿Por qué no se ocupa de sus hijos en vez de sacar de quicio a los demás?*».

Miembros del clero y de las órdenes religiosas zancadillearon a Teresa. Algunos con toscas aserciones: «*Si salían de sus monasterios a fundar nuevas órdenes era para sus libertades*». Teresa, con un optimismo que no debe ser confundido con ingenuidad, permanecía calmosa porque había aprendido a relegar la opinión de los poco informados. Los dictámenes había que pesarlos, no que sumarlos.

Convierte en mantra una mística y entrañable composición:

Nada te turbe,
nada te espante;
todo se pasa,
Dios no se muda.
La paciencia
todo lo alcanza;
quien a Dios tiene
nada le falta.
Solo Dios basta.

Su resiliencia es reincidente. Cuando se desmorona un tabique en el convento de San José, donde instalará la nueva fundación, y algunas se le acercan consternadas, clama: «*¿Se ha derrumbado el muro? ¡Que vuelvan a alzarlo!*».

Al conocer en Toledo a Luisa de la Cerda, la terrateniente que ha requerido una religiosa para que la distraiga de su viudez, condensa: «*Una de las mentiras que dice el mundo es llamar señores a las personas semejantes, que no parece sino que son esclavos de mil cosas*».

La red de contactos, hoy *networking*, conviene para la buena marcha. Tuvo ocasión de conocer entre otras personas a María de Jesús, pudiente y enlutada granadina. Una anécdota la describe. Acudió a visitar a Pío IV, quien al verla indicó: «*¡Mujer varonil! Désele lo que pidiere*».

María de Jesús había residido en el carmelo de Mantua según el rigor de la regla de los nacientes carmelos. Santa Teresa asimilaría que en los reformados las monjas vivirían del trabajo y de limosnas, nunca de rentas.

Durante el intento de disolver el primer carmelo reformado, quien más apoyo ofreció, casi en exclusiva, fue el dominico Domingo Báñez. Cuando la trifulca ascendió al Consejo real, el obispo Álvaro de Mendoza remitió a Gonzalo de Aranda a la corte para que apuntalara a la abulense. Teresa ni se abrumaba, ni permitía que sus seguidores aludieran al agotamiento. En momentos de urgencia, el franciscano Pedro de Alcántara no dudó en abocarse hasta el pueblo en el que reposaba don Álvaro de Mendoza para que acreditara jurídicamente los primeros pasos. Tras charlar despacio con Teresa en la Encarnación se había transformado en arbotante de la reforma.

Juan Bautista Rubeo, originario de Rávena, prior y maestro general, apoyó al principio: «*A la Rvda. Madre Teresa de Jesús, damos facultad y poder de hacer monasterios de monjas de nuestra sagrada orden en cualquier lugar del reino de Castilla, que vivan según la primera regla, con la forma de vestir y otras maneras que tiene y que guardan en San José*». Las mendacidades de los calzados y los yerros de Baltasar Gracián conducirían a una aciaga colisión, porque el bien hay que hacerlo bien.

Teresa plasmaría que es precisa «*una grande y muy determinada determinación de no parar hasta llegar, venga lo que viniere, suceda lo que sucediere, trabájese lo que se trabajare, murmure quien murmurare, siquiera llegue allá, siquiera muera en el camino, o no tenga corazón para los trabajos que hay en él, siquiera se hunda el mundo*». Fue consciente desde los albores que resulta esencial atender a la selección. En Ávila, cuando trataron de sugestionarla para que aceptara a doña Casilda de Padilla, que se había propuesto ingresar, resopló: «*Donde son tan pocas, de razón habían de ser escogidas. Para todos hallo monjas, y a esa casa no he osado enviar ninguna porque deseaba fuese tal que tan cabal no la he hallado*». Consciente de que quien no atiende a lo pequeño descuidará lo grande, insistía: «*Si viviendo yo se hace esto, ¿qué será después de muerta?*». Cuántas veces he recordado al releer esta recomendación teresiana la encomienda del progenitor de un regiomontano que instruía: «*¡Cuida los centavos, que los pesos se cuidan solos!*».

De manera prosaica, y solo en apariencia opuesta, el fundador del grupo Pascual, Tomás Pascual: «*Hay que ser listo con los duros y tonto con las pesetas*».

Insistía Teresa en enjaezar lo referido a Dios cuidando los detalles. «*Después de que salgan de Maitines, se encienda una lamparilla que llegue hasta la mañana; porque es mucho peligro quedar sin luz, por muchas cosas que pueden acaecer, que un candil con torcida delgada es muy poco la costa y mucho el trabajo que, si una hermana le toma un accidente, será hallarse a oscuras*». Su percepción de lo sobrenatural estaba a prueba de bombas. «*Si Teresa de Jesús y tres ducados es como nada, Teresa de Jesús, tres ducados y Dios es todo*». Cuando la zahirieron por echar el resto en la rueca mientras atendía en el locutorio a unos que iban a hocicar, replicó: «*Vuestra merced dejará este monasterio en paz para siempre. Si vuestra merced se obstina, acudiré al rey*».

No le faltaron distracciones de personas que poco tenían que hacer. Ana de Mendoza, princesa de Éboli, fue una. Se hizo con el texto de la vida de Santa Teresa y se mofó de ella sin miramientos junto a sus amigas de la corte. Además, denunció el texto a la Inquisición. Fue su represalia por la huida de las monjas de Pastrana cuando la noble se empeñó no en ser carmelita, sino dueña del carmelo de aquel lugar. La burlona pagaría caros sus desdenes durante los años en que fue condenada por el rey a vivir emparedada en su habitación como en una cárcel hasta su fallecimiento.

No siempre acertó santa Teresa a la hora de buscar consejo. Solicitó al monarca que les permitiera contar como asesor con Baltasar Gracián; «*aunque mozo, me ha hecho harto alabar a Nuestro Señor lo que ha dado a aquella alma y así creo que le ha escogido para gran bien de la orden*». No tardaría en traerle complicaciones. Entre otras, exigió que fundase en Sevilla, lo que suponía una desobediencia formal al superior del carmelo, Juan Bautista Rubeo. Sucesos así son frecuentes en las organizaciones matriciales, porque por un lado el rey mandaba algo y desde Roma otra cosa. El papa, el nuncio y el rey querían fundaciones fuera de Castilla; Rubeo, no.

Era ella la que reclamaba cordura a Gracián, con providencias que parecen diseñadas en fechas recientes. «*Todas son mozas, y créame, padre mío, que lo más seguro es que no traten con frailes. Ninguna otra cosa es tanto miedo en estos monasterios como esto*». Las calumnias fueron fantasmagóricas, como que deseaba irse en una carabela a fundar en América. Otros proclamaban, con nefanda calumnia machista, que era hembra resabiada, infame y obscena que promovía monasterios para darse a deshonestidades. El conde de Tendilla, vástago del virrey de Nápoles, al escuchar esto, con gallardía no exenta de audacia, detuvo en seco al prelado chismorrero: «*No pase adelante, que a orejas castas y castellanas da mucha pena oír tales palabras de una mujer tan probada en virtud y santidad, que, aunque no ha muerto sino que vive, la tenemos en España por santa. Los grandes y prelados de España nos quitamos los sombreros cuando hablamos con ella. Vuestra reverencia habla muy mal y con poca consideración, y me ha escandalizado gravemente con ello*».

Cuando las maledicencias llegaron a oídos de Teresa, ironizó: «*Sabed, hijas que solamente tres veces se me ha calumniado en la vida: la primera en mi mocedad, cuando me llamaban hermosa; la segunda, cuando decían que era lista; la tercera, cuando comentaban que era buena. Esta es la que llevo con menos paciencia, porque conozco mis faltas*».

He aquí otro ejemplo de su mística guasa. De viaje a Burgos, se cayó al agua al atravesar un río:

–*Señor, entre tantos daños y me viene esto* –le afeó al Creador.

–*Teresa, así trato yo a mis amigos* –escuchó.

Concluyó ella:

–*¡Por eso tenéis tan pocos!*

Toda su vida lideró Teresa con la palabra, pero más aun con la acción. «*La primera que ha de barrer* –machacaba– *es la priora*». Detallaba que las superioras han de «*ser amadas para ser obedecidas*». Para cuando las faltas provocasen accesos de ira, «*sea el castigo después de la pasión aplacada*».

Mucho sufrimiento experimentó por la contradicción en Burgos con los jesuitas. El problema de fondo fue un legado que o iba a las carmelitas o a la Compañía. Esta última enturbió las aguas con el inicialmente favorable obispo, Cristóbal Vela, hijo de Blasco Núñez Vela, primer virrey del Perú, con quien habían batallado en Iñaquito los hermanos Cepeda y Ahumada. Los dimes y diretes rezagaron la aprobación.

Teresa siempre concilió. Como en aquella ocasión en la que algunos católicos intentaron bifurcar y ella rebatió: «*Nosotros aquí somos todos del bando del Crucificado*».

Quizá la grosería más insondable fue la de María Bautista, priora de Valladolid, quien al despedir a la decrépita Teresa, masculló: «*¡Váyase... y ya no vuelva más!*».

Fallecida Teresa, Nicolás Doria, a quien Gracián envió a Roma, había logrado hacerse legado pontificio, y... expulsó a Gracián en 1592. De camino a Nápoles, el bueno e imprudente Gracián fue llevado prisionero por los turcos a Túnez. Sería rescatado en 1595 y Clemente VIII lo reintegraría a la Orden del Carmelo. Residió en Bélgica hasta su fallecimiento en 1614.

Personaje interesante y escasamente conocido es Antonio de Heredia, luego fray Antonio de Jesús. En Medina del Campo habló Teresa sobre la reforma con fray Antonio, entonces prior de calzados, para solicitarle un fraile que la ejecutase. Él se postuló. Por sus casi sesenta años, Teresa pensó que no enraizaría. Sin embargo fue para adelante. Luego se produciría un ridículo y minúsculo pique sobre si el primero había sido fray Juan de la Cruz o él. Las perplejidades de santa Teresa procedían de que era persona más acostumbrada a acaudillar, pues había tenido mando en plaza en Requena, Toledo, Ávila y en ese momento en Medina del Campo.

En 1570 fue trasladada la original comunidad masculina de Duruelo a Mancera de Abajo. Fray Antonio fue el prior hasta 1572. En ese año, Pío V le nombró visitador apostólico de los dominicos de Santo Tomás de Ávila, una orden con solera. Viajó entonces a París para asistir al capítulo general de su orden y ahí vino a saber que se suspendía el encargo por fallecimiento del romano pontífice. Los dominicos celebraron que la encomienda a fray Antonio quedase en nada.

Algo se sulfuró fray Antonio cuando, en el capítulo del 3 de marzo en 1581, santa Teresa maniobró para que el provincial fuese Gracián y no él. Perdió por once votos a siete. Lo encajó y falleció años después dentro de la orden en olor de santidad.

Los frutos generados por la reforma del carmelo son incontables. Menciono a la madre Maravillas, que en un siglo XX aún en pañales generó en España una reforma comenzando por el nuevo convento del Cerro de los Ángeles. Todo arrancó poco antes de la guerra de España, en la que tanto su vida como la de sus primeras discípulas corrió serios riesgos en medio de una debacle en la que fueron inmolados innumerables cristianos. Así explicaría Pío XII aquellos sucesos: «*Los designios de la Providencia, amadísimos hijos, se han vuelto a manifestar una vez más sobre la heroica España. La nación escogida por Dios como principal instrumento para la evangelización del nuevo mundo y como baluarte inexpugnable de la fe católica acaba de dar a los prosélitos del ateísmo materialista de nuestro siglo la prueba más excelsa de que por encima de todo están los valores eternos de la religión y del espíritu*».

No sorprende, a tenor de lo contado, que el ejemplo de la santa de Ávila siga presente a lo largo de los siglos, incluso en medio del horror. En el libro *Goethe en Dachau*, Nico Rost da cuenta de su estancia en el campo de concentración, donde encuentra en los libros de la santa estímulo para sobrevivir. Rost, comunista, entrevé la fe gracias a un club de lectura que, permitido por un Kapo, comparte con otros presos de diversas nacionalidades, también españoles. Santa Teresa es uno de los autores empleados.

ALGUNAS ENSEÑANZAS

- La inercia es gran enemigo de un proyecto
- Los temas económicos rara vez dejan indiferente
- Es fácil acostumbrarse al parasitismo, y arduo al esfuerzo
- Las modas marcan parte de la existencia
- La falta de respeto hacia el sexo femenino ha sido ancestral y enraizada
- Es más común criticar que dar coba
- *Per aspera ad Astra*, o los proyectos valiosos transitan por espinas
- En toda época ha habido *millennials* que han pensado que el mundo empezaba con ellos
- Es gozoso encontrar colectivos que han superado la endogamia y jerigonzas exclusivas
- El vicio se sonroja ante la virtud y acaba por reverenciarla

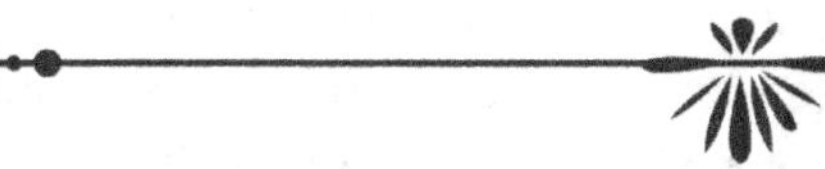

EL ESFUERZO VENCE
A LOS ORÍGENES

SIXTO V (1521-1590)

El papa Sixto V.Fuente: Wikimedia Commons.

Felice Peretti nació en Grottamare (Italia) el 13 de diciembre de 1521. Sus padres eran campesinos. Felice se ufanaba de sus humildes orígenes, regodeándose en haber ascendido por mor de brío y valía, no por herencia. Al ser elevado al solio pontificio hizo publicar el 27 de abril de 1585 en el periódico *Avisso* de Roma que «*el papa, con gran dulzura, hace saber a los que lo ignoran su ínfima cuna, como es haber nacido en una cueva, de haber pasado su infancia y mocedad en el campo apacentando puercos y cortando leña en el bosque, recogiendo achicoria en la selva, cavando el huerto, barriendo la iglesia, tocando las campanas y cosas análogas*».

Del 228º pontífice de la Iglesia católica se afirma que en la elección influyó su provecta edad y que podrían enfrentarlo si sus decisiones no les agradaban. Apenas nombrado, quien parecía viejito achacoso prescindió del bastón y entonó un canto a Dios con voz rotunda. Compelió a que cada uno cumpliera con su deber, como él haría. Nadie podría negar su temperamento, a la vez que una veterana perspicacia. No había cumplido los diez años cuando emprendió sus estudios en el convento de franciscanos de Montalto. Fray Salvatore Ricci, su tío, se empleó a fondo para proporcionarle la mejor formación. A los doce endosaba el hábito de novicio. No esquinaría nunca el estudio y está documentada su dedicación a los manuales en la discreta morada que compartiría con su hermana Camilla.

La oratoria fue uno de sus fuertes. Con ocasión de una invitación a predicar en Roma conoció a Felipe Neri, a Ignacio de Loyola y a los cardenales, futuros papas, Caraffa y Ghislieri. Cada uno desde diversos ángulos patrocinaría la honda reforma que, una vez más, constreñía a la Iglesia. Todos coincidirán en que debía encabezarse por rescatar la disciplina de los eclesiásticos.

Teólogo en Trento, en 1567 fue ordenado obispo y en 1570 recibía el capelo cardenalicio. Al tercer día del cónclave tras el acabamiento de Gregorio XIII fue elegido el 24 de abril de 1585. El nombre de Sixto lo adoptó por haber sido el del último franciscano en la sede de Pedro. El 5 de mayo, camino hacia San Juan de Letrán para tomar posesión, unos jóvenes japoneses del entorno de la Compañía de Jesús llevaron las riendas de su cabalgadura.

En vez de lanzar monedas de oro a la exultante multitud, destinó el dinero a auxiliar a indigentes. Con ese mismo propósito anuló el banquete repleto de gollerías por la elección de un pontífice. Antes de su coronación mostró que no se andaría con chiquitas a la hora de poner orden. El 27 de abril decretó colgar de las almenas de Sant'Angelo a dos jóvenes que desobedeciendo una explícita prohibición portaban arcabuces. Al propagarse la drástica decisión bastantes dudaron de lo acertado de la designación.

El claro mensaje marcaba distancias respecto de las actitudes complacientes de Gregorio XIII. Con Sixto V no habría cesiones con los malvivientes en los territorios pontificios. Volteó la estructura de mandos intermedios nombrando a profesionales severos. En paralelo puso en marcha milicias populares para confrontar a los forajidos, que sumaban veinte mil, más que las fuerzas de seguridad. La fugacidad con la que obró parece responder a que se habían filtrado informaciones de que se aprestaba una algarada contra él.

Los mensajes siguieron contundentes. El conocido facineroso Gazzino buscó abrigadero en Giovanni Pepoli, noble boloñés, quien se negó a entregarlo. Aquella prepotencia le costaría la vida. Pepoli fue decapitado. Cuando el duque de Toscana, Francesco de Médici, rechazó tomar medidas contra Lamberto Malatesta, dirigente de una banda, las claras advertencias del papa provocaron que el de Médici prescribiese descabezar al bandolero. Los carnavales eran rebozo para excesos. Sixto V no los prohibió, pero decretó que se erigiesen horcas dotadas con sogas y garruchas. La vista del imponente recordatorio suavizó a los intemperantes, que comprendieron que aquel papa era expeditivo.

Frente a lo que venía siendo costumbre, con un breve de 2 de octubre de 1586 consintió que los conversos del judaísmo accediesen al sacerdocio. Eximió además a los semitas de servidumbres especiales. Seguirían enclaustrados en la judería pero con explícita interdicción de que el resto de la población los incomodase. Cuando corrió la noticia de su fallecimiento, muchos hebreos se ocultaron por temor a que los agredieran al no estar ya apadrinados por el papa.

Sixto V patrocinó a intelectuales y artistas. Cesare Baronio, por ejemplo, recibió una pensión anual de cuatrocientos escudos. También la Universidad de Roma, en la que Sixto V había sido miembro del claustro, fue beneficiada por sus donativos. Revocó la deuda y financió inmuebles. Promovió locales para la biblioteca vaticana y mejoró la imprenta. En 1590 vería colocar la última piedra de la cúpula de Miguel Ángel. Ordenó abrir calles rectilíneas en los suburbios medievales. Por ejemplo, la comunicación entre Trinità dei Monti y Santa María Mayor. O entre Letrán y el Coliseo. También levantó el palacio del Quirinal, hoy residencia del presidente de la República italiana, incluyendo las grandiosas estatuas que estáticamente cabalgan. Coronó, en fin, las columnas de Trajano y Marco Aurelio con los príncipes de los apóstoles.

Memorable fue el empinamiento del obelisco en el centro de la plaza de San Pedro. Intervinieron más de ochocientos trabajadores y ciento cuarenta equinos. Una horca rememoraba que nadie debía estorbar con gritos el titánico atrevimiento. Un paisano vociferó en un momento en el que parecía que todo podía irse al traste: «*Acqua alle corde!*». (¡Agua a las cuerdas!).

El pontífice lo indultó, porque aquella exclamación había sido indispensable.

Junto a su afán cristianizador del arte, atendió a que las arcas vaticanas se sanearan. Lo logró con una adecuada fiscalidad, con decomiso de subvenciones impropiamente concedidas y con venta de empleos, sin que faltaran puntuales expropiaciones.

Algunos cardenales, ante decisiones que no agradaban recordaban que el pontífice había sido un cuidador de puercos a quien los franciscanos encontraron leyendo el catecismo mientras vigilaba. Habiéndole interrogado sobre qué deseaba ser y obtenido por respuesta que «*un gran hombre de Dios*», le costearon los estudios. Como muchos formaban parte de familias acomodadas, a los prelados curiales les disgustaba que un antiguo guardián de chanchos los dirigiera. Dispusieron que se pintase un cuadro de Sixto V con una piara. El romano pontífice, en vez de afligirse ordenó al artista que a cada cochino le endosara atuendo de cardenal.

Sixto V impulsó el manantial que desde Palestrina debía proporcionar agua a la Urbe. Las obras culminaron en la fiesta de la Natividad de la Virgen de 1589. También promovió el comercio, específicamente el de la seda, imponiendo con bula de 28 de mayo de 1586, y bajo castigo de multas, la plantación masiva de moreras. Quien no lo hiciera en cuatro años sería sancionado. Por otro lado, el 11 de mayo de 1587 fundaba un asilo de mendigos en Ponte Sixto. Garantiza el documento fundacional «*que es deber de una comunidad bien ordenada atender a los pobres incapacitados para el trabajo e impedir los abusos de la mendicidad*». Incrementó hasta quince las congregaciones romanas que, puestas bajo la supervisión de cardenales dispuestos, gobernarían la Iglesia con la fiscalización del papa. Los purpurados pasaron con él a ser setenta, con indicaciones específicas sobre la selección, también con el objetivo de evitar el patológico nepotismo.

Las relaciones de Sixto V con Felipe II fueron deficientes. Se le atragantó el proyecto de invasión de Gran Bretaña. Consideraba, con excesiva candidez, que Isabel de Inglaterra regresaría al redil de la Iglesia. Solo cuando saldó la futilidad de esa quimera se acercó de nuevo al rey de España. Algo semejante sucedió con Francia. Felipe II deseaba su conquista mientras que Sixto V rumiaba la posibilidad de conversión de Enrique IV al catolicismo.

Sixto V falleció el 26 de septiembre de 1590. La muchedumbre solo retuvo en mente el incremento de impuestos y no la correcta inversión de lo recaudado; tampoco las mejoras en una ciudad que durante siglos había sido cochambrosa. Poco faltó para que echaran abajo la estatua que el Senado había alzado en el Capitolio.

Fue, no sin discordancias, un líder. La Iglesia quedó mejor de como él la había encontrado cuando comenzó a timonear.

ALGUNAS ENSEÑANZAS

- Las fuentes de la jactancia son tan variadas como los seres humanos

- El poder tiende a proporcionar energías presuntamente desaparecidas

- Las aptitudes adecuadas son esenciales para cualquier proyecto de vida. No todo puede aprenderse

- Importan más las actitudes y las aptitudes que los orígenes sociales

- La austeridad, hasta en el empleo de las jícaras, genera verosimilitud

- Cuando se accede a un cargo es recomendable marcar el territorio

- La proactividad es más eficaz que la reactividad

- Las normas, incluso las más rigurosas, han de ser aplicadas con ductibilidad

- El humor es señal de inteligencia

- Respetando la libertad, deben interponerse medidas para ayudar a los necesitados

FUENTE DE INSPIRACIÓN PARA PROYECTOS DE LOS SIGLOS XX Y XXI

TEATINOS (1524)

San Cayetano, de Francisco Solimena. Fuente: Wikimedia Commons.

Los clérigos regulares surgen como un fruto más de los conocidos como *Oratorios del Amor Divino*. Así los retrataría Ludwig von Pastor (1854-1928) en su monumental *Historia de los papas*: «*Mientras casi todo el mundo oficial de la curia romana militaba bajo las banderas de la política; mientras la inmoralidad y la frivolidad del clero italiano, y no menos de los prelados romanos, subían hasta un punto espantoso y León X, sin cuidarse de las señales de los tiempos se sumergía en la fastuosa vida profana y de los placeres estéticos, en Roma, cierto número de varones, eclesiásticos y seglares, animados del divino espíritu y significados por la virtud y el saber se reunían en hermandad, a la que de muy significativa manera dieron el nombre de Compañía del Amor Divino*».

La Compañía del Amor Divino se envolvía en un halo de circunspección. Demandaba excelencia a sus miembros, siempre en número restringido, porque percibían que salvo excepciones calidad y cantidad resultan inconciliables. Este aspecto sería profundamente asumido por los teatinos. Las claves eran estricta selección y apreciable preparación intelectual. Resulta significativo que personas como Lancillotto Avellino (1521-1608), que llegaría a ser san Andrés Avellino, tuviera problemas para ser admitido por Giovanni Marinoni, superior de la casa, porque pensaba que no daba la talla. Tal era el filtro.

Se aferraban a cinco principios:

1. Grupos limitados de personas espirituales que promueven la mejora empezando por ellas mismas
2. El amor es el anclaje al que todo ha de quedar subordinado
3. Carácter secreto, sin publicitar programas, ni asociados, ni resultados
4. Calidad es mejor que cantidad
5. El laicado ha de responsabilizarse ante la falta de compostura de parte del clero

En el oratorio romano se protegía el silencio conjurando afanes de boato. Se buscaba la santificación personal, porque la metamorfosis colectiva arranca en cada uno. La vida eucarística y la oración en común eran medulares. La ascética personal se invertiría en servicio a los demás. He aquí algunas falsillas que trasladaba san Andrés Avellino a otro de la orden:

- Respetar al superior y pensar bien de todos
- Desapegarse de madre, hermanos, hermanas, etc.
- Considerar que cualquier prueba ha de ser superada con paciencia, porque Dios la ha permitido
- No considerarse mejor que los demás
- Hablar poco y trabajar mucho
- Amar la soledad y el silencio
- No centrarse en proyectos estrictamente materiales
- Huir de la vanagloria

El primer oratorio había surgido en Vicenza en los umbrales del siglo XVI. Era fruto de la misión predicada en 1494 por el beato Bernardino de Feltre. Desde allí se extendió a Génova gracias a

Héctor Vernazza y a otros discípulos de santa Catalina de Génova. En esos hontanares bebió quien llegaría a ser san Cayetano. Con treinta y seis abriles, corría el año 1516, se asoció al Oratorio de Roma. Antes de poner en marcha su programa debía resolver complejidades familiares. Cuando lo lograse, escribió a sor Laura Mignani el 28 de enero de 1518, podría comprometerse con Dios. Resumía su concepto nuclear: «*Si Dios me concede la gracia de poner ante los ojos del sacerdote secular una congregación de clérigos que sean a la vez religiosos, estoy convencido de que la transparencia de estos, su pobreza, su modestia, la santidad de su vida harán detestable el vicio y moverán a los demás a la práctica de la virtud*». Encontró apoyo, al igual que san Antonio María Zaccaria, en el dominico Bautista Carioni de Crema (1460-1534), a quien ambos continuarían agradecidos de por vida. Nunca encubrieron las aportaciones del de Santo Domingo.

Cayetano auguraba agenciar un clero fervoroso cuyos miembros vivieran como religiosos, tangente a los feligreses, proporcionando formación, predicación asequible y acceso al sacramento de la penitencia. De ese modo —concluía— rebrotaría la vida cristiana. Todo fundamentado en que la enmienda de los demás comienza por la de uno mismo. En sus orígenes no alentaba propósito de institucionalizarse. Primero fue la vida y luego los cánones.

El término compañía, que sería marca de identidad de los seguidores de Ignacio de Loyola, no fue fraguado por ellos. En el siglo XV numerosas instituciones en Italia se denominaban de ese modo: Compañía del Divino Amor, Compañía de los Blancos, Compañía de San Jerónimo... También los teatinos se designaban compañía. El 1 de enero de 1533, el cofundador Juan Pedro Caraffa, escribía a Juan Mateo Giberti, asesor de Clemente VII: «*Questa compagnia*», «*Questa povera compagnia*», «*La detta compagnia*»... Juan Mateo Giberti fue obispo de Verona y amigo cordial. Él, a decir de Caraffa, «*consiguió del pontífice la primera gracia de la fundación*». Aunque fue *moribus et vita theatinos* (teatino de costumbre y de vida), no se incorporó, probablemente por sugerencia del pontífice, que se resistía a prescindir de tan eficaz subalterno.

Juan Pedro Caraffa había conocido desde dentro la corte de Alejandro VI. Julio II le nombró protonotario en 1503 y obispo de

Chieti en 1504. Recibió encargos de los papas para diversas cortes europeas. Disponía de intensa formación, también diplomática. Cuando conoció a Cayetano se sumó de inmediato, llegando a ser el primer prepósito hasta que se transformó en Pablo IV. Su temperamento era campanudo, jamás indulgente, y nunca empatizó con España.

Múltiples son las semejanzas entre los ejercicios ignacianos y las propuestas teatinas para el combate interior. Este párrafo del teatino Lorenzo Scupoli (1530-1610) en su libro *Combate espiritual*, al igual que otros muchos, sonará cercano a cualquier seguidor de Ignacio de Loyola: «*Lo primero que hay que hacer al despertar es abrir los ojos del alma y considerarse en un campo de batalla en el que quien no combate será aniquilado. Ved a vuestra derecha a Jesucristo, vuestro invencible capitán, a la Virgen y a San José, su esposo, y una tropa de ángeles y de santos, a vuestra izquierda, el demonio y a sus huestes dispuestos a servirse de vuestra pasión enemiga y a sugeriros que lo mejor es rendiros*».

Los sacerdotes, atraídos por Cayetano y Caraffa, son pioneros en el holgado catálogo de órdenes de clérigos regulares. San Cayetano llegó a convertirse en referente para el futuro de la clericatura regular. Y conviene aclarar que ni siquiera el término clérigo regular es novedoso. Venía calificándose así a quienes vivían bajo regla canónica. Ya en los primeros siglos cristianos hubo ensayos para un género de vida de sacerdotes seculares que asumiesen los consejos evangélicos en comunidad.

A los teatinos les gusta calificarse de sucesores de los iniciales grupos de los que da noticia el Evangelio. Aventuraban que los apóstoles eran *patres nostri verique* pastores, nuestros padres y verdaderos pastores. Ellos venían a convertirse en los restauradores de la vida apostólica. Soslayaban que san Agustín, por ejemplo, había centrado específico foco en ese ideal. Impulsaba el de Hipona vida en común bajo una regla, con el objetivo de evitar excesivas licencias de los clérigos si residían por su cuenta.

En el siglo VIII se había institucionalizado de nuevo ese modo de hacer. Hay constancia escrita en 748, cuando Egbert, obispo de York, refleja: *eramus dicimus reglas quis sancti Patres constituerunt, in quibus scriptum est quomodo canonici, id est, regulares clerici vivere debent*, asumimos las reglas que los santos padres marcaron sobre cómo debe vivir el clero regular. La reforma de Gregorio VII en la segunda mitad del XI las consolidó. Nacieron así los canónigos regulares según la regla de san Agustín, a los que Urbano II (1088-1099) calificó como *Clerici Regulares*.

Punto nodal fue de nuevo la pobreza, raíz del buen funcionamiento o de hecatombe. En el siglo XIII surgirán grandes órdenes mendicantes –trinitarios, mercedarios, agustinos, dominicos, franciscanos o servitas– como reacción ante la escasa exigencia de muchos clérigos. Con la experiencia de los mencionados hermanos de la vida común, difusores de la *devotio* moderna, rebrotarán los *Clerici Regulares*, retomando nombre y conceptos.

En su humildad colectiva, los teatinos se propusieron no escribir sobre la historia de la propia orden ni de la santidad de sus miembros. Replantearían este laudo a las pocas décadas. Muy atinado fue el citado libro *El combate espiritual*, de Scupoli, en el que tantos autores se han inspirado, algunos sin referenciarlo. Lo redactó, por cierto, en medio de un penoso proceso en Génova suscitado por calumnias que solo quedarían disipadas cuando, próxima la muerte, el denunciante reconoció la falsedad de sus oprobiosas acusaciones.

La específica denominación teatino mana de que Juan Pedro Caraffa era obispo de Chieti (en latín *Theates*), y el adjetivo derivado es *theatinus*, teatino. Fue el más conspicuo de los cuatro fundadores: él mismo junto a san Cayetano de Thiene, Bonifacio de Colle y Pablo Consiglieri. El término vino a significar clérigo, y también laico reformado. En general se aplicó a quienes experimentaban la religión de forma comprometida. La marca tuvo éxito como referente de calidad. Pronto se multiplicarían los panegíricos, como este de Veny Bataller: «*El espíritu de los teatinos dibujaba una silueta de contornos bien definidos, que los distinguía entre todos por su amor al recogimiento, su actitud reposada, su aire de indiferencia por los intereses caducos, y un halo de dulce optimismo propio de quien vive confiado en la tutela amorosa de la Providencia de Dios. La difusión fue rauda. La palabra teatino fue sinónimo de piadoso. Santa Teresa trasladaba a sus seguidoras en la descalcez que confiaba en que fueran muy teatinas*».

Entre otros obstáculos, se multiplicaron las defecciones. De los primeros once, solo cuatro llegaron a puerto, los fundadores. Además, en la curia no fueron bien recibidos porque suponían una delación palmaria de la extendida mediocridad. A pesar de todo, el 24 de junio de 1524, el papa expidió el breve fundacional *Exponi Novis*. Sus miembros comenzaron rechazando cargos ajenos a su organización para no perder foco ni dejar marchar a los más competentes. Añoraban reportar directamente y solo al Vaticano. Se les confirma que quedaban «*bajo la inmediata dependencia y especial protección de la Santa Sede*». Para no contradecir lo previsto en el IV Concilio de Letrán, no solicitaban crear una orden nueva. El 1 de enero de 1533 escribía Caraffa a Giberti: «*Que no parezca que queremos fundar una nueva religión; ni lo queremos ni podemos. Y aunque pudiéramos, no querríamos. Que otra cosa no queremos ser sino clérigos viviendo según los sagrados cánones 'in communi et de communi et sub tribus votis', porque entendemos que este es el mejor modo y el más conveniente para conservar y mantener la vida común clerical*».

Muchos, es oportuno recordarlo, procuraban lo mismo, desde los barnabitas a los somascos, los camilianos, los carcciolinos, los clérigos regulares de la Madre de Dios, los escolapios o los propios jesuitas, que aparecen en el *Anuario Pontificio* entre los clérigos regulares. Algo análogo ocurrirá en el siglo XX con los movimientos laicales. Entonces y después cada uno puntea sus ventajas competitivas para atraer seguidores. Juzgando con objetividad, las similitudes eran y son mayores que las diferencias.

El año en el que falleció san Cayetano, 1547, nacía en Nápoles Úrsula Benincasa, impulsora de la Congregación de la Inmaculada. Aseguraba que su única regla era la del amor: «*Lo que queríamos era vivir juntas en nuestra casa y, dándonos la mano, llegar a ser santas, danzando en la paz y en el amor del Señor*». El 2 de febrero de 1616, en una visión Dios le solicitó afianzar la congregación fundando un monasterio de contemplativas que se denominasen las Ermitañas de la Santísima Concepción. Anna Battimelli recogió por escrito las normas de las ermitañas. Corregido todo, Úrsula entregó a los teatinos el texto con el siguiente mensaje: «*Os entrego, padres, esta regla. Es voluntad de Dios que cuidéis de mi obra y de mis hijas*». Úrsula repetía a sus hijas que los teatinos eran todos santos. Sin embargo, a pesar de recibir comisión directamente del papa Gregorio XV, los de Caraffa no aceptaron. En 1604 dictaminaron en sus constituciones la denegación de cobijar bajo jurisdicción monasterio de monjas ajeno al de Santa María de la Sapiencia, de Nápoles, que había sido instituido por sor María Caraffa, hermana de Juan Pedro.

Abundaron, en fin, las maledicencias. Algunas por felonía, otras por envidia, y no faltó como causa la ignorancia. El 22 de septiembre de 1524 escribía el sacerdote Jerónimo de la Lama, amigo de san Cayetano, a los dirigentes del hospital fundado por este último en la capital del Véneto: «*La nueva compañía es por unos alabada y por otros escarnecida. Daremos tiempo al tiempo. Pero lo cierto es que la tierra se ha sacudido y que el enemigo empieza a confundirse. La novedad atrae a muchos que solicitan entrar, y llegan con gran fervor, pero al fin se cansan*». Manifestaba sus deseos de incorporarse. «*En una reunión del oratorio, a los pies del padre (Caraffa) le supliqué por la sangre de Jesucristo que me aceptase en su religión, pues quiero morir en su compañía. Y me admitió. Así que estoy en gestiones para desembarazarme de todo, a fin de seguir a Cristo desnudo en compañía de estos hasta la muerte*». En misiva de san Cayetano se lee que aquella es «*la regla del Espíritu Santo inspirada en nuestros santos padres, de los que se ha escrito que 'distribuían a cada uno según la necesidad de cada uno'*».

Es lugar común que todos los periodos sean considerados por quienes los transitan como los más peliagudos. Este no es excepción. «*Corren ahora unos tiempos* —afirma Caraffa— *en que se considera maravilla si se encuentra un prelado que no sea hereje o fautor y encubridor de herejes. Ojalá nos sea concedido lo que deseamos y esperamos, para servir a Dios en buena paz*». Los promotores y sus primeros seguidores procuraron servir a los demás, sin apocarse ante las dicerías. San Andrés Avellino amparó a un sacerdote que en su juventud había practicado la homosexualidad. El malhadado confesó aquellas torpezas y accedió al sacerdocio, pero otro clérigo le indicó (no se sabe en qué se basaba para realizar esa afirmación) que aquel sacramento no era válido y que la ordenación tampoco. Es de desear que aquella situación se resolviese sin daños. Como era costumbre en la época, el expediente una vez tramitado fue quemado. Queda la muestra de que teatinos como san Andrés estaban prestos para socorrer a los demás.

Que se multiplicaban los revoltijos queda probado por la carta que en noviembre de 1522 escribía el papa Adriano VI a su nuncio en Nürenberg, Francisco Chiericati, vicentino y pariente de san Cayetano. «*En esa misma Santa Sede vienen ocurriendo desde hace algunos años cosas dignas de represión; que se ha abusado de las cosas eclesiásticas, se han quebrantado leyes, se han pervertido muchas cosas. No es extraño, por tanto, que la enfermedad se haya extendido de la cabeza a los miembros, del papa a los prelados*». Alfonso de Valdés, resume en su *Diálogo* de las cosas ocurridas en Roma: «*Veo por una parte que Cristo loa la pobreza y nos convida, con perfectísimo ejemplo, a que le sigamos, y por otra, veo que de la mayor parte de sus ministros ninguna cosa santa ni profana podemos alcanzar sino por dineros. Al bautismo, dineros; a la confirmación, dineros; al matrimonio, dineros; a las sacras órdenes, dineros; para confesar, dineros; para comulgar, dineros. No os darán la extremaunción si no por dineros; no tañerán las campanas si no por dineros; no os enterrarán en la Iglesia si no por dineros; no oiréis misa en tiempo de entredicho si no por dineros; de manera que parece estar el país cerrado a los que no tienen dineros*».

El cardenal Lorenzo Pucci (1458-1531) fue gran opositor de los teatinos porque consideraba desde su aburguesada visión que la pobreza propugnada no era conveniente. Miembro de una familia cercana a los Médici, fue nombrado cardenal por León X en 1513. Perito en Derecho y Teología, padecía de una codicia morbosa que colmaba con la comercialización de indulgencias. Penitenciario del papa, la construcción de la basílica de San Pedro fue el subterfugio para adjudicar de manera impropiamente retribuida indulgencias y predicaciones.

Como los carismas eran diversos, la auspiciada fusión con los somascos se frustró. Paulo IV, el 23 de diciembre de 1555 devolvió la autonomía a ambos. Entre las diferencias competitivas de los teatinos puede mencionarse el cuidado de las cosas pequeñas.

En las constituciones se lee que «*toda intervención debe estar bien preparada con buen gusto, con seriedad, en silencio, modestia, dignidad, elegancia (studiose, exquisite, mature, cum silentio, modestia, dignitate et decore)*». Además, «*la iglesia esté siempre limpia y a punto. El altar, los ornamentos, el ajuar y todo lo que pertenece al culto ha de ser limpio, brillante, resplandeciente (splendida, munda, nítida)*». Algunos movimientos laicales del siglo XX retomaron de forma explícita esta característica y parafrasearon expresiones teatinas como la de que «*el ocio es la sentina de todos los vicios*».

ALGUNAS ENSEÑANZAS

- **Nadie es completamente original**
- **Cada cual considera que sus tiempos son los más espinosos**
- **La cantidad es difícilmente conciliable con la calidad**
- **Cuando consideremos que los demás están en trance de descomposición empecemos por mejorar nosotros**
- **Reconocer y agradecer el aporte de quienes asesoran en las primeras zancadas es de bien nacidos**
- **Es aconsejable reactualizar las ideas nucleares para mantener el foco**
- **Definir ventajas competitivas exclusivas, diferenciales y permanentes es en la práctica inviable**
- **La referencia a los orígenes más remotos es común en casi cualquier proyecto**
- **Una sensata austeridad es casi siempre llave de acceso a proyectos sólidos**
- **Los panegíricos suelen estar basados en ficciones más que en hechos contrastados**

CAPACIDAD DE REINVENTARSE
BARNABITAS (1530)

Pintura de san Antonio María Zacacaria, de autor desconocido, 1539. Fuente: / CC BY-SA (http://creativecommons.org/licenses/by-sa/3.0/).

Antonio María Zaccaria nació en Cremona en 1502, hijo de Lazzaro Zaccaria y Antonia Piscaroli, y falleció el 5 de julio de 1539. Pronto quedó huérfano de padre. Su madre, que no había cumplido aún los veinte años, puso el mayor empeño en proporcionarle la mejor formación. Antes de abandonar la casa familiar donó su parte de herencia a la madre, reteniendo únicamente una exigua renta. Con dieciocho años, Antonio María se matriculó en Lógica, Filosofía y Medicina. Se graduó en esta última, tras cursar en Padua y Pavía. Realizó estudios de Teología, Derecho Canónico, Sagrada Escritura y leyó largamente a los padres de la Iglesia. Ayunaba con rigor. No albergaba propósito de ser ordenado, hasta que su director espiritual le hizo cambiar de opinión. Ya presbítero se convirtió en uno de los renovadores de la Iglesia del siglo XVI.

Se focalizó en instruir al pueblo en la figura de Cristo crucificado, fomentando la devoción a la Eucaristía también mediante la promoción de la solemne exposición de las cuarenta horas. Fundó la Congregación de los Padres Barnabitas (1530), la de las Hermanas Angélicas (1535) y una orden tercera, los Conyugados (1535), para matrimonios. En las constituciones de los primeros se leen principios ineluctables: *«Renunciar al mundo; abandonarse en el amor de Dios, dedicarse a la salvación de los demás»*. En una carta explicita: *«Hermanos, corramos locamente no solo hacia Dios, sino también hacia el prójimo que es el que puede recibir lo que no podemos dar a Dios, ya que Él no necesita de nuestros bienes»*.

Sus primeros colaboradores estables fueron los sacerdotes Bartolomé Ferrari y Jaime Antonio Moriggia, que muchos consideran cofundadores. En aquel tiempo, como venía siendo práctica casi universal, las monjas se centraban en el silencio de la clausura. Él principió el que las consagradas se implicaran en un apostolado activo y la madre Paula Antonia Negri sería cabecilla de aquel modo de obrar. También promovieron el compromiso de los seglares para fomentar una penetración capilar del Evangelio en los hogares. En esa tarea se involucró de manera notoria la condesa de Guastalla, Ludovica Torelli. El centro de las diversas iniciativas se situó en la iglesia milanesa de San Pablo y Bernabé (en italiano Barnaba), de ahí el nombre que adoptaron.

La Iglesia se encontraba en contexto de terrenos pantanosos. Clero y religiosos eran perfectibles. Muchos conventos habían acogido gente de escasa finura. La fascinación que el Renacimiento provocó por los modos de hacer del mundo clásico romano y griego no ayudaba a la espiritualidad, máxime cuando diversos papas también padecieron ese embeleso olvidando cuál era el objetivo primordial de su oficio.

En 1532, Antonio María y sus colaboradores imploraron a Clemente VII la erección de una regla de observancia y permiso para emplazar a otros. El 18 de febrero de 1533 recibieron la bula que los transformaba en orden de clérigos regulares, dependientes del obispo y con posibilidad de profesar los tres votos religiosos ante el prepósito de la congregación, que sería elegido por consenso. Vivirían en comunidad según las reglas y constituciones, que debían ser redactadas. Inicialmente optaron por no ligarse con votos e ir haciendo camino al andar. Rendían obediencia al superior y aportaban bienes para las necesidades del grupo. Frente a presuntos reformadores –Lutero, Calvino, Knox, Zwinglio...–, la novedad zacariana no pretendía demoler, sino reverdecer una Iglesia que precisaba de santidad. Hay que desconfiar de quienes pretenden destruir todo para volver a construirlo. Cuando se vierte sal en el campo para alejar a los pájaros es poco probable que haya nueva cosecha.

Las críticas menudearon. Muchas de las reiteradas en los años 1534 y entre 1551 y 1552 procedían del hecho de que algunos careaban como agravio aquel tipo de vida en el que avizoraban como en un espejo invertido sus fraudulentos procederes. El 5 de octubre de 1534, el mismísimo fundador tuvo que declarar ante un tribunal conformado por representantes del Senado, la diócesis y la Inquisición sobre cuestiones tan peregrinas como la perturbación del orden público, las penitencias excesivas e incluso una imputación por ocultismo y herejía. Todo aquello acabaría en nada, pero podría haber implicado un serio batacazo, porque la tentación fue replegarse hacia posiciones místicas disminuyendo la actividad apostólica. Algunos padres reaccionaron de ese modo perturbando el propósito del fundador. A esos ajetreos se sumó el fallecimiento de Antonio María, que únicamente legaba un epítome de constituciones, cartas y escasos sermones. La definitiva composición de las constituciones se demoró hasta 1579, año en el que siete padres, elegidos por el capítulo general de 1573, las concluyeron. Presidió aquel equipo el padre general Juan Pedro Besozzi, que contó con la colaboración de Carlos Bascapé, ex secretario de Carlos Borromeo, y en aquel momento novicio barnabita.

Las nuevas generaciones siguieron cursando en la escuela de la contradicción tanto externa como la incitada internamente para fortalecer a los candidatos. Quien llegó a ser san Alejandro Sauli (1534-1592) fue enviado a exhortar sobre la vanagloria de lo mundano a los mercaderes de la Piazza dei mercanti, acicalado y endosando su traje de noble mientras arrastraba una cruz. A sus diecisiete años superó la severa prueba. A los treinta y cuatro fue elegido general y consolidó la congregación. Al crucificado, que le pedía *Esto mihi totus, totus mihi soli* (vive solo para mí), respondió con magnificencia: *ego tibi totus, totus tibi soli* (viviré solo para ti). Robusteció las raíces de la formación integral de la que harían gala desde entonces. Carlos Borromeo lo seleccionó como su confesor.

Durante el siglo XVI, los barnabitas realizaron una penetrante labor y, salvo por su exigencia ascética, en poco distaban de los sacerdotes diocesanos. El siglo XVII fue testigo de considerable difusión, porque se abrieron a la formación reglada y a las misiones con no católicos. Inicialmente no habían fundado colegios, porque juzgaban desatinadas las puniciones habituales en la época para con los alumnos. El impulso de Clemente VIII para que se lanzaran los resolvió a principiar ese apostolado. También otras instituciones y movimientos católicos que aseguraron que nunca se santificarían en la enseñanza acabaron originando centros profesionales, maestrías industriales, residencias, colegios, universidades, clubes y asociaciones juveniles.

Entre 1600 y 1608 fundaron veinticinco casas en la península itálica, para desplegarse en otros países. San Francisco de Sales, obispo de Ginebra, se volcó a su favor y le agradaba llamarse barnabita, aunque no lo fuera. Así los presentaba a terceros: «*Nuestros buenos padres barnabitas son buena gente, es cierto, amables más de lo que se pueda decir, condescendientes, humildes y afables más que la media ordinaria de su país. No puede decirse el bien que han obrado en esta ciudad y en su provincia. Trabajan sin letargo para la salvación del prójimo, en lo que se muestran admirables a la vez que incansables. Dan catecismo y resultan de gran utilidad en la educación de los jóvenes*». Valtelina, Silesia y Suiza vieron pronto casas de la nueva institución.

Cuando algunos pretendieron acelerar la formación de los novicios, Carlos Bascapé defendió con saludable criterio que «*es mejor contar con un sujeto cabal uno o dos años más tarde que imperfecto tenerlo antes*». Se estimulaba al trabajo tenaz. «*Recordémonos que estamos en la religión para servir a Dios, salvar nuestras almas y ser útiles al prójimo en la medida en que podamos. Y para alcanzar esta meta cada uno debe encauzar todas sus acciones, gastar todo su tiempo y no regatear trabajos, sabiendo que breve es la fatiga y el premio infinito*». Escribía el padre general Juan Pedro Besozzi en 1765: «*Hay que cultivar todas las disciplinas, no solo las eclesiásticas que son las de nuestra profesión, sino también las humanas y naturales, las cuales, aunque se llamen profanas, se acompañan muy bien con la piedad. De esto no se puede dudar porque la verdadera piedad no es ni fue nunca amiga de la ignorancia. Es cuanto podemos deducir de la historia de los padres de la Iglesia, valiosísimas lumbreras de la santidad, los cuales fueron siempre los más sabios y eruditos hombres de sus tiempos*».

En la *Ratio Studiorum*, aprobada en 1665, los centros escolares se abrieron también a niños que no pudiesen costearse los estudios, insistiendo en que no se discriminase por motivos de solvencia económica.

La aparición del nacionalismo francés o herejía galicana puso a prueba a la Iglesia católica en ese país. En 1682 se editaron principios que circunscribían la autoridad del papa para encomiar la del soberano. El padre general Maderni escribió a los suyos: «*El parecer de todos es que ninguno de los nuestros suscriba de ninguna manera, ni enseñe las proposiciones que afectan al papa, y más bien abandonen la enseñanza y salgan de la nación antes que suscribir de alguna manera esas proposiciones condenadas por los concilios generales y muchos sumos pontífices, siendo nosotros más obligados a obedecer a Dios, a la conciencia y al Sumo Pontífice que a los obispos*».

La respuesta a los requerimientos del papado fue siempre ubérrima. Cuando Clemente XI solicitó misioneros para Asia a comienzos del siglo XVIII, al padre general Tomás Francisco Roero se presentaron cuarenta voluntarios. Eran el 10% de los barnabitas en aquel momento. Muchos se desplazarían a Conchinchina, Camboya o Birmania. Tras regar aquellas tierras con su sangre se vieron forzados a regresar en 1830 por motivos políticos ajenos a su labor espiritual.

En 1781, José II de Austria, en un acto de hediondo despotismo emanó un decreto por el que declaraba a la provincia Lombarda apartada del resto de la congregación. Impuso una congregación autónoma. Un año más tarde, el archiduque Leopoldo suprimía las casas de Toscana y en 1790 Francia imponía la constitución civil de clero. En 1810, un decreto napoleónico aniquilaba las órdenes religiosas en Italia, con alusión explícita a los barnabitas. Como los mártires se convierten en semilla de nuevos cristianos, aquella purificación mutaría en relanzamiento. Aunque a comienzos del siglo XIX parecía que estaba cercana la liquidación, en 1814, tras la primera gran derrota del opresor corso, el cardenal Francisco Fontana fungió a modo de segundo fundador. El papa Pío VII lo confirmaría como general.

Eran solo ciento sesenta y seis en 1815, pero pronto prosperaron. Se multiplicaron los brotes, como el impulsado por el padre Juan Semería (1867-1931). Durante los años del modernismo y de la persecución de todo lo que oliera a él fue desterrado a Bélgica. Concluida la guerra, el profundo estudioso se volcó con los más necesitados. Junto a Minozzi inició una nueva congregación religiosa denominada Los Discípulos para atender a huérfanos que la I Guerra Mundial había provocado. No sería el único *spin off.* Inspirados por las barnabitas, han ido germinando entre otras las Hijas de la Divina Providencia (Roma, 1832), las Sacramentinas de Monza (1862), las Hermanas de la Preciosísima Sangre (Monza, 1876), las Pequeñas Obreras del Sagrado Corazón (Bari, 1935), las Hermanas Misioneras de Santa Teresita del Niño Jesús (Bragança, 1954) o las Discípulas del Crucifijo (Monza, 1958).

Un último apunte de la persecución de los buenos. Cuando el padre Pablo Stub (1841-1892) fue destinado a Oslo, al correrse la voz de que iba a ser nombrado vicario apostólico, el clero local se rebeló. Los barnabitas abandonaron aquellas tierras y el padre Stub acabó en Bergen para hacerse cargo de la iglesia de San Pablo.

ALGUNAS ENSEÑANZAS

- De *minimis granis fit magnus acervus*, o a base de granos de pitiminí se logra un montón
- Presentar paradigmas ilusionantes es el mejor resorte de motivación
- Conocer y propalar las propias ventajas competitivas fortalece el compromiso
- La incertidumbre es lo único cierto
- Las instituciones han de ser escrutadas de continuo
- Comportarse con rectitud estimula a los mejores y exacerba a los rimbombantes
- Es conveniente no encorsetar con abusiva normativa, dando ocasión a que la vida fluya
- Las críticas las formulan quienes andan sobrados de tiempo mientras otros se esfuerzan
- Para quien trabaja con rectitud y brío lo mejor está siempre por llegar
- Asumir que no todo es inmutable manifiesta sentido común y humildad

EXPERIENCIA Y ESTUDIO SON HONTANARES DE LA SABIDURÍA

FRAY LUIS DE LEÓN (1527-1591)

Retrato de Fray Luis de León, de Francisco Pacheco, 1599. Fuente: Biblioteca Nacional de España.

Fray Luis nació en Belmonte (Cuenca) en 1527 o 1528 en una familia de conversos. Su progenitor fue el abogado Lope León, consejero real, y su madre, Inés Varela. El futuro fray Luis realizó estudios en Madrid y en Valladolid. Con catorce años solicitó el ingreso en la Orden de los Agustinos, en Salamanca, donde profesó el 29 de enero de 1544.

Fue discípulo, entre otros, de Juan de Guevara y Melchor Cano. En 1561 obtuvo la cátedra de Santo Tomás frente a otros aspirantes, incluidos algunos dominicos. Lo mismo sucedió en unas oposiciones cuatro años más tarde. Quizá estos sucesos influyeron en la tirria que alimentaron algunos miembros de esa orden. Fue enjuiciado por la Inquisición por una doble acusación. La primera, por traducir directamente del hebreo el *Cantar de los cantares* para leer en privado, aunque fue un craso error enviarle el texto a una prima monja; se realizaron copias, algo no permitido. La segunda se gestó durante la revisión de la traducción de la Biblia de Vatablo. Fray Luis sugirió que el texto hebreo era mejor que el de la *Vulgata* de San Jerónimo, la referencia esencial entonces. León de Castro, helenista y defensor de la *Vulgata* y la versión griega de *Los Setenta*, convencido de que la interpretación hebrea estaba envilecida formuló una denuncia. Lo secundó Bartolomé Medina. Arrancó un largo proceso contra Fray Luis que le privó de la cátedra, en primer término, y se prolongó durante años. El agustino publicó después *De los nombres de Cristo*, escrito a modo de redención por orden de su superior. El libro era también una muestra de rebelión intelectual, con la apuesta por un estilo elevado y elaborado, muy preciso, que deslumbró.

Se le atribuyen versos que aparecieron en su celda y que condensan su actitud ante lo vivido:

> *Aquí la envidia y mentira*
> *me tuvieron encerrado.*
> *¡Dichoso el humilde estado*
> *del sabio que se retira*
> *de aqueste mundo malvado,*
> *y, con pobre mesa y casa,*
> *en el campo deleitoso,*
> *con solo Dios se compasa*
> *y a solas su vida pasa,*
> *ni envidiado, ni envidioso!*

Tras el lustro de prisión, al regresar a la docencia comenzó *Dicebamus hesterna die* (Decíamos ayer).

Tras eventualidades académicas y personales, fray Luis fue elegido provincial agustino de Castilla, aunque falleció nueve días después, el 14 de agosto de 1591, en el convento de Madrigal de las Altas Torres. Sus restos fueron trasladados a Salamanca.

El pintor Francisco Pacheco lo retrató en 1599: «*En lo natural fue pequeño de cuerpo, en debida proporción; la cabeza grande, bien formada, poblada de cabello algo crespo; el cerquillo, cerrado; la frente, espaciosa; el rostro más redondo que aguileño; trigueño el color; los ojos verdes y vivos. En lo moral, el hombre más callado que se ha conocido, si bien de singular agudeza en sus dichos, en extremo abstinente y templado con la comida, bebida y sueño; de mucho secreto, verdad y fidelidad, puntual en palabras y en promesas, compuesto, poco o nada risueño*».

Sus escritos están repletos de enseñanzas para el gobierno de personas y organizaciones. En *De los nombres de Cristo*, monumento de la prosa española por su estilo sabio y elegante, detalló que la salud no es un solo bien, sino una universalidad de bienes. En ella se congregan las fuerzas y la ligereza del movimiento, el buen hacer, el habla agradable, el discurso racional y el buen ejercicio de las obras del hombre: el oír, el ver y el decir. Advierte contra la jactancia. «*Como la carcoma hace en el madero, que, naciendo en él, lo consume, así esta maldad o mal espíritu, aunque se haga a él y se envista de él nuestra naturaleza, la consume casi del todo. Porque asentado en ella y como royendo en ella continuamente, pone desorden y desconcierto en todas las partes del hombre, porque pone en alboroto todo nuestro reino, y lo divide entre sí, y desata las ligaduras con que esta compostura nuestra de cuerpo y de alma se ata y se traba*». La tendencia es limosnear para ser incorporado a la casta de los halagados.

Los devaneos son el resultado de la carencia de cimientos sólidos, de referentes valiosos. «*Si dan en golosear, toda la vida es el almuerzo y la merienda, y la huerta y la comadre, y el día bueno; y, si dan en falas, pasa el negocio de pasión y llega a increíble desatino y locura, porque, hoy un vestido y mañana otro, y cada fiesta con el suyo; y lo que hoy hacen, mañana lo deshacen, y cuanto ven, tanto se les antoja. Y aun pasa más adelante el furor, porque se hacen maestras e inventoras de nuevas invenciones y trajes, y hacen honra de sacar a la luz lo que nunca fue visto*». La ausencia de moderación se extiende a lo tangible y a lo intangible: «*Crece el frenesí y ya no les place tanto lo galano y hermoso como lo costoso y preciado, y ha de venir la tela de no sé dónde, y el brocado más alto, y el ámbar, que bañe el guate y la cuera, y aun hasta el zapato, el cual ha de relucir en oro también, como el tocado, y el manteo ha de ser más bordado que la basquiña, y todo nuevo, y todo reciente, y todo hecho de ayer para vestirlo hoy y arrojarlo mañana. Y, como los caballos desbocados, cuando toman el freno, cuanto más corren, tanto van más desapoderados, y como la piedra que cae de lo alto, que cuanto más desciende, tanto más se apresura; así la sed de estas crece en ellas con el beber y un gran desatino y exceso que hacen les es principio de otro mayor, y, cuanto más gastan, tanto les place más el gastar».*

Se detiene a explicar, con ficticia e interesada etimología, que varón es nombre que importa valor, y que no se da a cualquier hombre sino a los que lo son de verdad, a aquellos en quienes la razón gobierna y el sentido obedece, que en eso consiste ser hombres. Enuncia también los abusos de género que tan extendidos estaban entonces como ahora. *«Baquetear a las mujeres* –clama– *es inhumano. La deuda que les debemos por ser madres empuja al respeto».* Con perspicacia antropológica, y larga experiencia, subraya que el triunfo lo tapa todo mientras que el descalabro pone de manifiesto lo peor. *«Es uno de los accidentes que, cuando la fortuna se vuelve, causan mayor sentimiento: el faltar luego los amigos, el desconocerse los deudos, y el ver al hombre por la misma experiencia lo poco que puede fiar de los hombres y el engaño grande que pasa en la vida. Que nadie es querido por lo que es en sí, sino por lo que representa de fuera: que como no es suyo, ni firme, así no lo son los amigos».* Añade que la afinidad es como nudo que obliga y lo desata quien falta a la lealtad en la carencia.

A quienes corresponde estructurar las organizaciones les advierte que el oficio de la ley es llevar los hombres a lo bueno y apartarlos de lo nocivo. La ética no es ajena a lo profesional. Por eso nunca perdura lo desabrido, lo malo e injusto. En realidad, la felicidad inicua es lacónica y en un abrir y cerrar de ojos se marchita. Admoniza: *«Vicios grandes en los miembros y maldades o tiranías en la cabeza, que son dos males que contienen en sí toda la calamidad y la ruina que puede venir a un reino. Porque, ¿qué le queda de sano cuando están en él enfermos la cabeza y los miembros?».*

Preludiando la doctrina contemporánea sobre los *stakeholders*, explicó el equilibrio armónico que el hombre justo ha de guardar al arrendar y en el trato con sus deudores. No ha de ser injusto en lo primero, subiendo los arrendamientos en demasía, ni cruel en lo segundo. Con una dosis de demagogia populista, escribe que *«es mal grandísimo al pobre labrador que con el sudor suyo y de su familia ha lacerado todo un año volviendo y revolviendo la tierra, pasando malos días y no descansando las noches, madrugando y ayunando al calor y el hielo en la cultura del campo, y lo que más es, confiando de las aradas ese poco trigo en que estaba su sustento y su vida, el señor del suelo donde sembró, ocioso, y descansando, y durmiendo, al fin de su trabajo despojarle de todo el fruto de él, y comer él, ocioso y vicioso, tantos sudores ajenos, y alegrarse él con lo que el miserable llora y suspira».*

Recordando sus experiencias, resume: «*¡Qué descansada vida / la del que huye del mundanal ruido / y sigue la escondida senda por donde han ido / los pocos sabios que en el mundo han sido!*». Añade que el fundamento del saber es la humildad, porque los sabios que presumen valerse y abrir camino fácilmente se pierden.

Quién alcanzara un razonable nivel de modestia, porque «*¡Oh, cómo es poderosa y vencedora / en toda la verdad! (...). ¿Qué es lo que hay en el cuerpo que sea poderoso para desasosegar a quien es regido por una voluntad y razón semejante? ¿Por ventura el deseo de los bienes de esta vida le solicitará, o el temor de los males de ella le romperá su reposo? ¿Alterarse ha con ambición de honras o con amor de riquezas, o con la afición de los ponzoñosos deleites desalentado saldrá de sí mismo? ¿Cómo le turbará la pobreza al que de esta vida no quiere más de una estrecha pasada? ¿Cómo le inquietará con su hambre el grado alto de dignidades y honras al que huella sobre todo lo que se precia en el suelo? ¿Cómo la adversidad, la contradicción, las mudanzas diferentes y los mazazos de la fortuna le podrán hacer mella al que a todos sus bienes tiene seguros y en sí? Ni el bien le azozobra ni el mal le amedrenta, ni la alegría lo engríe, ni el temor lo encoge, ni las promesas lo llevan, ni las amenazas lo desquician, ni es tal que o lo próspero o lo adverso le mude*».

Aconseja servirse del *coaching* para el desarrollo personal y profesional. «*Quien ayer vivía como sin ley, siguiendo en pos de sus deseos sin rienda, y que estaba como encallado en el mal, el que servía al dinero y cogía el deleite (...), con sus menores soberbio y cruel, hoy, con una palabra que le tocó en el oído y, pasando de allí al corazón, puso en él su simiente, tan delicada y pequeña que apenas él mismo la entiende, comienza a ser otro; y en pocos días cundiendo por toda el alma la fuerza secreta del pequeño grano es otro del todo; y crece así en nobleza de virtud y buenas costumbres, que la hojarasca seca, que poco antes estaba ordenada al infierno, es ya árbol verde y hermoso, lleno de fruto y de flor, y el león es oveja ya, y el que robaba lo ajeno, derrama ya en los ajenos sus bienes, y el que revolcaba en la hediondez, esparce el derredor de sí y muy lejos de sí, por todas partes, la pureza del buen olor»*.

Aconseja cuidar las *soft skills* en el trato. Ninguna enemistad es buena, y la de los subordinados que conocen los secretos de casa y de su vida es peligrosa. Es la causa por la que muchos hallan las plazas llenas de sus secretos. De ahí brotan también testimonios falaces. Fray Luis anima al estudio que, sumado al paso del tiempo, germina en sabiduría, de lo cual su obra es perfecto modelo. *«La ciencia, si se adquiere por industria, es mayor de razón cuanto es más el tiempo y estudio; y así los más ancianos son más sabios»*. Lo propio de los necios es tenerse por cultos, hoyo en el que no caerá quien se deje asistir de *feedbacks*. Ayudan a poner riendas a la lengua; los avisados no condenan ni reprenden de oídas, sino sobre aquello de lo que disponen de información contrastada.

Fray Luis tuvo diáfana la necesidad de que los directivos tengan objetivos claros, como siglos más tarde explicitaron Bruck y Ghoshal en *A bias for action* al hablar de los *Purposeful Managers* (dirigentes con propósito). Este tipo de personalidades son las que, a la vez que institucionalizan normas y valores, promueven el que el trabajo en equipo coexista con la autonomía de los individuos, sin encorsetamientos que quebrantan psiquiátricamente a los implicados o provocan fugas de quienes acopian más idoneidad. Solo por excepción, el talento se genera o se desarrolla en cautividad.

Remata Fray Luis incitando a la pulcritud, también exterior, porque la hermosura consiste en la proporción:

El aire se serena
y viste de hermosura y luz no usada,
Salinas, cuando suena
la música extremada,
por vuestra sabia mano gobernada.
A cuyo son divino
el alma, que en olvido está sumida,
torna a cobrar el tino
y memoria perdida
de su origen primera esclarecida.

ALGUNAS ENSEÑANZAS

- El éxito, por merecido que sea, genera envidia
- Si alguien no quiere problemas, permanezca en su habitación
- Ninguna retribución merece arriesgar la salud
- La vanagloria nubla la toma de decisiones
- Obrar al tuntún impide proponerse objetivos valiosos
- No se consiguen metas meritorias sin brega
- El triunfo o su apariencia oculta las flaquezas
- Hay que asistir a los amigos que se bambolean cuando no nos llaman
- Debe acudirse a quienes triunfan solo si nos convocan
- Es justicia buscar un equilibrio conexo entre las ventajas de los *stakeholders*

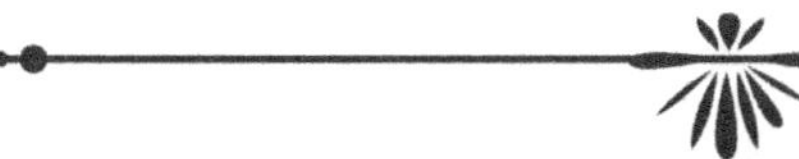

PER ASPERA AD ASTRA
SAN JUAN DE LA CRUZ (1542-1591)

Retrato de Fray Juan de la Cruz de Francisco Pacheco, 1599. Fuente: Biblioteca Nacional de España.

Juan de Yepes Álvarez nació un día impreciso de 1542 en Fontiveros (Ávila). Incierto, porque en 1546 un incendio provocó la desaparición de los libros en los registros de sacramentos. Recibió con alta probabilidad el nombre del santo del día. De ser así, la fecha se situaría a finales de diciembre o en junio.

A lo largo de su existencia evadió las remembranzas. Frente a una expansiva Teresa de Ávila, Juan de la Cruz era circunspecto, adusto como una estepa. Con terminología tan cara al místico, anhelaba que centelleara la llama viva. Su sigilo es patente también cuando, a punto de expirar, reseña: «*Mañana me voy a Úbeda* (Jaén) *a curar de unas calenturillas, que (como ha más de ocho días que me dan cada día y no se me quitan) paréceme habré menester ayuda de medicina; pero con intento de volverme luego aquí que cierto en esta santa soledad me hallo muy bien*» (carta de 21/09/1591 a Ana del Mercado y Peñalosa).

Con frecuencia, los discípulos de un movimiento consideran más valiosos a sus fundadores si han nacido en cuna noble. Sin embargo, los Yepes-Álvarez subsistieron gracias a la caridad pública. Gonzalo de Yepes, el progenitor, fue hijo de un comerciante de tejidos. Su padre, abuelo de Juan de Yepes, le habría enviado a la feria de Medina. Al transitar por Fontiveros quedó prendado de una criada, Catalina Álvarez. El rechazo familiar por la unión con una mujer de inferior condición habría provocado el desencuentro. La pareja y sus tres hijos —Francisco, Luis y Juan— saldrían adelante braceando entre aprietos. Fallecidos el segundo de los vástagos y el padre, la madre se dirigió primero a Arévalo (Ávila) y más adelante a Medina del Campo (Valladolid) en busca de ayudas que aliviaran sus escaseces. Esa última localidad contaba con más servicios para indigentes. En aquella época funcionaba con eficacia un sistema de seguridad social ligado a instituciones de la Iglesia. Las infraestructuras eran deficientes porque los ayuntamientos, en vez de atender a la calidad de carreteras y puentes dilapidaban, con frecuentes casos de contravención. Las calles solo por excepción estaban pavimentadas. La Iglesia suplía con eficacia en la ayuda a los desnutridos.

San Juan de la Cruz no idealizó: *«Mis padres fueron unos pobres tejedores de buratos»*. Quizá contribuyó a la negra situación una prorrogada penuria de cosechas. Los negocios pequeños sufrían particularmente. La madre se vio obligada a ganarse la vida como ama de cría. San Juan sublimaría los recuerdos infantiles: *«La va Dios criando en espíritu y regalando, al modo que la amorosa madre hace al niño tierno, al cual al calor de sus pechos calienta, y con leche sabrosa y manjar dulce y blando cría, y en sus brazos trae y regala (...). La amorosa madre de la gracia de Dios, luego que por nuevo calor y hervor de servir a Dios reengendra el alma, eso mismo haced con ella; porque le hace hallar dulce y sabrosa leche espiritual sin ningún trabajo suyo en todas las cosas de Dios, y en los ejercicios espirituales gran gusto, porque le da Dios aquí su pecho de amor tierno, bien así como niño tierno»*.

Francisco de Yepes, su hermano, se inclinó por la mendicidad. Con la discutible excusa de la libertad evitaba esforzarse para ganar dinero. Cuando le ofrecían trabajo de escudero lo rechazaba. Prefería malcomer de ermita en ermita en vez de servir. Se tornó vagabundo incorregible. Cuando falleció disponía de patrimonio logrado a base de hambrear. Enterró sin escaseces a su mujer y luego cubrió bien el coste del propio sepelio, destinando en su testamento donaciones a indigentes.

Parte de la recaudación fiscal de Medina del Campo se encauzaba a obras pías e instituciones hospitalarias. Había al menos dos escuelas, la de los doctrinos (o de Niños de la Doctrina) y la de la Compañía de Jesús. A las dos concurriría Juan Yepes. A la primera acudían los vagabundos y limosneros. El objetivo era que no devinieran en delincuentes. Algunos hagiógrafos explican que eligió voluntariamente el colegio. Más bien se trató del único al que podía asistir por sus circunstancias socio-económicas. Probablemente conciliara la cuestación con el pupitre. Algunos historiadores mencionan su precoz piedad, que le impulsaba a asistir como monaguillo en la iglesia de la Magdalena. Verosímilmente formaba parte de los compromisos de los alumnos de los doctrinos.

Alonso Álvarez de Toledo previó el potencial de Juan de Yepes. Como rector del hospital de la Concepción, conocido como el de las bubas porque acogía a sifilíticos y otros enfermos contagiosos, le proveyó de ocupación en el lazareto, además de facilitarle estudios con los seguidores de san Ignacio. Quizá confiara en que llegara a ser sacerdote. En 1563, Juan solicitó ser admitido como novicio en el convento carmelita de Santa Ana.

Como hemos visto, en agosto de 1562 Teresa capitaneó la reforma del Carmelo haciéndose eco de las exigencias del Concilio de Trento. Juan Bautista Rubeo, el general, se encaminó a España para potenciar la revolución espiritual impulsada por la de Ávila. Testimoniaría Teresa: «*Alegróse de ver la manera de vivir y un retrato del principio de nuestra orden, y cómo la regla primera se guardaba en todo rigor, porque en toda la orden no se guardaba en ningún monasterio sino la mitigada*». Hasta el monarca se resistía por juzgarlo intromisión foránea. Por si no fuera suficiente freno, los frailes se resistían a la observancia y mantenían su dulcificado estilo claustral. Rechazaban la observancia no solo porque se habían acostumbrado a mediana severidad, sino porque no admitían el control central de la orden y preferían depender únicamente de los provinciales de España.

Teresa captó primero al padre Antonio de Heredia, superior de Medina del Campo, a quien ya nos hemos referido. Fray Pedro de Orozco le remitió, sin específica exaltación, a fray Juan, que estaba considerando en aquel momento incorporarse a la cartuja. Teresa le rogó que la auxiliase. San Juan de la Cruz se avino.

Como en cualquier época, las disputas en la universidad eran continuas a pesar de ser regidas entonces por católicos practicantes. Aunque en teoría las oposiciones se celebraban éticamente entre dos candidatos y delante de los estudiantes, la realidad era distinta. Se sucedían cohechos y artimañas. Se recoge en una provisión real de febrero de 1565 que se dilata *«la resolución en prima de leyes, por cuanto los opositores tenían prevenidos y negociados los votos de los estudiantes»*. Rumió Juan de la Cruz sobre el egoísmo de los humanos en un crudo párrafo de *La subida*: «*Veo es muy poco conocido Cristo de los que se tienen por sus amigos. Pues los vemos andar buscando en él sus gustos y consolaciones, amándose mucho a sí, mas no sus amarguras y muertes»*.

Arrancaron en Duruelo el padre Antonio de Jesús, Juan de la Cruz y fray José de Cristo, quienes de acuerdo con la regla primitiva habían modificado sus nombres. En 1570 se trasladaron a Mancera, localidad mejor comunicada, y recibieron novicios. Más adelante se mudaron a Pastrana con nuevos candidatos, algunos procedentes de otras órdenes y otros que estrenaban vida religiosa.

En 1571, fray Ángel de San Gabriel es nombrado, con nulo acierto, maestro de novicios. Santa Teresa lo describió como «*un fraile harto mozo y sin letras y de poquísimo talento ni prudencia para gobernar; experiencia no la tenía, porque hacía poco que había entrado. Era cosa excesiva la manera en que los llevaba y las mortificaciones que les hacía hacer; que cada vez me espanto cómo las podían sufrir, en especial semejantes personas, que era menester el espíritu que les daba Dios para sufrirlo. Y hase bien visto después que tenía mucha melancolía, y en ninguna parte, aun por súbdito, hay trabajo con él, cuánto más para gobernar; porque le sujeta mucho el humor (que buen religioso es), y Dios permite algunas veces que se haga este yerro de poner personas semejantes para perfeccionar la virtud de la obediencia en los que ama»*.

Felipe II tenía intención de reducir a los claustrales de sus reinos, que se regían de forma independiente a la observancia sometidos a un control central agrupados bajo la normativa reformada, como había formulado Cisneros. Ambicionaba visitadores de otras órdenes, siempre que fueran españoles. En Roma esto resultaba inaceptable. Tanto se resistieron los calzados a auditores procedentes de otras familias religiosas que Felipe II calibró suprimir la orden.

Juan fue detenido por no conformarse a las decisiones de los calzados. Tampoco fue amparado por los descalzos. Le acosaban los primeros porque había apuntalado a santa Teresa. Solo ella se aprestará a buscar la mediación de Felipe II. San Juan permanecería nueve meses en la cárcel toledana, de donde huirá por sus medios. Forzó las cerraduras, que había ido quebrantando, y empleó dos mantas convertidas en jirones para descolgarse por un tragaluz, enganchadas en un garfio fabricado con un candil. Cayó en un corral de un convento vecino al carmen toledano.

Cuando las quejicosas monjas de Beas enhebraron lamentos a través de Ana de Jesús, su priora, consciente santa Teresa de la valía de su mano derecha, apostilló: «*En gracia me ha caído, hija, cuán sin razón se queja, pues tiene allá a mi padre fray Juan de la Cruz, que es un hombre celestial y divino. Pues yo le digo a mi hija que después de que se fue allá no he hallado en toda Castilla otro como él ni que tanto fervore el camino del Cielo (...). Miren que es un gran tesoro el que tienen allá en ese santo, y todas las de la casa traten y comuniquen con él sus almas y verán qué aprovechadas están, y se hallarán muy adelante en todo lo que es espíritu y perfección*».

Sus discrepancias con Gracián se hallan probablemente en el origen de que quedara relegado. Fue tanta la persecución, que Juan de la Cruz comunicó a Juan de Santa Ana: «*Hijo, no le dé pena eso, porque el hábito no me lo pueden quitar, sino por incorregible o inobediente, y yo estoy muy aparejado para enmendarme de todo lo que hubiera errado y para obedecer cualquier penitencia que me dieren*».

Como dijera san Bernardo de Claraval, uno de los mayores retos del ser humano es la convivencia: *mea maxima poenitentia ¡Vita comunis!*, también entre seres que ambicionan santidad.

ALGUNAS ENSEÑANZAS

- No existe una única manera de hacer las cosas
- Muchos prefieren a personas que, con expresión común, no van de nada
- No proceder de refinada genealogía no debería avergonzar
- La corrupción ha existido desde que el mundo es mundo
- La labor asistencial de la Iglesia es más eficaz que la realizada por las administraciones públicas
- En las crisis sufren más profundamente las pequeñas organizaciones
- Algunos prefieren mendigar antes que esforzarse para salir adelante
- La pantomima tiene las patas cortas. Es mejor admitir la verdad
- Las claves últimas de las motivaciones no siempre son evidentes
- Es aconsejable tomarse tiempo para las decisiones trascendentales

LA PERMANENTE NECESIDAD DE REFORMA

TRENTO (1545-1563)

Congregación general del Concilio de Trento en Santa María la Mayor, de Elia Naurizio, 1633. Foto: Sailko.

El incendio de la reforma luterana devastaba Europa. Carlos V anhelaba disponer de instrumentos doctrinales, disciplinares y conceptuales para enfrentar la enrevesada situación. Todo parecía pasar por un concilio universal. Algunos encarecían incluso puñados de esperanza, más bien ilusión, de que un cara a cara de protestantes y católicos contribuiría a cuerdo desenlace. Desatendían quizá al hecho de que además de cuestiones doctrinales, la desafección procedía de una batalla de egos excitados por un nacionalismo anti-romano.

La necesidad de cambio se notaba desde tiempo atrás. Uno de quienes mejor lo vislumbraron fue Adriano VI (1459-1523), el último papa no italiano en regir la sede de Pedro hasta san Juan Pablo II. Adriano VI ni siquiera había asistido al cónclave por desinterés sobre el resultado. Era consciente de que Carlos V había puesto todos los medios para que llegase al solio pontificio. Tuvo claro que las mutaciones organizativas empiezan desde arriba, en este caso en el colegio cardenalicio y la curia romana. Por eso tomó decisiones en su efímero mandato que afectaron a la disciplina de esas personas. También lo hizo Pablo III, quien en su primer consistorio, el 13 de noviembre de 1534, auguró reformas, como el empleo del traje eclesiástico y una simplificación del servicio creado por los cardenales para su propio beneficio mediante los denominados familiares o ayudantes personales.

Pablo III atinó en bastantes decisiones encaminadas en el sentido cabal. En 1536 convocó un concilio en Mantua. La aludida Paz de Crespy entre Francisco I y Carlos V en 1544 abrió la posibilidad de poner en marcha tan necesario encuentro. El primer problema fue seleccionar la localidad para celebrarlo. Francia proponía cualquiera de sus ciudades. Los protestantes se ceñían a sus territorios. El papa dudaba entre otros motivos porque no deseaba ceder ante los presuntos intereses de España. Resulta curiosa la prevención hacia quien más estaba contribuyendo a salvaguardar a la Iglesia de aquel marjal emponzoñado.

Trento fue suscrito por todos. La ciudad se ubicaba en el límite meridional de las fronteras alemanas, junto a Italia. Pablo III convocó así el XIX concilio ecuménico. Como he avanzado en capítulos anteriores, el papa reinante había encargado en 1536 a los cardenales Contarini, Caraffa, Sadoleto y Pole, y a otros cinco prelados que individualizasen los asuntos que era preciso abordar para suscitar una profunda mejora en la disciplina eclesiástica. Con esa información expidió bulas y acumuló propuestas para el concilio.

Paralelamente, y se ha mencionado, el papa había reorganizado la Inquisición en 1542. El objetivo era auxiliar al pontífice en los temas dogmáticos, actuando como tribunal supremo en materias de fe, velando por la ortodoxia. Designó como presidente al cardenal Caraffa.

El Concilio de Trento, fundamentalmente por implicaciones políticas, se dividió en tres etapas. Arrancó en diciembre de 1545.

Pese a lo preconizado, los seguidores de Lutero no asistieron. Los jesuitas Diego Laínez y Salmerón fueron dos de los veinticinco españoles implicados en la sala de máquinas del concilio. En marzo de 1547, tras siete sesiones, la peste aconsejó interrumpir los trabajos y todos partieron hacia Bolonia. La epidemia no obstante había sido una oportuna excusa-biombo, pues el auténtico objetivo del papa era menguar el abultado ascendiente imperial. Dos años más tarde, el pontífice lo suspendió temporalmente, enojado por la decisión de Carlos V de promulgar el *Interim de Augsburgo* (1548). Ese decreto daba concesiones a los protestantes a la espera de que el concilio adoptara decisiones concluyentes. La sesión sexta de la primera etapa explicitó que no basta solo la fe para salvarse; son precisas también las obras.

Julio III, cardenal del Monte, reanudó las sesiones en 1551. Los franceses hostigaron los trabajos al entender que favorecer el concilio era un modo de apoyar a España. Fraguó la esperanza de que la llegada de algunos príncipes protestantes impulsaría el encuentro, pero no fue así. Mauricio de Sajonia, finalmente, en connivencia con los galos traicionó de forma deplorable a Carlos V, su emperador, y en abril de 1552 el concilio fue clausurado.

A Julio III le sucedió el cardenal Cervini −Marcelo II−, que solo sobrevivió veintidós días. Forma parte de la larga y peculiar tradición de elecciones de pontífices de transición. El napolitano Pablo IV fue elegido a la muerte de Marcelo II. Como hemos visto, era partidario de la reforma, pero paralizó el concilio por su profunda malquerencia hacia España. La elección tuvo lugar el 23 de mayo de 1555 y reinaría hasta su fallecimiento en 1559. El embajador veneciano Navagero describió así al recién elegido en una carta a la Serenísima. *«Este papa es de un temperamento violento y fogoso. Es demasiado impetuoso en el manejo de los asuntos y no tolera que nadie le contradiga».* Pablo IV se dejó arrastrar por el nepotismo, sin ser consciente durante un largo periodo de que sus parientes no merecían confianza. Todo culminó años más tarde, cuando Pío IV, el 4 de marzo de 1561, aprobó la sentencia de muerte, entre otros, del cardenal Carlo Caraffa (sobrino de Pablo IV), implicado en el asesinato de Violante de Alife. Murió compungido y en paz con Dios.

Volvamos a Pablo IV. Se enfrentó a la homosexualidad y a otros desórdenes, proponiendo que sacerdotes y monjas que no respetasen la castidad debían ser tratados como herejes y morir en la hoguera. Creó el *Index Librorum Prohibitorum*, mediante el cual miles de obras quedaron proscritas. Entre otras, las de Boccaccio, Rabelais, Maquiavelo o Dante. Promovió el que los judíos llevasen un sombrero amarillo para distinguirlos de los cristianos. En los Estados Pontificios se les encerró en guetos. Pablo IV admonizó que *«es insoportablemente irrespetuoso que en la más sagrada fiesta estemos siguiendo las costumbres de los judíos. De ahora en adelante no tengamos nada en común con esa odiosa gente»*.

Pars pro toto, Pablo IV erró gravemente al asociarse con Enrique II de Francia en contra de Felipe II, lo que provocó la llegada a las puertas de Roma de un Ejército dirigido por el duque de Alba en 1557. Bastó la amenaza de intervención. El comandante se limitó a besar el pie del papa y a solicitar la reconciliación con España. Quedaron en evidencia las intenciones turbias de quienes habían provocado las malquerencias del papa con España.

Pío IV convocó de nuevo el concilio en 1562. No pensaba reanudarlo, convencido de que era la mejor opción para impulsar las reformas, pero aceptó finalmente por la sugerencia de su sobrino, san Carlos Borromeo. Se clausuró, por fin, el 4 de diciembre de 1563. Siguió, por un lado, la resistencia de Francia, que propuso sin éxito el trasiego de los reunidos a una ciudad gala. En la última fase, además, se multiplicaron las discordias a la hora de analizar hasta dónde llegaba el poder del papa y hasta dónde el de los obispos, en particular en el punto *dolens*, la obligación de residencia. En algunos casos ese desorden procedía de la mala voluntad de los prelados, pero en otros del propio papa por contar con algunos que mejor estaban atendiendo a su grey que en Trento. Sucedía lo mismo cuando algunos nobles protegían en el cargo a obispos afines para beneficiarse directamente de sus rentas o indirectamente a través de su benevolencia. Las penas canónicas añadidas por el concilio contribuyeron a poner algo de orden en esa caótica situación. Se insistió en la idoneidad para el cargo y en que no se podían acumular rentas. Quedó al descubierto el veneno de la codicia, pero también el sincero anhelo de muchos por enhebrar el enmarañado contexto.

Tras múltiples desencuentros entre los imperiales y los franceses, el fallecimiento de dos legados del emperador Fernando I, Gonzaga y Seripando, facilitó un acuerdo de mano del diplomático Morone y del veneciano Navagero. Morone se ganó desde su llegada a Innsbruck (Austria) a los implicados. En la sesión del 14 de julio de 1563 se plasmó al cabo la palinodia de la doctrina luterana sobre el sacramento del orden.

El concilio prescribió estudios estrictos en los seminarios. Se estableció que en ellos debían residir, salvo excepciones puntuales, los aspirantes al sacerdocio. Al mismo tiempo que asignaba la residencia de los obispos en sus sedes, se analizaron las características que debían tener quienes pretendiesen el sacerdocio, y por supuesto quienes iban a ser obispos. Se imponía pena de excomunión contra quienes blasfemasen contra Dios o hirieran a alguien del colegio episcopal o cardenalicio. Se decretaba prohibición de frecuentar sacramentos a quienes jugasen dados o provocasen riñas. También que saliesen o entrasen por las ventanas, sobre todo por la noche. Desde 1553, y para arrinconar tentaciones carnales, quedó asentado el que los tragaluces debían estar clausurados con rejas, al menos desde la caída del sol. Se legisló la expulsión de los reos de violación, sodomía, adulterio o amancebamiento; se imponían castigos a quienes no denunciasen la entrada de féminas o a quienes se diesen abrazos o besos venéreos. Los matrimonios serían válidos si eran celebrados en presencia del párroco y de dos testigos. Sobre la legislación en torno a la obligación de celibato hubo intensa porfía, porque el mismísimo emperador quería regular el tema de otra forma en vista de la escasez de clero alemán. Al final, tras profundo estudio, las cosas quedaron como estaban. Sobre esta cuestión muchos volverán más adelante, en el siglo XXI, incluso con una sarta de excusas adulteradas como el análisis de recónditas regiones del planeta, agarrando el rábano por las hojas.

No faltó tiempo para atender a otros conflictos, como la predicación de los regulares. Para aquietar celotipias solo predicarían en sus iglesias con aprobación de sus respectivos superiores y nunca en templos ajenos a los de su orden sin contar además con la del obispo.

Gregorio XIII se aplicó en las decisiones conciliares. Promovió para Italia un programa de auditorías eclesiásticas. En otros países lo hizo a través de las nunciaturas. Inspiró la creación de seminarios y, donde era arduo, centros de formación siguiendo el formato de colegios romanos, apoyando particularmente el de los jesuitas, que será conocido como Pontifica Universidad Gregoriana en memoria de su principal promotor. En 1573 entregó el palacio de San Apolinar al colegio germánico, erigido por Julio III; y en 1579 inauguró el colegio inglés. También el griego, el maronita y el armenio.

Con ser importante el Concilio de Trento, la reforma fue eficaz gracias a personas como san Ignacio de Loyola, santa Teresa de Jesús, san Carlos Borromeo, san Felipe Neri o san José de Calasanz.

ALGUNAS ENSEÑANZAS

- Muchos aciertan en lo que denuncian y yerran en lo que proponen
- No es sencillo diferenciar realidades objetivas de egos
- Las circunstancias complican en ocasiones decisiones esenciales
- Para que algo funcione hay que rodearse de personas válidas
- Querer gobernar a todos y en todo emponzoña
- Conocer el trasfondo de las decisiones reclama casi siempre una segunda mirada
- Algunos condicionan a sus mezquinos intereses realidades mucho más importantes
- Actuar con parsimonia contribuye a asegurar que la decisión será injusta
- El fondo es relevante, pero el carácter —la forma— es esencial
- Nombrar a sabiendas a un alelado descalifica a quien lo ensalza

CONVERTIR LA NECESIDAD
EN VIRTUD

SAN FRANCISCO DE SALES (1567-1622)

San Francisco de Sales, s. XVII. Fuente: Castillo de Bussy-Rabutin. *Centre des Monuments Nationaux.*

La casta en la que nace Francisco de Sales sumaba más de treinta blasones, evidencia de su arraigada pertenencia a la nobleza. Las divisas llegaban tanto por vía paterna –Sales– como materna, Sionnaz. Eran católicos de viejo cuño. La morada familiar estaba enclavada en Annecy, la misma ciudad que acogió al obispo de Ginebra en 1534 después de que Calvino implantara en ella su peculiar autocracia. Francisco de Boisy, padre del futuro santo, era católico cabal a pesar del inmundo entorno. Atendía con munificencia a los necesitados, comenzando por los campesinos que cultivaban sus tierras. En ocasiones entregaba alimentos; en otras prestaba sin intereses.

De la madre testimonia Francisco Terrier, labriego de Thorens: «*Yo he visto a la señora caminar desde el Castillo de Sales a la iglesia, que está bastante alejada, con tiempo lluvioso y en invierno, sin miedo ni al frío ni a la nieve; iba para servir a Dios y a los pobres enfermos, sin ahorrar nada para ayudarlos y enviándoles pan, vino y otras cosas necesarias. Y he visto a la dicha señora curar con sus propias manos las úlceras de los enfermos*».

Francisco recibió instrucción recia, rociada de mesura. Incluso se mencionan algunos vergajazos como reprimenda por una sustracción. El padre era estricto y la madre más afable. La mezcla de ambas improntas fue configurando su personalidad. Sus progenitores espolearon la idea de inscribirle en el Colegio de Navarra en París. Francisco, alertado de que en aquel colegio no se cuidaba la formación religiosa, inclinó la balanza hacia los jesuitas de Clermont. La madre intercedió para que el progenitor diese su brazo a torcer. Nada más incorporarse venteó para hallar director espiritual. A las prácticas de piedad del horario colectivo vivido a rajatabla agregó ayunos y cilicio.

Como hemos anotado en capítulos anteriores, los escrúpulos son asiduos entre almas que procuran responder a las solicitudes divinas y solo ellos pueden dar cuenta de los penetrantes sufrimientos que genera esa dolencia. Contó después el propio santo que entre 1586 y 1587 vivió constantemente preocupado por el peligro de acabar en el infierno. Pensaba incluso que, si no le fuera posible compartir el Cielo, agradaría a Dios al menos en la Tierra. Padeció insomnio y perdió el apetito. Esa angustiosa contradicción se dilató en el tiempo y no se desvaneció para siempre hasta el día en que entró en un templo y se dirigió a la Virgen con la oración conocida como *Arcordaos*. ¡Qué profunda distancia entre su modo de obrar y el de Lutero! Mientras Francisco de Sales acudió a Dios con humildad, el turbulento alemán pretendió suplantar a la divinidad.

En aquellas coordenadas de agotamiento moral y físico, profirió su fórmula de homérica entrega: «*Pase lo que pase, Señor, Vos tenéis todo en vuestras manos y todos vuestros caminos son justos y verdaderos. Sea cual sea la determinación que habéis tomado sobre mí respecto a ese eterno decreto de predestinación y de reprobación; a Vos, cuyos juicios son un abismo profundo; a Vos, que sois siempre justo y padre misericordioso; a Vos os amaré, Señor, al menos durante esta vida, si no me es dado amaros en la eterna. Al menos os amaré aquí, ¡oh, Dios mío! Y esperaré siempre en vuestra misericordia y repetiré vuestras alabanzas a pesar de todo lo que el ángel de Satán no cese de inspirarme en contra. ¡Señor Jesús, Vos seréis siempre mi esperanza y mi salvación en la Tierra de los vivos! Si mi conducta lo exige y yo debo ser maldito entre los malditos que no verán nunca vuestro dulcísimo rostro, concededme al menos que no sea yo de los que maldigan vuestro santo nombre*».

Preñado de responsabilidad, se enfiló al estudio, dedicando una media de cuatro horas diarias al derecho y otras tantas a la teología. Paralelamente, profundizaba en botánica y medicina. Para liberar Ginebra de los calvinistas, aventuró que serían mejores utensilios que la violencia los medios sobrenaturales, oración, vigilia y penitencia. La caridad, era su cantinela, se incrustaría en los corazones más torvos. Audacia no le faltó. Cuando monseñor de Granier buscó sacerdotes abiertos a que se les endilgasen feligresías desangeladas por miedo a la aviesa persecución calvinista, Francisco se ofreció: «*Monseñor, si me creéis capaz y me lo pedís estoy dispuesto a obedecer e iré de buena gana*».

Viajó como suplente del obispo. Tanto era el peligro que en Thonon, capital de Chablais (Francia), desarrolló su labor resguardado por militares católicos proporcionados por el barón de Hermance.

Como las maledicencias nunca se ausentan, su indestructible disposición para acatar indicaciones de sus superiores fue glosada por algunos como afán de popularidad. El santo resumió así esas actitudes: «*En cuanto a los calumniadores espero que al final se sabrá, y Dios bien lo sabe, que estoy libre de toda ambición y que con estos pocos trabajos no estoy buscando el ser bien visto por mis superiores, sino llevar a cabo esta misión y otras parecidas*».

Quien va a contracorriente y deja en evidencia a otros apechará comadreos, de los que se debe hacer caso omiso. La crítica razonada, sin duda necesaria, no asume la forma de la insidia.

Todo ser humano ha de pasar como el grano de trigo por el molino. Sin excepción conocida, a las contradicciones morales se suman arrechuchos. Francisco mencionaba sus padecimientos en misiva al nuncio el 11 de abril de 1597: *«Me he visto obligado a asentarme para asistir al sínodo, poner en orden ciertas cosas y prevenir una enfermedad que me amenaza desde hace algún tiempo. Pero esta ausencia será breve y enseguida volveré con más ardor a mis interrumpidos trabajos».*

Recibió la invitación a ser obispo. Solo asumiría ese cargo, que consideraba una carga, si se lo imponían. Confiaba su intimidad a un amigo: *«Que sea lo que la Providencia de Dios quiera; soy lo mismo de siempre: no deseo ahora más el episcopado que lo que lo deseaba antes. Si me viene, habré de cargar con él; si no viene, tanto mejor».*

Siempre distinguió con perspicacia entre protestantes como personas y protestantismo como ideología. Con los primeros era tolerante; con el segundo, intransigente. Exponía *«que tenía desde hace mucho la experiencia de que se saca más provecho si se emplea la dulzura que si se prescinde de ella... Hay que tener por máxima certísima que los hombres hacen más por amor y caridad que por severidad y rigor».* La presión social y económica era brutal contra los conversos y muchos se arriesgaban a perder el empleo. Pensó en soluciones económicas para esos bizarros, como erigir un hospicio y proporcionarles formación para oficios con los que sacar adelante a sus familias.

En 1579 se incrementaron los problemas de orden interno. Gregorio XIII había designado a la Orden de los Caballeros de San Mauricio y San Lázaro fiduciarios de los patrimonios de la iglesia que se habían rescatado en Berna. A pesar de estar obligados, se negaron a poner esos bienes al servicio de la misión en Chablais. Francisco se dispuso con fortaleza a reparar la injusticia. Consciente de que es preciso gestionar la imperfección, borroneó para De Berulle: *«No hay más remedio; siempre tendremos necesidad del lavatorio de pies puesto que caminamos por el polvo».*

Fue predicador del cuidado de las cosas pequeñas: «*Quiero que soportes con dulzura las pequeñas incomodidades de cada día. Ese dolor de cabeza o de muelas, la otra indisposición, o la palabra inoportuna del marido o de la esposa, la rotura de un cristal, la pérdida de un guante o de un pañuelo, la insignificante molestia que supone ir a acostarse temprano o levantarse al alba para hacer oración antes de comulgar. En una palabra, todos los sufrimientos recibidos y practicados con amor agradan mucho a la bondad divina.*

»Las grandes ocasiones de servir a Dios se presentan raramente, pero las pequeñas son de cada día; ahora bien, el que sea fiel en lo poco, ha dicho el Señor, será constituido sobre lo mucho. Haz todas las cosas en nombre de Dios y todo estará bien hecho. Sea que comas, sea que bebas, sea que duermas; ya te recrees, ya manejes los pucheros, mientras sepas cumplir bien con tus deberes ganarás mucho delante de Dios haciendo todas las cosas porque Dios así lo quiere».

Como obispo en Ginebra se afanó con pasión, emplazando sínodos, removiendo conciencias y redactando libros tan apreciables como *La introducción a la vida devota* (1609). Para que las deferencias que recibía no le aturullaran, certificaba que él actuaba cada día como prelado pero se acostaba como Francisco y se recogía en oración en su minúsculo cuarto. Nunca hacía lucimiento de su estatus y respetaba abstinencia, ayuno y demás obligaciones como cualquier fiel. Añadía vigorosas y frecuentes sesiones de disciplina. Al concluir su primer quinquenio, confió a un incondicional de Dijon: «*Voy a pasar la cuaresma en mi catedral para remendar un poco mi alma que está algo descosida por tanto ajetreo como ha sufrido (...); está como un reloj descompuesto y habrá que desmontarla pieza por pieza y después limpiarla bien y engrasarla, y volverla a montar, para que marche exactamente*». Siempre que le fue posible empeñó una semana al año en un retiro espiritual.

Testificó de su esfuerzo a la baronesa de Chantal: «*Cada noche cuando me retiro, no puedo mover ni mi cuerpo ni mi espíritu, así de macerado estoy; y a la mañana siguiente me encuentro más alegre que nunca*». Era colmadamente consciente de que nadie debe predicar si no suma vida ejemplar (*to walk the talk*), buena doctrina y legítima misión. Su preocupación abarcaba lo colectivo y lo individual. En 1600 advirtió a monseñor Riccardi sobre un sacerdote: «*Casi está pasando hambre, sufre gran pobreza (...). ¿No tenemos medios para procurar a estos hombres de tanto mérito un alojamiento digno de su condición y de su oficio?*».

Abordó un nuevo estilo de vida para mujeres fundando la Visitación de Santa María, convencido de que quienes siguieran sus normas podían estar seguras de que «*las más estrechas clausuras del mundo no unen más a las almas con Dios*». Para Francisco de Sales, el auténtico monasterio reformado es la Visitación. La iniciativa arrancó con ocasión de una estancia en Dijon en 1604 y su encuentro con la baronesa de Chantal. Los barruntos duraron un trienio. El 4 de junio de 1607, lunes de Pentecostés, Francisco de Sales le dio a conocer la posible iniciativa. Transcurrieron tres años más antes de que la señora Chantal, Carlota de Bréchard y Jacqueline Favre se cuadrasen ante el obispo de Ginebra. Tras sucesivos desencuentros con el arzobispo, monseñor de Marquemont, aceptó el de Sales que la Visitación se conformase como orden religiosa, o religión formal, como él diría. Y en 1618 aquel proyecto de catorce años antes se configuró como monasterio según regla de san Agustín.

Su propósito era que la congregación consintiera que ninguna exigencia mostrenca apartase a las enclenques de incorporarse. Podrían sumarse personas con buena forma física, pero también viudas sin preocupación por hijos, en particular aquellas que por edad o por flaqueza corporal no estuviesen en condiciones de arrimarse a monasterios más austeros. En 1619, una mujer con limitaciones de movilidad se postula a la institución. Francisco escribe a la madre Chantal: «*Mi deseo para siempre es que no se deje jamás de recibir a las jóvenes achacosas en la congregación, a no ser que sean de las que estén expresamente vedadas en las reglas, lo cual no es el caso de esta chica, que no puede usar sus piernas, porque sin piernas se pueden hacer todos los ejercicios esenciales de la regla: obedecer, rezar, cantar, guardar silencio, coser, comer y sobre todo tener paciencia con las hermanas que la llevan cuando no estén dispuestas y prontas para hacer esa caridad... No veo nada que pueda impedir su recepción, si es que su corazón no está tullido*».

La formación ha de ser estricta. Para que así lo aplique, recomienda a la baronesa de Chantal el mencionado *Combate espiritual* de Scupoli, «*que es mi libro querido, el que llevo en mi bolsillo desde hace dieciocho años y que nunca leo sin provecho*». Convencido de que no hay escenario idílico, en el prefacio para las almas devotas sobre la dignidad, antigüedad, utilidad y variedad de las congregaciones o colegios de mujeres y jóvenes dedicadas a Dios, reflexiona que no hay género de vida en el mundo que no tenga inconvenientes: la soledad, la vida en comunidad, la doctrina o la ignorancia, las modificaciones de superiores o mantenerlos a perpetuidad, las visitas de los auditores, la mendicidad o tener rentas. Todo tiene pros y contras: «*Las abejas en invierno, al guardar estrecha clausura están expuestas a rebeliones y a matarse las unas a las otras; pero en verano, cuando salen a tomar el aire, se pueden perder*».

El blasón aprobado como logo resume su ideal de vida: un único corazón atravesado por dos flechas y rodeado por corona de espinas, como base de una cruz y grabados los nombres de Jesús y de María.

ALGUNAS ENSEÑANZAS

- **Donde unos se lamentan otros encuentran ocasiones de mejora**
- **La combinación de exigencia en el fondo y comprensión en la forma genera buenos resultados**
- **Una reprimenda a tiempo evita extravíos**
- **Seleccionar bien el centro de formación no es baladí**
- **Señalar a un colectivo como irremediable enemigo es excusar las propias deficiencias**
- **Descansar con mesura es preciso**
- **Hay que saber algo de algo y un poco de todo lo demás**
- **La audacia es indispensable para culminar cimas retadoras**
- **Las maledicencias son fruto casi siempre de la envidia de quienes se reconcomen en su ineficacia**
- **Nadie pasa por la vida sin ser molido por contradicciones físicas o morales**

APRENDER A RESPETAR TANTO LA LIBERTAD AJENA COMO LA PROPIA

EL ORATORIO DE SAN FELIPE NERI (1575)

San Felipe Neri en éxtasis, de Guido Reni, 1614. Fuente: Santa María in Vallicella, Roma.

Felipe Neri nació el 21 de julio de 1515 en hogar modesto, hasta el punto de que sus hermanas renunciaron a la herencia por repeluzno a que fuera deficitaria. Él nunca manipuló sus orígenes. Un adolescente Felipe es testigo de los enfrentamientos entre Florencia y los Médici. Savonarola no había absuelto en confesión a Lorenzo el Magnífico, padre de León X, porque al indicarle que debería conceder la libertad a los florentinos, este se había negado. Seis años más tarde, el desazonado dominico pagó con la vida su miscelánea de atinadas acusaciones y propuestas utópicas con imposiciones dictatoriales. Aunque a Felipe Neri no le agradaba la política, en cierta ocasión garabateó la aureola de santidad sobre un grabado de Savonarola. Fuese cual fuese su opinión última sobre el predicador, sus diseños fueron discordes. Una característica que le posicionaba en lugar diametralmente opuesto al de Girolamo fue el donaire. Le encantaba el chancero libro *Facezie*, de Arlotto, repleto de chilindrinas y chirigotas. De vez en cuanto lo revisaba o, si lo veía conveniente para un interlocutor, lo leían. Su especialidad no fue el estudio. No logró un mínimo nivel de griego, aunque sí pasadero de latín. Asimiló algo de filosofía y teología. Lo suplía con memoria y presteza mental. Con apenas dieciséis años había aparcado los libros para afanarse como recadero de su progenitor, notario de raquíticos ingresos que no deseaba que el hijo siguiera sus pasos. Pareció que la suerte les sonreía cuando un primo del padre residente en San Germano, entre Roma y Nápoles, se ofreció a contratar al mozo y quizá a transfigurarlo en heredero. Con esas promesas, en 1532 Felipe viajaba en busca de conjeturables nuevas oportunidades profesionales. En su vida anticipó el lema de Andy Grove, presidente de Intel, en el siglo XXI, de que «*solo los paranoicos sobreviven*», en el sentido de que las organizaciones deben reinventarse de continuo si no quieren perder el acelerado ritmo del entorno.

Pronto Felipe comunicó a su tío Romolo que no se perpetuaría con él. No le atraía convertirse en comerciante. Viajó a Montecassino y a Gaeta para hacer cábalas sobre su porvenir. Recibió asesoramiento personalizado del monje napolitano Eusebio d'Evoli. Tras asaz reflexión optó por entregarse a Dios. Buscaba un destino, no se limitaba a huir de lo que no le agradaba. Para hacerle cambiar de idea, su tío Romolo le confirmó la primogenitura pero no picó el anzuelo. Felipe, para evitar ulteriores obstrucciones, no participó al progenitor de sus metas.

El saqueo de la Urbe por parte de los mercenarios luteranos al servicio de Carlos V había servido para que algunos, ¡por enésima vez!, fueran conscientes de la urgencia de una metamorfosis en la Iglesia. Diez años antes del asalto de Roma ya se había puesto en marcha un Oratorio del Divino Amor; los atroces eventos sirvieron de tracción para una más rauda expansión.

En aquellos tiempos convulsos, algunos actuaban sin excesiva preparación y sin lealtad a la Iglesia. Muchos acertaban en lo que objetaban y flojeaban en lo que planteaban. El V Concilio de Letrán (1512 a 1517) rebatió iniciativas descoordinadas. Se impuso la idea de que cualquier obra impresa debía ser autorizada. La censura previa se encarnó en 1559 en forma de índice de libros prohibidos, que se prolongó hasta los estertores del siglo XX.

Felipe se empeñó en algunos periodos en no caer en las estridencias que observaba en otros, que ostentosamente se fustigaban. Catequizaba fundamentado en discreto ayuno y en oración. Para romper el hielo sondeaba: «*Hermanos, ¿cuándo comenzamos a ser buenos?*».

Intervenía en escenarios engorrosos. Así, Prospero Crivelli, cajero de la banca Cavalcanti, se hallaba malparado a causa de la usura y también de un *affaire*. El jesuita Juan Alfonso de Polanco, asistente de Ignacio de Loyola, se negó a confesarle. Acudió a Felipe Neri. Este le persuadió de rehacer su vida y Polanco pudo por fin administrarle el sacramento de la penitencia. Una de sus diferencias competitivas era las candongas que se gastaba con unos y otros, como palpar la perilla de un guardia suizo o afeitarse la barba solo de un lado para que le tomasen por chiflado más que por santo.

De la actividad apostólica de Felipe surgieron frutos sacerdotales, Teseo Raspa y Enrico Pietra. Ignacio de Loyola comentó que Felipe era campana que convocaba a la gente a la iglesia, pero no abandonaba nunca la torre pues no se ordenaba. Felipe indujo a Camilo de Lellis a emprender una orden que atendiera a enfermos. No padecía de endogamia; apoyaba iniciativas ajenas. Sin menospreciarlos, marcó distancias con el modo casi militar de los jesuitas. Lo suyo era más deshilvanado, aunque irían reglándose.

Se especula a distancia de siglos sobre si debería haberse incorporado a alguna orden preexistente. Resulta dificultoso que Ignacio de Loyola u otro no se hubiesen percatado del tinte anárquico de Felipe. Acunaba vocación de emprendedor, no de seguidor. Es positivo que haya gente convencional y otros innovadores. Si solo se da uno de los perfiles, la organización cae en la rigidez o, alternativamente, en lo amorfo. Nunca recibió estigmas, pero su corazón se inflamó tanto que quebró algunas costillas. Para que nadie lo advirtiese se colocaba un paño bajo la camisa en el otro lado del tórax y encubría la divergencia.

Su primer intento institucional fue la promoción, junto a Persiano Rosa, su confesor, de una confraternidad de peregrinos y convalecientes. Serían los barruntos para el ulterior Oratorio de San Felipe. Los enmarañados arranques encontraron ocasión de estructurarse con el jubileo de 1550, que les obligó a sistematizar con más tiesura para atender a los peregrinos. Sus seguidores y él se trasladaron desde San Salvatore in Campo a un edificio más espacioso en Trinità dei Pellegrini. Ese mismo año fallecía san Juan de Dios, en quien se inspirarían en 1572 los fundadores de la Orden Hospitalaria de San Juan de Dios, mendicantes dedicados a actividades socio-sanitarias en todo el mundo. De su eficacia hablan hospitales de la categoría del San Rafael, en la capital de España, dirigido cuando se escriben estas líneas por un profesional de la categoría de Jesús Morillo-Velarde.

En el sucesivo jubileo de 1575, los de san Felipe pasaron de albergar cincuenta personas al día a muchos cientos. El mismísimo Gregorio XIII trabajaría con ellos sirviendo comida a peregrinos menos pudientes. Felipe no era organizador, sino promotor. Le asaltaron dudas sobre si debía avanzar en esta línea o retornar a su vida contemplativa en las catacumbas. Su director espiritual y tambíen colaborador, Persiano Rosa, le presionó para que olvidando esos cantos de sirena se ordenase. Felipe acató el consejo. Contra todo sentido común, en aquella época no se hallaba adecuadamente regulada la formación para quienes debían acceder al presbiterado. Fuese como fuese, en marzo de 1551 comenzó con tonsura, órdenes menores y subdiaconado; el 23 de mayo le imponían las manos en la iglesia de Santo Tomás. Su director espiritual lo alentó a morar en casa anexa al templo de San Girolamo della Carità. Residían allí trece sacerdotes. Algunos cobraban y otros solo recibían alojamiento y manutención. Felipe no solicitó retribución para centrarse en lo que consideraba su *core business*. Ante las críticas de algunos discípulos contra vidas más cómodas, Felipe Neri prescribió a los suyos que no juzgasen a nadie.

La envidia floreció y varios, incluido el médico Vicenzo Teccosi, se coordinaron para expulsarlo mediante *mobbing*. Como no le agradaba celebrar con ornamentos arrugados y mucho menos sucios, se afanaron para que siempre estuvieran así los que él debía emplear. En una visión en la que Felipe suplicó paciencia, el Señor le alentó a sobrellevar que le cantaran ese trágala.

Desarrolló una limitación, propia de quienes han ido por libre: la del excesivo control sobre quienes lo seguían. Les requería confesión con él varias veces por semana. Formaba parte de la contradicción de todo ser humano, también de los sublimes. A diferencia de Ignacio de Loyola, que aventuraba un gran salto adelante tras los ejercicios, Felipe Neri proponía un proceso gradual, que él pilotaba en persona. Su prioridad era permanecer disponible para confesar a cualquier hora. Para su grey, apostaba por pocos intensamente implicados. En su proselitismo pugnaba en contar solo hasta uno; él proporcionaba atención personalizada. No discriminaba entre pobres y ricos. Por vía de hecho fueron convirtiéndose en élite, pero no porque Felipe lo hubiera pergeñado. El comienzo oficial quedó señalado en 1558, aunque desde al menos tres años antes venían reuniéndose. Tuvo que individualizar un inmueble más holgado para apiñar a sus seguidores, muchos de los cuales habían elegido como referente a Francisco Javier y anhelaban viajar a la India para seguir los pasos del santo jesuita.

El pontífice reinante desarrolló un afán controlador que no cuadraba con el espíritu de Felipe. Pablo IV combinaba la avizorada reforma con el ansia de desmoronar la política hispana, comenzando por expulsar a los españoles de Italia. Aunque debería haber sido el niño mimado del papa, el afán del pontífice por inspeccionarle le inclinaba a quitarse de en medio, quizá yéndose a la India. El cisterciense Vicenzo Ghettini, a quien planteó sus inquietudes, se lo desaconsejó.

El oratorio siguió plasmando la espontaneidad de Felipe. Su obsesión era que el espíritu se mantuviese laical, porque aspiraba a seguir con la labor que había realizado con tan buenos frutos durante años. Los problemas, sin embargo, se amplificaron. Sus seguidores querían convertirse en emprendedores. Entre los iniciales, Teseo Raspa o Enrico Pietra, que ansiaban suscitar asociaciones pías acaudilladas por ellos. Surgieron también denuncias de que anhelaban cargos eclesiásticos. El cardenal Vicario de Roma, Virgilio Rosario, se lo echó en cara en 1559.

Felipe formuló en ocasiones indicaciones incomprensibles. Cuando Clemente VIII concedió a su seguidor, el historiador Baronio, fondos para una publicación, Felipe le ordenó que le entregase esos medios para destinarlos a gastos de la comunidad. Si no lo hacía, lo expulsaría de la congregación. Consultada la ilógica solicitud,

Baronio llegó con la cabeza gacha. Entonces Felipe aclaró con flema que únicamente había probado su sumisión.

En 1574 casi llegó a culminar la fusión con los barnabitas. Los rumbos eran diversos. Los del oratorio apuntaban a una labor individual y personalizada, además de descartar los votos. Ese mismo año se produjo el traslado de San Girolamo a San Giovanni dei Fiorentini, inmueble más amplio y adecuado. Cuando en paralelo los Colonna le ofrecieron un templo, Felipe se lo cedió a los barnabitas. Con este gesto se congraciaba con ellos a la vez que airosamente se deshacía de algo que no podía en ese momento gestionar.

Por obediencia al papa aceptó la iglesia de Santa María in Vallicella. El 15 de julio de 1575 Gregorio XIII ordenó mediante bula la puesta en marcha de la congregación, cuyas reglas se alinearían con los cánones correspondientes emitidos por Trento. Se creaba una congregación semiconventual. La inspiración la habían hallado en las monjas de Tor de' Specchi, comunidad fundada por santa Francisca Romana en 1433. Se trataba de oblatas benedictinas afiliadas al monasterio de Santa Maria Nuova, pero independiente del abad. Algo parecido ponía en marcha ahora Felipe Neri. En paralelo, de la regla de san Benito asumía que cada casa fuese autónoma. De los dominicos aprehendió la elección del superior democrática y por solo tres años. Todo disímil del carácter centralizado de los jesuitas. Se imponía pobreza, pero cada uno podía conservar propiedades, con las que debía contribuir a los gastos de la comunidad. La obediencia era *conditio sine qua non* para la continuidad. Entre las diferencias con otras instituciones se incluía el que tras las comidas se proponían a esgrima verbal dos cuestiones controvertidas, una de moral y otra de la Sagrada Escritura. Cada padre exponía sucintamente su postura y quien dirigía el debate formulaba al final las conclusiones. Posteriormente se optó por deliberar solo de un tema.

La audacia de Felipe se enfrentó a actitudes pacatas de sus discípulos. Cuando recibieron la nueva iglesia comenzaron a analizar cómo restaurarla. Felipe, más intrépido, ordenó derruirla y levantar una nueva. Por eso se la denominó *Chiesa Nuova* (iglesia nueva). Como sucede con casi cualquier fundador, todo pivotaba en torno a él. Decidía de forma omnímoda: por ejemplo, no fundar en Milán a pesar de las solicitudes y de que sus seguidores lo veían conveniente. Incluso Carlos Borromeo le llegó a calificar de despiadado por no permitir esa labor. ¿Qué sucedería cuando no estuviera presente? Lo que acaece, salvo exiguas excepciones: nada.

Constantemente animó a los suyos a ser jacarandosos: «*No pequéis nunca, y estad siempre alegres y felices de corazón*», los animaba.

En otros momentos: «*Un espíritu alborozado alcanza la perfección con mucha más facilidad que uno taciturno*».

De cómo él vivía ese espíritu valga este testimonio de un discípulo: «*La habitación de Felipe no es una habitación, sino el Paraíso*».

Procuró mantenerse como congregación, sin convertirse en orden religiosa. Quería un grupo de sacerdotes seculares ligados solo por una caridad voluntaria. Con el paso del tiempo asumió el principio de que *praetor de minimis non curat* (el jefe no se ocupa de fruslerías), dejando correr comportamientos que para ser sorteados hubiesen demandado gobierno impetuoso. Fue capaz de superar sus manías, llegando a utilizar sin aspavientos vasos o escudillas empleados por otros. Algunos lo abandonaron. Problemas hubo con algún *amargator*; por ejemplo, Paolo Camillo Sfondrato, sobrino de Gregorio XIV, quien intentó ascender aprovechando el parentesco.

Para la redacción de la regla se tomó tiempo. Sería escrita en 1583 de forma experimental. La definitiva llegaría en 1612, cuando Felipe llevaba ya muerto diecisiete años.

Mientras el cuerpo de Felipe esperaba sepultura, el 26 de mayo de 1595, en decreto aprobado por todos los padres se estableció que «*si en el futuro algún miembro de la congregación concibe la idea de introducir el uso de los votos y lo comenta en privado o en público, él y quienes le sigan deben considerarse por este hecho excluidos y marginados de la congregación, y desde ese momento no podrán reivindicar ningún derecho como si nunca hubieran pertenecido a la congregación*». Al igual que los escolapios, Felipe Neri deseó disponer de algunas piezas musicales propias. Contó con la ayuda del compositor Palestrina. Otras organizaciones han imitado esa costumbre como un medio más para generar afectos de unidad. Entre quienes se inspirarían en los oratorios de Felipe

Neri se cuenta Pedro de Bérulle, quien en el siglo XVII promovería el oratorio que lleva su nombre.

Cuando se escriben estas líneas existen más de ochenta comunidades en veinte países, que constituyen la Confederación del Oratorio. Son autónomas, aunque comparten conexiones morales y las constituciones *Christifidelium quorumlibet,* recibidas, como se ha señalado, en febrero de 1612 de Pablo V.

Valga, a modo de conclusión y para definir mejor el carácter de Felipe Neri, una anécdota. Cierto día, cuando estaba en San Girolamo della Carità, cerca de Piazza Navona, el superior bajó a la sala donde los seminaristas se solazaban con las cartas o al billar. Les preguntó qué harían si supieran que iban a morir esa noche. Uno resolló que se confesaría, otro que iría a ver a sus padres... Felipe convino sin aprensión que seguiría con el entretenimiento. Esa imperturbabilidad de conciencia evidencia una extraordinaria firmeza de carácter.

ALGUNAS ENSEÑANZAS

- Solo los superficiales se dejan embaucar por los orígenes
- Las experiencias de juventud siempre influyen
- La agilidad mental suple en parte la falta de formación
- Las promesas económicas no deberían nublar los objetivos vitales
- No se debe avanzar sin reflexión y consulta previas
- La alegría y el buen humor contribuyen a acertar
- Ningún proyecto sale adelante sin superar obstáculos internos y externos, a primera vista infranqueables
- Hay perfiles emprendedores y otros seguidores. No es mejor uno que el otro
- En ocasiones, más que aprovechar retazos antiguos hay que comenzar desde los cimientos
- La envidia es causa de *mobbing*

ESPÍRITU DE RESILIENCIA
AGUSTINOS RECOLETOS (1588)

Muchos fueron los sucesivos superiores que de uno u otro modo recordaban que algo había que hacer para evitar el ambiente señoritingo del que se habían impregnado muchos conventos agustinos. Despuntan Guillermo de Cremona (1326-1342), Agustín Favaroni de Roma (1419-1431) o Gil de Viterbo (1506-1518). Este, a la vez que elogiaba la vida en común con concordia y austeridad estricta, aceptaba el peculio, la perpetuidad en los cargos o la estancia duradera de religiosos fuera del claustro. Resumía sus propuestas: «*No innovamos nada, sino que, atentos al mandato de Dios, nos limitamos a reavivar las leyes de nuestros padres, ya casi totalmente olvidadas entre nosotros*».

Eficaz resultó el esfuerzo de monjes que se han incorporado a la historia como congregaciones observantes o de la observancia. Imploraban que por sus imposiciones primigenias no les fueran agregados religiosos relajados que rebajasen la exigencia. Promovían mayor atención a la vida ascética, con silencio, clausura y reiteradas severidades. El apostolado y el estudio se avistaban como potencialmente arriesgados. Algunos forjaban prerrogativas que pronto mutaban en segregaciones dentro de las comunidades.

En Italia, la más conocida se instaló en el convento de Lecceto en torno al 1387; en Alemania, la de Sajonia, en 1437, de la que procedería Martín Lutero, quien sería responsable de la evaporación de la práctica totalidad de conventos observantes de esa región entre 1520 y 1535. En 1536 solo quedarían los de Erfurt, Dresde, Lagensalza y Waldheim. Los tres primeros caerían en 1539 con el fallecimiento de Juan de Sajonia, su protector. El último al ser expulsados en 1560. Algo equivalente se reproduciría en Turingia al quedar aquellas zonas a merced de Lutero y sus secuaces. La provincia húngara, que llegó a enumerar veinticuatro conventos, se vaporizaría como consecuencia del embate yuxtapuesto de luteranos y turcos.

En 1551 solo se mantenían cinco conventos que no sumaban más de quince religiosos. En 1566 todos habían sido clausurados.

El luteranismo zangoloteó a una institución que no se encontraba en condiciones de responder por la abulia que había ido consintiendo. Una referencia de esa indolencia la personifica el general Gabriel della Volta (1518-1537), quien residía apaciblemente en la capital del Véneto ajeno a aquellos sucesos. Como mostró John P. Kotter en el siglo XX en sus estudios sobre el liderazgo, un desliz a la hora de elegir directivo puede dar por tierra con décadas de dura brega. Con Seripando, (1538-1551), sucesor de della Volta, algo mejoró la situación, impulsados también por Pablo III (1534-1549) y el incansable brío de protagonistas como santo Tomás de Villanueva, provincial (1534-1537) y visitador además de prior en Salamanca, Valladolid y Burgos. Algunos lo califican como arquetipo de santidad agustiniana por su porfía en la preeminencia de la visión sobrenatural, el amor a la vida en común, el estudio y el apostolado.

Tomás de Villanueva contó con el apoyo de otros héroes como Luis de Montoya. Contribuyeron también ermitaños sicilianos de Centorbi y San Adrián, y calabreses de Santa María de Colletero. Dos miembros de la Congregación de Centrobi, el pullés Amborio Staibano y el sevillano Andrés Díez, contribuyeron al surgimiento en 1592 de la Orden de Agustinos Descalzos. Fueron aprobados por Clemente VIII con el breve *Decet Romanum Pontificem* el 22 de diciembre de 1594. Pablo V, con *Sacri Apostolatus ministerio*, de 5 de mayo de 1620, dio el visto bueno a las constituciones promulgadas por el capítulo general de 1609.

Muchos aspiraban a reproducir el estilo de vida fundacional con más oración, más austeridad, más igualdad... Algo semejante a lo que acaecía entre franciscanos, carmelitas y otras órdenes, como se detalla en los respectivos capítulos. Luis de León y Pedro de Rojas acudieron a Felipe II para que los apoyase en la creación de casas de mayor observancia, pues «*en su provincia hay algunos religiosos que desean vivir según el rigor antiguo de sus constituciones, que por dispensación y costumbre están mitigadas, y que no lo hacen por no turbar con su singularidad la paz de los demás y porque no les será permitido; y que lo podrían hacer si en su provincia hubiese algunas casas señaladas para esta vida como en otras órdenes;*

y que en ello se serviría mucho a Dios por el fervor que tendrían los religiosos de más recogimiento; y que por su ejemplo reducirían a los demás a la observancia antigua, que sería materia fácil y eficaz para reformarlos a todos».

El 16 de mayo de 1587 quedó inaugurado el generalato de Gregorio Petrocchini de Montélparo (1537-1612). La elección había sido impulsada por Sixto V. Petrocchini es recibido por Felipe II, quien, a través del confesor real, el dominico Diego de Chaves, le traslada en fechas inmediatamente posteriores que deseaba ver *«en estas provincias y en otras de España casas de Recoletos, así de frailes como de monjas, porque en este artículo ha sido muchos días a su majestad advertido que lo desean muchos religiosos, y así gustaría que el generalísimo lo tratase con hombres de religión y consejo y prudencia y, si pareciese, se pusiese en ejecución».*

La nueva normativa, más estricta, fue desafortunadamente contradicha por su facilidad en conceder exenciones, como permisos para prolongadas estancias en casas ajenas. En otros casos consintió que quienes lo deseasen se construyesen habitáculos especiales. Si bien es cierto que un propósito es una estrella que brilla en el horizonte y que nunca será alcanzado, también lo es que algunos aspectos no pueden ser menospreciados sin que el objetivo sufra. No sin dificultades, la Orden de Agustinos Recoletos acabaría surgiendo en el siglo XVI como rama procedente de la mencionada Orden de San Agustín. Tuvo lugar con ocasión del capítulo de la Provincia de Castilla, celebrado en Toledo en 1588. A petición de algunos se consintió que en determinadas casas se asumiera un régimen de vida parejo al primitivo, surgiendo de forma institucional los Agustinos Recoletos. Los promotores más activos fueron Jerónimo de Guevara (1554-1589), Luis de León (1527-1591) y Pedro de Rojas (+1602).

Se lee, en lo que puede considerarse el acta fundacional de la Recolección: *«Porque hay entre nosotros o, al menos, puede haber, algunos tan amantes de la perfección monástica que desean seguir un plan de vida más austero, cuyo legítimo deseo debemos favorecer para no poner obstáculos al Espíritu Santo, consultado previamente nuestro reverendísimo padre general e implorada su venia, determinamos que en esta nuestra provincia se señalen o se levanten de nueva planta tres o más monasterios de varones y otros tantos de mujeres, en los que se practique una forma de vida más austera, la que, tras madura reflexión, prescriba el padre provincial con su definitorio».*

En ese mismo texto, de 5 de diciembre de 1588, se lee, no sin perplejidad, que en los conventos de agustinos se permitía jugar a las cartas y los títulos honoríficos. El empeño por establecer la Recolección no era mayoritariamente sentido. Para los partidarios de mayor compromiso se regula que la oración ha de impregnar la vida de los recoletos, con una dedicación no inferior a dos horas diarias, tasando las salidas del convento e implantando quietud y paz posibilitadoras de vida contemplativa. Se incluye el deseo de edificar ermitas para abrir la puerta al recogimiento. El periodo de formación fue extendido a un bienio. Al culminar los estudios eclesiásticos serían obligatorios otros doce meses centrados en la contemplación. Se unificó la vida en los conventos, anulando exenciones y privilegios. El número de frailes no rebasaría las dos docenas, «*porque el amor se conserva mejor entre pocos*». Los comienzos fueron andaderos. Los citados Pedro de Rojas y Luis de León eran enteramente favorables. El siguiente responsable, Antonio de Arce (1591-1592), fue también religioso entregado, y aunque no era tan solidario con la observancia, dejó obrar en las tres casas originales. Las complejidades se multiplicaron con el nombramiento al provincialato de Gabriel de Goldáraz, contrario a la descalcez. Juzgaba que ponían en riesgo la salud. Peor aún fueron las cosas con Pedro Manrique como provincial, en 1595. Antiguo paje de Felipe II y futuro obispo de Tortosa y Zaragoza, tuvo etapas de aprecio por la Recolección sucedidas por otras de desconfianza. Puso en el disparadero la creación de una futura provincia específica.

El tiempo trajo movimientos pendulares que irían fluctuando hasta la definitiva creación de la orden. Baste señalar, a modo de ejemplo, la disputa entre Juan de Vera (provincial) y Gregorio de Alarcón (prior de Valladolid) durante el trienio de gobierno de Juan de San Jerónimo (1602-1605). Como consecuencia de desencuentros fruto de personalismos se incorporaron personas de otras órdenes sin discriminación suficiente y se entregaron puestos de responsabilidad dentro de los agustinos recoletos a calzados convencidos de que debían disolver la iniciativa. A pesar de todo, la expansión en el siglo XVII fue portentosa. El exigente estilo de vida convocaba a personas valiosas. Vicencio Blasco de Lanuza (1563-1635), canónigo de la cátedra de Zaragoza, dibujó: «*Sé que ayunan nueve meses en el año, que se disciplinan tres veces en la semana, que tienen dos horas de oración mental cada día, que duermen sobre tablas, que en el vestir son todos iguales, desde el provincial hasta el más pobre lego, que visten sayal, sin camisa de lienzo, que tienen suma pobreza, sin uso de libros sino los del convento, sin cosa de comer en la celda, sin cerradura en ella, sin recibir presentes, aunque sean de sus mismos padres. Ellos se han de dar a la comunidad, que los divide primero a los más necesitados, y a los enfermos se acude con gran regalo y abundancia*».

No desaparecieron las contradicciones internas y externas. Entre las últimas, a comienzos de ese mismo siglo XVII, la oposición de jesuitas, dominicos y franciscanos a la apertura de convento de los agustinos recoletos en Almagro (Ciudad Real). Más grave fue que las constituciones de 1637 abrieran la mano a exenciones y dispensas. A los lectores en ejercicio y quienes hubieran desplegado docencia durante una década se les eximió de la asistencia a la misa conventual y a la liturgia de las horas. Una determinación del capítulo general de 1651, refrendada por los de 1654, 1666 y 1672, dispensó de maitines a religiosos con treinta y seis años de profesión.

Resulta llamativo el afán por zafarse del control del episcopado. He aquí lo que señala el pacto concertado de las órdenes en junta celebrada el 5 de mayo de 1697 en el convento franciscano de Dilaco (Manila): «*Acordamos y determinamos, desde ahora para siempre, que si llegare el caso (de) que algún señor ordinario quisiese visitar en todo o en parte cualquiera de los ministerios y doctrinas que están a nuestro cargo, o cualquier religioso ministro, nuestro súbdito, todos los superiores prelados de dichas nuestras provincias hayan de tener y tengan esa causa por propia y común, celebrando la junta o juntas necesarias para acordar los medios más convenientes para que dicho señor ordinario no llegue a efectuar ni en todo ni en parte la visita que intentare; y si, puestos los medios posibles, sucediere que todavía intenta eficazmente la dicha visita y que de facto está próximo a visitar (...), en dicho caso concertamos desde ahora para cuando llegue, y comprometemos y nos obligamos aquí todos los superiores de dichas nuestras provincias (a) renunciar todos uniformemente ante quien y con derecho puedan todos los ministerios y doctrinas que en dicho tiempo estuvieren administrando».*

El ocaso tremoló a finales del siglo XVII. Los motivos fueron múltiples: jerarquía mediocre, desconcierto ante descubrimientos científicos, crisis económica... Pero sobre todo el deterioro de la vida de piedad. Hacia 1760 muchos desatendían la oración. Los capitulares de 1752 culminaron un proceso comenzado en 1743 y por veintitrés votos contra dos redujeron el tiempo de contemplación en el convento de Manila a media hora en la mañana y media en la tarde. Se apagaban los rescoldos de quienes debían llevar Dios a los hombres y los hombres a Dios. Pronto muchos considerarían que trabajaban más bien para lo que hoy denominaríamos una ONG.

Marchitarse no es labor sencilla. Se ha glosado con ironía que hay gente que no sabe ser vieja. Algunos se dejaron llevar por la jactancia. Mateo de la Encarnación, general de los lectores en Filipinas, informó al vicario general sobre Anselmo de San Agustín: *«A título de lectores no hay quien se averigüe con ellos (...). Es tanto lo que se inflan que no hay quien les aguante, queriendo, a título de lectores, meterse en todo y que los sigan en sus dictámenes y pareceres (...). Es tanta la vanidad y la soberbia de estos, que a todos desprecian y les parece que todo lo saben».*

Entre las sandeces se incluye el anhelo de catalanes y valencianos de considerarse superiores. En 1683 quisieron separarse de la provincia aragonesa. La guerra de sucesión incrementó el despropósito. El catalán José de San Alejo y el valenciano José de los Santos tutelaron el despilfarro de energías. En 1746, Roma pareció concederles su deseo de independizarse de Aragón. Por fin prevaleció el sentido común y el día 30 de septiembre de 1746 se respondió con la fórmula *non est locus dismembrationi*, carece de sentido la separación.

Prescindiendo de miserias personales y colectivas, los frutos de santidad generados son numerosos y ejemplares. Puede mencionarse, entre otros, a los venerables Giovanni Nicolucci di San Guglielmo (1552-1621), Carlo Giacinto di S. Maria (1658-1721); o el más cercano siervo de Dios fray Luigi Maria Chmel (1913-1939).

La fundadora de la rama femenina fue la venerable madre Mariana de San José, que había profesado con diecinueve años, en 1587. Informa en su autobiografía de grandes sufrimientos, con etapas de sequedad y escrúpulos al carecer de un acertado director espiritual. Había nacido en Alba de Tormes (Salamanca) el 5 de agosto de 1568. Quedó huérfana de madre a los diez días. Lideró la fundación del primer convento de agustinas recoletas en Éibar, en 1603. Doce meses más tarde profesó en la nueva forma de vida recoleta. En 1604 fundó otro en Medina del Campo y después en Valladolid (1606), Palencia (1610), y finalmente la Encarnación, en Madrid (1612), donde transcurrieron los veintidós últimos años de su vida. Falleció el 15 de abril de 1638. El 12 de junio de 1644 tres médicos certificaron que su cuerpo se mantenía incorrupto, como sigue en la actualidad.

ALGUNAS ENSEÑANZAS

- **El primero que intenta una innovación no suele lograr el éxito. Es más habitual que lo consigan quienes llegan tras los pioneros**

- **Se puede y se debe en ocasiones trastocar lo accidental, pero sin perder el sentido de la propia vida y de la organización**

- **En un problema suele haber muchos matices. No todo es lo que parece**

- **Los privilegios injustificados generan desazón; con frecuencia, también los razonables**

- **La obra de un manipulador proactivo puede ser más demoledora que la de cien peritos**

- **Un líder como santo Tomás de Villanueva arrastra a los indiferentes. Por supuesto, también a los motivados**

- **Leer sin discriminación y criterio forma perturbados**

- **Orden y contraorden dan como resultado desorden**

- **Respetar la variedad es signo de inteligencia**

- **La uniformidad a cualquier precio es propia de personas sin excesivas luces**

IN SPE CONTRA SPEM
SAN JOSÉ DE CALASANZ (1557-1648)
Y LOS ESCOLAPIOS (1617)

Estatua de san José de Calasanz. Fuente: Shutterstock.

La obsesión por la genealogía es un fenómeno reiterativo. Con alguna excepción, los directamente interesados quedan al margen de ese afán tan poco sobrenatural de aparentar. No falta en ocasiones un complejo de inferioridad. Con José de Calasanz sucedió que varios de sus discípulos se obsesionaron con emparentarlo con las más añejas estirpes del Reino de Aragón. Según algunos, conecta con un linaje de casi seis siglos de antigüedad. Otros cobistas marcan el comienzo en la familia de los Ximeno, primero de tres hermanos Fortuñones, que provendrían de la prosapia de los reyes de Sobrarbe. En su desarrollo como directivo, José de Calasanz dejó pronto de manejar el sello nobiliario que había llevado a Roma. Desde 1599 nunca lo empleó, aunque sí lo conservaba. Hasta el final de sus días no situó el «de» antes de su apellido, salvo en un par de excepciones en los años 1573 y 1577.

La mitología desatinada aparece en fantasmagorías ideadas por sus biógrafos. Bau Prades (1904-1967) rasgueó: «*Miraba con aversión los juegos y las diversiones pueriles; no se le vio ni una sola vez correr o saltar sin recato, ni apesadumbrar con sus gritos, ni incurrir jamás en las travesuras de aquella edad*». ¿Alguien se sentiría estimulado por quien se comporta así en su infancia? Algunos, en fin, tras indicar que estudió en Lérida, Valencia y Alcalá, añadieron con dudosa fiabilidad histórica otras plazas como Salamanca o Perpiñán.

Los tiempos no eran fáciles. ¡¿Cuáles lo han sido?! Se lee en un testimonio de época: «*Los eclesiásticos vivían tan disolutos que no tenían por afrenta tener la amiga en casa con sus hijos*» (Gayá Massot, en *Los jesuitas en la Universidad de Lérida*). Los de la Compañía, por cierto, pusieron sucesivos palos en las ruedas de la nueva orden, sobre todo durante la ancianidad del fundador. José de Calasanz les perdonaría. En carta de 14 de agosto de 1641, cuando atesoraba ochenta y cuatro años, revalidó: «*Conserve V.R. la debida reverencia y servicio a dichos padres, a los que yo desde muchacho he respetado como padres mandados por Dios al mundo para iluminarlo con la doctrina y el ejemplo tan eficaces, como claramente se ve hoy, sobre todo aquellos que recuerdan algo la antigua relajación. Y yo con afecto particular ruego al Señor que aumente el espíritu y el fervor de los pp. de la Compañía para que en este segundo siglo dupliquen el fruto del siglo primero a mayor utilidad y ampliación de la santa fe católica*». En momentos de desahogo había empleado la comparación de que ellos (los escolapios) eran hormigas frente a paquidermos (los jesuitas).

Como testigo de la reforma de agustinos y benedictinos aplicó esos aprendizajes. Experimentó en cabeza ajena que hay situaciones en las que es mejor dar el cerrojazo. Así había sucedido con los canónigos regulares de San Agustín en Cataluña, Rosellón y Cerdeña. Él se esforzó por liderar, no limitándose a ser docente de infantes, sino sobre todo maestro de maestros. Confesaba con sencillez: «*Yo he estado siempre ocupado en muchas cosas y he aprendido a escribir a la perfección (...) para poder enseñar a los nuestros».* Para optimizar en ese punto concreto, tan relevante en la época como es hoy manejar las nuevas tecnologías, solicitó ayuda a Ventura Sarafellini, uno de los mejores calígrafos de Roma.

Entre los precedentes, destaca Pedro Gervás de las Eras, quien en 1581 había manifestado a Felipe II un plan para la erección de escuelas promovidas por religiosos. La idea originaria era la puesta en marcha de un colegio de la Compañía de Jesús en el Pirineo. Con estos barruntos, José Calasanz pondría rumbo a Roma. En parte para medrar. Antes de abandonar España renunció a sus oficios y dignidades de oficial eclesiástico de Tremp, vicario general y visitador; también a la práctica totalidad de sus rentas de propiedades en Ortoneda y Claverol. Salvaguardó una de diecisiete libras y media anual. Se la debía pasar de por vida Jaime Segur. A la muerte del beneficiario, aquella renta se transformaría en obra pía. Ese dinero, que conllevó no escasas contradicciones, le resultó de utilidad para el arranque.

Se cercioró de que en cualquier organización muchos, incluso de escasa valía y jerarquía, pueden decir que no y pocos que sí. Cuando movió hilos para ser nombrado canónigo –objetivo de su traslado a la urbe–, personas de segunda línea pusieron trabas. En ocasiones, y esta es una, hay mucho que agradecer a quienes entorpecen, porque sin desearlo contribuyen a que broten otras expectativas. Sufrió el de Peralta de la Sal el agraz sabor de que le fallaran un par de opciones de canonjía en Urgel, rehusó dos en Teruel y Albarracín por lejanía, no gestionó una posibilidad en Lérida y batalló sin éxito por otra en Barbastro. También germinó la idea de permanecer como teólogo del cardenal Marco Antonio Colonna, pero los intríngulis, el fiasco de las canonjías y el abandono de apoyos familiares se transformarían en plataforma para más nobles designios. Junto al aprendizaje vivencial, ahondó gracias a la observación de otros. Por ejemplo, del sufrimiento del mencionado Jerónimo Gracián, confidente de santa Teresa de Jesús. Como vimos, había caído en desgracia no solo de los calzados, sino también de los descalzos, de cuya orden fue expulsado en 1592. Presente lo tuvo cuando sufrió análoga experiencia.

En las clases que dos o tres miembros de la Doctrina Cristiana impartían en la iglesia de Santa Dorotea, en el Trastévere, saltó la chispa que le inspiraría. Corría el mes de abril o mayo de 1597. El destello originario para las Escuelas Pías surgió con ocasión de su trabajo como visitador de la Cofradía de los Apóstoles, que le desveló la rampante pobreza de muchos pilluelos. Las dificultades no aminoraron. En cuanto supieron del conato del aragonés, los maestros a sueldo del Senado vieron en riesgo sus retribuciones si surgían otros que impartían clase sin emolumentos. Lo mancillaron como santurrón y ansioso de pamplinas. José de Calasanz siguió procurando que los maestros municipales, los jesuitas y los dominicos acogieran de balde a niños menesterosos. Se resistía a poner en marcha algo que los demás frenaban. Sin embargo, y en cierta medida a su pesar, la semilla de santa Dorotea se convertiría en la Congregación de las Escuelas Pías, compuesta por religiosos de votos simples. Veremos el porqué y el cómo. Corría el otoño de 1597.

Las contradicciones cristalizaron en oportunidades. En 1601, tras el fallecimiento de Antonio Brandini, el párroco, la Confraternidad de la Doctrina Cristiana vetó que José de Calasanz fuese elegido presidente. Las circunstancias le forzaban a arrancar con su propio instituto. Su ventaja competitiva diferencial consistía en acoger solamente a los desheredados. La curia romana no sería, tampoco en esta ocasión, ágil. El primer documento oficial llegaría en abril de 1604 emitido por Clemente VIII. Aunque se ha perdido el breve de aprobación, otros papas se remitirán a esa fecha. José de Calasanz contaba con colaboradores voluntarios y retribuidos. La mayoría lo asistían durante un periodo y luego desertaban. De los originarios dieciocho –siete sacerdotes y once seglares– solo persistieron dos, Gaspar Dragonetti y él. Otros acudirán a apuntalar. En el trienio de 1609 a 1611 contaba con treinta y cuatro. Fallecieron tres y abandonaron trece. San José, clara la meta, martilleaba a sus seguidores: *maledictus homo qui facit opus Dei negligenter*, maldito el hombre que haga la obra de Dios de forma negligente.

Al ver que no iba de farol, los refractarios se concordaron. De un lado, la universidad, que aspiraba a mantener el monopolio oficial; de otro, las escuelas municipales, que denunciaban a los escolapios como competencia desleal; y, por último, órdenes que trabajaban con la juventud, por mucho que el encuadre no fuese cabalmente el mismo. Los problemas eran exteriores, pero también internos, porque Pablo V, al recibir la solicitud de aprobación, esgrimió que el canon trece del Concilio IV de Letrán había vedado nuevas órdenes. Remitió la cuestión a la Congregación de Regulares o del Concilio, que acabó dando el visto bueno. Sorprendentemente, algunos seguidores, cuando José de Calasanz abandonó Roma camino de Frascati, redactaron un memorial convirtiéndole en cabeza de turco gimoteando por la excesiva pobreza ¡a la que se habían comprometido!

José de Calasanz buscó delfín. A finales de mayo de 1612 se había incorporado uno que apuntaba maneras, el milanés Glicerio Landriani. El 2 de julio de 1617 vistió de novicio, pero falleció el 15 de febrero de 1618. Se produjo también amago de fusión con los luqueses, iniciativa equivalente comenzada en la ciudad de Luca (Italia). Fue cosa maravillosa que el prefecto (Calasanz) hubiese tenido inspiración de formar una religión, escribiría el padre Alejandro Bernardini. *«Nos dimos cuenta de que él había ido pensando en las mismas cosas que nosotros, había tenido los mismos fines y motivos que nosotros; de donde esta conformidad de pensamiento nos dio una gran esperanza de bien».* A pesar de las expectativas se perfilaron divergencias: los dos años de noviciado, el tipo de votos, quién podría dispensarlos, la obligación de dedicarse gratis a enseñar a los niños a leer, escribir, contar, gramática... a la vez que les estimulaba a rezar, que no se dispusiese de inmuebles sin escuela a excepción de los noviciados y casas de ejercicios, etc. Las rencillas cuajaron en escisión.

Al igual que en otras iniciativas, se insiste en que las constituciones fueron en la práctica dictadas por la Virgen. Es un modo de incrementar la autoestima por un proyecto supuestamente suscitado casi a bocajarro por el Creador. La realidad es que se habría retirado a la ciudad de Narni y valiéndose de las normas de instituciones anteriores combinó las propias. Entre otras, aprovechó la de los jesuitas, la de los clérigos regulares menores, la de los teatinos, la de los capuchinos...

Procuró que el proceso de selección fuese exigente. He aquí llamadas que dirigió a sus seguidores: *«Pida al Señor que nos mande muchas y buenas vocaciones»*, *«es necesario andarse muy cautamente y conocer bien a cada uno antes de incorporarlos»*, *«insisto en que sean muy prudentes en admitir novicios»*, *«es mucho mejor ser pocos y buenos que muchos con líos y relajados»*, *«procure recibir pocos y que sean muy inteligentes, antes que admitir fácilmente gente que no sirva»*. Que no todo se había llevado a cabo de forma adecuada quedaría patente: *«No dé nuestro hábito más que a jóvenes de óptimo ingenio, porque adocenados tenemos más de la cuenta»*.

Algunos eligieron un lema, parafraseando el de los jesuitas, *«todo para mayor provecho de los niños pobres»*. Con el tiempo, se impuso *Ad maius pietatis incrementum*-AMPI, para mayor crecimiento de la piedad. El meollo diferencial quedaba así expresado: *«La educación de los niños en la piedad cristiana y en las ciencias humanas para que así formados puedan alcanzar la vida eterna»*. En otro momento, enunciaba: *«Procure que los alumnos sean devotos, que es lo principal de nuestro instituto»*. Se empeñó en no aplicar la Dirección por Amenazas (DPA), sino por Hábitos (DPH): *«Quisiera que el castigo fuera siempre con tanta piedad y prudencia que los mismos muchachos reconocieran que merecen mucho más (...). Nuestro castigo tiene que hacerse con mucha piedad, pues así lo exige el nombre y la caridad que profesamos»*. Trabajador incansable, José de Calasanz escribió unas doce mil cartas. Le gustaba estar informado exhaustivamente e intervenir en decisiones relevantes. Buen conocedor de sus fieles, ponía a cada uno donde mejor labor pudiese fraguar. Explicitó, por ejemplo, que el p. Casini no debía ser maestro de novicios, sino centrarse en el trato institucional con prelados.

Que san José había logrado un sistema diferencial lo prueba la carta que escribía san Juan Bautista de la Salle al hermano Gabriel Drolin el 11 de febrero de 1705, impeliendo un *benchmarking*: *«Ruégole se informe exactamente sobre lo que hay del Instituto de los Padres de las Escuelas Pías; qué reglas tienen, cómo viven y se gobiernan; si se ha propagado, si tienen general, cuáles son sus poderes; si son todos sacerdotes, si reciben dinero. Averigüe cuanto pueda sobre ese asunto y comuníquemelo con los pormenores»*.

Es frecuente que además de gente que busca inspirarse aparezcan meros plagiadores o sencillamente sanguijuelas y parásitos. En este caso fue Mateo Massimi, quien, presentándose como piadoso sacerdote, se hizo con las constituciones y otros documentos. Se personó luego con otro nombre en el monasterio reformado de San Bernardo alle Terme, como plenipotenciario del cardenal Antonio Barberini, hermano de Urbano VIII. Solicitó cartas de presentación para fundar en Francia. Aprovechó aquellos títulos para ser recibido en conventos cistercienses. Hasta que fue descubierto estafó a muchos, acopiando limosnas para sí. No fue el único en generarle aflicciones. El padre Ottonelli, al ser destituido como procurador general por haber solicitado inopinadamente al papa un visitador, injurió al de Calasanz asegurando que entre otras cosas deseaba fundar un colegio con entradas fijas procedentes de la herencia de un cardenal. O también que el padre general se dejaba someter por el padre Alacchi, un siciliano insolente expulsado del noviciado de los capuchinos por poseso. En algún detalle estaba en lo cierto, pero no era el modo de solicitar cambios. La inspección solicitada se llevó a cabo, pero fue una chapuza por no haberse contado con las personas adecuadas. Otros dentro de la orden –Mario Sozzi, Esteban Cherubini...– actuaron de manera desaprensiva.

En momentos de abatimiento a causa de espeluznantes sucesos que enseguida se bosquejarán, el fundador escribió a Melchor Alacchi: «*Estoy tan confuso y perturbado por las cosas de nuestra pobre religión, que casi no sé dónde estoy. Piense, por tanto, cómo podré resolverle las dudas que V.R. me propone. Ni entiendo siquiera los términos de su cuestión. Más bien debo decirle: 'explícame la parábola'* [en referencia a la cita evangélica]. *No me decido a pensar lo que va a ser de nuestra religión. No puedo alegrarme de lo que ocurre porque no sé adónde irá a parar. Cuanto menos cavilo sobre nuestras cosas, tanto más tranquilo estoy. Y pienso mantener esta actitud de ahora en adelante, mientras dure este influjo nefasto*». Escribió Benedicto XIV, en un alarde de transparencia poco frecuente en la alta dirección: «*Los tribunales de Roma, los consejeros de los papas, los mismos sumos pontífices ponen ciertamente suma diligencia para obrar con verdad y justicia, pero, permitiéndolo Dios, puede suceder (y a veces sucede, de hecho) que, prevaleciendo la malicia de los hombres, se desplome ante ellos la justicia... y pen-*

sando obrar justamente, y por tanto sin culpa, obren, sin embargo, injustamente».

Las Escuelas Pías quedaron dañadas, porque el supervisor –monseñor Albizzi, del Santo Oficio– impuso que se designase un visitador apostólico para la orden y que el padre Mario Sozzi fuera constituido primer asistente general, con el encargo de gobernar junto al visitador. Se prohibió admitir novicios e inaugurar casas; san José quedó suspendido de sus funciones y los cuatro asistentes generales fueron fulminantemente destituidos. Todo sin proceso canónico, sin citarlos a juicio y sin informar de las acusaciones.

Mario Sozzi no quedó satisfecho de que se le adjudicasen asistentes con un presunto idéntico poder que el ostentado por él. Su reclamación recibió el apoyo del jesuita Pietrasanta. Se vino a saber que monseñor Albizzi recibía momios de Sozzi. A decir de los historiadores Berro y Ceyssens, percibía tambíén dinero del rey de España y, por contradictorio que parezca, del de Francia. Según diversos cronistas, la Compañía de Jesús también estuvo implicada en esos pagos. Sozzi, por su parte, se apoyó en Cherubini, acusado de pederastia. Habían sido encubiertos por san José de Calasanz, como ha sido costumbre multisecular hasta tiempos recientes por entender que un superior era como una madre. A pesar de las complejidades, muchos seguían trabajando en servicio de los pobres a quienes formaban, pero en vista de las turbulencias, otros abandonaron.

Los maléficos directivos, tanto en lo moral como en lo técnico, repudiaron al fundador. Escribía el abate Orsi al rey de España, tras una reunión con monseñor Albizzi: *«Respecto a restablecer al padre general en su cargo, incluso con ayudante, no se puede hacer, dado que es un viejo decrépito y demasiado testarudo; ahora su orden está gobernada muy bien por uno de sus padres, al cual han encomendado el cuidado».* Parte del problema brotaba del juicio de quienes consideraban que las Escuelas Pías eran perniciosas por permitir a las clases bajas instruirse en artes y oficios con el riesgo de que aborrecieran trabajos serviles, trastornando el tradicional orden social.

Pablo V aseguró que las obras pías habían tenido a Dios por autor: *Auctore Deo institutae.* Por el contrario, más adelante, Inocencio X –con un nuevo ejemplo de postverdad– afirmó que *«es una orden mal hecha y poco buena*». Siempre hay microhistorias personales que explican los acaecimientos que quedan a la vista. San José de Calasanz escribió que en Roma «*se dice públicamente que todo ha sido una operación de los pp. jesuitas, porque ya hace tiempo que algunos de ellos en diversas provincias han dicho a los nuestros que pronto se destruiría la religión de las Escuelas Pías*». Los jesuitas aseveraron al visitador, con punzante ironía en medio de todo el barullo: «*No hemos de ser acusados de independencia y de no total subordinación al vicario de Cristo, antes bien admirados y alabados por la paciencia tenida durante tres años en que no hemos gozado de ningún efecto bueno de la visita apostólica*».

Sobre el documento condenatorio de Inocencio X se dijo todo menos bonito. Monseñor Ingoli, secretario de *Propaganda Fidei* (Congregación Pontificia para la Evangelización de los Pueblos, fundada en 1622), escribió: «*En otro pontificado podrán servirse de él para tapón de frasco*». El cardenal Fabio Chigi, futuro Alejandro VII, aulló: «*Es un breve hecho con poca consideración; gran carrera han hecho destruyendo sin causa una religión. Pero os prometo que, si me viene a tiro de pelota, la jugaré a favor vuestro*». San José no perdió la esperanza: «*Ha salido el breve que manifiesta claramente la ruina de la religión, pero yo espero que cuanto más la mortifiquen tanto más la exaltará Dios*». La masa no dejaría de arrojar lodo: «*Mira los padres de la des-congregación; mira las escuelas de aluvión* (*Scuole delle Piene*, en vez de *Scuole Pie*); *están excomulgados, desobedientes al sumo pontífice, dan escuela contra la voluntad del papa*».

Al morir el fundador en 1648, con noventa y dos años, las cosas seguían ensortijadas. Solo en 1656 Alejandro VII entregará de nuevo el título de congregación religiosa, con permiso de erigir seminarios. Clemente IX, en 1669 devolvió el rango de orden religiosa. A pesar de los pesares, tal como había predicho el fundador, salieron adelante y siguieron formando a docenas de miles de niños en todo el planeta. Con alta probabilidad las cosas habrían marchado de otra forma en vida de san José de Calasanz si hubiera aplicado los principios que Kotter plasmaría en *Leading Change*: establecer un sentido de urgencia, formar una poderosa coalición como guía, crear una visión, comunicarla, empoderar a otros para que la implementen, planificar y lograr objetivos en el corto plazo, consolidar las mejoras para estimular otras, institucionalizar los resultados. En algunos aspectos, san José fue excelente como directivo. De su bondad y humildad todos se hacían lenguas, pero quizá le faltó la capacidad de, en determinados momentos, dar un puñetazo sobre la mesa para re-enfocar a los disidentes. Por qué no lo hizo entra en arcanos que no es posible dilucidar. Si le hubiera sido posible la lectura de los libros de Enrique Sueiro –*Saber comunicar saber* o *Brújula directiva*– hubiese planteado de otra manera sus decisiones.

ALGUNAS ENSEÑANZAS

- **La obsesión por la genealogía de los fundadores con frecuencia procede de un sublimado complejo de inferioridad**

- **Pretender que los fundadores no han tenido infancias normales contribuye a su descrédito**

- **Ninguna época ha sido fácil en ningún aspecto, tampoco en lo religioso**

- **Los ataques desde el ámbito público y sobre todo desde la competencia son en la práctica inevitables**

- **Perdonar es muestra de excelsa grandeza**

- **Si alguien aspira a ser bueno en algo ha de contar con el asesoramiento de los mejores**

- ***Cum recte vivas, ne cures verba malorum,* o vive con rectitud sin prestar atención a las maledicencias**

- **Aprender de la experiencia ajena ayuda a graduar las personales circunstancias**

- **Los peores enemigos están siempre dentro de la organización**

- **Muchas veces los fundadores no disfrutan del esfuerzo realizado. Asumirlo manifiesta magnanimidad**

LA LÍNEA RECTA NO ES SIEMPRE LA DISTANCIA MÁS CORTA

LA TRAPA (1664)

Armando Juan Le Bouthillier de Rancé, fundador de la Trapa. Retrato de Hyacinthe Rigaud. Fuente: Wikimedia Commons.

Propuestas de reforma se reproducen en la Iglesia y en muchas de sus instituciones. También dentro de la orden cisterciense. Es bien conocido el caso de Joaquín de Fiore (1135-1202), eremita calabrés que llegó a abad de un monasterio cisterciense. Había ingresado en 1159 tras una experiencia mística en el Monte Tabor (Israel). Anunció una tercera revelación y una nueva época, la del espíritu. El capítulo general del Císter lo juzgó como entelequias. En 1188 fue exonerado por el papa de sus obligaciones como abad. Con aprobación de Celestino III, fundó una nueva comunidad monástica en 1196. En el IV Concilio de Letrán (1215-1216) se condenaron sus opiniones en torno a la Trinidad, la Creación o los sacramentos. Su doctrina sería rehabilitada por Honorio III en 1220.

Siglos más tarde, en 1664, Armand Jean Le Bouthiller de Rancé lideró una innovadora mutación del Císter, al que hasta ese momento pertenecía. Nacido en París en 1626, su progenitor tenía predestinado que se incorporase a los Caballeros de Malta. Sin embargo, al fallecer su hermano mayor fue designado para clérigo ya que así disfrutaría de las pingües subvenciones eclesiásticas que heredaría del finado.

Armand, con apenas trece años, había publicado una edición griega de *Anacreonte* ilustrada con notas históricas, mitológicas y gramaticales. A los dieciséis, lo haría con un tratado sobre el alma humana. En la escuela superaba en resultados hasta al mismísimo Bossuet. Una vez sacerdote, no respondió a sus compromisos espirituales, más atento a su propia gloria que a la de Dios. Al fallecer su progenitor incrementó relajo y ostentación. Según confió a un amigo, gastaba las jornadas de forma bipolar, *«la mañana predicando como un ángel, la tarde cazando como un demonio»*.

Ahijado del cardenal Richelieu, aspiraba no a cualquier obispado, sino al de Tans, ocupado por un tío suyo. En esa espera experimentó una profunda conversión. Encontrándose en su castillo de Varet, reflexionó: *«O el Evangelio nos engaña o esta casa es la morada de un condenado»*. El 28 de abril de 1659 entraba en la vivienda señorial de Montbazon como visitante habitual, preocupado por la salud de la duquesa. Tenía treinta y un años. Caviló ante quien más que una discípula había quizá sido un intenso amor platónico. Decidido a escuchar a Dios, se encerró en la abadía de la Trapa (diócesis de Séez, en Normandía), parte precisamente de su encomienda. Impulsado por un oratoriano, obispo de Alet, se comprometió a llevar a cumplimiento su vocación. Renunció a títulos seculares, quedando como abad. De los doscientos monjes que había llegado a albergar, solo quedaban seis y en situación precaria. La Trapa como institución era fundada en el monasterio de ese nombre y asumiéndolo como propio.

Constante presentimiento del Paraíso sería el lema que campearía en la mente de quienes le siguiesen. Desistieron de las dispensas autorizadas por el Vaticano a lo largo de los años y retornaron a la primitiva observancia de la regla de san Benito, sorteando la relajación infiltrada en múltiples monasterios cistercienses. Aunque no faltaron opositores, las casas que anhelaban reforma y las que preferían esquivarla se dividieron. Le siguieron muchos, incluso algunos que habían abandonado el sacerdocio. El claustro debía convertirse en prisión para los pecadores y para quienes no habían tropezado nunca. Se acabaron el pescado, la mantequilla y los huevos. Pernoctarían sobre paja. Diez horas de trabajo al día fue otra de las banderas que a tantos atraía. En 1678 san Inocencio XI aprobó la regla. Les seguirían una docena de monasterios cistercienses.

Animado por Bossuet, publicó el libro *Deberes de la vida monástica*, que inicialmente le enemistó con Mabillón, respetado benedictino. Con el paso del tiempo, como suele suceder cuando se superan desavenencias entre gente de bien, llegaron a ser grandes amigos. El motivo del desencuentro había sido el rechazo de Rancé a toda dedicación intelectual.

Murió en 1700, en plena expansión. La Trapa seguiría creciendo e hizo reflorecer el fervor hasta que la Revolución francesa expatrió a los religiosos. Durante décadas, los trapenses que sobrevivieron a aquellos terribles sucesos desarrollaron tres obediencias. En realidad eran tres congregaciones distintas que interpretaban con matices los reglamentos. Los articulaban, en cualquier caso, la austeridad y la disciplina. Sucedió que un grupo enviado a Canadá atracó para una escala en Inglaterra. Un terrateniente católico, corría el año 1794, los retuvo en sus tierras de Lullworth. Fue la primera comunidad desde la reforma de Enrique VIII que se establecía en Gran Bretaña. Sorprendentes fueron las excelentes relaciones con el excéntrico Napoleón Bonaparte, que suscribió la reapertura de los hospicios de Mont-Cenis y Mont Genèvre.

En 1892 la Santa Sede les propuso unificarse con un capítulo general y un superior general. La organización resultante fue denominada Orden de los Cistercienses de la Estricta Observancia o Trapa. En la primera mitad del siglo XX, docenas de trapenses de la abadía de Nuestra Señora de la Consolación de Yangjiaping, al nordeste de Pekín, fueron martirizados en una marcha extenuante. Treinta y dos fallecieron en el camino y otros fueron fusilados. También morirían mártires, asesinados por islamistas, el padre Christian de Chergé y los demás trapenses de Notre Dame del Atlas, en Argelia. Poco antes, había escrito el prior a quienes habían acudido a expulsarlos: «*En el conflicto que vive el país actualmente nos parece imposible tomar partido. El hecho de ser extranjeros nos lo impide. Nuestra condición de monjes nos vincula a la elección que Dios ha hecho de nosotros, que es la del camino de la oración y la vida sencilla, el trabajo manual, la acogida y el de compartir la vida con todos, sobre todo con los pobres».*

No es factible escribir de la Trapa sin referirse a san Rafael Arnaiz. Nacido en Burgos el 9 de abril de 1911, en 1930 se matriculó en la Escuela Superior de Arquitectura de Madrid. Visitada la Trapa de San Isidro de Dueñas decidió que ese debía ser su destino y a ella se incorporó el 15 de enero de 1934. La diabetes le obligó a dejarla en mayo de ese mismo año, pero regresó en enero de 1936. Nuevas entradas y salidas a causa de la enfermedad culminaron en el retorno en diciembre de 1937 para fallecer el 26 de abril de 1938. Fue canonizado por Benedicto XVI el 11 de octubre de 2009.

Son múltiples las enseñanzas de san Rafael para el liderazgo y el buen gobierno, comenzando por «*lo mejor es el silencio, amar y callar*». Sus escritos exteriorizan una profunda vida mística. Por ejemplo, esta carta de 12 de enero de 1934: «*Queridísimos tíos: dos letras nada más para que esta salga hoy. Nada os tengo que decir. Mis palabras son pocas para expresarlo todo, y lo único que puedo deciros es que yo no he hecho nada, pues Dios Nuestro Señor lo ha hecho todo, absolutamente todo; si vosotros supierais cómo me quiere... y de qué manera me ha sostenido y me sigue sosteniendo..., ni nada le pediríais ni nada le ofreceríais. Todo se reduciría a alabarle sin cesar, a bendecirlo y ensalzarlo y a entonar continuamente un glorioso canto de acción de gracias y de agradecimiento. ¡Señor, Señor, nada os pido porque ya lo tengo todo, que sois Vos...!*».

El 23 de septiembre de 2017, el papa Francisco se dirigía a los participantes en el capítulo general de la Trapa u Orden Cisterciense de la Estricta Observancia: «*Vuestra vida contemplativa se caracteriza por una oración asidua, expresión de vuestro amor por Dios y reflejo de un amor que abraza a toda la humanidad. Siguiendo el ejemplo de san Benito, no antepongáis nada a la 'opus Dei'; os exhorto a dar gran importancia a la meditación de la Palabra de Dios, especialmente a la 'lectio divina', que es fuente de oración y escuela de contemplación. Ser contemplativo requiere un camino fiel y perseverante para llegar a ser hombres y mujeres de oración, cada vez más impregnados por el amor al Señor y transformados en amigos suyos. Se trata de ser, no profesionales –en sentido negativo– sino enamorados de la oración, teniendo en cuenta la fidelidad externa a las prácticas y las normas que la regulan y marcan los momentos no como fin sino como medio para avanzar en la relación personal con Dios. Así os convertís en maestros y testigos que le ofrecen el sacrificio de la alabanza e interceden por las necesidades y la salvación del pueblo. Y al mismo tiempo vuestros monasterios siguen siendo lugares privilegiados donde se puede encontrar la verdadera paz y la felicidad genuina que solo Dios, nuestro refugio seguro, puede donar».*

Se ha dicho que para gobernar hay que escuchar. Para escuchar hay que callar.

ALGUNAS ENSEÑANZAS

- **Un entusiasmado compromiso disminuye el peligro de la rutina**
- **El cambio a mejor forma parte de las necesidades de todo ser humano y de toda organización**
- **La tendencia al acomodamiento reclama continuas llamadas de atención**
- **La verdad y el error están separados por una delgada línea roja que no siempre es evidente**
- **El cambio por el cambio no conduce a ningún sitio. Es imprescindible que haya una causa final —lo primero en la intención, lo último en la consecución— que proporcione sentido**
- **La mejora de las personas llega en ocasiones a través de experiencias traumáticas**
- **Demoler es sencillo; construir reclama inteligencia**
- **La gente de valía suele bandearse con claridad y sinceridad mutuas cuando surgen desencuentros**
- **Las mejores organizaciones generan personalidades excelsas**
- **El silencio enseña más que la charlatanería**

SOBREVIVIR AL ABUSO Y LOS CAMELOS EN TIEMPOS VUCA

PÍO VI (1717-1799) Y PÍO VII (1742-1823)

El Antiguo Régimen fue pudriéndose por la extensión de abusos; el poder absoluto corrompe absolutamente. Un edicto de diciembre de 1770 firmado por Luis XVI afirmaba: «*Todo el poder del Estado viene del rey; él es el único representante de la nación y el que por propia responsabilidad dicta las leyes, las publica y las ejecuta*». Con epidérmicas matizaciones, hubiera podido ser pronunciado por Lenin, Mao, Hitler, Stalin, Fidel Castro, Mussolini, Robespierre, Marat, Danton, Napoleón, Salvador Allende, Hugo Chávez, Evo Morales o Nicolás Maduro sin cambiar una coma.

Desde 1614, los estados generales de Francia no se habían reunido. Las *lettres de cachet* emitidas por el rey o sus validos ponían en solfa el concepto de libertad. La fiscalidad era incrementada por la cúpula de una clase dirigente carente de ética y profesionalidad. La desigualdad era rampante. Nada diferente de lo que vendría con los principios aplicados por la Revolución francesa y más adelante por el tirano corso, pero eso no lo sabían quienes ingenuamente creyeron en los revoltosos primero y en el déspota después. En todo semejante, en fin, a lo que acaecería más adelante con la revolución de 1917, tal como detallo en *¡Camaradas! De Lenin a hoy* (LID). Entre los datos más significativos cabe destacar que en seis meses Lenin y sus esbirros asesinaron a más personas que los zares en ochenta años... En Francia experimentarían a finales del XVIII cifras igualmente espantosas.

La literatura producida por Voltaire, Montesquieu, Rousseau y sus corifeos inoculó un odio visceral contra la religión católica. Al igual que sus sucesores comunistas, acertaban en mucho de lo que denunciaban y erraban en todo lo que proponían. En cualquier terremoto político, la causa próxima se encuentra siempre en el derrumbe de los andamios económicos, provocador de hambrunas que movilizan a todos contra todos. Quien poco tiene que perder se lanza a la calle para sobrevivir a costa de lo que sea, incluido el robo o el asesinato. La transición de una aparente normalidad a situaciones de violento malestar colectivo puede producirse en plazos cortos.

Las conflagraciones alentadas por Luis XIV sumadas a los dispendios obscenos por parte de la corte, multiplicados por las construcciones faraónicas promovidas por Luis XV, incrementaron el gasto hasta niveles que ni siquiera los iniciales y sensatos intentos de Luis XVI pudieron desquitar. La Guerra de Independencia de los norteamericanos acabaría por apuntillar las cuentas francesas, generando una inasumible deuda pública.

Turgot primero y Necker después tantearon afrontar el pago de la deuda mediante un sistema de empréstitos que no funcionó. La asamblea de notables convocada en 1787 fue una pasarela de egoísmos colectivos y codicias personales que ninguna solución forjaron. Turgot y Necker fueron sucedidos por Calonne, quien trató de hacerse con las riendas, que acabaron pasando al arzobispo de Toulouse, Loménie de Brienne (1727-1794), luego cardenal, de infame memoria. Fue depuesto por Pío VI y falleció de apoplejía tras ser rechazado por los revolucionarios a los que había tratado por todos los medios de promocionar, incluso a costa de su fe.

El 24 de enero de 1789 fue convocada la Asamblea Nacional, que debía celebrarse en Versalles el 27 de abril, aunque luego se retrasó hasta el 5 de mayo. Al Tercer Estado (la clase baja) se le concedió doble representación. Muchos no eran lo mejor de la sociedad. Entre otros, el inmoral Mirabeau, permanentemente endeudado; el sacerdote Sièyes, desnortado incrédulo devenido en agitador; o Mauricio de Talleyrand-Périgord (1754-1838), obispo de Autun, más un señorón vivalavirgen que representante de una fe de la que casi todo ignoraba.

El 6 de mayo el Tercer Estado propuso el voto individual y no por estados. Al no ser aceptado en primera instancia, Sièyes, tergiversador populista, valga la redundancia, tronó: «*¿Qué es el Tercer Estado? ¡Nada! ¿Qué debe ser el Tercer Estado? ¡Todo!*».

Estableció que ningún voto sería válido si él y su patulea no aprobaban a cada representante de nobleza y clero. Sedicioso de raza, convertía a él y a sus *trolls* en la única voz autorizada de la nación. ¿Quién hubiera podido explicarle, aunque difícilmente lo habría entendido, que las papeletas en temas relevantes no deberían sumarse sino pesarse?

El 12 de junio, el conde de Mirabeau, asumiendo la representación del mismísimo Creador, declaró quién podría y quién no ser realmente correcto altavoz de Francia. Jean Sylvain Bailly (1736-1793), astrónomo, tajante anticatólico, fue elegido presidente de la caótica peña. Ocho días más tarde, los diputados congregados en el Salón del juego de pelota de Versalles se conjuraron a no desalojar sin que Francia dispusiera de una nueva Constitución. Se convertían así en Asamblea Constituyente. Pronto debutaron los desórdenes, con obsesión por propiedades y personas pertenecientes a la Iglesia, como el asalto al convento de los Paúles, devastado en la noche del 12 al 13 de julio.

Concluida la actividad de la Asamblea Constituyente, arrancó la legislativa en octubre de 1791, con la presencia opresora de Danton, Marat, Robespierre o Desmoulins como cabezas del denominado Cuarto Estado, los más pobres, los descamisados, por más que muchos fueran adinerados a base de arramblar con bienes ajenos en medio del desconcierto. Como luego harían Lenin y otros comunistas en diferentes países y lugares, también por supuesto en España o Italia, la igualdad era para los demás, no para quienes prometían promoverla. Una actitud que George Orwell, no precisamente un reaccionario, parodiaría en *Rebelión en la granja*, con el lema que finalmente chistarían los chanchos que se hacen con el poder: «*Todos los animales somos iguales, pero algunos animales lo son más que otros*».

El 2 de septiembre de 1792, los revolucionarios más exaltados de París, convencidos de que era inminente una contrarrevolución y agitados por personajes como el radical y deleznable Marat, y frustrados por el intento de toma de las Tullerías de agosto, emprendieron una masacre que se centró en presos políticos recluidos en las cárceles, nobles, y particularmente miembros de la Iglesia, culminando con más de mil asesinatos solo en la capital. Era el prólogo.

La Asamblea Legislativa daba paso a finales de septiembre de 1793 a la Convención Nacional que, ante la grave crisis de la revolución, amenazada sobre todo en las fronteras, asumió plenos poderes e inició casi de inmediato un salvajismo de imponentes dimensiones, el denominado Terror, dirigido por un Comité de Salvación Pública, politburó de diez o doce miembros con los elementos más radicales. Entre otros, el campeón del fanatismo, Robespierre, o el sociópata Saint-Just, un joven exaltado a quien, dado su rostro aniñado y de rasgos suaves, se le aplicaría el mote de «el arcángel del terror». «*Castigar a los opresores de la humanidad es clemencia, perdonarlos es barbarie*», proclamaba Robespierre, que en uno de sus incontables rasgos de disparate aceptó la propuesta de sustituir el catolicismo por el culto de la razón y del ser supremo, un adefesio de religión laica.

Más de cuarenta mil tribunales revolucionarios remitían a la guillotina a millares de personas, como en 1936 sus republicanos imitadores en España despacharían a decenas de miles de inocentes a paredones y cunetas. Es fácil poner en marcha las guillotinas, pero es difícil atajarlas. Entre los entretenimientos que se les ocurrieron a las deformadas mentes de los subversivos se encontraba el atar a varios eclesiásticos y lanzarlos al Loira para que falleciesen en agónica lucha por una imposible supervivencia. En la represión de la contrarrevolución de La Vendée, centenares de cadáveres fueron hervidos para extraer grasa y jabón con los que lustrar las botas de la milicia, algo de lo que Saint-Just se enorgullecería y en lo que los nazis se inspiraron. Poco a poco, el Comité de Salvación Pública, dirigido sin enmascaramiento por Robespierre, empezó a purgar a los miembros de la Convención en uno de esos sangrientos procesos de pureza revolucionaria que apuntalan transitoriamente al grupo más fuerte. Como quien a hierro mata a hierro muere, Danton, para entonces convencido del engendro que se había desatado también por su culpa y convertido en casi un moderado, sería guillotinado el 5 de abril de 1794 por los jacobinos. Una vez depuesta la Convención, Robespierre, tras una risible intentona de suicidio fue ejecutado el 27 de julio de ese mismo año. Saint-Just corrió la misma suerte con pleno merecimiento.

Las penalidades para la Iglesia habían sido incitadas años atrás por algunos que deberían haberse mostrado más cuerdos. El 10 de octubre de 1789, el citado Talleyrand, obispo de Autun, había puesto a disposición del Estado los bienes eclesiásticos. La desamortización fue sancionada el 2 de noviembre. Ni sirvió para economizar la deuda nacional ni ayudó a los menesterosos. La expoliación fue aprovechada por ricachones para incrementar caudales. Además, como es frecuente que a cambio del saqueo haya compromiso para mantener al clero desposeído, la deuda pública se multiplicó. Miles de millones fueron dilapidados en esta orgía contra la fe, nódulo intrínseco de la Revolución francesa.

En vez de la prometida libertad se constituyó una Asamblea Nacional eclesiástica que se proclamó reformadora de la Iglesia a la que acababa de despojar de las donaciones de próvidos fieles a lo largo de siglos. Se prohibió que ninguna casa religiosa acogiese menos de quince personas, y se prometían pensiones de por vida, o poco menos, a quienes abandonaron su entrega. Se vetó la incorporación de novicios y, en otro alarde de terquedad sectaria, la existencia de órdenes que no se dedicasen a la enseñanza o a la beneficencia. El superior de los paúles, Cayle, mencionó, a modo de interpretación, la guasona práctica de los indios de la Luisiana, que para acceder a los frutos de un árbol lo arrancaban de raíz.

Establecida la constitución civil del clero, muchos dieron un edificante ejemplo de fidelidad y fortaleza. De los ciento treinta y un obispos franceses solo cuatro prestaron juramento a aquella vergonzante infamia, los mencionados Loménie de Brienne y Talleyrand, además de Savine, prelado de Viviers, y Jarente, el de Orleans. Los demás renunciaron a prerrogativas antes de que su honra y su fe naufragaran frente a aquella oleada de truhanes que prometían libertad mientras repartían baldones.

Pío VI había buscado soluciones contemporizadoras. Acabó por condenar aquella indignidad jurídica denominada constitución civil del clero, suspendió a los juramentados y denunció como impías la ocupación de obispados y parroquias por parte de jayanes. A pesar de esas quejas, la Asamblea impuso la secularización del registro de nacimientos, esponsales y fallecimientos, a la vez que legalizaba el divorcio. En paralelo vilipendio para la ley eclesiástica, los sacerdotes casados quedaron protegidos por decretos de 19 de julio y 17 de septiembre de 1793.

Se adoptó, por mediación de Robespierre, la propuesta del alemán Anacharsis Cloots (1755-1794) de imponer la religión de la razón. Fue representada por una fémina cubierta de un lascivo blanco traslúcido coronada con gorro frigio. Trasladada solemnemente a Notre Dame de París, se la situó en el altar mayor. El culto se originó el 10 de noviembre de 1793. La liturgia de aquella horripilante farsa comprendía bailes sicalípticos y ebriedades. Hasta Danton, que reconoció el monstruo que había contribuido a crear, rezongó. Entre los menos huraños y montaraces se fue imponiendo un deísmo y una teofilantropía de diminuto calado intelectual. El rechazo de muchos eclesiásticos a doblegarse a un chusco juramento de odio a la monarquía, alumbrado el 5 de septiembre de 1797, sirvió de disparadero para la deportación de cientos de sacerdotes. Como no hay mal que por bien no venga, la expulsión llevó a que países como Holanda, Gran Bretaña o España recibieran a católicos que contribuyeron a la extensión de la fe. Este fenómeno se notó sobremanera en el surgimiento de órdenes dedicadas a la enseñanza.

La llegada de Napoleón al poder, tras el golpe de Brumario, probó que la libertad había caído en saco roto tanto en la supuesta república previa como en la autocracia del corso. En enero de 1798, con una fútil excusa, dos decenas de miles de conscriptos franceses dirigidos por Berthier tomaron Roma. Una de las primeras medidas fue instalar en la entrada del castillo de Sant'Angelo una estatua de la libertad profanando la tiara pontificia. Más de cuatro mil libras de plata y setenta de oro fueron robadas de la basílica vaticana. El comisario del directorio, Haller, se apropió tanto del anillo de Pío VI como de otras pertenencias personales. Un expolio en toda regla. El 20 de febrero de 1798 Pío VI fue obligado a salir de Roma, primero hacia Siena y luego hacia Florencia, para trasladarle a uña de caballo a Valence (Francia). Allí moriría la noche del 28 de agosto, con ochenta y tres años. Sus últimas palabras fueron: «*Domine, ignosce illos* (Señor, perdónalos)».

Pío VI había sido hombre audaz en su afán de modernizar la curia y el propio Estado Pontificio, saneando las lagunas pontinas, mejorando los puertos de Anzio y Terracina, financiando obras de arte, creando el museo Pío Clementino, etc. En su debe se cuenta el nepotismo. Para su sobrino Luis hizo construir el palacio Braschi, en Piazza Navona. Napoleón, por su parte, aplicó y amplió la persecución a la Iglesia en los territorios depredados.

Además de a Napoleón, Pío VI tuvo que enfrentarse al emperador José II, que no satisfecho con suprimir setecientos cincuenta monasterios e instituciones religiosas de cuyas propiedades se incautó, se inmiscuyó en la distribución de las parroquias o en la duración de los sermones. El viaje de Pío VI a Viena en 1782 de nada sirvió para controlar el insalubre josefinismo.

El 14 de marzo de 1800, tras la larga etapa de sede vacante y cuatro meses y medio de un cónclave comenzado el 1 de diciembre de 1799, sería elegido Luis Bernabé, hijo del conde de Chiaramonte y de la marquesa Chini, que adoptó el nombre de Pío VII (1800-1823). El cónclave se celebró en el monasterio de San Jorge el Mayor (Venecia), bajo la protección de Francisco II. El 6 de junio se embarcaba rumbo a Roma, donde entró el 3 de julio. Afrontaba graves problemas tanto de deuda como de reorganización de los Estados Pontificios. La cuestión más espinosa era lidiar con el envarado emperador advenedizo que el 9 de febrero de 1801, tras el tratado de Luneville, consecuencia de la victoria francesa en Marengo el 14 de junio de 1800, era ensalzado como supremo dictador de Europa.

Al libertino corso le convenía un concordato con el Vaticano. En su taimado oportunismo consideraba cardinal domeñar Francia con la palanca de un catolicismo domesticado, como en buena medida haría Stalin durante la II Guerra Mundial, auspiciando una Iglesia ortodoxa sumisa y liofilizada. Las negociaciones fueron arduas. Para nada ayudaba el desinterés de Napoleón por la verdad y la lealtad que se manifestó, entre otros momentos, en la sustitución del texto pactado para el concordato el día de su supuesta rúbrica el 14 de julio de 1801. Consalvi, representante vaticano, descubrió la trufa y solo la jornada sucesiva se procedería a la firma de los diecisiete artículos pactados. Entre otras cosas, y como luego sucedería en el concordato con Mussolini, la Iglesia se avino a no reclamar lo esquilmado a cambio de pagos dinerarios puntuales y diferidos. También se redujeron el número de circunscripciones y por tanto de obispados. La negociación sobre los obispos y párrocos juramentados fue compleja. Se lograba en cualquier caso, como se lee en el preámbulo, que el gobierno de la república reconociese que la religión católica, apostólica y romana era la de la gran mayoría del pueblo francés.

El papa cesó a los prelados que no admitieron el concordato, a pesar de las justificadas protestas de quienes habían resistido con heroicidad los embates de los revolucionarios y del represor corso después. Consideró Pío VII que el bien de la Iglesia pasaba por encima de la contradicción de deponer a quienes se habían jugado la vida por ser fieles a Roma. La decisión, como es obvio, fue sumamente compleja y no pacífica ni siquiera en nuestros días, cuando los vientos de las pasiones vivenciales han quedado atrás.

Napoleón siguió con triquiñuelas apalancándose en Talleyrand, tan amoral como tentempié. Incluyó setenta y siete artículos orgánicos en la publicación del concordato. Muchos eran inasumibles por parte de la Iglesia, como la enseñanza en los colegios de los artículos galicanos de 1682. Las reticencias del obispo de Roma a tragar ruedas de molino y la arrogancia indisciplinada de Bonaparte culminaron en el secuestro del papa, a quien se le brindó vivir en Aviñón o en París. Al final fue conducido a una prisión en Savona. Aquel traslado fue terrible por la disentería e infección de orina que padecía. La curia pontificia fue sometida también a expolio por los galos tras tomar Roma en 1808 y Napoleón excomulgado. Infravaloró el documento burlándose de que no por eso se les caerían las armas a sus soldados.

Trasladado a Fontainebleau, el papa fue presionado hasta la indignidad. Pío VII realizó cesiones inapropiadas que enseguida rectificó. Al regresar a la urbe, tras la caída de Napoleón, restableció la Compañía de Jesús el 7 de agosto de 1814. Reorganizó los Estados Pontificios y firmó concordatos con Nápoles, Rusia y Prusia. Moriría el 20 de agosto de 1823 en Roma, tras haber gobernado la Iglesia en una situación kafkiana durante veintitrés años y medio. El cardenal Consalvi, en quien tanto se había apoyado, lo acompañó en sus últimos momentos.

ALGUNAS ENSEÑANZAS

- **Todos los tiempos han sido volátiles, inciertos, complejos y ambiguos**

- **Demoler es fácil; construir, complejo**

- **Quienes más claman libertad tienden a negársela a los demás. Quien dirige la lucha contra un tirano a menudo solo quiere sustituirlo... por él mismo**

- **La limitación de plazos en el gobierno es casi siempre aconsejable. Pocas veces alguien se retira voluntariamente una vez que ha conocido el afrodisíaco del mando**

- **Los populismos, revolucionarios o no, son inmundicias parasitarias y, en el mejor de los escenarios, acaban devorándose unos a otros**

- **Quienes prometen devolver el poder al pueblo de forma inmediata suelen cambiar de opinión cuando se acomodan**

- **El nacionalismo, asilo de tontos, es una quimera que potencia energías irracionales y suele ser empleada con fines espurios**

- **Negociar con quien no está dispuesto a ceder es pérdida de tiempo**

- **Las dificultades mejoran a quienes las asumen como trampolín para el futuro**

- **Las desamortizaciones benefician a burgueses aprovechados**

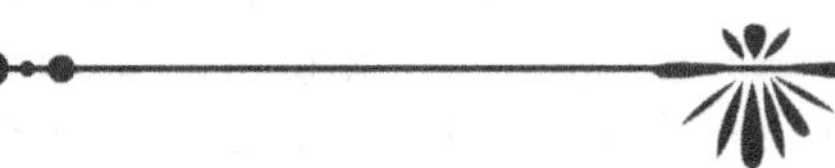

LA MULTIPLICACIÓN DE «SPIN OFFS»
LOS PASIONISTAS (1720)
Y SANTA GEMA GALGANI (1878-1903)

Pablo Francisco Danei Massari, que asumiría el nombre de Pablo de la Cruz, nació el 3 de enero de 1694 en Ovada (Italia). Se marcó como propósito formar parte de la Cruzada contra los turcos, pero tras oportuna reflexión consideró que no era ese su destino. Durante algún tiempo trabajó en el negocio de su padre, hasta que fijó sus metas en otras aspiraciones. El cambio, provocado por un sermón del párroco, tuvo lugar cuando le faltaban meses para cumplir su segunda década de vida.

El viernes 22 de noviembre de 1720 recibió el hábito de ermitaño de manos del obispo, monseñor Gattinara. Comenzó entonces un retiro espiritual en la iglesia de San Carlos, en Castellazzo. A pesar de sucesivos intentos, el romano pontífice no se avino a aprobar las reglas de los Pobres de Jesús, institución que anhelaba fundar. Por fin, en 1725 sí le dieron el visto bueno, siquiera de forma verbal, para que convocase a otros que deseasen llevar ese estilo de vida.

El instituto se interesaba en la contemplación de la pasión de Jesucristo, subrayando el sufrimiento del Señor como único camino a la gloria de la resurrección. Sobre esa cuestión formularía un cuarto voto, además de los habituales de pobreza, castidad y obediencia. Se miraba en los tres discípulos que escoltaron a Jesucristo en el huerto de los Olivos y en Juan a los pies de la Cruz. Su ilusión era asociarse, calar en esos aprendizajes y trasladar esas experiencias a los demás.

En 1741, el papa Benedicto XIV aprobaba formalmente los estatutos. Clemente XIV confirmó la regla en 1769 y entregó a los pasionistas la basílica y el convento de los Santos Juan y Pablo, en Roma. Poco después, en 1775, Pablo Francisco moría a punto de cumplir ochenta y dos años.

El camino fue perfilándose. El primer nombre elegido para su *start up* fue el de los Pobres de Jesús, sin referencia explícita a meditar, predicar o vivir la pasión de Jesús. Tampoco en las primeras reglas se menciona un cuarto voto. Ese añadido iría cobrando solidez más adelante. *«Solo recordar las cosas que pasaron un viernes es para hacerle a uno morir de verdad, si de verdad ama; porque es recordar el día en que mi Dios humanado padeció por mí y perdió su vida, muriendo sobre el duro madero de la cruz. Y sabed también que el principal motivo por que andamos vestidos de negro, según la particular inspiración que Dios me dio, es para guardar luto por la pasión y muerte de Jesús y para que no nos olvidemos nunca de hacer de él memoria y guardarle doloroso recuerdo».*

Su diferencia competitiva frente a otras órdenes o movimientos era meditar sobre el sufrimiento de Jesucristo. Se planteó *contemplata aliis tradere*, contemplar y transmitir a los demás lo avistado, y sobre todo enseñar a divisar ellos mismos la beldad y profundidad de los misterios de Dios, ensanchando su vida espiritual con esa devoción. Una de sus jaculatorias era: *«¡Un Dios atado por mí! ¡Un Dios azotado por mí! ¡Un Dios que muere por mí!».* Proponía la siguiente metáfora: *«Imaginaos que os habéis caído a un río y que, movida a compasión, una persona se tira al río para salvaros. ¿Qué dirías de tanta bondad? Todavía más. Imaginaos que, habiéndoos sacado ya del río, vienen unos asesinos y os asaltan, pero que esta persona, por su gran amor, se mete en medio y recibe los trompicones y las heridas para salvaros. ¿Qué haríais ante tanto amor? Haríais vuestras sus penas por amor y acudiríais enseguida a compadecerla y curar sus heridas. Este es nuestro caso con Jesús».*

Le gustaba recordar con agradecimiento que aquella actitud vital la había aprendido de su madre, quien le repetía: *«Mira, hijo, Jesús sufrió mucho más por ti».*

Confiaba con agradecimiento: *«Si yo me salvo, como espero, se deberá en gran parte a las enseñanzas de mi madre».*

Transcurrió medio siglo en abandono expiatorio, también por magnos dolores físicos, que él definió como el desnudo padecer. Entre sus penalidades se cuentan la pérdida del apetito y un insomnio crónico, males que solo evalúan en toda su notabilidad quienes los han padecido. *«Siguen las tormentas* —resumía su vivencia—, *aumentan las tinieblas, no se desvanecen los temores, asaltan los demonios, azotan los hombres con su lengua. Por dentro, batalla; por fuera, temores y tinieblas, estupidez, tedios, desolaciones, etc. (...). Soy como un pobre náufrago, que, habiéndosele destrozado la barca, está sobre una tabla de la misma barca destrozada y a cada golpe de mar teme ahogarse y se espanta. O como un condenado a la horca, que de un momento a otro está esperando con angustia ser llevado al suplicio».* A pesar de las contradicciones y oscuridades, Pablo de la Cruz nunca perdió el norte. No se desanimaba con los obstáculos. Con otra alegoría clásica, la roca se enluce al ser vapuleada por el mar; si es verdaderamente roca, la tormenta no la quiebra.

San Inocencio Canoura (1887-1934), mártir, asesinado por odio a la fe durante la revolución de Asturias, en plena república, poco antes del comienzo de la guerra de España, precedería en pocos meses a otros veintiséis mártires pasionistas de Daimiel, que por su fe fueron ajusticiados por anarquistas y comunistas. Algo semejante sufriría el beato Eugenio Bossilkov, obispo de Bulgaria, víctima también de los comunistas, que lo fusilaron en la cárcel de Sofía el 11 de noviembre de 1952, tras cuatro meses de torturas.

Lo importante es no usurpar el mensaje nuclear. Lo anticipaba el fundador: «*Recomiendo especialmente a los superiores que florezca cada vez más en la congregación el espíritu de oración, el espíritu de soledad y el espíritu de pobreza: estad seguros de que, si se mantienen esas tres cosas, la congregación lucirá como el sol ante Dios y ante los hombres*». En el afán de diferenciarse, algunos biógrafos han apostrofado al fundador como «*el más grande místico del siglo XVIII*», y uno de los maestros más seguros y expertos en las vías del espíritu. Se ha escrito también de él que no es solamente el santo de la devoción y vivencia de la pasión y muerte de Jesús, sino también el santo de la voluntad de Dios. El dominico padre Arintero aseguraba que su lectura «*nos hace ver la amable y majestuosa figura del santo, el cual, a pesar de ser tan riguroso penitente consigo mismo era para los demás un padre lleno de compasión y un médico piadoso que, con gracia y dulzura, atraía a todos*». Como todo *coach* y emprendedor que se precie, era más exigente consigo mismo que con los demás.

De la idea originaria de san Pablo de la Cruz irían retoñando diversos frutos. El primer instituto de religiosas pasionistas de vida activa surgió en Signa (Italia), gracias al impulso de la marquesa Magdalena Frescobaldi. Comenzaron en la educación de la infancia y juventud marginadas en las periferias de Florencia. Pronto se denominaron Hermanas Pasionistas de San Pablo de la Cruz (1815). Elisabeth Prout (1852), conversa del anglicanismo, promovió un nuevo instituto en Manchester (Gran Bretaña) ayudada por los padres pasionistas Gaudencio Rossi e Ignacio Spencer. Su objetivo fue proveer con educación y hospedaje a muchachas que trabajaban en las fábricas. Se denominaron Hermanas de la Santa Cruz y Pasión de Nuestro Señor Jesucristo.

En la segunda mitad del 1800, surgió en México otra iniciativa, promovida por Dolores Medina y el pasionista italiano padre Diego Alberici. Se intitularon Hijas de la Pasión de Jesucristo y de María Dolorosa. También por aquel entonces, la española Teresa Gallifa Palmarola (1850-1907) fundó las Siervas de la Pasión para arropar madres con carencias económicas o sociales y ayudarlas a sacar adelante a sus hijos.

Gema Galgani, de Jules Ernest Livernois, 1916. Fuente: *Canadian Copyright Collection*.

Las *spin offs* seguirían multiplicándose. Tras la muerte de Gema Galgani (1878-1903), Gemma Eufemia Gianni inició en 1939 el instituto de Hermanas de Santa Gema. Antes de su muerte, el 26 de agosto de 1931, Eufemia había dejado escrito: «*Parece que Jesús quiere, ciertamente, un grupo de almas llenas del espíritu y de las virtudes de santa Gema, que la reconozcan por su fundadora y que, con la característica especial de su espiritualidad, continúen su vida ordinaria, se llamen hermanas y custodien los lugares donde ella nació, vivió y murió. Y que se entreguen a un apostolado semejante al de los apóstoles: hacer conocer y amar a Jesús por medio de la meditación de su pasión*». Fueron aprobadas como instituto diocesano en 1946 y de derecho pontifico en 1982 como una parte más de la familia pasionista.

En 1948, el pasionista padre Gabriel Sillekens promovió en Holanda la Pía Unión de Misioneras Pasionistas de Santa Gema. Magdalena Aulina Saurina, por su parte, creó el Instituto Secular Operarias Parroquiales. Fue adelantada del laicado consagrado. En el escudo, diseñado en 1915, aparecía tanto el Evangelio como una imagen de santa Gema. Sería aprobado como instituto secular en 1962. En 1949, comenzaron en el norte de Italia las Misioneras Seglares de la Pasión por obra de Disma Giannotti y Constante Brovetto.

La evolución también ha afectado al nombre. Denominados los Pobres de Jesús, pasaron a llamarse Congregación de los Clérigos Descalzos de la Santísima Cruz y Pasión de Nuestro Señor Jesucristo. En la actualidad es conocida como Congregación de la Pasión o pasionistas.

ALGUNAS ENSEÑANZAS

- El proyecto es más importante que la marca, aunque un buen *branding* contribuye

- Marca puede definirse como promesa de buen servicio

- Intervenciones aparentemente anodinas pueden suponer cambios de vida para otras personas

- La reflexión suele hallarse en la base de las decisiones más importantes

- Es más cómodo desprestigiar que poner remedio

- Nada nace completo, va completándose

- Las buenas ideas acaban generando *spin offs*

- El *coach* ha de ser exigente, sobre todo consigo mismo

- Contar con personas valiosas no asegura el éxito, pero aleja de un potencial fiasco

- *Disce pati, si vincere voles,* o aprende a sufrir si quieres vencer

LOS ESTORBOS SON MAESTROS DE PACIENCIA

LOS REDENTORISTAS (1732)

Pintura de san Alfonso de Ligorio en la Congregación de los Redendoristas. Fuente: http://www.cssr.com/english Transferido a Wikimedia Commons por sevela.p.

Los orígenes de la familia en la que nace Alfonso de Ligorio se entroncan tanto en Castilla como en Italia, a través de los apellidos paternos y maternos. La prole fue educada desde sus principios por la madre, Ana, que se había formado en un internado franciscano desde los catorce años hasta su boda. Como parte del aprendizaje se fundamenta en la repetición, hizo copiar las oraciones a sus hijos en la cartilla. Años después, Alfonso (1696-1787) seguía empleando aquellas páginas. Con casi noventa años agradecía: «*Si en mi juventud evité muchas cosas malas e hice alguna buena, el mérito es de mi madre*».

Como *coach* fungió Domingo Bonaccia, clérigo calabrés residente en Nápoles. Él pilotó letras y lenguas. Para ciencias y bellas artes contrataron a otros. Al éxito confluyeron el interés del inteligente Alfonso, el *coach* seleccionado y el control. Los progenitores habían optado por evitar que se matriculara en el colegio, donde el ambiente no era el mejor. Sí acudía al oratorio de San Felipe Neri donde consideró solicitar la admisión. De su preparación testimonian sus libros, su pintura e incluso su capacidad de composición musical. Es autor, por ejemplo, del villancico *Tu scendi delle stelle*, que aún se escucha con sumo agrado en cualquier Navidad italiana.

Alfonso María de Ligorio se doctoró en Derecho y ejerció la abogacía antes de ser ordenado sacerdote. Vivió tiempos VUCA en Nápoles. Fue contemporáneo de sucesivas guerras en Europa: la de Sucesión en España (1702-1713), Polonia (1733-35), Austria (1740-48) y Escocia (1745-46). Llegaría la de los Siete Años, entre Francia, Austria y Rusia contra Inglaterra y Prusia. En la última parte del siglo estalló la de la Independencia de EE. UU. frente a Gran Bretaña. En aquellos momentos, en el Reino de Nápoles había ciento cincuenta entre obispos y arzobispos, además de miles de sacerdotes. Como en todo colectivo, sobre todo cuando hay excesivo número de efectivos, la calidad tiende a caer.

Alfonso fue desarrollando su carácter, también con contradicciones. En cierta ocasión en la que su progenitor, José de Ligorio, reprendía con desgarro a un siervo por briznas, Alfonso, ya picapleitos, intercedió: «*Papá, ¡ya está bien!*».

El padre le soltó una bofetada. Él procuró nunca obrar así.

Por lo que hace referencia a su vida profesional, al perder un caso decidió dar por concluida su actividad como leguleyo. Ni siquiera su padre, que tenía bajo sus órdenes a cuatrocientos remeros y más de cien marineros en la Capitanía, modificó su opinión.

La capacidad de trabajo de Alfonso fue proverbial, llegando incluso a formular voto de no perder el tiempo. Le había ayudado el que su ascendiente pautara las actividades del hogar como en un buque. En cierta ocasión, el muchacho se demoró con los naipes con su amigo Baltasar Cito. Su padre le llenó la mesa de estudio con mazos de naipes. Al llegar Alfonso, le increpó: «*¡Ahí tienes tus libros!*».

Nunca volvió a retrasarse.

Desde joven atendió a no amigarse con chisgarabises, tal como le habían sugerido en casa. Años más tarde reseñó que si de joven no se había dejado arrastrar por las pasiones se lo debía a Dios y a su camarada Capecelatro, quien le había propuesto asistir con él a unos ejercicios espirituales en el convento de los paúles. Repetida la experiencia, prometió celibato y renunció a la primogenitura cediéndosela a su hermano Hércules.

En su obra dedicada *La dignidad y santidad sacerdotal* escribió: «*¿Qué ejemplo de moderación pueden dar los sacerdotes que, en vez de llevar traje talar, largo y modesto, lo llevan corto, la cabellera empolvada, los puños meticulosamente planchados, con botones de oro y en el calzado hebillas de plata?*». No en vano Benedicto XIII, como tantos otros pontífices, al poco de llegar al trono papal solicitó comedimiento tanto en el vestido como en el acicalado. Que Alfonso endosase sotana completa no agradó ni a su padre ni a otros. Sin embargo, Muzzio de Maio, quien había llegado a negarle el saludo por ese motivo cuando daba ya las últimas bocanadas, imploró perdón a Alfonso y reconoció que le había ayudado su ejemplo, también por el modo de vestir.

Le encargaron valorar la oportunidad de una sugerencia de sor Celeste Crostarosa. Perteneciente a la Orden de la Visitación, deseaba cambiar el nombre por el de Santísimo Salvador y la regla salesiana por la que ella proponía. Su hábito debía ser sustituido por uno rojo (por la sangre de Cristo) y azul (añoranza del Cielo al que aspiraban). Aseguró a Alfonso que le había sido revelada la conveniencia de fundar una regla para hombres y que el responsable de esa nueva congregación sería él. Alfonso quedó aturdido. Lo comentó con su amigo Juan Mazzini, quien le remachó que él sería el primero en seguirle. Acudió a su director espiritual, el filipense padre Pagano, quien, tras aquilatar con varias personas, le impulsó. Florecieron dictámenes variopintos, porque, como enseña el refranero español, de cada cabeza, una sentencia. Su tío, el canónigo Gizzio Montoya, se opuso frontalmente. Pero el dominico Fiorillo apoyó sin fisuras. Su padre por el contrario lo asió por el cuello para que renunciara a lo que calificó de chaladura. Alfonso, contra viento y marea, prosiguió en su empeño.

Quienes debían apoyarlo desertaron. La Asociación Misionera de Nápoles le repudió. Sor Celeste, que le había inspirado, renunció. Se retiró incluso del convento donde residía, portando una nueva regla según ella recibida en una iluminación. Acabaría fundando un convento en Foggia y allí falleció años más tarde con fama de santidad. En Nápoles, hasta los diocesanos comentaban de Alfonso: «*Puso su confianza en una ilusa, pague su merecido*».

Como señaló el poeta español, el camino se hace al andar. Se arrimaron seguidores. El mencionado Mazzini le sirvió de apoyo durante largos años.

Jenaro Rendina recordaba una de las agudas elucubraciones que le hizo el fundador al poco de conocerlo: «*Si vienes a hacerte santo, adelante; si no...*».

Su padre –¡qué pocos progenitores no lo intentan!– seguía llamando a puertas de contactos ansioso de que el hijo ascendiera, siquiera en el ámbito eclesiástico. Un día, Alfonso le cortó en seco: «*Padre y señor mío; en lo de la mitra para mí, no se le ocurra mover ni un dedo si no quiere darme un gran disgusto. Sepa que, aunque lograra usted para mí el mismo arzobispado de Nápoles, lo renunciaría yo para seguir dedicado a la obra de las misiones a que me llama Jesucristo. Si traicionara yo vocación tan claramente venida de Dios, me sentiría reo de condenación. No me olvido de encomendarle a Jesucristo, le beso los pies, padre, y le pido su bendición*».

Antes de convertirse en Carlos III de España, Carlos de Borbón, entonces rey de Nápoles, quería a Alfonso como arzobispo. Este se negó. Solo convino cuando el papa se lo impuso de forma terminante. La mano derecha de Carlos de Borbón era, por cierto, Bernardo Tanucci, regalista obsesionado por lograr máximo poder para el monarca y que tanto influyó en la disolución de los jesuitas en 1773. Azote para la Compañía de Jesús, también lo fue para los redentoristas. Se negó a inscribir a la congregación en el registro civil e incluso a aprobar algunos de sus libros.

No solo los politicastros eran regalistas; determinados religiosos concurrían a apuntalar esa catatonía organizativa, porque de ahí percibían honorarios. Llegaban a recurrir al rey o a organismos estatales cuando surgían desafíos por temas religiosos o ideológicos con otras instituciones de la Iglesia. Monjas y frailes ansiaban que el rey los defendiese cuando sus superiores legítimos bosquejaban indicaciones que no estaban dispuestos a asumir.

La burocracia se adoba con abalorios gemelos en cualquier lugar del mundo. Alfonso no llegaría a ver la aprobación de los redentoristas. Escribiría: «*Tratar con estos ministros me produce un tedio mortal; me hacen perder el gusto de vivir*». Para la administración napolitana, las cuatro casas fundadas –Ciorani, Deliceto, Pagni y Caposele– debían permanecer independientes. Para Alfonso, por el contrario, dependían en una compacta congregación, la del Santísimo Salvador. Le obligaron a modificar aspectos de los estatutos, incluso el nombre, que pasó a ser del Santísimo Redentor. Fue inscrita para aprobación en la reunión del consejo del 25 de enero de 1749 en el Palacio del Quirinal. Lo sería definitivamente en la siguiente sesión, el 15 de febrero. Benedicto XIV les había concedido la aprobación, pero Tanucci no lo aplicaría en Nápoles. Como he adelantado, la unificación de derecho llegaría tras la muerte del fundador.

El liderazgo ha de ser siempre y en primer término por vía del ejemplo. Así lo vivió Alfonso. Cuando preguntaron a un adúltero si tenía intención de truncar de forma definitiva sus andanzas, respondió: «*¿Podría yo volver a las andadas viendo a ese siervo de Dios flagelarse por mis pecados?*».

Los obstáculos afectan a todos, aunque la somatización no sea idéntica. En el caso de Alfonso se concretó en un endémico catarro de pecho, que con frecuencia le impedía predicar. Un antiguo abad basiliano que se había pasado a la congregación con permiso papal se creyó con capacidad para decidir incluso por encima del fundador, promoviendo una insubordinación con él de motor en la sombra. Alfonso lo expulsó de forma rauda. Otro de los primeros reaccionó con furia ante una reconvención de su superior. Alfonso envió una circular aclarando que quien no estuviera dispuesto a dejarse pisar como la tierra era mejor que dimitiese. Prefería quedarse con dos o tres selectos que con muchos no comprometidos.

El papa Clemente XIII le obligó a aceptar el obispado de Santa Águeda de los Godos. Para otro hubiera sido el culmen de una carrera, para él abría un rosario de calamidades por la dura separación de los suyos a la que se le sometía. Cuando alguien le sugirió que renunciara, esclareció: «*No hay nada que hacer. El papa se expresa en términos impositivos. Solo me queda obedecer*».

Con los jesuitas mantuvo buena relación. No suponían competencia. Estos, por lo demás, pronto serían disueltos. Nunca lo hubiera adivinado Alfonso cuando saludó a Lorenzo Ricci, último prepósito de la Compañía antes de la aniquilación.

De camino hacia su diócesis, pasó por la casa de Pagani. Quisieron los redentoristas retenerlo. Él les indicó que sus obligaciones le impedían holganza. En los sucesivos pueblos de su diócesis se esforzó por saludar a cuantos pudo. Él iba a gobernar almas individuales, no tropeles. A todos impresionó lo sobrio de su equipaje. Pronto vino a conocerse que su cama era un colchón de paja. El primer día ni de eso pudo disponer y se acostó sobre el duro suelo tras una sesión de disciplinas.

Prestó atención preferente al seminario, empezando por el edificio. Diseñó su *balanced scorecard*. En cada centro religioso al que acudía analizaba ocho temas clave:

1. Predicación a todo el pueblo
2. Catequesis a los infantes
3. Celebración de los sacramentos
4. Ejemplaridad de los clérigos, sobre todo de quienes ocupaban posiciones de responsabilidad
5. Comunidades de monjas
6. Lugares de culto
7. Funcionamiento de asociaciones religiosas y hermandades
8. El sacramento de la confirmación

En ocasiones, empleaba un test como prueba del algodón de la calidad de los sacerdotes: ¿Asiste mucho a los enfermos?; ¿Repite el Padrenuestro con los que no saben rezarlo?; ¿Imparte catequesis a los niños?

Adelantaba en muchos años la conceptualización que elaboraron Collins y Porras en el siglo XX a la hora de proponer su *Building Your Company's Vision,* cuando especificaban que únicamente unos pocos valores deben ser centrales. Si se multiplican, se provoca desconcierto. Entre otras cosas porque, como Hamel y Prahalad reseñan en *Competing for the Future,* cuando en una organización todo es importante, al final nada lo es. Demasiados confunden también lo sustancial con lo meramente urgente.

Las auditorías de san Alfonso María no eran mera formalidad, sino que entraba a fondo. A algunos clérigos los enviaba a retiros, y a quienes lo meritaban a la calle, la cárcel o el destierro. Atento a los detalles, si apreciaba una telaraña en una iglesia, el responsable recibía una severa riña. Era partidario de establecer pocas normativas, pero que se aplicaran con rigor. Detallaba que «*es oficio propio del pastor apartar a las ovejas de la mala vida por medio de la corrección, aunque sea a costa de la propia vida*». Su severidad encorajinó a algunos. Un clérigo, al salir de la gayola a donde había sido por él enviado, fue a exigirle daños y perjuicios. Ante su impasibilidad, el convicto espetó: «*Yo seré un indeseable y usted un santo, pero también un burro*».

Cuando le propusieron hacerse con bienes de los disueltos jesuitas, se opuso: «*Nuestra congregación está hecha para el campo y sus aldeanos. Situados nosotros entre prelados, caballeros, damas y cortesanos, ¡adiós a las misiones en los pueblos! Pido a Dios que nos libre de ello*». Aconsejó con tino que se adquiriese humildad, porque «*un poco de orgullo nos puede destruir como destruyó a los jesuitas*».

En pleitos anduvo veinte años, porque los Sarnelli de Ciorani reclamaban un solar y otras posesiones que sus ancestros habían entregado a Alfonso. Tanucci terció. Alfonso adujo: «*Dios es más fuerte que Tanucci y todos*».

Diez meses más tarde, en noviembre de 1776, Tanucci perdió el poder. En ese tiempo, el fiscal había exigido la desaparición de los redentoristas acusándoles de ser jesuitas redivivos. El informe fue remitido a los tribunales ordinarios. El presidente del Supremo, Baltasar Cito, condiscípulo de Alfonso, no se dejó apabullar. El 10 de abril de 1783 se sentenciaba a su favor. Por fiarse de algunos colaboradores, en concreto del padre Bartolomé Corrado, la congregación estuvo a un tris de perder la orientación. Se afirmaba en documento del 1 de marzo de 1780 que debía pleitesía al rey y no al papa, se prescindía de vida en común y pobreza, y el gobierno pasaba a manos de un consejo colegial. Se soslayaba el fin misionero. Siguiendo ese criterio, se transitaría de ser una comunidad permanente de vida a convertirse en grupo unido de forma circunstancial.

El descaminado padre Paola creyó equivocadamente que todo se resolvería forjando por separado dos organizaciones, la de Roma y la de Nápoles. Todo regresó a su cauce tras la muerte de Alfonso, como había profetizado. Pío VI, que lo apreciaba, no supo inicialmente oponerse al regalismo, pero luego autorizó la reunión de las dos ramas bajo el mando de un superior general, el padre Blasucci.

Había escrito Alfonso en su obra *Conformidad con la voluntad de Dios*: «*Entre todas las oraciones, la que más hemos de repetir es: 'hágase tu voluntad, así en la Tierra como en el Cielo'. Y ciertamente llegaremos a muy alta perfección*». Blasucci timoneó con acierto gracias a la intercesión de Nuestra Señora del Perpetuo Socorro, devoción de forma especial confiada a la congregación por Pío IX en 1866.

ALGUNAS ENSEÑANZAS

- Cualquier resquicio es válido para quien no quiere enfrentar un trabajo

- *Divitae curas habent comites*, o las riquezas se amigan con las preocupaciones

- Las turbulencias en las que vivimos nos fortalecen o nos aniquilan. En buena medida de nosotros depende

- Un fanático del regalismo o de cualquier otra camarilla inocula confusiones. Con un sectario es imposible llegar a un acuerdo razonable

- *Dos est magna parentum virtus*, o la virtud de los padres es la mayor dote

- *Dolori cuivis remedium patientia*, o las provisiones de paciencia son lenitivo del sufrimiento

- La puntualidad es demostración de respeto por los demás
- El hábito no hace al monje, pero le viste
- Cuando no se quiere pactar, cualquier excusa es buena para entorpecer
- Para algunos, el éxito justifica cualquier decisión. Es gravemente incorrecto

FEELINGS MANAGEMENT
SAN MARCELINO JOSÉ BENITO CHAMPAGNAT
(1789-1840)

Retrato oficial de Marcelino Champagnat, de M. Ravery, 1840. Fuente: Wikimedia Commons.

Marcelino José Benito Champagnat Chirat (Rosey, 1789-Saint-Chamond 1840), sacerdote francés, fundó la Congregación de los Hermanos Maristas, o más sencillamente, maristas. Su madre y su tía Luisa, religiosa de San José, le enseñaron a leer y escribir. Al colegio no acudió al saber sus padres del escarnio al que un maestro local sometía a los alumnos.

Su primera infancia corrió en paralelo con los desaciertos de la Revolución francesa. Fracasó en su primer intento de incorporación al seminario. Lo logró a la segunda. Vislumbra como esencial cuidar la formación de la juventud. Aristóteles explica en *Ética a Nicómaco* (LID) que quien ansíe cambiar una sociedad ha de comenzar por modificar –ojalá a mejor– el adiestramiento de los infantes. Marcelino se suma a la propuesta de un seminarista, Juan Claudio Courveille, que está poniendo en marcha la Sociedad de Religiosos Maristas. Incorpora su iniciativa de hermanos para la educación cristiana y la alfabetización de críos en zonas rurales.

En julio de 1816 Marcelino es ordenado sacerdote junto a medio centenar más de seminaristas. Ha cumplido veintisiete años. Al día siguiente, 23 de julio, los doce que han firmado la promesa de constituir la Sociedad de María, conducidos por el promotor, padre Courveille, se dirigen al santuario de Nuestra Señora de Fourvière. Courveille celebra la misa y todos se consagran a María comprometiéndose a poner en marcha la Sociedad de María. El 12 de agosto, Champagnat es nombrado vicario parroquial del pueblo de La Valla-en-Gier. El aldabonazo definitivo lo recibe al atender en sus últimos momentos a Jean Bautiste Montagne y conocer que nunca nadie le había hablado de Dios.

El 2 de enero de 1817 nacería con su impulso la congregación de los hermanos en honor de la Virgen. En noviembre del siguiente año, funda una primera escuela en Marlhes. El año sucesivo en La Valla. Desde entonces se multiplican. Champagnat dejará a su muerte cuarenta y ocho escuelas con siete mil alumnos. En esos mismos veintidós años, Champagnat ha convocado trescientos treinta hermanos, de los que casi cincuenta le anteceden en el camino al Cielo. Se le consideraba con justicia co-fundador de los PP. Maristas y fundador de los Hermanos Maristas

Estos son los conmovedores principios: «*En el nombre del Padre y del Hijo y del Espíritu Santo. Todo a la mayor gloria de Dios y en honor de María, Madre de nuestro Señor Jesucristo.*

»*Los infrascritos, deseosos de trabajar por la mayor gloria de Dios y de María, Madre de nuestro Señor Jesucristo, afirmamos y declaramos que tenemos la sincera intención y firme voluntad de consagrarnos, en cuanto se presente oportunidad, a formar la piadosa Congregación de los Maristas. Por eso, con el presente acto que todos firmamos y rubricamos, nos consagramos irrevocable-*

mente, con todo lo que nos pertenece, en cuanto sea posible, a la sociedad de la bienaventurada Virgen María.

»Este compromiso lo contraemos no a la ligera y como niños, ni por motivos humanos o con esperanza de mejora temporal, sino seriamente, después de haberlo pensado y madurado, con la aprobación y los superiores y solo por la gloria de Dios y el honor de María, Madre de nuestro Señor Jesucristo.

»Desde ahora aceptamos todas las penas, trabajos y sufrimientos, y si fuera necesario, todos los tormentos, confiados en la ayuda de nuestro Señor Jesucristo, a quien prometemos fidelidad en el seno de nuestra madre la Santa Iglesia católica y romana».

Les animaba a evitar en el futuro el conocido como *We've Arrived Syndrome* (síndrome de haber logrado ya el objetivo final), trastorno con el que se paralizan muchas *startups*. *«Prometemos entregarnos* –les escribía– *con nuestras personas y bienes, y de todos los modos posibles, a la salvación de las almas con el nombre y bajo los auspicios de la santísima Virgen María; pero sometidos siempre al parecer y determinación de los superiores».*

Documentó un novicio de la primera época que la comunidad aprendió las virtudes del emprendedor Marcelino y que el compromiso colectivo era envidiable. La unión y la paz eran admirables. La implicación era tan profunda que consideraban que contaban con un solo corazón y una sola alma, una de las mejores definiciones de cómo debe funcionar un equipo. En cuanto alguno se abrumaba, los demás lo aliviaban. Las quejas, el hastío o el aburrimiento no encontraban acomodo entre los primeros.

De la época fundacional, resume el mismo testigo: *«¡Qué tiempos aquellos! No los puedo recordar sin que mis ojos se llenen de lágrimas».* Ya en el siglo XX, Janie Daniel Duck resumiría lo pretendido por cualquier organización con corazón y sentido común, como por ejemplo los maristas, evidentemente no mencionada por Duck. Señala en su estudio *Managing Change* que el objetivo de un proyecto debe ser: 1. Crear un contexto organizacional en el que el cambio pueda producirse y 2. gestionar conexiones emocionales para generar transformaciones consistentes.

En 1825 se redactan los estatutos con el objetivo de centrarse en *«una educación cristiana y religiosa»* que consideran el medio más rápido y eficaz para proporcionar a la sociedad buenos ciudadanos y a la Iglesia cristianos fervientes. Como en casi cualquier época, era escasa la atención de las autoridades a esta relevante cuestión más allá del afán de indoctrinamiento político. La insuficiencia de recursos no permitía a muchas familias confiar la educación de sus hijos a los Hermanos de las Escuelas Cristianas a pesar de lo eficaz de su metodología. La dolorosa alternativa parpadeaba entre atrofiar a los churumbeles en la ignorancia o entregarlos a instructores mercenarios, incapaces de formarlos en las virtudes.

Los primeros ensayos de los maristas fueron tan eficaces que los funcionarios dieron su aprobación. Las ilusiones originarias respondían a una cultura. Así la planteaba Marcelino: «*Para acertar plenamente en el noble ministerio de maestro, es preciso estimarlo y tener amor a los niños. Debe dedicarse toda la existencia, la inteligencia, el corazón, todas las actividades, la vida entera a tan noble tarea*». Advierte a sus seguidores para que no se distraigan con caprichos, ni siquiera con fines loables pero ajenos a los objetivos, que les harían perder foco. Todos los afectos y afanes del maestro debían volcarse en atender a los estudiantes. «*Si desempeña su misión como oficio vulgar o por cumplimiento* –clama a sus seguidores–, *si no aprecia sus funciones, si no ama a los niños, si no se entrega del todo a la educación, no hace cosa de provecho*».

Preludiando la costumbre de las tutorías tan en el candelero a mediados del siglo XX, insistía en que la educación no es mera disciplina; no se logra con cursos de urbanidad ni de religión, sino por medio de las relaciones continuas de los alumnos con sus profesores, por medio de avisos particulares, del ascendente moral, de los ánimos, las correcciones... que nacen de adecuadas relaciones ininterrumpidas entre docente y alumnos. «*El maestro que ama puede avisar, aconsejar, reprender; el amor que manifiesta en sus palabras da a estas nueva gracia y mayor fuerza; sus advertencias son recibidas como testimonios de amistad y son seguidas.*

»*Amad a vuestros alumnos: considerad la inocencia que brilla en sus ojos, la sencillez de sus confesiones, la sinceridad de su arrepentimiento, aunque sea poco duradero; la franqueza de sus resoluciones, aunque pronto vuelvan a faltar; la generosidad de sus esfuerzos, aunque pocas veces sean constantes. Poned buena cara; hagan lo que hagan y sean lo que sean, amadlos; es el único modo de trabajar con fruto con ellos».* A pesar de tan altas metas, surgieron obstáculos. Entre otros, tuvieron que despedir a varios por pederastia.

No ignoraba que *«a algunos, los niños les resultan molestos, groseros, ingratos, abarrotados de defectos, revoltosos, y no los pueden aguantar. Son hermanos sin vocación. Si los muchachos fueran perfectos, no necesitarían nuestra dedicación; precisamente porque tienen limitaciones, debemos ocuparnos en su educación».* Escribió a un director que *«los niños pobres en una clase son lo mismo que los enfermos en una familia, fuente de bendiciones y prosperidad cuando se les mira con los ojos de la fe y se les honra como a miembros sufrientes de Jesucristo».*

Marcelino explicitaba que la educación de la juventud no es mero oficio, sino ministerio religioso, un palmario servicio. Educar a un niño –incidía– no es solo enseñarle a leer y escribir; es darle a conocer su destino sublime y proporcionarle los medios, es formar un buen cristiano y virtuoso ciudadano. No le agradaban los hermanos cuya sola presencia espantaba. Debían ser risueños, amables y constantes. Está bien exigir respeto, concluía, pero resulta inviable modelar a un niño si no se le honra. Con la deferencia llega la confianza. Como si encontrase inspiración en las imperativas normas que en el Egipto faraónico se daba a los pedagogos (*Egipto, escuela de directivos*, LID), advirtió a los suyos sobre el riesgo de caer en la lenidad: *«Tolerar que el niño viva indisciplinado, dejarlo estancado en sus defectos y permitirle vivir según sus caprichos no es amarlo. Semejante conducta, especialmente en un educador religioso, es cruel y hiere profundamente el respeto que se debe al niño. No se puede educar a un crío a golpes. Los castigos no orientan el corazón hacia el bien (...). Pruebas y ejercicios repetidos muchas veces, con paciencia, les vuelven dóciles».*

Detallaba que la cultura de una escuela marista es el espíritu de familia, donde reinan sentimientos de respeto, confianza recíproca. Si un hermano se tornaba abrupto, violento y maltrataba a los niños no era apto para la enseñanza, solo valdría para picapedrero o destripaterrones. En su testamento, de 18 de mayo de 1840, dejó esculpido su anhelo de que reinase *«siempre entre los Hermanos de María una obediencia total y perfecta; que los discípulos vean en los superiores la persona de Jesucristo, que les obedezcan de corazón y en espíritu, renunciando, si es necesario, a su voluntad y juicio propios (...).*

»Os ruego también, muy queridos hermanos, con todo el cariño de mi alma y por el que vosotros me tenéis a mí, que viváis de tal modo que la caridad perviva siempre entre vosotros. Amaos unos a otros como Jesucristo os ha amado. Que no haya entre vosotros más que un solo corazón y un mismo espíritu. Ojalá se pueda decir de los hermanitos de María lo que se decía de los primeros cristianos: 'Mirad cómo se aman'».

Marcelino anticipó la relevancia de lo que he venido en denominar *feelings management*, gestión de los sentimientos, que de tanta eficacia se manifiesta para la motivación de personas.

ALGUNAS ENSEÑANZAS

- En situaciones excepcionales hay que tomar medidas que también lo sean

- La política debe servir para beneficio de todos, pero algunos lo convierten en cenagal de intereses personales

- Los problemas de incomprensión empiezan en cuanto alguien abandona su habitación por la mañana, y en ocasiones antes

- Se puede ser cofundador de un proyecto y fundador de otros

- Respetar a los demás no es lo mismo que actuar con lenidad

- Cualquier proyecto implica contradicciones

- El orden y el respeto a la jerarquía son esenciales

- El liderazgo es en buena medida coherencia ética

- Las personas buscan maestros que no traten a los demás como peleles

- La sabiduría parte del aprendizaje mutuo

LA CONVENIENCIA DE PERSPECTIVA
PÍO IX (1846-1878)

Fotografía de Pío IX, 1862. Fuente: Wikimedia Commons.

Tom Peters habría encontrado excelentes ejemplos para su libro *Thriving on Chaos* en los hechos que vamos a analizar. En junio de 1846, cuatro cardenales entraron en el cónclave como papables: Gizzi —con aureola de liberal—, Lambuschini, Bernetti y Micara. Sin embargo, el elegido el 16 de julio fue Giovanni María Mastai-Ferreti, con treinta y cinco de los cincuenta votos posibles. De nada sirvió que unos días más tarde llegase el cardenal Gairsruk, de Milán, con un veto de Austria al recién elegido. Eso sí, la filtración del empacho austriaco incrementó más aún la notoriedad del nominado, Pío IX.

Giovanni María nació en Sinigaglia (Italia) el 13 de mayo de 1792. Su frágil constitución empantanó el que fuera admitido en la guardia noble pontificia y dilató su ordenación hasta la Pascua de 1819. Se estrenó como capellán del asilo conocido como Tata Giovanni y del de San Miguel. Consideró la opción de ingresar en la Compañía de Jesús por influencia del cardenal Carlo Odescalchi (1785-1841), pero su confesor le disuadió. Antes de recibir el capelo cardenalicio, en 1940, había sido auditor y formó parte durante casi dos años (1823-1825) de la legación pontificia en Chile, que incluyó viajes a varias zonas del sur de América. Destacó por su capacidad de gestión y de complacencia, algo que influyó en su investidura, cuatro años más tarde, como arzobispo de Spoleto, reubicado posteriormente al obispado de Imola. En 1840 recibía el capelo cardenalicio.

El nombre de Pío IX lo asumió en reconocimiento a Pío VII, quien también se había desempeñado como obispo de Imola. Su nombramiento fue bien acogido, salvo excepciones puntuales, porque se le consideraba competente y accesible a los nuevos aires liberales, más flexible. Massimo d'Azeglio, en una carta a su hermano, perfila al nuevo papa como «*hombre verdaderamente de corazón, de corazón generoso y elevado, rebosante de afecto; y solo de corazones como el suyo surgen los grandes designios y las grandes resoluciones*».

Se refería a que, siendo arzobispo de Spoleto, había arrojado al fuego un elenco de juramentados en su contra procedentes de las fuerzas de seguridad. Entre otros, habría salvado al prófugo Luis Napoleón. Era favorable a la construcción de ferrocarriles, a las lámparas de gas y a otros avances científicos. Esas y otras particularidades provocaron que no fuera bienquisto para Metternich. El estadista austriaco fió: «*Todo lo había previsto en el mundo, menos un papa liberal*».

Lo exponía de alguien que en 1833 había escrito: «*Odio y abomino hasta la médula de los huesos los pensamientos y las obras de los liberales; pero el fanatismo de los llamados papalinos, que ensalzan indebidamente todo lo relativo al romano pontífice, no me es ciertamente más simpático. El justo medio cristiano, y no el diabólico que hoy está de moda, sería aquella vía que quisiera recorrer con la ayuda del Señor*».

Las iniciales decisiones del pontífice avalaron la información difundida. Proclamó una extensa amnistía el 17 de julio de 1846, consintió libertad de imprenta, permitió el regreso de exiliados políticos no implicados en atentados contra el orden público, se pronunció en favor del progreso e instituyó un consejo de ministros y la consulta de Estado, presidida por un cardenal y formada por veinticuatro consultores, entre ellos liberales moderados. Se multiplicaron los panegíricos y fue adjetivado como *«donador de libertad, resucitador de pueblos, redentor de Italia o papa reformador».* Hasta el maestro Natalucci extendió el himno a Pío IX, que zumbaría en templos y teatros, en tabernas o en bailes de las clases altas. Su fama alcanzó también al proletariado. Su imagen figuró en casi cualquier hogar. Incluso las eternamente tortuosas relaciones Iglesia-Estado parecían funcionar. ¡Hasta Garibaldi, por entonces en América, le ofrendó su tizona! Massimo D'Azeglio y Giuseppe Mazzini alimentaron con sus textos el mito del papa liberal.

Una copla toscana, medio en serio medio en broma, hipaba:

¡Oh Dios, oh Dios!
¡Toda Italia me parece un gallinero;
No se oye gritar sino Pío, Pío.

Recién nombrado secretario de Estado el cardenal Pasquale Gizzi, bastantes vieron la ocasión de incoar aperturas doctrinales, morales o disciplinarias fuera del sentido común, que Pío IX atajó con un escueto *non possumus.* Se repitió entonces lo mismo que ha sucedido otras veces, también en la actualidad: el enaltecido pasa a ser denigrado para los que quieren no una respuesta religiosa, sino una implicación política que nada tiene que ver con la verdadera ocupación de un pontífice. Lamentablemente, la prioridad de la salvación de las almas no ha sido compartida con el mismo celo por todos los papas. En el caso de Pío IX, esa paparrucha derivó en la sospecha de que pudiera ser asesinado por maulas reaccionarios. Se constituyó entonces una guardia popular para protegerlo de agresiones de nobles o conservadores.

En vista del devenir de los acontecimientos, el cardenal Gizzi renunció el 10 de julio de 1847. Fue sustituido por el cardenal Ferretti, primo del papa. En ese complejo entorno, los revolucionarios se obsesionaron por ensalzar al papa como referente frente a Austria y se proclamaron constituciones incompatibles con los intereses transalpinos. La primera fue la de 10 de febrero de aquel año, en Nápoles, impulsada por Fernando II. Siguió la de Leopoldo II en Toscana, el 17 de febrero. Enseguida, el 4 de marzo, la de Caro Alberto, en el Piamonte. No quedó más remedio que replicar la medida en Roma, con la complejidad de que el romano pontífice acogía en la misma persona el poder espiritual y el temporal.

Tras los primeros movimientos militares contra Austria incitados por Piamonte, que aspiraba a incorporar la Lombardía, se instó a Pío IX para que declarara la guerra a Austria. El papa adiestró expresamente a los reclutas: «*Partís únicamente para ir a proteger las fronteras de nuestros estados; guardaos bien de traspasarlas. Id hijos míos, pero, os lo repito: solo a las fronteras; esta es mi voluntad*». El general Durando, comandante de los itálicos, falsificó arteramente esas palabras y testificó nada más llegar a Bolonia que Pío IX había aguijoneado para que la guerra arrancase y «*marchar concordes al extermino de los enemigos de Dios y de Italia*». Como ha señalado la citada Jeanie Daniel Duck, la comunicación es esencial; la palabra deja poso y al final crea realidad. Si no, no se censurarían los libros. Cuando se tergiversa, los frutos pueden ser terribles. Si en un proceso de cambio no se mantiene una política comunicativa correcta, pronto aparecen los bulos y las maledicencias. Enrique Sueiro lo ha explicado con nitidez aplicando al ámbito de la comunicación las enseñanzas de *Patologías en las organizaciones* (LID).

Ante el desconcierto, se rogó al papa que aclarase sus disposiciones. Así lo hizo en una alocución consistorial de 29 de abril. Explícitamente dilucidó que «*si bien algunos desean que también Nos, con los demás pueblos y príncipes de Italia, hagamos la guerra a los austriacos, juzgamos conveniente manifestar claramente, en esta solemne reunión, que esto se aparta en absoluto de nuestros designios, ya que Nos, aunque indignos, hacemos en la Tierra las veces de Aquel que es autor de paz y amante de caridad, y conforme al oficio de nuestro supremo apostolado amamos y abrazamos a todas las gentes, pueblos y naciones con igual intensidad de amor paterno».*

Aquellas palabras soliviantaron a los revolucionarios italianos que ya no podrían escudarse en el supuesto respaldo del papa. Muchos votaron con los pies, transitando sin solución de continuidad de la catarata de entusiasmo a los bramidos de la siempre manipulable caterva:

—¡*Abajo el papa*!

—¡*Viva la república*!

En paralelo, la bautizada Guerra de la Independencia frente a Austria devino una carnicería para los italianos. Ambos contendientes cargaron contra el pontífice. El conde Pellegrino Rossi, nombrado ministro para sustituir al conde Mamiani, lo salvó *in extremis* de ser secuestrado. Dos meses más tarde, el aristócrata lo pagó con su vida.

Asediado Pío IX en el Quirinal, diversos embajadores acudieron como escudos humanos. Aconsejado por unos y otros, en el atardecer del 24 de noviembre huyó disfrazado de presbítero hacia Gaeta, donde fue acogido por Fernando de Nápoles. Numerosos eclesiásticos se desmadraron, imbuidos por ideales sediciosos. Entre otros motivos, porque cuando faltan cimientos sólidos, las modificaciones, aunque sean epidérmicas, acaban generando escépticos cuando no disidentes. Predicó tres días después el padre Gioacchino Ventura desde el púlpito de Santa Andrea della Valle: «*Aunque la Iglesia no marche con los pueblos, no por esto los pueblos dejarán de marchar; sino que marcharán sin la Iglesia, fuera de la Iglesia, contra la Iglesia; esto es todo*». Mientras tanto, en los dos años que permaneció en Gaeta y Nápoles (1846-1848), Pío IX se rodeó de dos excelentes colaboradores, el capuchino Justo de Camerino y monseñor Bizzarri. Los premió con la birreta cardenalicia.

El 9 de febrero de 1849 quedó abolido el poder temporal del papa con una república bajo un triunvirato forjado por Giuseppe Mazzini, Aurelio Saffi y Carlo Armellini. Garibaldi concurrió con copiosos voluntarios lombardos. Precedido por tropas austriacas y francesas, Pío IX retornó a Roma. Era el 12 de abril de 1850. Durante dos décadas más se mantuvo en imparable decaimiento el poder temporal. El cardenal secretario, Giacomo Antonelli, que ostentaría el puesto hasta el 6 de noviembre de 1876, fue incapaz de encontrar, si es que existían, rutas de pacto.

La segunda Guerra de la Independencia, de 1859, fue acaudillada por Camillo de Cavour. Su triunfo no fue completo. Los territorios pontificios fraccionaban en dos la anhelada Italia. El 25 de marzo de 1851 evidenciaba Cavour en el Parlamento que «*sin Roma por capital, Italia no puede constituirse*». Algunos esperaban que, de rebote, la unificación implicase la evaporación del pueblo de Dios. No era solo un territorio, sino la supervivencia de la Iglesia lo que se hallaba en juego. La situación era de profunda inestabilidad. Una de las paradojas del cambio es que la confianza es más difícil de mantener precisamente cuando es más necesaria. Muchos masones italianos no pretendieron un renovado tablero, sino descalabrar al contendiente.

El 11 de septiembre de 1870, Raffaello Cardona traspasó la frontera al mando de cincuenta mil militares. El pontífice apenas pudo alistar trece mil. Se había equivocado cuando el día anterior había soliviantado al enviado piamontés Ponza di San Martino: «*No soy profeta, ni hijo de profeta, pero os digo que no entraréis, y que si entráis no os quedaréis*».

Las bocas de fuego abrieron brecha en Porta Pia y por allí se adentraron los invasores. El 9 de octubre, un real decreto incorporaba a la nueva monarquía italiana tanto Roma como el patrimonio de San Pedro. Lo que en aquel momento fue juzgado como drama, pasadas unas décadas resultaría providencial para la libertad de actuación universal del representante de Cristo.

La Ley de garantías, de 15 de mayo de 1871, aseguraba la independencia del papado a pesar de lo acaecido. Pío IX se negó a asumir las nuevas coordenadas y el 21 de agosto de 1871 se dirigía a Vittorio Emanuele: «*Como quiera que yo no conozco otra Roma que la que pertenece a la Santa Sede y es capital del orbe católico, me parece que la obra de la revolución ha hecho de esta gran ciudad, no la capital de Italia sino la del desorden, la confusión y la impiedad. Todos los días se ejerce opresión sobre los buenos, material y moral: ni se limita a las calles públicas, sino que se la ejerce también en las casas*». Le reproduce con crudo detalle el trato dado a personas sagradas, especialmente a las monjas.

Algunos le aconsejaron que abandonara Roma. Los desatendió al recibir una admonición de san Juan Bosco: «*Que el centinela de Israel esté en su puesto vigilando la fortaleza de Dios y el arca santa*». Para asumir las nuevas reglas tendrían que pasar décadas, mucha agua por debajo de los puentes del Tíber y sucesivos pontífices.

Pío IX se concentró en aspectos estrictamente religiosos, arrancando con la proclamación del dogma de la Inmaculada Concepción el 8 de diciembre de 1854 y la canonización de veintiséis mártires en Japón que, con mensaje escasamente subliminal, puso como ejemplo de cómo apechugar con políticas anticatólicas. Momento central de su pontificado fue el Concilio Vaticano I. En la última sesión, y no sin antagonismos, fue proclamada la infalibilidad. «*Cuando el romano pontífice habla ex cátedra, esto es, cumpliendo el oficio de pastor y doctor de todos los cristianos, en virtud de su suprema autoridad apostólica estableciendo que toda la Iglesia debe creer una doctrina, ya sea en materia de fe, ya de moral, es por sí mismo infalible y, por consiguiente, sus definiciones son irreformables por sí mismas, no ya por el consenso de la Iglesia*».

El pontífice falleció el 7 de febrero de 1878. No faltaron los despiadados que quisieron lanzar sus restos al Tíber mientras eran trasladados a la basílica de San Lorenzo Extramuros. Un mes después lo seguía al más allá Vittorio Emanuele tras recibir los sacramentos. No se entendió hasta años más tarde, con más perspectiva, el afán del papa por defender los derechos territoriales, de igual modo que se valoraron con más acierto las oportunidades abiertas para centrarse en la comisión nuclear de la Iglesia: la salvación de las almas. Ahora sabemos que con las nuevas coordenadas resulta más sencillo asegurar la congruencia de los mensajes, las acciones y las estrategias. Para llegar a ese punto ha sido preciso aderezar por la vía de los hechos a la masa crítica de fieles y surfear en otro entorno al habitual hasta la toma de Roma por las tropas de la balbuceante nueva nación.

El cambio no es siempre incremental —hacer más de lo que se hacía—; en ocasiones no es preciso modificar, sino crear lo que no existía. Esto es lo que, como veremos, promoverá Pío XII al firmar los pactos de Letrán en 1929. Pío IX, en cualquier caso, no desatendió su esencial labor pastoral a pesar de los intrincados laberintos por los que deambuló. Algunos de sus resultados fueron la constitución del patriarcado latino de Jerusalén, la fundación de ciento treinta y tres diócesis, la reconstitución de la jerarquía en Inglaterra y Holanda, o la creación del primer cardenal procedente de Estados Unidos. Promovió colegios nacionales para la formación de seminaristas, el Beda para los británicos (1852), el francés (1853), el norteamericano (1859) o el polaco (1866). Toda su vida manifestó la misma y admirable buena voluntad expresada en los lejanos días de su ordenación sacerdotal: *«Todo mi actuar en Dios, con Dios y por Dios y no quiero separarme ni un ápice de la Voluntad Divina»*. Al menos de lo que él había considerado con su leal hacer y entender aspiración del Sumo Hacedor.

ALGUNAS ENSEÑANZAS

- **El elegido no es siempre quien más bazas tenía originariamente**
- **Es fundamental dar tiempo para juzgar con objetividad. Con frecuencia, ¡lo urgente es esperar!**
- **Una buena persona no siempre cuenta con cualidades de gobierno**
- **Cualquier opción será alabada por unos y criticada por otros**
- **Las mesnadas tornan hacia donde sople el viento**
- **Escapar del pensamiento mayoritario reclama capacidad de reflexión y valentía. A veces heroísmo**
- **No es posible valorar con acierto decisiones sin un profundo esfuerzo por empatizar con los protagonistas**
- **Solo los conscientes de sus limitaciones renuncian al poder**
- **Hasta los supuestamente fieles pueden traicionar por intereses personales**
- **Sucesos que ayer parecieron ominosos quizá hoy se valoran como convenientes**

LAS TRABAS COMO OCASIÓN PARA INGENIAR

SAN ANTONIO MARÍA CLARET (1807-1870)

San Antonio María Claret, Barcelona, 1860. Foto: Pujadas.

La *White Water Revolution* que White, Hodgson y Crainer definieron en *The future Leadership* se encuentra en múltiples aspectos anticipada en la vida de Antonio María Claret, nacido el 23 de diciembre de 1807 en Sallent. El padre, Juan Claret, poseía un taller de tejidos de algodón con el que sacó adelante, junto a su esposa, Josefa Clará, a once hijos; Antonio era el quinto.

El padre había decidido que el vástago se incorporase como aprendiz al taller de su propiedad. Así recordaba el santo ese trabajo: *«Cuando teníamos que corregir a alguno, a mí me daba mucha pena, y sin embargo lo hacía; pero antes observaba si había algo que estuviese bien, y por allí empezaba, haciendo el elogio de aquello, diciendo que estaba muy bien, solo que tenía este y este defecto, que, corregidos, dejarían la labor perfecta (...). Allí aprendí cuánto conviene el tratar a todos con afabilidad y agrado, aun a los más rudos, y cómo es verdad que más buen partido se saca de andar con dulzura que con aspereza y enfado».* Juan Riera, amigo de la familia, fue un valioso *coach* para Antonio.

Nuestro protagonista, conocido como Tonet, escribió: *«Me gustaba mucho guardar silencio, hablaba poco, me agradaba estar solo para no ser estorbado de aquellos pensamientos que tenía; siempre estaba contento, alegre, tenía paz con todos; ni jamás reñí ni tuve pendencias con nadie ni de pequeño ni de mayor».* Desplegó gran destreza, siendo capaz de tejer pieza y media cada semana, cuando lo habitual para un oficial era una. Su habilidad para recomponer e incluso optimizar telares impulsó a su padre a enviarlo a Barcelona para que siguiese formándose. Con dieciocho años cumplidos llegó a esa ciudad española en la que se empezaba a vivir un periodo de esplendor económico por diversas razones, desde las fábricas textiles, las inversiones industriales desde Madrid o los réditos de la agricultura en el interior de las provincias. Antonio viajaba con la idea de mejorar la empresa familiar, pero más allá de ese objetivo acabaría por reinventarse él mismo. Admitido en los talleres Vigatans, descolló por su maña. No satisfecho con su preparación, siguió profundizando, integrándose en las sesiones de dibujo que impartía la Junta de Comercio en la Casa Lonja. Además estudiaba francés, considerado entonces idioma de referencia para los negocios.

Las dificultades, algunas surgidas de improviso, contribuyeron a su forja. En cierta ocasión, una enfurecida ola lo jaló mar adentro. Regresó a la orilla con esfuerzo. Poco más adelante, la mujer de un camarada lo tentaría, sin éxito, hacia el mal camino. Y aun se vio salpicado por el proceso incoado a un muchacho con quien había invertido en la lotería. Su implicación procedía de haber sido depositario de billetes y resultados, y ser robado por un ludópata. Todo contribuyó a que profundizara en la espiritualidad y se distanciase de lo material. Dirigió pronto sus pasos hacia el sacerdocio. Era consciente del principio universal de que desquiciamiento es hacer siempre las mismas cosas y esperar nuevos efectos. Él anhelaba otros resultados y por eso emprendía nuevos senderos.

Concluido el seminario, fue nombrado párroco. Se defendió ante su obispo:

—*Vuestra Señoría ve que soy pequeño. ¿Cómo me respetarán los feligreses?*

—*Déjese usted de esto* —dilucidó el prelado—. *El hombre no es grande ni pequeño por su estatura. La grandeza del hombre se mide aquí* —y señaló la frente.

Sus impaciencias espirituales y misioneras no quedaron aquietadas y solicitó trasladarse a Roma para ponerse al servicio de la

Iglesia como propagandista de la fe. El viaje fue peliagudo, incluida una intentona de hurto. Atravesadas Ausejo, Auleta, Prades, Perpignan y Nimes, navegó desde Marsella a Civitavecchia. Llevaba pan y queso como sustento y dormía en cubierta. Un adinerado británico le ofreció alimento y camarote. Antonio María accedió, pero solo para ponerlo a disposición de unos benedictinos que también pernoctaban al raso. Al trascender, otros viajeros, convertidos en nuevos dotantes, se le aproximaron, encandilados por su munificencia. Resumiría después que «*toda esta aventura me confirmó en la persuasión en que yo estaba, que para edificar y mover a las gentes, el mejor y más eficaz medio es el ejemplo, la pobreza, el desprendimiento, el no comer, la mortificación, la abnegación*».

Deseaba encauzar sus objetivos a través del cardenal responsable de la Congregación de Propaganda Fidei, pero no fue recibido. Tampoco el equipo del prelado lo atendió con digna solvencia. En ocasiones sucede que proyectos de alto valor añadido, una vez consolidados generan una burocracia paralizante, se institucionalizan de tal manera que traicionan el objetivo para el que fueron creados. Cuando se descontrola y crece sin ton ni son, la burocracia corre el riesgo de traicionarse a sí misma convirtiéndose en objetivo y olvidando que es medio.

Un sacerdote jesuita le sugirió que se incorporase a la Compañía de Jesús y fue admitido al noviciado el 2 de noviembre de 1839. El 2 de febrero de 1940 comenzó los ejercicios espirituales. Todo marchaba hasta que un ataque reumático le privó del movimiento en la pierna derecha. Los discípulos de san Ignacio lo exhortaron a que regresase a España.

Fue pergeñando su personal estrategia apostólica, inspirándose en los caracoles depositados en agua fresca para que salgan de la concha y que son caldeados poco a poco para que queden cocidos con el cuerpo fuera. «*Así me portaba con los pecadores de toda clase de vicios y errores, blasfemias e impiedades. En los primeros días presentaba la virtud y la verdad con los colores más vivos y halagüeños, sin decir una palabra contra los vicios y viciosos. De aquí es que al ver que eran tratados con toda indulgencia y benignidad, venían una y más veces, y después se les hablaba con más claridad y todos lo tomaban a bien y se convertían y se confesaban.*

Hallé muchísimos que habían ido a la misión solo por fisgonear; otros por malicia por ver si me podían coger en alguna expresión, y se convertían y confesaban bien».

Buscaba para sí y para los demás la humildad, la mansedumbre, la modestia frente a cualquier actitud fachendosa. Pugnaba por perorar poco, enmudeciendo hasta ser preguntado, teniéndose por el más vil, sujetándose a voluntad ajena. *«El celo es un ardor y vehemencia de amor que necesita ser sabiamente gobernado»*, concluía, inasequible al desaliento. Sus publicaciones comprenden un total de ciento cuarenta y cuatro volúmenes, con ciento veinte títulos y más de veinte mil páginas. Su afán por difundir la doctrina le llevó a promover la *Librería religiosa*. La producción fue portentosa. Solo de 1848 a 1866 imprimió casi tres millones de ejemplares.

En 1845 constituyó la Congregación contra la Blasfemia, funesta usanza extendida en muchos países. Y dos años más tarde, las Hijas del Santísimo e Inmaculado Corazón de María. El 16 de julio de 1849 puso en marcha su obra más conocida, la Congregación de Misioneros Hijos del Inmaculado Corazón de María, que moldeaba cabales avideces incubadas durante una década. Previamente había promovido una agrupación de compañeros a la que se habían incorporado el padre Bach, su director espiritual, y canónigos como Jaime Soler, más tarde obispo de Teruel; Mariano Puigllat, que llegaría a obispo de Lérida; Jaime Passarell; y otros. Con los más implicados puso en marcha la hermandad apostólica Coro de los Nuevos Cofrades del Carmen. De todo iba informando a Luciano Casadeball, obispo de Vic, y al arzobispo de Tarragona, Echánove. Las aprobaciones decisivas las recibiría en 1870. Los inicios fueron informales, con una compartición verbal de medios y fines. Los tiempos no eran propicios. Una ley de julio de 1835 había suprimido, salvo excepciones puntuales, los votos religiosos. La descripción de lo que buscaba habría servido para casi cualquier organización religiosa: *«Un hijo del Inmaculado Corazón de María es un hombre que arde en caridad, que abrasa por donde pasa, que desea eficazmente y procura por todos los medios encender a todo el mundo en el fuego del divino amor. Nada lo detiene, se goza en las privaciones, acepta los trabajos, abraza los sacrificios, se complace en las calumnias y se alegra en los tormentos. No piensa sino en cómo seguirá e imitará a Jesucristo en trabajar, en sufrir, en procurar siempre y únicamente la mayor gloria de Dios y la salvación de las almas».*

Su visión estratégica identificó al padre Fábregas como sucesor. Cuando este le exteriorizó sus vacilaciones, ante la intrépida empresa Antonio María vaticinó:

—*¿Piensa usted que no podremos realizar esta grande obra? Pues bien, usted, precisamente usted, será el que la verá desarrollada.*

En 1890 el p. Fábregas la vería extendida por tres continentes.

Antonio María fue emplazado para obispo de Cuba. Se resistió al nombramiento, pero sin éxito. Se aprestó a redactar las reglas por las que deberían regirse sus seguidores. Pío IX afirmaba de él, el 18 de mayo de 1850, al nombrarle arzobispo de Santiago de Cuba: «*Hemos puesto los ojos en ti, que habiendo seguido perfectísimamente todos los estudios, administraste con feliz éxito la cura de almas en tu patria y después te dedicaste sin reserva a las misiones para la propagación de la fe, y ejercitaste muchas obras de piedad».*

En la isla caribeña no se le ahorraron aprietos en los seis años que permaneció. También por las difíciles condiciones en que afrontó los cuatro viajes pastorales que realizó por el territorio a él confiado. Los frutos fueron enormes: doce mil bodas, cuarenta mil hijos legitimados, dieciocho mil niños instruidos para la primera comunión... Puso particular atención en configurar la formación de los aspirantes al sacerdocio. Muchos acudían al seminario más por supervivencia que para servir a los demás como referentes para encaminarse al Cielo. Lo transformó al bies en el entorno propicio para futuros presbíteros.

El papa había concedido el diezmo a las autoridades españolas, quienes entre otros objetivos debían incluir el de responsabilizarse del decoro del culto y el clero. Acaecía que tras colectar más del 10%, no lo racionaban con justicia. Como conceptualizaría Paul Strebel en *Why Do Employees Resist Change?* lo que los dirigentes peninsulares habían concebido como el mejor modo de actuar era juzgado por los subordinados como disruptivo e intrusivo en sus acomodadas costumbres. Gracias al trabajo del arzobispo con la colaboración del superintendente, conde de Villanueva, fue enderezándose la inicua situación. Paralelamente coordinó que los paúles, escolapios y jesuitas se centrasen en nichos diferenciados. Los primeros se dedicarían a la formación en los seminarios, los segundos a la instrucción primaria de menesterosos, y los terceros a la secundaria superior.

Estableció los cimientos de una biblioteca ampliamente nutrida. Añadió la idea de poner en marcha una casa de caridad, centro de acogida de ancianos sin medios económicos. Algunos se mosquearon sobremanera por la iniciativa y los bretes fueron *in crescendo*. Promovieron el empleo del edificio para otros fines y Antonio María se vio forzado a desistir. Por si fuera poco, en la tarde el 1 de febrero de 1856, al salir de la iglesia de Holguín, un bandolero a sueldo le infirió una penetrante cuchillada en el rostro. Para más inri, Antonio Pérez, el canalla, había sido ayudado por el herido, quien había facilitado que se librara de la cárcel y había proporcionado soporte económico a la familia. Antonio María le perdonó una vez más.

De regreso a España como confesor de la reina Isabel II, recayeron sobre él otros encargos, como la dirección de estudios en el seminario de El Escorial. Fichó entonces a los mejores docentes. Instó a todos a cultivarse, porque *«no se sabe sino lo que se recuerda, y no se recuerda sino lo que se repasa»*.

El 5 de julio de 1866 vendió al platero Víctor Pérez, asentado en la calle de Lope de Vega de Madrid, su cruz arzobispal para ayudar a un pobre. Con todo, no escasearon las calumnias de que ¡vivía con excesivos lujos! No faltó tampoco la presencia del arrechucho nacionalista. Sor Patrocinio (1811-1891), asesora de Isabel II, había escrito sobre su posible nombramiento: *«El señor Claret, a quien también conozco, no hay que decir de su virtud, de su laboriosidad y de todo el conjunto de virtudes apostólicas que lo adornan. Solo encuentro que, siendo catalán, no me parece haría progresos con los castellanos, porque hay entre los dos países una cierta prevención que yo misma he visto y he experimentado, y me he admirado de ello y entre personas muy de Dios y virtuosas, y quizá proporcionase a vuestra majestad disgustos inesperados»*. Gracias a Dios no se prestó oídos al provincianismo.

Entregó Claret su alma el 24 de octubre de 1870 en el monasterio de Fontfroide, diócesis de Carcasona (Francia), donde vivió refugiado tras su exilio de España como consecuencia de la revolución que expulsó de España a la reina Isabel II. En su tumba definitiva en tierra española, en la ciudad de Vic, campea la renombrada expresión del papa Gregorio VII: «*Amé la justicia y aborrecí la iniquidad; por eso muero en el destierro*».

Sobre las dificultades a las que se enfrenta todo gobernante vale la pena releer las palabras que, a modo de confidencia, Benito Pérez Galdós puso en boca de la reina: «*Carecía de gente desinteresada que me guiara y me aconsejara. Los que podían hacerlo no sabían una palabra del arte de gobernar; eran cortesanos que solo conocían la etiqueta. Los que eran ilustrados y diestros en constituciones no me aleccionaban sino en los casos que pudieran serles favorables, dejándome a oscuras si se trataba de algo en que mi buen conocimiento pudiera favorecer al contrario. A veces me parecía estar metida en un laberinto por el cual tenía que andar palpando las paredes. No había luz que me guiara. Si alguno me encendía una candela, venía otro y me la apagaba*».

ALGUNAS ENSEÑANZAS

- El *cursus honorum* ha de comenzar por las posiciones más bajas
- No debería corregirse sin señalar los objetivos que sí se han cumplido
- Gobernar comienza por escuchar
- La formación ha de ser un desafío continuado en el tiempo
- La visión estratégica facilita tomar decisiones sabias
- Cualquier emprendedor, aunque no lo merezca, se verá afectado por decisiones ajenas
- Para diferenciar entre lo accidental y lo esencial es conveniente contar con opinión ajena
- *De re irreparabile ne doleas*, o no hay que dolerse de lo que es irreparable
- Todo el mundo quiere contar con triunfadores
- Solo deberíamos competir con nosotros mismos

SUPERAR OBSTÁCULOS INTERNOS Y EXTERNOS

SANTA MARÍA ROSA MOLAS (1815-1876)

Retrato de Santa M. Molas Rosa, 1870. Fuente: Página web oficial de El Vaticano.

Peters y Waterman habrían hecho bien en incorporar el emprendizaje de María Rosa Molas a su estudio *In search of Excellence*, porque en esas cuatro palabras queda encuadrado el anhelo de esta española universal. El periplo vital de Rosa Francisca María de los Dolores Molas y Vallvé se desarrolla en un periodo complejo de la historia de España. Nació en Reus el 24 de marzo de 1815, un año después por tanto de la victoria sobre los franceses en la Guerra de la Independencia. El Antiguo régimen, al menos como había sido antes de la invasión napoleónica, enfilaba hacia los anaqueles de la historia. Cuando murió el 11 de junio de 1876 se acababa de restaurar la monarquía borbónica. Pero entre esas dos referencias históricas hay de todo. Eran, en fin, tiempos difíciles, inciertos, volátiles y ambiguos en los que no era sencillo conservar el sosiego y arrancar una *start up*. En ese recorrido se sucedieron las guerras carlistas, la desamortización de Mendizábal, dos regencias, las revoluciones del 54 y del 68, y una infausta primera república. Todo ello entre una endémica crisis económica. Aquel lodo se arrastró hasta el siglo siguiente con consecuencias funestas.

Sus padres fueron José Molas, nacido en Barcelona, y María Ballvé, de Reus. Tuvo hermanastros —Antón y María— del primer matrimonio de la madre. Del segundo nacieron José y ella misma. Su progenitora cultivó un hogar cristiano, en el que se armonizan trabajo, fe y moral. Se incorporó a una escuela de señoritas, según costumbre de la época, y luego fue matriculada en la de don Mariano Ríus y Vall-llebrera. A pesar de su deficiente salud, sembrada de afecciones, a los dieciséis años decidió consagrarse *«al Señor y al consuelo y alivio del necesitado»*. Migrañas, gastroenteritis, úlceras en las piernas y una dolencia cardíaca se darán el relevo. A partir de determinada edad precisará de un sofá para reposar; no podía yacer en cama. Nada supondrá una tara insuperable para la realización de su ideal.

Su padre, aun siendo de misa diaria y asiduo de los retiros predicados por discípulos de san Francisco, impugnó la opción vocacional: *«De esto no se hable mientras yo viva»*, sentenció lapidariamente.

Dolores tendrá que demorar una década su disposición. En ese tiempo labora en casa, acude los domingos al hospital para atender enfermos y asigna abundante tiempo a la oración. El 6 de enero de 1841 se traslada al hospital de Reus para integrarse como religiosa de la Caridad. A las veinticuatro horas, y para el resto de sus días, se llamará Rosa María. Dos años más tarde mostraría sus arrestos. El 30 de mayo de 1843, Prim lanzó en Reus proclama contra el general Espartero, rebelándose contra los meses restantes de regencia y pregonando la mayoría de edad de Isabel II. El 11 de junio el general Martín Zurbano toma posición con sus tropas para abatir la asonada. Un enérgico bombardeo llueve sobre la localidad. Tres religiosas, Luisa Estivill, Francisca Freixa y Rosa María Molas atraviesan líneas y reclaman el fin de la conflagración, triunfando en su objetivo.

El proyecto de las religiosas de la Caridad encalló en buena medida por la contumacia de Luisa Estivill. Durante el curso 1838-1839 las Hijas de la Caridad pasaron a denominarse Corporación de

Caridad, Hermandad de Caridad o Corporación de Sor Estivill, que aspiraba a la independencia en la gestión de su exigua grey. El padre Pablo Carbonell quedó como director espiritual del grupo. A esa comunidad, que no reportaba ni a los superiores de Madrid ni al arzobispado de Tarragona, se había incorporado inicialmente María Rosa, que aprovechó para delinear su emprendizaje como responsable de las tres comunidades que llegó a tener Tortosa. Cuando el afán de protagonismo de un directivo es excesivo suele producirse un *brain scape*, una falta de compromiso, o lo que a modo de chanza puede calificarse como un *body scape*, un abandono físico de los subordinados. No debería olvidarse que en todo proyecto debe generarse un compromiso en tres dimensiones: 1. Formal-contractual. 2. Psicológico-de confianza. 3. Social-de reconocimiento de los demás miembros.

María Rosa y las doce hermanas de las tres comunidades de Tortosa, decepcionadas por el fiasco del instituto de caridad acudieron el 14 de marzo de 1857 al vicario capitular y gobernador eclesiástico de la diócesis de esa ciudad para ser admitidas como Hermanas de Nuestra Señora de la Consolación, bajo la autoridad diocesana. El periodo de constitución duró hasta el 14 de noviembre de 1858, cuando reciben la autorización y el nombre: Hermanas de la Consolación.

Se instalaron en el noviciado de la casa de misericordia y las tres primeras tomaron el hábito el 8 de diciembre de 1858. Solo una seguiría adelante. El espíritu de la madre Molas lo interiorizó sor Mercedes Arenós: «*Me recomendaba que las hermanas novicias hallaran en mí una verdadera madre, que tuviera igual aprecio a todas, las tratase con mucha caridad y corrigiese con prudencia y las vigilase mucho; en todo era una verdadera madre*».

No faltó la contradicción. Un hermano de María Rosa fue encarcelado después de ser encausado por equívocas pautas mercantiles. A partir de ahí se sucedieron los chismes entre los conocedores del parentesco. Para encargarse del colegio de Tortosa tuvo que ampliar estudios, empresa que comienza con treinta y siete años. Recibió la calificación de notable, pero gracias a su esfuerzo, no a una inteligencia inusual. Su verdadero máster, el de la vida, lo culminó con matrícula de honor sirviendo a los necesitados. A pesar de los datos objetivos se multiplicarían los panegíricos: «*entendimiento clarísimo*», «*talento y madurez de juicio*», «*talento aventajado y grandes dotes de gobierno*». O también, «*sabia, de mucho talento, parecía otra santa Teresa*». Destacaba, esto sí, en su intuición y sentido práctico al sistematizar los turnos para la limpieza del vestuario, pues muchos críos y ancianos solo disponían de una muda. O cuando durante un bombardeo de Tortosa ligó a los expósitos con una cuerda para que en el traslado ninguno se despistara en la penumbra. Es proactiva, no deja para el día sucesivo lo que pueda ser rematado ahora. Junto a eso, la bravura. Cuando intentaron clausurar su escuela de Tortosa logró que el Ayuntamiento no aplicase las órdenes.

Durante ese periodo se tomaron muchas medidas por motivaciones anticatólicas, amparadas en una supuesta justicia social, que acabaron en descalabro. Las desamortizaciones de Mendizábal (1836) y la de Espartero (1841) no ayudaron a los menesterosos, como teóricamente se pretendía, sino que propiciaron la especulación de la incipiente burguesía. Y, en paralelo, el Estado se apropió de muchos edificios alzados con las dádivas de generaciones de creyentes.

La situación económica en España era peliaguda y por ende también en la región catalana. Desde el final de la Guerra de la Independencia hasta 1842 se sucedieron hambrunas. Durante un quinquenio, y hasta la crisis de 1847, se amortiguaron las perturbaciones. Desde 1850 se columbraron mejoras, pero colapsaron con la desamortización de Madoz (1855) y por los trances de 1866, antecedentes de la crisis política de 1868. A partir de ese año todo hiede como consecuencia de la revolución adjetivada como gloriosa o septembrina, por haber tenido lugar en el noveno mes. Fue visceralmente antirreligiosa, en una constante revuelta que con altibajos proseguirá hasta desembocar salvajemente en 1936. A pesar de los pesares, desde entonces y hasta la primera república constituyó María Rosa cuatro colegios en Vinaroz, Tortosa, Castellón y Roquetas. El 31 de octubre de 1869 formularon por vez primera los votos perpetuos.

María Rosa amaba España. Comportarse así forma parte de la virtud de la piedad. «*Con opción de que el próximo año sea con la más perfecta paz y unión de los españoles* –escribe– (ya) *que en la actualidad destroza el corazón tantas discordias y destrucción de la patria».* Se esforzó por controlarse desenvolviéndose con bondadosa amabilidad. Eludía referencias a sus piernas ulceradas y se centraba en las necesidades ajenas. *«Yo viví dos años en compañía de mi amada Madre»,* escribió sor Soledad Torrent. *«Era simpática y cariñosa con todos, y de las hermanas tenía cuidado como de la pupila de sus ojos. Todos se marchaban de su compañía contentos y alegres por el atractivo con que ganaba sus corazones».*

Atendía a las minucias, clamando si era el caso contra el incumplimiento de contratos por parte de las municipalidades. *«En vista de la abnegación que durante un año vienen dando pruebas esas buenas hermanas –aclaró– hallándose privadas de lo necesario, en una casa regularmente arreglada, y, más aún, faltándose a lo estipulado por esa corporación, me veo en el sensible caso (de avisar) que si no se cumple lo convenido sobre este particular de modo muy decente, no solo las hermanas no se incorporarán al nuevo establecimiento, sino que, creyéndome fuera de compromiso, según el mismo convenido, me sería inevitable retirarlas de esa villa».* En paralelo felicitaba a las suyas y trasladaba mensajes henchidos de ilusión. Encabezó pronto la expansión, desplazando dos a Castellón para que logren el título de maestras. Sus seguidoras no debían de ser tontilocas. Fue consciente de que se le abrían dos alternativas: ilusión colectiva e iniciativas concretas, o una inexorable condena a la irrelevancia y probable desintegración.

Prescribió casas sencillas, limpias y ventiladas, en comunidad de bienes, con hermanas frugales. Un sacerdote que colaboró con el proyecto resumió con tonos de glorificación que *«apenas se podrían señalar entre las virtudes que practicaba cuál era la más saliente fuera de la caridad, pues todas competían a prestar encanto a sus acciones: la humildad y la paciencia, la mansedumbre y la obediencia, la generosidad y fortaleza, la discreción y pureza, el silencio y recogimiento, el temor y amor divinos; ¿qué más?, mortificación y penitencia y cuanto embellece a un alma justa».*

ALGUNAS ENSEÑANZAS

- No siempre coinciden los planes personales con los de quienes nos aprecian

- Es preciso cerrar ventanas para abrir nuevas puertas

- La valentía espiritual se manifiesta también en lo más tangible

- La terquedad embota

- Las intolerancias gremiales no hacen bien a nadie

- Cuando se desamortiza, se roba a alguien; los beneficiados no son los menesterosos, sino quienes adoptaron las medidas o sus compinches

- El dolor físico, cuando se asume, forja personalidades fornidas

- Gobernar no es hacer lagrimear

- La forma en que las cosas se ejecutan forma parte del fondo

- Mantener la ilusión en los equipos obtiene lo mejor de las personas

FORMAR A LAS GENERACIONES FUTURAS CON AFECTO Y EXIGENCIA

SAN JUAN BOSCO (1815-1888)

San Juan Bosco, de Carlo Felice Deasti, 1887. Fuente: Parroquia Nuestra Señora Auxiliadora.

Parafraseando al escritor William Somerset Maughan (1874-1965), puede afirmarse que hay tres reglas clave para que una *start up* tenga éxito, pero nadie las conoce. El caso de Juan Bosco es paradigmático. Hijo de Margarita Occhiena, originaria de Capriglio, y de Francisco Bosco, campesino, Juan Bosco nació el 16 de agosto de 1815. Su padre falleció con treinta y tres años y fue su madre la que llevó el peso de la prole. Eran de las progenies de economía más prieta en la región de I Becchi y el crío aprendió a ganar algo cazando pájaros, fabricando cestas o jaulas, o recogiendo hierbas presuntamente curativas.

La madre les repetía con empecinada frecuencia: «*Acordaos de que Dios ve hasta vuestros pensamientos*».

Aquella formación facilitó que columbrase al Creador incluso en contradicciones, como la costumbre de su hermano Antonio de mortificarlo. Esa latosa eventualidad lo impulsó a buscar empleo fuera del hogar.

Al intentarlo por primera vez, le objetaron: «*Pobre muchacho, estamos todavía en el invierno y hasta finales de marzo no tomamos a nadie para el establo*».

Por su tozudez lo admitieron. Parecía conocer el refrán anglosajón *While the doctors consult, the pacient dies* (mientras los médicos calibran, el enfermo muere). Arrancó así, con solo once años, en febrero de 1827, su experiencia como mozo de cuadra en casa de los Moglia, acomodada familia campesina. Se convertiría en escuela de habilidades comportamentales según el principio –formulado muchas décadas después– de que para «pensar fuera de la caja» (*outside the box*) es preciso escuchar a quienes se hallan fuera de ella.

Dos años antes, con solo nueve abriles se le quedó grabado un sueño. Estaba junto a su casa con un pelotón de chiquillos. Unos reían, otros jugaban, muchos imprecaban. Al oír las irreverencias, quiso acallarlos con puñetazos e improperios. «*En aquel momento apareció un hombre muy respetable, noblemente vestido. Su rostro era tan luminoso que no se podía fijar en él la mirada. Me llamó por mi nombre y me dijo: 'No con golpes, sino con la mansedumbre y la caridad deberás ganarte a estos tus amigos. Ponte ahora mismo a enseñarles la fealdad del pecado y la hermosura de la virtud'*».

De su experiencia pre-adolescente aprendió a no ser pusilánime. Cuando una gallina atrapada debajo de un cesto provocaba ruido al rebotar en las paredes del desván la familia quedó atemorizada. Él desveló el artificio. Bosco emplearía ese ejemplo para convencer a los suyos de que no es ventajoso pegar un respingo antes de tiempo. Las organizaciones que, temerosas de la dificultad que van a encontrarse se agarrotan, no llegan a sitio alguno. La distancia que hay entre la aprensión y la prudencia es la misma que separa la valentía y la astracanada.

Don Cottino, el párroco, fue el *coach* que le impulsó a emparparse de confianza en Dios. Otro sacerdote proseguiría esa labor. «*Me puse enseguida en manos de don Calosso –narraría–. Me di a conocer a él tal y como era. Le manifestaba con naturalidad mis deseos, mis pensamientos y mis acciones. Así entendí cuánto vale un director fijo, un amigo fiel del alma*». Don Calosso le dejó un legado de seis mil liras para que culminase sus estudios, pero sin plasmarlo en un testamento. Bosco, a pesar de su indigencia, renunció a ese dinero cuando los sobrinos del ungido lo reclamaron.

Tiempo después llegó un presbítero de edad avanzada, don Nicolás Moglia, de nula empatía: «*¿Qué pretendes entender tú de latín? En I Becchi no hay más que grandes borricos. Estupendos borricos, si queréis, pero siempre borricos. Vete a buscar setas o nidos. Ese es tu oficio y no estudiar latín*».

A Bosco se le vino a la cabeza promover un grupo, la Sociedad de la Alegría. Rememoraría lustros más tarde que «*los compañeros que querían arrastrarme al desorden eran los más descuidados en sus deberes y empezaron a venir conmigo para que les echara una mano. Por ese medio agradaba a todos y me ganaba el bienquerer y el cariño de los compañeros. Empezaron a venir a buscarme durante el recreo para hacerles los deberes escolares, después para oírme contar historietas, y finalmente venían porque sí*».

Esta era la normativa:

- Ninguna acción, ninguna conversación que pudiese avergonzar a un cristiano
- Cumplimiento de los propios deberes profesionales, académicos y espirituales
- Estar animados

En esas andaba cuando comenzaron a brotarle incertidumbres. «*Aconsejándome conmigo mismo –pensaba–: si me hago sacerdote secular, mi vocación corre riesgo de naufragio*». Todo surgía porque muchos clérigos avistaban la ordenación como un paso en el plano inclinado de hacer carrera.

Don Dassano, nuevo párroco, le aconsejó incorporarse a los franciscanos. Acudió a visitar a la madre del futuro don Bosco para advertirle de que esa opción implicaría que no podría asistirla después. Con encomiable espíritu cristiano, mamá Margarita notificaría a su hijo en un plis plas: «*Si te decidieras por el clero secular, y por desgracia llegaras a ser rico, ni una vez pondría los pies en tu casa. No lo olvides*».

Él seguía fortaleciendo la paciencia, siempre con optimismo. Formula propósitos: 1. No acudir a bailes, teatros, ni espectáculos públicos. 2. No practicar juegos de manos, actuar de saltimbanqui, o salir a cazar. 3. Empeñarse en la templanza en el comer, el beber, huyendo de la gandulería.

Hizo suyo el mensaje que campeaba en un reloj de sol en Chieri: *Afflictis lentae celeres gaudentibus horae*, para quien sufre tardan en pasar las horas; corren veloces para quien tiene el corazón vivaz. Siguió aprendiendo de unos y de otros. Recogió como oro en paño el consejo de José Palato, párroco de Alfiano. Le sugería que más que a doctos razonamientos se atuviese a ejemplos, a semejanzas, a explicaciones sencillas y prácticas. Debía tener presentes las escasas entendederas del pueblo y explicar las verdades de la fe de forma asequible. Es como si conociera el principio expuesto por el primer ministro británico Harold Wilson, *«quien se resiste al cambio es arquitecto del desastre. La única institución humana que rechaza el progreso es el cementerio»*.

Bosco anotó que *«el sacerdote no va solo al Paraíso, ni va solo al infierno. Si obra bien, irá al Cielo con las almas que salve con su buen ejemplo; si obra mal, y da escándalo, irá a la perdición con las almas condenadas por su escándalo. Por lo tanto, me empeñaré en guardar los siguientes propósitos...»*. El primero de todos era saturar la jornada con estricto rigor.

Vivía en tiempos en los que, como cuando se escriben estas líneas, se había extendido recelo a que los autómatas eliminaran puestos de trabajo. Se publicitaba el dato de que una sola máquina de Watt con cien caballos de potencia de vapor producía tanto hilo como doscientos mil obreros. Según algunos, la mente humana afrontaba problemas nunca vistos que reclamaban urgentes respuestas. En medio de aquellos dilemas, Bosco se centró en su área de influencia: nunca poner las peras al cuarto a un mozalbete en público, ni zamarrearlo. Si se había prometido algo, cumplirlo costase lo que costase. Todo ello, difundiendo júbilo. *«Jugad, saltad, armad bulla»* les estimulaba. *«Lo que no quiero que hagáis es el pecado»*. Era plenamente consciente de ser un sacerdote, no un filántropo; la meta era que se encontrasen con Dios.

El 8 de diciembre de 1844 adoptó el nombre definitivo para el oratorio de don Bosco: San Francisco de Sales, *«porque la marquesa había hecho pintar a este santo a la entrada del local. Y porque nuestro ministerio exigía gran calma y mansedumbre: nos había-*

mos puesto bajo la protección de san Francisco de Sales a fin de que nos obtuviese su extraordinaria mansedumbre». Así nacen los salesianos.

Manejó refritos de los oratorios de Milán, Brescia, de San Felipe Neri en Roma; también del de Turín, pero con contrastes. Los anteriores tenían carácter parroquial; el suyo iba enfocado a jóvenes que no se encuadran en una. Los demás eran festivos; el suyo ocupaba toda la jornada, y pronto la semana entera con escuelas nocturnas y visitas al lugar de trabajo. La entrega sería total. Antes el entorno era una parroquia, ahora se trataba de seguir a don Bosco. A los mencionados acudían los chicos de mejores familias o más aplicados; al suyo podían hacerlo los más revoltosos y abandonados.

Pulularon las mendacidades. Le achacaron suscitar un semillero de inmoralidad y de que terminaría en revolución porque daban la tabarra en el entorno silencioso del vecindario. También surgieron problemas con el obispo Lorenzo Gastaldi, alérgico a que le llevaran la contraria. El prelado estaba empecinado en la defensa de lo que consideraba sus derechos en nombre de Dios. *«He arreglado muchas divergencias entre monseñor Gastaldi y varias personas poderosas* –desentrañaría el jesuita Luis Testa–. *En Roma están cansados y hartos de todas estas cuestiones de la archidiócesis».*

Dentro del oratorio, y para incrementar la responsabilidad de algunos, Bosco puso en marcha la Compañía de San Luis. Sus adscritos debían dar buen ejemplo, evitar conversaciones inconvenientes y frecuentar los sacramentos. Generaba confianza y afecto mutuos que ayudasen en el camino, guía semejante a la que desarrollará José Kentenich para Schoenstatt.

Las coordenadas del momento eran desapacibles. Muchos aplaudían las injurias contra el clero y la religión. En cierta ocasión, mientras explicaba el catecismo penetró por una ventana una bala de arcabuz que atravesó la sotana por un costado y produjo un amplio desconchado en el muro. Mamá Margarita, que atendía a la solicitud de su hijo de apoyarlo, flaqueaba en ocasiones. Entonces, don Bosco, para evitar que esquivase su retador destino, le mostraba el crucifijo.

«*Me di cuenta de que si quería hacer algún bien tenía que dejar de lado toda política*», explicitó al obispo de Cremona, Monseñor Bonomelli. «*Siempre me he apartado de ella, y así he podido hacer algo sin encontrar obstáculos; más aún, he hallado ayuda en donde menos podía esperarla*». No le interesaba ningún partido, solo la política del Padrenuestro. Como diría años después el cardenal Herrera Oria, no se trata tanto de crear partidos católicos sino de que haya católicos en los partidos.

De los cuatro candidatos originarios que Juan Bosco seleccionó, solo dos llegarían al sacerdocio —Bellia y Reviglio— y no continuarían en el oratorio. Buzzetti permanecerá con don Bosco, pero sin ser ordenado. Miguel Rúa, llegado en la segunda hora, será el sucesor. Formó parte del grupo capaz de mantener el ritmo. Asumieron coordenadas inteligentes, por desdicha no seguidas por otras organizaciones: no se escarnecía a quienes abandonaban y nadie se sentía traicionado si era cesado por motivo consistente.

Don Bosco fue probando fórmulas, cada una con ventajas e inconvenientes:

- Contratar maestros de arte con un salario normal. Se preocupaban entonces del trabajo, pero menos de los alumnos.
- Si concedía más autonomía, los muchachos eran tratados como peones y distanciados de la autoridad del director.
- Si él asumía la responsabilidad, dejando solo la formación profesional a los profesores, estos no trasladaban información por temor a ser sustituidos por los alumnos.
- Dedicarse a formar jefes de taller comprometidos con él. Aparecerían así los coadjutores salesianos, religiosos dedicados a las escuelas profesionales.

El seguimiento de don Bosco se manifestaba de diversos modos. Rúa era dócil también en la forma; Juan Cagliero, en apariencia menos. Un día Miguel Rúa se interesó:

—*¿Por qué no vienes con nosotros?*

—*Porque me gusta ir por otras calles, ¿qué más da?*

—*Tienes que ser obediente* —le recriminó Miguel.

–¿Acaso no lo soy? Tengo que venir a clase y vengo. Tengo que ser puntual y lo soy. ¿Qué te importa a ti si me gusta ver a los charlatanes? –concluyó Cagliero.

Cagliero sería el primer obispo y cardenal salesiano. Con sus diferencias, estaban ligados a don Bosco y su proyecto. Nadie había osado forjarlos con un croquis estereotipado e inflexible.

En octubre de 1852, tras la llegada de Cavour al poder, se desató una desquiciada persecución contra los católicos. Se cerraron trescientos treinta y cuatro inmuebles que hospedaban a casi cinco mil quinientos religiosos. Roma condenó al rey a excomunión mayor. En medio del desconcierto, don Bosco siguió adelante con constancia. El 9 de diciembre de 1859 se produjo el paso definitivo. *«Hace mucho tiempo –afirma– que pensaba fundar una congregación. Ha llegado el momento de realizarlo. El santo padre Pío IX ha alabado y animado mi propósito. Verdaderamente esa congregación no nace ahora; ya existía con el conjunto de reglas que vosotros habéis observado por tradición. Se trata de seguir adelante, de constituir formalmente la congregación y de aceptar sus reglas. Sabed, sin embargo, que solamente serán inscritos aquellos que, después de haber reflexionado seriamente, quieran hacer a su tiempo los votos de pobreza, castidad y obediencia. Os dejo una semana de tiempo para pensar en ello».* Algunos discreparon porque aquello suponía convertirlos en frailes. *«Fraile o no, yo me quedo con don Bosco»,* resumieron otros. Solo abandonaron dos de los diecinueve iniciales. Él fue elegido superior y Miguel Rúa director espiritual. Llevaron a cabo lo que debe hacerse cuando hay sentido común: explorar oportunidades para cada uno, promover compromisos imperecederos, apoyar sin absurdas recriminaciones a quienes desertaban.

No faltó quien propuso convertir a los coadjutores en una clase distinta. Bosco defendió que dispondrían de camas y celdas convenientes, no serían sirvientes. Él no sería dirigente de una compañía sino padre de una familia. *«Tú verás mejor que yo a la obra salesiana cruzar los confines de Italia y establecerse en muchas partes del mundo»,* profetizó a su sucesor. *«Tendrás que trabajar mucho y sufrir mucho; pero, ya lo sabes, hay que atravesar el Mar Rojo y el desierto para llegar a la Tierra Prometida. Sufre con valor, y tampoco aquí te faltarán los consuelos y la ayuda del Señor».*

León XII lo sacó de su puesto para que edificara una nueva iglesia, la basílica del Sagrado Corazón, sin proporcionarle financiación. Don Bosco acató la indicación del romano pontífice antes que al sentido común y a su parecer. A pesar del tráfago de exigentes ocupaciones, lanzaba advertencias y consejos a los suyos. A los maestros, por ejemplo, los persuadía para que remediasen las necesidades de los alumnos. Debían, esto sí, prescindir de cualquier amistad particular con los muchachos. A los salesianos les prevenía de que evitasen el exceso de temperancia en la alimentación y dedicasen cuando menos seis horas al reposo. Los punzaba a alborear bien antes de dictaminar sobre alguien. Procurarían el amor, sembrar el bien y no el capricho. «*Amaos entre vosotros —insistía—; aconsejaos, corregíos, pero no os tengáis envidia ni rencor; más aún, el bien de uno sea el bien de todos; las penas y los sufrimientos de uno se consideren como penas y sufrimientos de todos, y busque cada uno alejarlas o mitigarlas*». También a sus hijas las aguijoneaba a quererse: «*Estad siempre unidas. Habéis dejado el mundo. No os fabriquéis otro aquí dentro. Pensad por qué entrasteis en la congregación*». El instituto fue evolucionando de oratorio a especialistas de colegios para familias de escasos recursos. Por lo demás, admitió cooperadores desde 1841.

Algunos retrataron a un don Bosco supuestamente protervo, llegando a afectar incluso al modo en que Pío IX lo tasaba. «*Dicen que la Iglesia está perseguida —ironizaba—. Yo, en cambio, puedo decir ¡que la Iglesia me persigue a mí!*». Como había preparado a dos delfines, Rúa y Cagliero, sintió aprensión por posibles disputas. Preguntó a Cagliero quién era el mejor para sucederlo. Respondió que sin duda Rúa. Quedaron así desactivados sus desasosiegos. Años más tarde, León XIII aconsejaría a Rúa, en línea con el pensamiento del fundador: «*Me urge recomendaros a vos y a vuestros vicarios que no andéis muy solícitos por el número de salesianos, sino por su santidad. No es el número lo que aumenta la gloria de Dios, sino la virtud, la santidad. Por tanto, sed cautos y rigurosos en la aceptación*».

En el umbral del Paraíso, don Bosco se dirigía a los suyos. «*Estoy ya en las últimas de mi vida. Os toca ahora a vosotros trabajar, salvar a la juventud*». Detalló que le preocupaba que alguno interpretase erróneamente el afecto que don Bosco había tenido a los jóvenes y que sirviese como excusa para aficionarse de manera inconveniente a una criatura. De cuán proféticas serían aquellas palabras para muchos, no solo salesianos, tenemos hoy en día buenas pruebas.

A su muerte funcionaban sesenta y cuatro casas de la congregación diseminadas por seis países. Los salesianos sumaban setecientos sesenta y ocho efectivos.

ALGUNAS ENSEÑANZAS

- *Dum quid nescitur, quaerere quemque decet*, o cuando no se sabe de algo, se aprende preguntando

- Ganarse la vida desde la infancia facilita valorar los bienes

- La mansedumbre genera frutos más duraderos que la agresividad

- El amilanamiento, como otros sentimientos, puede ser alfabetizado

- Contar con la causa formal adecuada, el paradigma, facilita alcanzar altas metas

- En ocasiones, *pro bono pacis*, vale la pena renunciar a presuntos derechos

- Hay personas que transmiten energía negativa. De ellos debe aprenderse para no replicar sus usanzas

- Antes de exigir a nadie hay que cumplir rigurosamente las obligaciones

- Nadie debe avergonzarse por dudar. Lo aconsejable es encontrar a las personas que ayuden a refrenar esas perplejidades

- *Dulcis est somnus operantis*, o es dulce el descanso de quienes trabajan con denuedo

A LA CUARTA VA LA VENCIDA
HERMANOS DEL SAGRADO CORAZÓN (1821)

André Coindre, fundador de la Congregación de los Hermanos del Sagrado Corazón. Fuente: Wikimedia Commons.

La Revolución francesa acertó en denostar los excesos de la monarquía y fracasó en lo que aportó: sustituir un poder arbitrario por otro más sangriento y despótico. El absolutista corso atinó en lo que aventuró: la necesidad de poner fin a la ventolera colectiva en la que Francia había caído. Naufragó en lo que introdujo: una tiranía con visos de empresa familiar para toda Europa. En ese entorno, en el que heroicos católicos venían transmitiendo la fe en susurros desde el estallido de las revueltas, surgieron los Hermanos del Sagrado Corazón un 30 de septiembre de 1821 en Lyon (Francia), en el Santuario de Nuestra Señora de Fourvière. El padre André Coindre ambicionaba responder a las necesidades de innumerables críos que pagaban en sus mentes y carnes inocentes los desmanes de los voceros de mundos mejores, que lo único que habían logrado era enriquecerse a costa de los más.

André Coindre, nacido en Lyon el 26 de febrero de 1787, recibió el bautismo de la mano del padre Antoine-Joseph Lernoix, uno de los primeros mártires de la malhadada revolución. Degollado en 1792, su cabeza fue expuesta sobre una pica en la plaza Bellecour.

Comenzaban para los católicos nuevas catacumbas. El padre Linsolas, administrador de la diócesis, ordenó soterrar o destruir los libros sagrados ante las sectarias y anárquicas fuerzas de seguridad.

El párroco de la iglesia Saint-Nizier, situada muy cerca de la casa en la que se instaló la familia tras su traslado, convocó a algunos muchachos para prepararlos como monaguillos, André entre ellos. En 1804 se incorporó al seminario menor de Nuestra Señora de L'Argentière. El cardenal Fesch, tío de Napoleón, tenía claro que fundar centros de formación para nuevos sacerdotes era condición imprescindible para recristianizar Francia. Focalizado hasta el límite, escribirá, no sin provocar perplejidad, sobre un presbítero centrado en atender penitentes: «*No estoy contento del padre Cholleton... Veo que se pasa todo el día en el confesionario y que todo su tiempo lo reparte entre las beatas. ¿Qué podemos esperar de las religiosas y de las hermanas? ¿Curarán ellas las llagas de la Iglesia? ¿Por qué perder el tiempo con ellas? Que deje las beatas, las religiosas, las hermanas y los hermanos al padre Paul; que me dé informes de mi seminario mayor, que llene mis seminarios menores*» (12 de enero de 1806).

André permanecerá un lustro en L'Argentière, embarcado en estudios de latín, griego, y también de ciencias y matemáticas. Solo eran admitidos los más brillantes. Estos son los informes que de él se escriben: «*Piadoso, aplicado y franco; progreso: bastante bien; conducta: bien*» (...), «*un poco voluble y parlanchín, pero de buen corazón, fiel a todos sus deberes; un poco susceptible, pero muy franco, piadoso, ejemplar*» (...), «*trabaja muy bien, excelente*».

En julio de 1809, André se incorpora al seminario mayor Saint-Irénée (Lyon), del que saldrán en una década más de cuatrocientos sacerdotes. Entre ellos, Louis Querbes, fundador de los Clérigos de San Viator; Marcelino Champagnat, de los Hermanos Maristas; Jean-Claude Colin, de los Padres Maristas; Léonard Furnion, de las Hermanas de la Adoración del Sagrado Corazón de Jesús; y quien será conocido como el Cura d'Ars.

André Coindre fue ordenado por el cardenal Fesch el 14 de junio de 1812 y destinado como coadjutor a la iglesia de Notre-Dame (Bourg-en-Bresse). Los registros parroquiales testimonian un incremento en la vida sacramental –trescientos bautizos en menos de tres años–, además de numerosos entierros de niños y de jóvenes, consecuencia de enfermedades no tratadas. El nacionalismo en su forma galicana impregna de tal forma al clero que el 5 de diciembre de 1813 funge de turiferario del emperador, durante la homilía en la catedral San Juan Bautista con motivo del aniversario de la coronación y por la victoria de Austerlitz.

Los sacerdotes franceses se agrupaban en aquel momento en tres categorías:

1. Los juramentados, que habían prestado acatamiento explícito a la Constitución civil del clero. Muchos se habían secularizado e incluso maridado. Los escasos titulares de parroquias eran desairados por los fieles.
2. Los refractarios, que no habiendo sucumbido a la acuciante presión de las autoridades, con coste de sangre o prisión, eran los más buscados.
3. Los emigrados, retornados tras el exilio, que eran calificados de asustadizos.

Tras año y medio de ministerio en Bourg-en-Bresse, el vicario general de la diócesis insta a André a asociarse a otros para promover misioneros. Las autoridades eclesiásticas estaban dividiendo las diócesis en zonas que confiaban a equipos itinerantes para potenciar una profunda cristianización a la espera de la caída de Napoleón. En 1815, André se asocia a uno que, en puridad canónica, no conformaba comunidad religiosa. Instalado, tal como les indicó el prelado, en un desvencijado inmueble de cartujos, y por eso así denominado, descubrió a dos niñas ateridas, famélicas y harapientas, agazapadas junto a la iglesia Saint-Nizier. A sugerencia del párroco de Saint-Bruno, acudió a Claudine Thévenet. Será el primer paso de su futura Congregación femenina. En 1818, con la ayuda de piadosas mujeres, funda la Congregación de las Religiosas de los Sagrados Corazones de Jesús y de María (más tarde Religiosas de Jesús-María), con Claudine Thévenet como superiora.

En paralelo, en otra zona del edificio reúne a media docena de muchachos con el nombre de Providencia de San Bruno. También en 1818, a causa de la angostura del local originario, André adquiere una propiedad en la Croix-Rousse. La Providencia se traslada allí en 1820 con el nombre de Pieux- Secours.

En 1821, André concibe el proyecto de una comunidad religiosa para dar continuidad a su obra y convoca en Lyon a dos maestros del Pieux-Secours y a varios laicos, algunos de los cuales vivían de forma comunitaria en Valbenoîte, cerca de Saint-Étienne. Tras ocho días de ejercicios, formularán votos privados, adoptarán nombres religiosos y se comprometerán a trabajar la mitad en Pieux-Secours y los demás en Valbenoîte. Al poco, contrariamente a lo concertado con André, el párroco de Valbenoîte deseó estructurar el proyecto por su cuenta y asumió la dirección. André le entregó el inmueble en la Navidad de 1821 y allí quedaron los cinco hermanos. Decidió también abandonar al grupo de misioneros alojados en los cartujos. Corría el año 1822.

El obispo de Saint-Flour, administrador en aquel momento de la diócesis de Le Puy, le exhortó a fundar una sociedad de misioneros para la Haute-Loire. Se trató de la Sociedad de Sacerdotes Misioneros de Monistrol-l' Évêque (actualmente Monistrol-sur-Loire) de la que André será superior general hasta 1825 y a la que proporcionará estatutos inspirados en la regla de san Agustín.

En 1823 fundó en Monistrol-sur-Loire escuela y noviciado para los hermanos. El 14 de octubre de 1824 se constituyeron oficialmente en congregación religiosa, emitiendo votos públicos bajo supervisión del obispo. Las iniciativas se multiplicaron. En 1824, escuelas municipales en Le Monastier y Pradelles (Haute-Loire); escuela parroquial en Saint-Symphorien-de-Lay (Loire). Al año siguiente, los colegios municipales en Montfaucon (Haute-Loire) y Neulise (Loire), y en 1826 la fundación en Blesle, en Vals (Haute-Loire), y en Marvéjols (Lozère). En 1825, monseñor de Sauzin, obispo de Blois, solicitó a André un auxiliar para dirigir su seminario mayor. Propuso al padre Romain Montagnac, pero no fue aceptado. Entonces se ofreció él mismo y renunció a su cargo de general de los misioneros de Monistrol.

Monseñor de Sauzin acogió con gusto a André como superior del seminario mayor, vicario general y canónigo honorario el 17 de noviembre de 1825. Con una actividad desproporcionadamente intensa, también de predicación, el 10 de mayo de 1826 se tornó esquivo y sufrió una depresión ostentada en actitudes antisociales. El obispo le incitó a no extenuarse. El 28 de mayo, solemnidad del Corpus Christi, experimentó una leve mejora, pero en la noche del 29 al 30 se precipitó al vacío desde una ventana. Abandonaba el mundo marchito por las tensiones. ¡Qué importante es para todos, también para quienes se vuelcan en el servicio a los demás, recordar el sabio consejo de san Carlos Borromeo: «*¿Ejerces el cuidado de las almas? No por ello olvides el cuidado de ti mismo, ni te entregues tan pródigamente a los demás que no quede para ti nada de ti mismo; porque es necesario, ciertamente, que te acuerdes de las almas a cuyo frente estás, pero no de manera que te olvides de ti*».

Tras su desaparición fue sucedido por su hermano Francisco Vicente, también sacerdote. Los nueve máximos responsables del instituto realizaron el 14 de junio de 1826, por unanimidad, la elección prescrita. Sin embargo, la vocación sacerdotal no asegura habilidades directivas. Francisco condujo el proyecto a las puertas del colapso. Entre otros motivos por el mal de piedra, un desmedido afán por construir; desde 1827 promovió inmoderadas inversiones en inmuebles.

En 1835 hizo levantar un edificio para establecer talleres para empresas industriales y otro el año siguiente. Los resultados contables no respondieron a las esperanzas. A fuerza de privaciones, Francisco Vicente Coindre costeó parte de las deudas, pero las nuevas inversiones desbordaban las posibilidades de atender a los acreedores. La situación financiera se tornó complejísima. No ayudaron tampoco los procedimientos ordenancistas del hermano Borja, director general, que manifestaba fiero celo por imponer la disciplina religiosa. Anhelaba una perfección poco ilustrada e impulsada con insuficientes habilidades comportamentales. La mansedumbre brillaba por su ausencia. Los abandonos menudearon. Finalmente, Vicente Coindre encargó al hermano Javier que asumiera las funciones de CEO (Chief Executive Officer) en 1836. El instituto sumaba apenas cuarenta miembros incluyendo algunos novicios. Gracias a la infatigable constancia del hermano Javier se evitó el crack. Para sortear la bancarrota, negoció la deuda y recomendó a los directores locales suma austeridad.

En 1840 fueron elegidos asistentes los hermanos Policarpo y Alfonso. El primero había nacido con el nombre de Juan Hipólito Gondre el 21 de agosto de 1801 en La Motte-en-Champsaur (Altos Alpes). Sus padres, Juan José Gondre y Victoria Gonsalin, eran modestos agricultores y buenos cristianos. La madre falleció en 1804 y el padre casó de nuevo. Desde joven, Hipólito ofició de pastor además de participar en otros trabajos del campo. El padre Thouard, párroco de La Motte, sería uno de sus primeros panegiristas: «*Era bueno, dócil, afable y complaciente con sus compañeros, que le querían mucho (...). La lectura, la oración, las prácticas religiosas le gustaban mucho. Durante los oficios de la Iglesia, su compostura respetuosa y su piedad eran un motivo de edificación para toda la parroquia*». Durante los inviernos retomaba los estudios. En octubre de 1822, con veintiún años, obtuvo el diploma de maestro de primaria. El mes siguiente le confiaron la escuela de La Motte. Tiempo después solicitaba la admisión en la Congregación de los Hermanos del Sagrado Corazón. Era el 27 de junio de 1827 y contaba con veinticinco años.

En septiembre fue admitido en el noviciado, asumiendo el nombre de hermano Policarpo. En pocos meses era maestro de novicios. En septiembre de 1829 hizo tanto su primera profesión como la perpetua de votos de pobreza, castidad y obediencia. Se trataba de una excepción, porque se requería habitualmente que se comprometieran primero con votos temporales durante cuatro años antes de hacerlo para toda la vida.

A causa de la revolución de 1830, el superior cerró el noviciado y envió a los alumnos con sus familias. El hermano Policarpo fue remitido a Vals (Alto Loira) como director de la escuela que los Hermanos del Sagrado Corazón habían abierto en 1826. La dirigió desde 1830 a 1837. En 1837 se le confió de nuevo la formación de los novicios en el Pío Socorro, que acababa de ser restablecido.

Vicente Coindre, pese a su compromiso de mantenerse al margen, volvió a las andadas. Los miembros del capítulo se dirigieron a monseñor de Bonald, arzobispo de Lyon, detallando las veleidades. El prelado coincidió en la conveniencia de que renunciase a sus funciones. En agosto de 1841 se logró el propósito. Al día siguiente de haber sido aceptada la dimisión, se eligió nuevo superior. Fue proclamado el hermano Policarpo, quien nombró procurador general al hermano Javier. A causa de los perennes vórtices, se decidió contar con el nuevo general por cinco años, aunque la legislación tradicional prescribía el nombramiento vitalicio. Como axiomático, el hermano Policarpo fue nominado por unanimidad.

Comenzó su trabajo directivo espoleando a la observancia de las prácticas religiosas y reinstaurando un clima de confianza, incluyendo visitas a los centros. Las reglas escritas por el fundador en 1821 eran incompletas, porque se había valorado desarrollarlas tras un periodo. En 1846, el hermano Policarpo fue reelegido por unanimidad superior vitalicio. Los miembros del capítulo votaron conformidad con los estatutos elaborados por él. El hermano Policarpo sometió también las nuevas normas con idéntico resultado. Apenas un mes después, envió a cinco hermanos para encargarse del orfanato de Mobile en los Estados Unidos de América, inaugurando la expansión internacional.

En sus visitas aplicaba su específico *balanced scorecard*. Analizaba la conducta de los hermanos como religiosos y como profesores, orden, gestión del establecimiento, etc. La vida les hizo recapacitar sobre la excesiva exigencia de las normas originales. El hermano Policarpo introdujo modificaciones para someterlas al capítulo general de 1856. Los hermanos avalaron la actualización. En su alocución de apertura de ese noveno capítulo general, el 16 de agosto, el hermano Policarpo resumió la epopeya vivida. *«Nuestra congregación ha estado sometida a tan grandes pruebas que hubiera dejado de existir en varias ocasiones si no hubiera estado sostenida por los muy particulares designios de la Providencia. Su fundador le fue arrebatado en el momento en el que más necesitaba apoyo. Después de la irreparable pérdida de su fundador, o más bien de su padre, el instituto fue todavía probado de muchas maneras hasta 1840, época en la que sus miembros comenzaron a reparar sus pérdidas y a multiplicarse. Pero así como no se puede caminar con aplomo sin conocer bien el camino que hay que seguir, tampoco se pueden practicar los deberes de Estado sin que las reglas que fijan estos deberes estén bien establecidas. Nuestro venerable fundador escribía desde Blois, en febrero de 1826, manifestando que no podía ocuparse de la redacción de las reglas porque estaba atosigado de trabajo; y decía: las leyes y los reglamentos no son perfectos sino cuando la experiencia nos ha mostrado lo que hay que hacer o evitar. Que se actúe de manera provisional, añadía, y algún día nos ocuparemos de lo demás. Pienso que en nuestro instituto debe haber unos estatutos que sirvan de base a las reglas comunes y determinen de una manera definitiva la organización de la congregación».*

El 27 de diciembre de 1858, el hermano Policarpo sintió los primeros síntomas de la enfermedad que le trasferiría al camposanto. El 9 de enero de 1859 entregó su alma a Dios. Atesoraba cincuenta y siete años, y había gobernado la congregación durante diecisiete. Las ilusiones de André Coindre, expresadas en una carta, se habían cumplido: «*Tengo la mayor confianza de que si nuestros hermanos son santos y trabajadores, su congregación no desaparecerá nunca*». El 24 de marzo de 1859, el capítulo general calificó a Policarpo como segundo fundador.

Policarpo siempre consideró el arte de corregir a los alumnos como una tarea que debe hacerse con prudencia, amabilidad y firmeza, sobre todo con los más frágiles. Proponía estimular, nunca retraer potencialidades. Aconsejaba a los hermanos: «*Sed dueños de vosotros mismos. Especialmente en vuestras correcciones, actuad de tal manera que los niños puedan ver en vosotros a un padre que solamente castiga a su pesar. Es necesario que comprendan que los amáis siempre, tanto si los recompensáis por su sensatez y sus progresos como si tenéis que transformar su carácter, corregir sus defectos. Nunca castiguéis por capricho o en un momento de impetuosidad*». Para él, la acción era más persuasiva que la elocuencia. Animaba a poner los medios «*para que nuestras escuelas no estén a menor altura que cualquier otra por la solidez de los estudios y por los éxitos académicos; pero, por encima de todo, tratemos de educar los corazones, enderezar los caracteres, hacer hombres y cristianos*». La escuela –¿cuándo no?– precisaba una honda transformación. Él animaba una y otra vez a escuchar, acompañar y orientar, pensando en cada alumno, no en el colectivo.

En 1903, expulsados de Francia junto a las demás órdenes religiosas, desembarcaron en otros países europeos. En España se instalaron en el norte, esperando el retorno a su Francia natal. Sus planes cambiaron lustros más tarde. Además de dirigirse a otras ciudades españolas, algunos se trasladaron hacia Hispanoamérica, comenzando por Uruguay en 1927. La ocasión fue la invitación del obispo de Salto, monseñor Camacho, para que se hicieran cargo de la dirección de la escuela parroquial de Trinidad, una localidad en el interior del país. Los primeros hermanos en llegar fueron Valero y Segundo, alcanzados a principios de 1928 por Ciriaco y Justino; los cuatro serían germen de la expansión por el nuevo continente.

ALGUNAS ENSEÑANZAS

- La buena voluntad no asegura capacidades de gobierno
- El ocio es preciso para estar en la mejor disposición para el trabajo
- Se disculpa que un directivo tenga que descansar, pero no que se comporte inapropiadamente por no haber reposado
- La unanimidad en el gobierno colegial no asegura el acierto
- Es aconsejable confiar en Dios, sin olvidar que Él cuenta con el sentido común
- Retirarse a tiempo es una retadora decisión que pocos afrontan voluntariamente
- Formar personas es sacar de ellas lo mejor que cada una tiene
- La confianza es imprescindible para que haya equipo y no mero grupo
- No siempre los directivos de la central entienden las necesidades de quienes bregan en la trinchera. Deberían salir más de sus despachos
- Pasado el tiempo, circunstancias complejas, incluso muy dolorosas, pueden ser contempladas como sumamente beneficiosas

PENSAR FUERA DE LA CAJA
CARLOS DE FOUCAULD (1858-1916)

Carlos de Foucauld. Fuente: Wikimedia Commons.

Mike Shaw debería haber analizado la vida de Carlos de Foucauld para escribir *Think Out of the Box*. Le hubiera iluminado de forma excelente. Carlos nació en Estrasburgo el 15 de septiembre de 1858 de familia adinerada. A los seis años quedó huérfano de padres y fue acogido por sus abuelos. La guerra de 1870 culminó para ellos con la invasión de la ciudad.

En 1874 se incorpora en régimen de pensionado a una casa de la Compañía de Jesús. A causa de contradicciones corporativas y otras personales, con dieciséis años pierde la fe. Culminó sus estudios en la escuela de Caballería de Saumur y, tras aprender árabe, viajó a Marruecos. Quiere ver el mundo desde fuera de la caja y lleva a cabo una expedición científica de tres mil kilómetros por la que la Sociedad de Geografía de Francia le concede la medalla de oro. Es también el punto de partida para una búsqueda apasionada del Sumo Hacedor: «*Dios mío, si existes, haz que te conozca*».

Aunque es de naturaleza emprendedora, y quizá precisamente por eso y porque abunda en sentido común, le urge un *sherpa*, un *coach*. Lo encuentra en el padre Huvelin. Va a intercambiar opiniones, pero el padre Huvelin lo conmina a que se confiese. Las respuestas no son siempre evidentes para el *coachee*. Aun así, su confianza alcanzaría la ansiada meta. El 14 de agosto de 1901 escribe a Henry de Castries: «*Apenas creí que había un Dios comprendí que no tenía otro remedio que vivir solo para Él. Todos sabemos que el primer efecto del amor es la imitación; tenía que entrar en la orden en que hallara la más exacta imitación de Jesús*».

El padre Huvelin, a pesar de ser catedrático de Historia, había solicitado desde su ordenación en 1867 no ejercer de profesor, sino permanecer como coadjutor para disponer de tiempo para acompañar espiritualmente a otras personas. Siempre tuvo claro su objetivo, quizá por eso su asesoramiento era tan eficaz. Desechada la atrayente cátedra que le brindó el Instituto Católico de París, siguió en la parroquia de San Agustín atendiendo a personas de toda laya. Allí permanecería hasta su muerte en 1910. Huía, al igual que su *coachee*, de lo que años más tarde Irving Janis calificaría como el síndrome de pensamiento grupal en su obra *Groupthinking: Psychological Studies of Policy Decisions and Fiascos*. Por decirlo de una sola vez: el pensamiento grupal no existe, porque si es grupal no es pensamiento, y si es pensamiento no puede ser grupal, de la misma forma que no puede haber una memoria histórica; la memoria es subjetiva y la historia objetiva. Esos ejemplos de oxímoron son útiles para quienes tratan de colarlos como verdades que difuminen las intenciones de sus filfas.

Carlos de Foucauld, incorporado a la Trapa con el nombre de María Alberico, había suplicado que lo destinasen si era posible a Asia Menor para residir cerca de donde había desarrollado Jesucristo su existencia terrenal. El 27 de junio de 1889 partió de Marsella hacia Alejandreta. El monasterio se encontraba en medio de montañas arboladas. «*Somos una veintena de trapenses, incluyendo los novicios* —informó a su hermana—. *Como puedes ver por las fotografías, estamos instalados en campamentos de barracones bastante amplios. Podrás formarte una idea aproximada de nuestra vida leyendo 'Los Monjes de Occidente', de Montalembert. Sin embargo, hay una diferencia: los monjes que menciona estudiaban más que nosotros, se ocupaban más que nosotros de ciertas tareas, como por ejemplo la copia de manuscritos. Para nosotros, el trabajo mayor son las labores agrícolas; esa es la diferencia entre la Orden de San Bernardo, a la que pertenecemos, y los antiguos monjes».* En carta del 4 de octubre de 1893 explicaba que deseaban *«llevar la misma vida de Nuestro Señor en la forma más exacta posible, viviendo exclusivamente del trabajo de las propias manos, sin aceptar ninguna donación, ni espontánea ni solicitada, y siguiendo al pie de la letra todos los consejos del Divino Maestro, sin poseer nada, dando todo al que pida, no reclamando nada, privándose de todo lo posible; agregar a este trabajo mucha oración; no formar más que grupos reducidos; diseminarse sobre todo en los lugares y países donde no es conocido y amado Nuestro Señor Jesucristo».*

Llega a la conclusión de que quizá debe emprender un nuevo camino, salir de nuevo de su ámbito de confort. Se plantea un *spin off*. Su aspiración es tan tajante que el padre Huvelin le advierte: *«Tu regla es impracticable. El papa vaciló en sellar la regla franciscana por encontrarla demasiado severa; ¡qué decir entonces de este reglamento! A decir verdad me ha asustado. Vive en el umbral de una comunidad, en la humildad que deseas, pero por favor no redactes reglas».*

Pasó siete años con los trapenses. Al partir no percibe rechazo de sus correligionarios, sino cariñoso apoyo. Más adelante residirá alguna temporada en el monasterio de Nuestra Señora de las Nieves en calidad de huésped y amigo. Ese modo de obrar corporativo demuestra que hay organizaciones con capacidad de aprendizaje, frente a otras que dañan a quienes abandonan y en el fondo traslucen inseguridad.

El 5 de marzo de 1897 llegó a Nazaret. Se brindó a los franciscanos como siervo, hasta que fue reconocido por un fraile. Le propusieron que ayudase en el convento de las clarisas. La abadesa le facilitó lugar donde reposar, pero él optó por un chiscón que acomodó con unas tablas, a unos cien metros. Allí vivirá con un mísero jergón por mobiliario. En 1900 pidió audiencia a monseñor L. Piavi para que visase su estilo de vida tanto para él como para los futuros Hermanitos del Sagrado Corazón. El patriarca lo consideró una excentricidad y no prestó atención. De regreso a Francia desde Tierra Santa, su *coach* le aconsejó que fuese ordenado sacerdote y él se preparó primero en París y luego en Roma.

Establecido en el Sáhara, adoptó la usanza de los trapenses de cavar su futura fosa en un rincón del jardín. El 30 de septiembre de 1902 describía su plan de vida al prefecto apostólico del Sáhara: «*Levantarse a las cuatro de la madrugada, Angelus, Veni Creator y celebración de la Eucaristía. A las seis tomar un poco de alimento y una hora de adoración eucarística. A continuación, trabajo manual o su equivalente (correspondencia, copias de varias cosas, extractos de autores para conservar, lecturas hechas en voz alta, o explicación del Catecismo a alguien) hasta las once. A las once, un poco de oración hasta las once y media...*». Cuando llevaba cuatro meses en Beni Abbés, se marcó como tarea tender la mano a los esclavos, que eran tratados con desmedida hosquedad. El segundo objetivo sería apoyar a los viajeros pobres. La tercera, escolarizar a los niños para que dispusiesen de un mínimo de instrucción. «*Para los esclavos tengo una pequeña habitación que les hace de albergue y les puedo ofrecer pan y amistad* –resume el 19 de enero de 1902–. *Los viajeros pobres encuentran en la fraternidad asilo y comida. Los enfermos y los ancianos abandonados encuentran aquí techo, comida y cuidados. Para los niños no puedo hacer nada. A veces llegan hasta sesenta niños y los tengo que despedir (...). Hay muchas necesidades que están fuera de mi vocación. Se precisarían religiosas*».

Para los trapenses que deseaban seguir sus pisadas, respondió que era preciso que consultasen a sus respectivos superiores y que estuviesen dispuestos al martirio, a finar de hambre o a obedecerle hasta que hubiese una elección y se decidiese quién gobernaría. Con ánimo aventurero, se internó en territorio de los tuaregs. Vivió a su servicio, sin enclaustrarse, estudiando su lengua, traduciendo los Evangelios y haciendo proselitismo. Miguel, un joven bretón que había pasado tres años con los Padres Blancos y luego otro trienio con un regimiento en África se le sumó, pero en pocos meses se vio incapaz. Describirá a Carlos como absolutamente desapegado de los bienes de la Tierra, con monumental paciencia, mortificado hasta el paroxismo, profunda fe y mayor esperanza. El hermano Miguel se incorporó a una cartuja.

Carlos, con cincuenta años, padecía agotamiento crónico, insomnio y había perdido el apetito. Le diagnosticaron escorbuto. Prosiguió fiel a sus hábitos sin tirar la toalla. Consideraba que es fundamental instrucción y dulzura para formar a los demás. Cuando le informaron de que iban a ir ingenieros, soldados y teólogos, glosó que *«si no cumplimos con nuestro deber, si explotamos en vez de civilizar, lo perdemos todo y la unión que hemos hecho con este pueblo se volverá contra nosotros»*. Sus palabras fueron proféticas.

En un ejemplo de *pro vita sua*, escribió sobre los misioneros aislados que *«su tarea consiste en preparar el camino, de modo que las misiones que le reemplazarán algún día encuentren una población amiga y confiada, almas un poco preparadas para el cristianismo y, si es posible, algunos cristianos»*.

Murió mártir el 1 de diciembre de 1916. Otras personas lo imitarán con ligeras adaptaciones. Por ejemplo, Luis Massignon, que ese mismo año inicia la Asociación Foucauld, posteriormente denominada Unión de Hermanos y Hermanas de Jesús-Sodalidad Carlos de Foucauld. En 1923 surgió el Grupo Carlos de Foucauld, estrictamente laico, bajo la guía de Suzanne Garde. Fue paladín entre otros movimientos laicales que irían surgiendo. La primera congregación, en 1928, fue las Hermanas del Sagrado Corazón, fundada por Macoir-Capart.

En septiembre de 1933, el padre René Voillaume tomó el hábito con otros cuatro compañeros en la basílica de Montmartre (París). Se dirigieron hacia el sur de Argelia y establecieron allí una fraternidad que, inspirándose en Foucauld, adoptó el nombre de Petits Frères de Jesus. Las Petites Soeurs de Jesús nacieron en 1939 promovidas por la hermana Magdaleine de Jesús. En 1956, René Voillaume fundó los Hermanitos del Evangelio. Entre otras iniciativas, surgieron la Fraternidad de Betania, la de Emaús y las de la Amistad. La sangre del mártir ha sido muy fecunda. Pensar fuera de la caja avivó el que otros se atrevieran.

ALGUNAS ENSEÑANZAS

- La línea recta no es siempre la distancia más corta
- Para encontrar hay que buscar con tesón
- Contar con ayuda ajena es preciso en prácticamente cualquier actividad
- El sentido común implica no alejarse de quien, por el motivo que sea, no prosigue en una organización. Mucho menos calumniarlo
- Las altas aspiraciones han de ser compatibles con pisar tierra
- Las autoridades constituidas no siempre vislumbran la potencialidad de los nuevos emprendizajes
- El tiempo es cedazo para obtener calidad
- Hombres y mujeres no son sustituibles indiscriminadamente. La clave del éxito está en la complementariedad
- Cuidar la salud es medio para ser más útil
- La innovación reclama triturar modos de hacer consolidados

RESPETAR LA «AUCTORITAS» AUNQUE FALTE «POTESTAS»

ESCLAVAS DEL SAGRADO CORAZÓN (1877)

Azulejo con imagen de santa Rafaela Porras, Circa 1900. Fuente: http://www.acjusa.org/whowe.htm

En pocas organizaciones como en las Esclavas del Sagrado Corazón pueden analizarse los daños que provoca el no deslindar *auctoritas* (liderazgo) y *potestas* (poder). La historia es tan desgarradora como instructiva. En 1850, la familia de los Porras era la más desahogada de Pedro Abad (Córdoba). Ildefonso, el padre, actuaba como patrón de la práctica totalidad de propiedades y gentes de la villa. También en lo político, pues ejerció el cargo de regidor hasta su fallecimiento. Honesto y buscador de soluciones técnicas para mejorar la calidad de vida de los demás, diseñó un sistema de créditos sin intereses para los menos afortunados. Si alguien exhalaba su último aliento sin haber podido reintegrarlo, solía condonar el débito a los allegados. Rafaela Ayllón, la madre, apoyó siempre a su marido desde su trabajo de ama de casa. A pesar del buen hacer de Ildefonso, resulta inviable agradar a todos en todo, todo el tiempo. Un descontento atentó contra su vida. El agraviado le perdonó e incluso socorrió en su enfermedad a la esposa de quien había procurado asesinarlo. Al entregar su alma legaba una bonhomía que serviría de referencia a las hijas.

La madre contrató a Manuel Jurado como profesor para Dolores y Rafaela María Porras. Siempre lo recordarían por cordial y rígido. Algunas veces las mozas salían con los ojos aguanosos por la exigencia del maestro. Encontramos ditirambos sobre Rafaela María, «*alegre y vivaracha como era, se privaba de buenos ratos de juego para estudiar el catecismo*». Una biógrafa contemporánea de la emprendedora escribirá que era «*para todo graciosa y primorosa*». O también, «*de doce años apenas, ya prefería la labor y el retiro a la bulliciosa expansión de sus amigas y se aferraba al encaje mientras las otras corrían y alborotaban*». En otro encomio, en este caso de una discípula, historiadora a finales del siglo XX, leemos que fue «*una persona en la que, como en pocas, puede constatarse continuidad a través de todas las etapas de la vida y coherencia perfecta entre los principios básicos y su concreción vital*». Se la retrató como colmo de perfecciones por la fusión de firmeza, tenacidad, audacia, afabilidad, perspicacia, además de culmen de atributos espirituales.

El liderazgo suele despertarse ante situaciones espinosas. Rafaela describe «*algunos hechos de mi vida en que he visto la misericordia y providencia de mi Dios patente. La muerte de mi madre, a quien yo cerré los ojos por hallarme sola con ella en aquella hora, abrió los ojos de mi alma con un desengaño tal que la vida me parecía un destierro*». Algo semejante acaeció con su hermana. Confesó Dolores que, huérfanas y perseguidas por sus deudos, tras cuatro años en la palestra resolvieron incorporarse a las Carmelitas Descalzas de Córdoba. Los avatares las condujeron por otros senderos.

Mostraron audacia, quebrando moldes. Se propasaban en prodigalidad, siendo adjetivadas de desatino por los allegados que veían diluirse la potencial herencia. Ellas, como casi todo emprendedor, con más motivo en lides sobrenaturales, experimentaron esa revolución copernicana que lleva a que lo que otros juzgan lógico a ellas les pareciera dislate. Vivir, en fin, es elegir. El sacerdote José María Ibarra escribía a Rafaela María con el sano deseo de que su opción fuera la más acertada. «*Ha dispuesto el Señor —le decía— muchos medios y ha puesto muchos caminos; pida a este bondado-*

so padre le dé a conocer aquel por el cual quiere que vaya, porque, aunque todos lleven al Cielo, no todos son para todos».

Se incorporaron a las Clarisas de Córdoba. Meses después ingresaron en las Hermanas de María Reparadora, donde asumieron nuevos nombres. Cuando esa congregación se trasladó a Sevilla, las dos quedaron en Córdoba. Surgió la idea de promover un colegio. En esa busca del sendero correcto, Ricardo Míguez, administrador de la diócesis, les trasladó su anhelo de fundar una escuela. Implicaba acatamiento cabal a lo que les sugiriera desde el obispado.

En estas circunstancias de indefinición, pero convencidas de su vocación religiosa, el obispo Ceferino González y Díaz Tuñón les preguntó:

—*Y ahora, ¿qué queréis hacer?*

—*Vivir reunidas y seguir el género de vida que llevamos bajo la protección de V.E.* —respondieron.

—*¿Y haréis lo que yo quiera?*

—*Sí, Ilmo. Sr.; obedeceremos en todo a V.E.* —concluyeron sin medir las consecuencias.

En una primera aprobación, se las denominó Adoradoras del Santísimo Sacramento e Hijas de María Inmaculada, «*siendo estos dos objetivos, la oración y la enseñanza, los que se propone realizar el que se solicita erigir en esta ciudad, es evidente (...) que la Divina Providencia nos ofrece en este instituto un medio poderoso para procurar, no solo el bien espiritual de la Iglesia, sino también la salvación y regeneración social en nuestra diócesis».*

El prelado reclamaba avenencia a sus premisas sin conceder la más mínima autonomía. Deseaba manejar a su antojo. Esa situación no cuadraba a las fundadoras, que anhelaban para ellas y sus seguidoras las constituciones de san Ignacio.

En este radical dilema, las novicias le sugirieron a Rafaela:

—*¿Por qué no nos vamos y así evitamos el peligro de que nos manden a nuestras casas...?*

Apuntó otra:

—*Estamos resueltas a todo con tal de salvar nuestra vocación, y me envían para que se lo diga.*

Santa Rafaela confiaba su desconcierto:

–¿Quién me ha introducido a mí en estos laberintos? ¡Yo no tengo pretensiones de fundadora!

Y su hermana mayor:

–Y yo tampoco; pero ¿qué le vamos a hacer, si Dios nuestro Señor nos ha metido en estos trotes?

Partieron de Córdoba hacia Andújar. Para mermar perplejidades, publicaron una nota. «*Traslación: En vista de algunas dificultades que han surgido al plantear las modificaciones que a juicio del ilustre prelado de esta diócesis requerían las constituciones definitivas que debían servir para el régimen y gobierno de la Congregación Diocesana de Adoratrices-Reparatrices de esta ciudad, compuesta en el día de señoritas novicias, estas, acatando y respetando la opinión del Excmo. e Ilmo. Sr. Obispo, se han trasladado a la casa-hospital y hospicio de Andújar, en donde, hospedadas por las Hermanas de la Caridad de dicho establecimiento, aguardan la resolución del expediente incoado al efecto*».

Los progenitores y demás parientes apoyaron a las muchachas. También contaban con el soporte de don José Antonio Ortiz Urruola, a quien por ese motivo el obispo puso bajo el foco de la sospecha. Al poco enfermó aquel sacerdote que tanto las había apuntalado. La reacción de las fundadoras fue que «*aunque el padre se muera, seguiremos adelante*». Don José Antonio Ortiz falleció el día de san José de 1877. Fue la última prueba antes de la fundación definitiva. Hallaron entonces sostén y asesoramiento en el padre Joaquín Cotanilla y solicitaron al cardenal de Toledo que las recibiera. Así hizo, pero con suspicacias. El acto fundacional, que tanto tiempo había permanecido en barruntos, llegó el 14 de abril de 1877. Las desconfianzas originarias de Ceferino González caducaron y cuando volvió a tropezar con las hermanas Porras sería bienhechor y aliado.

En su búsqueda no habían faltado bretes de diverso tipo, también de estricta logística. Cuando la madrugada del 3 de abril de 1877 se dirigieron al ferrocarril camino de Madrid jarreaba y el tren correo acumulaba horas de retraso. Como luego formularían en formato de refrán los anglosajones, no hay fruto sin dolor. En esa carrera de obstáculos no carecieron de manos amigas. Recibieron, por ejemplo, auxilio de las Hijas de la Caridad. Una cronista escribió: «*Nunca deben olvidar las que después formen la humilde congregación que se intentaba inaugurar que, cuando todas las puertas se cerraban ante sus fundadoras, las Hijas de la Caridad las recibían, ejerciéndola con ellas benéficamente, a despecho del mundo, que trabajaba para oponérseles*». La denominación conllevó también quebraderos de cabeza. Inicialmente habían optado por el de Reparadoras del Sagrado Corazón de Jesús. Sin embargo, para evitar la similitud con otra entidad pasaron a nombrarse Esclavas del Sagrado Corazón. La madre Pilar extractó: «*Del no ser, es decir, en fuerza del deshacerse planes, se realizaba el del Corazón de Jesús sin duda, pues bajo ese título fuimos aprobadas*».

Las contradicciones internas, provocadas en buena medida por el no reconocimiento de la *auctoritas*, aunque no hubiera suficiente *potestas*, fueron graves y engorrosas. Comenzaron con la elección de la primera sede. La madre Sagrado Corazón (antes, Rafaela María), elegida superiora a pesar de ser la más joven de las dos, adquirió un edificio en Madrid en la calle Obelisco, luego Martínez Campos. Su hermana replicó que hubiera sido mejor inmueble de nueva planta. Sea como fuere, el 31 de julio de 1879 se celebró la primera eucaristía en la capilla pública de aquella casa. Corrió a cargo del padre Cotanilla. La hermana mayor algo de introspección había desarrollado cuando registró: «*Yo no rehúso cargo ninguno, pero superiora (...), temo que daré muy mala edificación por mi carácter violento, y, aunque solo sea interina, en un solo día puedo provocar con las hermanas una cuestión y que sea de mala transcendencia; además, me aborrecerán, y esto es peor que todo, pues desaparecerá todo el buen ser de la casa*». Una persona que la conocía le declaró claramente sus limitaciones en carta de 24 de octubre de 1880: «*Como sé que te gusta redigan tus defectos, voy a decirte uno que yo no veo, pero sí el provisor, que me lo ha dicho: 1. insistes en tus opiniones con tenacidad, y aunque luego cedes, de pronto contradices mucho (...); 2. eres poco prudente; por demasiado ingenua dices lo que debes callar, y esto, me ha dicho, le da temor para tratar contigo, pues teme descubras al Sr. Obispo, sin darte cuenta, el origen de donde tomas las noticias y consejos, pudiendo ser causa de perjudicar a quien te habla y a la obra de la fundación (...). Tal como me los han dicho te los pongo, sin mirar a si te amargan o te gustan. Tú, por misericordia de Dios, tienes buenas luces; repasa, y, si es verdad, corrígete».*

A pesar de las buenas relaciones establecidas, no faltaron roces entre el obispo Ceferino y las autoridades del instituto, porque él deseaba que algunos días en la semana suprimiesen la comunión sacramental. Sin embargo, los grandes aprietos provendrían del interior. *«Mi carácter dominante y vanidoso* –reconocería la madre Pilar– *me coloca a veces en unos humos que no soy dueña de reprimir, ni aun lo conozco hasta que pasa muchas veces, por habérseme hecho como natural».*

Las encadenadas barrumbadas de Pilar procuraba temperarlas la madre Sagrado Corazón. No era sencillo porque Pilar era en la práctica impotente para asumir una salida a un embrollo que fuera disparejo de su dictamen. Ocasionalmente rectificaba, para de nuevo contrariar a la superiora. En carta de 31 de octubre de 1882 revelaba sus propósitos a su hermana pequeña: *«Tenga usted presente siempre que, por muy buena fe que haya entre las nuestras y nosotras, y cariño, nunca llegará al que nosotras nos tenemos, y esta es la verdad por muchas razones; y que, por grandísimo interés que tengan por la congregación, nunca llegará, ni con mucho, al que nosotras tenemos. Por conservar esta creencia trabajemos, y que correspondan las obras, y seremos felices aquí, y en la otra vida, sin comparación más».*

La ausencia de preparación específica en temas de gestión encadenaría aprietos. Si hubiesen conocido la conceptualización de, por ejemplo, John P. Kotter a la hora de liderar el cambio en una organización, muchos de los sufrimientos se habrían evitado. La madre Pilar debería haber sido llamada seriamente al orden. Si los directivos de una organización no están alineados, mejor es que alguno salga en aras del bien de todos. En las esclavas no fue así. Al tambalearse la coalición directiva enfocada al propósito común, la disidencia no frenada a tiempo de la madre Pilar embrolló. Como bien enseñaría Kotter en el siglo XX en el citado *Leading Change*, no derrocar a tiempo los obstáculos acaba por pagarse.

Cuando falleció María de Santa Teresa se planteó nombrar superiora que la sustituyera porque la madre Pilar no podía viajar continuamente entre Córdoba y Jerez. La madre Sagrado Corazón propuso a la madre Purísima. Fue motivo de colisión frontal entre hermanas. La cadena de desencuentros es ininterrumpida. Memorable fue el trance para decidir el arquitecto de la nueva iglesia de la sede de Madrid. La madre Sagrado Corazón sugirió que se hiciera cargo el marqués de Cubas. La madre Pilar, en carta de 21 de marzo de 1884, se encaró: «*Sigan ustedes mi idea, que la tengo muy pensada y dará un buen resultado; en cosa grande no nos debemos meter, aunque tuviéramos, tan a los principios, porque más valen fundaciones; y esta capilla, como digo, si bien no sea de un gusto artístico, que a nosotros nada nos importa, ni a la generalidad de las personas que no lo entienden, sería preciosa, ideal*». Frente a una madre Sagrado Corazón apasionada, optimista, crédula, Pilar era puntillosa, cerril, escéptica, suspicaz... Cualquier gasto no planteado por ella lo tildaba de atolondrado.

Como en tantas organizaciones de la Iglesia –jesuitas, teatinos, barnabitas...– hubo propuesta de fusión. En este caso con el instituto de monseñor Spínola. La madre Sagrado Corazón expresó la inviabilidad. Enseguida escribió al obispo de Coria para explicarle que de ninguna manera implicaba menosprecio por el otro instituto. Nuevos debates surgieron con temas como si el gobierno debía ser perpetuo o transitorio. Acabaría aprobándose la temporalidad frente a lo que los jesuitas tenían establecido y muchas hubiesen preferido. La apertura de una capilla en San Bernardo supuso nuevo desencuentro con el obispo, quien amenazó con solicitar que salieran de la diócesis de Madrid las casas de las esclavas si no se sometían a su criterio. Los mayores conflictos seguían brotando de la relación entre hermanas. Pilar llega a escudarse en su conciencia para revolverse. «*Si no me niego a sus planteamientos insensatos,* –escribía a la superiora general, su hermana, el 30 de agosto de 1890–, *¿no ve usted que mi conciencia se expone?*».

Las asistentes acabaron haciendo piña con Pilar en contra de la hermana chica. Esta exteriorizaría en carta de 28 de marzo de 1891: «*Nunca debí ocupar este puesto; pero, en fin, ya que nuestro Señor lo permitió, tengamos paciencia y hagamos lo posible por que esto se arregle de la manera más suave posible para todos*». Poco antes, el 13 de febrero de 1891, había manifestado a su hermana: «*Madre, usted, aunque diga la verdad, sea siempre hu-*

mildemente, no con autoridad; las formas, a veces, son el todo». Quebrada la confianza dentro del equipo directivo, resultó imperativa la dimisión de la superiora general. Las asistentes escribirían: *«Quisiéramos nosotras, libre, espontánea y alegrísimamente, que de nuevo se probase a establecer la marcha de los primeros tiempos, en que tanta paz y alegría se respiraba, produciendo, a la vez, tanta gloria de Dios».* Era imposible, porque, frente a lo que se deseaba, Pilar no iba a cambiar. Conscientes de las dificultades, añadían el 20 de agosto de 1891: *«Sabemos que la Iglesia no aprobó un gobierno absoluto para la congregación; pero nuestro ánimo no es desobedecerla, sino hacer una excepción con ustedes dos como fundadoras, esperando que Dios les comunique las mismas luces que antes y renazcan los mismos bienes».* Dimitida, la madre Sagrado Corazón sería relegada y hasta espiada. Quedó descalificada y pasó a ser tratada como una chiquilla.

A pesar de que percepciones externas apuntaban en otra dirección, la madre Pilar consideraba que su levantisco modo de obrar era obra de Dios. *«Yo no puedo sacrificar mi conciencia –aducía– cuando además Dios me da a ver así las cosas (...) por más que no niegue se haya procedido de buena fe».* De los perdurables dimes y diretes, el jesuita padre Vélez, asesor espiritual, acabó hastiado. *«Busque usted otra persona cuyos consejos oiga y siga, y avise de ello al cardenal»,* resumió su hartazgo en carta a la madre Pilar, el 28 de junio de 1892.

Pilar pasaría a ingerir su medicina a partir de su nombramiento. *«Yo pienso, Purísima (...), que estoy pagando lo mal que me conduje con esa mártir que está ahí, que, aunque tuviera razón, no la trataba como debía, y esto me amarga tanto que no sé qué haría por repararlo pronto».* Más adelante sería la madre Purísima quien más la enfrentaría. Tan valorada por las dos fundadoras, la jactancia pudo con ella, convencida de su esencial función.

El paso del tiempo sería testigo de un progresivo acercamiento entre hermanas. He aquí una carta escrita desde San Juan de Luz (Francia) el 20 de diciembre de 1899, de Pilar a Sagrado Corazón: *«Ni se asuste usted de Dios ni de mí por decirme lo que sienta, que con alguien se ha de hablar, y en mí queda dentro del secreto para que nadie pierda, y de la congregación, que es lo que debemos pro-*

curar a todo trance. Ya digo que espero ir pronto por ahí, y entonces veré eso de Patrocino, pero sepa usted en secreto (...) que Dios no permite que no goce de libertad». Iría reconociendo su cúmulo de desvaríos. En carta de 26 de marzo de 1889 al p. Urráburu: *«Soy acreedora a esto* (que las asistentes estén enfrentadas a ella) *y a todo lo que me aflige y tortura para expiar mi conducta en este sentido con mi pobrecita antecesora; es decir, lo dura y ligera que fui con ella».*

Un suceso de abismal carencia de sentido común provocaría un agrio enfrentamiento entre Pilar y Purísima. Elvira Allende había concluido el noviciado en diciembre de 1899. Pertenecía a linaje adinerado de Bilbao y sus progenitores querían celebrar a lo grande el momento en la sede central, en la calle Obelisco, en Madrid. Purísima accedió. La entrada de servicio y productos del lujoso restaurante Lhardy en el convento en un momento de hambruna en España provocó reacciones airadas en los viandantes. A los pocos días, Pilar afeó a Purísima esa cesión. Del galimatías que se vivía en el gobierno del instituto, escribió el padre Urráburu: *«Parece la confusión de Babel, que a mí me destroza el corazón viendo a personas que tratan de santidad en tal situación (...). Eso no es de Dios, eso no lo puede bendecir Dios».* El desconcierto externo era tremendo, incluidos ataques con cantazos contra conventos e iglesias, pero peor aún seguía siendo el descalabro endógeno. *«Aquí vamos caminando como se puede y no como se debiera. Las cuatro señoras* (las asistentes), *unidas y contrariadas»,* desvelaba Pilar a su hermana en enero de 1902.

El cardenal protector, Vives y Tutó, intervino de manera drástica contra la madre Pilar el 29 de enero de 1902. *«La falta de claridad y de sinceridad de usted, el tono imperioso con que propone las cosas hace violenta la situación de las asistentes e inútil su presencia en el Consejo (...). Me permitiría indicarle que entrase en su interior, que examinara detenidamente todo su proceder y pensara si acaso su manera de gobernar es más propia de un seglar que de una religiosa (...). Si busca más mandar que gobernar, más imponerse que atraer, más levantarse que servir al instituto».* Compungida al experimentar en sus carnes el trato con que ella había afligido a su anterior superiora, Pilar confesaría a su hermana pequeña el 10 de mayo de 1902: «*Hace tiempo que Dios nuestro Señor me ha dado a conocer lo injusta que fui en no examinar bien las acusaciones que contra usted se hicieron, es decir, que usted fue quien sola ocasionó los gastos que se hicieron en el instituto*».

Las asistentes movieron hilos para que la Sagrada Congregación cesara a Pilar a favor de Purísima, nombrada vicaria en junta general. Ella dirigiría la congregación durante un trienio a partir de la fecha del decreto. El encargado de transmitirlo fue fray Ruperto, secretario del cardenal protector. Cuando se le comunicó, la madre Pilar deslindó:

–*Yo estoy conforme con lo que la sagrada congregación disponga; pero conste que se me condena sin haberme oído; que no sé por qué se me condena.*

El secretario, fuera de sí, la zahirió:

–*El gobierno queda en la vicaría, en las asistentes y en nosotros. ¿Queda usted persuadida?*

–*Quedo lo mismo que estaba* –respondió Pilar con crudeza.

El 13 de mayo de 1887, la primera congregación general del instituto había elegido superiora a la madre Sagrado Corazón. Diecisiete años más tarde era cesada la hermana mayor. «*Usted no tiene más que procesar a toda la que no se rinda, y para esto basta que usted vaya anotando, buscando testigos, y luego, fuera enseguida de la congregación*», ordenó el cardenal protector a la madre Purísima por si alguien se rebelaba.

Refiriéndose a la madre Purísima, escribía para sí la madre Sagrado Corazón en mayo 1906, tras un viaje para visitar algunas casas en España: «*La cabeza que hoy nos rige es de esas criaturas que Dios envía a este mundo para acrisolar las almas, como lo está haciendo, no solo con mi hermana y conmigo, sino con todas las que no doblan la rodilla ante su ídolo, y son muchas; las antiguas, todas. Y la mayor parte de las modernas que se le doblan es por inexperiencia y por miedo, como yo lo vengo tocando especialmente ahora, que con mi ida a las casas se me han ido confiando*». «*He visto con grandísimo dolor que el espíritu hermosísimo de caridad y de sencillez en el trato se va perdiendo* –había escrito en 1903– *y en su lugar va entrando el de diplomacia, el de astucia, el de engaño; en fin, el espíritu del día, que más se vive en el instituto hoy por miedo que por amor, que es el verdadero espíritu religioso».*

A pesar de aquellas vicisitudes, las Esclavas del Sagrado Corazón se expandirían por el mundo, promoviendo el acercamiento a Dios de muchas personas. En pocas ocasiones como en esta puede afirmarse con certeza que Dios escribe recto con renglones torcidos. El respeto a la *potestas*, aunque no hubiera habido suficiente *auctoritas*, habría evitado intensa y extensa pesadumbre.

ALGUNAS ENSEÑANZAS

- **No es posible agradar a todos en todo todo el tiempo. No hay que parpadear cuando el número de descontentos es reducido**

- **El comportamiento ha de ser correcto al margen de que haya gente que nunca admite ser contentada**

- **La exigencia no está reñida con la cordialidad**

- **Solo se puede seguir a personas con defectos. Los lisonjeros provocan daño**

- **El liderazgo brota con más pureza en entornos de contradicción física o espiritual**

- **Una clave del éxito es la aplicación de las dos t's: talento y tenacidad**

- **Solicitar radical obediencia ciega en cualquier decisión, incluso en bagatelas, es manifestación de desmedida cursilería**

- **Rara vez se encuentra el elixir a la primera. Errar en primera instancia es solo prólogo para éxitos futuros**

- **Cuando se aprieta demasiado, sobre todo si se pretende encorsetar, el talento huye**

- **No hay fruto sin dolor, *no pain no gain***

CONTRADICCIONES REALES Y CONJETURADAS DE UN LÍDER

PÍO XII (1876-1958)

Retrato del papa Pío XII basado en fotografías de Luis Fernández-Laguna, 1958. Fuente: Luis Fernández García.

Pocos personajes han merecido tantas alabanzas a la vez que diatribas. No fueron moderados los tiempos que navegó Pío XII. Tuvo que codearse con personas indecentes, comenzando por Stalin o Hitler. El primero odiaba la religión; él mismo se consideraba un dios. El segundo, ofreciendo involuntariamente una descripción de su partido, opinaba de la Iglesia que «*aunque hablen siempre de amor y humanidad, a ellos les interesa solo una cosa: el poder. Poder sobre las almas de los hombres y, por ende, sobre sus vidas. La Iglesia católica semeja a una mujer artera que primero se las ingenia para dar a su marido la impresión de ser una esposa candorosa e indefensa, y luego asume el poder para consolidarlo finalmente de tal modo que el marido baile al son de su música».*

El 2 de marzo de 1876 nació Eugenio Pacelli, tercer retoño de una familia romana. Fue bautizado en la reducida iglesia de San Celso y San Julián. Su tío abuelo, el sacerdote Giuseppe Pacelli, le impuso los nombres de Eugenio María Giuseppe Giovanni. Monseñor Jacobacci, amigo de la familia, se presentó tarde a la ceremonia. Al abrazar al bebé, vaticinó: «*Dentro de sesenta y tres años justos, el pueblo, en la plaza de San Pedro y en toda Roma, aclamará ruidosamente a este niño*». Se han formulado miles de profecías análogas a lo largo de la historia. Cuando alguna acierta, como es el caso, se la cita con estima.

No enviaron al niño al jardín de infancia ni a una escuela del Estado por el extendido anticlericalismo, optando por la de las Hermanas de la Divina Providencia. Su padre quería que fuera abogado. Le matriculó en el Liceo Quirini Visconti, controlado por librepensadores. Concluidos esos estudios, Eugenio solicitó el permiso paterno para experimentar la regla canónica en un retiro espiritual de cuatro jornadas. Resolvió en esos días que se encaminaría al sacerdocio. Con ese objetivo se dirigió a Capranica, pero su frágil salud le constriñó a regresar a casa. Viajó por razón de sus intereses en astronomía por Francia, Bélgica, Holanda y Alemania, país este último por el que siempre alimentaría apego. Fue ordenado sacerdote el 2 de abril de 1899, domingo de Pascua, en la capilla Borghese de la basílica de Santa María la Mayor. Culminaría luego el doctorado en ambos derechos y otro en filosofía. Comenzó de párroco hasta que monseñor Gasparri fue a visitarle por indicación del cardenal Rampolla. Le ofreció un puesto en la Secretaría de Estado del Vaticano.

«*No me hice sacerdote para eso, monseñor* –desembuchó Eugenio Pacelli–. *Al tomar mi decisión no pensé en esa clase de necesidades de la Iglesia que me describe. Mi deseo era, y es, trabajar con las gentes de mi parroquia, sea esta u otra. Es mi única ambición*».

La respuesta fue que también sirven a Dios quienes trabajan en la administración de la Iglesia.

La década de 1904-1914 fue, en apariencia, calmosa. Pacelli se dedicó, bajo la dirección del cardenal Gasparri y por indicación de Pío X, a la codificación del derecho canónico. La legislación hacinada durante mil años en forma de edictos, bulas, instrucciones, decretos, etc. abarcaba no pocas contradicciones. Sistematizar aquella ingente cantidad de documentos estuvo erizado de complejidades.

Problemas larvados durante años estallaron en la I Guerra Mundial. Nada más dispararse los primeros cañonazos, el embajador austriaco fue a visitar a Pío X:

—*Santo padre, millares de católicos figuran en los ejércitos de Austria y de Alemania. A través de mi persona, su majestad el emperador de Austria-Hungría le pide a su santidad que bendiga a sus ejércitos en esta lucha.*

Respondió con esclarecido acierto el pontífice:

—*Yo bendigo la paz, no la guerra.*

Tres semanas más tarde, el 22 de agosto de 1914 fallecía el papa cuyo nombre había sido Giuseppe Melchiorre Sarto.

Benedicto XV, el sucesor, consagró arzobispo de Sardes al nuevo nuncio en Alemania, que no era otro sino Eugenio Pacelli. Juzgó que era la persona adecuada para proponer al propio káiser los fundamentos para una futura paz. Los esfuerzos de Pacelli resultaron baldíos. Recibido por el rey Luis II de Baviera, también accedió al canciller Von Bethman-Hollweg, quien abrió la puerta al káiser Guillermo, con nulos resultados prácticos. Pacelli se centró en disminuir en lo posible el sufrimiento de los heridos. Visitó para eso numerosos campos de prisioneros y hospitales.

La nunciatura de Múnich, siendo él titular, fue tomada al asalto. Salió hacia los rufianes:

—*Les ruego que se marchen. Esta casa no pertenece al gobierno bávaro, sino a la Santa Sede. El derecho internacional la hace inviolable.*

Le exteriorizaron con cuchufletas que aquello les traía al pairo. Entonces añadió:

—*No tengo ni dinero ni víveres; he dado todo cuanto tengo a los pobres.*

Uno de los secuaces le arrojó un revólver contra la cruz pectoral y los asaltantes se retiraron. Guardó especial apego por aquel crucifijo, que acabaría regalando al cardenal Spellman.

Tiempo más tarde, también en Alemania, al ser su coche acorralado por revoltosos indicó al conductor que levantara la capota:

–*Mi misión* –se dirigió a quienes le increpaban– *es de paz; la única arma que llevo es la santa cruz. No hago daño, sino todo el bien que puedo. ¿Por qué deberíais vosotros perjudicarme?*

Cuando el legado fue transferido a Berlín por orden del papa, la despedida fue conmovedora. La avenida de la Nunciatura se hallaba invadida por una muchedumbre que le manifestó su aprecio y agradecimiento.

Achille Ratti, convertido en Pío XI, le nombró secretario de Estado. Sucedía al cardenal Gasparri. El 10 de febrero de 1930 recibió este trepidante mensaje del pontífice: «*Nos hacemos este nombramiento por vuestro espíritu de devoción y oración, y también en consideración a los grandes talentos que Dios os ha otorgado*». Cuando Mussolini comenzó a punzar a las juventudes de Acción Católica, Pacelli sugirió al papa escribir una encíclica. El problema era publicarla, porque el dictador no admitiría su edición en Italia. Acabaría llegando de contrabando a París para conocimiento de la prensa internacional. Paralelamente se multiplicaron los problemas en España por la persecución religiosa emprendida por los republicanos y que fue más sangrienta, por los asesinatos de católicos, que la Revolución francesa o las guerras cristeras de México. El 1 de septiembre de 1906, Alejandro Lerroux se dirigía en Barcelona a los vándalos protagonistas de la conocida como Semana Trágica, anticipación de la futura guerra de 1936: «*Jóvenes bárbaros de hoy, meted en el saco a la civilización decadente y miserable de este desventurado país, destruid sus templos, acabad con sus dioses, alzad el velo de las novicias y elevadlas a la categoría de madres para virilizar la especie (...). No os detengáis delante de los sepulcros ni de los altares. No hay nada sagrado en la Tierra. El pueblo es esclavo de la Iglesia, vive triste, ignorante, hambriento, resignado, cobarde, embrutecido por el dogma y encadenado por temor al infierno..., y hay que destruirla*».

Manuel Azaña, ayuno de conocimiento y repleto de encono visceral, escribía en 1930: «*Estoy pronto a afirmar que los frailes propagan la encefalitis letárgica, como hace noventa años propagaban –era de fe– el cólera. Mi anticlericalismo no es odio teológico, es una actitud de la razón*». Azaña era presidente de un gobierno formado en buena medida por fanáticos, chiquilicuatres, por él seleccionados. Describía a su ministro de Agricultura, Marcelino Domínguez: «*Lo más inasequible del mundo es pedirle a Domínguez precisión y detalles de ninguna cosa. Hasta el castellano que habla se compone de expresiones vagas, generales e inapropiadas (...). Acepta lo que otros dicen, sin maduro examen y sin medios de criticarlo. Su desconocimiento de las cosas del campo es total*».

Durante la guerra de España (1936-1939) fueron asesinados casi nueve mil clérigos por el hecho de serlo. Al menos trescientas fueron mujeres, pertenecientes a más de sesenta instituciones diferentes. Algunos botones de muestra. Pilar Gullón, de veinticinco años; Octavia Iglesias, de cuarenta y un años; y Olga Pérez, de veintitrés, eran enfermeras católicas de la Cruz Roja. Fueron masacradas en Somiedo (Asturias). El caso alcanzó particular relevancia porque nunca en Europa habían sido exterminadas trabajadoras de la Cruz Roja. El Patas, jefe de una de esas sangrientas expediciones, que se multiplicaron en la España republicana contra los católicos, equiparables a las prácticas nazis con los judíos, les ofreció liberarlas y regresar a Astorga si renegaban de su fe. Al negarse, las enchironaron y el cabecilla dio permiso a los milicianos para que hicieran lo que les viniese en gana con ellas. Las violaron y al día siguiente, 28 de octubre de 1936, las fusilaron desnudas.

También en 1936 fueron torturadas catorce monjas concepcionistas. La hermana María del Carmen Lacaba era una de ellas. Pudo haber abandonado a sus hermanas de congregación y librarse del martirio, pero se mantuvo fiel y unida al grupo. A una, paralítica, los milicianos la arrojaron escaleras abajo. Lacaba y sus compañeras de congregación fueron vejadas y masacradas. Tan solo se conservan los restos de las dos monjas del monasterio de El Pardo, que fueron acribilladas en un descampado de la carretera de Vicálvaro.

Al menos dieciséis granadinos fueron asesinados entre julio y septiembre de 1936. Eran Cayetano Giménez Martín, párroco de la

Encarnación y arcipreste de Loja, junto a otros quince. Casi todos sacerdotes, además de un laico y un seminarista. Cuando se escriben estas líneas, el número explícitamente reconocido de mártires españoles de la persecución religiosa de los años 30 del siglo XX supera los 1.915. Esta descomunal cifra es provisional; se siguen tramitando causas pendientes tanto en las diócesis como en el Vaticano. Innumerables suplicios, asesinatos atroces e iconoclastia fueron, en fin, la constante del salvajismo comunista contra el clero católico, y en general contra los creyentes, acosados con saña como alimañas. Un *marketing* sectario y vejatorio ha minimizado el sanguinario acometimiento de la turbamulta. José Ortega y Gasset, tras catequizar la llegada de la república pronto manifestó su arrepentimiento. «*Una cantidad inmensa de españoles que colaboraron en el advenimiento de la república con su acción, con su voto o con lo que es más eficaz que todo esto, con su esperanza. Se dicen ahora entre desasosegados y descontentos, ¡no es esto, no es esto! La república es una cosa. El radicalismo es otra. Si no, al tiempo*».

El 14 de septiembre de 1936 Pío XI recibió en audiencia a religiosos, sacerdotes y seglares españoles exiliados en Italia. El cardenal Pacelli se encargó de la presentación de aquel grupo al romano pontífice. Habló del «*aullido blasfemo de turbas desordenadas arrastradas por insanas teorías, turbas que anhelaban el exterminio de todo lo que es humano y grande, de todo lo que es santo y es divino*», catervas que llevaban su enajenación hasta a disparar contra las imágenes sagradas.

Con Hitler los problemas iban también agravándose. Cuando se anunció su llegada a Roma, el papa y Pacelli se retiraron a Castelgandolfo, porque, como luego dirían, no deseaban ver «*la cruz gamada, que no era la Cruz de Cristo*». La indecencia de Hitler, paralela a la de Lenin o Stalin, la dejó de manifiesto el cabo bohemio en esta afirmación: «*El más solemne tratado tiene que ser violado o llegar a caducar un día u otro. El que se molesta en consultar a la propia conciencia para saber si debe continuar observando un pacto, sea este el que sea, o sea la que sea la situación, es un imbécil*».

Pío XI, en su mensaje navideño del 25 de diciembre de 1938, mes y medio antes de morir aseguraba: «*Hoy se desata en Alemania una auténtica persecución religiosa, os lo digo yo. Una persecución que no tiene reparos en usar cualquier arma: amenazas, información falsa y, en última instancia, violencia física... Alemania es el escenario de una campaña falsaria contra la jerarquía católica, la religión católica y la Santa Iglesia de Dios. La protesta que hacemos ante el mundo civilizado no puede ser más clara e inequívoca».* No sirvió de señuelo el que el ministro de guerra germano dogmatizase que las operaciones durarían seis semanas ante la petición del romano pontífice por que evitara el conflicto.

Eugenio Pacelli fue el responsable de preparar la nueva elección tras el fallecimiento de su antecesor y amigo Pío XI. Se alzaron en las galerías de San Dámaso sesenta y dos recintos, cada uno divido en tres estancias. Allí residirían los cardenales con dos acompañantes denominados conclavistas. Las ventanas fueron teñidas de blanco y cegadas con lonas. Las escaleras que partían de las puertas de bronce de la sala fueron enladrilladas. Quedó un pequeño portillo bajo el control del príncipe Chigi, gobernador del cónclave. En segunda votación, y con dos tercios de los sesenta y dos votos disponibles, fue electo Pacelli. Suplicó a los electores que lo reconsideraran y se procediera a nuevo sufragio. Accedieron a sus deseos para concluir con unanimidad a falta de un voto, el suyo, que fue para el cardenal Granito de Belmonte, decano del sacro colegio. Pío XII nombró entonces al cardenal Maglione secretario de Estado para que le ayudase a llevar a buen puerto la barca del pescador. Cuando falleció, en 1944, no sería sustituido, y el propio Pío XII actuó en adelante como secretario de Estado.

Pío XII, siguiendo las huellas de su predecesor y buscando un apaciguamiento que algunos intentaban y otros consideraban quimérico, escribiría al cabo bohemio poco después de ser nombrado: *«Al ilustre señor, Adolf Hitler, führer y canciller del Imperio alemán. Hoy, al comienzo de nuestro pontificado, Nos queremos asegurarle que Nos seguimos siendo devotos para con el bienestar del pueblo alemán confiado a su jefatura. Nos imploramos a Dios Todopoderoso que le otorgue la auténtica felicidad que se deriva de la religión. Nos recordamos con inmensa complacencia los muchos años que Nos pasamos en Alemania como nuncio apostólico, cuando Nos hicimos todo lo posible para establecer relaciones armoniosas entre Iglesia y Estado. Ahora que las responsabilidades de nuestra función pastoral han acrecentado nuestras oportunidades, Nos rezamos con mucho más fervor para alcanzar ese objetivo. ¡Ojalá llegue, con ayuda de Dios, la prosperidad para el pueblo alemán, y su progreso fructifique en todos los dominios!*

Firmado, hoy, 6 de marzo de 1939, en San Pedro de Roma, el primer año de nuestro pontificado».

«Que todos cuantos han asumido la responsabilidad de guiar a sus pueblos oigan la voz de Cristo detrás de nuestra voz», reflexionaría el 24 de agosto de 1939. *«Me dirijo a todos vosotros, conductores de pueblos, políticos, hombres de armas, escritores, locutores, y a cuantos tengan autoridad sobre los pensamientos y hechos de sus hermanos y responsabilidad de su fe. Nos, que estamos armados solo con la espada de la verdad, os hablamos en nombre de Dios... A todos los gobernantes y a todos los pueblos dirigimos nuestro más sincero llamamiento; a los gobernantes para que abandonen la amenaza de las armas y traten de resolver los conflictos presentes por el único método justo: el de los pactos justos; a los pueblos, para que puedan reforzar los intentos pacíficos de sus gobernantes. La justicia se consigue con la razón, no con las armas. Las conquistas y los imperios que no se basan en la justicia no reciben la bendición divina. El peligro es tremendo, pero todavía se está a tiempo de conjurarlo. Con la paz nada se pierde y, en cambio, con la guerra se pierde todo».*

Poco después del comienzo de la II Guerra Mundial, von Ribbentrop, ministro alemán de Exteriores, acudió a visitarlo acompañado del embajador alemán, Diego von Bergen. El funcionario deseaba impresionar a Pío XII, o más bien amedrentarlo. El papa le mostró con parsimonia una cartera en la que rebosaba información sobre las salvajadas cometidas por los nazis en Polonia.

Las actividades de Pío XII durante la guerra se multiplicaron, incluyendo las visitas a las zonas afectadas por los bombardeos aliados de Roma, tanto en un barrio junto a la iglesia de San Juan de Letrán como en el Tiburtino. Ordenó acoger refugiados, fundamentalmente judíos, tanto en el Vaticano como en templos, conventos y otros inmuebles bajo su amparo. Abonó a sus expensas parte del tributo que los nazis exigieron a la comunidad judía de la Ciudad Eterna, un millón de liras y cien libras de oro. En cuanto le fue posible,

Pío XII abrió cocinas para proporcionar cientos de miles de raciones a los desplazados. En 1945 el Vaticano repartió veintinueve millones de raciones. En 1946, cuarenta y uno.

A pesar del carácter hierático de Pio XII, no faltan testimonios sobre su sentido del humor. Cuando el general Mark Clark se excusó:

—Temo haber molestado a su Santidad con el estrépito de mis tanques. Crea que lo siento.

Pío XII respondió:

—General, siempre que venga para liberar a Roma puede hacer el ruido que quiera.

La hermana Pascualina Lehnert es relevante en la vida de Pío XII. Había nacido el 25 de agosto de 1894 en una granja de Ebersgerg (Baviera). La población, de dos mil habitantes, se halla enclavada a cuarenta kilómetros de Múnich. Su nombre de bautismo fue Josefine. Conoció a Eugenio Pacelli en un balneario suizo, en Rorschach, donde prestaba servicio y al que el futuro pontífice había acudido a restablecerse por indicación de Michael von Faulhaber, arzobispo de Munich. Por el machismo señoreante de la época se vio como natural que ni siquiera se despidiese, a pesar de lo solícita que ella había estado. Sin embargo, cuando Pacelli fue nombrado nuncio en Múnich, solicitó su colaboración. Al incorporarse a la legacía hubo amago de motín, pero ella se impuso. Lo explicó así a Pacelli: «*Fui adiestrada para ser eficiente, Eminencia. Por consiguiente, debo elegir entre dos alternativas: o hacer las cosas bien, como me lo exige mi entrenamiento, o regresar a la casa madre*».

En su desempeño como nuncio, logró intercambiar unos sesenta y cinco mil prisioneros de los ejércitos beligerantes. Al regreso de sus viajes quedaba arrobado por cómo Pascualina manejaba la logística de la casa. Era también una sólida colaboradora. Al producirse un levantamiento marxista como consecuencia del cual casi todos los embajadores abandonaron Múnich, Pacelli se quedó. Pascualina tampoco huyó.

El fallecimiento de su protector Benedicto XV en 1922 había inducido a Pacelli a contar de nuevo con Pascualina, quien hacía de madre adoptiva, secretaria, enfermera y asesora. En 1925, al ser trasladado a Berlín solicitó que dos hermanas más de la Santa Cruz acudieran a tener en orden el extenso edificio. Cuando fue convocado al Vaticano, inicialmente se olvidó de ella, pero en otoño de 1929 la llamó para que le acompañara de nuevo a la clínica suiza donde la había conocido y donde retornaba para recuperar fuerzas. Más adelante sería emplazada para viajar a Roma y proseguir su labor como ama de llaves. Entre tanto, Pacelli había entrado en contacto con Francis J. Spellman, sacerdote norteamericano de larga y glosada trayectoria como *the American Pope*, el papa americano. Quedaron mutuamente magnetizados. Durante años mantendrían excelente relación. Spellman, tras obsequiar a Pío XI con un tren privado, tres automóviles Graham Paige y cuarenta y cinco mil dólares, consciente de la importancia de Pascualina en las necesidades logísticas de Pacelli, había solicitado al pontífice reinante el traslado de la monja al Vaticano.

A su llegada, Pío XI indicó a la religiosa: «*Hermana, usted ocupará una mesa contigua al despacho de Pacelli. Esperamos que cuide bien de su Eminencia. Ahora siga su camino y compórtese como le dice el Santo Padre*».

Spellman aconsejó que, en aquella sociedad tan marcada por el poder de los varones, se dirigiera lo menos posible a los encopetados cardenales y que lo hiciera con la máxima veneración. Señalando un pez disecado colgado en la pared, le leyó el rótulo que campeaba: «*Si hubiese mantenido cerrada la boca, no estaría aquí*».

Pascualina desarrolló intuición, como cuando con ocasión del concordato con Mussolini advirtió a los incautos de que el dirigente fascista se apropiaba del privilegio de decidir quién debía o no ser obispo. Por encima del bien y del mal, el futuro Pío XII siempre consideró que nadie podía pensar mal de su relación con esa eficaz ayudante. No le faltaron desencuentros prácticos. La alemana lo veía todo en blanco y negro, en simetrías de buenos y malos, olvidando que la vida es un enjambre de difusos grises, más aún en el entorno vaticano. Cuando por ejemplo Pacelli fue enviado a Estados Unidos para segarle la hierba bajo los pies a Charles Coughlin, sacerdote que discurseaba ferozmente en contra de la política del presidente de EE. UU., se informó de que «*había pasado unas benditas vacaciones muy agradables en los Estados Unidos*».

Pacelli había quedado fascinado por el doctor Riccardo Gaelazzi-Lisi, un oftalmólogo que se lo había ganado. Todo había empezado el día en el que había vislumbrado un letrero chillón con un ojo pintado. Como precisaba gafas nuevas, entró. El buen doctor, que a decir de expertos suplantaba el conocimiento con adulación, se ganó tanto a Pacelli que, cuando le aconsejaban otros galenos, patentizaba: «¡*Yo conozco solamente a un doctor en Roma!*».

Pascualina concitó la enemistad de casi todo el mundo, y especialmente la del cardenal Tisserant, quien la despidió abruptamente pocas horas después del fallecimiento de Pío XII. Se llevó sus efectos personales y un estipendio de ciento cincuenta dólares.

Contaba que el cardenal le endosó:

—*Usted se marchará al anochecer, como lo ha decretado el sacro colegio. Puede llevarse una cosa de Pío, sus pájaros. Así nos libraremos de ellos y de usted.*

Una vez inhibida del poder, afirmaría Pascualina:

—*El concepto soledad no es simplemente una cuestión de estar solo. Soledad es la sensación de que ninguna otra persona se interesa verdaderamente por lo que te pueda suceder.*

Tiempo atrás Spellman le había explicitado:

—*¡No se compadezca más de sí misma, madre Pascualina! Usted ha defendido siempre las enseñanzas de Cristo como la más ferviente activista. Si le parece que la Santa Sede no da el ejemplo apropiado hoy día, ¿por qué no lo da usted?*

Como en todo ciclo de desconcierto, no faltaron en aquella compleja época sucesos irritantes y pautas apocalípticas, como cuando en 1935 el arzobispo de Siena se plantó ante los militares que se aderezaban hacia Etiopía, y con una bandera fascista en la mano, peroró:

—*¡Italia, nuestro gran duce y los soldados están a punto de conseguir una victoria por la verdad y la justicia!*

El obispo de Miniato también desvarió:

—*¡El clero italiano está dispuesto a fundir el oro de las iglesias y el bronce de las campanas por el triunfo de Italia!*

Pío XII, como es raramente evitable cuando se alcanza el poder, fue hombre de camarilla. A la muerte de Patrick Hayes nombró sustituto del arzobispo de la diócesis de Nueva York a su amigo Francis J. Spellman, que hasta el momento ejercía de obispo auxiliar en Boston, saltándose el escalafón según el cual el puesto le hubiera correspondido al arzobispo McNicholas, auxiliar de la diócesis, a quien Pío XI había anunciado el ascenso tres meses antes. El cardenal William O'Connell, de Boston, nada amigo de Spellman, recibió la noticia con profundo desagrado. *«Esto es lo que le sucede a un contable cuando le enseñas a leer».*

Muy aireado fue el enfrentamiento entre Spellman y Fulton Sheen. Cuando no consiguió que el papa descalificase a Fulton, Spellman no le renovó el contrato para su espacio de televisión y gestionó su traslado a una pequeña diócesis al norte de Nueva York, conocida como la «Siberia eclesiástica». Todo había comenzado por una trifulca sobre la aplicación de determinados fondos.

Pío XII, en fin, se ocupó del espíritu misionero de la Iglesia. En *Fidei donum* (1957) solicitó a las diócesis de todo el planeta que remitieran sacerdotes para las misiones. Tres años antes, su encíclica *Ad Sinarum Gentes*, en la que defendió la tarea misionera, había sido recibida como una andanada por las autoridades chinas, las cuales, en defensa de un sano nacionalismo, valga el oxímoron, hicieron pagar con sangre de laicos y presbíteros la audacia del papa de promover la difusión de la fe. *Ad Apostolorum Principis*, de 29 de junio de 1958, desautorizó la asociación patriótica y las ordenaciones episcopales de funcionarios chinos no aprobados por Roma. Implicó la condena a los fieles a la clandestinidad. Resultan incomprensibles por esto medidas que se han tomado en fechas recientes desacreditando el heroísmo de miles de católicos. También fue el nacionalismo racista, valga la reiteración, causa de los infames sucesos entre hutus y tutsis que se desarrollarán en Ruanda en los últimos años del siglo XX. En esas matanzas numerosos católicos fallecieron al procurar detenerlas.

Aunque la Unión Soviética se aplicó a fondo para descalificar el proceder de Pío XII frente a los nazis, concluida la II Guerra Mundial el gran rabino Herzog acudió a visitar a Pío XII para *«dar las gracias oficialmente al santo padre y a la Santa Sede por los múltiples actos de caridad a favor de los judíos».* Golda Meir, prócer del Estado judío y luego primera ministra, afirmó que *«cuando en la década del terror nazi nuestro pueblo sufría tan horrible martirio, el papa alzó su voz en defensa de las víctimas».* Y Moshe Sharett, segundo primer ministro, declaró tras su encuentro con el pontífice:

«Le he dicho [al papa] *que mi primer deber era dar las gracias en nombre del pueblo judío a él, y a través de él a la Iglesia católica, por la ayuda prestada en distintos países a favor de los judíos. Estamos profundamente agradecidos a la Iglesia católica».*

La situación no había sido sencilla, porque, entre otros, Edith Stein, carmelita convertida del judaísmo, fue conducida a la muerte tras la intervención de los obispos holandeses contra el nazismo. Mucho antes, y durante la Kristallnacht, Noche de los Cristales Rotos, del 9 al 10 de noviembre de 1938, los nazis habían emborronado el palacio arzobispal de Múnich con el lema *«después de los judíos, los amigos de los judíos».* He tratado este tema en *El management del III Reich* (LID).

ALGUNAS ENSEÑANZAS

- La formación no es ideológicamente neutra
- No hay que ser desmedidamente exquisito para juzgar entornos adversos y de riesgo, incluso vital
- Prudencia y temor se combinan con alta complejidad a la hora de gobernar
- No se puede demandar continua heroicidad
- Dar pábulo a la maledicencia está profundamente extendido. No aporta nada, solo corroe
- Resulta risible visualizar existencias de muchos que critican zarandajas de otros
- El *cursus honorum* suele contribuir al buen gobierno, aunque no lo asegura de forma concluyente
- Todo directivo acaba por crear una camarilla de asesores, ojalá no marionetas
- Juzgar sin datos es memez, cuando no mera mala intención
- La frontera entre apocamiento y sensata diplomacia no es diáfana

INNOVACIÓN REVOLUCIONARIA EN LA FORMACIÓN

SAN PEDRO POVEDA (1874-1936) Y LA INSTITUCIÓN TERESIANA (1911)

San Pedro Poveda, 2006. Fuente: We El (Overleg/bijdragen) Wikipedia.

Los albores del siglo XX, al igual que el final del XIX, están repletos de iniciativas: obras de beneficencia, periódicos, publicidad, organizaciones para ayudar a pobres, enfermos o ancianos, etc. Algunas sobrevivirán y otras no. Son prolegómenos con mensajes que luego serán calcados. Al margen de la inclinación ideológica, muchos consideran con acierto que la educación es el motor de la renovación cívico-social y económica: el krausismo, cercano a la escuela erróneamente denominada neutra (Giner de los Ríos y la Institución Libre de Enseñanza); la escuela libertaria de Ferrer Guardia; la escuela única de Núñez de Arenas; las escuelas del Ave María, de Andrés Manjón; las academias de Pedro Poveda...

La innovación del proyecto de Poveda sobresale porque, implicando programas regeneracionistas, se encamina al desarrollo científico y profesional de los maestros, constituye asociaciones, genera instituciones, participa en el debate y no rehúye la intervención ejecutiva. Con terminología contemporánea, Poveda es asertivo, efectivo, proactivo, nunca reactivo. Propagando cultura contribuye a explayar las capacidades de quienes forman parte del proletariado. Aunque probablemente John P. Kotter no supiera de su existencia, resulta interesante verificar que muchas de sus propuestas en su estudio *Leading Change* parecen directamente inspiradas en el padre Poveda, comenzando por la reflexión de que, sin formación y enardecimiento de los implicados, cualquier inversión tangible o intangible queda estéril. Con frecuencia se subestima el músculo preciso para extraer a otros de sus áreas de confort.

Poveda promueve una Institución Católica de Enseñanza (ICE) fundida por una meta, estructurada con equipos que definirán con claridad responsabilidades rectoras, didácticas y administrativas. Todo inspirado y tratando de conectar con la vida de los primeros cristianos como asociación internacional de laicos. Kotter conceptualizaría muchos años después que el cambio requiere crear un nuevo sistema con un renovado estilo de liderazgo.

Como en cualquier obra, aun teniendo clara la cima, Poveda tuvo que aprender. El roce con otras culturas y personas lo espolearía desde los primeros años a impregnarse de las necesidades específicas de las nuevas coordenadas. Confesaba Poveda que cuando viajó a Covadonga en plenos barruntos «*no pensaba en que la obra fuese esto ni se hiciese con mujeres (...). Mi aspiración de entonces no era nada concreto, sino dar la voz de alarma para señalar el peligro*». Alejado de reacciones patológico-endogámicas de otros fundadores o sosias de fundadores, Poveda no plantea una institución autorreferencial, estableciendo sanas relaciones con otros movimientos, como la Asociación Católica Nacional de Propagandistas. He aquí la afectuosa respuesta de Piñana, vicerrector de asuntos educativos del periódico *El Debate*, tras una carta de agradecimiento de Poveda por el artículo «El Internado Teresiano»: «*No tiene V. que agradecer nada a esta oficina. Perseguimos el mismo fin que V. y, al trabajar con el mayor entusiasmo cuanto podemos a favor de su obra, no hacemos sino cumplir uno de nuestros fines, de los de mayor importancia, por cierto*».

Muchos católicos se afanaban por influir en política. En 1868, por ejemplo, se había puesto en marcha la Asociación de Católicos, tras una sesión mantenida en el domicilio del marqués de Viluma.

Los participantes anhelaban mantener y preservar la unidad de la Iglesia con la publicación de obras apologéticas y al abrigo de las escuelas confesionales. En la década de los setenta del siglo XIX se extendía la Juventud Católica, que organizó academias locales y círculos católicos de obreros. También se multiplicaron las ligas, la junta diocesana de intereses católicos en Barcelona, el comité de defensa social, etc. Muchos, con perspectivas hermanadas, ensayaban más o menos lo mismo. Como no faltaron absurdos desplantes, Pío X remitió una carta el 20 de febrero de 1906 a Victoriano Guisasola, obispo de Madrid-Alcalá, requiriendo a los católicos españoles que extinguieran disensiones internas. Era el mismo pontífice que había recriminado acerbamente al cardenal Mathieu por sus indiscreciones al publicar lo sucedido en el cónclave. Refunfuñaba de que surgieran *pettegolezzi*, habladurías, sobre la esposa de Cristo.

En la fundación de la primera academia de Santa Teresa en Oviedo, en diciembre de 1911, y en las sucesivas en Linares, Jaén o Madrid, abundaban jóvenes entusiastas con ansia de depurar la sociedad a través de una escuela en la que proyectaran su profundo compromiso espiritual con una plena disponibilidad. La acogida no fue buena, ni dentro ni fuera de los lindes de la Iglesia. Algunos, porque ideológicamente las veían como amenaza. Otros como directa competencia. Poveda instituyó enseguida una dirección colegiada que las hiciera menos endebles. Desde los orígenes y sobre todo a partir de 1914 se extendió una campaña contraria, tal como detalla en su texto *Vosotras seréis la Obra* (1915). Gracias también a las diversas colisiones, la inicial Institución Católica de Enseñanza-ICE fue ajustando su designio primitivo subrayando la relevancia de contar con profesoras y directoras intachablemente implicadas. Al regreso de una peregrinación a Ávila y Alba de Tormes, Poveda comienza a redactar los estatutos para institucionalizar la obra. Como no podía ser menos, no faltaron las turiferarias. Josefa Segovia, cofundadora, diría del paladín que lo hizo todo muy bien, «*¡sin faltar ni un detalle!*».

El código de derecho canónico de 1917 contribuyó a incrementar la corriente teológica caracterizada por la reflexión sobre el laicado. Gerard Philips lo recordaría años más tarde en su investigación

Misión de los seglares en la Iglesia (1954). Había múltiples precursores. Entre otros, el libro de Félix Sardá y Salvany, *El apostolado seglar* (1885); o el de Antonio Claret, *Religiosas en sus casas* (1850).

Poveda, tras la aprobación diocesana de 1917, aseguró «*la obra ya no es mía, es de la Iglesia*». Para evitar yerros, en noviembre de 1917 aclaró que «*no es necesario para pertenecer a la institución teresiana ser miembros de sus academias e internados: basta conocer los fines de la obra y trabajar desde las cátedras, escuelas, inspecciones, etc., por la cultura católica de la mujer*». La sabiduría había ido calando, en parte gracias a los fiascos. En Asturias, por ejemplo, se habían visto obligados a cerrar el 17 de abril de 1913 tras meses de intentos. Poveda confesaba que «*los desengaños sufridos en Gijón fueron tremendos, pero no llevaron el desaliento a mi espíritu. Hasta pocos meses antes de salir de Covadonga seguí trabajando para que en Gijón se consolidase alguno de los proyectos. Todo fue inútil*». Estos obstáculos se presentan en cualquier tipo de iniciativa. El mismísimo Jack Welch, por tantos idolatrado, necesitó más de diez años con inversiones de docenas de millones de dólares para lograr que General Electric alcanzara las metas que anhelaba.

El 30 de mayo de 1915, Luis Zulueta, de la Institución Libre de Enseñanza, visitó de paso por Jaén la academia de Santa Teresa y quedó fascinado. Desde su profunda discrepancia ideológica, testimoniaba que «*si nos descuidamos, un hombre solo llena España de internados*».

El primer directorio quedó constituido por Pedro Poveda, Antonia López Arista y Josefa Segovia. Antonia (conocida como Antoñita y pariente de Pedro Poveda) falleció al poco (+1918) y fue sustituida por Isabel del Castillo. El obispo fray Plácido Ángel Rey-Lemos apuntó que Poveda debía renunciar. El Vaticano imponía que las mujeres rigiesen sus instituciones. Entre otros porqués, para que un presbítero no frecuentase residencia de féminas. El 13 de abril de 1922 se comunicó la renuncia. En septiembre de 1922, la institución teresiana presentó un nuevo organismo, el consejo técnico, encargado de asesorar a las academias en aspectos educativos y culturales. Se trataba de una original auditoría interna.

En conversación de Pedro Poveda con el nuncio Federico Tedeschini surgió la idea de solicitar en Roma la aprobación pontificia y obviar obstáculos planteados por algunos obispos. El 11 de febrero de 1924 llegó la respuesta desde la Urbe constituyéndolos como asociación seglar o Pía Unión Primaria. La petición había sido arropada por las cartas de trece obispos y arzobispos. Culminaba de este modo la inicial aprobación diocesana de 1917 para ese plantel de cristianos coherentes. La institución teresiana quedó integrada por las asociaciones que componían la obra: la de las que asumían la responsabilidad mayor (teresianas en sentido estricto) y las de cooperadoras. Algunas no lo aceptaron de buen grado. Dolores Riesco Díaz se empeñó en promover una *spin off*, fundando una congregación religiosa centrada en el bachillerato superior y la universidad. Abandonó la institución teresiana, pero su iniciativa no cuajó.

El desembarco de la II República, palmariamente anticatólica, durante los gobiernos de las izquierdas avaló lo oportuno de la intuición de Pedro Poveda con la institución teresiana, que tan bien captaba el papel del seglar. A pesar de todo, la ojeriza obsesiva de los laicistas se materializó. Por ejemplo, Rodolfo Llopis, director general de enseñanza, se empecinó en proscribir a las teresianas de cualquier puesto docente. Diseccionaba con finura el padre Poveda que *«la neutralidad es un juego de palabras empleado como anzuelo para obtener adeptos, que no lo serían si las cosas se llamaran por su nombre (...). Sin embargo, es que diciendo neutra no se asustan los incautos y diciendo antirreligiosa sí»*.

A pesar de los escollos creados por las autoridades republicanas, la institución crecía en alumnas, cooperadoras y teresianas. Como algunas habían flaqueado, en la segunda Asamblea General de la Institución Teresiana, celebrada en Oviedo del 25 de julio al 15 de agosto de 1935, Eugenia Marco defendió con pleno sentido común ajeno a otras organizaciones parejas que en la selección el criterio fuese la calidad y no el número. Se desplegó también la asociación de antiguas alumnas para que no desmayasen cuando fuesen destinadas a localidades aisladas.

Sabedor de la importancia del afecto en la vida de las personas, Poveda insistía en que en sus residencias debería promoverse la «vida de familia», y explicitaba: *«yo creo que los internados son tanto mejores cuanto más se asemejan a la vida de familia (...). En nuestras casas no hay niñas remilgosas, ni mustias, ni aburridas, y yo creo que este es el medio más a propósito para educar».* Avivaba la comunicación para mimar la fraternidad, remitiendo postales, intercambiando minerales u organizando excursiones entre residentes de las diversas casas.

Del encomiable espíritu de los comienzos habla Carmen Arteaga en 1914. *«Todas, al entrar aquí –escribe– vemos que no hay ricas ni pobres, torpes ni listas, buenas ni malas. Somos iguales. A las ricas las reprenden cuando lo merecen, como a todas; a las pobres se les guardan las mismas consideraciones que a las otras; a las torpes se las anima con auxilios y palabras dulces; a las listas se las corrige cuando se envanecen con infundada soberbia, las buenas comprenden que deben serlo imitando el ejemplo y modelo que tienen a la vista, y a las malas... se pudiera decir que no las hay, aunque una educación torcida y defectuosa las haga aparecer como tales».* Para estas últimas detallaba sabios consejos entreverados con suaves represiones.

Explicaba Poveda que el liderazgo ha de promoverse con el ejemplo. *«¿Por qué hay tan pocos verdaderos cristianos? Porque hay falta de enseñanza cristiana. En la medida de nuestras fuerzas estamos obligados a hablar, enseñar y tratar las cosas de Cristo, sencillamente. Primero, sabedlas vosotras muy bien; que cada una sea una catequista y, después, que lo enseñe donde quiera que sea».* Para superar obstáculos es imprescindible contar con el prototipo adecuado. Se enseñaban virtudes humanas, hábitos operativos, arrancando en la diligencia: *«Puntualidad, complemento de la laboriosidad, ya que la falta de orden hace agobiante el trabajo y estéril toda labor (...). ¿Cómo debemos estudiar? San Bernardo decía a sus monjes que todo el fruto de la ciencia dependía del orden, del entusiasmo y del fin del estudio».* Poveda resumía que la ciencia abrillantaría la virtud de las teresianas.

Desde 1924 abren nueve centros más en España, la mayor parte residencias universitarias. Multiplican los círculos de estudios y los ejercicios espirituales, alimentan un enfoque innovador, tanto desde el punto de vista teórico como práctico. Se incide en la formación en oratoria y redacción. Poveda prioriza cimientos sólidos, métodos de trabajo y posibilidades de información para que afronten los óbices.

Implora a sus seguidoras «*un sistema nuevo, unos métodos nuevos, unos procedimientos tan nuevos como antiguos inspirados en el amor*». Les recuerda que el estudio genera respeto. Sus escritos se detienen con insistencia en la obligación de prepararse técnicamente. Requiere ensamblar virtud con conocimiento. «*Vuestra ciencia debe ser tal que nadie supiera más que vosotras, ni nadie tuviera el arte que vosotras para hacer amable el estudio*». Es innovador, predica educación integral, sumando deporte y gimnasia. Promueve interacción entre profesores, alumnos y padres.

Poveda es un incontestable pionero. Entre sus aportaciones se cuentan elaborar un ideario pedagógico ordenado a la educación de la persona, tanto desde el ángulo individual como social; dotar a la enseñanza oficial de una tipología de maestro abierto y comprometido con el cambio, de un nuevo estudiante y de una escuela que quiebre los estrictos esquemas verticales; y capacitar a la mujer deparando oportunidades para que desenvuelva su creatividad. Aplica metodologías dinamizadoras en un entorno de aprendizaje que tienda puentes entre ciencia y realidad. Escribe en 1935 remachando su mensaje que «*la institución se fundó para formar maestras cristianas que trabajaran en la enseñanza pública y lo demás son solo medios para llegar a este fin*». Su objetivo cristianizador le conducirá al martirio en julio de 1936.

El papel de la mujer es revolucionado por la institución teresiana. Suceso Luengo escribió en febrero de 1915, en *El Boletín de la Academia de Santa Teresa de Jesús* que «*los pocos que aún tienen el mal gusto de ver en todo esfuerzo intelectual de la mujer un ataque a no sé qué supuestas prerrogativas de sexo y condición, prerrogativas que unas tras otras van cayendo a impulso de la piqueta demoledora del progreso que, a despecho de todo, esgrime sin tregua el espíritu de justicia social. En virtud, la mujer ha cesado de ser cosa primero, y esclava después, para llegar a la situación actual, es decir, a la categoría de compañera del hombre, no solo en el templo del hogar, sino en el augusto ideal, luminoso y sublime de la ciencia*».

El estudio es camino de santidad. Lo reitera Poveda en 1933 en forma de preguntas. «*¿Les hacéis conocer la obligación que tie-*

nen de estudiar? ¿Les habláis para despertar en ellas el deseo de estudiar? ¿Les dais a conocer la obligación que en justicia tienen, por el sacrificio que hacen sus familias? ¿Les encarecéis la responsabilidad que contraen no aprovechando los talentos que Dios les concedió? ¿Les manifestáis las glorias de la ciencia, el provecho que reporta a la humanidad y lo que aproxima a Dios la ciencia verdadera? ¿Les dais reglas para estudiar bien y con provecho?».

En carta de 12 de marzo de 1927, escribe que la labor se funda en una sólida piedad, estudio serio, trabajo personal, cultura sana, vida ordenada, desarrollo armónico, robustez física... Concluye que educar a la mujer es perfeccionarla. *«Si no edificáis por vuestra ciencia, por vuestro estudio, por vuestro saber, habrá que dudar de vuestra virtud y temer por vuestra fe y negar vuestro teresianismo»*, vuelve a la carga el 8 de enero de 1919. En septiembre de 1932 incide en que *«el arma de vuestro apostolado es la ciencia»*.

En 1920, dentro del texto *Consejos para el estudio*, escribía Pedro Poveda que cuando en una de sus casas no se observa afán por los libros y revistas, empeño en adquirir material de enseñanza, por hacer excursiones científicas, promoción de conferencias y actos literarios, no hay en ella teresianas comprometidas con su misión y de que, en consecuencia, falta el espíritu de la obra. Como profeta de la santidad ordinaria, espoleaba en carta de 1898 a Carmen Escario: *«La santidad es compatible con todos los estados, con todos los temperamentos y con toda edad y sexo. No son impedimentos las ocupaciones, los negocios, las contrariedades, la abundancia, la escasez, nada ni nadie. No se requieren penitencias determinadas, tiempo de oración marcado, lectura prescrita, ni rezo alguno en concreto».* Son preludios de donde sacar consecuencias. *«Luego puede ser santa en ese estado, en esa casa, en esas ocupaciones, y en esa atmósfera. Luego si no lo es, dependerá de su voluntad, porque Dios lo quiere, y puede ser».*

Fusilado a causa de su fe por rufianes republicanos tras ser detenido mientras celebraba misa, su mensaje es reproducido por sus discípulos. Algunos lo citan como inequívoca fuente de inspiración. Otros obvian esa justa deferencia.

ALGUNAS ENSEÑANZAS

- **Los pioneros no son siempre reconocidos como tales porque otros tratan de apropiarse de sus méritos**

- **Para transformar una sociedad, cualquier colectivo, es imprescindible diseñar un modelo**

- **No hay que diferenciar entre profesores y estudiantes porque quienes más deberían aplicarse sobre los libros son los profesores**

- **Un líder ha de ser asertivo, proactivo, innovador y persistente**

- **El camino se hace al andar con esfuerzo y perseverancia con una meta clara por delante**

- **La endogamia genera jergas y microclimas pestilentes. Los proyectos de valía no temen el contacto con jugadores del mismo sector**

- **La competencia, aunque sea de la misma cuerda ideológica, contemplará como amenaza un nuevo proyecto**

- **Reconocer antecedentes engrandece a un fundador**

- **La integración de las féminas en actividades directivas es algo altamente valioso y sabio**

- ***Efficit ignavos patria indulgentia natos,* o la indulgencia de los padres apaña hijos desmalazados sin rumbo**

GOBERNAR ES ESCUCHAR, MOTIVAR ¡Y CONTROLAR!

PEDRO ARRUPE (1907-1991)

Monumento a Pedro Arrupe, Universidad de Deusto, Bilbao. Fuente: Zarateman/ CCO. Wikimedia Commons.

Pedro Arrupe, vigésimo octavo prepósito general de la Compañía de Jesús (1965-1983), reiteró como uno de sus lemas: «*No quiero defender cualquier equivocación que los jesuitas podamos cometer, pero la mayor sería permanecer en tal estado de miedo a perpetrar errores que, simplemente, paralicemos la acción*». Suena tan motivador como moderno. ¿Por qué, entonces, se multiplicaron chanzas como la siguiente sobre su modo de gobierno?: «*Un vasco creó la Compañía y un vasco la está destruyendo*».

O, de forma más amplia:

San Ignacio fundó una compañía;
Aquaviva, un Ejército;
Roothaan, un cuartel;
Ledochowski, un campo de concentración;
Arrupe ha ordenado: «Rompan filas».

Y ¿qué decir de aquella viñeta en la que el p. Arrupe interroga a un ordenador?: «*Computadora, ¡dígame qué debo hacer para salvar a la Compañía de Jesús!*». En la sucesiva aparece una palanca que le ofrece una soga con nudo corredizo.

Para entender su concepción del *management* y el porqué de su fracaso, merece la pena extractar y examinar una significativa conferencia que pronunció el 10 de abril de 1972 en el Approdo Romano, zona de encuentro de profesores y superiores de la curia y de centros de estudios romanos, y en general de sacerdotes y religiosos. Viene recogida en el libro *Nuestra vida consagrada*:

«Hace algún tiempo un experto en administración de empresas multinacionales fue invitado a darnos una conferencia en la curia. Fue describiendo con todo detalle la organización de tales empresas y dibujó en el encerado un organigrama que nos pareció perfecto. Cuando estaba para terminar su brillante exposición, vuelto de nuevo al encerado trazó una gigantesca interrogación y, dirigiéndose a nosotros, nos dijo: '¿dónde están los hombres para poner en práctica este magnífico esquema? El gran problema de las empresas está no tanto en la organización, sino en los hombres. Faltan hombres capaces y adaptados a las nuevas circunstancias de hoy'».

Para Arrupe, la figura del superior ha de partir de un nuevo enfoque de sus funciones. La autoridad no es ya mero privilegio, sino servicio, basado en el *non veni ministrari sed ministrare*, no vine a ser servido sino a servir. No se trata de que se convierta en el mucamo de la comunidad. Aunque en ocasiones puede ser edificante y expresión de humildad, puede suponer también una huida de sus responsabilidades, a veces complejas. Lo irrenunciable en el dirigente es interpretar lo que Dios espera. Ha de ser también unificador de su comunidad. Deberá mantenerse independiente en relación a las divisiones o facciones que pudieran surgir. Procura la mutua comprensión, protege al colectivo, no es un *acceptor personarum* (no hace acepción de personas).

Arrupe señala elementos que deben caracterizar el servicio de gobierno: «*Defensor del carisma de su fundador. El superior religioso (a este me refiero ahora concretamente) es el responsable de la evolución de su instituto, pero de una evolución que se obtenga sin la más mínima desviación de la inspiración originaria. Tales desviaciones, que pueden proceder de signos contrarios, son siempre suicidas. Y el suicidio se produce tanto por un salto mortal en el vacío, como por inacción lenta en el inmovilismo de una mazmorra. Un papel capital del superior es hoy el de la adaptación y la renovación. Llevará a ello el estudio y la reflexión profunda sobre el carisma del fundador, para identificar qué es lo históricamente condicionado que puede paralizar una adaptación máxima, y para no correr el peligro de volatilizar elementos esenciales, cuya remoción originaría un cambio sustancial en el carisma, que es el que ha tenido la aprobación de la Iglesia jerárquica».*

Insiste en la unión, se trate de la comunidad universal o local. El superior deberá ser lazo de unión entre lo particular y el instituto para que cada miembro sea vitalizado por la savia y contribuya a la del cuerpo. El directivo ha de mantener la unidad en el pluralismo. Debe manifestar respeto a sus súbditos, promoviendo personalidades autónomas y sumisión voluntaria. Los derechos personales son sagrados. A la vez, al aceptar la vida religiosa se renuncia a muchos. La perfección de la persona se logra por el holocausto ofrecido a Dios en unión con Cristo.

Subraya la relevancia del cariño. *«Manifestar a los súbditos la caridad con que Dios los ama, mostrar interés, y sobre todo confianza en ellos, es una característica que debe fomentarse siempre, pero hoy más que nunca. La confianza es la piedra de toque para que exista el verdadero espíritu en la relación superior-súbdito. Si no existe confianza, la relación se hace a base de temor, o de frialdad, o de tirantez y mutuo recelo, que paraliza cualquier relación interpersonal y todo dinamismo apostólico. Al contrario, la mutua confianza es una fuente de bienestar, de intimidad y de iniciativa apostólica. El saber el súbdito que el superior tiene confianza en él y el saber el superior que el súbdito confía en él es la base que garantiza la armonía indispensable en toda la relación superior-súbdito».*

El *manager* ha de interpretar los signos de los tiempos como manifestaciones de la acción del espíritu en el mundo. Cuando no proceden del buen espíritu se transforman en anti-signos. Es esencial el discernimiento. Lo importante no es tanto la manifestación externa, sino el espíritu de donde procede. La secularización, el cambio, el desarrollo, la liberación, la crítica, la contestación, la desinstitucionalización, la desmitificación son fenómenos de doble signo que deben ser examinados en profundidad.

El directivo ha de ser receptor de elementos positivos. Una vez hecho el verdadero discernimiento, el superior debe ser capaz de asimilar e integrar los nuevos elementos positivos. No cabe duda de que en los signos de los tiempos hay siempre aspectos positivos que pueden ser incorporados a nuestra vida actual y a la vida de nuestras instituciones. El diálogo, la corresponsabilidad, la subsidiariedad, el desenvolvimiento de la responsabilidad, la intercomunicación personal, la autocrítica, etc. dan a nuestras comunidades y a sus individuos nuevas formas y fuentes de vitalidad que un superior debe tratar de utilizar e integrar en su gobierno. Es preciso aprovechar los elementos del mundo moderno: universalismo, comunicación, movilidad. Los medios de comunicación, transporte, etc., proporcionan posibilidades de planificación y abren oportunidades de intercambio que hace años hubieran sido fantasiosas.

Capítulo aparte de esta integración sería la adopción de métodos administrativos propios de las empresas industriales, en cuanto sean utilizables para el buen gobierno de las instituciones religiosas. No cabe duda de que el modo de gobierno de una empresa tiene puntos muy diversos de los que son propios de una institución de orden religioso, pero es verdad también que otros son muy aprovechables: un estudio sereno y objetivo de la organización y administración de las empresas puede proporcionar elementos y procedimientos que den mayor eficacia al dinamismo de nuestras instituciones y obras apostólicas. Sería el caso de aplicar de un modo moderno, digamos empresarial, los principios sobrenaturales que nos son familiares; así nos lo decía John W. Humble, el famoso promotor inglés del *Management by Objectives:*

«Leyendo las constituciones de la Compañía, me he admirado al comprobar que ya san Ignacio en el siglo XVI establece los principios básicos de nuestros métodos modernos de administración de empresas (management)».

La tarea de inspirador es insoslayable en momentos tan propicios a los pájaros de mal agüero y a la crítica destructiva. Ha de alimentar gran confianza en Dios y en sus hombres.

«La intuición del futuro –prosigue Arrupe– adquiere un carácter enteramente diverso, según sea esa apertura de espíritu. Utopía, audacia, visión amplia, realismo, prudencia, temor, indecisión, miopía, inmovilismo, etc. son otras tantas posibles actitudes que determinan la escala de posturas de un superior, desde el quijotismo con su patológicamente imaginada ínsula de Barataria, hasta el killer irremediable e incorregible, con su automático 'no' ante cualquier iniciativa. El inspirador es el que sabe conservar un gran realismo en medio de una visión amplia y profunda de las cosas, y una gran apertura y confianza en Dios y en sus súbditos se convierten en sus mejores colaboradores».

El superior ha de ser consciente del cambio constante en el que vive y asumirlo. Debe permanecer alerta y abierto a la innovación.

«Un hombre que se renueva a sí mismo –detalla Arrupe–, supera la rutina, acepta el riesgo de equivocarse, estudia de continuo los objetivos, adapta las estructuras de gobierno, siente la necesidad del reciclaje, favorece el sano pluralismo, admite la crítica, promueve la comunicación, busca sucesores aptos».

Insistía, en fin, en que los directores locales cumpliesen con su deber de visitas anuales, promoviendo la ilusión colectiva. Impulsaba a desarrollar el diálogo y el intercambio de puntos de vista, sembrando compromiso. Urgía a seleccionar a los formadores, perfilando líneas rojas, promoviendo comunicación, tanto horizontal como vertical. *«En otros tiempos –reconocía sobre el funcionamiento de la Compañía– pudimos pecar de orgullosos, pero hoy estamos en una línea de humildad y compromiso con los pobres, o por lo menos lo intentamos».* Añadía que, al conocer la prepotencia de una organización en ellos inspirada, por mucho que lenguaraces miembros de aquella lo negasen, había entendido el motivo por el que la Compañía había sido odiada por tantos tanto tiempo.

Conceptualmente distante de muchos de sus predecesores, Arrupe propuso, quizá en exceso, que las personas se encuentran por encima de las instituciones. Su esfuerzo por visitar cuantos más países mejor y tratar con cuantos más jesuitas mejor llevó al mito de que casi cada miembro de la Compañía en cualquier parte del mundo afirmase: *«A mí me quiere el padre Arrupe»*, o *«soy muy amigo del p. Arrupe».*

Fue, sin duda, un directivo preocupado y ocupado por los individuos, pero con insuficiente visión estratégica para contemplar el conjunto, y quizá fortaleza, que es lo que una y otra vez le solicitaron tanto Pablo VI como Juan Pablo II. Gobernar es tomar en cuenta la opinión de los subordinados –para gustos, colores–, pero han de señalarse con claridad las metas para que parapetar el bien de una persona no implique aquejar al colectivo.

«Para mí, el único fallo del padre Arrupe –resumía Luis S. Martínez– *fue que él pensaba y sentía que los demás jesuitas éramos como él. De ahí su confianza absoluta en todos y cada uno de sus hijos, confianza que nunca retiraba, aunque le hubiéramos defraudado en algo. El padre Arrupe no concebía que existieran jesuitas solo de nombre o a medias. Todos éramos* –debíamos ser– *como los había soñado Ignacio de Loyola, como trató de serlo y lo consiguió su hijo y sucesor Pedro Arrupe».* Urbano Valero, también jesuita, resumía las limitaciones de Arrupe: «*Demasiado idealismo, carácter soñador e ingenuo, poca organización, exceso de planes y falta de plan, menor atención al seguimiento de lo concreto de la vida de cada día».* La confianza es indubitablemente buena, pero el control también. El general Perón, en uno de sus escasos momentos de lucidez, lo explicó: «*El hombre es bueno, pero si se le vigila es un poquito mejor».*

Entre los múltiples conflictos contra los que tuvo que salir en tromba se encuentra el debate sobre la cuestión del cuarto voto para los profesos, que dificultaba el despido de la Compañía y proporcionaba a personas específicas el acceso a cargos de responsabilidad. Ese modo de obrar chirriaba a muchos jesuitas a mediados del s. XX. Denunciaban que era asumir que había jesuitas de primera y de segunda. Treinta y siete jurisdicciones solicitaron que se revisara. La oposición de Pablo VI fue frontal, y en carta del secretario de Estado del Vaticano a Arrupe se lee que el romano pontífice «*desea que le comunique que tal innovación, examinada atentamente, parece presentar graves dificultades que impedirían la necesaria aprobación de la Santa Sede».*

Pablo VI insistiría en una misiva a Arrupe en que si se alteraban los mecanismos de arbitraje, reemplazando obediencia por democracia, se diluiría el sentido de la Compañía. Le impulsaba imperiosamente a no consentir la permisividad y reposicionar la austeridad. La obediencia y la disciplina seguían siendo –recordaba el romano pontífice– ingredientes esenciales del carisma jesuítico.

En la elección que concluiría en 1965 con el nombramiento de Arrupe, Maurice Giuliani había afirmado: «*Necesitamos un general que mantenga siempre a la Compañía unida con el mundo al que ha de llevarse con eficacia la palabra de salvación. No será suficiente que nuestro general se ocupe de los trabajos nacidos de necesidades locales y los continúe y prolongue, sino que además su visión ha de estar fija en el bien universal y ha de ayudarnos como compañeros de Jesús a abrazar el mundo entero en su totalidad y cooperar en la redención de nuestro tiempo*».

Frente a tendencias rigoristas, Arrupe pecó de adanismo, y a decir de muchos su fuerte no fue la selección de personas. Tal vez porque, como acabamos de ver, consideraba que todos desplegaban tan buena voluntad como él y no impuso una razonable vigilancia para organización tan compleja. Ángel Setoáin, también jesuita, explicaba que al ser tan optimista creía demasiado en las personas, «*no quería romper la caña quebrada ni expulsar a un jesuita por muchos problemas que tuviera. Se pasaba en respetar a las personas hasta situaciones extremas*».

El 21 de septiembre de 1979, Juan Pablo II se dirigió a una docena de superiores nacionales y regionales reunidos en Roma con Arrupe. Les afeó que estuvieran provocando confusión entre los cristianos y ansiedad a la Iglesia, y también al papa que les hablaba. Reprobó su heterodoxia, su visión cortoplacista y los incitó a regresar a la fidelidad al romano pontífice y a la Iglesia.

El enfrentamiento culminaría cuatro años más tarde con el nombramiento de Paolo Dezza, de casi ochenta años, como sustituto de Pedro Arrupe. No faltaron comentarios desdeñosos sobre Juan Pablo II: «*Está demostrando sus poderes divinos al decir a Dezza: 'Lázaro, sal fuera'*».

Pedro Arrupe viviría el resto de sus días en la sede central de los jesuitas, cerca de la basílica de San Pedro, sin recuperarse de un ictus sufrido al llegar a Roma de un viaje a Japón.

ALGUNAS ENSEÑANZAS

- Un directivo debe escuchar y hacerse cargo de las situaciones, pero solo eso es insuficiente

- Algunas decisiones han de ser consensuadas. Otras, impuestas

- Cultivar la comunicación vertical ascendente y descendente es primordial

- Contar con personas favorables es aconsejable, siempre que sean recias, sinceras y técnicamente preparadas

- Gobernar es escuchar, ¡y decidir con rigor!

- Los principios fundamentales de un colectivo deben ser flexibilizados a favor de las personas, pero no cancelados

- Empatizar no significa falta de criterios inconmovibles en el *core business*

- En ocasiones, el sumo responsable ha de saber dar un puñetazo en la mesa para inventariar las líneas rojas

- Una mueca explica en muchas ocasiones verdades complejas de exponer con un discurso sesudo

- El idealismo excesivo conduce a falta de realismo práctico y al final daña a aquellos a quienes se aseguraba echar un capote.

EL AUTÉNTICO LIDERAZGO
ES DE SERVICIO

SANTA TERESA DE CALCUTA (1910-1997)

Madre Teresa en el Consejo Nacional de Salud Internacional, Washington DC. Estados Unidos. 1986. Fuente: Shutterstock.

Inés Gonxha Bojaxhiu nació en Skopie (República de Macedonia) en agosto de 1910. Su nombre en albanés significa «capullo de rosa». Para muchos, profecía del excelente olor que propagaría a través de sus obras. Contaba con cuatro años al estallar la Primera Guerra Mundial por el asesinato en Sarajevo del heredero al trono de Austria.

Las coordenadas eran sumamente complicadas en los planos internacional y local para un país en el que solo el 10% de los ciudadanos eran católicos. Se encontraba cerca de Croacia, con mayor porcentaje de creyentes en la Iglesia de Roma, pero pese a la fe común las discordancias políticas mantenían distantes a las dos comunidades. Teresa asumió de corazón las creencias de sus mayores, hasta el punto de que celebraba su cumpleaños el 27 de agosto, día del bautizo, en vez del 26, fecha del nacimiento. Su padre, Nicola, boyante tendero, profundamente disciplinado, impregnó a la familia con su estilo. Al fallecer en 1919, un socio se apropió del patrimonio, quedando Teresa y los suyos en la indigencia. Drane, la esposa, tuvo que bregar a fondo para sacar adelante a la prole. De ella aprendería Teresa que *«un hogar es donde hay una madre»*. En ella vio hecha realidad la preocupación de ayudar a los demás.

Estudiante en un colegio público, recibió en casa formación religiosa. Con doce años barruntó vocación. Imploró a partir de entonces a Dios encontrar el sendero. Buscó asesor, el padre Jambrekovic, jesuita, fundador de la Hermandad de las Hijas de María. En septiembre de 1928 se incorporó al Instituto de la Beata Virgen María, conocido como Hermanas de Loreto. La espiritualidad estaba imbuida de los modos de hacer de la Compañía de Jesús. Inés, motivada por las narraciones de Francisco Javier, anhelaba convertirse en misionera en la India. La berroqueña decisión era gravosa porque implicaba distanciarse, con alta probabilidad de no volver a ver a la familia. Bien resumiría Eric Abrahamson en su conocido trabajo sobre la transformación de organizaciones lo difícil que es lograr cambios sin dolor. Inés se estableció en Darjeeling, cerca del Himalaya, para el noviciado. En dos años aprendió también inglés y bengalí, y mutó su nombre por el de María Teresa del Niño Jesús.

El 10 de septiembre de 1946, durante un traslado en tren de Calcuta a Darjeeling para realizar ejercicios espirituales, se le reveló cuál sería su destino. Lo calificaría como «llamada en la llamada». No se precipitó, atendiendo los consejos del padre Celeste van Exem y el arzobispo de Calcuta, Fernarnd Perier. Con una conceptualización que recetarían años más tarde Bruck y Ghoshal en *A bias for action*, se plantearía que disponía ante sí de tres escenarios: fundar otro proyecto; permanecer donde estaba, pero tener la testuz en otro lugar; o tratar de modificar la organización. Optó por lo primero. Como esos autores anglosajones señalan, es preciso que un emprendedor, cualquier directivo, sea tolerante con los conflictos y con la ambigüedad, porque son terrenos en los que será inevitable moverse. La novedad de Teresa de Calcuta no consistía en cuidar enfermos, sino en buscarlos. Esa ventaja competitiva sería la diferencia. Dos años más tarde recibió la aprobación. Mientras, discernía y acataba.

El 15 de agosto de 1948 prescindió de la túnica negra de las Hermanas de Loreto y se endosó el sari blanco con tres rayas azules. Sus antiguas colegas la apoyaron incondicionalmente. Para habituarse se formó con las Hermanas Médicas Misioneras de Parna. Luego tornó a Calcuta y residió con las Hermanitas de los Pobres hasta disponer de sede. En diciembre recibió aquiescencia para una pequeña escuela en el lúgubre barrio Motihily. Más de veinte niños acudieron el primer día, y el doble el sucesivo. Pronto chorrearon contribuciones económicas y voluntarios. Su alojamiento sería la casa de una familia musulmana, que le cedió habitación gratuita por mor de su emérita labor. En ocasiones, el hambre estuvo a punto de ser el detonante de abandonar y regresar al convento, pero perseveró.

El periodo que transcurre entre 1946 y 1950 fue de maduración. El 7 de octubre de ese último año la congregación recibió denominación definitiva —Misioneras de la Caridad— y constituciones. Se centrarían en auxiliar en sus últimos momentos a los menesterosos. Focalizó su energía en alzar un techo bajo el que ponerse en marcha. El responsable de la Policía sanitaria calcutense le facilitó una sala con bancos que ejercerían de camas. Con el ímprobo esfuerzo de las primeras compañeras, el 22 de agosto de 1952 se inauguraba la Casa del Corazón Puro. Colocaron un crucifijo con un Cristo hecho un guiñapo, con las piernas mutiladas, en el que campeaba: «*Que mis manos curen tu cuerpo destrozado*».

El arzobispo de Calcuta moderó su impulso: «*Madre —le decía— no puede iniciar su labor fuera de la diócesis hasta que se cumplan los diez años*». Lo que no entendió Teresa en ese momento lo valoraría después.

Los seguidores de la diosa Kali las recriminaron. El nubarrón se disipó cuando un brahmán de Kalighat enfermó de tuberculosis. Las hermanas acudieron y el desencuentro quedó zanjado. Desde entonces, enfermos e indigentes de cualquier raza y religión han sido acogidos y ayudados a bien morir.

Al lograr en 1953 nueva sede, ella eligió una habitación minúscula, ubicada sobre la cocina. Una cuerda atada a una campana asomaba por el ventanuco para que la llamasen a cualquier hora. Los pobres tienen excesivas rémoras —aseguraba— como para encima tratarlos con desconsuelo. Impuso que sus discípulas limpiasen a diario el sari. Habían pronunciado voto de pobreza, no de mugre. Anticipaba en la práctica ideas que luego Sirkin, Keenan y Jackson formularían en 2005 con ocasión de su estudio sobre *The Hard Side of Change Management*. La madre Teresa multiplicó las iniciativas: no se limitarían a moribundos, también atenderían a la prole; los rapaces corrían alto riesgo de morir abandonados. En 1955 estableció la Casa de los Niños en un inicialmente destartalado inmueble próximo a la sede central. En 1957 comenzó a ocuparse de los leprosos. Se inspiró en un doctor belga que había diseñado clínicas móviles. A principios de 1959 inauguraba un complejo con doscientas camas para infecciosos.

Siempre le preocupó la formación de las directivas. Así explicaba en 1976 cuál era la mayor dificultad: «*Encontrar superioras para las nuevas fundaciones y lograr que sean fieles y responsables cuando ejercen su cargo. Porque a veces pierden el sentido de la pobreza y obran por su cuenta. De hecho, algunas de las profesas que han abandonado el instituto eran o habían sido superioras*».

En otra ocasión añadía que sobre todo en las casas pequeñas se habían cometido errores. Formar responsables en un proceso de expansión como el que tuvo la institución con Teresa de Calcuta implicó no pocos yerros que torpedearon a personas que hubieran podido seguir adelante si quienes tenían cargos hubiesen contado con mejor preparación.

Su trabajo se iría valorando. En 1971 recibió el premio Papa Juan XXIII, que sufragaría una leprosería. Cuando en 1964 Pablo VI le donó el vehículo que había empleado durante su visita al país, la madre Teresa lo subastó para invertir lo recaudado en los necesitados. En 1965 comenzó la expansión internacional. El primer centro lo abrió en Venezuela. Enseguida llegarían los de Roma y Tanzania.

Siempre tuvo conciencia de instrumento. Supo emplear su notoriedad, manejando admirablemente la comunicación, siempre tarea pendiente de la Iglesia. Aseguraba: «*Me he visto obligada a padecer la celebridad. La empleo por amor a Jesús. Cuando hablan de mí, los periódicos y las televisiones hablan de los pobres y de este modo despiertan la atención sobre ellos. Vale la pena soportar este peso*». Se definía, inspirándose en la conocida expresión jesuita del siglo XVI, como «contemplativas de la acción». Formulaba así su objetivo: «*Jesús es:*

La palabra que yo pronuncio,
La luz que enciendo, la vida que vivo,
El amor que amo, la alegría que comparto,
La paz que ofrezco, la fuerza que utilizo,
El hambriento al que alimento, el desnudo al que visto,
El sin techo al que acojo, el enfermo al que atiendo,
El niño al que enseño, el solitario al que reconforto,
El no deseado al que quiero, el enfermo mental al que asisto».

Le brindaron en San Francisco (EE.UU.) un convento que disponía de alfombras, electrodomésticos, televisión y aire acondicionado en cada habitación. Lo rechazó porque colisionaba con su modo de promover la santidad. En 1991 viajó a Albania, libre de la tiranía impuesta por Enver Hoxha. Allí se establecieron. En enero de 1997 reunió en Calcuta al capítulo general de las Misioneras de la Caridad para votar a la persona que pilotaría tras su fallecimiento. Ella no impondría sucesora. El 5 de septiembre de ese año entregó su alma a Dios.

Hay personas dispuestas a demoler, al menos con las palabras, lo que otros levantan, como los rastreros malintencionados que injurian al empresario español Amancio Ortega, fundador de Inditex, por entregar millones de euros en aparatos médicos para luchar contra el cáncer u otras enfermedades. A ella le reprocharon su intransigencia en cuestiones morales y dogmáticas, y su brusquedad en el modo de gobernar. Alejada de denigraciones e insidias, Teresa siempre se esforzó en servir a los demás, siendo consciente de las limitaciones de su trabajo. *«Todo lo que hacemos es una gota en el océano, pero si no lo hacemos tendría una gota menos».* Siempre con afecto, aconsejaba así a sus fieles: *«No quiero que obréis milagros con aspereza; prefiero que os equivoquéis con cariño».*

Resulta refrescante recordar un resumen de ideas clave en su existencia:

- La vida es una oportunidad, aprovéchala
- La vida es belleza, admírala
- La vida es beatitud, saboréala
- La vida es un sueño, hazlo realidad
- La vida es un reto, afróntalo
- La vida es un deber, cúmplelo
- La vida es un juego, juégalo
- La vida es preciosa, cuídala
- La vida es riqueza, consérvala
- La vida es amor, gózala
- La vida es misterio, desvélalo
- La vida es promesa, cúmplela
- La vida es tristeza, supérala
- La vida es himno, cántalo

- La vida es un combate, acéptalo
- La vida es una tragedia, domínala
- La vida es una aventura, enfréntala
- La vida es felicidad, merécela
- La vida es la vida, defiéndela
- El día más bello: hoy
- La cosa más fácil: equivocarse
- El obstáculo más grande: el miedo
- El error mayor: bajar los brazos
- La raíz de todos los males: el egoísmo
- La distracción más bella: el trabajo
- La peor derrota: el desaliento
- Los mejores profesores: los niños
- La primera necesidad: comunicarse
- Lo que hace más feliz: ser útil a los demás
- El misterio más grande: la muerte
- El peor defecto: el mal humor
- La persona más peligrosa: la mentirosa
- El sentimiento más ruin: el rencor
- El regalo más bello: el perdón
- Lo más imprescindible: el hogar
- La ruta más rápida: el camino correcto
- La sensación más grata: la paz interior
- El resguardo más eficaz: la sonrisa
- El mejor remedio: el optimismo
- La mayor satisfacción: el deber cumplido
- La fuerza más potente del mundo: la fe
- Las personas más necesarias: los padres
- La cosa más bella de todas: el amor

Siempre tuvo claro que debían transmitir el amor de Jesucristo, que no eran una ONG. Su mensaje no era escuetamente tangible, sino orientado hacia Dios. «*Nos han entendido mal, nos han malinterpretado*», se lamentó en alguna ocasión. «*No somos asistentes sociales; no somos profesoras, ni enfermeras, ni médicos. Somos religiosas Todo lo que hago es por Jesús. Es a Jesús a Quien sirvo en los pobres; es a Jesús a Quien sirvo las veinticuatro horas del día*».

Promovió en paralelo otras instituciones como los Misioneros Laicos de la Caridad y el Movimiento Corpus Christi para Sacerdotes, que calificó como una «pequeña vía para la santidad». Las Hermanas del Verbo, contemplativas, acabarían formando parte de la única congregación que a partir de esa decisión tendría una rama activa y otra contemplativa, siendo posible transitar de una a otra. Santa Teresa de Calcuta resumió la vida de las suyas afirmando que eran «*contemplativas en medio del mundo*».

ALGUNAS ENSEÑANZAS

- El sentido de una vida plena lo genera aquellos a quienes se ayudó

- El proyecto definitivo no es necesariamente el primero

- Ayudar a quien comienza una *start up* es de sentido común. Actuar de otro modo implica cortedad de miras

- Hay que alejarse de quien está impositiva e irreflexivamente firme en sus posiciones

- Las contradicciones son con frecuencia el mejor punto de partida para la construcción de un líder

- *Empta dolore docet experientia*, o la experiencia pagada con dolor es lo que más enseña

- Cada proyecto ha de comunicar reiteradamente sus diferencias competitivas

- Hay que formarse con quien sabe. Reinventar la rueda es necedad y pérdida de tiempo, cuando no intrépida jactancia

- Las iniciativas tienden a la expansión. Ha de ser siempre controlada, para evitar fiascos por exceso de ambición

- Mantener el foco reclama en ocasiones renunciar a oportunidades que no son las nuestras

SUPERAR DOS GUERRAS MUNDIALES Y MUCHO FUEGO AMIGO

SCHOENSTATT (1914)

Retrato de Josef Kentenich, 1956. Fuente: Schoenstatt Media.

La historia de Schoenstatt refleja con nitidez lo que debe esperarse de un movimiento de inspiración católica. Desde su origen subraya que cada uno ha de asumir la responsabilidad de sus decisiones, sin jerarquías asfixiantes que consideran que quienes dirigen lo saben y pueden todo, y los demás han de ofuscarse ejecutando lo que se les indica. La gestión del talento tiene como cimiento no ahogar iniciativas ni desincentivar personas.

La fe práctica en la Divina Providencia es una de las líneas de reflexión que llegaría a través de Josef Kentenich, fundador de Schoenstatt. Se plantea como una inteligente tercera vía entre la huida del mundo tantas veces mostrada como prototipo y la tendencia a considerar como central no al Creador sino a la criatura. Ofrece una respuesta a la imperiosa necesidad de desbrozar las veredas que llevan a encontrar a Dios en medio del mundo a través de las circunstancias de la vida ordinaria. Proféticamente le gustaba repetir: «*El humanismo sin religión a la larga se convierte en brutalidad y llega hasta la bestialidad*».

José Kentenich nació el 18 de noviembre de 1885 en Gymnich, Colonia (Alemania) y falleció de forma inesperada el 15 de septiembre de 1968 tras celebrar la misa en la iglesia de la Santísima Trinidad, construida en Alemania por iniciativa suya. Allí se encuentra sepultado. Fue hijo ilegítimo de Matías, militar retirado, y de Catalina. Su progenitor biológico nunca le reconoció. Su madre le sacó adelante con la colaboración de los abuelos. Cuando cumplió los ocho años, su madre lo llevó al orfanato de Oberhausen y lo confió a la Santísima Virgen. Con catorce ingresó en el seminario menor palotino de Ehrebreitstein. Los palotinos habían sido promovidos por el sacerdote romano Vicente Pallotti (1795-1850). En los inicios se centraron en la formación de adolescentes en el oratorio de Santa María del Llanto, en Ponte Rotto (Roma). Instituyeron una escuela agraria en la iglesia de Santa María de los Ángeles y centros de formación para personas de clase obrera, además de atender la dirección espiritual en los cuarteles y en el hospital militar. Pallotti fundó, en fin, una sociedad de apostolado junto a los también sacerdotes Raffaele Melia, Efisio Marghinotti y Giovanni Allemand. Radicados en la iglesia del Espíritu Santo de los Napolitanos, el 4 de abril de 1835 puso en marcha la Sociedad del Apostolado Católico (SAC). Recibido el 11 de julio de 1839 un primer reconocimiento pontificio, en 1844 quedaba establecida otra comunidad sacerdotal en Londres. En 1904 llegaría la aprobación definitiva.

Su propósito originario había sido amplio: un apostolado católico universal. El pionero movimiento laical pretendido por Vicente Pallotti quedó en segunda línea. Su prematura desaparición y la interpretación del carisma por parte de los cofundadores comprimió aquel ambicioso ideal, y no es poco, en una Pía Sociedad Misionera (1854-1947). Había contribuido a aquella reducción la aplicación de la *Kulturkampf* emprendida por Otto von Bismark contra la Iglesia. Inicialmente se exiliaron a Holanda e Italia. La conquista de Camerún por parte de los germanos (1884) generó la ocasión de que los palotinos actuasen en aquellas tierras. Fue la única institución católica que recibió el plácet. La idea realmente originaria la asumiría en buena medida el fundador de Schoenstatt.

El 8 de julio de 1910, con veinticuatro años, el seminarista José Kentenich fue ordenado sacerdote en Limburgo. Por su deficiente salud no viajó a Camerún, que hubiera sido su natural destino, y quedó como profesor de latín y alemán en el seminario menor palotino de Ehrebreitstein. En octubre de 1912 es designado acompañante espiritual en el nuevo seminario de Schoenstatt. Se le había encargado poner orden entre los revoltosos seminaristas, y tan excelsamente lo consiguió que muchos quedaron seducidos por su modo de hacer y lo siguieron en su iniciativa de honrar a la Virgen, denominada Mater en el nuevo movimiento. La causa de las inquietudes había sido el exceso de reglamentación, que Kentenich manejó animándoles a la auto-educación por encima de las normativas. Cuando fue nombrado director espiritual renunció al cargo estrictamente directivo porque tuvo la sensibilidad de separar con radicalidad el fuero interno del externo para no manosear conciencias.

La fundación de la congregación mariana llegó el 19 de abril de 1914. Con esa iniciativa anhelaba que aquellos muchachos centrasen su vida espiritual y dedicasen menos preocupación a cuestiones prudenciales y a pasatiempos mundanos. El local que les fue concedido era un almacén de aperos de labranza. Había sido ermita dedicada a san Miguel. Una vez limpia y remozada se plantearon consagrarla a la Madre de Dios. Sin medios para comprar una imagen, acudieron el p. Eugenio Huggle, sacerdote ex jesuita, que viajaba de higos a brevas a Friburgo, en el sudoeste de Alemania. La que les trajo, por la que había pagado veintitrés marcos, inicialmente no encantó. Pronto se convertiría en el principal símbolo de la fundación, que se multiplicaría a través de los santuarios, réplica del original.

El 18 de octubre de 1914 se selló la primera Alianza de Amor con la Mater, con el lema «*Nada sin ti, nada sin nosotros*». Kentenich trasladó a sus seguidores el plan audaz de promover un movimiento de renovación en la Iglesia alemana, e incluso fuera del país, aunque en aquel momento nadie tenía claro a dónde se dirigían colectivamente. El título de *Mater ter Admirabilis*, Madre tres veces admirable, que emplearon desde 1915 dedicado a la Virgen, procedía de una visión que tuvo el ex jesuita promotor de congregaciones marianas Jacob Rem (1546-1618) el 6 de abril de 1604. Los libros que recogen la historia de Schoenstatt lo hacen con sinceridad y sencillez, a diferencia de movimientos que presentan como inauditos e innovadores retazos deslavazados recogidos de unos y otros.

No faltarán los lisonjeros. Se escribiría del fundador en el libro *Fe práctica en la Divina Providencia*: «*Existen muchos maestros en el mundo de las ideas, pero pocos en el arte de vivir. Y en esto, el p. Kentenich lo fue en forma sobresaliente. Supo enfrentar y desentrañar el misterio de la vida, gozar de la alegría de vivir y dominar la vida a partir de una profunda fe, de una fe existencial, personal y práctica; de una fe, no en un Dios teórico y lejano, sino en el Dios de la vida*».

Problemas surgieron de rivalidad entre los palotinos. No todos vieron con buenos ojos la *startup*. El padre general, Kart Gissler, le reconvino, previniéndolo de comprometer a la congregación o a la comunidad de Vallendar. El padre Michael Kolb, provincial que le había encomendado la ermita, fue más complaciente con el transmutado en fundador.

En los albores de la Gran Guerra exhortaba Kentenich a sus primeros seguidores: «*Debe ser para vosotros un medio extraordinariamente provechoso en la obra de vuestra propia santificación. Esa santificación es la que exijo de vosotros*». José Engling (1898-1918), campesino congregante de la Virgen, cayó en Cambrai (Francia) fulminado por una granada. El 4 de octubre de 1918, fecha de su muerte, será referenciada en ocasiones como la de la fundación de Schoenstatt. La idea del fundador era contar con almas selectas. Mejor pocos comprometidos que muchos que no sientan como suyo el proyecto. «*Si dirigimos nuestros grupos con buen espíritu, será este precisamente nuestro fuerte*», resumió el fundador.

En 1920 arrancaba una nueva alianza que propuso a la condesa Gertrau de Bullion, quien a su vez arrastró a su prima Marie

Christmann. El 8 de diciembre las dos se consagraban a la Virgen. El espíritu de familia era notable. El 31 de mayo de 1939 un grupo de hermanas compuso una cadena humana ciñendo el santuario original con Kentenich en su interior. Juraron a la Mater defender con sus vidas el santuario, que peligraba por la persecución nazi. En plena II Guerra Mundial, el 20 de septiembre de 1941, Kentenich fue arrestado por la Gestapo. Se le imputó que, refiriéndose a la cruz gamada, había aclarado que ellos permanecerían «*fieles a nuestra cruz, la cruz de Cristo*». Fue confinado en Dachau. Diría años más tarde que por lo que el sufrimiento le acercó a Dios jamás se sintió tan feliz como en aquel campo de concentración. Fue liberado el 6 de abril de 1945 y regresó el 20 de mayo a Schoenstatt. Quien no salió del campo de concentración nazi fue Albert Eise, también palotino alemán y seguidor de Kentenich. Había muerto el 3 de septiembre de 1942.

Fueron años de maduración. Se desvela en un texto redactado por su fundador en la cárcel de Coblenza: «*De todo corazón ofrezco gustoso al Padre Dios la pérdida de mi libertad. Estoy dispuesto a soportarla en todas las formas posibles, hasta el fin de mi vida, si con ello pago el precio necesario para la permanencia, la santidad y la fecundidad de vosotros y de toda la familia hasta el final de los tiempos (...). Con sincero y ardiente amor ofrezco esta libertad para que el Padre Dios os regale, con abundancia y para todos los tiempos, el espíritu de libertad de los hijos de Dios que tan ardientemente he anhelado para vosotros*».

Habían ido cuajando a tientas elementos distintivos como el ideal personal, el examen particular (que había practicado, entre otros muchos, el futuro mártir Pedro Chanel, 1803-1841), el horario espiritual o el cuidado de las cosas pequeñas. En realidad era una selección de costumbres comunes en la Iglesia, aclimatadas de una forma específica a su carisma, al igual que asumían oraciones con años de historia. La más destacada fue probablemente escrita por Nicholas Zucchi, jesuita del siglo XVII: «*Oh, Señora mía, oh, Madre mía, yo me ofrezco todo a ti. Y en prueba de mi filial afecto, te consagro en este día, mis ojos, mis oídos, mi lengua, mi corazón. En una palabra, todo mi ser. Ya que soy todo tuyo, oh, Madre de bondad, guárdame, defiéndeme y utilízame como instrumento y posesión tuya. Amén*».

También procedía de autores como san Alfonso María de Ligorio, Adolfo Tanquéry o Matías Sheeben el concepto de «capital de gracias», que cuajó como distintivo del movimiento para denominar la comunión de los santos de quienes pivotasen en torno al movimiento.

Kentenich deseaba que se ratificase definitivamente su obra. El vicario, von Meuters, anticipó una opinión-amenaza: «*Usted ha estado jugando a la caza furtiva. –Y añadió–: Mucha habilidad la suya, porque lo ha hecho usted brillantemente*».

No es preciso condensar muchas disquisiciones para entender que se había metido en lindes ajenos y los afectados, incluidos algunos palotinos, deseaban que amainase velas. Acudió a la Mater, porque, como le gustaba repetir, *Per Mariam ad Jesum* (por María se llega a Jesús). Todo, sin ocultar que muchas ideas las recogía de otros. Por ejemplo, del italiano Bartolo Longo la de un lugar de peregrinación para el pueblo cristiano. Para eso deseaba sus santuarios en la segunda década del siglo pasado.

El 12 de marzo de 1947, la encíclica *Provida Mater Ecclesia* daba el pistoletazo de salida a los institutos seculares. Muchos la atisbaron como respuesta a las necesidades pastorales de los nuevos movimientos; pareció que daría cobertura a Schoenstatt. Tras la aprobación de esa constitución apostólica, el p. Kentenich acompañó al superior general de los palotinos –P. Hoffman– y al p. Menningen a una audiencia con Pío XII. Poco después, Arthur Michael Landgraf, obispo auxiliar de Bamberga, rezongó por el exceso de devoción mariana que él entendía que propagaba tanto Schoenstatt como otros. Recomendó acudir al Santo Oficio para que se nombrase visitador específico. La auditoría llegaría, pero precedida por otra de un delegado del obispo de Treveris en febrero de 1949 a las Hermanas de María. Ante las indicaciones de que proponía una piedad sentimentaloide y ligada a su persona, Kentenich rebatió con la denominada *Epístola perlonga* (carta larguísima), redactada durante una estancia en Hispanoamérica.

En Semana Santa de 1951 comenzó la visita apostólica a Schoenstatt, encargada por el Santo Oficio al jesuita Sebastián Tromp, profesor en la Universidad Gregoriana de Roma. En agosto se comunicó a Kentenich la destitución de su cargo como director general de las Hermanas de María. En octubre debía abandonar Schoenstatt.

En enero de 1952, en viaje concertado antes del decreto de su suspensión, de 30 de septiembre de 1951, bendijo el Santuario de Florencio Varela (Argentina). En Chile se reunió con grupos de jóvenes a quienes confió que «*después de haber visto la vida que ha brotado aquí en Bellavista* (barrio de Santiago), *no me preocuparía si el Schoenstatt original desapareciera a consecuencia de una guerra o por cualquier otra causa. Creo que Schoenstatt seguiría adelante con su misión, porque existe una familia como la de Bellavista. Si la Mater hiciera surgir en los otros santuarios filiales el espíritu que está surgiendo acá, la Obra está salvada*».

De acuerdo con Adalbert Turowski, general palotino, estableció su residencia en Milwaukee (EE. UU.), de donde no debía salir hasta nuevo aviso bajo ninguna circunstancia. Si hubiera gestionado con mano izquierda en vez de aferrarse de forma tan irrebatible a su posición, quizá podría haberse solucionado de otra manera el choque de trenes. Pero Kentenich fue siempre directo. A veces, demasiado. Escribió al general de los palotinos: «*Mi ideal de obediencia es este: cuando me dan una orden con la que yo no estoy de acuerdo, no la cumplo como un esclavo que no piensa, sino que lo hago manifestando al superior mi desacuerdo y haciéndole ver que actúo solo porque él me lo manda, sin hacer mía la orden, de manera que toda la responsabilidad es suya*».

Se lee en el libro de Kentenich *La santidad de la vida diaria* que el mundo se estremece bajo cuestiones sociales no resueltas. «*Tales conmociones de la sociedad humana podrían superarse con mayor facilidad y rapidez si Dios nos diese más santos de la vida diaria en todos los estamentos y profesiones, tanto en los sectores obreros como en los empresariales*». En una plática del 16 de marzo de 1938 afirmaba: «*¿Cuál debe ser nuestra preocupación más grande? Estar en todo momento infinitamente despreocupados*».

Incluso la repatriación fue fragosa. A comienzos de septiembre de 1965 recibió un telegrama telefónico de la curia general de los palotinos que le ordena regresar a Roma. El 16 de ese mismo mes embarca en un avión hacia Italia. Causa sorpresa e indignación porque ninguno de los responsables máximos de los palotinos parece saber nada. El 24 de septiembre en sesión plenaria de los cardenales del Santo Oficio se le ordena regresar a Estados Unidos. Él se mantiene cachazudo.

El 20 de octubre se reúne de nuevo el Santo Oficio. El secretario cardenal Ottavini escribe: «*Por orden del Sr. Cardenal, les comunico que todos los decretos contra el p. Kentenich han sido abolidos, su caso pasa a manos de la sagrada congregación de religiosos y puede regresar a Schoenstatt*». Dos días más tarde, el 22 de octubre de 1965, el papa Pablo VI confirma la resolución del Santo Oficio. Así acaba el destierro de Kentenich. El 22 de diciembre es recibido por Pablo VI, quien firma decreto de autonomía frente a los palotinos. Kentenich es dispensado por el general y pasa al clero secular recibido por monseñor Hopfner, arzobispo de Münster.

El 16 de septiembre de 1994, Juan Pablo II trasladaba a un grupo del movimiento de Schoenstatt: «*Sean portadores de la obra de su fundador hacia el futuro, y enriquezcan con su carisma la vida de la Iglesia en su camino hacia el nuevo milenio*».

La estructura del movimiento incluye numerosas propuestas con múltiples orientaciones y niveles de compromiso, tanto de laicos como comunidades de vida consagrada, que se organizan en veinte ramas. El instituto, la federación y la liga (dentro de la cual se encuentra la militancia) son tres grados de compromiso que ofrecen a cada uno la implicación que mejor le cuadre. Fundamentados en compartir grupos de vida, experiencias de catolicismo en medio del mundo, sus más de doscientos santuarios, construidos a imagen del original, se hallan establecidos en más de cuarenta países y el movimiento cuenta con cientos de miles de seguidores.

A España llegó por explícito deseo del fundador. El primer santuario, en Pozuelo (Madrid), fue oficialmente inaugurado el 18 de octubre de 1969. Cincuenta años después, el 18 de octubre de 2019 una inmensa muchedumbre se reunió en el mismo lugar para festejar la efemérides. El esfuerzo realizado por los pioneros y sus prosélitos había merecido la pena. Gran peso de la prehistoria en España la llevó la hermana M. Laurence, fallecida tras un cáncer inopinadamente presentado. De ella diría Kentenich que fue «*una santa de la vida diaria*».

ALGUNAS ENSEÑANZAS

- **Los orígenes familiares pueden facilitar o zancadillear, pero casi nunca bloquear a un emprendedor de raza**

- **La aparición de *spin offs* no implica nada negativo contra el proyecto originario, más bien al contrario**

- **Contar con personas de talento es más arduo y retador que manejar medianías**

- **Las celotipias surgen incluso entre gente con anhelos excelsos**

- **Todo admite al menos dos interpretaciones, y a veces más**

- **Los mitos suelen movilizar**

- **Más vale unos pocos comprometidos que muchos con implicación tangencial**

- **Decir verdades revela valentía, fundamentalmente en épocas de dictaduras criminales como el nazismo, el fascismo, el marxismo o el populismo. Son desechos intelectuales que acabarán en el basurero de la historia, parafraseando a los fundadores del comunismo, pero entretanto dañan a las sociedades donde se enquistan**

- **Algunos descubren malas intenciones donde solo hay trabajo en beneficio de los demás**

- **Una auditoría puede descubrir yerros —mucho peor es el uso que el abuso—, pero también denunciar errores donde no los hay**

UNA SENSATA REVOLUCIÓN SOCIOECONÓMICA

JOSÉ MARÍA ARIZMENDIARRIETA Y LAS COOPERATIVAS DE MONDRAGÓN (1915-1976)

El padre de José María fue José Luis Arizmendiarrieta Acha, labrador natural de Barinaga (Guipúzcoa). Su madre –Tomasa Madariaga Careaga, nacida en Markina– trabajó como ama de casa. El progenitor alentó ideas avanzadas para el tiempo sobre las instituciones de tipo comunitario. Aquellas doctrinas calaron en el vástago. Siendo niño, José María sufrió un percance y perdió el ojo izquierdo. A partir de aquel suceso la madre ejerció una híper protección que somatizó José María en forma de paternalismo a la hora de gobernar. En su infancia, sabedor de los gastos que generó, procuraba ser sumamente precavido. La oración era realidad frecuente en el hogar. Ayudó como monaguillo y fue confirmado a los siete años en la parroquia mayor de Santa María de la Asunción de Markina. Era el 11 de enero de 1922.

Sus padres, lo mismo que otros parientes, le confortan en su decisión de incorporarse al seminario. Otros, ateos o agnósticos, tratan de disuadirlo o se alejan. José María consolida su carácter estudioso, disciplinado, inteligente, observador, gestiona de forma exigente el tiempo, con tendencia al retraimiento. En los informes elaborados sobre él se lee que guarda silencio *«en el salón de estudio y en las clases (...), la modestia, las reglas de urbanidad y el orden y la limpieza»*. Era cuidadoso y detallista. Se le describe como *«esbelto, alto, tímido, fino y aparentemente sin malicia para el mundo (...). Al profundizar en temas importantes, denotaba capacidad, tenía criterios y luces sobre los más dispares temas, de haber oído a otros o de haber leído. Con pinta de aldeano tenía pensamientos de gran sabiduría y rectitud»*.

Son –¿cuándo no?– años avinagrados. El Partido Nacionalista Vasco (PNV) y el carlismo se presentan a las elecciones municipales del 12 de abril de 1931. Mientras tanto, el anticlericalismo se exhibe en coplillas chocarreras: «*Si los curas y frailes supieran / la paliza que les vamos a dar / saldrían a la calle gritando / libertad, libertad, libertad*». Frente a los majaderos que eso entonan, Joaquín Goicoecheaundía, director espiritual del seminario, consolidaba con sus predicaciones la tendencia al esfuerzo. «*El laborioso* –les incita– *está adornado por lo general de todas las virtudes. Me han gustado y me gustan cada vez más los seminaristas trabajadores. Trabajad para vestir dignamente la sotana que representa santidad y ciencia*». Quien «*no estudia o es flojo en el estudio nunca se santificará, aunque practique los ejercicios habituales de piedad*».

José María ahonda en el valor de las tareas manuales. El trabajo, explicó muchas veces, había sido dignificado por Jesucristo. Tocaba santificarlo con humildad y forcejeo. El nacionalismo, que se hacía sentir en algunos próximos, para José María era, más que una ideología, un sistema lacrado, una cultura, una red de imágenes y signos para enclaustrar la identidad social del individuo. A quienes no quieren someterse a esa imposición se les denominará, entre otras lindezas, viles, malas hierbas... José María entendía que la vida es compartir y que encerrarla en límites de ese tipo es dañino.

El 23 de junio de 1932, el obispo Mateo Múgica les escribió nada más regresar del destierro infligido por la república que «*la política partidista hace repulsivo al sacerdote*». E insistía en «*que los seminaristas no (...) sostengan discusiones políticas, ni ostenten jamás insignias de partidos políticos determinados, ni acudan a mítines partidistas, ni concurran a casinos, círculos o centros que estén registrados o reconocidos como políticos (...). El sacerdote que se adhiere a un partido político compromete los intereses de la religión, contribuyendo a hacer ineficaz su ministerio sagrado*».

El dinero que recibía José María lo invertía en libros. Era consciente de la importancia de la formación. Le marcó también una enseñanza de los escritos de Azpiazu, uno de sus profesores: «*Si el sacerdote no sale de la iglesia para ir en busca del pueblo, este se aleja de ella*». Pone en marcha un sistema de recibir *feedback* a través de un grupo de amistad que promueve. Quien ejerce de secretario pasa un cuaderno para que se anoten éxitos y deficiencias con respecto a los objetivos. Al estallar la guerra de España es convocado a la caja de reclutas y desechado por tuerto. Es destinado a la redacción del periódico *Eguna*, dentro de la sección de movilización y prensa del PNV. Su residencia es el cuartel de Abando en Bilbao, sede de las milicias vascas. Se aventura a modernizar el lenguaje haciéndolo más asequible para lectores no vizcaínos.

El 2 de octubre de 1936 es asaltado el buque prisión Cabo Quilates. Decenas de detenidos son despedazados a cuchilladas. Muchos se encuentran allí solo por su fe. José María es consciente de que en la vorágine de aquella guerra prima para muchos un profundo odio contra Dios. Concluida la contienda es encarcelado. El alcalde de Markina intercede, a petición del párroco, poniendo de relieve su conducta sin tacha. Otros vecinos, falangistas, también lo avalan y es liberado. Aprecia la diferencia entre actuar a destajo y la legalidad que salvaguarda a los individuos. Aunque algunos luego trataron de llevar el agua a su molino revanchista afirmando que se arriesgó a la pena de muerte, en realidad nunca fue así. En el peor de los escenarios hubiera transcurrido algo de tiempo en prisión, pero fue eximido incluso de aquella condena.

De regreso al seminario, Rufino Aldabalde fustiga a los presbíteros pancistas denominándoles pequeños burgueses, peseteros o cuentacorrentistas. También solterones. José María no quiere encarnar ese patético patrón. «*Tenemos los hombres derecho a la paternidad*», escribió en su diario. «*El instinto natural nos mueve a ello. La gracia no destruye la naturaleza, sino que la eleva y dignifica todo lo que es natural, eleva también ese instinto natural y así, sin destruirlo, nos hace padres de almas, engendradores de almas, la paternidad se vuelve espiritual*».

Para ofrecer un servicio que merezca la pena, marca tres medios: educar la voluntad, trabajar intensamente y estrujarse el magín. «*Tengo que llegar a encontrar en mi interior la fuente de la que viva, de la que viva siempre. Fomentaré en mí mismo las ideas grandes (...). El sacerdote debe moverse siempre en el plano sobrenatural, sacerdotal, no debe reflejar siquiera en su actuación nada que sea sombra de ese otro plano humano*». Concluye una carta con humor: «*Si usted ha tenido la paciencia de leerla hasta aquí no tiene necesidad de llevar examen particular sobre la virtud de la paciencia».*

Lauzurica, el obispo, le envía a la relevante parroquia de Mondragón, dentro de su visión estratégica de situar a sacerdotes carismáticos en posiciones clave. José María no olvida el aviso de Rufino Aldabalde —*«el enemigo no está fuera de nosotros, sino dentro»*— cuando se incorpora como coadjutor en la iglesia de San Juan Bautista y se vuelca en la juventud obrera. Recuerda que el papa solicita *«a los de arriba, a los empresarios, que moderen su ambición de bienes y pongan freno a su egoísmo en provecho de aquellos* (sumidos en) *la miseria y la estrechez».* Él liga aquella enseñanza a lo que lee sobre el dintel de una fachada de sillería: *solus labor parit virtutem, sola virtus parit honorem,* solo el trabajo es fuente de virtud y solo la virtud engendra el honor.

Comienza promoviendo círculos de estudios para la juventud obrera católica, procurando hacer suya otra enseñanza, la que campea en la baranda de la escalinata del púlpito en la iglesia de San Juan Bautista: *«diga poco y bueno».* Investiga una tercera vía entre capitalismo y marxismo que asuma la formación de capital con fin social, producto honesto del trabajo que generará empleos. La cultura debía ser, en su opinión, la primera arma del proletariado en su emancipación con un liderazgo contemplativo y proactivo. *«Un proceso de movilización —afirma—, de concienciación y capacitación, de teoría y práctica, de autogobierno y cogestión, en el que los jóvenes, cara a los serios problemas de financiación, organizaban rifas, quinielas y otros actos públicos que no solo facilitaban la financiación, sino que también les daban la oportunidad, especialmente a los jóvenes más dinámicos, de tener un alto adiestramiento práctico (...). Fueron esos los jóvenes que más adelante serían los protagonistas de la experiencia cooperativa. Prácticamente fueron ellos los que hicieron todo, porque yo era el que se reservaba la tira más cómoda: pensar en voz alta. Todo lo que hacía era suscitar una idea y provocarlos, y nada más».*

Los jesuitas estaban chinchados porque no les remitían tandas a Loyola para ejercicios espirituales al encauzarlas hacia residencias diocesanas. Al saber de estos comentarios, una ira santa llevó a José María a imputarles transformar los ejercicios en un negocio.

La situación se recondujo. Su objetivo era la muda moral y la capacitación técnica. Entre otras virtudes a cuidar, subraya la discreción. «*Si una confidencia la conocía uno –resumía–, solo la sabía él (I); pero si ya eran dos, la sabían once (II)*». Era muy colaborativo. Cuando Pedro Anitua inauguró una escuela profesional en Vitoria, le comentó: «*No inventes lo que nosotros hemos andado ya; cuenta con ello y tú sigue adelante*».

Reconocía que su propuesta era fruto de la suma de iniciativas. Sintetizaba, como núcleo de la cuestión, que «*todos los problemas económicos, políticos y sociales se reducen al problema hombre*». Rechazaba la perspectiva de quien en vez de admirarse ante lo positivo y creador del laborar humano lo considera escatológico y purgativo. José María creía en la santificación del trabajo. «*¿Para qué tener prisa en la vida cuando la vida no se concibe para otra cosa, o la vida no se concibe como una misión, una responsabilidad, un servicio, un algo que merezca la pena de tomarlo en consideración? (...). Eso no es vivir, sino vegetar. Vivir es luchar, queramos o no queramos. Porque hay que luchar para saber, hay que luchar para poder, hay que luchar para querer, hay que luchar para desarrollar las facultades, para ser algo... Si no somos capaces de ese esfuerzo, no podemos vivir humanamente, y menos cristianamente. La primera ley de la vida es la ley del esfuerzo*».

En la apertura del curso 1947/48 aseguró que no basta con que los patronos urdan buenas obras: han de participar los asalariados. No era suficiente que los obreros sueñen con reformas: resulta imprescindible que los directivos concurran. Las autoridades habían de afanarse y el pueblo debía implicarse. Era ferviente partidario, no sin un halo de paternalismo, de un proletariado consciente, de una sociedad en la que capital y trabajo compartan como socios. Desde los comienzos contó con el apoyo moral y económico proporcionado por José Antonio Girón, ministro de Trabajo, quien como falangista gustaba de iniciativas de corte social como Mondragón. El Ministerio de Industria les concedió autorización para fabricar artilugios de uso doméstico.

Era necesario cerrar puertas para abrir nuevas. Los implicados abandonaron la Unión Cerrajera para lanzar su cooperativa. Cinco profesionales aportan cuatrocientas mil pesetas el 20 de octubre de

1955. Nacía así la experiencia cooperativa de Mondragón. Se llamó inicialmente Talleres Ulgor, acróstico de las iniciales de los apellidos de los cinco socios principales: Usatorre, Larrañaga, Gorroñogoitia, Ortubay y Ormaechea. Crearon la marca comercial Tagor (Talleres Ulgor), que luego pasaría a denominarse Fagor. No faltaron complejidades legales. Escribió José María al ministro Martín-Artajo: *«Estamos todos esperando que encuentre usted la fórmula jurídica sin restar vigor y sin concesiones a nada propiamente circunstancial, sirva para que este buen grupo de Ulgor se mantenga en la vanguardia social. Cada día considero de más importancia el que haya quienes se sacrifiquen todo lo que sea necesario para dar testimonio de solidaridad y fidelidad en este campo de los negocios y actividades industriales».*

Las personas no cambian al modificarse las estructuras. A José María le dolió escribir que *«los egoístas y los individualistas son la quinta columna de la cooperación. La justicia social, la generosidad, la honradez y lealtad, la responsabilidad, etc. son valores a través de los cuales se alcanza el verdadero bienestar humano».* José Ignacio Tellechea evidenció la nadería del ser humano: *«El cooperativista tiene un defecto: no tenemos patrón al que ladrar».* Miembros del PNV (Partido Nacionalista Vasco) publicitaron animadversión hacia el proyecto porque Mondragón contó desde el minuto cero con financiación de Madrid. José María sintió la obligación de escribir una misiva clarificadora a Carlos Santamaría, presunto intelectual que vivía obsesionado con lo vasco: *«Dice que el gran ausente de nuestra revista es el hombre vasco; creo que el gran ausente de nuestra sociedad es el hombre, con sus deberes y derechos: derecho a la vida, al trabajo, a la cultura, a la salud, a la libertad de expresión, de asociación».* Cuando lo instigaron agrestemente a construir una universidad vasca, razonó con irrebatible sapiencia: *«Me resulta difícil entender una universidad vasca cuando en el concepto básico de estas instituciones se halla su calidad de universal».*

Llegaron más adelante años de vesania nacionalista, en los que acaecieron sucesos tan caricaturescos como el de un cura trastornado que se confesó con un etarra, borrego con pistola, para asegurarle que abandonaría la sotana para participar en la lucha armada.

«Los maximalistas son sectarios por definición y, con frecuencia, tontos por naturaleza», describió con sorna el presidente francés François Mitterrand (1916-1996).

El fundador de Mondragón tenía claro su objetivo:

«Nadie siervo o señor de nadie
solamente todos para todos, hemos de aceptar
en nuestras funciones nuevos comportamientos.
Esta será nuestra unión humana y progresista,
la que puede levantar el pueblo con la fuerza
del pueblo».

Él siguió siendo pobre desde el punto de vista económico. Es la prueba del algodón de su rectitud ensayando una original vía a tener en cuenta más si cabe en los tiempos de la *gig economy*.

ALGUNAS ENSEÑANZAS

- **La influencia de padres en hijos trasciende las décadas**
- **Sucesos puntuales marcan criterios de futuros líderes**
- **Difícilmente una decisión es juzgada con igual criterio por más de una persona**
- **Toda época está a merced del oleaje**
- **Quien quiere lograr un objetivo ha de empeñarse con denuedo**
- **El nacionalismo empequeñece mentes y corazones**
- **Recibir *feedback* posibilita mejorar la toma de futuras decisiones**
- **La competencia ofendida se hace patente incluso en cuestiones espirituales**
- **Se crean mitos, en este caso un infundado riesgo de fusilamiento, para falsificar los hechos históricos a favor de la propia ideología**
- **Pensamiento, actitud y esfuerzo son tres claves para ejercer un eficaz liderazgo de servicio**

COMPROMISO Y LIDERAZGO
FRANCESC MORAGAS Y LA CAIXA (1868-1935)

Francesc Moragas. C/ Lledó, 7. Barcelona, 2013. Foto: Enfo.

León XIII (1870-1903) intervino en el campo social con la encíclica *Rerum novarum* (1891). El papa relanzó la *Obra de los congresos*, avivada por Pío IX. Una de las consecuencias de aquel acicate tomó cuerpo en las cajas rurales, sociedades aseguradoras contra los daños causados por las tormentas o el deceso del ganado, Cajas obreras de ahorro obligatorio, cajas obreras con obligación de rescate, etc. Entre otras, pueden recordarse las asociaciones de artesanos de Adolf Kolping, las uniones campesinas de Burghard von Schorlemer-Ast, en Alemania, o los curas obreros en Francia. En ese caldo de cultivo nace La Caixa, uno de los proyectos que más influencia positiva han tenido en España a partir de comienzos del siglo XX.

Francesc Moragas i Barret, impulsor de esa entidad, nació en Barcelona el 13 de diciembre de 1868. Era el año de la revolución de septiembre, la tildada gloriosa, que derrocó a Isabel II. Vivió de niño el fatídico bienio de la Primera república, que arranca el 11 de febrero de 1873 y termina con la Restauración de Alfonso XII, el 29 de septiembre de 1874. Algunos deliraban utopías: «*Al terminar la guerra / todo será felicidad / y dulce tranquilidad / en nuestra tierra. Por mor de ella estaban parados / el comercio, industria y artes / y más de cuatro bien comidos / los tiempos aprovecharon*».

En la familia de Francesc confluyen, como suele ocurrir, procedencias diversas. El abuelo paterno fue notario de Barcelona, como el materno, el padre y su padrastro. Los Moragas llegaron a la Ciudad Condal desde Berga. El origen de los Barret en cambio estaba en Irlanda, que abandonaron como exiliados para defender su fe. Entre los familiares de la madre había también ancestros franceses. Arístides Moragas, el padre, falleció cuando Francesc cumplía trece años. Tiempo después, la madre matrimonió con el aragonés Juan Antonio Sorribas y Zaidín, que había cursado estudios eclesiásticos en Lérida antes de matricularse en la facultad de Derecho en Barcelona. Sorribas analizó la función del seguro y el ahorro en la mejora de las clases menos favorecidas y en 1889 leyó ante la Sociedad Barcelonesa de Amigos de la Instrucción un estudio titulado *Sobre la necesidad de propagar el ahorro, elemento poderosísimo de civilización, y de crear cajas que lo faciliten de una manera ventajosa.*

Francesc Moragas se casó en 1895 con Clotilde Illa i Arquer, que falleció en 1921 sin llegar a concebir hijos. Concentró sus afanes desde entonces en el desarrollo de la caja y falleció el 27 de marzo de 1935. No llegó a ver, por tanto, el comienzo de la guerra de España. El detonante para poner en marcha la Caja de Pensiones para la Vejez fue la huelga general de 1902. Francesc era consciente de la ausencia de respuestas válidas a las justas reclamaciones de los obreros, al tiempo que anhelaba «*una comprensión social en nuestro país*». Por ese motivo comenzó a trabajar en la primera caja, un local realquilado en la plaza de Santa Ana de Barcelona y con la asistencia de una sola persona. Sin que se le cayesen los anillos, él mismo ensobraba y llevaba cartas a Correos. Eran las modestas primicias de lo que ha llegado a ser una de las primeras entidades filantrópicas del mundo. Moragas había optado por la tercera de las tres alternativas posibles que sugerirían en 2000 Don S. Doering y Roche Parayre en *Identification and Assessment of Emerging Technologies*: observar y esperar, explorar y aprender, estar convencido y liderar. Esta última opción era la más comprometida y eficaz.

Los graves problemas iniciales por ausencia de fondos para garantizar el pago de las pensiones contratadas quedaron minimizados cuando a principios de 1904 Alfonso XIII donó veinticinco mil pesetas. Aquel empujón facilitó la búsqueda de capital. Pasado el tiempo, algunos soslayarían el profundo agradecimiento al rey de España. El 5 de abril de 1904 se constituía la Caja de Pensiones para la Vejez. Dieciséis representantes de los promotores eligieron una junta directiva y un director general. No podía ser otro que Francesc Moragas. La inauguración oficial tuvo lugar el 16 de abril de 1904 con ocasión de una visita del monarca a Barcelona. Comenzaba con dos secciones: pensiones para la vejez y ahorros. La caja promovida por Moragas fue definitivamente innovadora frente a la Caja de Ahorros de Barcelona, conocida como de los marqueses. Su lema fue desde los comienzos, «*el trabajo en la cabeza, la gente en el corazón*». Consciente de que los mundos mejores, de haberlos, han de fundamentarse en micro mundos mejorados, Francesc estudió el sistema braille para ser útil las tardes del domingo con las chiquillas ciegas del Amparo de Santa Lucía, en la falda del Tibidabo. También acudía a visitar a los tuberculosos ingresados en el sanatorio de Torrebonica (Terrasa). Inicialmente flirteó con el movimiento regionalista, pero enseguida amplió su visión con una percepción global de España. Ni para él ni para la caja deseó una vinculación política. Esa claridad de ideas, tanto en él como en sus sucesores, facilitó décadas más tarde la definitiva expansión por toda España.

Francesc, consciente de la endémica desatención de los españoles por el ahorro, escribió en la revista Los Seguros: «*Seguimos con gran interés la marcha de las cajas de ahorros, y nos ocupamos de ellas para contribuir a la propaganda de las fecundas instituciones del seguro y del ahorro*». Hasta su llegada, las cajas eran contempladas como los bancos de los menesterosos. Interesaban solo a empleados y jornaleros. La primera en Cataluña había sido la Caja de Ahorros de Barcelona, creada en 1844. En esa entidad, por ejemplo, se fijaba el máximo de efectivo que podía ingresarse. En sus estatutos se leía: «*Este establecimiento está destinado exclusivamente a las economías de las personas laboriosas*».

Moragas ambicionó infundir espíritu de ahorro en todos los niveles sociales. «*La capital influencia que en el desarrollo del seguro han de ejercer los hábitos del ahorro en las clases populares es la causa que en repetidas ocasiones nos ha impulsado a dar cabida en nuestras columnas a estudios teóricos sobre las instituciones de las cajas de ahorro*». Tanto para su padrastro como para él, el objetivo de los seguros trascendía el de ganar dinero. Era un sistema de previsión para enderezar dos problemas de las clases obreras: percibir una indemnización en caso de accidente y que las familias fuesen indemnizadas en caso de defunción. Era un adelantado, también porque instaba a relaciones legales aún inexistentes en España entre patronos y obreros, más si cabe en una Barcelona industrial, tan prodigiosa como terrible, donde la patronal, el Estado y los obreros arreglaban a menudo sus diferencias y conflictos a tiros, con los matones del sindicato libre y la Policía enfrentados a los reyes de la pistola obrera, como los definía el anarcosindicalista Joan Oliver. Era una Barcelona burguesa y proletaria que tras la Semana Trágica sería conocida por los anarquistas como la *Rosa del Foc*.

Moragas contendía con la competencia instalada en lo que hoy conocemos como *low cost*, porque las bajas primas no consentían desempeñar la misión social de auxiliar al proletario en los momentos de necesidad. Juzgaba que la ley *«tendría que ser el primer eslabón de una no interrumpida cadena de reformas económicas que, encaminadas todas a mejorar la situación de los obreros, contribuyesen a extinguir o a disminuir los odios y rencores sociales que tan amenazadores se presentan hoy»*. Por su profundo conocimiento, es crítico con quienes ofrecen soluciones epidérmicas. En un artículo del 16 de febrero de 1900 lamentaba los desaciertos del nuevo Código de Comercio. *«Impropio, incorrecciones de redacción, no hay nada aprovechable, vaguedad y falta de precisión, inútil, anacrónico en conjunto, anticuado, arbitrario en algunas de sus disposiciones»*, y evacuaba que merecía profunda reforma.

Cuando algunos trataron de comercializar un seguro de vida gratuito, gruñó: *«improvisados aseguradores ofrecen al público operaciones que, bien examinadas, solo resultan burdas falsificaciones del seguro sobre la vida»*. La finalidad de cualquier iniciativa había de contar con los instrumentos y medios adecuados para instar a *«la gran mejora moral y material de los obreros y sus familias, el aumento de la estabilidad en el personal de la fábrica y la completa armonía entre el patrón y los obreros»*. Su argumentario era completo y pedagógico. *«La Caja de Pensiones para la Vejez vendrá a resolver una de las más trascendentales dificultades económicas con que han de luchar los obreros y, al presentarles la seguridad de una vejez libre de miseria, los reconciliará con la sociedad y hará de ellos ciudadanos dignísimos».* Esta actitud realista y pragmática conjuraba los fantasmas de posturas extremistas. Moragas sabía que las soluciones utópicas anticipan tumbas. De haberse popularizado el buen modelo, se hubieran ahorrado dramas.

La caja de pensiones no sería una institución de caridad; con carácter humanitario, sería un organismo evidentemente económico que emplearía actividades simétricas a las desarrolladas por los pudientes. *«La caja de pensiones realizará obra altamente social, pues, introductora en las clases propietarias de ideas de previsión y ahorro, las educará en el respeto a su propia dignidad y les facilitará elementos para disfrutar de una vejez relativamente tranquila».* Con encomiable capacidad profética, denunciaba que el difuminado malestar social encontraba su humus en la depravación de la clase política tanto nacional como regional. No caía en fáciles embelesos populistas, tan de moda entre los simplistas: *«Es cierto que todos tenemos derecho a que nuestro trabajo nos permita ahorrar, pero también lo es que de este mismo derecho se deduce el deber de procurar ahorrar».* Para él las cajas de ahorros se debían abrir a cualquier trabajador, sin limitarse solo a las clases obreras.

Francesc fue fundador, director general y el alma de la empresa, pero contó, entre otros, con el asesoramiento, para temas de previsión social, de Josep Maluquer i Salvador, nacido en Granollers en 1863, residente en Madrid. Con sus advertencias fue capaz de enfrentarse de forma creativa a situaciones zigzagueantes. En 1920, cuando se alinean clientes para retirar fondos en un momento de desconfianza, se entregan los depósitos en bolsas con mil duros cada una. Los sacos, que cuestan uno, se descuentan del reintegro. Con el plúmbeo saco en la mano, la mayoría no sabe qué decisión tomar. En ese momento, los empleados, debidamente instruidos, aconsejan: *«Pase a la ventanilla del final del pasillo y haga una nueva imposición con los mil duros que contiene el saco. ¡Y le devolveremos el duro del saco!».*

Los *«robo advisors»*, tan de moda en el s. XXI, no hubieran podido sustituir a los competentes profesionales de La Caixa en aquel momento.

Inspirado en la Caja de Ahorros de Milán, Moragas inició la obra de homenajes a la vejez, el Amparo de Santa Lucía para ciegas, el Hogar para Enfermos, el Instituto Educativo de Sordomudos, la Obra de la Buena Palabra, el Instituto para Ciegos, la obra antituberculosa con el sanatorio de Terrasa, etc.

En 1930 recibió la gran cruz de la beneficencia concedida por el Gobierno español. Buscando solidez a las inversiones, compra sistemáticamente deuda amortizable y bonos del Tesoro de España. Ese mismo año, afirmó ante el cardenal Vida i Barraquer: «*Nuestra obra, que por fortuna es ya plenamente española, seguirá siempre teniendo sus raíces más hondas en tierra catalana*». Entonces y siempre defendió la existencia de buenas palabras como paz, trabajo, ahorro, vejez o madre. Lluís Ferer-Vidal escribiría que «*era, la suya, una vida de trabajo intenso, tanto como ordenado, sin otras finalidades ni ambiciones que la de hacer de La Caixa una institución modélica, tan fuerte de espiritualidad como de los medios económicos adecuados para ir convirtiéndola en obras sociales; y al haber conseguido poder ver, en buena parte, realizado este su sueño, le daba al espíritu del Maestro una formidable fortaleza, de temple de clásico humanismo*». Siempre defendió, en fin, una espiritualidad humanitaria. No esgrimió su fe cristiana de manera superflua, pero tampoco la ocultó tras pantallas edulcoradas. Ejerció ese liderazgo comprometido que mejora la realidad sin desgañitarse.

De la fecundidad de su entrega y del buen hacer de sus sucesores hablan los resultados. Cuando se escriben estas líneas, la fundación bancaria La Caixa suma 5.030 millones de euros en obra social en la última década. Como explicaba su presidente, Isidro Fainé, en comunicado oficial en 2019: «*Los últimos diez años han estado marcados por una crisis severa de la que aún nos resentimos como sociedad, especialmente los colectivos más vulnerables. Consciente de dicha coyuntura, La Caixa ha multiplicado los recursos destinados a cumplir con su compromiso social, el fin último de la entidad, contribuyendo a paliar estas situaciones*».

La Caixa se ha consolidado como la primera fundación privada de España y una de las más relevantes a escala internacional, con activos valorados en 23.000 millones de euros. Moragas habría estado orgulloso.

ALGUNAS ENSEÑANZAS

- Hay utópicos teóricos y prácticos. Los primeros profetizan situaciones que nunca se cumplen. Los segundos son capaces de mejorar los entornos a base de transformar micro mundos

- Los nacionalismos, a causa de su visión reductora, tratan de colapsar los proyectos globales con barrocos palos en las ruedas

- Nada más práctico que un fundamento conceptual sólido en manos de un gestor honesto. Nadie ha hecho más por la solidaridad humana que la Iglesia católica

- Los proyectos sólidos nacen pequeños y van creciendo

- Ocultar el porqué del éxito es de mediocres, reconocer a quien ayudó manifiesta magnanimidad

- Siempre es posible innovar, también en sectores presuntamente consolidados

- Se gobierna mejor cuando se conoce en primera persona el sufrimiento ajeno y sus específicas circunstancias con nombres y apellidos

- Es conveniente poner medios prácticos a la vez que se promueven los conceptos que justifican los mejores modos de cambiar la sociedad

- *Quita y no pon, se acaba el montón*, evidencia tan gráfica es olvidada de continuo

- No es preciso hacer alharacas de la propia fe, pero resulta chusco ocultarla tras un tupido velo

UN HÉROE CICLÓPEO, EFICAZ SEMBRADOR DE ILUSIONES

SAN JUAN PABLO II (1920-2005)

Papa Juan Pablo II. Plaza de San Pedro, Ciudad del Vaticano, 2004. Fuente: Shutterstock.

«*Solamente la libertad que se somete a la verdad conduce a la persona humana a su verdadero bien. El bien de la persona consiste en estar en la verdad y en realizar la verdad*». Este podría ser el lema que asumió quien llegaría a ser Juan Pablo II. Bien presente tuvo en su vida que los trascendentales del ser, verdad, bien y belleza, han de estar necesariamente unidos. Lo procuró en su actuar y en su predicación, de forma incremental desde su coronación: «*¡No tengáis miedo! ¡Abrid, abrid de par en par las puertas a Cristo!*». Conviene recordar, para ir deshaciendo equívocos, el titular que ese día le dedicó el fallecido Félix Bayón en el periódico El País: «*El nuevo papa, un polaco joven, abierto en política y moderado en el dogma*».

Karol Józef nació en Wadowice (Polonia) el 18 de mayo de 1920, hijo menor de los tres generados por Karol Wojtyła, suboficial del Ejército, y Emilia Kaczorowska. Quedó huérfano de madre con nueve años. Fallecidos sus hermanos se desplazó junto a su padre a Cracovia. Estudió en la Universidad Jagellónica de esa ciudad hasta que el invasor Ejército alemán la cerró en septiembre de 1939, recién comenzada la II Guerra Mundial. Con el doble objetivo de ganarse la vida y de evitar la deportación a Alemania, trabajó en una cantera y más adelante en la fábrica química Solvay.

Durante la ocupación germana cultivó el teatro patriótico junto a otros católicos que resistían la imposición nazi. Fichado por la Gestapo, se refugió en los sótanos del arzobispado de Cracovia. En esas difíciles circunstancias se embarcó en la lectura de san Juan de la Cruz. En 1943 ingresó en el establecimiento clandestino fundado por el arzobispo. Cuando a comienzos de 1945 los soviéticos entraron en Cracovia, el futuro papa salvó la vida gracias a un oficial ruso que antes de ser enviado a invadir Polonia estudiaba Historia. Se había desenmascarado que entre los obreros polacos de la fábrica Solvay se contaban casi veinte seminaristas. Ordenó Stalin que fueran enviados a Siberia y allí asesinados. Sirotenko, el comandante, que deseaba contar con alguien que le tradujese al ruso obras escritas en alemán y latín, impidió la expatriación de Wojtyla, conocedor de esos idiomas.

Karol Wojtyla recibió la ordenación sacerdotal en 1946 y enseguida se trasladó a Roma, donde obtuvo un doctorado en Teología con la tesis *El acto de fe en la doctrina de san Juan de la Cruz*. En 1948, de regreso a Polonia, donde las autoridades comunistas fueron relativamente permisivas con el catolicismo siempre que no alzara la voz, fue nombrado coadjutor de una parroquia cercana a Cracovia. Once meses después fue habilitado como docente para la facultad de Teología de la Universidad Jagellónica y recibió el nombramiento de coadjutor de la parroquia de San Florián, también en Cracovia.

En 1958, Pío XII le consagró obispo auxiliar y en 1962 se incorporó al Concilio Vaticano II, en el que colaboró para la redacción de la *Gaudium et spes*. Ese mismo año fue nombrado obispo titular, al fallecer su antecesor. En 1967 era cardenal, el segundo más joven de la época, con cuarenta y siete años.

En 1978, apenas dos semanas después del fallecimiento de Juan Pablo I, Wojtyła es elegido sucesor de san Pedro. Con cincuenta y ocho años y el nombre de Juan Pablo II se convierte en el papa de menor edad del siglo XX y en el primero no italiano desde el neerlandés Adriano VI (1522-1523). En la elección de su nombre se cumple de forma particular que *nomen est omen*, el nombre es el propósito. Optó por la continuidad con el pontífice recién fallecido que aspiraba a un rejuvenecimiento institucional, comenzando por una revolución de sonrisas que volviese a convocar a la juventud.

Su programa se basó, entre otros, en los siguientes pilares:

- Evangelizar de nuevo países de tradición cristiana, con especial atención a los menos favorecidos
- El ecumenismo
- La justicia social y la moral personal

El 13 de mayo de 1981, un terrorista de origen turco y nombre Ali Agca atentó contra él en la plaza de San Pedro. Dos años más tarde, el pontífice lo visitó en la cárcel para transmitirle su perdón. A pesar de sus dolencias, contribuyó eficacísimamente, también gracias a su apoyo al sindicato Solidaridad, a la caída del muro de Berlín, símbolo del desmoronamiento de la dictadura comunista en el Este de Europa. Fue crítico perspicaz con el capitalismo del *laissez faire*, como queda claro en su encíclica *Centesimus Annus*, de 1991. Otro hito relevante fue marzo de 2003, fecha en la que se opuso, sin resultado, a la invasión estadounidense de Irak.

Fue un papa ciclópeo en muchos sentidos. Ratzinger afirmó de él que: «*Sí, se puede gobernar también con el sufrimiento. Sin duda, es algo extraordinario. Pero después de un largo pontificado y de tanta vida activa del papa, era significativo y elocuente un tiempo de sufrimiento que devino casi en una forma de gobierno*». Juan Pablo II predicó en este como en otros temas lo que él había vivido y mostrado. «*Pido para vosotros* –clamaba– *la gracia de la luz y de la fuerza espiritual en el sufrimiento, para que no perdáis el valor, sino que descubráis individualmente el sentido del dolor y podáis, con la oración y el sacrificio, aliviar a los demás*».

Contra viento y marea defendió al ser humano, incluso de sí mismo y de sus semejantes. Fue meridianamente claro sobre una de las mayores patologías e hipocresías del mundo contemporáneo, la del aborto. *«La vida humana debe ser respetada y protegida de manera absoluta desde el momento de la concepción –prevenía–. Desde el primer momento de su existencia, el ser humano debe ver reconocidos sus derechos de persona, entre los cuales está el derecho inviolable de todo ser inocente a la vida».* Y en otra de las múltiples ocasiones en las que abordó esta cuestión: *«Todo ser humano, desde su concepción, tiene derecho a nacer, es decir, a vivir su propia vida. No solo el bienestar, sino también, en cierto modo, el ser mismo de la sociedad, dependen de la salvaguarda de este derecho. Si se niega al niño por nacer este derecho, resultará cada vez más difícil reconocer sin discriminaciones el mismo derecho a todos los seres humanos».* En una línea semejante se expresaba santa Teresa de Calcuta: *«Cuando matamos a un niño no nacido, estamos matando a Dios. Tenemos miedo de la guerra nuclear (...), pero no tememos matar a un niño. El aborto se ha convertido en el gran enemigo de la paz».*

La profunda esperanza de Juan Pablo II de llegar al Cielo, tantas veces por él predicado, se plasmó en sus últimas palabras, pronunciadas en su idioma natal: *Pozwólcie mi iść do domu Ojca* (déjenme ir a la casa de mi Padre).

El papa había realizado más de cien visitas internacionales, lo cual, gracias a un manejo de los medios de comunicación más que notable –daba muy bien en cámara–, aumentó su popularidad. Tomó del Cura de Ars la costumbre de besar el suelo cuando llegaba a nuevos territorios, gesto que a muchos emocionó y que repitió incluso anciano y enfermo. Un dato aplastante de su eficacia como embajador de la Iglesia: al inicio de su pontificado, la Santa Sede mantenía relaciones diplomáticas con ochenta y cuatro estados; al fallecer, con ciento setenta y tres. Ningún papa, ni antes ni después, había hablado ante tantas personas: casi dieciocho millones de peregrinos participaron en las más de mil cien audiencias generales de los miércoles. Esa cifra no incluye las audiencias especiales y las ceremonias religiosas, más de ocho millones solo en el gran Jubileo del año 2000, y el sinnúmero de individuos que encontró durante las visitas pastorales efectuadas tanto en Italia como en el resto del mundo.

Nunca tuvo miedo al contacto con cualquier arquetipo de pensamiento. «*Inculturación* –explicaba– *es lo que permite a la Iglesia encarnar el Evangelio en las diferentes culturas, asumiendo lo que hay de bueno en estas culturas y renovándolas desde su interior. La inculturación constituye un camino hacia una plena evangelización para que todo hombre pueda acoger a Jesucristo en la integridad de su ser personal, cultural, económico y político, de cara a su plena y total unión con Dios Padre y de una vida santa bajo la acción del Espíritu Santo*».

De su profunda humildad habla el que cuando en 1994 fue nombrado por Time persona del año, por dos veces volteó la portada de la revista cuando Rafael Navarro-Valls, su portavoz, le llevó un ejemplar para felicitarle. O también, cuando para nublar su importancia en la caída de la tiranía marxista en Europa, afirmaba que «*el comunismo como sistema, en cierto sentido, se ha caído solo. Se ha derrumbado como consecuencia de sus propios errores y abusos. Ha demostrado ser una medicina más dañosa que la enfermedad misma. No ha llevado a cabo una reforma social, a pesar de haberse convertido para todo el mundo en una poderosa amenaza y en un reto. Pero se ha consumido solo por su propia debilidad interna*».

En su vida no faltaron, como en la de ninguna persona, contradicciones. La más llamativa, su defensa a ultranza de Marcial Maciel, provocada por una insuficiente información. También se le ha achacado su afán por apoyar determinados movimientos, consintiendo que se acelerara algún proceso de beatificación o canonización que deberían quizá haber sido analizados con mayor tiesura y perspectiva. Esos comportamientos, inducidos por ignorancia inculpable, contradecían su pensamiento. En más de una ocasión especuló que «*un hombre cristiano deja de ser joven, y hace mucho que no es cristiano cuando se deja engañar por el principio fácil y cómodo de que el fin justifica los medios*».

Su entusiasmo no se desinflaba por los problemas. «*El siglo XX será considerado una época de ataques masivos contra la vida* –advertía–, *una serie interminable de guerras y una masa-*

cre permanente de vidas humanas inocentes. Los falsos profetas y maestros han conocido el mayor éxito posible». Su estela es indeleble y justifica el clamor de muchos por denominarle san Juan Pablo Magno. Fue, en fin, un enamorado del Creador y de sus criaturas. *«El hombre no puede vivir sin el amor —trasladaba—. Él se vuelve un ser incomprensible para sí mismo y su vida es destituida de sentido si no le fuera revelado el amor, si él no se encuentra con el amor, si no experimenta y si no lo vuelve algo propio».* Tan grande fue su carisma que muchos niños nacidos en su época recibieron su nombre.

Incluso personajes tan inconsistentes, innobles y degenerados como el tirano Fidel Castro quedaron impresionados por su personalidad. Con retorcidos fines de auto propaganda, el torticero represor caribeño voceó: *«Descansa en paz, infatigable batallador por la amistad entre los pueblos, enemigo de la guerra y amigo de los pobres. Fueron vanos los esfuerzos de quienes quisieron usar tu prestigio y tu enorme autoridad espiritual contra la causa justa de nuestro pueblo en su lucha frente al gigantesco imperio. Nos visitaste en tiempos difíciles y pudiste percibir la nobleza, el espíritu solidario y el valor moral del pueblo, que te recibió con especial respeto y afecto porque supo apreciar la bondad y el amor por los seres humanos que impulsaron tu largo peregrinar sobre la Tierra. Dijiste antes de regresar a Roma que las medidas económicas restrictivas impuestas desde fuera del país eran injustas y éticamente inaceptables. Eso te ganó para siempre la gratitud y el cariño de todos los cubanos, que hoy te rendimos merecido tributo. Nos duele tu partida, inolvidable amigo, y deseamos con fervor que tu ejemplo perdure».*

Juan Pablo II, tras años de preparación intelectual fue un líder audaz volcado a la acción, dispuesto a devolver el alborozo a una Iglesia que parecía descorazonada. Incansable, fallecería con las botas puestas proporcionando un ejemplo de coherencia con su predicación y creencias. Mostró cómo el espíritu puede tirar hacia arriba del cuerpo incluso cuando el deterioro físico se presenta sin paliativos.

ALGUNAS ENSEÑANZAS

- El dolor es escuela de aprendizaje, tan dura como eficaz
- El sufrimiento que a algunos destruye a otros les fortalece
- La libertad, si no respeta la verdad, se degrada en libertinaje
- Un directivo ha de tener claros sus objetivos siguiendo la enseñanza aristotélica de la causa final: lo primero en la intención, lo último en la consecución
- Que una mayoría defienda determinados principios no significa que sean verdad
- Toda persona es incoherente en alguna de sus decisiones, con más frecuencia quienes ignoran incluso cómo se abre un libro
- Los obstáculos no deberían arruinar la ilusión por un mundo mejor
- El fin, por sublime que sea, nunca justifica los medios
- Las personas eminentes incluyen entre sus habilidades la humildad
- Quien se halla sólidamente asentado en sus principios no se refugia en una burbuja por canguelo ante el pensamiento de otros

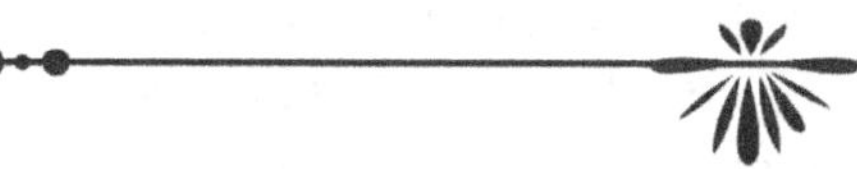

COSECHAR FLORES EN UN LODAZAL
MARCIAL MACIEL (1920-2008)

Ningún guionista o novelista visceralmente anticatólico, dotado de imaginación exuberante a la hora de manejar el género del *thriller*, hubiera conjeturado algo como lo sucedido con Marcial Maciel, fundador de los Legionarios de Cristo y del *Regnum Christi*. Le gustaba recordar: «*Yo era un joven de quince años cuando sentí que Cristo me llamaba a entregar mi vida al servicio de su reino. No era yo quien quiso lanzarse a una aventura que superaba mis propias fuerzas (...). Mi educación familiar, especialmente cuidada por mi madre, se había distinguido por un gran respeto y veneración a la figura del sacerdote, verdadero ministro de Cristo. Pero yo nunca consideré que tal vocación fuera para mí*».

Los parecidos con textos de fundadores de otros movimientos son llamativos y se multiplican los indicios de que los plagió. Con ser grave la presunta apropiación de documentos de una organización de la competencia, es lo de menos en esta pavorosa historia. Según Maciel, en mayo de 1934 una pregunta de dos religiosas conocidas suyas habría sido el detonante de sus barruntos. Dos años más tarde abandonó el pueblo natal, Cotija de la Paz, en el centro de México, para integrarse en el seminario que su tío don Rafael Guízar, obispo de Veracruz, había erigido en Ciudad de México. En 1936, con dieciséis años y siendo aún seminarista, se produjo una conjeturada invitación sobrenatural a promover una agrupación de sacerdotes consagrados a la dispersión del reinado de Jesucristo. Abandonado el seminario pilotado por su tío y el de Nuevo México (EE. UU.) al que acudió, acabaría recalando en el de otro tío suyo, monseñor Francisco González Arias, obispo de Cuernavaca. El 3 de enero de 1941 nacieron los Legionarios de Cristo instalándose en los sótanos de la casa de Natalia Retes, en la calle Turín, en Ciudad de México.

«*Se levantaba hacia las tres de la madrugada para ordeñar a la vaca, salir a vender parte de la leche, y comprar huevos, pan o fruta»*, escribirán sus panegiristas. *«Despertaba luego a sus muchachos; les preparaba el desayuno, les dirigía la meditación matutina; después los ayudaba con algunas clases y conferencias, los acompañaba en sus recreos, siempre atento a su formación espiritual y humana. Con frecuencia salía de casa limosneando de puerta en puerta lo necesario para poder mantener a los hermanos. Otras veces marchaba en busca de nuevas vocaciones para el instituto. Por la noche, ante la imagen de María, les hacía unas reflexiones espirituales que caldeaban los corazones antes de acostarse; les hablaba de sus proyectos apostólicos por el mundo. Cuando reinaba ya el silencio en la casa, Marcial se retiraba a estudiar algunas horas: había que preparar los exámenes de Teología».*

Tras la ordenación del propio Maciel, celebrada por monseñor González Arias en la basílica de Guadalupe, arrancó el postulantado el 19 de marzo de 1945 con quince muchachos. El 25 de marzo de 1946 iniciaría el noviciado. Circunstancias favorables y fortuitas, apostrofadas de providenciales, le habrían llevado a entrevistarse con el papa Pío XII en el verano de 1946, y el 2 de septiembre de ese mismo año salieron hacia España los primeros treinta y cuatro Misioneros del Sagrado Corazón (así se denominaban) acompañados por el fundador. El segundo dato está confirmado, el primero sigue en una nebulosa dentro de una brumosa historia. El origen del nombre Legionarios de Cristo se habría gestado durante una segunda presunta audiencia con el papa, en la que le animó a promover una organización *sicut acies ordinata*, como ejército en orden de batalla. El 13 de junio de 1948 se firmó —esto sí está documentado— el decreto de origen de la nueva congregación.

Lo narrado por Maciel y sus apologistas y la realidad es divergente. Como vino a saberse, engendró hijos —al menos cuatro, quizá seis— con diversas mujeres, flirteó con otras, «fusiló» impúdicamente a Luis Lucía Lucía (1888-1943) el texto de cabecera de los legionarios, *El salterio de mis días* (el título originario dado por el autor real era *Salterio de mis horas*), e impuso a sus seguidores un voto de silencio reverencial para cobijarse de imputaciones por sus, entre otras cosas, andanzas sexuales penalmente punibles, de consumo de estupefacientes o de gastos excéntricos. En diciembre de 2019, una investigación interna de los legionarios reconoció que Maciel forzó al menos a sesenta menores y que otros treinta tres sacerdotes de su movimiento también cometieron delitos en ese mismo sentido, con un saldo de 165 víctimas de abusos libidinosos.

Los primeros lamentos de los progenitores de Luis de la Isla llegaron a la jerarquía de la Iglesia en diciembre de 1944 a través de una misiva al obispo de Cuernavaca. Notificaban tropelías del sacerdote mexicano, pero no consta actuación alguna del prelado. Las primeras imputaciones llegaron a Roma procedentes de España. Dos jesuitas de Comillas expidieron en 1948 informes negativos a la entonces denominada Sagrada Congregación de Religiosos. Fueron archivados. Seis años más tarde, en 1954, el arzobispado de México solicitó datos sobre el fundador al legionario Federico Domínguez, quien reveló la adicción a la dolantina (un opiáceo) de Maciel. Dos años después, el arzobispo de México y el nuevo obispo de Cuernavaca notificaron a Roma la pederastia y el empleo de drogas, urgiendo su suspensión, al menos temporal. Maciel fue alejado transitoriamente de la dirección. Sin embargo, la auditoría acabó en agua de cerrajas, porque con puño de hierro impuso a sus seguidores la información que podía o no reconocerse. Todos esos y muchísimos más documentos se encuentran en el neurálgico libro *La voluntad de no saber*.

Un texto muy clarificador es la carta enviada en 1997 por un grupo de antiguos miembros que padecieron abusos por parte del fundador de los Legionarios de Cristo. Se extractan unos pasajes:

A SU SANTIDAD JUAN PABLO II
Autor de la Carta Encíclica Veritatis Splendor
Ciudad del Vaticano

Santo Padre,

(...) Quienes ahora os escribimos somos varios hombres cristianos, doblemente víctimas en dos claras épocas de nuestra vida: primero durante nuestra adolescencia y juventud, y luego en nuestra madurez, por parte de un sacerdote y religioso muy allegado a Vos, que repetidamente abusó, antaño, sexualmente y de otras maneras, de nosotros, indefensos, lejos de nuestros padres o tutores, en

países diversos y lejanos del nuestro, y, al haber revelado nosotros la triste verdad de nuestra historia a dos periodistas norteamericanos de buena fe, el año pasado. Habiendo él sabido por ellos nuestros nombres a través de abogados suyos (...), acudió o dio instrucciones para que antiguos compañeros nuestros (...) dieran falso testimonio contra nosotros (...). Somos un pequeño grupo de ex miembros de la Legión de Cristo los que (...) en legítima defensa nos decidimos a declarar la terrible y dolorosa verdad del oscuro mal oculto, casi desde la fundación de su institución, durante más de cuatro décadas, acerca de la encubierta conducta inmoral del mismo fundador y superior general de la Legión de Cristo, el padre Marcial Maciel Degollado, en quien penosamente de alguna manera aún creíamos antes de descubrir que el caso de nuestro abuso particular no era aislado ni único (...).

»Fue precisamente la carta de apoyo y felicitación de V. S. dirigida al padre Marcial Maciel Degollado, publicada el día 5 de diciembre de 1994 en los siete diarios más influyentes de la Ciudad de México, avalada por Vuestra propia firma y por la reproducción muy visible del mismo escudo de armas pontificio, en la cual V. S. encomiaba al padre como 'guía eficaz de la juventud' y como quien 'ha querido poner a Cristo (...) como criterio, centro y modelo de toda su vida y labor sacerdotal...', la que nos movió a romper finalmente el pesado silencio y revelar la penosa verdad; pues nos indignó que un Vicario más de Cristo a lo largo de varias décadas pudiera seguir estando a tan grave extremo engañado (...).

»Es verdad, Santidad, que, psicológicamente amordazados y con una mal entendida lealtad a la institución y al padre Marcial Maciel Degollado, siete de los firmantes de esta carta dirigida a Vos (pues uno para entonces ya había salido de la institución) ocultamos la verdad y mentimos en nuestra juventud ante los investigadores del Vaticano cuando fuimos interrogados en Roma acerca de su conducta moral en 1956, y es cierto también que después callamos durante largo tiempo; pero psicólogos, psiquiatras y otros especialistas de las ciencias sociales y del espíritu pueden probar que el silencio de las víctimas de cierta clase de abusos, y sobre todo bajo los efectos perdurables de un sometimiento psicológico y religioso intenso, mientras más prolongado es más señalada la hondu-

ra del daño causado por la poderosa inhibición interior impuesta por las depredaciones espirituales originadas, en nuestro caso y con tanto dolor y confusión, en aquel de quien menos deberían provenir (...).

»Como casi todos entrábamos muy jóvenes en la institución, por ello viven aún muchos sabedores de la realidad de las tristes verdades expuestas: unos que sí hemos escrito nuestro testimonio y otros que no lo han hecho, de que el mal moral del abuso sexual, del mal ejemplo de la inveterada adicción al uso de la morfina en privado pero delante de nosotros y de otros, de los cuales varios tenían, incluso, que conseguírsela, y del profundo y arraigado hábito de simulación y engaño por parte del padre Marcial Maciel Degollado tuvieron su origen desde las primeras décadas de la Legión de Cristo (...). Representamos (...) una muy pequeña parte de la totalidad de víctimas de los daños morales continuados durante largos años, almas adolescentes y jóvenes desprotegidas, antaño, por nuestras familias, desgraciadamente tan lejanas iy tan cristianamente confiadas! (...).

»Siendo entonces la Legión de Cristo reconocida solo por derecho diocesano desde el 25 de mayo de 1948 hasta el 6 de febrero de 1965, por carecer aún de aprobación pontificia antes de esta fecha, ¿podía monseñor Alfonso Espino, obispo de Cuernavaca, Morelos, México, darse cuenta de aquellas tropelías contra la moralidad e integridad nuestra, estando nosotros tan distantes, bajo el más absoluto régimen de censura y de voto secreto en toda clase de comunicación interna y externa, y sin conocimiento del respaldo y protección debidos a nosotros por el derecho canónico? (...).

»Nosotros, como víctimas, pero adultos ya, reflexivos y obligados solo a la verdad, basados en nuestra directa experiencia personal de muchos años muy cerca de la críptica vida íntima del fundador y general de la Legión de Cristo, el padre Marcial Maciel Degollado, afirmamos ante Vos, ante la Iglesia y ante la sociedad, sin negar el enigmático carisma que siempre lo ha acompañado y que precisamente no es privativo solo de los espíritus buenos, que en gran parte su personalidad externamente conocida es un producto mítico de un esfuerzo institucional fabricadamente elaborado (...).

»*Si lo que hemos dicho y estamos diciendo no es cierto, que esa misma justicia argumentadamente nos lo impute (...) y que seamos castigados duramente; y que ante Dios y ante los hombres brille íntegramente a favor del padre Marcial Maciel Degollado el esplendor de la verdad. Si, en cambio, sometidos todos, él y nosotros, al escrutinio completamente imparcial de una comisión libre y capaz, formada por hombres y mujeres, laicos y eclesiásticos, especializados en las ciencias apropiadas para el caso, se reconociese que decimos lo cierto, como afirmamos en las acusaciones que hemos presentado, que entonces también la verdad resplandezca y que igualmente se aplique la justicia (...).*

»*Santo Padre, en caso de reconocerse la culpabilidad del padre Marcial Maciel Degollado, ¿sería ello tan oneroso para la Iglesia? (...). Lo oprobioso para la Iglesia sería dejar de aclarar cuál es la verdad y no hacerse la debida justicia, se extenderá un escándalo mayor y quedará siempre en duda para muchos la credibilidad misma al magisterio de la Iglesia, la cual, por una parte ofrece en ocasiones disculpas generales por los delitos de sus clérigos y publica documentos hermosos y ricos en fuentes escriturísticas sobre la debida pureza del sacerdote, sobre la dignidad de la persona humana y sobre el respeto a esta debido y, por otra parte, oculta y calla cuando la acusación se refiere a alguien encumbrado dentro de su propio sistema (...).*

»*Si esta carta, como rogamos a Dios, llegare a Vuestras venerables manos y fuere leída (...) por Vos, lamentaremos el inevitable dolor que nuestra queja y la exposición de nuestro mal indudablemente causarán en Vuestro atribulado espíritu (...). Tal vez un día, ante el resultado de la investigación profunda de la triste verdad que hemos manifestado, alivien de alguna manera Vuestra pena las sabias palabras que san Juan Crisóstomo pronunció en su homilía en defensa de Eutropio: 'Son mejores las heridas causadas por los amigos que los falsos halagos de los enemigos'.*

»*Así pues, todos nosotros, católicos creyentes, los abajo firmantes (...), completamente libres de cualquier deseo de venganza por las ofensas corporales y espirituales antaño u hoy sufridas por nosotros de parte del padre Marcial Maciel Degollado, sin interés de medro de cualquier naturaleza, sin coacción alguna de nadie ni de ningún grupo de cualquier tipo de poder (...) juramos solemnemente delante de Dios que nos ha de juzgar, delante de Vos, que tenéis también la gravísima responsabilidad de sopesar y conocer profundamente a los hombres que proponéis como guías y modelos de vida, delante de la Iglesia católica entera de la Ciudad de Dios y, mientras, en la Ciudad del Hombre, y delante de toda autoridad divina y humana, religiosa y civil, que puede y debe, si quiere, someternos a duros y exhaustivos interrogatorios, juramos –repetimos– que en nuestras actuales declaraciones y revelaciones habladas y en nuestros testimonios individuales recientemente escritos acerca de la conducta inmoral del padre Marcial Maciel Degollado hemos dicho solamente la verdad (...).*

Estados Unidos de Norteamérica
México, mes de noviembre de 1997
Félix Alarcón Hoyos, José de J. Barba Martín, Saúl Barrales
Arellano, Alejandro Espinosa Alcalá, Arturo Jurado Guzmán,
Fernando Pérez Olvera, José Antonio Pérez Olvera,
Juan José Vaca Rodríguez

Del aislamiento de las personas se sigue naturalmente el bloqueo de una comunidad. Si las únicas relaciones permitidas son las relaciones con el superior, no hay medio de airearse. La cuestión no es material, sino de ausencia de libertad para otear fuera del pensamiento único endogámico, y por ende patológico.

Fallecido Juan Pablo II, Benedicto XIV, quien conocía los antecedentes, ordenó de inmediato que Maciel fuese apartado y que se retirase a lugar donde rezar y hacer penitencia. Dos preguntas aletean entre quienes conocen por primera vez estos hechos. La primera es ¿por qué no actuó Juan Pablo II? La respuesta es poliédrica. De un lado, muchos de sus colaboradores más directos –convenientemente seducidos económicamente por Maciel para que supuestamente atendiesen obras sociales– le informaron de que aquello no era cierto. Por otro lado, en el entorno de presión comunista del que él procedía en su originaria Polonia no era infrecuente utilizar este tipo de mensajes, allí falsos, para descalificar. La avanzada edad del papa provocó que nada se hiciera. Benedicto XVI, en cuanto le fue posible, actuó visto y no visto.

¿Qué pensaban los colaboradores más cercanos del fundador? En una organización de estas características es inviable que miembros de la cúpula sesteen al margen. La teoría del mal menor –¡sería grave que trascendiera!– generó un atroz álibi. El empleo de conocimiento de disposiciones interiores de las personas y la existencia del cuarto voto de prohibición de comentarios sobre los superiores, junto al carácter autocrático y fascinador de Maciel, hicieron el resto.

Por el venteo del fuero interno en la Legión y en otros movimientos semejantes, que han intentado ocultar con medias verdades ilegalidades (contra lo que indica el derecho canónico) e inmoralidades (contra una ética básica de la discreción) se entienden las duras palabras del papa Francisco, el viernes 29 de marzo de 2019, a los participantes en un curso organizado por la Penitenciaría Apostólica. El pontífice subrayó que fisgar es asunto grave: «*En algunos grupos de la Iglesia, los superiores mezclan las dos cosas y sacan del fuero interno cosas para las decisiones externas y viceversa. (...) ¡Esto es un pecado! Es un pecado contra la dignidad de la persona que se fía del sacerdote*».

El fuero interno designa, de una manera general, lo que pertenece a la conciencia. El fuero externo incluye la retahíla de palabras y comportamientos, y lo que traslada a un superior en un libre deseo de transparencia. A partir de este deben tomarse las decisiones.

«*El fuero interno es fuero interno. Es una cosa sagrada*», recalcó Francisco. De ahí la práctica tradicional en vigor en la Iglesia de no agrupar en una misma persona el acompañamiento espiritual y la autoridad. Tanto los legionarios como otras organizaciones han omitido esas juiciosas medidas con grave daño. Se les ha conminado en reiteradas ocasiones a evitar esos graves abusos, no siempre con la esperable obediencia. En la misma línea de sentido común, una de ellas recibió, al parecer gracias a Ratzinger, su correcto posicionamiento en el Código de Derecho Canónico, lejos de quiméricas asunciones jerárquicas, y se detuvo el proceso de beatificación de la madre de Maciel.

Las palabras de Francisco hacen resonar lo que explicó Gregorio Magno en el capítulo XI de su *Regla pastoral* mencionada páginas atrás: «*Tiene chica la nariz aquel que no es capaz de guardar medida en la discreción. Con la nariz distinguimos los buenos efluvios y los malos; y así con razón significamos por la nariz la discreción, virtud con la cual abrazamos el bien y desechamos el mal (...). La Iglesia de Dios, con alta discreción y sabiduría, conoce el origen de las tentaciones con sus causas particulares y desde la altura en que está colocada, presiente los combates que el mal ha de desencadenar. Pero hay algunos que, para no ser tenidos por necios, se dejan llevar por una curiosidad extremada en sus indagaciones y se engañan a sí mismos a fuerza de exquisiteces*». Más adelante: «*No es apto para combatir delitos ajenos aquel que es esclavo de los suyos propios*».

Resulta portentoso que una institución que, a entender de muchos debería haber sido disuelta al conocer de las iniquidades e ignominias de su fundador y de algunos de sus colaboradores, haya generado apreciables frutos en forma de íntegros católicos que han sublimado esos viles sucesos. Universidades, colegios, misiones, y sobre todo miles de personas ejemplares en su vida justifican que se hable de flores aparecidas a pesar de la existencia de un patibulario. El cardenal Vasilio De Paolis (1935-2017), delegado pontificio, consideró que no era conveniente disolverla, sino encauzar energías eliminando muros que obligaban a hacer mutis hasta al sentido común. No pocos sacerdotes y laicos abandonaron.

El 29 de febrero de 2020, el papa Francisco recordaba a los participantes en el capítulo general de los Legionarios de Cristo que «*los comportamientos delictivos de vuestro fundador, el padre Marcial Maciel Degollado, que se han manifestado en su gravedad, han producido en toda la amplia realidad del 'Regnum Christi' una fuerte crisis, tanto institucional como individual. De hecho, por una parte no se puede negar que él ha sido el fundador histórico de toda la realidad que representáis, pero por otra parte no lo podéis considerar como un ejemplo de santidad que imitar. Logró que se le considerara un punto de referencia, mediante una ilusión que creó con su doble vida. Además, su largo gobierno personalizado contaminó hasta cierto punto el carisma que el Espíritu originariamente había donado a la Iglesia; y esto se reflejaba en las normas, en la praxis de gobierno y de obediencia, y en el estilo de vida*».

Para quienes, como los Legionarios de Cristo, han convertido en supuestamente innovadora la santificación del trabajo, debe recordarse que en el siglo XVII ya se empleaba la expresión «santificar el trabajo». La mención explícita más antigua es probablemente del teólogo luterano Johann Arndt (1555-1621). En sus *Postillas* (primera edición de 1620), escribía que «*cualquier persona puede santificar su trabajo a través de la palabra de Dios y de la oración*». La referencia más ancestral en un autor católico es quizá del doctor Morange de la Sorbona en las encomiendas que formuló al ratificar el 31 de marzo de 1668 los reglamentos de la cofradía de comerciantes de Lyon.

ALGUNAS ENSEÑANZAS

- **La realidad puede superar a la ficción, incluso la procedente de la imaginación más calenturienta**

- **Las personalidades múltiples pueden generar profundos sufrimientos a quienes se dejan seducir por ellas**

- **Los frutos sabrosos suelen requerir experiencias de vida. Para madurar, la juventud ha de aprender a esperar**

- **Puede desoírse una denuncia, pero cuando estas se multiplican es aconsejable analizar en profundidad**

- **Nunca ocultar delitos a quienes deben conocerlos y atajarlos; con más motivo si se siguen produciendo pueden justificarse por el bien de terceros**

- **Es relevante diferenciar entre pecado y delito**
- **Las imaginaciones desbordadas crean realidades paralelas**
- **El debido sometimiento a la autoridad no puede implicar dejar de pensar**

- **Hay que diferenciar entre una sana capacidad crítica y el espíritu destructivo. Impedir el primero para evitar el segundo es una añagaza**

- **Huronear en el fuero interno para embridar personas es infame**

LA COMPLEJIDAD DE ACTUALIZAR FORMAS SIN CORROER EL FONDO

CONCILIO VATICANO II (1962-1965)

Retrato de san Juan XXIII en la iglesia Karlskirche (Carlos Borromeo), de Clemens Fuchs, 2014. Fuente: Renata Sedmakova, Shutterstock.com

El 14 de julio de 1959, ante la sorpresa de propios y ajenos, Juan XXIII prescribió al cardenal Tardini, tras haber previamente concordado con él lo oportuno de esa decisión, que se emplazase a los obispos a un concilio. El Vaticano II se diseñó para expansionar la implicación de los laicos, acercar la liturgia a los fieles, acrecentar la caridad, con claridad en el pensamiento y grandeza de corazón. Se trataba, como siempre lo ha sido, de un concilio de obispos, pero en el que se contaba por primera vez de manera oficial con la contribución de representantes de Iglesias cristianas no católicas. Juan XXIII soñaba con un nuevo Pentecostés. El teólogo dominico Yves Congar advertía de que las esperanzas forjadas se hallarían revestidas por un insidioso manto de cenizas.

Para conocer a Juan XXIII es conveniente leer su diario espiritual en el que confiesa que se inspira en san Francisco de Asís, san Francisco Javier y san Francisco de Sales. Como en este último, las tres coordenadas en que Juan XXIII deseó moverse fueron el amor, la humildad y la euforia. Con una formación profunda y trabajada durante años resulta sorprendente que gente con preparación inferior a la suya se tomase a chacota decisiones de quien hoy es san Juan XXIII. Lector asiduo del Kempis, el papa nacido en Sotto il Monte (Bérgamo) repetía que no había que plantearse los temas de día en día, sino de hora en hora.

Del liderazgo humilde de Juan XXIII habla su atención por el pasionista español fray Tomás de la Pasión (1869-1939), que fue camarero del papa a comienzos del siglo XX. Escribió en su diario íntimo que aquella persona le impresionaba porque cumplía con eficacia su deber sin darse importancia. Consideraba que ante tal ejemplo él era nada y menos que nada, y le venían continuos deseos de sentarse para escuchar las enseñanzas de quien vivía como siervo, pero era en realidad maestro. Fue Juan XXIII un profeta del cuidado de las cosas pequeñas, recomendando la atención amorosa. La santidad —insistía— no se basa en sucesos estridentes, sino en pormenores que a ojos de muchos parecen sandeces, acudiendo de forma constante a la Virgen. *Monstra te esse Matrem*, muéstranos que eres Madre, repetía con expresión tan bienquista por san Bernardo de Claraval.

Desde el limen del concilio se produjeron innovaciones organizativas, como que Juan XXIII atribuyese las responsabilidades de la primera fase a la Secretaría de Estado y no al Santo Oficio. Su objetivo era minimizar la influencia de este. Se solicitó información a los obispos, sin limitarse a unos selectos, como había acaecido para determinadas cuestiones con Pío IX, Pío XI y Pío XII. Se pidió que respondiesen apuntando problemas que habrían de abordarse. En cuestión de meses arribaron dos mil informes. Se buscaba un avance y no un mero perfeccionamiento del Vaticano I, clausurado incompleto en 1870. La agenda sería novedosa y abierta. La auspiciada actitud proactiva e intraemprendedora resultaba hasta intrigante en una organización tan tendente a impartir órdenes en cascada, con restringida comunicación vertical ascendente. Entrado ya el siglo XXI, Megan Reitz, reconocida experta mundial en comunicación, narraría de una mercantil algo que más de una vez ha sucedido en instituciones de la Iglesia. La contrataron para fomentar la comunicación y se puso manos a la obra. Pronto, sin embargo, escuchó de uno de los subordinados a quienes pretendía estimular: «*La última vez que a alguien se le ocurrió hablar, tal como ahora solicitan, sencillamente desapareció* (fue despedido)».

La primera duda que se difundió en el concilio fue si Roma cambiaría, o por el contrario no podían ser modificadas sus pluriseculares usanzas. Muchos esperaban que el concilio abriera puertas; algunas malbaratando muros capitales. Al no ofrecerse un bosquejo desde las atalayas, el trabajo preparatorio –que buscaba señalar los temas y una primera redacción de textos a proponer– quedó rebasado con miles de sugerencias. Los principales pensadores del *change management* (gestión del cambio), como José Aguilar, Renée Mauborgne, Paul Strebel, Ram Charan, Robert E. Quinn o Alan Jackson, habrían aprendido de las sucesivas fases del concilio. De forma insistente se reiteró en las sesiones que la Iglesia debía focalizarse en los pobres. Se insistía en incrementar la sensibilidad de cara a percibir el soplo espiritual para un acogimiento más amplio, siempre en brazos de la común madre. En esa intención, en apariencia loable y necesaria, faltaban sin embargo líneas rojas. Se había pasado de una definición rigurosa a una pretensión espiritualista.

De la universalidad conciliar habla la presencia de dos mil quinientos cuarenta padres de los dos mil novecientos ocho convocados. De los ochenta y cinco cardenales solo faltaron cuatro. Poco más de mil conciliares procedían de Europa, el resto llegó desde otros continentes. Se explicitó en el reglamento que podrían acudir a las sesiones solemnes y a las congregaciones generales, también en ciertos casos a las comisiones, observadores de los cristianos separados. Con picardía, Juan XXIII advirtió el 24 de noviembre de 1960 que se estaba desplegando un *opus bonum* (buena obra), aunque en algunos aspectos no pudiese ser calificado de *opus perfectum* (obra perfecta). El papa velaba las dificultades que había confiado a sus parientes en los días previos al cónclave: «*Hacer de papa en estos tiempos es como para poner el pelo todavía más blanco que la sotana*».

Para evitar que algunos católicos asistieran como meros espectadores se propició el empleo de las lenguas vernáculas en la misa. Pablo VI rompió el fuego, celebrando el 7 de marzo de 1965 en italiano con el nuevo rito en una parroquia romana. No todos aceptaron pacíficamente estas innovaciones. Entre otras cosas porque lo que se planteaba como concesión no obligatoria se transformó en perentoria exigencia poco después.

Se revalorizó la aportación de quienes no eran sacerdotes ni religiosos. Algunos teólogos animaban a escabullirse de un escenario presuntamente empantanado y yermo fruto de la contrarreforma, donde consideraban que había quedado embarrancado el batel de Pedro. Destacan en este sentido los dominicos Marie Dominique Chenu y el citado Congar, o el jesuita Karl Rahner. También, Hans Kung. Juan XXIII apetecía un magisterio pastoral enfocado al encuentro de las necesidades contemporáneas, a la vez que manifestaba la validez y eficacia de la doctrina, sorteando la permanente actitud de condena a los disconformes. Era un encaje tortuoso, en el que la tradición y la modernidad, como pasa en tantas organizaciones, chocaban entre sí. Muchos percibieron que las decisiones iban a quedar atrás, juzgando que tanto la reforma litúrgica como las demás exteriorizaban los miedos y la circunspección de la Iglesia como un fortín enrocado. Preponderaba el espíritu ecuménico, prescindiendo de condenas tajantes. En boca del belga De Smedt, se refutaban visiones invictas. Se insistía en la Iglesia como pueblo de Dios, siguiendo la feliz expresión del cardenal alemán Döpfner; y en su misión cara a la humanidad, según locución de Suenens. Al concluir la primera fase, Juan XXIII recordó que no debían ralentizarse los trabajos, como tampoco se hizo en otros concilios, sino disponerse para que tras la pausa se retomasen los temas ecuménicos *strictu sensu*. En carta a los obispos actualizaba que, si bien el papa establece directivas, también lo es que el libre desarrollo corresponde a los padres conciliares, quienes han de proponer, argüir y alisar el camino para las deliberaciones.

Se incidió en el valor del pueblo de Dios, recobrando el concepto de itinerancia. Junto a esto, y una vez más, se insistió en la llamada universal a la santidad, como se venía repitiendo en épocas anteriores por parte de innumerables personas, con más frecuencia desde inicios del s. XIX. No se habla de no creyentes sino de hermanos separados. También se suavizó el antisemitismo y se modificó de forma profunda el concepto de libertad de la Iglesia y sus fieles. Grandes cabezas seguían esforzándose. Entre los más relevantes, Bea, Ottaviani, Ruffini, Frings, Léger, Suenens, Malula, Tromp, Schillebeeckx, Ratzinger, Rahner o Daniélou.

El 29 de septiembre de 1963, Pablo VI –que recogió el testigo dejado por Juan XXIII– recordó los cuatro fines esenciales del concilio: explicación de la teología de la Iglesia, su renovación interior, la promoción de la unidad de los cristianos y, por último, el diálogo con el mundo contemporáneo. En algunos surgieron dubitaciones sobre si fortalecer al colegio episcopal debilitaba al papa. Se trató de una de las numerosas ocasiones de enfrentamiento, en un conflicto que siempre ha estado presente en la Iglesia y que probablemente sea irresoluble, al menos en términos terrenales. ¿De dónde brotaba el poder? Si la fuente era la consagración episcopal, entonces llegaba directamente de Dios y el papa se limitaba a señalar una demarcación territorial para la potestad de cada obispo. Se debatió también sobre si los moderadores debían representar los deseos del pontífice o allegar las opiniones del pueblo de Dios para luego aplicarlas. No eran debates fútiles; la esencia de la Iglesia estaba en el alero. Las cuestiones analizadas en algunos casos eran globales, como por ejemplo el modo de abordar las relaciones con los hebreos. El mundo árabe también se posicionó, porque columbraba peligro si la Iglesia mutaba en su longevo desapego con los semitas. Se planteaba también cómo gestionar el episcopado de África, hasta el momento prácticamente compuesto por europeos. Comenzaba en efecto a materializarse un colectivo de prelados africanos con visiones diversas de las mantenidas hasta entonces. También mutó la relación con los medios de comunicación, generándose una relación más transparente con los informadores.

Constan numerosas tensiones internas. Por ejemplo, cuando los representantes de la mayoría conciliar reaccionaron ante el intento de un grupo de representantes de la curia de fiscalizar las decisiones con una misiva a Pablo VI firmada por diecisiete cardenales. También se manifestó desconcierto en el aula cuando la presidencia no consintió votar el esquema *De libertate religiosa*. El obispo argentino Zaspe recordaría más tarde la insólita recogida de firmas para presentar una reclamación al papa. Todo acaecía en medio de un mundo convulso. Al recomenzar los trabajos en septiembre de 1964, la guerra de Vietnam bullía en su apogeo y en China habían dado a conocer que disponían de bomba atómica, hasta el momento prerrogativa de americanos y rusos. A eso hay que sumar un ambiente de cambio, esencialmente hedonista e imbricado con una desbocada economía de mercado y un repulsivo y brutal marxismo rampante.

Se habló de reconocer los signos de los tiempos, de abrirse a la novedad y a entornos variables para interpretar todo a la luz del Evangelio. Se convidaba a aplicar la doctrina divina a cada coordenada histórica, sin anquilosamientos. Se incidía en la conveniencia de comprender las circunstancias en las que cada generación se desenvuelve. Se intimaba, quizá en exceso, a aprender de los no cristianos, de la ciencia, de otras formas culturales... Sin embargo, no siempre se incitaba a profundizar en la propia fe. No faltó la reflexión de que resultaba insuficiente el desasosiego por la estructura y era preciso subrayar la conversión personal.

A décadas vista siguen rumiándose propuestas del concilio. Los resultados en el corto plazo fueron corrosivos, con millares de secularizaciones y apostasías. Entre 1964 y 2004 aproximadamente setenta mil sacerdotes abandonaron. Y entre 1966 y 1988 más de ciento siete mil monjas dimitieron de sus congregaciones. Los porcentajes en determinados movimientos u órdenes son aún más dramáticas. Cabe cuestionarse si se hubiera producido semejante debacle al margen de las modificaciones conceptuales y prácticas. Benedicto XVI, con lenguaje más que medido, denunció «*deformaciones de la liturgia en los límites de lo tolerable*».

El concilio fue la respuesta dinámica a un nuevo mundo, alumbrado tras la II Guerra Mundial, donde nada, comenzando por la tecnología, sería igual que antes. La desazón, esencialmente nihilista, estaba provocada por una guerra bárbara —con la Shoah incluida—, se nutría en la incertidumbre de un posible conflicto nuclear —una amenaza para toda la humanidad—, al tiempo que aparecían nuevos hábitos popularizados por un capitalismo tendente a la globalización, como en los fenómenos pop, y un mundo cada vez más veloz en ámbitos científicos como la física o la biología...

Quizá no se dio suficiente importancia a recordar que los cambios deben ser afrontados a nivel organizativo, pero también y de forma relevante, a nivel personal. Hubieran resultado de gran interés para los padres sinodales las enseñanzas de Gerry Johnson y Kevan Scholes, de haber estado publicado su manual de *Dirección estratégica*.

Años después de aquella magna reunión es fácil concluir que acomodar la fe a las circunstancias o ceder ante lo más fácil no refuerza precisamente la fe; al contrario, potenció la desbandada. La libertad es esencial, pero la fragilidad del ser humano individual y corporativamente considerado precisa de líneas rojas a las que no se prestó razonable atención. No ha transcurrido aún el tiempo suficiente para valorar los frutos positivos, que acabarán floreciendo.

ALGUNAS ENSEÑANZAS

- El gobierno no es siempre lineal. A veces sorprende
- Cambiar formas sin tocar el fondo no es hacedero
- De cada cabeza una sentencia. A veces más de una
- Si preguntas, te arriesgas a que te respondan
- Modificar jerarquía por proactividad sensata es todo un desafío
- Las opiniones habrían de pesarse, no de contabilizarse
- Revolucionario de pacotilla es quien quiere cambiarlo todo menos a sí mismo
- Mantener a un equipo grande de personas motivadas de forma continuada es un arduo reto
- Dialogar no implica que no existan líneas rojas que no pueden ser traspasadas
- La delimitación del origen y gestión del poder es nuclear

EL RIESGO DEL SECTARISMO
EL FANATISMO EN ALGUNAS ORGANIZACIONES

Tras analizar docenas de organizaciones, tanto órdenes religiosas como movimientos u otras estructuras, cabe señalar coincidencias en las que se entremezclan lo humano y lo divino, aunque no todas figuren con la misma intensidad. Más que sobre la moralidad individual, hablan sobre la idiotización que determinadas culturas corporativas generan. Hanna Arendt habría tenido campo para analizar lo que ella denominaba la «banalidad del mal», y en algunos casos también la no investigada fruslería del bien no correctamente somatizado. He aquí comportamientos colectivos frecuentes:

- Tendencia a considerar que la propia organización es la que mejor conecta con el estilo de vida de los primeros cristianos.

- Del fundador se cantan panegíricos obsesivos, como si cada uno fuera un arquetipo de virtudes, llegándose en algunos casos hasta el culto a la personalidad, marcando de forma llamativa, por ejemplo, el paso del fundador o de los sucesores por determinada ciudad, convento, monasterio o casa.

- Se torna imperioso remedar los modos de hacer y de decir de un fundador elevado a categoría de mito. Se buscan o fantasean relaciones con apellidos ilustres o títulos nobiliarios.

- Asimilación del fundador con san Pablo.

- Denominar al fundador o a los sucesivos responsables como nuestro Padre/nuestra Madre.

- Promesas de suma originalidad, por mucho que sea evidente que la organización es remedo de otras.

- La institución es presentada como si cada uno de los procedimientos fuera impoluto.
- Tendencia a calificar la propia como obra de Dios.
- Recelo de otras instituciones, anteriores o contemporáneas, fundamentalmente si desarrollan su actividad en el mismo ámbito o para un público semejante.
- Se presta fidelidad al papa y se desea servir a la Iglesia tal como ella quiere ser servida, sobre todo cuando el romano pontífice apoya.
- Se reitera el antojo de que el Padre Santo se lleve pronto al Santo Padre cuando este, por motivos más o menos transparentes, manifiesta disconformidad con la organización.
- Menosprecio de la curia romana, que se percibe como entorpecedora del carisma. Se habla de los colaboradores del papa como objetos de oración, salvando formalmente la intención del romano pontífice cuando algunas de sus decisiones no convienen o convencen.
- Se proclama la conversión de alguien, sobre todo si es una dignidad eclesiástica, cuando pasa a alabar la propia iniciativa.
- Se reitera que el proyecto permanecerá hasta el final de los tiempos.
- Ansia de exclusividad tanto en los modos de hacer como, cuando es posible, en el territorio en el que se trabajará.
- Desairar con apariencia de misericordia caritativa a cualquiera que manifiesta perplejidad sobre el fondo o la forma en los que se apoya la misión.
- Conexión directa con Dios, por supuesto del fundador, pero también de quien ocupa la jefatura.
- Quien obedece permaneciendo cohibido, se reitera, no se equivoca, porque los superiores saben más.
- Ocultamiento de las personas que abandonan la organización, obligándolas en ocasiones a hacerlo solapadamente y proporcionándose información falsa —fue destinado a otro lugar— o calumniosa —padece alguna enfermedad mental—. Se hacen excepciones por motivos significativos; si los padres son adinerados, por ejemplo.

➥ Se envía a casa de la familia a quien sufre alguna patología, salvo que exista una especial motivación (apellidos renombrados, parientes acaudalados u otra semejante) para retenerlo en el convento o casa.

➥ Se ensalza que la organización, o mejor los dirigentes de cada momento histórico, son quienes mejor interpretan los designios divinos, por supuesto para la organización, y con frecuencia también para la humanidad.

➥ La organización articula la visión del fundador mediante rígidos sistemas de control que corren el riesgo de traicionar el mensaje.

➥ Se predica la humildad, pero se practica el orgullo colectivo a través de la publicación del número habitualmente inflado de quienes de un modo u otro pululan en el entorno, o con la difusión de panegíricos.

➥ El proyecto era la idea que faltaba. Solo la visión del fundador ha cubierto una necesidad histórica.

➥ Tentación de masificar, descuidando la selección en beneficio del crecimiento, convirtiendo el proselitismo en algo parecido a la consecución de nuevas cuentas corrientes en una entidad financiera o de pólizas en una aseguradora.

➥ Se asegura que no se repetirán errores ajenos —como el establecimiento de centros de enseñanza, tendencialmente para la burguesía—, para tratar más tarde de convertirse en los paladines de los mejores y muchas veces más caros colegios.

➥ Capacidad interpretativa para escurrir el bulto frente a patentes errores o limitaciones del fundador o de la organización.

➥ Los aciertos son de la organización; los errores, de los individuos; como si los goles los metiese el equipo de fútbol pero los fallos de defensa fueran de un jugador.

➥ Empleo constante del término voluntad de Dios, tanto para temas transcendentales como para cuestiones potestativas o incluso toscas.

➥ El fin corporativo justifica cualquier medio, incluida la difamación cuando no la calumnia.

- Complejo de superioridad sobre el común de los mortales.
- Se plagian expresiones, conceptos, modos de hacer, ópticas, etc., que se presentan como originales o novedosos.
- Se señalan los propios como los tiempos y entornos más complejos, que contribuyen a encarecer al fundador o a sus sucesores como semidioses.
- Nada habrá que cambiar a lo largo de los tiempos porque la visión del fundador fue infalible.
- El fundador supo acertar en todo, no solo desde el punto de vista religioso, sino también como diseñador, arquitecto, jurista, psicólogo, pedagogo, teólogo, pensador, etc.
- Problemas de financiación, a veces por exceso de ambición, son presentados como pruebas divinas.
- Los fundadores serán más útiles después de fallecidos, porque dan por hecho que llegarán enseguida al Cielo.
- Se afirma que incluso los frutos de sus errores son cruces permitidas por el Creador.

En *Espejo de perfección* se recogen unas afirmaciones de san Francisco de Asís que de un modo u otro muchos fundadores han tomado como propias: «*Aseguró el seráfico padre que había obtenido del Señor y le habían sido reveladas por un ángel estas cuatro gracias especiales, a saber: que la orden y estado de los frailes menores no faltará en la Iglesia hasta el día del juicio final; que no vivirá mucho quien de propósito persiguiese su orden; que todo el que se propusiese vivir mal en su orden no permanecerá mucho tiempo en ella, y que todos cuantos amasen de corazón a su orden alcanzarían misericordia del Señor, aun cuando fuesen grandes pecadores*».

En casos que cabriolean sobre la delgada línea roja que separa el corporativismo del sectarismo creando colectivos masificados, identidades homogéneas patológicas, sucede que:

- Los intereses grupales de la institución pasan por encima, tanto de los individuos como de la Iglesia a la que se afirma servir.

- La verdad es solo aquello que se afirma por el bien de la organización. Los culebrones se institucionalizan, se multiplican grotescas greguerías. La verdad es lo que sirve a la organización, aunque no coincida con los hechos. Cuántas veces se hace realidad el desahogo de Nicolás V con dos cartujos a quienes confió que era profundamente desdichado porque *«¡no veo nunca entrar a mi habitación a una persona que me diga la verdad!»*.

- Se vive de forma hermética y auto-referencial. El objetivo es ser más para obtener más medios que permitan convocar a más gente, que allegue más dinero, en un bucle vicioso.

- Se instrumentaliza a las personas, llegando a salir por una friolera el que muchos se alejen desencantados, porque lo relevante es que queden suficientes para que los engranajes continúen funcionando, como una galera que, pese a caer remeros, sigue navegando aunque dé bandazos como barco a la deriva. Se llega a afirmar de quienes abandonan por haber sido apresuradamente convocados con supuesta vocación: *«al menos pasaron aquí los envites de la juventud...»*.

- Se exteriorizan modos de hacer que contradicen las verdaderas normas de funcionamiento interno.

- Se presentan a la curia normativas parciales para lograr aprobación, pero se imponen reglamentaciones quisquillosas, obturando por ejemplo el acceso a sacerdotes ajenos a la propia institución llegándose a calificarlos de malos pastores.

- Si se reciben indicaciones precisas de la Santa Sede para reformar costumbres consideradas impropias –como el manejo de información del fuero interno en el gobierno– se responde con bastas falsificaciones epidérmicas de la praxis.

- Se promueven campañas capilares para lograr que miembros de la jerarquía de la Iglesia –con frecuencia insuficientemente informados– se dirijan al Vaticano alabando la organización.

- Se diseñan sistemas de adoctrinamiento en los que se proporcionan respuestas a críticas rectas y bien intencionadas para que los miembros se inmunicen contra cualquier reflexión no mediatizada. Se insiste en que cualquier reflexión no pilotada por los superiores genera dudas, que son maleza inextricable por la que no puede pasar la luz.

- Se generan personas con doble vida, ladinas, escaparates de gazmoñerías. De un lado simulan aceptar normativas exhaustivas para luego asumir en su existencia diaria modos de hacer frívolos o inconsecuentes.

- Se hace tragar la indignación a los críticos con ascensos en la jerarquía de la institución.

- Cuando las personas salen rotas por tanta incoherencia los directivos las denigran revelando en ocasiones cuestiones de conciencia o, lo que es aún peor, asegurando que si ellos cascasen..., como si aquella persona fuese depravada y solo el buen hacer de quienes permanecen las llevase a no descubrir comportamientos espurios.

- Se aísla a los miembros para que en la medida de lo posible no se genere ningún interrogante sobre el funcionamiento, del que se repite con machaconería que es admirable.

- Se aconseja no comentar dudas o dilemas sobre la estructura ni con los de dentro ni mucho menos con los de fuera. Únicamente queda como interlocutor el superior.

- Se impone, llegando incluso a votos específicos, la prohibición de comentar con nadie las contradicciones que surjan de imposiciones personales o colectivas.

- Se asegura que es imposible que los ajenos entiendan lo excelso de la organización.

- La normativa deja de ser medio para llegar a Dios y se convierte en un fin en sí misma.

- Se evita el análisis de problemas de la Iglesia y de las aportaciones que podrían realizarse; lo importante es el desarrollo de la propia institución.

- Todos los demás deberían reformar sus modos de hacer. La propia organización cuenta con una reglamentación irreprochable y perenne que nada ni nadie debería cambiar.

- Se acusa de ser ateo o de estar de morro con la Iglesia a quien legítimamente manifieste desconcierto ante decisiones que pueden ser ilegales y estar incluso en contra de la moral católica, como por ejemplo el movimiento de efectivo entre países al margen de la autoridad fiscal correspondiente.

- En ocasiones se persigue incluso en el ámbito profesional al disidente, comenzando por condenarlo al ostracismo si trabajaba en alguna empresa en la que otros miembros tienen capacidad de decisión, o forzando a que no se le contrate siquiera mercantilmente.

- Se subrayan modos de hacer supuestamente inamovibles que no pasan de ser decisiones aconsejables en un momento y circunstancias específicos.

- Se practica un proselitismo obsesivo, muchas veces con chiquilines.

- Se oculta información a los propios, por ejemplo sobre peritos que disienten en un proceso de canonización pero en el que se asegura que hay unanimidad, o se ocultan discrepancias.

- Se impone dependencia total, con menosprecio por el pensamiento de cualquiera de los miembros.

- Si la Iglesia realiza algún tipo de auditoría y puntea que se presta más relevancia al propio fundador o a su doctrina que a Jesucristo y a la de la Iglesia se simula compunción, pero se prosigue con las mismas prácticas en cuanto acaba el control exógeno.

- Se alcanzan niveles de alienación en los que algunas personas se mimetizan acríticamente con un mensaje que no responde ni a las imposiciones reconocidas por la Iglesia ni por supuesto a las necesidades de aquel individuo.

- Se llega a emplear el término «ha muerto» para referirse a quienes han decidido abandonar.

- Se juzga a la autoridad eclesiástica, comenzando por el mismo papa, en función de su adhesión a la organización.

- Con fondos provenientes de personas que creyeron en aquel proyecto se multiplican inversiones en inmuebles, con rehabilitaciones costosas que atienden a impresionar a los externos o a la mejora de calidad de vida de los miembros. En determinados casos se llega a conocer, con razón, a miembros de algunos movimientos como monjes ricos.

- Cualquier sugerencia recibida se juzga como amenaza y se pone como hoja de perejil a quien replique.

- Se multiplican los inmaduros emocionales, personas que viven empequeñecidas sin otro criterio que el que les viene de continuo impuesto.

- Se multiplican las personas que, como consecuencia de contradicciones conceptuales y prácticas, caen en depresión u otras patologías psiquiátricas.

- Son elegidos para puestos de responsabilidad, no los más valiosos, sino los que más dúctilmente se someten a las indicaciones de los superiores.

- Se manifiesta implícito temor a propuestas ajenas, y en general a cualquier reflexión insumisa con normativas, por obsoletas que puedan resultar.

- Se ahuyenta a quienes propongan actualizaciones, por buena voluntad que tengan. El criterio del gobierno suele ser el miedo a cualquier reforma, quizá por la experiencia negativa de otras organizaciones que han vivido cuasi-revoluciones en su seno por no haber encauzado irreemplazables actualizaciones.

- Algunos promueven centros de formación —colegios, universidades o escuelas de negocios— donde se alecciona un *management* que está en las antípodas del que se ejerce dentro de la organización.

- Nunca se admiten errores de planteamiento; los equivocados son siempre los demás o los individuos que no comulgan con las directrices del momento. Su libro de cabecera parece ser *Nunca cometemos errores*, de Alexander Solzhenitsyn.

- Verdad es solo lo que los responsables indican en un momento determinado. ¡Cuántas veces recuerdan a escenas de *Rebelión en la granja*! Los mandamientos son sustituidos por otros frontalmente opuestos que han de ser aceptados sin rechistar. Actúan, por extraño que parezca, con la radicalidad de los partidos comunistas o nazi.

 ⇒ En sus categorías, por profundo daño que hayan realizado o por comportamientos extemporáneos que hayan tenido, no se contempla pedigüeñear perdón, porque todo —según los más inficionados— ha estado bien ejecutado.

 ⇒ Los negocios asociados a la organización funcionan como proveedores de premios y castigos. Quien no se doblega puede perder su puesto de trabajo, y quienes durante mucho tiempo aseguraban que eran como hermanos llegan a negar hasta el saludo, sin importar dejar en situaciones de indigencia a quienes habían captado con el espejismo de una familia más fuerte que la generada por los vínculos de la sangre.

 ⇒ Actúan, en fin, como una manada de bisontes en la que el individuo singular, mientras cabalga en ella, es cuidado, y cuando deja de hacerlo es abandonado y vilipendiado cuando no positivamente perseguido. En ocasiones, por la repugnante frialdad en el trato mutuo, se hacen merecedoras de la despiadada delineación formulada en los primeros compases de la Compañía de Jesús: se juntan sin conocerse, viven sin amarse, mueren sin llorarse.

Gracias a Dios, son pocas las instituciones que se comportan así, e incluso estas suelen evolucionar con el tiempo, pero el perjuicio es morrocotudo. Un profesional que había sido miembro de un movimiento que se comporta como acaba de enunciarse afirmaba que aquella organización que se había exhibido como panacea para los problemas de la humanidad era la historia de un fracaso. Esa visión es compartida por quienes han experimentado que la falta de habilidades comportamentales de quienes se presentaban como representantes de Dios les ha perjudicado gravemente. No queda más que enarcar las cejas cuando algunos predican que transgresiones nefandas son en realidad en beneficio de los intereses de Dios. Para navegar, además de ancla y hacha, es preciso contar con mapa y timón.

Un sacerdote de una organización a quien le mencionaron que la idea era interesante, pero la implantación lamentable, respondió: «¿*Lamentable?, ¡no! ¡¡¡Patética!!!*».

Él lo había experimentado en su propia carne, porque al negarse a sublimar al fundador de forma desmedida en un libro de su autoría, como escarmiento fue relegado a puestos de nulo interés para su preparación intelectual y pastoral.

Quizá los problemas proceden efectivamente de haber olvidado claves básicas del *management*. He aquí cuatro:

1. Aprender a gobernar no es superfluo, máxime cuando no es una mera actividad profesional, sino búsqueda de la consecución de objetivos vitales esenciales.

2. Las personas deben ser el referente de las organizaciones. Las estructuras son para las personas y no viceversa. Casi todo lo que es bueno para las personas acaba siéndolo para la organización, pero no al revés. Imposiciones colectivistas sin espacio para la reflexión no conducen al compromiso, sino a la inmadurez.

3. El número proporciona un placebo de triunfo a los dirigentes, pero rara vez da sentido a la organización y solidez a sus cimientos. Cuando altos porcentajes de personas abandonan el ideal por el que entregaron la vida, los responsables deberían recapacitar sobre sus errores y no pergeñar largos rosarios de motivos por los que los demás están desatinados.

   La llamada universal a la santidad formulada por Cristo y recordada por santa Teresa no implica que todos se incorporen a metodologías específicas. «*Mirad que convida el Señor a todos; pues es la misma Verdad, no hay que dudar. Si no fuera general este convite, no nos llamara el Señor a todos, y, aunque los llamara, no dijera: 'Yo os daré de beber'. Pudiera decir: 'Venid todos, que, en fin, no perderéis nada, y los que a mí me pareciere, yo les daré de beber'. Mas como dijo, sin esa condición, 'a todos', tengo por cierto que todos los que no se quedaren en el camino, no les faltará esta agua viva. Denos el Señor que le promete gracia para buscarla como se ha de buscar por quien Su Majestad es»* (*Camino de perfección* 19, 15).

4. Una humildad colectiva que lleve a no plantear como fundacionales afirmaciones que luego se descubre que procedían, sin aportaciones novedosas, de siglos anteriores, como en fechas recientes se ha señalado de un autor del siglo XX, inspirado en un jesuita –Francisco Javier Hernández– de mitades del XVII. ¡Qué olvidadas las palabras de santa Teresa de Jesús: *«La humildad es andar en verdad; que lo es muy grande no tener cosa buena de nosotros, sino la miseria y ser nada; y quien esto no entiende anda en mentira»!* (*Moradas sextas* 11, 8).

Resultan ridículas, por ejemplo, las disputas o apreciaciones sobre si el propio fundador o fundadora fueron canonizados o beatificados en Roma o en sus países de origen. O si la concurrencia fue mayor o menor que en la ceremonia de otro.

Para estos dos últimos puntos merece la pena recordar las reflexiones que hiciera Gregorio I: *«A veces el ánimo se engríe ante las manifestaciones y número de los súbditos, y deslumbrado por el esplendor de su propia dignidad, se desvanece en humos de soberbia. Solo hace buen empleo de su poder aquel que sabe a un tiempo mismo mantenerlo y moderarlo: solo lo usa bien quien sabe por medio de él elevarse sobre las faltas ajenas, y sabe también, a pesar de él, ponerse a igual nivel que los demás. Si el corazón humano se ensoberbece muchas veces sin que lo abone ninguna dignidad, ¿cuánto más se engreirá si se ve revestido de poder? Para hacer recto uso de la autoridad es menester saber servirse prudentemente de ella en lo que aprovecha para el bien, renunciar a ella en lo que pueda halagar, considerarse a pesar de ella igual a los demás, y, sin embargo, hacer sentir su peso cuando se trata de ejercitar el celo por la justicia con los pecadores».*

Concluyo con una cuestión relevante: la conveniencia de que los movimientos, del tipo que sean, colaboren de forma eficaz, real y sincera con las diócesis y con las parroquias en las que se encuentran enclavadas.

ALGUNAS ENSEÑANZAS

- Existe un alto riesgo de imponer la mimetización arracional y acronotopológica (fuera de tiempo y lugar) de los modos de hacer del fundador

- Es conveniente diferenciar entre la voluntad del Ser Supremo y decisiones prudenciales

- Convertir en mito al fundador o a los dirigentes es un grave error

- La humildad y el sentido común previenen de considerar que el propio proyecto es el mejor, único y diferencial

- El ansia de exclusividad lleva a perder fuerza en cuestiones endogámicas que obvian el fin para el que la organización fue fundada

- Es aconsejable transitar de la competencia a la «coompetencia»: es decir, coordinar esfuerzos con otros que trabajan en el mismo sector

- El compromiso con un proyecto no implica la anulación de la capacidad reflexiva

- Los mejores proyectos no se masifican

- No es plausible afirmar que los aciertos son de la organización y los errores de determinados miembros

- El culto a la personalidad resulta desolador

CABEZA Y CORAZÓN NO ASEGURAN CAPACIDAD DE GOBIERNO

BENEDICTO XVI (2005-2013)

Papa Benedicto XVI. Plaza de San Pedro, Ciudad del Vaticano, 2005. Fuente: Shutterstock.

Calificado por algunos como el *Panzerkardinal* (el cardenal *pánzer*), tanto por su origen alemán como por su conjeturado rigor con los disidentes, Joseph Ratzinger nació el 16 de abril de 1927 en Markt (Alemania). Fue bautizado el día siguiente. El entorno socio-económico en el que llegó al mundo −la posguerra, la república de Weimar y el *crack* del 29− era sumamente complejo, con altos porcentajes de desempleo, hambrunas, epidemias que no podían ser correctamente afrontadas por falta de medios, etc. A todo eso hay que superponer, en cierto modo como consecuencia, una despiadada y feroz lucha entre dos totalitarismos que acabará desencadenando la mayor guerra hasta el momento. La familia cambió sucesivamente de casa porque el padre, gendarme, realizaba comentarios en contra del partido nazi. En un periodo de desalmada tiranía, topar siquiera verbalmente con el dictador implicaba serios riesgos. Tampoco el ánimo del progenitor quedó tranquilizado cuando Hindenburg llegó al poder.

De la categoría que alcanzaría Ratzinger, comenzando por el ámbito intelectual, es testimonio lo que von Balthasar dijo de él a quienes anhelaban liderar la teología del XX: *«Tenéis que hablar con Ratzinger. Es él el hombre decisivo hoy para la teología de Communio (...). De Lubac y yo somos viejos. ¡Id a ver a Ratzinger!»*. Alcanzar cotas intelectuales reclamó disposición natural, esfuerzo y sobriedad. Angelo Scola, en el prólogo de la autobiografía que Ratzinger escribió al cumplir cincuenta años, recordaba la primera ocasión en la que almorzó con él. Observó que Ratzinger comía con mesura. Este, al darse cuenta de la perplejidad de su interlocutor, reveló: *«Si yo como demasiado, ¿de qué manera voy a poder estudiar después?»*. No le han faltado los panegiristas como el profesor Wolgang Beiner, que ha escrito que su teología es *«soberana y magistral»* y *«posee un vigilante intelecto analítico a la par que una gran capacidad de síntesis»*.

Ratzinger es un pensador con alma mística. Lo explicitaría en su libro *La sal de la tierra*: *«Tener trato con Dios es para mí una necesidad. Tan necesario como respirar todos los días. Si Dios no estuviese aquí presente, yo ya no podría respirar de manera adecuada»*. En ocasiones monopolizaba unas palabras del jesuita alemán Alfred Delp, asesinado por los nazis: *«El pan es importante, la libertad es aún más importante, pero lo más importante de todo es la adoración»*.

Distanciado del escolasticismo, que consideraba una metodología fría, Ratzinger señalaba que *«la memoria de la Iglesia, la Iglesia como memoria, es el lugar de toda fe. Resiste todos los tiempos, ya sea creciendo o también desfalleciendo, pero siempre como común espacio de la fe»*. Hablaba también con recurrencia de la Iglesia como ámbito de experiencia: *«Yo opinaba* —se lee en su autobiografía— *que la mera teología medieval había dejado de ser instrumento para un diálogo entre la fe y nuestro tiempo. En aquella situación, la fe tenía que abandonar el anacrónico panzer y hablar un lenguaje más adecuado a nuestros días».*

Profundamente implicado en la ciencia que explicaba, insistía en que cualquier profesor de Teología debía esforzarse en hacer comprensibles los significados: «*Si a través de la vivencia volvemos a ser comprensibles, entonces podremos encontrar palabras nuevas que las expresen. (...). La comunicación de la verdad cristiana no es solo una comunicación intelectual. Pues esta habla de algo que atañe al individuo entero y que solo puedo comprender si acepto entrar en una comunidad en camino».* Quizá más adelante se arrepentirá de denunciar que la Iglesia tenía «*las riendas demasiado cortas; hay demasiadas leyes, muchas de las cuales han contribuido a la falta de fe de este siglo, en vez de contribuir a su salvación».*

Muchos docentes del Instituto de Traunstein se negaron a plegarse a los nazis. Un grupo cursaba conocimientos sobre la Grecia y Roma clásicas. Quizá esa visión amplia de la realidad les hacía más proclives a resistirse a la dictadura. Un profesor se permitió incluso la arriesgada chanza de cambiar en una canción la expresión *Juda den Tod* (muerte al judío) por *Wende die Not* (haz de la necesidad virtud). Ni en lo exterior ni en lo académico la vida de Ratzinger fue un camino de rosas. El deporte, por ejemplo, le mantuvo en ascuas. Además, le resultaba dificultoso concentrarse en una sala de estudio comunitaria. Durante la II Guerra Mundial fue forzado a integrarse en el servicio antiaéreo, del que fue licenciado el 10 de septiembre de 1944. Él y algunos más estuvieron asignados a un campamento en el límite de Austria con Hungría y Checoslovaquia. Los responsables eran miembros de la radicalizada legión austriaca. Una noche los atormentaron haciéndoles permanecer al aire libre y en pie para que se enrolaran en la *Schutzstaffel* (cuerpo de protección, unidad paramilitar del partido nazi). Varios refirieron que aspiraban a ser sacerdotes católicos. La valiente declaración les mereció recochineo de aquellos carroñeros, pero fueron dejados en paz por lo que se refiere a ese repulsivo voluntariado en las SS. Más tarde sería detenido por los americanos y permaneció algún tiempo junto a otros cincuenta mil prisioneros a la intemperie en el aeropuerto militar de Bad Aibling.

Logró por fin regresar a los estudios. Conoció en profundidad al pensador judío Martin Buber, quien con su obra lo encauzó en una dirección con ribetes personalistas que nunca abandonaría. Reconoció Ratzinger que la formación teológica y filosófica en Alemania era racional y poco afectiva, no exenta de un complejo de superioridad rayana con el supremacismo sobre los calificados de abajo, los de Roma. Las tensiones no habían llegado al nivel en el que se encuentran cuando se escriben estas líneas. Un buen ejemplo es el de Gottlief Clemens Söhngen (1892-1971), profesor de Teología fundamental, que se había manifestado claramente en contra de la declaración del dogma de la Asunción. Le preguntaron en 1949:

—¿Qué hará Vd. si el dogma es finalmente declarado? ¿No debería volver la espalda a la Iglesia católica?

Respondió:

—Si el dogma fuera proclamado, recordaré que la Iglesia es más sabia que yo y que debo fiarme más de ella que de mi erudición.

Elaboraban teología crítica, pero eran fieles.

El sacerdote de la parroquia de la Preciosa Sangre en Munich, a la que fue destinado como coadjutor, impresionó a Ratzinger. Aseguraba que aquel hombre, de nombre Blumschein, no solo inflamaba en amor de Dios a los fieles, sino que él mismo ardía en servicio a los demás.

El profesor Michael Schmaus (1897-1993) lo amenazó con no bajarse del burro en la negativa calificación de un trabajo esencial para la habilitación como profesor de Teología fundamental. Si no la lograba, se complicaba el plan que había previsto para la reunificación familiar. Buena parte del problema había surgido por unos comentarios contra la doctrina de quien iba a juzgarlo. Siempre, aunque la ignoremos, hay microhistoria. La excusa para encubrir aquello que Schmaus había tomado como escarnio personal fue un problema conceptual, difundiendo que Ratzinger estaba impregnado por el modernismo, como manifestaba su presunta tendencia hacia la subjetivización del concepto de revelación. Con trabajo y humildad, Ratzinger reencauzó la contradicción.

Será Ratzinger quien pondrá negro sobre blanco excesos que alejaban de la ortodoxia. Algunos, por cierto, inspirados en pensadores —Congar, De Lubac, Rahner, el propio Ratzinger...— que habían minusvalorado el desarrollo de la teología hasta el momento. Uno de los temas que denunció el futuro Benedicto XVI era que muchos vivían la liturgia *etsi Deus non daretur*, como si Dios no importase en ella.

Como pasa frecuentemente con los estudiosos, cuyos intereses suelen ser otros, más abstractos y menos terrenales, no fue hombre de gobierno. Incluso el comedido puesto de decano se le había hecho cuesta arriba. Con más motivo el de obispo, que en vano procuró evitar. El siguiente paso fue asumir, por llamada directa de Juan Pablo II, el cargo de prefecto de la Doctrina de la fe. No le faltaron disgustos con los teólogos que habían propugnado la conocida como Teología de la liberación, que obnubiló momentáneamente a tantos para luego dejar atrás profundas desilusiones. Aquellas fantasmagóricas promesas hicieron perder la fe sin ofrecer soluciones alternativas al enriquecimiento de voceros de ese modo de ver el mundo, como ha sucedido en los partidos marxistas.

Ratzinger recordó que es respetable el camino de la conciencia de cada uno, pero no puede reclamarse el respaldo de la Iglesia a cada innovación más o menos brillante. Muchos forjaron la gollería de que la religión es un instrumento para conseguir la libertad o para la conservación del medioambiente. Con frecuencia se instrumentalizaba a Dios en función de puntuales intereses políticos. Este reduccionismo es letal. Se agregó el concepto de liberación de la mujer, un feminismo radical con una visión parcial que puede hacer más daño que bien, tal como he mostrado junto a Lourdes Molinero en *La sociedad que no amaba a las mujeres* (LID). Como señaló el propio Ratzinger, «*el elemento cósmico* (la madre Tierra) *de este renacimiento de antiguas religiones hace clara alusión a las tendencias del New Age, que aspira a la amalgama de todas las religiones y al nuevo sincretismo del hombre con el cosmos*». Estas palabras de 1997 fueron proféticas. Cuando se considera plausible e imperioso que el cristianismo se vuelque en solucionar problemas puntuales, se altera tanto su raíz que pierde valor en sus aspectos etéreos y también en los tangibles.

A su reiterada solicitud de abandonar la curia para dedicarse a estudiar y escribir, Juan Pablo II respondió negativamente. Por si fuera poco, al fallecer el papa polaco, Ratzinger fue elevado al solio pontificio como Benedicto XVI tras dos jornadas de cónclave. Era el 19 de abril de 2005. Su elección generó críticas por su presunto perfil neoconservador. En algunos medios se le acusó incluso de anhelar restituir la doctrina de la Iglesia previa al Concilio Vaticano II. ¡Él, que estuvo entre sus adalides! Quizá se acordase entonces de una expresión recurrente en sus libros, «*lo malo no es que no se cumplan todos los sueños de juventud, sino no tener sueños que cumplir*».

Con un gesto de humildad que agranda su figura, dimitió el 11 de febrero de 2013 invocando falta de energía. Lo comunicó en latín a los asistentes a un consistorio. «*He llegado a la certeza –confesó– de que mis fuerzas, debido a mi avanzada edad, no se adecúan por más tiempo al ejercicio del ministerio petrino. Con total liberad declaro que renuncio al ministerio de obispo de Roma y sucesor de Pedro*». En 1997, en el libro *La sal de la tierra* había anticipado: «*A medida que nos vamos haciendo mayores nos damos más cuenta de que flaquean nuestras fuerzas, que ya no son suficientes para todo lo que quisiéramos hacer*». Había hallado una curia en la que frente a quienes cumplían su deber algunos ansiaban enriquecerse; muchos vivían sus compromisos, incluido el celibato, pero otros visitaban tugurios y antros, o creaban grupos de actividades voluptuosas *contra natura*. Optó por dejar paso a otro que, ¡ojalá!, tuviese más ímpetus para solventar tanto infortunio.

Solo dentro de muchos años se podrá juzgar si los buenos deseos de Benedicto XVI se han cumplido. Cuando se escriben estas páginas son más las dudas que las certezas. Algo, por cierto, nada nuevo. Merece la pena releer lo que, el 26 de enero de 1960, Juan XXIII señalaba durante un sínodo en Roma: «*¿Sabéis qué es lo que, de tanto en tanto, aflige más vivamente mis días? El gemido, próximo o lejano, no solo de Roma, sino de los puntos más remotos de la Tierra, cuyo eco llega hasta aquí, el gemido de almas sacerdotales a quienes la compañía del corazón y de la carne en el viaje de la vida, e incluso en el ejercicio poco vigilante del sagrado ministerio, ha aportado un gran perjuicio delante de Dios, de la Iglesia y de* *las almas, un gran deshonor y grandísimas y muy amargas angustias. Me deja alicaído sobre todo que, con el fin de salvar algún fleco de la dignidad perdida, pueda alguien delirar acerca de la voluntad o conveniencia para la Iglesia católica de renunciar a algo que a lo largo de siglos ha sido y sigue siendo una de las glorias más nobles y puras de su sacerdocio. La ley del celibato eclesiástico, y el cuidado de mantenerla en vigor, permanece como reclamo de las batallas de tiempos heroicos, cuando la Iglesia de Cristo tuvo que enfrentarse, saliendo victoriosa, con su trinomio, que en todo momento es emblema de victoria: Iglesia de Cristo, libre, casta, católica».* El papa bueno tenía en la cabeza lo que había señalado Benedicto XV: *«La ley del celibato eclesiástico, en cuanto principal decoro del sacerdocio católico y fuente de virtudes preciosas, se ha de mantener santa e inviolablemente, y jamás ocurrirá que esta sede apostólica la haya de abolir o mitigar».* Para verificar que los enemigos de ese emblema de victoria siguen activos basta leer casi cualquier medio de comunicación.

Las palabras de dimisión las había seleccionado Benedicto XVI cuidadosamente para recoger conceptos como el de su plena libertad a la hora de abdicar. Su antecedente más directo es Celestino V, analizado con detalle páginas atrás. Benedicto XVI contaba ochenta y cinco años, y ocho de un pontificado para nada andadero. Abandonó el Vaticano esa misma tarde camino de Castel Gandolfo, donde se instaló hasta que quedara disponible la residencia en la que fue a vivir en Ciudad del Vaticano.

El 2 de mayo de 2013 se trasladó al monasterio Mater Ecclesiae, donde, cuando se escriben estas líneas, es atendido por laicas de la comunidad Memores Domini. Bastantes años antes, en 1997, y refiriéndose a la Iglesia, hacía unas confesiones en *La sal de la tierra* que definen su objetivo en la vida: *«En esa comunidad* (se refiere a la Iglesia) *es donde también tengo la certeza sobre todo lo que es fundamental en mi vida —Dios se ha fijado en mí—, una certeza en la que puedo basar mi vida, y con la que puedo vivir y morir».*

ALGUNAS ENSEÑANZAS

- Es ineludible dedicar tiempo y esfuerzo para aprender a gobernar
- Una gran valía intelectual no implica ser apto para manejar la batuta
- El paso del tiempo ayuda a contemplar la realidad con mayor perspectiva
- Quien de joven no ha tenido ansias de cambiarlo todo no tiene corazón
- Quien de mayor sigue empeñado en modificarlo todo carece de cabeza
- La historia ha de ser comprendida en las microhistorias que la justifican
- El supremacismo es muestra de escasas inteligencia y visión global
- Somos jóvenes mientras vivimos proyectados al futuro con ilusiones que cumplir
- La independencia intelectual es *rara avis*, la presión del ambiente solo deja indemnes a los héroes
- Dar un paso atrás manifiesta en ocasiones más osadía que permanecer en un puesto que plantea exigencias que no pueden atenderse

EVOLUCIÓN NATURAL E INFLEXIÓN ESTRATÉGICA

LOS MOVIMIENTOS

Grabado de una beguina de Des dodes dantz, impreso en Lübeck en 1489. Fuente: Wikimedia Commons.

En el siglo XIII fueron surgiendo en Europa comunidades masculinas y femeninas que llevaban vida religiosa sin someterse explícita y diferenciadamente a la autoridad eclesiástica ni ser constituidas como orden. En ciertos casos no profesaban votos. Los beguinos o begardos fueron personas piadosas convocados en torno a la beata María de Oignies (+1213) en Nivelles (Bélgica). Se inspiraban y mantenían contacto con cistercienses y premonstatenses. Desde Lieja y Colonia se propagaron a los Países Bajos, norte de Francia, etc. Sin votos, las beguinas se comprometían a permanecer en castidad y obediencia bajo el gobierno de un párroco o un fraile. Avivaban su vida espiritual y se ejercitaban en actividades caritativas o de formación. Vivían en común, trabajaban en oficios manuales, pero no necesariamente con comunidad de bienes. Algunos grupos fueron apartándose de la ortodoxia, aproximándose a tendencias ajenas a la doctrina de la Iglesia, como los Hermanos del Libre Espíritu. En el Concilio de Viena (1311-1312) se reprobaron yerros conceptuales y prácticos, como que era posible llegar en vida al estado de perfección, la impecabilidad o una libertad de espíritu que sepelía la obediencia.

Como se ha referenciado al hablar de Kempis, en el último tercio del XIV florecieron las Hermanas y los Hermanos de la Vida en Común. Siguiendo a los citados Gerardo Groote (1340-84) y Florencio Radewijns (1350-1400), desde el comienzo se manifestaron como diversos de los begardos. En 1374 se reunieron varias mujeres piadosas y en 1379 Groote les proporcionó estatutos que darían lugar a las Hermanas de Vida Común. Habitaban en colectividad, sin clausura, votos, ni hábitos. Se dedicaban a ejercicios espirituales y labores manuales. Los varones, aunque no formulaban votos se endosaban hábito negro con capucha. Unos pocos eran sacerdotes; la mayoría, clérigos menores y laicos. En el siglo XV se extendieron por los Países Bajos y por Alemania. La casa central la situaron en Deventer. Ligados a los canónigos regulares de Windesheim, algunos se incorporaron a sus monasterios. En otras regiones también se multiplicaron experiencias de comunidades de varones y mujeres que asumían vida religiosa sin votos y sin seguimiento de regla monacal. Algunos denominaban beaterios a sus residencias. La Santa Sede los intimó para que se allegaran a alguna orden religiosa. Acabaron coligándose, entre otras, a dominicas, jerónimas o concepcionistas.

Pueden señalarse movimientos nacidos en el siglo XVIII, como la Sociedad del Sagrado Corazón suscitada por el jesuita Pierre-Joseph Picot de la Clorivière en 1790 y aprobado por Pío VII en 1801. No sobrevivió al fallecimiento del fundador, en 1820. Pero como había profetizado Picot, «*si la obra es de Dios, la muerte no será más que aparente, y pasados los tres días del sepulcro, el Señor, por la plegaria de su Madre, le sabrá resucitar*». Así, en 1900 el sacerdote parisino Fontaine dio vida nueva a esa sociedad, que sería aprobada por Benedicto XV en 1916 y luego confirmado por Pío XI en 1925.

Surgieron también el Instituto de Prado, del sacerdote lionés Antoine Chevrier, en 1856; los Operarios diocesanos, de España; o la Institución Teresiana, de la que se ha hablado. También la Asociación Católica de Propagandistas (1909), puesta en marcha por Ángel Ayala y continuada por Ángel Herrera Oria, que tan buenos frutos ha generado antes y después de dar un traspiés a manos de un triplete de directivos desmañados; o la Asociación Grupo Claraeulalias, promovida por el padre Alfredo Rubio de Castarlenas (1919-1996), que tan estupendos réditos viene engendrando en un estilo de vida contemplativo y activo desde un entorno laico.

Como se ha referido, Pío XII dio un paso adelante con la promulgación de los institutos seculares, novedosa manifestación jurídica. En el siglo XX, en parte por las traumáticas experiencias vividas en España, Italia, Alemania o México, surgieron movimientos que más adelante Juan Pablo II incluiría en su predicción de una nueva primavera para la Iglesia. Los adjetivos característicos para casi todos fueron innovación, agilidad y adaptabilidad.

FOCOLARES

Lubich, fundadora y presidenta del movimiento focolar en el castillo de Gandolfo, Italia. Fotografía de Massimo Finizio. Fuente: Wikimedia Commons.https://creativecommons.org/licenses/by-sa/2.0/it/deed.en

Chiara Lubich nació en Trento en 1920. Bautizada Silvia, trocó el nombre por el de Chiara en honor de Clara de Asís. La familia sufrió económicamente, ya que el padre, socialista, perdió su trabajo de tipógrafo durante el fascismo mussoliniano. Chiara impartió clases particulares hasta que culminó estudios de Magisterio. Se incorporó como maestra en Castello, pueblo de las montañas tridentinas. Comenzó el grado de Filosofía en la Universidad de Venecia, pero la II Guerra Mundial obstaculizó sus planes. En 1939 participó en Lotero en un curso para responsables de Acción Católica. Barruntó un cuarto camino, que no es ni matrimonio, ni vida religiosa clásica, ni consagración individual en medio del mundo. Va retoñando, aplicando un método que años más tarde en Harvard vendrían a denominar «visión periférica», el concepto de «hogar» (*focolare*, en italiano). Así lo describió: *«La casita de Loreto había revelado a mi corazón algo misterioso y sin embargo cierto. Un cuarto camino. Cuatro caminos que después se concretarían, a imagen de la Sagrada Familia, en una convivencia de vírgenes y casados, todos entregados a Dios, si bien de distinta forma, es decir, el focolar. No hizo falta que me animaran o me sostuvieran, porque todo siguió como antes, hasta 1943».*

Consideran el 7 de diciembre de 1943 como fecha inaugural. La consagración de Chiara Lubich fue tan discreta que solo su confesor la conocía. Con veinticuatro años comienza su vida con las primeras discípulas. En un bombardeo que reduce a escombros el hogar paterno opta por enfrascarse en la labor inaugurada mientras sus padres huyen hacia la montaña. El sufrimiento de la guerra las fortaleció. *«A pesar de ser muy jóvenes –rememoraba–, podríamos morir de un momento a otro, porque en los refugios a donde íbamos no se tenía una defensa segura contra las bombas. Estábamos, por tanto continuamente ante la ocasión de presentarnos delante de Dios. Y fue esta meditación constante la que acrecentó en nosotras el deseo de encontrar el modo de que Dios fuese, verdaderamente y lo antes posible, nuestro ideal».* Entre sus diferencias competitivas se cuenta el *Pacto de unidad* o la elección de *Jesús abandonado*. También su apertura al diálogo interreligioso. Fueron combinando la experiencia de las Mariápolis, convivencias para las seguidoras de la doctrina focolar, que acabarán cuajando en municipios estables en las que se vive economía de comunión.

En 1948 Igino Giordani se convirtió en el primer focolarino casado. En 1967 quedan fundadas las Familias Nuevas. En 1966 y en 1969 Chiara visitó Fontem, ciudadela de los Focolares en Camerún y promovió la Operación África de solidaridad internacional. El movimiento de los Focolares fue definitivamente reconocido por la Iglesia católica en 1990. En la actualidad cuentan con unos dos millones de seguidores y simpatizantes repartidos por los cuatro puntos cardinales.

Por «economía de comunión» se entiende un desarrollo económico de carácter solidario promocionado por los focolares en el que se implican empresas. Los propietarios que se adhieren aportan los dividendos con tres metas: 1. Sostener a quienes se encuentran en dificultades, creando puestos de trabajo y auxiliando en las necesidades primarias, fundamentalmente a los adherentes del proyecto; 2. Divulgar la prolífica cultura del amor; 3. El progreso de la empresa.

COMUNIÓN Y LIBERACIÓN

Luigi Giussani nació en Desio (Milán) en 1922. Fue seminarista de la diócesis de Milán y estudió Teología en la facultad de Venegono, donde devino profesor. Posteriormente pasó a ejercer la docencia en enseñanza media. A mitad de la década de los cincuenta del siglo XX constituyó Gioventù Studentesca (1954), que desde 1969 se denomina Comunión y Liberación. Ese movimiento se ha extendido desde Italia a muchos países. También puso en marcha *Memores Domini*, Consagrados.

La finalidad de este movimiento está en la educación cristiana de sus seguidores y colabora con la misión de la Iglesia en diversos ámbitos. El método educativo de don Giussani suele ser extractado en cinco factores:

1. El encuentro: quien conoce Comunión y Liberación converge con la experiencia de fe de dos mil años de Iglesia.
2. El respeto a la tradición: sin profundizar en el conocimiento del pasado se carece de referencias.
3. Es tarea propia de la autoridad lograr que personas que viven la tradición fundamenten sus motivaciones.
4. Educación en el trabajo de verificación personal: la propuesta debe ser luego contrastada en persona, con exigencia, sin alinearse con la cultura dominante.
5. El riesgo de la libertad: es inevitable y necesario para que la personalidad madure. Suena el eco de la enseñanza de Séneca: «*Saldré de la vida protestando que amé la buena conciencia y las buenas ocupaciones, y que no disminuí la libertad de nadie y ninguno disminuyó la mía*».

El instrumento que se propone a los miembros del movimiento es la Escuela de comunidad, que parte de la lectura y meditación personal de un texto, al que siguen encuentros. El método plantea cotejar entre la propuesta cristiana y la vida para comprobar a la luz de la experiencia la capacidad para responder a los retos trascendentales de cada persona. La finalidad última de Comunión y Liberación es testimoniar cómo el acontecimiento cristiano responde de manera plena a las exigencias humanas. La persona educada en la fe ha de asumir su compromiso social y civil.

El camino neocatecumenal

Kiko Argüello, fundador del Camino Neocatecumanal, fotografía de CncMadrid, 2020. Fuente: CncMadrid/CC BY-SA (https://creativecommons.org/licenses/by-sa/4.0)

Kiko Argüello, tras abandonar a su familia, acudió en busca de Cristo a las chabolas de Palomeras Altas, en el barrio madrileño de Vallecas. En 1964 arranca como Camino Neocatecumenal, inspirado en el proyecto de Charles de Foucauld, ya mencionado.

Siguiendo sucesivas etapas, conocidas como pasos, sus miembros van acercándose a Cristo. Millones de personas se han visto positivamente influenciados por el Camino Neocatecumenal. De su expansión y apertura habla el elevado número de mujeres que han ingresado como monjas de clausura en diversas órdenes porque habían conocido a Cristo gracias al «Camino», como habitualmente lo denominan.

Estas y otras iniciativas no lastradas por visiones cojitrancas de la persona o por la desconfianza en la libertad personal son generadoras de ilusión y esperanza para millones de personas directamente involucradas y para la Iglesia en su conjunto. La promesa de Jesucristo de que las puertas del infierno no prevalecerán contra la Iglesia se muestran válidas en estos y otros proyectos que ofrecen la cara más profunda, auténtica y sincera del mensaje católico, aunque con periodicidad haga falta calafatear la chalupa, zarandeada por las corrientes y a veces pilotada por vacuidades eximias.

Salvo puntuales excepciones, parafraseando la propuesta de Bruck y Ghoshal en *A bias for action*, la mayor parte de los emprendedores y directivos de las organizaciones mencionadas tuvieron: 1. Perfecta comprensión del reto. 2. Un objetivo con el que identificarse. 3. Compromiso personal.

ALGUNAS ENSEÑANZAS

- **Resulta petulante presentar proyectos en el siglo XX como radicalmente novedosos**

- **Los legisladores han de proporcionar cobertura jurídica**

- **Los entornos complejos contribuyen al surgimiento de proyectos retadores**

- **Innovación, agilidad y adaptabilidad son calificativos siempre buscados para las nuevas iniciativas en cualquier época y sector**

- **Aunque el reconocimiento explícito de las aportaciones de la mujer sea cercano en el tiempo, a lo largo de la historia hay multitud de féminas pioneras**

- **La discreción, sobre todo en los comienzos, es sumamente valiosa**

- **Peligros exógenos que facilitan compromisos fuertes y arriesgados pueden generar rompeolas**

- **Los proyectos nunca son estáticos, la vida es dinámica**

- **Quien no evoluciona se convierte, personal y colectivamente, en momia**

- **Cualquier proyecto, salvo excepciones puntuales, tiende a la expansión**

EL FUTURO PREVISIBLE

San Agustín de Hipona (354-430) de Philippe de Champaigne, 1645. Los Angeles County Museum of Art. Fuente: Wikimedia Commons.

Aristóteles, en una enseñanza en la que pone de manifiesto su profunda sabiduría aclara, que la afirmación «*Mañana habrá batalla naval*», no es verdad ni mentira. Solo *a posteriori* se elucidará si esa locución ha respondido a la adecuación entre los hechos y el intelecto. Todos sabemos del futuro lo mismo: ¡nada! Si queremos hacer sonreír a Dios basta que planifiquemos.

Desde sus más remotos orígenes, los hombres tratan de anticipar el porvenir enunciando utopías y distopías. Algunos por una peculiar pedantería intelectual de saber más que otros; los más por fisgoneo. Sobre lo que sucederá más adelante solo pueden formularse conjeturas. Lo más sensato es emplearse cada uno en su deber, centrando las energías en el propio ámbito de influencia en vez de despilfarrarlas en figuraciones. Bien pueden aplicarse aquí los sabios consejos de san Agustín en *Confesiones*: «¡Desdichado el hombre que sabe todas estas cosas* [de la ciencia] *y no te conoce a ti! ¡Dichoso, en cambio, quien te conoce, aunque las ignore todas!*». En la misma autobiografía denuncia que «*los hombres viajan para contemplar, admirados, las cumbres de los montes, el oleaje embravecido del mar, la ancha corriente de los ríos, la inmensidad del océano y el giro de los astros y se olvidan de sí mismos*». Su propuesta es clara, «*¿cómo te puedo buscar, Señor? Porque cuando te busco a ti, Dios mío, estoy buscando la vida bienaventurada*».

Es altamente probable que ninguna organización hubiera sobrevivido con directivos como los que han pilotado la Iglesia en amplios periodos. La promesa del fundador referida a que «*las puertas del infierno no prevalecerán sobre ella*» es la única arenga convincente y plausible. Analizados éxitos y fracasos, vidas modélicas y birriosas, organizaciones sublimes y cuasi sectarias, cabe adoptar una aproximación optimista por lo que se refiere al porvenir. De un modo u otro, personal y colectivamente, podemos hacer nuestros los clamores del santo de Tagaste: «*¡Tarde te amé, hermosura, tan antigua y tan nueva, tarde te amé! ¡Tú estabas dentro y yo fuera, y fuera de mí te buscaba! Desfigurado y maltrecho, me lanzaba sin embargo sobre las cosas hermosas que tú has creado. Tú estabas conmigo, pero yo no estaba contigo. Me reñían lejos de ti todas esas cosas que no existirían si no tuvieran existencia en ti. Me llamaste y me gritaste hasta romper mi sordera. Brillaste sobre mí y me envolviste en resplandor y disipaste mi ceguera*».

Algunos han considerado a lo largo de dos mil años que la Iglesia está desfasada, que sus propuestas, en fondo o en forma, se han agarrotado, que se ha ido encerrando y por eso muestra la imagen de un trasto retrógrado e inservible. En medio de tantos que zanganean, sopla una y otra vez un aire fresco de innovación, de coraje, de esplendidez, de resiliencia individual y corporativa que supera existencias saturadas de hábitos petrificados, de razonamientos paralizantes. Porque somos nuestros sueños cuando estos respetan los principios primarios de la antropología y la ontología; quienes permanecen fieles al *core business* del mensaje frente a los abalorios de las sucesivas modernidades son capaces de apreciarlo. Es fácil descarrilar y pretender una Iglesia trasmutada en filantrópica ONG. Quizá tenga garra durante un tiempo, pero emergen las trapisondas. Lo expresaba de forma apodíctica san Juan Pablo II: «*No podemos permitirnos formas de permisivismo que llevarían directamente a conculcar los derechos del hombre, y también a la aniquilación de los valores fundamentales, no solamente de la vida de las personas singulares y de las familias, sino de la misma sociedad. ¿No es aca-*

so una triste verdad eso a lo que se alude con la fuerte expresión de civilización de la muerte?».

En la Iglesia hay y debe haber variedad, pero no todo cabe. Hay modos de hacer y planteamientos transitorios, pero es preciso mantener y venerar realidades que han proporcionado sentido y estabilidad. La Iglesia ha de ser trampolín para la eternidad, no mera fenomenología ni simple epistemología. Como bien señaló Ratzinger en *La sal de la tierra*, la clave es hacer carne de nuestra carne las enseñanzas del Hijo de Dios: *«Lo esencial incluso del mismo Jesucristo no es que haya anunciado unas determinadas ideas –cosa que ciertamente hizo– sino que yo llego a ser buen cristiano en la medida en que creo en este acontecimiento. Dios vino al mundo y actuó en él; es, por tanto, una acción, una realidad, no un conjunto de ideas».*

Escribió Pío XI en *Mortalium ánimos* (1928), cuando los papas sin achantarse centraban sus intervenciones en temas nucleares, reprobando la afición de tantos a triscar: *«Es habitual que convoquen congresos, reuniones, conferencias, con una amplia intervención del público, al que invitan a discutir en todo momento: infieles de todo tipo, cristianos, e incluso aquellos que miserablemente apostataron de Cristo o que con gran terquedad niegan la divinidad de su Persona y de su misión. Tales intentos no pueden obtener la aprobación de los católicos basados en la falsa teoría que presupone buenas y loables todas las religiones, dado por supuesto que todas, aunque de manera distinta, manifiestan y representan ese sentimiento que es inherente a todos y por el cual nos sentimos llevados a Dios y al consiguiente reconocimiento de su dominio. Quienes siguen esta teoría no solo viven en el embuste y el error, sino que repudian la verdadera religión, depravando su concepto y dirigiéndose de forma progresiva hacia el naturalismo y el ateísmo; de ello se deriva que todos los que se adhieren a estas teorías e intentos se alejan del todo de la religión revelada por Dios (...). La Esposa mística de Cristo, a lo largo de los siglos, nunca fue contaminada, y nunca podrá contaminarse, según las palabras de Cipriano: 'La Esposa de Cristo no puede ser adúltera: es incorrupta y púdica. Conoce una única casa y custodia con casto pudor la santidad de un solo tálamo'».*

Los cristianos precisan escuchar las doctrinas fuertes y coherentes. Cristo no envejece, es siempre joven. En medio de una sociedad calificada como líquida se han multiplicado voceros y propagandistas insustanciales. Los modos pueden y deben ser variados, pero los elementos fundacionales han de ser venerados, puesto que son eternos y atañen a lo más profundo de nuestra naturaleza. Benedicto XVI, ya emérito, rompió en alguna ocasión señalada su silencio para hacer pública su dolorida oración por la Iglesia: «*También hoy nuestra fe está amenazada por los cambios a los que las modas mundanas desearían someterla para sustraerla a su grandeza. Señor, ayúdanos en este tiempo a ser y seguir siendo verdaderos católicos, a vivir y morir en la grandeza de Tu verdad y en Tu divinidad. Danos obispos valientes que nos guíen a la unidad en la fe y con los santos de todos los tiempos, y que nos muestren cómo actuar de manera adecuada al servicio de la reconciliación, al que nuestro episcopado está llamado de manera especial. Señor Jesucristo, ¡ten piedad de nosotros!*».

Respetando la tradición, no la mera opinión de un individuo, aunque fuese un romano pontífice, han de mejorarse actitudes y echar por tierra con mimo de miniador telarañas de convenciones que han ido evolucionando. Con confianza y siempre adelante. Parece improbable, gracias a Dios, que puedan repetirse comportamientos machistas como el de Auguste Le Pailleur, vicario de Saint-Servant (Francia), y en los inicios asesor de Juan Jugan, fundador de las Hermanitas de los Pobres, cuando por su cuenta y riesgo, a mitades del siglo XIX relevó del mando a la fundadora para atribuírselo él, mientras a ella la enviaba a vivir sin distinción ninguna en el convento de la Piletière. Ella, con sesenta años, había acatado la indicación, permaneciendo primero en Rennes y más adelante en La Tour Saint-Joseph (Saint Pern). Se limitaba a silabear: «*Hemos sido injertadas en la Cruz*». Fruto también de su sacrificio, el 9 de julio de 1854 Pío IX aprobó la institución. Le Pailleur había difundido *fake news*, presentando a Juana como la tercera de las inscritas en las Hermanitas de los pobres, mientras él imponía señales exteriores de veneración para su persona. La farsa acabó en 1890 cuando Le Pailleur fue convocado a Roma donde concluyó su existencia en un convento.

Junto con un incrementado respeto a las aportaciones de la mujer, el futuro de la Iglesia debe pasar por una mayor humildad de los responsables, recordando quizá aquello que repetían los capellanes que precedían a los papas antes de la coronación mientras quemaban un rollo de estopa en una copa de plata: *Pater Sancte, sic transit gloria mundi.* No ha de olvidarse que *quod aeternum non est, nihil est,* lo que no es eterno, nada es.

Benedicto XVI propuso que «*si esta nave* (la Iglesia) *quedase atracada fuera de las fuerzas que mueven nuestro tiempo, solo Dios sabe qué desastres se derivarían, qué derrumbamiento de las energías espirituales*». El optimismo ha de cimentarse en que Dios es el señor de la historia, en que estamos en sus manos y cada uno debe apretar las mandíbulas y afrontar lo que está a su alcance. Lo esencial no es tanto la divulgación de ideas como la asimilación en la propia existencia de un modo de contemplar el mundo y a los demás.

Frente al irenismo que con frecuencia se manifiesta en forma de deísmo, la Iglesia ha de seguir aportando principios sólidos, si no quiere evaporarse en un buenismo ausente de firmeza. «*Es perfectamente posible que alguien reciba de su religión las enseñanzas que le ayuden a llegar a ser un hombre más honrado y puro, y gracias a las cuales, si queremos usar esa expresión, puede ser agradable a Dios y alcanzar la salvación*», explicaba Ratzinger. «*Colegir de ahí que todas las religiones son iguales, que todas juntas forman un gran concierto, una gran sinfonía, en la que en el fondo todas significan lo mismo, sería una grave falsedad*». La verdad esencial de la fe consiste en que somos amados por el Creador de modo absoluto. Él es un amante fiel.

Los responsables de la Iglesia deben estar atentos para evitar incurrir —y no siempre lo han hecho— en un reproche sancionado en el Segundo Concilio de Nicea: «*Muchos pastores han destruido mi viña, han devastado mi heredad. Porque siguieron a hombres impíos, y confiando en su propia locura han calumniado a la santa Iglesia, que Cristo, nuestro Dios, desposó; y han fallado en distinguir lo sagrado de lo profano, afirmando que los iconos de nuestro Señor y de sus santos no eran diferentes de las imágenes de los ídolos satánicos*». Como bien señaló san Juan de la Cruz, Dios no habla de forma habitual con chirridos innecesarios. Puede clamar a través de catástrofes naturales, pero de manera frecuente comunica como en susurros. Oírle reclama que el receptor, cada ser humano, y el emisor estén en sintonía. Para lograrlo hemos de renegar de la idolatría independientemente del formato que adopte, incluido el de Pachamama o madre Tierra.

A algunos directivos en la Iglesia, en diversos momentos y también ahora, es candente recordarles que no son ellos con sus razonamientos o antojos quienes deciden qué debe hacerse, sino que han de buscar impertérritos lo que Dios espera, poniéndose al servicio de la verdad, no de intuiciones más o menos veleidosas. Dios es misericordioso, creó un mundo bueno, y es función de los católicos cuidar y difundir esa esperanza. El mensaje puede incluir aspectos ecologistas, pero jibarizar el encargo a ese aspecto lo desleiría. Se chapurrea la misión profética de la Iglesia si se la pone a pactar con el Zeitgeist, con el espíritu de los tiempos, que es mutante mariposeo.

Como en la época de la Ilustración, en la actualidad muchos se enzarzan en una obsesiva búsqueda de novedades. Lo nuevo no es bueno por ser nuevo, como lo antiguo no es malo por ser vetusto. El mensaje de Cristo trasciende tiempo y personas. Como explicaba Ratzinger, *«la Iglesia vive su identidad en todas las generaciones, con una identidad que sobrevive a todos los tiempos y cuya mayoría está formada por santos. Cada nueva generación intenta sumarse a esa hilera de santos con su propia aportación. Pero solo podrá hacerlo aceptando la continuidad de la Iglesia e incorporándose a ella».*

Entre los temas que algunos vuelven a poner extemporáneamente de actualidad, y no pocos dan por hecho en el futuro, se encuentra el de ordenación de mujeres. Así lo zanjó santa Teresa de Calcuta: *«Jesús no convirtió a su madre en sacerdotisa, aunque ninguna otra persona en el mundo era más digna que Ella. No había nadie más puro, más humilde, más próximo a su corazón; pero el Señor no le confió la misma misión que a los apóstoles en la última cena. Si Él no hizo sacerdotisa a ninguna mujer, ¿por qué íbamos nosotros a enmendarle la plana?».*

El cardenal Newman explicaba que *«solo porque estamos nosotros los cristianos, porque hay una red internacional de comunidades cristianas que se extiende por toda la Tierra, se detiene la caída del mundo. La subsistencia del mundo está vinculada a la subsistencia de la Iglesia. Si la Iglesia enferma, el mundo lanzará un lamento sobre sí mismo».* Maleabilidad y rigor han de complementarse, porque cuando la Iglesia se acomoda acríticamente a las presuntas necesidades de las épocas pierde credibilidad.

Cuando hay más formación sube como la espuma el deseo de ser liderados y no meramente administrados. En este caso la complejidad es mayor, porque una de las actitudes más valoradas dentro de la Iglesia es la obediencia. Alcanzar un justo equilibrio en el ejercicio del poder continuará siendo un desafío, porque la jerarquía es necesaria, pero sin negar la inteligencia de los subordinados. No debe confundirse autoridad con gallear, ni rendimiento a la divinidad con sometimiento a órdenes aleatorias. En ocasiones bastaría explicar, y entender, que son precisas decisiones circunstanciales, y como tales hay que asumirlas, respetarlas y vivirlas. Las organizaciones han ido haciéndose más participativas. La traslación de esa realidad a la Iglesia no debería conllevar caer ni en el asamblearismo ni en el anarquismo. Determinadas líneas rojas no admiten ser desvaídas sin traicionar la raíz.

Aspecto importante es el ROI, retorno sobre la inversión, también denominado *leading indicators* o indicadores principales, de las iniciativas emprendidas dentro de la Iglesia. Rita McGrath, profesora de la Columbia Business School, hablaba en 2020 refiriéndose a instituciones mercantiles y financieras del modelo de alerta temprana, que permite detección precoz de errores. No puede ni debe medirse a la Iglesia en términos estrictamente económicos ni numéricos. El objetivo nunca es la mera cantidad, sino la calidad. ¿Cuántas personas son atraídas hacia Dios por una iniciativa y cuál es su permanencia en el proyecto de acercamiento al Sumo Hacedor? Porque convocar personas que huyen escaldadas por la escasez de coherencia resulta contraproducente. Los frutos han de ser netamente espirituales. En este sentido abundaba san Juan Pablo II al afirmar que *«ninguna estadística que pretenda presentar cuantitativamente la fe, por ejemplo, mediante la sola participación de los fieles en los ritos religiosos, alcanza el núcleo de la cuestión».* En paralelo, pueden y deben surgir beneficios como la mejora en las condiciones de vida, pero si los únicos resultados son tangibles, quienes allí trabajen habrán olvidado que el objetivo para el que fue creada la Iglesia es la salvación de las almas, no engolfarse en la ayuda al desarrollo o en la crisis del cambio climático. En sentido amplio, como bien explicaba Benedicto XVI en su encíclica *Caritas in Veritate*, parafraseando primero la constitución pastoral *Gaudium et spes*, y citando luego a san Juan Pablo II, *«la Iglesia no tiene soluciones técnicas que ofrecer y 'no pretende de ninguna manera mezclarse en la política de los estados' (...). Tiene una misión de verdad que cumplir en todo tiempo y circunstancia a favor de una sociedad a medida del hombre, de su dignidad y de su vocación»*.

Cuando se escriben estas líneas, hay motivos renovados de ilusión: acaba de ser nombrado prefecto de la Congregación de Propaganda Fide uno de esos titanes que Dios envía periódicamente a su Iglesia. Se trata del filipino Luis Antonio Gokim Tagle, de quien la agencia Reuters ha escrito que *«tiene el carisma de Juan Pablo II y al mismo tiempo la estatura teológica de Benedicto XVI»*. Su primera inclinación era la Medicina, pero optó por estudiar Filosofía en el seminario San José de Manila y Teología en la Universidad Ateneo de Manila. Fue ordenado sacerdote para la diócesis de Imus el 27 de febrero de 1982, obispo de ese mismo lugar en 2001 y arzobispo de Manila en 2011. Cuando, como hemos visto, el 11 de febrero de 2013 el papa Benedicto XVI renunció al cargo, Tagle se reconoció sorprendido y triste. *«Nos sentimos como niños aferrados a un padre que les dice adiós»*; a la vez ensalzaba sus virtudes de humildad, honestidad, coraje y sinceridad.

Foto de la consagración del Corazón Inmaculado de María, 8 junio de 2013, del fotógrafo Ramon FVelasquez. Fuente: Wikimedia Commons.

En el sínodo de octubre de 2012, Tagle se hizo notar por su réplica a los obispos occidentales que se lamentaban por la creciente secularización: *«Recordad que si una persona enferma continúa lamentándose de su enfermedad y recordándoles a los demás que se encuentra mal, acaba sintiéndose aún peor. Lo mismo sirve para la Iglesia»*.

Creado cardenal presbítero el 24 de noviembre de 2012, al recibir la birreta roja se le saltaron las lágrimas: «*Lloro fácilmente y supongo que cuando estás ante un gran enigma que sabes que te supera, ante una vocación, una gracia, una misión, entonces comienzas a temblar, pero al mismo tiempo eres feliz*».

En la diócesis de Imus, Tagle era conocido por emplear el autobús, una manera de evitar el aislamiento.

En otra punta del mundo, Grégoire Ahongbonon, nacido en 1953, ha realizado una labor rayana con el milagro en Costa de Marfil, Benín Todo y Burkina Faso. Este esposo y padre, antes empresario, es el defensor de los olvidados en África. Aguijoneado por su fe, atiende a personas con enfermedades mentales. Docenas de centros avalan la eficacia de su trabajo.

Junto a ellos, cientos de miles de personas, pertenecientes o no a la jerarquía, se esfuerzan cada día por seguir las huellas de Jesucristo. Manifiestan que Dios sigue caminando junto a sus criaturas. Las tempestades nunca hundirán las más o menos desvencijadas barcas que han conducido a buen puerto a millones de creyentes dentro de la Iglesia encomendada a san Pedro. Condición indispensable de que así siga sucediendo es que viva y difunda la fe sin enredarse en ser un jugador político, como algunos dirigentes de tiempos lejanos y cercanos han pretendido, con resultados siempre patéticos.

Ante la incertidumbre cabe el desánimo, pero también el compromiso. Las reflexiones de Pío XI a Eugenio Pacelli poco antes del estallido de la II Guerra Mundial son retadoras: «*Todos los días doy gracias a Dios por haberme hecho vivir en las presentes circunstancias. Esta crisis tan profunda y tan universal es única en la historia de la humanidad. Debemos sentirnos orgullosos de ser, en cierta medida, testigos y actores dentro de este grandioso drama. El bien y el mal están en pugna en un duelo gigantesco. En estos momentos no tenemos el derecho de ser mediocres*». Con ligeras matizaciones, estas palabras son apropiadas para casi cualquier época.

CONCLUSIONES

Nos acercamos al término de un camino que ha permitido esbozar maravillosas realizaciones a lo largo de más de dos mil años. No han faltado, como en todo lo humano guiado o no por lo espiritual, las sombras, pero las luces son infinitamente mayores. La antropología propuesta por el carpintero de Galilea es la que más completa y eficazmente se adapta a la naturaleza humana. Las negruras y negligencias de algunos resaltan la luminosidad de la mayoría. Analizar la historia de la Iglesia como si fuera carrión para depredadores intelectuales de fanatismo laicista resulta tan grotesco como injusto.

«Doce apóstoles fueron precisos para expandir la Iglesia, yo seré suficiente para destruirla», pretendía el fiero estruendo de la zarpa de Voltaire. Ninguna organización ha generado tanta adhesión a la vez que tanta animadversión, entre otras razones por su primacía y en algunos momentos su evidente confusión con el poder civil, sobre todo en Europa. Multitud de mujeres y hombres han manifestado con la entrega de la propia sangre su compromiso y no pocos han vivido sintiendo cerca el profundo odio contra todo lo que significa esa institución que facilita el sendero al Cielo.

Motivos hay de lamento. Entre otros, el asesinato de la mujer e hija del papa Adriano II (+872) por parte de Eleuterio, espoleado con toda probabilidad por su hermano, el antipapa Anastasio. Fue el mismo Adriano II que convocó el Octavo Concilio Ecuménico para resolver, sin éxito, el Cisma de Focio, patriarca de Constantinopla. A la vez, durante su pontificado, los hermanos Cirilio y Metodio, magnos evangelizadores de los eslavos fueron por él recibidos e impulsados. ¿Y qué decir del vergonzoso juicio promovido en 897 por Esteban VI contra el difunto papa Formoso, su sucesor, tras los quince días que gobernó la Iglesia Bonifacio VI? A esos casos y a todos debe aplicarse el consejo de san Pablo en su carta a los Tesalonicenses: *«Examinadlo todo; quedaos con lo bueno, guardaos de toda clase de mal. Que el mismo Dios de la paz os santifique, y que todo vuestro ser, espíritu, alma y cuerpo, se mantenga sin reproche hasta la venida de nuestro señor Jesucristo. El que os llama es fiel, y él lo realizará».*

Cuando se escriben estas páginas son innumerables los movimientos e instituciones –Schoenstatt, Comunión y Liberación, Focolares, Opus Christi Salvatoris Mundi, con sus diversas modalidades (Misioneros Siervos de los Pobres, Laicos Asociados, Oblatos...), el Camino Neocatecumenal, Sodalicio de Vida Cristiana, Legionarios de Cristo, Hakuna, la Fraternidad María Estrella de la Mañana, Emaús, etc.– que manifiestan en millones de contemporáneos la validez de la predicación realizada hace dos milenios y los estilos de *management* en los que se ha ido concretando. Cambian los tiempos, lo esencial se mantiene. El hermano Abraham de la Cruz, fundador de la última mencionada, aconseja a los suyos que al hablar de su incomparable vocación –¡todas lo son!– no entiendan que «es la mejor». «*Por favor, nunca, nunca hagáis una interpretación triunfalista*», insiste, para concluir con sabiduría: «*Toda comparación siempre es del demonio, siempre es del mal, y conduce al mal*». Enseñaba que nunca ni por asomo debe obrarse porque «*siempre se hizo así*», animando a sus seguidores a examinar las circunstancias, con razonable libertad, estructurar respetando la tradición sin fosilizar.

Sería imperdonable no mencionar proyectos como el de *Iesu Communio*, orden religiosa contemplativa fundada en Burgos en 2010. Sor Verónica –María José antes de su entrada en religión– había ingresado en las clarisas en 1984 y profesado en 1990. Con carisma diferencial, fundaría dos décadas después *Iesu Communio*, cuyo crecimiento ha sido espectacular. El original convento de Lerma se les quedó pequeño y se expandieron al monasterio de La Aguilera, cedido por los franciscanos. Su centro es la adoración al Santísimo. Visten túnica de tela vaquera, con cíngulo blanco. En invierno se cubren con poncho de lana azul marino.

En momentos como los actuales en los que consolidadas organizaciones tradicionales e incluso la misma Iglesia parecen a veces pensar en las musarañas, resulta urgente reaprender a gobernar inspirándose en cómo grandes directivos generaron sentido pleno a sus vidas proporcionando orientación a otros. Entre otros muchos, san Benito, san Agustín, san Francisco, santo Domingo, santa Teresa de Jesús, la madre Molas, la hermana Maravillas o José Kentenich.

Nos desenvolvemos en un ensayo general, un deslumbrante *casting* del mundo por venir. Conocer cómo otros vivieron sin pamemas su experiencia de romeros, sus anhelos para crear entornos más amigables y respetuosos con el Creador y sus criaturas, no es revoloteo. Héroes titánicos como Gregorio I, Gregorio VII, Inocencio III, Juan Pablo II o Benedicto XVI no estuvieron exentos de errores. Conocer sus aciertos y sus yerros ayuda a tomar decisiones para el gobierno de otras organizaciones que no necesariamente tienen un propósito espiritual.

Santa Catalina de Siena, doctora de la Iglesia, recuerda en *El Diálogo* que la primera exigencia ha de ser con uno mismo, porque antes de ayudar a los demás hay que disponer de un mínimo de perfección. Habla de la necesaria reforma del clero (es decir, de la jerarquía, de los directivos), porque solo con buenos pastores se llega a puerto. Aseguraba que «*la única causa de mi muerte es el celo por la Iglesia que me devora y consume. ¡Acepta Señor el sacrificio de mi vida por el cuerpo místico de la Santa Iglesia!*». No habla evidentemente de la estructura, sino del proyecto colectivo en su conjunto. Insistía: «*Me asombro de que una criatura, sabiendo que no es más que una criatura, pueda sentir vanagloria*». Pomposidad que en ocasiones se traslada a lo grupal, estropeando proyectos por arrebatos de esa soberbia colectiva que ensalza el talento propio y pondera la necedad ajena. Como aconsejaba el mencionado fundador de la Fraternidad Estrella de la Mañana, nada debe colmar al ser humano, ni siquiera la estructura a través de la cual se propone llegar al Creador. Son medios, a veces sublimes, pero siempre instrumentos. Transformarlos en fin aja a personas y organizaciones, llegando en ocasiones a pervertirlas.

Siempre hemos vivido y viviremos en tiempos volátiles, vulnerables, inciertos, complejos y ambiguos, pero será más andadero recorrer las veredas correctas inspirándonos en cómo lo experimentaron seres que, a pesar de sus defectos o quizá gracias a ellos, vivieron por y para los demás. La Iglesia reúne a muchos. Desde sus mismos orígenes se produjeron enfrentamientos como el de Hipólito, para muchos el primer antipapa, contra Calixto (217-222), que falleció mártir, el segundo pontífice tras san Pedro. Muchos pudieron escandalizarse, pero aquellos sucesos sirvieron para fortalecer la institución y el compromiso de sus seguidores. ¿Y qué comentar de que el 25 de abril de 799 León III fuese asaltado y herido con gravedad por hombres armados que trataron de arrancarle los ojos y cortarle la lengua? ¿O de los treinta papas y antipapas que se sucedieron durante el siglo posterior al fallecimiento de Formoso? La mitad, por cierto, acabaron sus días de forma violenta, en ocasiones tras periodos de cárcel o mutilaciones. El papado tocaría fondo con el nombramiento de Benedicto IX, que aún no había cumplido los veinte años y que gobernó en tres periodos, entre 1032 y1044, 1045 y desde 1047 a 1048. ¿Y qué decir de un Pablo II (1464-1471) por cuya afición a las jácaras, incluidas las diurnas y equinas, una calle de Roma sería denominada Vía del Corso, o de las carreras, entre el palacio de San Marco y el palacio Venecia, que mandó construir siendo cardenal? ¿Y de la descomunal fortuna que dejó a su muerte? ¿O del conocido como Ordenamiento de Palencia (1388) mediante el cual el cardenal Pedro de Luna, legado del papa, insiste entre otros puntos en la necesidad de afrontar farras, promiscuidad y relaciones sexuales *contra natura* extendidas entre el clero secular y el regular? Por no mencionar los sacerdotes y obispos que vivían con barraganas. Se incidió entonces en la necesidad de reaccionar con prontitud privando de beneficios e inhabilitando a quien se comportase de manera promiscua.

Es innegable, reitero, que ha habido desproporciones en muchos, como cuando el papa Clemente VII (1523-1534) ofreció cien platos diversos a Carlos V en día de vigilia. Frente a esos excesos, papas como Urbano VIII (1623-1644) mostraron ascetismo ejemplar. Todos los del siglo XX, independientemente de que hayan almorzado o no en soledad, han sido modélicos.

Las dificultades contribuyeron a mejorar también la legislación para el nombramiento de los papas. En el Sínodo Laterano de abril del 769, convocado por Esteban III (768-772), se estableció que la elección se realizaría mediante tres momentos sucesivos: 1. El clero romano elegiría protegido de cualquier intervención o amenaza. 2.

Los ciudadanos y el Ejército asumirían la selección realizada y 3. Se firmaría el documento oportunamente redactado.

Esas normas serían reformuladas en 826, durante un nuevo Sínodo Lateranense, convocado por Eugenio II. Los laicos volvían a tomar parte activa en las elecciones junto al clero. Además, los embajadores imperiales estarían presentes y el elegido prestaría juramento de fidelidad al monarca. Cuando en el 844, Sergio II prescindiera de esa formalidad, se produjo una queja formal del rey franco. El marasmo permitió que se siguiera actuando durante años con independencia, fortaleciendo la autonomía del papado.

Nicolás II (1058-1061) establecería en la bula *In nomine Domini*, de 13 de abril de 1059, que el existente colegio cardenalicio se encargaría de la elección. Las tres etapas de la elección serían: 1. Los cardenales obispos, tras consulta entre ellos, eligen al papa. 2. Los demás electores se les asocian. 3. El clero restante y el pueblo romano se incorpora. Catorce años más tarde, el 22 de abril de 1073, la elección de Hildebrando como Gregorio VII, a causa de las complejidades de la situación, se llevaría a cabo por aclamación. Tras él, junto a catorce pontífices legítimos se cuentan al menos once antipapas.

La primera elección en la que se habla ya de cónclave, encerramiento para la elección, fue con Gelasio II (1118-1119). Se reunieron en Santa María in Pallara, monasterio del Palatino, para evitar injerencias imperiales. El 13 de marzo de 1246 vio la luz la constitución *Quia frequenter*, que establecía que la elección se realizara en el mismo lugar del fallecimiento del papa. Se aceptaba el principio *ubi papa ibi Roma*, (allí donde está el papa está Roma), evitando innecesarios retrasos.

El II Concilio de Lyon (1274) definió de manera oficial con su constitución *Ubi periculum* el concepto de cónclave (*cum clavis*), estableciendo que se reunieran los electores en lugar específico y evitando influjos. La exigencia de la ordenación episcopal para que el seleccionado recibiera la plenitud de la potestad jurisdiccional del pontífice romano será incorporada como condición insoslayable solo tras la legislación papal posterior al Concilio Vaticano II.

Reitero que los conjeturables juicios incontrovertibles deben ser analizables con prudencia. Cuando Petrarca condena la estancia de los papas en Aviñón califica a la ciudad francesa de nueva Babilonia, *«fuente de dolor, albergo de ira, escuela de errores, templo de idolatría, un tiempo Roma, ahora la falta y pecadora Babilonia, despacho de mentiras, cárcel horrenda, infierno sobre la Tierra».* Cabe preguntarse qué debería haber sentenciado sobre la situación de Roma en ese difícil siglo XIV en el que los papas –todos franceses– se refugiaron en la pacífica ciudad de la orilla izquierda del Ródano y desde allí gobernaron con más acierto que errores.

El siglo XX ha sumado docenas de miles de mártires que con su sangre han sellado la verdad de su fe. Como afirmó Juan Pablo II, debe guardarse memoria de los soldados desconocidos de la gran causa de Dios. La lectura de *El siglo de los mártires*, de Andrea Riccardi, a pesar de la oceánica ignorancia de este autor sobre España, es aconsejable para quienes quieran inferir negro sobre blanco la actualidad de la fe católica. Un dato elocuente es que antes de la revolución marxista de 1917 en Rusia había más de setenta mil iglesias y capillas. En 1939 permanecían abiertas poco más de un centenar... Bucharin lo explicó sin ambages: *«La religión y el comunismo son incompatibles tanto en la teoría como en la práctica».* Parece que muchos católicos siguen sin entenderlo. En julio de 1934 clamaban los obispos alemanes en carta colectiva que condenaba el asesinato de católicos en Dachau por el mero hecho de serlo: *«Todo lo que pedimos es el respeto de los derechos de Dios y la plena libertad para la Iglesia de Cristo para transmitir a los hombres, conforme a su divino mandato, los tesoros del bien de la redención, la verdad, la moralidad y la gracia, y por lo tanto la libertad de emplear con tal fin los medios necesarios y adecuados a los tiempos. Lo que rechazamos y condenamos es la mentalidad neopagana que tiende a interrumpir la historia milenaria de nuestro pueblo y amenaza su destrucción en el futuro».*

Sobre el nacionalismo sin ulteriores calificativos ponía sobre aviso Benedicto XV al advertir a los misioneros en 1919 en su encíclica *Maximum illud*: *«Es necesario que seáis conscientes de lo deplorable que sería que hubiese misioneros que, habiendo olvidado su dignidad, pensaran más en su patria terrenal que en la patria suprema, y que solo se preocuparan de ejercer su influencia y de ver, siempre y por encima de todo, elogiado su nombre y su gloria. Esta sería una de las plagas más tristes del apostolado, que paralizaría la dedicación del misionero a las almas y rebajaría su autoridad ante los indígenas».*

El canciller británico Edward Thurow (1731-1806) aseguraba que las empresas ni tienen cuerpo en el que ser castigadas ni alma que condenar. No deben ser los colectivos el objeto último de lealtad. Ese profundo sentimiento ha de ser reservado para las personas. En ocasiones, quienes se entregaron por una causa sublime a través de una organización quedan desesperanzados. Con más motivo cuando se implican, no a trueque de una retribución, sino comprometiendo la vida. La responsabilidad es mutua: las organizaciones no deben proponerse como objeto de culto, ni las personas han de claudicar ante normativas recargadas. Al igual que la apuesta de cada uno de los miembros de un matrimonio es por la persona amada, no por la limpidez de la institución, igualmente el envite ha de ser por el fundador de la Iglesia y no por un intermediario, por brillante que alguno pueda haber sido. Afirmar que el modo de llegar a Dios ha de ser ineludiblemente a través de una persona resulta fatuo.

La Iglesia ha procreado compromiso y mejorado personas y equipos. Sobre el mal ejemplo de quienes deberían haber sido referencia, repetía san Vicente de Paúl, *«la Iglesia no tiene enemigos peores que los sacerdotes»* (obviamente, aquellos pocos que no cumplen con su obligación). El cardenal Consalvi se lo trasladó a Napoleón de otra manera: *«Si los curas no han sido capaces de derribar la Iglesia, ¿cómo podríais hacerlo vos?».*

El que, a pesar de los pesares, incluidos determinados eclesiásticos, también papas, la Iglesia siga generando sabrosos frutos al servicio de la humanidad proporciona pistas sobre ese diferencial que habría llevado a profundizar en el catolicismo a Ludwig von Pastor, el mayor historiador de la Iglesia. Se cuenta *—se non è vero è ben trovato—* que en audiencia con el papa León XIII le confió que había fortalecido su fe católica.

El papa habría comentado:

—Antes de conocer con detalle los horrores cometidos por mis predecesores estaba en contra de la Iglesia católica, ¿y ahora que lo sabe todo documentado quiere ser católico? No lo entiendo.

Von Pastor habría respondido:

—*Estoy convencido de que la Iglesia católica es verdaderamente una institución sobrenatural. Si los malos papas no lograron destruirla es porque es divina.*

El afán iconoclasta de personajes aciagos como Emilio Zola, que pretendió comprar el silencio de una mujer milagrosamente curada en Lourdes, a la que había conocido personalmente, para que no contara su experiencia, demuestra la fortaleza inasible de la institución que hemos analizado.

Ojalá, como deseaba Giacomo da Vitry, contemporáneo de san Francisco de Asís, el Creador quiera salvar muchas almas «*antes del fin del mundo a través de estos hombres pobres y simples, y eso para confusión de ciertos prelados que, semejantes a perros mudos, son incapaces de ladrar cuando hace falta*». La advertencia tiene específica resonancia en la actualidad. Es preciso mejorar las estructuras de este mundo, pero el fin principal de la Iglesia es preparar a la humanidad, con optimismo y sin obviar la exigencia, para las postrimerías. Es importante saber vivir y, quizá más, saber morir. El mensaje divino desvelado hace más de dos mil años sigue escribiéndose en este mundo y a diario a través de los creyentes. Es una historia que conecta con la eternidad.

EPÍLOGO

De ninguna organización disponemos de tanta información fidedigna como de la Iglesia católica. Desde muy tempranos tiempos, más de doce mil años, hubo un fehaciente esfuerzo por dejar documentados los sucesos de las múltiples iniciativas que brotaban en torno a la fe en Jesús de Nazaret, judío crucificado por los romanos a instancias de los potentados de la época, y tres días después resucitado. Aquel revolucionario ha cambiado el modo de acercarse a la realidad para miles de millones de personas en todo el mundo. También en el ámbito de las relaciones con los demás y en el modo de estructurar las organizaciones. Sin embargo, nunca hasta ahora se había publicado un libro que asuma como punto focal el *management* (gobierno de personas y organizaciones) de los seguidores de aquel excepcional galileo.

A lo largo del extenso libro que el lector tiene entre las manos, hemos visto comportamientos excelsos —los más—, y también maneras de obrar abyectas. Todas forman parte de un colorido y complejo tapiz del que el profesor Fernández Aguado ha espigado innumerables enseñanzas. Una de las características referenciales del autor en este libro, como en *¡Camaradas! De Lenin a hoy*; *El management del III Reich*; *Egipto, escuela de directivos*; *Roma, escuela de directivos*, etc., es que no se limita a sacar a la luz modos de hacer del pasado (no en vano le han adjetivado arqueólogo del *management*), sino que ofrece senderos concretos para que cada uno de nosotros mejoremos nuestro estilo comportamental y directivo de forma eficaz.

Como CEO de Ceinsa, desde hace años me dedico a ayudar a múltiples organizaciones en sus políticas de compensación retributivas. Ignoraba que modelos tan supuestamente novedosos como el mapa de talento, el *interim management* o el *balanced scorecard* fueron diseñados y empleados desde hace muchos siglos. No se trata de mera erudición, sino de extraer conclusiones prácticas para nuestras decisiones diarias.

Aliento, al igual que la mayor parte de la población mundial, el deseo de contribuir a dejar a las nuevas generaciones un mundo mejor. Lograr esa ilusionante meta pasa por no caer en la ridícula pretensión de reinventar la rueda. Bien es cierto que la revolución tecnológica que estamos viviendo es única en la historia por su rapidez y alcance, pero –como bien señala el autor de *2000 años liderando equipos*– las necesidades y anhelos esenciales del ser humano no han cambiado. Salvo casos patológicos, las personas deseamos ganarnos la vida honradamente, contribuir a que otros también mejoren, lograr entornos que defiendan la ecología ambiental y también la humana... En el fondo, ser más felices y ayudar a que otros también lo sean. Eso es lo que vemos en la inmensa mayoría de los intra emprendedores que son analizados en esta magna obra. Aprender de sus actitudes, de sus políticas de motivación, de sus diseños de crecimiento y expansión es altamente codiciable y rentable.

El profesor Fernández Aguado, conocido por muchos como el «Peter Drucker español» (recomiendo la obra coordinada por Álvaro Lozano, *Liderar el cambio*, LID), nos ha conducido una vez más por vericuetos conocidos por muy pocos para que ampliemos nuestra mirada y no pensemos que estamos viviendo tiempos excepcionales. Únicamente lo son porque son los nuestros, pero muchos esquemas de decisión y funcionamiento proceden de siglos atrás.

Una de las facilidades que ofrece *2000 años liderando equipos* es que a lo largo de sus más de setenta capítulos encontramos en cada título temas que directamente nos interesan, y en algunos casos nos interpelan, para verlos ejemplificados en cómo se desarrollaron relevantes acontecimientos y decisiones hace decenas o centenares de años. Aunque es deseable disfrutar de la lectura completa de la obra, también puede optarse por acudir a las cuestiones que más atraigan.

Como se menciona en el libro, ninguna organización mercantil, financiera u ONG habría sobrevivido a muchos de los CEOs (papas) o mandos intermedios (cardenales, obispos, prelados, etc.) que se han sucedido en la Iglesia. En este sentido, Fernández Aguado alude como es obvio a un factor intangible, trascendente, que explica su ininterrumpida continuidad en dos milenios. Independientemente de que el lector sea o no creyente, la práctica totalidad de las enseñanzas aquí recogidas son de rabiosa actualidad.

Me ha resultado de particular interés el capítulo dedicado a columbrar el futuro. Yo también comparto la opinión plasmada en su arranque con sana ironía, pues sé del futuro lo mismo que todo el mundo: nada. Sin embargo, observar, por ejemplo, la florida selección de CEOs (casi doscientos setenta hasta el presente) y analizar sus modos de hacer permite esbozar interesantes líneas de actuación para el futuro.

Solo me queda felicitar al autor por haber empeñado más dos mil horas de su vida, tanto en archivos y bibliotecas como en conversaciones con personajes relevantes para esta historia, y visitas a muchos lugares referenciados, para poner ante nuestra vista que es posible hacer bien el bien. Es decir, lograr los resultados que establecemos para nuestras organizaciones, o que aquel a quien corresponde impone, a la vez que conseguimos –y utilizo una expresión acuñada por Fernández Aguado– *«crear las condiciones de posibilidad para la vida honorable de todos los stakeholders».*

Josep Capell
CEO de Ceinsa

AGRADECIMIENTOS

Miles de horas han sido precisas para culminar este libro. Más de las que empleé en cada una de las dos tesis doctorales que he presentado, una en Italia y otra en España. A quienes primero debo agradecer es a mi esposa e hijos, que generosamente han sabido prescindir de mí para que la investigación avanzase. Fundación Bancaria 'La Caixa' ha proporcionado los medios para que fuese posible, desde la localización y adquisición de documentación hasta los viajes precisos a enclaves fundamentales de la historia aquí analizada. Isidro Fainé, Àngel Font, Jesús Nemesio Arroyo, Adela Molina, Marina Teixidó Manich, Gala María Sánchez Someillán, Juan Antonio García Fermosel, Yolanda Bravo y el resto del equipo de la fundación son acreedores de mi reconocimiento. EUCIM a través de su presidente, Marcelo Servat, también ha colaborado para que este proyecto llegara a buen término. Al igual que Josep Capell, CEO de Ceinsa; Ricardo Herández García, Fundador y CEO de HGBS; y José María López Rodríguez, presidente de CEDERED.

Marco Giarratana, Marco Trombetta, Fabrizio Salvador, Elena Morales y Areli Castrejón, del IE, han facilitado cada uno según sus responsabilidades el buen desarrollo de la cátedra en la que esta investigación se encuadra.

Mi madre, hermanos, sobrinos y toda mi familia política –Pilar, Enrique, Raquel, Antonio...– son ejemplos envidiables y retadores. Marta de la Torre, María Victoria de Rojas, Rafael Esparza, Sergio Casquet, Enrique Sueiro, Ricardo Hernández (con la colaboración de parte de su equipo de consultores: Juaquin, Juanvi, Carlos, Javi, Jennifer, Yolanda, Edu y Virginia) y Mariano Vilallonga leyeron el borrador y han realizado sugerencias que he asumido en su práctica totalidad. Son sensacionales seres humanos que hacen más andadero el camino. Les estoy hondamente agradecido.

Sacerdotes diocesanos –José López Solórzano y Jesús Silva– o pertenecientes a diversos movimientos –Borja Coello de Portugal, Diogo Barata, Jaime Vivancos, Carlos Padilla, Guillermo Cruz, Ramón Montalat, Julio Atienza, Jorge Salinas, Jesús Arregui, Miguel (carmelita descalzo del desierto de las Batuecas), etc.–, con los que he tenido ocasión de conversar en circunstancias diversas, son personas comprometidas en el seguimiento de Cristo, que estimulan y animan. Algunos son sabios, todos maestros. Aprendí de mi padre (fallecido el 2 de agosto de 1995) que somos peregrinos en tierra extraña, nostálgicos de mundos mejores. Los mencionados y docenas de miles de personas como ellos muestran el camino. Las dos ocasiones en las que charlé personalmente con san Juan Pablo II permanecen vivas en mi memoria.

Enrico Bitursi, viejo amigo de mi sexenio de residencia en Italia, me ayudó de forma eficaz durante uno de mis viajes en busca de documentación. Recorrimos Asís, Rávena, Viterbo, Spoleto, Anagni, Rocasecca, Montecassino, etc. Mucho le agradezco su generosidad, al igual que a los múltiples bibliotecarios, archiveros y libreros de diversos países con los que he interactuado en estos años.

GLOSARIO

- **ANATAS.–** Importe de las rentas de medio año que todo nuevo obispo u otro beneficiario debía pagar al recibir el nombramiento.

- **ANTROPOLOGÍA.–** Ciencia que estudia tanto los aspectos físicos como las manifestaciones sociales y culturales de una comunidad humana.

- **AÑO SANTO.–** Año en el que el papa concede especiales indulgencias a quienes peregrinan a Roma u otros lugares especificados en la convocatoria.

- **ASSESSMENT.–** Proceso mediante el que se procede a la selección de personas en una organización evaluando el potencial. Trata de predecir comportamientos de los aspirantes en situaciones concretas a las que con probabilidad se enfrentarán en el futuro. Puede incluir pruebas situacionales.

- **BALANCED SCORECARD O CUADRO DE MANDO INTEGRAL.–** Modelo de gestión que permite contar con una visión general, conjunta e interrelacionada de los diversos objetivos de una organización.

- **BEGUINA.–** Mujer que en la Edad Media pertenecía a una asociación de cristianas que, combinando acción y contemplación, dedicaba su existencia a ayudar a enfermos, menesterosos y ancianos.

- **BRANDING.–** Anglicismo referido al proceso de construir y mantener una marca (en inglés, *brand equity*) mediante la administración estratégica del conjunto de activos vinculados en forma directa o indirecta al nombre y logotipo. Significa, en el fondo, la promesa de un buen servicio.

- **BREVE.–** Documento firmado por el papa y refrendado con la impresión del anillo del Pescador, que generalmente tiene una longitud menor y una importancia inferior a los demás documentos papales, como la bula, la encíclica o la carta apostólica.

- **BULA.**– Documento sellado con plomo sobre asuntos políticos o religiosos; si está autentificado con el símbolo papal recibe el nombre de papal o pontificia.

- **CARDENAL.**– Cada uno de los prelados que componen el colegio consultivo del papa y forman el cónclave para su elección.

- **CATARISMO.**– Movimiento religioso herético de los siglos XI y XII que afirmó la existencia de dos principios universales, el bien y el mal, rechazó los sacramentos y el culto a las imágenes, atacó a la jerarquía eclesiástica y justificó el suicidio.

- **CILICIO.**– Faja con púas que se ciñe al tronco o a un muslo, o vestidura áspera usada como mortificación.

- **CLERO REGULAR.**– Sacerdotes miembros de una orden religiosa que viven de acuerdo con una regla y formulan votos solemnes.

- **CLERO SECULAR.**– Sacerdotes no vinculados a una orden religiosa.

- **COMUNISMO.**– Doctrina económica-política, inspirada en las teorías de Marx y Engels, que propugna una organización social sin propiedad privada ni diferencia de clases, en la que los medios de producción estarían en manos del Estado. En el cien por cien de sus aplicaciones prácticas –Unión Soviética, Cuba, Corea del Norte, Camboya, Vietnam, etc.– ha cosechado resultados funestos, con secuelas de muerte y empobrecimiento. Acaba con la libertad de los colectivos en los que se implanta y en su empobrecimiento, a la vez que los dirigentes se enriquecen tras imponer sanguinarias dictaduras. Una de sus manifestaciones es el populismo.

- **CONCILIO.**– Reunión de los obispos y otras autoridades de la Iglesia católica para decidir sobre algún asunto de dogma o disciplina.

- **CONCILIARISTAS.**– Defensores de la supremacía de la reunión de cardenales sobre el romano pontífice. Entre sus referentes conceptuales se cuenta el texto *De potestate regia et papale* del dominico Jean de París (1302), en el que se propone que el concilio tiene potestad sobre el papa en al menos cinco casos: herejía, delirio, incapacidad personal, simonía y abuso de poder.

- **CÓNCLAVE.**– Encierro de los cardenales el tiempo que dura la elección de un papa.

- **CUENTA DE CONCIENCIA.**– Metodología de control impuesta por san Ignacio de Loyola para que, en determinadas circunstancias, se informase a los superiores de la situación de la propia alma. El argumento para su aplicación es que si se consentía elegir confesor se mermaba el gobierno de los seguidores, pasaría el conocimiento a un sacerdote sin preparación para discernir reglas y costumbres de la Compañía.

- **CHARLA FRATERNA O CONFIDENCIA.–** Término con el que en determinadas organizaciones se denomina a la cuenta o rendición de conciencia. En algunos movimientos se impone una frecuencia semanal o quincenal.

- **DEEPFAKE.–** Acrónimo del idioma inglés compuesto por los términos *fake*, falsificación, y *deep learning*, aprendizaje profundo. Se aplica para definir entre otras cosas edición de vídeos con mensajes falsos con protagonistas que en apariencia son reales.

- **DEÍSMO.–** Doctrina que subscribe que un dios creó la naturaleza, pero que ninguna influencia tiene en lo creado, ni merece culto externo ni hay revelación que exija cambios en los comportamientos individuales o colectivos.

- **DIEZMO.–** Parte del producto bruto de las cosechas, generalmente la décima parte, que los fieles debían entregar a la Iglesia. En algunos países como Alemania sigue viviéndose una costumbre semejante.

- **DISCIPLINAS.–** Pequeño látigo de cuerdas empleado para atizarse la espalda o las nalgas como penitencia.

- **DUX.–** También conocido como dogo era el nombre del magistrado supremo y máximo dirigente en la capital del Véneto entre los siglos VIII y XVIII.

- **EMPRESAS UNICORNIO.–** Negocios emergentes e innovadores con gran cuota de mercado y escalables. Este tipo de empresas llegan a crecer rápidamente y ser internacionales, aunque todavía no tengan una estructura consolidada. El apelativo de unicornio evoca el carácter mágico y fantástico que para algunos tiene el éxito de estas compañías.

- **ESCOLÁSTICA.–** Escuela filosófica y teológica que propone el empleo de la razón, en particular la filosofía de Aristóteles y la teología de santo Tomás, para comprender la enjundia de la revelación cristiana.

- **ESCRÚPULOS.–** Dudas e inseguridades que una persona puede sufrir sobre la bondad o maldad de una acción.

- **ESTIGMAS.–** Heridas consonantes a las sufridas por Jesucristo en la cruz que algunas personas ostentan de forma milagrosa.

- **FAKE NEWS.–** Bulos de enjundioso contenido pseudo periodístico que se difunden a través de redes sociales con el objetivo de desinformar.

- **FUERO EXTERNO.–** Comportamientos visibles de una persona en función de los cuales se puede y debe gobernar a los miembros de una organización.

- **FUERO INTERNO.–** Comportamientos y decisiones tomadas por alguien en conciencia. El derecho canónico lo protege como personal y confidencial, pero algunas organizaciones lo invaden empleando esa información, casi siempre extra sacramental, para tomar decisiones sobre los individuos.

- **FUMATA BLANCA.–** Humareda blanca con la que se anuncia la elección de un nuevo papa.

- **FUMATA NEGRA.–** Humareda negra con la que se comunica que ha habido elección fallida en un cónclave.

- **GIG ECONOMY.–** El término *gig* reseña actuaciones breves de grupos musicales. En el entorno laboral alude a encargos esporádicos de escasa duración en los que alguien se responsabiliza de una tarea delimitada dentro de un designio general.

- **GIRÓVAGOS.–** Abúlicos que van de un lugar a otro sin finalidad ni destino determinado. Se aplica en la Iglesia a religiosos o sacerdotes que se niegan a someterse a un superior sea diocesano o regular.

- **INDULGENCIA PARCIAL.–** Perdón concedido por la Iglesia católica en virtud de la cual se condona a los fieles que cumplen ciertas condiciones parte de la pena temporal.

- **INDULGENCIA PLENARIA.–** Perdón concedido por la Iglesia católica en virtud de la cual se condona a los fieles que cumplen ciertas condiciones toda la pena temporal.

- **INVESTIDURA LAICA.–** Nombramiento de seglares para cargos eclesiásticos a cambio de dinero.

- **IRENISMO.–** Doctrina que preconiza la paz a ultranza, apalancándose en la renuncia a creencias sólidas que otros puedan no aceptar.

- **LAPSI.–** Católicos que durante las persecuciones renuncian a la fe por miedo a las torturas, pero luego, pasado el peligro, tornan a la Iglesia.

- **LIGNUM CRUCIS.–** Reliquia de la madera en la que fue crucificado Jesucristo.

- **MANIQUEÍSMO.–** Doctrina promovida por Manes (siglo III d. C.) que propone la existencia de dos principios contrarios y eternos que se enfrentan, el bien y el mal.

- **MILLENNIALS.–** Miembros de la calificada como Generación del Milenio o Generación Y; grupo integrado por personas nacidas entre el comienzo de la década de 1980 y el inicio de la década de 2000. Más en general, personas de una nueva generación que consideran obsoleto lo vivido por sus predecesores.

- **NACIONALISMO.–** Doctrina que reivindica el derecho de un territorio a la reafirmación de su propia personalidad mediante la autodeterminación política. Si respeta a los demás es calificable de patriotismo. Suele ladearse hacia el ultraje de quienes no piensan igual, adoptando formas de supremacismo y racismo.

- **NAZISMO.–** Sistema político racista, nacionalista y totalitaria, inspirada en el socialismo marxista, impulsada en Alemania por Adolf Hitler (1889-1945) tras la Primera Guerra Mundial. Propugna el poder absoluto del Estado y la supremacía germana frente a los demás países. Al igual que el comunismo, tiene reflejo en forma de populismos.

- **NEPOTISMO.–** Trato de favor hacia familiares o amigos, a los que se otorgan cargos o empleos públicos por el mero hecho de serlo, sin tener en cuenta otros méritos. Procede del italiano *nipote* (sobrino).

- **NOVÍSIMOS.–** Ver postrimerías.

- **OBISPO.–** Persona que ha recibido la orden del episcopado (grado más elevado del sacerdocio cristiano) y que tiene entre sus funciones gobernar una diócesis, ordenar sacerdotes, confirmar a los fieles, consagrar iglesias, etc.

- **ONG.–** Acróstico de Organización No Gubernamental, institución sin ánimo de lucro que habitualmente no depende de un gobierno y lleva a cabo actividades de interés social. También se las denomina, ENL, Entidad no lucrativa.

- **OPUS DEI (OBRA DE DIOS).–** Término con el que san Benito definió la actividad del monje, y específicamente de quien sigue su regla, que se acerca al Creador a través de la oración y el trabajo: *ora et labora* (reza y trabaja). De uso genérico en múltiples instituciones para auto calificarse, fue asumido como específico por un movimiento español en el siglo XX.

- **OUTSIGHT INSIGHT.–** Empleo de la inteligencia artificial para navegar por un mundo inundado de datos.

- **PAPA.**– Obispo de Roma y máxima autoridad de la Iglesia católica.

- **PECADOS CONTRA NATURA.**– Actos sodomíticos o actividad sexual entre personas del mismo sexo, o entre un humano y un animal.

- **PECULIO.**– Dinero entregado a un religioso para que lo use según su criterio personal.

- **POPULISMO.**– Tendencia política que afirma defender los intereses y aspiraciones del pueblo. Plantea soluciones simples, y por tanto inviables, a problemas complejos. Suele ser alentado por manipuladores que aspiran al poder y al enriquecimiento. Entre los más recientes, el neo nazismo, el neo fascismo y los diversos partidos neo comunistas o filo comunistas que se han extendido en muchos países. Dañan profundamente a los países donde se implantan o tratan de hacerlo. Prometen democracia, pero no creen en ese modelo político y sus promotores ponen todos los medios para establecer autocracias y enriquecerse personalmente. Genera empobrecimiento, corrupción y redes clienterales. Es una de las mayores lacras de las sociedades contemporáneas.

- **POSTRIMERÍAS.**– Realidades que esperan a la persona al final de sus días: muerte, juicio, purgatorio, infierno y paraíso.

- **POST VERDAD O HERMENÉUTICA.**– Interpretación que se realiza sobre un hecho acaecido rebobinado la historia con categorías conceptuales contemporáneas o sencillamente inventadas.

- **PRAGMÁTICA SANCIÓN.**– Proclamada por el rey francés Carlos VII el 7 de julio de 1438 declaraba al monarca guardián de los derechos de la Iglesia en el país galo, como primera manifestación de la patología de todo nacionalismo religioso, en este caso galicanismo.

- **ROBO ADVISOR.**– Gestor de patrimonio online prácticamente automatizado. Los gastos de los fondos operados por *robo advisors* son menores, apenas requieren mantenimiento.

- **ROI (RETURN ON INVESTMENT).**– Índice financiero-gerencial que mide y compara el beneficio obtenido con relación a la inversión realizada.

- **SÍNODO.**– Reunión de autoridades eclesiásticas para dirimir algunas cuestiones.

- **SOCIEDAD LÍQUIDA.**– Categoría sociológica que describe, según algunos, el estado actual de nuestra sociedad. Sygmunt Bauman la definió como una figura de cambio constante y transitoriedad, ligada a cambiantes factores educativos, culturales y económicos.

- **SODOMÍA.–** Sexo anal u oral entre personas o entre una persona y un animal.

- **TEOLOGÍA DE LA LIBERACIÓN.–** Corriente teológica nacida en Europa y aplicada fundamentalmente en América Latina. Con el álibi de las diferencias sociales, propone la integración del Evangelio en una interpretación marxista de las ciencias sociales. Ensalza al incívico, incongruo y utópico Marx o a los sanguinarios Lenin, Stalin o el Ché Guevara como reencarnaciones del mismísimo Jesucristo. Tiende a convertir a la Iglesia, o a parte de ella, en una ONG cuando no en un movimiento revolucionario comunista o anarquista.

- **TIEMPOS VUCA.–** Acróstico de tiempos vulnerables o volátiles, inciertos (la U es por el término anglosajón *uncertainty*), complejos y ambiguos.

- **TRASCENDENTALES DEL SER.–** Propiedad que, al pertenecer al ser en su máximo grado de generalidad, y no a este o a aquel ente particular, se juzga que poseen un carácter común a todos, trascendental.

- **VIDA CENOBÍTICA.–** Tradición monástica iniciada desde los tiempos más remotos del cristianismo que pondera la vida en común. Con comunitarismo monacal, se preservaba el aislamiento de los monjes del resto de la sociedad.

- **VIDA EREMÍTICA.–** Existencia solitaria y ascética, sin contacto permanente con la sociedad, elegida por individuos que optan por encontrar a Dios alejados de otras personas.

ANEXOS

I. Concilios ecuménicos

1. **Jerusalén.** Año 52. San Pedro y los apóstoles. Proclamación de la libertad de observancia religiosa frente al judaísmo, excluyendo la necesidad de la circuncisión. La religión cristiana no tiene límites territoriales nacionales.

2. **I de Nicea.** Año 325. Papa Silvestre I. Se definió la consustancialidad del Verbo con Dios Padre. Se estableció el símbolo conocido como niceno o Credo. Se establecieron algunas disposiciones jurídicas. Por ejemplo, el celibato eclesiástico. Arrio, condenado, fue enviado al exilio.

3. **I de Constantinopla.** Año 381. Papa Dámaso I. Condenó a Macedonio y a sus seguidores, que rechazaban la divinidad del Espíritu Santo. Definió la consustancialidad del Espíritu Santo, el Padre y el Hijo. Fue formulado de forma definitiva el dogma de la Trinidad que sigue rezándose en el Credo.

4. **Éfeso.** Año 431. Papa Celestino I. Definió la unión hipostática de las dos naturalezas, humana y divina, en Cristo. También la maternidad de María, que fue reconocida con el título de Madre de Dios.

5. **Calcedonia.** Año 451. Papa León I. Condenó el monofisismo, que sostenía una única naturaleza, la divina y una personalidad en el Hijo de Dios. Definió que Jesucristo es verdadero hombre y verdadero Dios, con dos naturalezas en la eternidad de la persona.

6. **II de Constantinopla.** Año 553. Papa Vigilio. Condenó, mediante el edicto de los Tres Capítulos, los escritos de Teodoro de Mopsuestia, de Teodoreto de Ciro y de Ibas de Efeso, impregnados de errores nestorianos.

7. **III de Constantinopla.** Año 680-81. Papa Agatón. Condenó el monotelismo, que admitía una única voluntad en el Hijo de Dios.

8. **II de Nicea.** Año 787. Papa Adriano I. Se confirmó la veneración de las imágenes sagradas, porque representan a los santos. Se distinguió entre el culto de veneración a los santos, y el de adoración, que solo se rinde a Dios.

9. **IV de Constantinopla.** Año 869-70. Papa Adriano II. Estableció reglas sobre la ordenación de los obispos. Se reconoció el primado del papa, sobre las cinco sedes patriarcales: Roma, Constantinopla, Alejandría, Antioquía y Jerusalén.

10. **I Lateranense.** Año 1123. Papa Calixto II. El primero de los celebrados en Roma. Confirmó el concordato de Worms sobre la lucha por las investiduras. Condenó tanto la simonía como el abarraganamiento.

11. **II Lateranense.** Año 1139. Papa Inocencio II. Su objetivo principal fue remediar los males causados por el cisma de Anacleto II. Condenó a Arnaldo de Brescia, famoso predicador y denunciante de la mundanidad del clero.

12. **III Lateranense.** Año 1179. Papa Alejandro III. Estableció que las elecciones papales requiriesen dos tercios de los votos. Condenó a los albigenses, los valdenses y a los cátaros.

13. **IV Lateranense.** Año 1215. Papa Inocencio III. Fijó reglas disciplinarias. Definió la transustanciación. Estableció la obligación de confesarse una vez al año y de comulgar en Pascua.

14. **I de Lyon.** Papa Inocencio IV. Condenó como hereje a Federico de Svevia. Trató de las condiciones del Estado Pontificio y de los cristianos perseguidos por los turcos en Tierra Santa.

15. **II de Lyon.** Año 1274. Papa Gregorio X. Restableció la unidad con la Iglesia oriental, que confesó la fe en que el Hijo y el Espíritu Santo proceden del Padre. Aceptaron también el sacramento de la Eucaristía y al romano pontífice como sucesor de san Pedro.

16. **Viena.** Años 1311-12. Papa Clemente V. Estableció la supresión de los templarios. Condenó a los *fraticelli*. Declaró inocente a Bonifacio VIII, acusado de herejía por Felipe el Hermoso de Francia.

17. **Constanza.** Año 1414-18. Papa Martín V. Finalización del cisma de Occidente. Condenó las 45 tesis de Wyclef y las teorías de Huss, además de a los utraquistas.

18. **Ferrara-Florencia.** Años 1438-45. Papa Eugenio IV. Conclusión definitiva del cisma de Occidente. Reafirmación del primado papal.

19. **V Lateranense.** Años 1512-17. Papas Julio II y León X. Condenó la pragmática sanción emanada por Carlos VII en el 1438 por la que se sancionaba la autonomía de la Iglesia nacional francesa frente a Roma.

20. **Trento.** Años 1545-63. Papas de Pablo III a Pío IV. Condenó el protestantismo. Reconfirmó la fe en los siete sacramentos. Estableció el deber

de residencia de los obispos en sus diócesis y también reconfirmó el celibato eclesiástico.

21. **Vaticano I.** Año 1869-70. Papa Pío IX. Definió la infalibilidad del papa cuando habla *ex cátedra*. Se suspendió el 20 de septiembre de 1870 al ser ocupada Roma.

22. **Vaticano II.** Años 1962-65. Papas Juan XXIII y Pablo VI. Apertura a las relaciones con otras religiones. Constitución sobre la Sagrada Liturgia. Promoción de los laicos en la Iglesia. Condenó las discriminaciones raciales.

II. AÑOS JUBILARES

1300: El primer Jubileo. Fue convocado por el papa Bonifacio VIII en 1300. Fue promovido para hacer olvidar la propuesta de su antecesor, Celestino V, de peregrinar a la catedral de L'Aquila. También tuvo peso la expectativa de fuertes ingresos en el tesoro vaticano por parte de los peregrinos. Un cronista contemporáneo escribió que *«desde los tiempos más antiguos no existió tanta devoción y fervor de fe en el pueblo cristiano»*.

1350: Sin el papa. En 1343 una delegación de católicos italianos visitó a Clemente VI en Aviñón, para solicitar un Jubileo extraordinario en el año 1350. El papa concedió la indulgencia plenaria a cuantos visitaran las tumbas de Pedro y Pablo.

1390: Nueva periodicidad. La periodicidad cambió a causa del cisma de Occidente. Urbano VI lo promulgó para 1390, a pesar de que su intención era convocarlos cada treinta y tres años, en recuerdo de la vida de Jesús. Fue celebrado por Bonifacio IX, sucesor de Urbano VI. La basílica de Santa María la Mayor fue incorporada a los templos que debían visitarse.

1400: La peregrinación penitencial. Bonifacio IX quiso que se celebrara también en 1400 para respetar la periodicidad de cincuenta años establecida en 1350. Franceses, españoles y parte de los italianos no tomaron parte en la peregrinación porque sus monarcas, adheridos a la parte cismática, no se lo permitieron a sus súbditos. Bonifacio IX extendió la visita para obtener las indulgencias, a las basílicas de San Lorenzo Extramuros, Santa María en Trastévere y Santa María Rotonda. Se dio también inicio a un nuevo tipo de peregrinación penitencial que, partiendo de diversas regiones de Italia septentrional, se dirigían a Roma bajo el lema «paz y misericordia».

1450: El de los Santos. Fue inaugurado en San Juan de Letrán por Nicolás V, considerado el primer papa humanista. La respuesta fue excepcional, y se recuerda como la última gran manifestación colectiva de la Edad Media. Roma fue puesta a prueba por la presencia de esa multitud, que provocó problemas de orden público, de sanidad y de abastecimiento. Fue denominado como el de los Santos, porque estuvieron presentes en Roma, los futuros santa Rita de Casia y san Antonino de Florencia.

1475: Comienza a denominarse Año Santo. Desde 1475 los Jubileos se convocan cada veinticinco años. Sixto IV suspendió durante el período jubilar las indulgencias plenarias fuera de Roma. Las bulas jubilares, las instrucciones para la jornada del peregrino y las oraciones que se debían recitar en los lugares sagrados fueron impresas por primera vez. Entró en uso la denominación de Año Santo. Sixto IV favoreció la creación de obras urbanísticas y arquitectónicas para que la ciudad pudiera acoger mejor a los peregrinos. Entre otras, un puente, llamado sixtino en su honor, para facilitar el movimiento de los fieles hacia San Pedro.

1500: Se abre en San Pedro la Puerta Santa. El Año Santo de 1500 representa también la entrada en un nuevo siglo. Alejandro VI inauguró solemnemente el Jubileo con la apertura de una Puerta Santa en la basílica de San Pedro a la que, desde entonces, fue adjudicado el papel tradicional de la puerta áurea de San Juan de Letrán. La apertura de las Puertas Santas se llevó a cabo en cada una de las cuatro basílicas mayores. Quedó también inaugurado un camino denominado Alejandrino, que unía el castillo del Santo Ángel con San Pedro.

1525: El Jubileo de la crisis religiosa europea. Clemente VII abrió la Puerta Santa de este Jubileo. Se encontraba en pleno clímax la crisis religiosa, iniciada con Lutero. Dos años después del Año Santo, Roma fue invadida y saqueada por las tropas luteranas mercenarias de Carlos V.

1550: En el Concilio de Trento. Los papas de este Jubileo fueron Pablo III y Julio III. El primero lo diseñó hasta su desaparición en 1549. Julio III lo celebró a partir de su elección en 1550. Fue por eso prolongado hasta la Epifanía sucesiva.

1575: San Felipe Neri contribuye a la acogida de los peregrinos. Desde 1573, a los dueños de hosterías y hoteles se les impuso que no subieran precios. Fueron construidas nuevas calles; entre otras la Merulana que une San Juan de Letrán con Santa María la Mayor. En la vigilia del Año Santo, el papa Gregorio XIII pidió a los cardenales un nuevo y ejemplar estilo de vida. Asistió el arzobispo de Milán, Carlos Borromeo. Se caracterizó por la presencia de asociaciones volcadas en la ayuda a los peregrinos, entre ellas la Cofradía de la Santísima Trinidad de los Peregrinos y Convalecientes, fundada de san Felipe Neri.

1600: Gran participación. La Iglesia católica recogía los frutos del Concilio de Trento y el clima de distensión que vivía Europa, después de años de conflictos. En Roma las instituciones de hospitalidad de las diversas cofradías contribuyeron a resolver el problema del alojamiento y alimentación para innumerables peregrinos.

1625: También enfermos y prisioneros. Fue inaugurado en medio de la Guerra de los Treinta Años que había comenzado en el año 1618. Urbano VIII promulgó un edicto para prohibir la llevanza de armas. Los beneficios espirituales del Jubileo fueron extendidos a quienes, por salud o reclusión, no pudieron trasladarse a Roma.

1650: Restaurada la catedral de Roma. Inocente X lo inauguró ante una inmensa muchedumbre de peregrinos en la basílica de San Pedro, que para la ocasión había sido renovada. San Juan de Letrán también había sido restaurado. El papa manifestó el propósito de pacificación universal.

1675: La columnata de Bernini. Los brazos de la inaugurada columnata de Bernini fueron el símbolo más cabal de la nueva disposición de la ciudad hacia los peregrinos que la visitaban. En la vigilia, Clemente X canonizó a la primera santa de América del Sur, Rosa de Lima. La católica reina Cristina de Suecia participó en el lavatorio de los pies.

1700: En el Siglo de las Luces. Fue abierto por Inocencio XII que fallecería antes de su conclusión. Le sucedió Clemente XI. Entre los peregrinos se contó la reina polaca María Cristina, viuda de Juan III Sobieski.

1725: Rescate de esclavos. Benedicto XIII convocó un sínodo en la provincia romana para su preparación. Los romanos vieron al papa transcurrir jornadas en Santa María sobre Minerva. Un hecho relevante fue la acogida por los padres mercedarios de casi cuatrocientos esclavos rescatados.

1750: El Año de la Cruz en el Coliseo. En la bula de convocatoria, *Peregrinantes a Domino*, Benito XIV remarcó la necesidad de la penitencia para que el año fuera verdaderamente santo. Recordó el valor de la peregrinación para superar el pecado. Uno de los oradores más relevantes fue Leonardo de Puerto Mauricio, franciscano reformado.

A sus predicaciones en plaza Navona asistió también el papa. Fray Leonardo erigió en Roma quinientas setenta y dos cruces, la más célebre, la del Coliseo.

1775: El Jubileo más breve. Pío VI, apenas elegido, abrió la Puerta Santa en San Pedro. La preparación fue realizada por su predecesor, Clemente XIV. Fueron realizadas obras públicas, entre ellas la restauración de los hospitales Espíritu Santo y San Juan. Asistió un numeroso manojo de patriarcas y obispos católicos de rito oriental.

1800: El Jubileo no se celebra. El Jubileo del nuevo siglo no se celebró como consecuencia de la Revolución francesa. En el año 1797 las tropas galas habían invadido Roma y la ciudad fue transformada en capital de la república romana. Pío VI, que debería haberlo convocado, murió desterrado en 1799.

1825: El único Jubileo del siglo XIX. En un periodo de revoluciones liberales y de conspiraciones, cada viajero era considerado sospechoso. Sin embargo, León XII lo organizó y celebró. Una de las novedades fue que se concedía la indulgencia a quienes veneraran uno de los iconos más antiguos del mundo, el de la Virgen de la Clemencia, del siglo VII, conservado en Santa María en Trastévere.

1850: El Jubileo no se convoca. Pío IX regresó del destierro a Roma en abril del año 1850. El alejamiento del papa de la Urbe era consecuencia de la agitación general que amenazaba los Estados Pontificios a partir del año 1848.

1875: La Puerta Santa cerrada. Pío IX consideró que no se daban las condiciones para fastos normales, pero quiso de todos modos convocarlo. El papa extendió el Jubileo a todo el mundo católico y lo celebró en Roma en forma reducida inaugurándolo en la basílica de San Pedro con la única presencia del clero romano y sin apertura de la Puerta Santa.

1900: Clima de reconciliación. Se abrió la Puerta Santa después de setenta y cinco años. León XIII inauguró el 24 de diciembre de 1899 el primer Año Santo tras el fin del poder temporal. La preparación logística y la organización fueron apoyadas por el gobierno italiano.

1925: El Año Santo de la pacificación. Convocado en un clima de distensión entre la Iglesia y el Estado, Pío XI imprimió al Jubileo un carácter misionero. Se caracterizó por las canonizaciones de Teresa del Niño Jesús, el Cura de Ars y Juan Eudes.

1933: El Año Santo extraordinario de la Redención. El 24 de diciembre de 1932, Pío XI convocó un Año Santo extraordinario. Después de haber instituido la fiesta de Cristo Rey y de haber consagrado la humanidad al Sagrado Corazón de Jesús, en la vigilia del centenario del óbito de Cristo anunció el Año Santo de la Redención. La apertura de la Puerta Santa fue fijada para el Domingo de Pasión (y no la noche de Navidad), y la clausura para el Lunes de Pasión del año sucesivo. Pío XI había diseñado un acontecimiento religioso centrado en la figura de Cristo Redentor. Fue la primera ocasión, después del fin del poder temporal, en el que algunas celebraciones presididas por el papa se realizaron fuera de San Pedro.

1950: El gran retorno y el gran perdón. Pío XII abrió el Año Santo con las heridas de la Segunda Guerra Mundial todavía no cicatrizadas. Fue el año del gran retorno y del gran perdón. Durante el año jubilar, Pío XII proclamó el dogma de la Asunción de María en la Plaza de San Pedro en presencia de casi quinientos mil fieles y 622 obispos.

1975: El Jubileo de la reconciliación y de la alegría. Pablo VI vio el Año Santo como una oportunidad de renovación interior del hombre. Con ocasión de este Jubileo escribió la exhortación apostólica *Gaudete in Domino*. Los tres puntos fundamentales fueron la alegría, la renovación interior y la reconciliación.

1983: Preparar el 2000. *«¡Abran las puertas al Redentor!»*. Con estas palabras Juan Pablo II introdujo la bula que, el 6 de enero de 1983, convocaba el Jubileo de la Redención. El motivo de este Año Santo extraordinario fue el 1950 aniversario de la crucifixión de Jesús que el papa deseaba celebrar en continuidad con el Jubileo extraordinario de 1933 y en vista del año 2000.

2000: El Gran Jubileo. San Juan Pablo II publicó el 10 de noviembre de 1994 su carta apostólica *Tertio Millennio Adveniente*. En ella invitó a la Iglesia a comenzar un período de tres años de preparación para la celebración del tercer milenio cristiano, donde 1997 estaría marcado por la figura de Cristo, 1998 por la persona del Espíritu Santo y 1999 por la meditación en la figura de Dios Padre. La principal innovación de este Jubileo fue la adición de jubileos particulares, celebrados simultáneamente en Roma, Israel y otros lugares.

2016: Año Santo de la Misericordia. Comenzó en la solemnidad de la Inmaculada Concepción de 2015 y concluyó el 20 de noviembre de 2016, domingo de Nuestro Señor Jesucristo Rey del Universo.

III. Listado de los papas

1. San Pedro

2. San Lino (67-76)

3. San Cleto (76-88)

4. San Clemente (88-97)

5. S. Evaristo (97-105)

6. S. Alejandro I (105-115)

7. S. Sixto I (115-125)

8. S. Telesforo (125-136)

9. S. Higinio (136-140)

10. S. Pío I (140-155)

11. S. Aniceto (155-166)

12. S. Sotero (166-175)

13. S. Eleuterio (175-189)

14. S. Victor I (189-199)

15. S. Ceferino (199-217)

16. S. Calixto I (217-222)

17. S. Urbano I (222-230)

18. S. Ponciano (230-235)

19. S. Antero (235-236)

20. S. Fabián (236-250)

21. S. Cornelio (251-253)

22. S. Lucio I (253-254)

23. S. Esteban I (254-257)

24. S. Sixto II (257-258)

25. S. Dionisio (259-268)

26. S. Felix I (269-274)

27. S. Eutiquiano (275-283)

28. S. Cayo (283-296)

29. S. Marcelino (296-304)

30. S. Marcelo I (308-309)

31. S. Eusebio (309-309)

32. S. Melquiades (311-314)

33. S. Silvestre I (314-335)

34. S. Marcos (336-336)

35. S. Julio I (337-352)

36. Liberio (352-366)

37. S. Dámaso I (366-384)

38. S. Siricio (384-399)

39. S. Anastasio I (399-401)

40. S. Inocencio I (401-417)

41. S. Zosimo (417-418)

42. S. Bonifacio I (418-422)

43. S. Celestino I (422-432)

44. S. Sixto III (432-440)

45. S. León Magno (440-461)

46. S. Hilario (461-468)

47. S. Simplicio (468-483)

48. S. Félix III (483-492)

49. S. Gelasio I (492-496)

50. Anastasio II (496-498)

51. S. Simaco (498-514)

52. S. Hormisdas (514-523)

53. S. Juan I (523-526)

54. S. Félix IV (526-530)

55. Bonifacio II (530-532)

56. S. Juan II (533-535)

57. S. Agapito I (535-536)

58. S. Silverio (536-537)

59. Vigilio (537-555)

60. Pelagio I (556-561)

61. Juan III (561-574)

62. Benedicto I (575-579)

63. Pelagio II (579-590)

64. S. Gregorio I (Magno) (590-604)

65. S. Sabiniano (604-606)

66. Bonifacio III (607-607)

67. S. Bonifacio IV (608-615)

68. S. Adeodato I (615-618)

69. Bonifacio IV (619-625)

70. Honorio I (625-638)

71. Severino (640-640)

72. Juan IV (640-642)

73. Teodoro I (642-649)

74. S. Martín I (649-655)

75. San Eugenio I (654-657)

76. S. Vitaliano (657-672)

77. Adeodato II (672-676)

78. Dono (676-678)

79. S. Agaton (678-681)

80. S. León II (682-683)

81. S. Benedicto II (684-685)

82. Juan V (685-686)

83. Conon (686-687)

84. S. Sergio I (687-701)

85. S. Juan VI (701-705)

86. Juan VII (705-707)

87. Sisinio (708-708)

88. Constantino (708-715)

89. S. Gregorio II (715-731)

90. S. Gregorio III (731-741)

91. S. Zacarías (741-752)

92. S. Esteban II (III) (752-757)

93. S. Paulo I (757-767)

94. Esteban III (IV) (768-772)

95. Adriano (772-795)

96. S. León III (795-816)

97. Esteban IV (V) (816-817)

98. S. Pascual I (817-824)

99. Eugenio II (824-827)

100. Valentín (827)

101. Gregorio IV (827-844)

102. Sergio II (844-847)

103. S. León IV (847-855)

104. Benedicto III (855-858)

105. S. Nicolás I (858-867)

106. Adriano II (867-872)

107. Juan VIII (872-882)

108. Marino I (882-884)

109. S. Adriano III (884-885)

110. Esteban V (VI) (885-891)

111. Formoso (891-896)

112. Bonifacio VI (896-896)

113. Esteban VI (896-897)

114. Romano (897-897)

115. Teodoro II (897-897)

116. Juan IX (898-900)

117. Benedicto IV (900-903)

118. León V (903-903)

119. Sergio III (904-911)

120. Anastasio III (911-913)

121. Landon (913-914)

122. Juan X (914-928)

123. León VI (928-928)

124. Esteban VII (VIII) (928-931)

125. Juan XI (931-935)

126. León VII (936-939)

127. Esteban VIII (IX) (939-942)

128. Marino II (942-946)

129. Agapito II (946-955)

130. Juan XII (955-964)

131. León VIII (963-965)

132. Benedicto V (964-966)

133. Juan XIII (965-972)

134. Benedicto VI (973-974)

135. Benedicto VII (974-983)

136. Juan XIV (983-984)

137. Juan XV (985-996)

138. Gregorio V (996-999)

139. Silvestre II (999-1003)

140. Juan XVII (1003-1003)

141. Juan XVIII (1004-1009)

142. Sergio IV (1009-1012)

143. Benedicto VIII (1012-1024)

144. Juan XIX (1024-1032)

145. Benedicto IX (1032-1044)

146. Silvestre III (1045-1045)

147. Benedicto IX (1045-1045)

148. Gregorio VI (1045-1046)

149. Clemente II (1046-1047)

150. Benedicto IX (1047-1048)

151. Dámaso II (1048-1048)

152. S. León IX (1049-1054)

153. Víctor II (1055-1057)

154. Esteban IX (X) (1057-1058)

155. Nicolás II (1059-1061)

156. Alejandro II (1061-1073)

157. Gregorio VII (1073-1085)

158. B. Víctor III (1086-1087)

159. B. Urbano II (1088-1099)

160. Pascual II (1099-1118)

161. Gelasio II (1118-1119)

162. Calixto II (1119-1124)

163. Honorio II (1124-1130)

164. Inocencio II (1130-1143)

165. Celestino II (1143-1144)

166. Lucio II (1144-1145)

167. B. Eugenio III (1145-1153)

168. Anastasio IV (1153-1154)

169. Adriano IV (1154-1159)

170. Alejandro III (1159-1181)

171. Lucio III (1181-1185)

172. Urbano III (1185-1187)

173. Gregorio VIII (1187-1187)

174. Clemente III (1187-1191)

175. Celestino III (1191-1198)

176. Inocencio III (1198-1216)

177. Honorio III (1216-1227)

178. Gregorio IX (1227-1241)

179. Celestino IV (1241-1241)

180. Inocencio IV (1243-1254)

181. Alejandro IV (1254-1261)

182. Urbano IV (1261-1264)

183. Clemente IV (1265-1268)

184. B. Gregorio X (1271-1276)

185. B. Inocencio V (1276-1276)

186. Adriano V (1276-1276)

187. Juan XXI (1276-1277)

188. Nicolás III (1277-1280)

189. Martín IV (1281-1285)

190. Honorio IV (1285-1287)

191. Nicolás VI (1288-1292)

192. S. Celestino V (1294-1294)

193. Bonifacio VIII (1294-1303)

194. B. Benedicto XI (1303-1304)

195. Clemente V (1305-1314)

196. Juan XXII (1316-1334)

197. Benedicto XII (1334-1342)

198. Clemente VI (1342-1352)

199. Inocencio VI (1352-1362)

200. B. Urbano V (1362-1370)

201. Gregorio XI (1370-1378)

202. Urbano VI (1378-1389)

203. Bonifacio IX (1389-1404)

204. Inocencio VII (1404-1406)

205. Gregorio XII (1406-1415)

206. Martín V (1417-1431)

207. Eugenio IV (1431-1447)

208. Nicolás V (1447-1455)

209. Calixto III (1455-1458)

210. Pío II (1458-1464)

211. Paulo II (1464-1471)

212. Sixto IV (1471-1484)

213. Inocencio VIII (1484-1492)

214. Alejandro VI (1492-1503)

215. Pío III (1503 – 1530)

216. Julio II (1503-1513)

217. León X (1513-1521)

218. Adriano VI (1522-1523)

219. Clemente VII (1523-1534)

220. Paulo III (1534-1549)

221. Julio III (1550-1555)

222. Marcelo II (1555)

223. Paulo IV (1555-1559)

224. Pío IV (1560-1565)

225. S. Pío V (1566-1572)

226. Gregorio XIII (1572-1585)

227. Sixto V (1585-1590)

228. Urbano VII (1590-1590)

229. Gregorio XIV (1590-1591)

230. Inocencio IX (1591)

231. Clemente VIII (1592-1605)

232. León XI (1605-1605)

233. Paulo V (1605-1621)

234. Gregorio XV (1621-1623)

235. Urbano VIII (1623-1644)

236. Inocencio X (1644-1655)

237. Alejandro VII (1655-1667)

238. Clemente IX (1667-1669)

239. Clemente X (1670-1676)

240. B. Inocencio XI (1676-1689)

241. Alejandro VIII (1689-1691)

242. Inocencio XII (1691-1700)

243. Clemente XI (1700-1721)

244. Inocencio XIII (1721-1724)

245. Benedicto XIII (1724-1730)

246. Clemente XII (1730-1740)

247. Benedicto XIV (1740-1758)

248. Clemente XIII (1758-1769)

249. Clemente XIV (1769-1774)

250. Pío VI (1775-1799)

251. Pío VII (1800-1823)

252. León XII (1823-1829)

253. Pío VIII (1829-1830)

254. Gregorio XVI (1834-1846)

255. Pío IX (1846-1878)

256. León XIII (1878-1903)

257. S. Pío X (1903-1914)

258. Benedicto XV (1914-1922)

259. Pío XI (1922)

260 Pío XII (1939-1958)

261. Juan XXIII (1958-1963)

262. Pablo VI (1963-1978)

263. Juan Pablo I (1978)

264. Juan Pablo II (1978-2005)

265. Benedicto XVI (2005-2013)

266. Francisco (2013-)

BIBLIOGRAFÍA

- ABRAHAMSON, Eric (2000): *Change without pain*, en Harvard Business Review on Change, Harvard Business School Press.

- ADRO, Xavier (1963): *Los concilios ecuménicos*, Plaza & Janes.

- AGUILAR, José (2009): *Organizaciones con voluntad: el motor del desarrollo y la innovación*, en AGUILAR, José y LACOSTA, José Ramón, *Liderazgo. Humanista y de servicio*, Foro Europeo.

- AGUILAR, José y FERNÁNDEZ AGUADO, Javier (2010, 6ª edición): *La soledad del directivo*, LID Editorial.

- SAN AGUSTÍN (1997): *Confesiones*, Altaya.

- ALBERIGO, Giuseppe (2005): *Breve Storia del Concilio Vaticano II*, il Mulino.

- ALCOVER VALLE, Pablo (1959): *Pío XII. El papa de la paz*, Ediciones Paulinas.

- ALVARADO, María de (1994): *Lámpara viva. La Madre Maravillas de Jesús y el Cerro de los Ángeles*, Cerro de los Ángeles.

- ÁLVAREZ MAESTRO, Jesús (2015): *San Juan Crisóstomo. Pensamiento espiritual*, Edibesa.

- ÁLVAREZ VELASCO, Ramón (2004): *Pacomio. Reglas monásticas*, Monasterio de Silos.

- ALVARO, Paul Thomas (2015): *Vendita paradossa. Pragmatica della Leadership*, L'Espresso.

- AMENEDO, Cristina (1985): *Jerónimo Emiliani. Un somasco divino*, Do Castro.

- ARAGONÉS VIDAL, Salvador (2012): *Los papas, Italia, el comunismo y el diario del Vaticano*, Cultiva Libros.

- ARÍSTEGUI, Carmen (2010): *Marcial Maciel. Historia de un criminal*, Grijalbo.

- ARMSTRONG, Michael (1997): *Personnel Management Practice*, Kogan Page.

- ARQUERO CABALLERO, Guillermo F. (2016): *El confesor real en la Castilla de los Trastamara: 1366-1504*, tesis doctoral dirigida por José Manuel Nieto Soria, Universidad Complutense de Madrid.

- ARRARÁS, Joaquín (1956): *Historia de la Segunda República española,* editorial Nacional.

- ARRUFAT, Antonio Ramón (1927): *La Orden Benedictina,* Montserrat.

- ARRUPE, Pedro (1972): *Nuestra vida consagrada,* Apostolado de la Prensa.

- AUCLAIR, Marcelle (1981): *La vida de santa Teresa de Jesús,* Palabra.

- AA.VV. (1998): *El libro negro del comunismo,* Planeta.

- AA.VV. (1941): *Espíritu del catolicismo,* Ars.

- AA.VV. (1945): *Escritos completos de san Francisco de Asís y biografías de su época,* BAC.

- AA.VV. (1960): *Vida y escritos de Fray María Rafael. Monje trapense,* Abadía Cisterciense de San Isidro de Dueñas.

- AA.VV. (s/f): *Lo que habéis heredado conquistadlo para poseerlo. Así surge Schoenstatt en España,* Schoenstatt.

- AA.VV. (s/f): *Lo que habéis heredado conquistadlo para poseerlo. Sí, Padre, avanzamos juntos,* Schoenstatt.

- BACCHIEGA, Mario (1998): *Papa Formoso. Processo al cadavere,* Bastogi.

- BAYONA AZNAR, Bernardo (2006): *La paz en la teoría política de Marsilio de Padua,* en *Contrastes. Revista internacional de filosofía,* volumen XI, pp. 45-65.

- BARAHONA, PASTORA (2005): *Los templarios,* Libsa.

- BARBER, MALCOLM (1993): *The trial of Templars,* Cambridge University press.

- BATTAGLIA, Giuseppe (1826): *Vita del venerabile Antonio-Maria Zaccaria,* G.B.

- BENEDICTO XVI (2009): *Caritas in veritate,* San Pablo.

- BERNARD, Jean (2004): *Un sacerdote en Dachau,* Palabra.

- BERNARDO DE CLARAVAL (1908): *On Consideration,* Clarendon Press.

- BERTRAND, Dominique (1985): *La política de san Ignacio de Loyola,* Mensajero-Sal Terrae.

- BLANCHARD, Ken y HODGES, Phil (2006): *Un líder como Jesús,* Grupo Nelson.

- BLEYLE, Mirjam (1993): *La educación según la espiritualidad de Schönstatt*, Schönstatt.

- BOFF, Leonardo (1978): *La fe en la periferia del mundo*, Sal Terrae.

- BORDONOVE, Georges (1977): *Los templarios. Historia y tragedia*, Fondo de cultura económica.

- BOSCO, Teresio (1979): *Una biografía nueva. Don Bosco*, Central Catequística Salesiana.

- BRU, Manuel María (1998): *Testigos del espíritu*, Edibesa.

- BRUCK , Heike y GHOSHAL, Sumantra (2004): *A Bias for Action*, Harvard Business School Press.

- BURKE, Raymond Leo (Cardinal) (2016): *Hope for the World. To Unite All Things in Christ*, Ignatius.

- BURMAN, EDWARD (1986): *The Templars*, Knights of God, Londres.

- CABANA, Francesc (2018): *Francesc Moragas i Barret. El fundador de «La Caixa»*, Fundación bancaria «La Caixa».

- CACHO, Lydia (2007): *Memorias de una infamia*, Debolsillo Premium.

- CAGNETTA, José (1968): *Perfil histórico de los Barnabitas*, Editorial Barnabita.

- CANTARELLA, Glauco María (1993): *I monaci di Cluny*, Einaudi.

- CANTERA MONGTENEGRO, M. y CANTERA MONTENEGRO, S. (1998): *Las órdenes religiosas en la Iglesia Medieval. Siglos XIII a XV*, Arco.

- CAPPELLI, Peter (2000): *A Market-Driven Approach to Retaining Talent*, en *Harvard Business Review on Finding and Keeping the Best People*, Harvard Business School Press.

- CARCEL ORTI, Vicente (2000): *Pío IX, Pastor universal de la Iglesia*, Edicep.

- CARPINTERO, Francisco-Andrés (1990): *Padre de hermanos*, Luis Vives.

- CARTUJO DE AULA DEI (1949): *La Cartuja, San Bruno y sus hijos*, Vizcaína.

- CARTUJO (s/a): *Los cartujos*, Miraflores.

- CASADEI, Rodolfo (2019): *Grégoire, cuando la fe rompe las cadenas*, Encuentro.

- CASAUS CASCÁN, María Esperanza (2005): *María Rosa Molas. Mujer, fundadora y santa*, BAC.

- CASTIGLIONI, Carlos (1951): *Historia de los papas*, Labor.

- CERINI, Marisa (1991): *Dios Amor*, Ciudad Nueva.

- CERVERA BARRANCO, Pablo (edi.) (2020): *Santa Margarita María de Alacoque. Autobiografía*, Fonte Carmelo.

- CIALONE, Ennio (2005): *Io Bonifacio VIII*, Nuova Stampa.

- COLA, Silvano (2007): *Chiara Lubich*, Elledici.

- COLLINS, JAMES C. y PORRAS, Jerry I. (1996): *Building Your Company's Vision*, en *Harvard Business Review on Change*, Harvard Business School Press.

- CONLON, John K. y GIOVAGNOLI, Melissa (1998): *The Power of Two*, Jossey-Bass Publishers

- COONEY, John (1984): *The American Pope. The Life and Times of Francis Cardinal Spellman*, Times Books.

- CORDOVANI, Rinaldo (2012): *San Felice da Cantalice. L´uomo del pane*, Velar.

- CORTES TIMONER, María del Mar (2004): *Sor Juana de la Cruz*, Ediciones del Orto.

- COSENZA, Vincenzo (2006): *Lancillotto Avellino*, San Paolo.

- COVEY, Stephen (1989): *Los 7 hábitos de la gente altamente efectiva*, Free Press.

- CUESTA, Juan Ignacio (2005): *Las Cruzadas*, Nowtilus.

- DANIEL-ROPS, Henri (1964): *Bernard of Clairvaux. The Story of the Last of Great Church Fathers*, Hawthorn Books.

- DE AQUINO, Tomás (1626): *Tratado del gobierno de los príncipes del angélico doctor*, Classic reprints.

- DE LA TORRE, Ignacio (2004): *Los templarios y el origen de la banca*, Editorial Dilema.

- DE LA CRUZ, Abraham (2017): *Regla de vida. Fraternidad María Estrella de la Mañana*, Fraternidad María Estrella de la Mañana.

- DE VORAGINE, Jacobus (1998): *The Golden Legend*, Penguin.

- DEL REY, Fernando (2019): *Retaguardia Roja. Violencia y revolución en la guerra civil española*, Galaxia Gutenberg.

- DESCHNER, Karlheinz (2013): *God and the fascists*, Prometheus.

- DISCEPOLI DI VERITÀ (2010): *Dossier Legionari di Cristo*, Kaos edizioni.

- D'HOSPITAL, Jean (1970): *Tres pontífices*, Aymá.

- DUCK, Janie Daniel (1993): *Managing Change*, en *Harvard Business Review on Change*, Harvard Business School Press.

- ECCLES, Bob y NOHRIA, Nitin (2003): *Beyond the Hype*, Beard Books.

- ERARDO, O.F.M. (1946): *El Padre Nuestro según la mente franciscana*, Herder.

- FERNÁNDEZ DE ANDRACA, Rafael (2019): *Fe práctica en la Divina Providencia*, Nueva Patris.

- FERNÁNDEZ AGUADO, Javier; OVIEDO, David; y PASCUAL, Daniel (2001): *Cómo elaborar un manual de franquicia*, Dossat.

- FERNÁNDEZ AGUADO, Javier (2014): *Roma, escuela de directivos*, LID.

- FERNÁNDEZ AGUADO, Javier (2015): *Egipto, escuela de directivos*, LID.

- FERNÁNDEZ AGUADO, Javier (2016): *El management del III Reich*, LID.

- FERNÁNDEZ AGUADO, Javier (2017): *¡Camaradas! De Lenin a hoy*, LID.

- FERNÁNDEZ AGUADO, Javier (2018): *Jesuitas. Liderar talento libre*, LID.

- FERNÁNDEZ AGUADO, Javier (2019): *Liderar en un mundo imperfecto*, LID.

- FIORINI, Giancarlo (2016): *Venerabile Padre Mariano da Torino*, Provincia Romana dei Frati Minori Cappuccini.

- FLASCH, Kurt (2003): *Nicolás de Cusa*, Herder.

- LÄNGLE, Alfried (2000): *Viktor Frankl. Una biografía*, Herder.

- FRAY LUIS DE LEÓN (2002): *Pensamientos y reflexiones*, Básicos 2002.

- GALLAGHER, Jim (1997): *A Woman's Work: Chiara Lubich*, Fount.

- GALLOWAY, Scott (2017): *The Four. The Hidden DNA of Amazon, Apple, Facebook and Google*, Corgi Books.

- GARCÍA DE CORTÁZAR, José Ángel (Coordinador) (2000): *Los protagonistas del año mil,* Fundación Santa María La Real.

- GARCÍA MACHO, Pablo (2007): *San Pablo de la Cruz. Vida y diario espiritual,* Monte Carmelo.

- GARCÍA MACHO, Pablo (2013): *Autobiografía. Diario espiritual. Santa Gema Galcani,* Edibesa.

- GARCÍA VILLOSLADA, Ricardo (1963): *Historia de la Iglesia católica,* 4 volúmenes, BAC.

- GARCÍA VILLOSLADA, Ricardo (2008): *Martín Lutero,* BAC.

- GIOVANNI XIII (2014): *Il Giornale dell'Anima,* San Paolo.

- GIL DE MURO, Eduardo T. (2009): *José Kentenich. Historia de un hombre libre. Fundador del Movimiento de Schönstatt,* Monte Carmelo.

- GILL, Joseph (1967): *Eugenio IV,* Espasa-Calpe.

- GINER GUERRI, Severino (1992): *San José de Calasanz,* BAC.

- GIOVAGNOLI, Raffaello (2018): *Benedetto IX. Storia di un Pontefice Romano* (1040-1049), Forgotten Books.

- GONZÁLEZ-BALADO, José Luis y CAPOVILLA, Loris F. (2000): *Juan XXIII. Anécdotas de una vida,* PPC.

- GUEDE Y FERNÁNDEZ, Lisardo (1986): *Un hombre, un ideal, una epopeya. San Pedro Nolasco,* Real Monasterio de El Puig.

- GUY BOUGEROL, Jacques (1984): *Introducción a San Buenaventura,* BAC.

- GUZMAN, Juan Andrés; VILLARUBIA, Gustavo; GONZÁLEZ, Mónica (2017): *Los secretos del imperio de Karadima,* Catalonia.

- HAMEL, Gary (2007): *Liderando la revolución,* Harvard Business School Press.

- HARARI, Yuval Noah (2017): *Homo Deus,* Debate.

- HASSEN, Steven (1990): *Las técnicas de control mental de las sectas,* Urano.

- HATCH, Alden y WALSHE, Seamus (1964): *Corona de Gloria. Vida del papa Pío XII,* Espasa-Calpe.

- HENNE, Philippe (2011): *Gregorio Magno,* Palabra.

- HINDLEY, Geoffrey (2010): *Las Cruzadas,* Zeta.

- HINNEBUSCH, William A. (1975): *The Dominicans. A Short History*, Alba House.

- THOMAS, Hugh (2000): *La conquista de México*, Planeta.

- ISASA, Juan de (1998): *Historia de la Iglesia*, Acento.

- JIMÉNEZ ALCAIDE, Luis (2014): *Los papas que marcaron la historia*, Almuzara.

- JOHNSON, Gerry y SCHOLES, Kevan (2001): *Dirección estratégica*, Prentice Hall.

- JUAN PABLO II (1994): *Cruzando el umbral de la esperanza*, Plaza & Janés.

- KEMPIS: *La imitación de Cristo*.

- KOTTER, John P. (1995): «*Leading Change. Why Transformation Efforts Fail*», en *Harvard Business Review on Change*, Harvard Business School Press.

- LABOA GALLEGO, Juan María (2013): *Historia de los papas*, La Esfera de los Libros.

- LAMET, Pedro Miguel (1994): *Arrupe, una explosión en la Iglesia*, Temas de Hoy.

- LAMET, Pedro Miguel (2004): *Yo te absuelvo, majestad. Confesores de reyes y reinas de España*, Temas de hoy.

- LAMET, Pedro Miguel (2016): Arrupe. *Testigo del siglo XX, profeta del XXI*, Mensajero.

- LAMO DE ESPINOSA, Jaime (2015): *Fray Antonio de Jesús* (Heredia) *Primer prior carmelita descalzo*, Monte Carmelo.

- LARRAÑAGA, Miguel (2015): *Palabra, imagen, poder: enseñar el orden en la Edad Media*, IE Universidad.

- LATTUADA, Nicoletta (2017): *Madre Teresa de Calcuta*, Emse Edapp.

- LAVEAGA, Gerardo (2006): *El sueño de Inocencio*, mr-ediciones.

- LEIGH FERMOR, Patrick (2010): *Un tiempo para callar*, Elba.

- LE JOY, Edward (2014, 15ª edi.): *La madre Teresa*, Palabra.

- LOUF, André (2000): *El camino cisterciense*, Verbo Divino.

- LOZANO, Juan Manuel (1995): *Misionero y profeta*, Editorial Mundo Negro.

- LLORCA, Bernardino (1946): *Manual de historia eclesiástica*, Labor.

- LLORENTE, Juan Antonio (1982): *Noticia biográfica* (Autobiografía), Taurus.

- MARTIN, Claude (1965): *Franco. Soldado y estadista,* Fermín Uriarte.

- MARTINEZ, Lauro (2007): *Scourge and Fire. Savonarola and Ranaissance Italy*, Pimlico.

- MARTÍNEZ, Gonzalo (1964): *Bernardo de Claraval. El citarista de María*, El Perpetuo Socorro.

- MARTÍNEZ CUESTA, Ángel (1995): *Historia de los agustinos recoletos. Vol. 1: Desde los orígenes hasta el siglo XIX,* Editorial Augustinus.

- MARTÍNEZ GONZÁLEZ, Emilio J. (2006): *Tras las huellas de Juan de la Cruz. Nueva biografía*, Editorial de Espiritualidad.

- MAYNARD, Theodore (2017): *Il buffone di Dio. Vita di San Filippo Neri*, Marietti.

- McCORMACK, Mary (2027): *En este monte,* Fontela Monte Carmelo.

- McGRATH, Rita (2019): *Seeing Around Corners. How to Spot Inflection Points in Business Before They Happen*, eBook.

- MEDIO, Arnaldo di (2002): *Le prime Grandi Perdonanze. Celestino V e Bonifacio VIII, due papi innovatori*, Marna.

- MELLA DI SANT'ELIA, Arborio (1959): *Instantáneas inéditas de los cuatro últimos papas,* Ediciones Paulinas.

- MILANESI, Carlo (1867): *Il sacco di Roma del MDXXVII*, G. Barbèra.

- MILCENT, Paul (1982): *Juana Jugan. Fundadora de las Hermanistas de los Pobres,* Hermanitas de los Pobres.

- MOLINA, Fernando (2005): *José María Arizmendiarrieta*, Mondragón.

- MOLINERO, Lourdes y FERNÁNDEZ AGUADO, Javier (2012); *La sociedad que no amaba a las mujeres,* LID.

- MONNERJAHN, Engelbert (2011): *El prisionero nº 29392. El fundador del Movimiento de Schoenstatt. Prisionero de la Gestapo (1941-1945),* Nueva Patris.

- MONTESANO, Marina (2015): *La lotta per le investiture,* Corriere della Sera.

- MORENO, Francisco (2007): *San Jerónimo. La espiritualidad,* BAC.

- MURGA, José Luis (1979): *Rebeldes a la República,* Ariel.

- MURPHY, Paul I. Y ARLINGTON, R. René (1984): *La papisa*, Círculo de Lectores.

- NIEHAUS, Jonathan (2004): *Héroes de fuego*, Patris.

- NORWICH, John Julius (2011): *The Popes*, Vintage Books.

- NURSIA, Benito de (1972): *La Santa Regla,* San Pablo.

- OLIVER, Antonio (1991): *Los teatinos*, Curia Provincial de los Clérigos Regulares.

- PAREDES, Javier; BARRIO, Maximiliano; RAMOS-LISSON, Domingo; y SUÁREZ, Luis (1999): *Diccionario de los papas y concilios*, Ariel.

- PEREZ DE AYALA, Martín y GONZÁLEZ DE MENDOZA, P. (1947): *El Concilio de Trento,* Austral.

- PETERS, Thomas J. y WATERMAN jr., Robert H. (1991): *In Search of Excellence*, Harper Collins.

- PETERS, Tom (1990): *Thriving on Chaos*, MacMillan

- PIAZZONI, Ambrogio M. (2003): *Las elecciones papales. Dos mil años de historia*, Desclée De Brouwer.

- PIO II (1989): *Así fui papa*, Merino.

- PRATI, Carlos (1927): *Papas y cardenales,* Editorial Voluntad.

- RAMÍREZ, Santiago (1975): *Introducción a santo Tomás de Aquino*, BAC.

- RAMÍREZ MOTA VELASCO, Nelly (2011): *El reino de Marcial Maciel. La vida oculta de la legión y el Regnum Christi,* Temas de hoy.

- RATZINGER, Joseph (1997): *La sal de la tierra*, Palabra.

- RATZINGER, Joseph (2006): *Mi vida. Autobiografía*, ABC.

- RAVIER, André (2001): *San Francisco de Sales,* Du Chalet.

- RAYMOND, M. (2003): *La familia que alcanzó a Cristo*, Herder.

- READ, PIERS PAUL (2004): *Los templarios. Monjes y guerreros*, Byblos.

- RENDINA, Claudio (2013): *I peccati del Vaticano*, Newton Compton.

- RICCARDI, Andrea (2001): *El siglo de los mártires*, Plaza & Janés.

- ROOSEVELT THOMAS, JR., R. (1990): «*From Affirmative Action to Affirming Diversity*», en *Harvard Business Review on Managing Diversity*.

- ROSIQUE, Francisca (2014): *Historia de la Institución Teresiana (1911-1936),* Silex

- ROWLAND, Ingrid D. (2008): *Un fuoco sulla terra. Vita di Giordano Bruno*, Laterza.

- ROYO MARÍN, Antonio (2002): *Doctores de la Iglesia*, BAC.

- RUIZ GOÑI, Dionisio (1987): *San Alfonso María de Ligorio,* BAC.

- SADA, Elena (2019): *Blackbird. A Memoir*, ICGtesting.

- SALINAS, Pedro (2015): *Medio monjes, medio soldados*, Planeta.

- SANNA, Ignazio(2006): *Karl Rahner,* San Pablo.

- SANTIAGO-OTERO, Horacio (1983): *La cátedra y el púlpito frente a frente: Pedro Abelardo y san Bernardo,* Fundación Universitaria Española de Madrid.

- SCHOEMAKER, Paul J. H. y DAY, George S. (2006): *Visión periférica,* Deusto.

- SEBASTIÁN, Fernando (2016): *Memorias con esperanza*, Encuentro.

- SHAW, Mike (2019): *Think Out Of The Box*, Shaw.

- SILVA, Jesús María (2019): *Te amarás a ti mismo como Dios te ama,* Palabra.

- SOCCI, Antonio (2009): *El secreto del padre Pío,* La esfera de los libros.

- SPEAR, William (2012): *God's Gangsters,* Spear.

- STAFFA, Giuseppe (2013): *I personaggi più malvagi della Chiesa,* Newton Compton.

- STREBEL, Paul (1996): «*Why do Employees Resist Change?*», en *Harvard Business Review on Change,* Harvard Business School Press.

- SUÁREZ FERNÁNDEZ, Luis (2002): *Benedicto XIII,* Ariel.

- SUEIRO, Enrique (2014): *Comunicar o no ser*, Rasche.

- SUEIRO, Enrique (2016): *Saber comunicar saber*, Visionnet.

- TABRIZI, Behnman (2015): *The Inside-Out Effect: A Practical Guide to Transformational Leadership*, Evolve Publishing.

- THOMAS, David A. (2001): *The Truth About Mentoring Minorities»,* en *Harvard Business Review on Managing Diversity.*

- TISSIER DE MALLERAIS, Bernard (2012): *Marcel Lefebvre,* Actas.

- TORRES PRIETO, Juana (2004): Raúl Glaber. *Historias del primer milenio,* CSIC.

- TYERMAN, CHRISTOPHER (2007): *Las guerras de Dios*, Crítica.

- URARTE, Marcos; ALCAIDE, Francisco; y FERNÁNDEZ AGUADO, Javier (2018, 3ª edición): *Patologías en las organizaciones*, LID.

- URDACI, Alfredo (2005): *El cónclave. Los secretos de la elección del papa al descubierto*, Planeta.

- VAN THUAN, Francçois-Xavier (2000): *Testigos de esperanza*, Ciudad Nueva.

- VÁZQUEZ BORAU, José Luis (2010): *Beato Carlos de Foucauld*, Edibesa.

- VÁZQUEZ DE PRADA, Andrés (1966): *Sir Tomas Moro*, Rialp.

- VIDAL, César (2008): *El caso Lutero*, Edaf.

- VON PASTOR, Ludwig (1890): *Storia dei Papi* (2 volúmenes), Trento.

- VORAGINE, Jacobus de (1998): *The Golden Legend*, Penguin.

- WALDROOP , James y BUTLER, Timothy (2000): *Managing Away Bad Habits*, en *Harvard Business Review en Finding and keeping the best people*, Harvard Business School Press.

- WALSH, William Thomas (1940): *Characters of the Inquisition*, Tan Books.

- WHITE, Randall P., HODGSON, Philip y CRAINER, Stuart (1996): *The Future of Leadership. A White Water Revolution*, Pitman.

- WIT, Bob de y MEYER, Ron (1994): *Strategy. Process, Content, Context. An International Perspective*, West Publishing Company.

- WOHL, Louis de (1961): *Fundada sobre roca. Breve historia de la Iglesia*, Arcaduz.

- YÁÑEZ, P. Damián (2001): *San Bernardo de Claraval*, Monte Carmelo.

- YÁÑEZ, Inmaculada (2000): *Cimientos para un edificio. Santa Rafaela María del Sagrado Corazón*, BAC.

- ZABALA, Pío (1936): *El padre Claret*, Labor.

- ZALEZNIK, Abraham (1977): *Managers and Leaders: Are They Different?*, en *Harvard Business Review on Leadership*, Harvard Business Press.

- ZWEIG, Stefan (2005): *Erasmo de Rotterdam*, Paidós.

KOLIMA
BOOKS